Trimborn v. Landenberg

Erfolgreich starten als Rechtsanwalt

D1674800

Kanzleimanagement

Erfolgreich starten als Rechtsanwalt

5. Auflage 2013

Herausgegeben von

Rechtsanwalt **Dieter Trimborn v. Landenberg,**
Cochem

DeutscherAnwaltVerlag

Zitiervorschlag:
Trimborn v. Landenberg, Erfolgreich starten als Rechtsanwalt, § 1 Rn 1

Hinweis

Die Formulierungsbeispiele in diesem Buch wurden mit Sorgfalt und nach bestem Wissen erstellt. Sie stellen jedoch lediglich Arbeitshilfen und Anregungen für die Lösung typischer Fallgestaltungen dar. Die Eigenverantwortung für die Formulierung von Verträgen, Verfügungen und Schriftsätzen trägt der Benutzer. Autor und Verlag übernehmen keinerlei Haftung für die Richtigkeit und Vollständigkeit der in dem Buch enthaltenen Ausführungen und Formulierungsbeispiele.

Anregungen und Kritik zu diesem Werk senden Sie bitte an
kontakt@anwaltverlag.de
Autor und Verlag freuen sich auf Ihre Rückmeldung.

Copyright 2013 by Deutscher Anwaltverlag, Bonn
Satz: Griebsch & Rochol Druck GmbH, Hamm
Druck: Hans Soldan Druck GmbH, Essen
Umschlaggestaltung: gentura, Holger Neumann, Bochum
ISBN 978-3-8240-1240-4

Bibliografische Information der Deutschen Nationalbibliothek
Die Deutsche Nationalbibliothek verzeichnet diese Publikation in der Deutschen Nationalbibliografie; detaillierte bibliografische Daten sind im Internet über http://dnb.d-nb.de abrufbar.

Vorwort

Erfolgreich starten als Rechtsanwalt – ist das heutzutage überhaupt noch möglich? Die Frage erscheint bei jährlich steigender Anwaltsdichte durchaus berechtigt. Andererseits wird das Leben in unserer technisierten und vielfach verflochtenen Gesellschaft immer komplizierter, so dass die Nachfrage nach qualifiziertem Rechtsrat ebenfalls steigt. Ihre Findigkeit, neue Chancen zu erkennen, ist gefordert. Dieses Buch hilft Ihnen, ohne Umwege Ihren Platz am Beratungsmarkt zu finden und professionell auszufüllen. Dabei ist Erfolg kein Zufall, sondern das Ergebnis harter Arbeit, wie es viele gelungene Kanzleigründungen zeigen.

Ob als Kanzleigründer oder Angestellter: Als Berufsanfänger stehen Sie vor vielen großen und kleinen Problemen auf dem Weg in einen der spannendsten Berufe der Welt. Die Autoren – mehrheitlich selbst Kanzleigründer – berichten Ihnen aus der Praxis für die Praxis. So finden Sie hier persönliche Erfahrungen, geschrieben in der Sprache engagierter Juristen, die auch mal Tacheles reden.

Einer kurzen, aber notwendigen Bestandsaufnahme folgt ein Kapitel zum Dasein als angestellter Anwalt, in dem Sie nicht nur Tipps zur Stellensuche finden, sondern auch Ihren kritischen Blick für gute und weniger gute Anstellungsverhältnisse schulen können. Wer selbstbestimmt arbeiten will, dem machen wir Lust auf die eigene Kanzlei. Die Kapitel rund um die Kanzleigründung, die Kanzleiorganisation, den Kostenapparat und das lebensnotwendige Marketing geben handfeste Hinweise, wie Sie Ihre Kanzlei auf die Beine stellen und in Gang bringen.

Dieses Buch will gerade für Gründer ein Coach sein, der Ihre Gründung in allen Fragen unterstützt. Speziell auf den Junganwalt abgestimmte Beiträge zum Informationsmanagement und zur Vergütung sollen der effektiven Mandatsbearbeitung und optimalen Abrechnung dienen. An der Letzteren hapert es oft, weil viele junge Kollegen unfreiwillig Gebühren verschenken. Schenken Sie den Mandanten besser Ihre ungeteilte Aufmerksamkeit; das Kapitel vom „Mandantenversteher" klärt Sie über die Eigenheiten des Anwalt-Mandant-Verhältnisses schonungslos auf. Besonders sensibel und in dieser Form erstmalig aufbereitet ist auch der Umgang mit Gegnern, Kollegen und anderen Personen, mit denen Sie bei Ihrer täglichen Arbeit zu tun haben. Das Kapitel „Der Anwalt und der Rest der Welt" sagt Ihnen, wo Fettnäpfchen für junge Kollegen lauern.

Seit der Erstauflage 2002 hat dieses Buch vielen tausend Berufsanfängern Starthilfe geleistet. Unser „Starterbuch" hat also selbst eine kleine Erfolgsgeschichte geschrieben; und weil Ruhm keine Gnade kennt, haben wir alle Kapitel gründlich entstaubt und aktualisiert. Zudem konnten wir für die ab dieser Auflage gesondert abgefassten Kapitel „Kanzleimanagement" und „Zeitmanagement" zwei erfahrene Neuzugänge im Autorenteam verpflichten: Frau Rechtsanwaltin *Petra Geißinger* und Frau *Sina Töpfer*.

„Rauchen schadet Ihrer Gesundheit!", liest man in Zeiten des fürsorglichen Sozialstaats auf jeder Zigarettenpackung – das ist richtig und wichtig. Ebenso ist es Verlag und Autoren in Zeiten des Gender-Mainstreaming ein Anliegen, Sie auf Folgendes hinzuweisen: Alle Leserinnen und Leser des Buches sind gleichermaßen angesprochen, die verwendete maskuline oder feminine Sprachform dient der besseren Lesbarkeit und meint immer auch das jeweils andere Geschlecht.

Einige Gesetzesänderungen und mehr noch die zahlreichen Leserzuschriften, denen die Autoren wichtige Anregungen verdanken, haben den Weg zur 5. Auflage gewiesen. Wenn Sie eigene Erfahrungen, Ideen oder Kritik beisteuern möchten, schicken Sie uns einfach eine Mail, jeder der Autoren erwartet Ihr Feedback. Schon jetzt bedanke ich mich für jedes offene Wort.

Ein herzliches Dankeschön geht auch an das Produktmanagement des Verlags, namentlich Frau *Beate Eschbach*, die das Autorenteam mit großem Charme und noch mehr Beharrlichkeit einmal mehr über die Ziellinie gebracht hat.

Meine Töchter *Helena* (14) und *Charlotte* (16) sind nun in einem Alter, in dem Eltern peinlich sind. Hoffentlich habe ich wenigstens hier einigermaßen die Kurve gekriegt ...

Außerdem hoffe ich natürlich, dass dieses Buch nicht nur der Vermeidung peinlicher Situationen dient, sondern Ihnen hilft, das Beste aus sich zu machen!

Cochem, im Juli 2013

Dieter Trimborn v. Landenberg
ra.trimborn@t-online.de

Inhaltsübersicht

Inhaltsverzeichnis

25

§ 1 Der Anwaltsberuf – Ihr Weg und Ziel

Dieter Trimborn v. Landenberg

I. Der Anwaltsberuf als Lebensentscheidung

Sie haben dieses Buch erworben, weil Sie erfolgreich als Anwalt praktizieren wollen. Gut und schön, aber wissen Sie eigentlich, worauf Sie sich damit einlassen? Wissen Sie, was es heutzutage heißt, Anwalt zu sein? Auf diese Frage gibt es ungefähr 160.000 unterschiedliche Antworten. Denn jeder Kollege, den Sie fragen, wird Ihnen etwas anderes erzählen. Es gibt nur wenige Berufe, in denen so viele Daseinsformen nebeneinander existieren. Einige Anwaltstypen werden Sie schon kennen, andere werden Sie noch kennenlernen und wiederum andere werden Sie wahrscheinlich nie zu Gesicht bekommen. Doch selbst wenn Sie schon in verschiedenen Kanzleien gearbeitet haben, werden Sie in den seltensten Fällen einen umfassenden Einblick in die Arbeits- und Einkommensverhältnisse von Anwälten erhalten. Viele „Wahrheiten", die über unseren Beruf erzählt werden, sollten Sie mit Vorsicht genießen. Stattdessen sollten Sie die frei zugänglichen Statistiken und Umfragen, die das Soldan Institut für Anwaltmanagement regelmäßig veröffentlicht, lesen. Neben dem Statistischen Jahrbuch der Anwaltschaft ist für Einsteiger insbesondere die Untersuchung der Berufssituation junger Rechtsanwälte aufschlussreich.[1] In einer 2012 durchgeführten Befragung erklärten zwei Drittel aller Junganwälte, dass der Anwaltsberuf ihr juristischer Wunschberuf und keine Verlegenheitslösung sei.[2] In früheren Studien gaben dies kaum mehr als die Hälfte der Befragten an. Vielleicht hängt diese Entwicklung auch damit zusammen, dass das Jurastudium inzwischen weniger Verlegenheitsstudenten anzieht.

Zu den Gewissheiten gehört, dass der Markt für Rechtsberatung hart umkämpft ist und das Gros der jungen Juristen nach wie vor unzureichend auf diesen Beruf vorbereitet ist. Trotz schwieriger Rahmenbedingungen ergreifen jährlich 2.000 bis 4.000 junge Menschen den Anwaltsberuf; der Wettbewerb wird sich also weiter verschärfen. Dieses Buch will Ihnen das Handwerkszeug geben, mit dem Sie sich am Markt behaupten können. Doch die beste Finanzierung und das ausgefeilteste Marketingkonzept werden nur dann die volle Wirkung entfalten, wenn Sie gerne Anwalt sind und bereit sind, auch Durststrecken zu überstehen. Deshalb will ich

1

---

1 Auf der Homepage *www.soldaninstitut.de* sind die Publikationen zu bestellen, wesentliche Ergebnisse werden aber auch zum kostenlosen Download zur Verfügung gestellt. Das Soldan Institut ist gemeinnützig und unabhängig und bietet insofern ungefärbte Erkenntnisquellen.
2 Soldan Institut, Pressemitteilung vom 15.6.2012.

vorab kurz beleuchten, worin ich die **Grundlagen für eine erfolgreiche Berufsausübung** sehe. Dabei soll es nicht nur um wirtschaftlichen Erfolg gehen (vom lieben Geld wird noch viel die Rede sein), sondern auch um Zufriedenheit und Selbstverwirklichung.

2 Von den vielen Ratschlägen, die man nun auspacken könnte, erscheint mir einer besonders wichtig: Hüten Sie sich vor übertriebenem Sicherheitsdenken, es wird Ihnen immer im Weg stehen. Wenn Sie einen Beruf suchen, der Ihnen ein geregeltes Einkommen bis zur Pensionierung garantiert, sind Sie in diesem Beruf eindeutig fehl am Platz. Als Anwalt sind Sie Unternehmer und müssen bereit sein, **unternehmerische Risiken** einzugehen. So hart es klingt: Sie müssen sich und Ihre Leistung verkaufen. Gelingen kann das nur, wenn Sie selbstbewusst und angstfrei sind.

„Risiko eingehen: Das darf dem Anwalt nicht ein Schreckgespenst sein, das ist für die Anwältin die Chance zu versuchen, mit Angeboten, mit Profilentwicklungen zu experimentieren. Verluste, das Ereignis des Risikos, sind im Unternehmerdasein nicht in erster Linie Existenzbedrohungen oder Existenzvernichtungen, sondern Erfahrungen, Wege zu Verbesserungen, Mittel für Erkenntnisse. Es ist eine gefährliche Vorstellung, mit einer ersten unternehmerischen Entscheidung den Erfolg treffen zu wollen. Wer eben dies glaubt, wird sich wahrscheinlich weit unter Wert am Markt verkaufen, da er nicht auf die Idee kommt, den subjektiv empfundenen Erfolg als Fehler und Misserfolg zu begreifen, die man in anderer Weise verbessern könnte.“[3]

Aus diesen Worten spricht die Erfahrung eines inzwischen äußerst erfolgreichen Anwalts, der bemerkenswerterweise eine sichere Beamtenlaufbahn aufgegeben hat, um sich den Herausforderungen des freien Berufs zu stellen. Der Anwalt lebt das wirkliche Leben ohne Netz und doppelten Boden. Das gilt übrigens in gleichem Maße, wenn Sie als angestellter Anwalt beginnen. Einmal abgesehen von z.T. ausbeuterischen Arbeitsbedingungen, lauert immer eine Haftungsgefahr, die nur bedingt versicherbar ist. Sie haben auch keinen Kündigungsschutz, wenn Ihr Arbeitgeber Sie nach zwei schlechten Monaten nicht mehr bezahlen kann. Umgekehrt können Sie über eine Umsatzbeteiligung Ihr Einkommen erhöhen, wenn Sie unternehmerisch handeln und Akquisitionsgeschick beweisen.

3 Egal, ob Sie auf eigene oder fremde Rechnung arbeiten, als Anwalt werden Sie im Zweifel länger arbeiten als die Mehrheit der Erwerbstätigen. Der Beruf sollte da-

---

3 *Streck*, Beruf Anwalt/Anwältin, S. 63 f.

rum mehr sein als nur Erwerbsquelle zur Bestreitung des Lebensunterhalts. Er sollte auch einen **persönlichen Gewinn** versprechen. Was für mich den besonderen Reiz am Anwaltsleben ausmacht, ist Folgendes: Durch meinen Rat und meine Vertretung gestalte ich das Leben anderer Menschen, und zwar unumkehrbar. Mein Können entscheidet beispielsweise darüber, ob ein Mensch seinen Arbeitsplatz behält oder nicht. Im Anwalt sehen die Menschen oft ihre letzte Rettung und legen ihr ganzes Vertrauen in seine Arbeit. Bildlich gesprochen breitet der Mandant vor mir seinen Lebensteppich aus und lässt mich ein Stück daran knüpfen. Damit trage ich eine hohe Verantwortung, und es ist sehr befriedigend, Menschen bei ihren Problemen helfen zu können. Sich für andere einzusetzen, ist eine Grundhaltung, die nicht mit Büroschluss endet. Auch wenn es altmodisch klingt, gibt es gerade bei erfolgreichen Rechtsanwälten eine Liebe zum Beruf, die mehr ist als nur Freude an der Arbeit. Es ist die Bereitschaft, sich auf etwas bedingungslos einzulassen, auch dann, wenn es vielleicht keinen Spaß macht und manchmal nicht einmal die Kosten einbringt. Wer den Anwaltsberuf mit dieser Leidenschaft betreibt, kann alles erleben, was das Leben so spannend macht. Im Unterschied zur Arbeit in einer Behörde oder einem großen Unternehmen erhält der Anwalt sein Feedback ohne Filter. Hat er Mist gebaut, verliert er mindestens einen Mandanten; hat er ein Meisterstück geliefert, wird ihn sein Mandant überall preisen. So oder so muss jeder Anwalt damit leben, dass man über ihn spricht.

Halten wir fest: Dem realen Risiko, das Ihnen alle Welt mehr oder weniger schaurig ausmalt, steht auch eine echte Chance gegenüber. Wenn Sie zu **hohem persönlichen Einsatz** bereit sind, bietet der Anwaltsberuf noch immer gute Aussichten. Sie befinden sich in einer Situation, in der Sie Weichen stellen, vielleicht für den Rest Ihres Lebens. Die Leichtfertigkeit, mit der einige junge Kollegen in den Beruf stolpern und sich „halt mal 'ne Zulassung holen", ist genauso unfassbar wie die Heirat mit einer Urlaubsbekanntschaft, die man gerade mal zwei Wochen kennt. Beides kann leicht danebengehen. Ihnen soll das nicht passieren, weil Sie hoffentlich verstanden haben, dass Sie die Entscheidung für den Anwaltsberuf nicht aus Verlegenheit und mangels Alternative treffen dürfen. Erst wenn Sie zu der **Überzeugung** kommen, dass Ihnen **von allen Berufen der des Anwalts am meisten entspricht**, haben Sie die Chance, erfolgreich zu werden. Dazu müssen Sie vor allem den Mut haben, Ihr Leben selbstbestimmt zu führen, sei es in einer Frankfurter Großkanzlei oder als Einzelanwalt in Aurich. Was es bedeutet, auch in wirtschaftlich schwierigen Zeiten dem freien Beruf die Treue zu halten, ist in den Worten des elsässischen Theologen, Arztes und Musikers Albert Schweitzer gut beschrieben:

„Ich wünsche mir Chancen, nicht Sicherheiten. Ich will kein ausgehaltener Bürger sein, gedemütigt und abgestumpft, weil der Staat für mich sorgt. Ich will dem Risiko begegnen, mich nach etwas sehnen und es verwirklichen, Schiffbruch erleiden und Erfolge haben. Ich lehne es ab, mir den eigenen Antrieb für ein Trinkgeld abkaufen zu lassen. Lieber will ich den Schwierigkeiten des Lebens entgegentreten, als ein gesichertes Dasein führen; lieber die gespannte Erregung des eigenen Erfolgs, statt die dunkle Ruhe Utopiens. Ich will weder meine Freiheit gegen Wohltaten hergeben, noch meine Menschenwürde gegen milde Gaben. Ich habe gelernt, für mich selbst zu denken und zu handeln, der Welt gerade ins Gesicht zu sehen und zu bekennen: dies ist mein Werk. Das alles ist gemeint, wenn wir sagen: Ich bin ein freier Mensch."[4]

Wenn Sie dazu fest entschlossen sind, werden Sie Ihren Weg gehen, auch bei 200.000 Wettbewerbern.

II. Der Markt für Rechtsberatung

1. Die allgemeine Marktlage

4 Wenn Sie sich für den Anwaltsberuf entschieden haben, gehören Sie der Dienstleistungsbranche an, einem Wirtschaftszweig, der in den letzten 20 Jahren im Vergleich zum produzierenden Gewerbe einen unglaublichen Boom erlebt hat. Die immer komplizierteren Lebensverhältnisse sorgen zusammen mit einem nimmermüden Gesetzgeber dafür, dass der Bedarf an Rechtsberatung stetig wächst. Der gestiegenen Nachfrage steht allerdings auch ein nicht unbeträchtliches Angebot an Beratern gegenüber. Besonders in den letzten Jahren hat der Markt für Rechtsberatung eine beispiellose Dynamisierung erfahren, deren Ende nicht abzusehen ist. Nach Schätzungen wächst die Nachfrage jährlich mit zwei bis drei Prozent.

Auf der Angebotsseite sieht es statistisch so aus: Auf jeden Anwalt entfallen heute ca. 510 Einwohner und knapp 13 Unternehmen – Tendenz fallend, weil die Zahl der Anwälte in den nächsten Jahren noch stetig steigen wird. Zu den ca. 161.000 Anwälten (Stand: Anfang 2013) kommen jährlich 2.000 bis 2.500 neue Kollegen hinzu. Diese Entwicklung ist nicht mehr so dramatisch wie vor einigen Jahren, als noch bis zu 6.000 Berufsanfänger jährlich auf den Beratungsmarkt strömten.

5 Das sind die Koordinaten, in denen Sie sich bewegen, wenn Sie Anwalt sind. Der Beratungsmarkt ist unübersichtlich, heterogen und befindet sich derzeit in einem

---

4 Zitiert nach *Hajo Noll*, Motivation – Zitate und Aphorismen, 3. Aufl. 1993, S. 4 f.

tief greifenden Wandel. Zwischen der zu prüfenden Nebenkostenabrechnung und der Fusion zweier Banken gibt es zu viele Facetten, als dass man über den Markt schlechthin sprechen könnte. Dennoch sind einige Tendenzen zu erkennen, die nachfolgend kurz skizziert werden sollen.

2. Marktöffnung durch das Rechtsdienstleistungsgesetz

Das Rechtsberatungsgesetz, das den Anwälten lange Zeit ein weitgehendes Beratungsmonopol sicherte, wurde zum 1.7.2008 durch das Rechtsdienstleistungsgesetz (RDL) abgelöst. Es beinhaltet folgende insbesondere für die Anwaltschaft bedeutsame Eckpunkte:

6

■ **Das RDG führt keine umfassende Rechtsdienstleistungsbefugnis unterhalb der Rechtsanwaltschaft ein.**

Wer umfassend rechtlich beraten will, muss weiterhin Volljurist und als Rechtsanwalt zugelassen sein. Für die Rechtsuchenden ist es wichtig, sich darauf verlassen zu können, dass umfassender Rechtsrat nur von Rechtsanwältinnen und Rechtsanwälten erteilt werden darf, die zur Unabhängigkeit, Verschwiegenheit und Wahrung der Mandanteninteressen verpflichtet sind. Damit wird es auch in Zukunft keine umfassende Rechtsberatungsbefugnis für Fachhochschulabsolventen (hier vor allem Diplom-Wirtschaftsjuristen) oder Absolventen des ersten juristischen Examens geben.

■ **Das RDG gilt nur für den außergerichtlichen Bereich und reglementiert nur noch Fälle echter Rechtsanwendung.**

Das früher geltende Rechtsberatungsgesetz unterstellte nach seinem Wortlaut jede Erledigung fremder Rechtsangelegenheiten dem gesetzlichen Erlaubnisvorbehalt. Das führte dazu, dass all diese Tätigkeiten grundsätzlich nur durch Rechtsanwälte oder durch andere Personen mit einer besonderen Erlaubnis zur Rechtsberatung (z.B. Steuerberater oder Inkassounternehmen) erbracht werden durften. Das Gesetz verwendete daneben auch die Begriffe Rechtsberatung, Rechtsbetreuung und Rechtsbesorgung, ohne diese Begriffe näher einzugrenzen. Das RDG hat diese konturenlose Begriffsvielfalt durch den einheitlichen, in § 2 Abs. 1 RDG definierten Begriff der Rechtsdienstleistung ersetzt, die **jede Tätigkeit in konkreten fremden Angelegenheiten, sobald sie eine besondere rechtliche Prüfung des Einzelfalls erfordert, umfasst.** Folglich sind nur noch die Fälle echter Rechtsanwendung allein dem Anwalt vorbehalten. Tätigkeiten, die sich im Auffinden, der Lektüre, der Wiedergabe und der bloßen schematischen Anwendung von Rechtsnormen erschöpfen, sind dagegen keine Rechtsdienstleistungen. Erste Abgrenzungsschwierigkeiten ergeben sich hier insbesondere bei der Geltendmachung einfacher Ansprüche, z.b. wenn eine Kfz-Werkstatt mit der gegnerischen Versicherung nicht nur die Reparaturkosten abrechnet, sondern für den Geschädigten gleichzeitig auch die Schadenpauschale geltend macht. Dadurch haben die im Bereich der Unfallschadenregulierung tätigen Kanzleien mit Umsatzeinbußen zu rechnen.

■ **Das RDG erlaubt allen Berufsgruppen Rechtsdienstleistungen als Nebenleistungen.**

§ 5 Abs. 1 RDG erweitert die Möglichkeit, im Zusammenhang mit einer anderen beruflichen Tätigkeit Rechtsdienstleistungen zu erbringen. **Rechtsdienstleistungen sind immer dann zulässig, wenn sie als Nebenleistung zum Berufs- oder Tätigkeitsbild oder zur vollständigen Erfüllung der mit der Haupttätigkeit verbundenen Pflichten gehören.** Demnach können z.b. Architekten über Fragen des Baurechts oder der Sachmängelhaftung beraten und Banken können ihren Kunden Rat zu Gestaltungsmöglichkeiten bei der Vermögens- oder Unternehmensnachfolge geben. Für die Tätigkeit reicht es aus, dass sie eine zum Tätigkeitsbild oder zur vollständigen Erfüllung der Vertragspflichten gehörige Nebenleistung darstellt. Die Rechtsdienstleistung darf also nach ihrem Gewicht und ihrer Bedeutung nicht im Mittelpunkt des Leistungsangebots stehen. Die zu erwartenden Unklarheiten sollen von der Rechtsprechung beseitigt werden.

■ **Das RDG ermöglicht neue Formen der Zusammenarbeit mit Rechtsanwälten.**

Wo Rechtsdienstleistungen nicht lediglich Nebenleistung sind, dürfen diese gleichwohl „aus einer Hand" angeboten werden. Dies eröffnet der Rechtsanwaltschaft neue Marktchancen. Deshalb ist es zulässig, dass Rechtsanwälte mit Angehörigen anderer Berufe (Unternehmensberater, nichtanwaltliche Mediatoren, Architekten, Ärzte etc.) fest zusammenarbeiten.

■ **Das RDG erlaubt unentgeltliche Rechtsdienstleistungen.**

§ 6 RDG erklärt die unentgeltliche Rechtsdienstleistung grundsätzlich für zulässig: Rechtsdienstleistungen, die nicht im Zusammenhang mit einer entgeltlichen Tätigkeit stehen, sind erlaubt.

Das betrifft einerseits die Rechtsberatung im Familien- und Freundeskreis und begünstigt andererseits die altruistische, karitative Rechtsberatung. Der Begriff der Unentgeltlichkeit wird enger als im Bürgerlichen Recht definiert. „Kostenlose" Serviceangebote (etwa die von einer Bank für den – potentiellen – Kunden kostenlos und unverbindlich angebotene Testamentsberatung) sind danach nicht unentgeltlich im Sinne des RDG, weil sie im Zusammenhang mit dem entgeltlichen Geschäft stehen, für das geworben werden soll.

■ **Das RDG ermöglicht allen Vereinen die rechtliche Beratung ihrer Mitglieder.**

Während nach altem Recht nur berufsständische und berufsstandsähnliche Vereinigungen (z.B. Gewerkschaften, Arbeitgeberverbände, Haus und Grund, Mietervereine) ihre Mitglieder rechtlich beraten durften, ist dies nun grundsätzlich nach § 7 RDG jeder Vereinigung erlaubt. Dies betrifft etwa die großen Mitgliedervereine wie beispielsweise Automobilclubs. Allerdings muss eine sachgerechte Mitgliederberatung gewährleistet sein. Dies erfordert, dass eine juristisch qualifizierte Person an der Beratung[5] beteiligt ist und die Institution personell, sachlich und finanziell angemessen ausgestattet sein muss.

■ **Die Regelungen über die Prozessvertretung vor Gericht werden in allen Verfahrensordnungen aneinander angeglichen.**

Das Rechtsdienstleistungsgesetz beschränkt sich auf die außergerichtlichen Rechtsdienstleistungen. Daher wurden die einzelnen Verfahrensordnungen (ZPO, FGG, ArbGG, VwGO, SGG, FGO) um Regelungen darüber ergänzt, wer wen in welchen gerichtlichen Verfahren vertreten kann. Zu diesem Zweck wurden die bisher uneinheitlichen Vorschriften der einzelnen Verfahrensordnungen einander so weit wie möglich angeglichen.

Die Vertretungsbefugnis im Zivil-, Arbeits-, Sozial-, Verwaltungs- und Finanzgerichtsprozess wurde dabei nicht in demselben Umfang freigegeben wie bei der außergerichtlichen Rechtsdienstleistung. Die Kenntnisse, die erforderlich sind, um einen Gerichtsprozess sachgerecht zu führen, sowie der Schutz der Gerichte erfordern und rechtfertigen stärkere Einschränkungen als im außergerichtlichen Bereich. Wichtig ist, dass die entgeltliche professionelle Vertretung weiterhin durch Rechtsanwälte erfolgen darf.

Zusammenfassend ist festzuhalten, dass die Gesetzesänderung den Rechtsberatungsmarkt langfristig auf völlig neue Beine stellen wird. Die rechtspolitischen Bedenken gegenüber einer Rechtsberatung, die nicht durch objektive Dritte, sondern weisungsgebundene Sachbearbeiter betrieben wird, konnten dem Bedürfnis nach preiswertem (und deshalb nicht immer gutem) Rechtsrat nicht standhalten. Die Anwaltschaft hat leider noch nicht begriffen, dass diese Konkurrenz viel größer ist als

---

5   Hier kann sich ein Junganwalt sehr gut als Vertrauensanwalt profilieren, indem er vielseitige Kontakte schließt, die ihm langfristig auch für die eigene Kanzlei Mandate bringen.

der Zuwachs aus den eigenen Reihen. Spezialisierung und Nischenbildung (siehe Rn 10) sind das Gebot der Stunde. Auch wird sich jede Kanzlei in ihrem Gebiet nach geeigneten Kooperationspartnern umsehen müssen. Insbesondere die Beratung durch Vereine eröffnet interessante Tätigkeits- und Akquisitionsmöglichkeiten, getreu dem chinesischen Sprichwort: „Die Hand, die Du nicht abschlagen kannst, sollst Du schütteln."

3. Automatisierte Rechtsberatung

7   Juristische Verlage und andere Anbieter sind dabei, im Internet Portale aufbauen, die manchen Gang zum Anwalt ersetzen werden. In wenigen Jahren wird die Sprache die Tastatur als Schnittstelle zwischen Mensch und Computer abgelöst haben. Spätestens dann wird es automatisierte Expertensysteme geben, zu denen jeder ohne große Hemmschwelle Zugang findet. Im Dialog mit dem Rechner werden Standardrechtsprobleme gelöst oder Verträge verkauft, die heute nur in Formularbüchern zu finden sind, von denen die Anwälte glauben, es sei ihr Herrschaftswissen. Die Interaktionsfähigkeit des Internet bietet ungeahnte Möglichkeiten. Unter *www.janolaw.de* kann der Rechtsuchende z.B. im Dialog mit dem System seinen passenden Vertrag erstellen. Es ist nahe liegend, dass Rechtsschutzversicherungen ihren Kunden bald exklusive Informations- und Beratungssysteme anbieten werden, um Kosten zu senken. Die Akzeptanz wird allerdings nur erreicht, wenn die Beratungsqualität dem Rechtsanwalt ebenbürtig ist. Es unterliegt keinem Zweifel, dass zur Erreichung dieses Ziels erhebliche Investitionen lohnen. Finanzstarke Kapitalunternehmen werden im Bereich „Wald und Wiese" professionelle Dienstleistungen anbieten, die einigen Rechtsanwälten das Fürchten lehren werden. Eine besonders bedenkliche Entwicklung ist die Vermittlung von Anwaltshotlines durch Rechtsschutzversicherer. In Callcentern, die organisatorisch eigenständigen Anwaltskanzleien zugeordnet sind, arbeiten mehrheitlich Berufsanfänger, die den Rechtsschutzkunden den Gang zum Anwalt ersparen sollen. Über die Qualität der Arbeit und die Neigung, im Zweifel zum Prozess zu raten (den die Rechtsschutzversicherung ja finanzieren müsste), darf man nur spekulieren.

4. König Mandant regiert

8   Der Beratungsmarkt entwickelt sich vom Anbieter- zum Nachfragemarkt, in dem Mandanten den Ton angeben. Der Anwalt hat es mit **aufgeklärten Verbrauchern** zu tun, die zunehmend Angebote vergleichen und die anwaltliche Leistung kritisch hinterfragen. Die Zeiten, in denen Mandanten wie Bittsteller auftraten, sind end-

gültig passé. So wird in der Anwaltserie des Magazins FOCUS[6] dem Leser für den Anwaltsbesuch geraten: „Legen Sie Ihrem Anwalt die Unterlagen vor. Achten Sie darauf, ob er sich genügend Zeit nimmt, um Ihr Anliegen zu verstehen. Fragen Sie ihn, wie oft er vergleichbare Fälle schon betreut hat. ... Erteilen Sie frühestens nach Beendigung der Erstberatung ein Mandat." Mit diesem Mandantenverhalten haben vor allem ältere Kollegen ihre Probleme, die solche Fragen als Zumutung empfinden. Umgekehrt haben Kanzleien mit entsprechender Marktorientierung gute Chancen sich zu positionieren.

Die Bindung an den **Hausanwalt**, der als Rechtsberater in allen Fällen konsultiert wird, schwindet zusehends. Nach einer Umfrage der Wirtschaftswoche[7] beschäftigen nur noch 15 % der Unternehmen eine Kanzlei mit allen Rechtsfragen. Schon 26 % entscheiden von Fall zu Fall, wen sie mit einem Mandat beauftragen.

Außerdem neigen sich die Zeiten, in den nur in vertrauter Runde über die Qualität des Anwalts gesprochen wurde, ihrem Ende entgegen. Nicht nur Hotels und Restaurants werden im Internet bewertet, auch Rechtsanwälte müssen lernen, mit dem öffentlichen Urteil ihrer Mandanten zu leben.[8]

5. Abschied von regulierten Gebühren

Die volkswirtschaftliche Binsenweisheit, dass bei einem Überangebot die Preise fallen, wird sich auch im enger werdenden Rechtsberatungsmarkt bewahrheiten, zumal schon nach geltendem Recht im außergerichtlichen Bereich fast alles frei vereinbart werden kann. Das neue RVG, das die Idee der **Mischkalkulation** in der Tradition der BRAGO fortsetzt und bei hohen Gegenstandswerten recht auskömmliche Gebühren verspricht, hat im Bereich außergerichtlicher Beratung und Gutachtertätigkeit seit Jahren seine Verbindlichkeit verloren. Auch im Bereich außergerichtlicher Vertretung kann man sich nicht mehr so leicht hinter der gesetzlichen Vergütung verstecken, sondern muss das Honorar gegenüber dem Mandanten begründen. Die deutsche Anwaltschaft scheint sich mit dieser Änderung mehrheitlich arrangiert zu haben, zumal auch höhere als die gesetzlichen Gebühren akzeptiert werden.[9]

9

---

6 Heft 49/1999, S. 146.
7 Heft 27/2000, S. 96.
8 Z.B. bei *www.anwalt.de* werden Mandanten aufgefordert, von ihren Erfahrungen zu berichten.
9 Vgl. das Vergütungsbarometer 2009 des Soldan Instituts, das auf einer repräsentativen Befragung beruht, unter *www.soldanistitut.de.*

Für die großen Kanzleien sind sog. **Beautycontests** schon lange üblich, in denen sich Kanzleien auf Ausschreibungen großer Mandanten bewerben. Es ist nicht auszuschließen, dass demnächst im Internet auch kleinere Mandate nach dem Motto „Wer verlangt weniger?" an Rechtsanwälte versteigert werden. Ob dies wünschenswert ist, ist eine andere Frage, jedenfalls wird diese Entwicklung mit den Mitteln der beruflichen Selbstverwaltung kaum aufzuhalten sein. Die inzwischen erlaubte **Preiswerbung** wird ein Übriges tun, um den aufgeklärten Mandanten zu Preisvergleichen zu animieren.

6. Spezialisierung und Nischenbildung

10 „In the nitches are the riches!" lautet ein weiser Spruch des amerikanischen Marketing-Gurus *Philip Kotler*, der auch für Rechtsanwälte gilt. Die überlaufenen und ausgetretenen Pfade des Mainstreams klassischer Anwaltstätigkeit bieten keine Zuwachsraten. Der Allgemeinanwalt klassischer Prägung wird allenfalls noch als Generalist mit Wegweiserfunktion zu den mit ihm kooperierenden Spezialisten am Markt eine Chance haben. Ausnahmen, die diese Regel bestätigen, werden es auch im dünn besiedelten ländlichen Raum schwer haben.

Die **Fokussierung** auf ein Rechtsgebiet, einen Lebenssachverhalt oder eine bestimmte Zielgruppe ist ein Überlebensfaktor auf einem Markt, der zwar große Potenziale hat, die aber nur durch stetige Differenzierung und Spezialisierung erschlossen werden können. Spezialisierte Anwälte sind aber auch immer mutige Anwälte, weil die Entscheidung für etwas immer die Entscheidung gegen vieles andere bedingt. Es gibt viele Beispiele von Kollegen, bei denen sich diese Risikobereitschaft ausgezahlt hat. Wer nicht bereit ist, eine strategische Entscheidung zu treffen, trägt das viel größere Risiko, vom Markt nicht mehr wahrgenommen zu werden. Der Gemischtwarenladen ist in Zeiten sich massiv ausweitender Fachanwaltschaften ein Auslaufmodell, für Gründer folglich ein absolutes Tabu.

7. Internationalisierung

11 Das Zusammenwachsen Europas auf allen Ebenen und die Globalisierung erhöhen den Bedarf an international ausgerichteten Kanzleien. Dieser Markt befindet sich derzeit in einem Konzentrationsprozess, der in **Megafusionen** seinen Ausdruck findet. Gleichzeitig gründen viele ehemalige Anwälte aus Großkanzleien kleinere Einheiten als „Boutiquen". Beides hat zur Folge, dass die Zahl der wirtschaftsberatenden Anwälte in den nächsten Jahren deutlich steigen wird. Damit einhergehend werden im Rahmen der Dienstleistungsfreiheit mehr ausländische Kanzleien und

Berufsträger den Weg nach Deutschland finden. Grenzüberschreitende Netzwerke werden zunehmend wichtiger, damit auch kleine und mittelgroße Kanzleien internationale Mandate bearbeiten können. Um professionell arbeiten und nach außen auftreten zu können, werden lose „Best Friends"-Systeme von zentral gemanagten Kooperationen verdrängt.

8. Virtualisierung

Ob die Kanzlei der Zukunft wirklich so aussieht wie die Werbung, die einen munteren Freizeitmenschen mit Laptop am See zeigt, sei einmal dahingestellt. Tatsache ist, dass die Anwaltschaft mit der technischen Entwicklung Schritt halten muss, um überhaupt mit den Mandanten kommunizieren zu können. Im Zeitalter von Smartphone und Tablet-PC, mit denen ich von jedem Ort der Welt telefonieren und E-Mails checken kann, verliert das Büro als Ort der Mandantenbesprechung an Bedeutung, auch der Gerichtssaal wird in einigen Jahren nur noch in Ausnahmefällen Austragungsort eines Prozesses sein. Schon heute ist es technisch möglich, den gesamten Aktenbestand der Kanzlei im Laptop präsent zu haben. Die **Verfügbarkeit des Beraters** wird auf die Wahl des Anwalts noch größeren Einfluss gewinnen. **12**

Gerade Rechtsschutzversicherte werden den Anwalt in zunehmendem Maße nur noch über den Versicherer wahrnehmen. Anwaltshotlines, bei denen Anwälte auf Honorarbasis für die Versicherung arbeiten, sind schon lange etabliert. Auch die Onlineberatung per E-Mail, z.B. durch ein Expertensystem wie *JurWay* von der ROLAND-Rechtsschutz-Versicherung, wird dazu beitragen, dass Verbraucher nicht mehr für jedes Rechtsproblem den weiten Weg in die Kanzlei suchen.

9. Neue Kanzleiformen

Die vorgenannten Tendenzen werden sicher Einfluss auf Größe und Struktur deutscher Anwaltskanzleien nehmen. Den klassischen Einzelanwalt wird es zwar immer noch geben, sein Erfolg hängt aber stark von seiner Spezialisierung und seinem Charisma ab. Die kleinen bis mittelgroßen Kanzleien werden sich weiter auf ihre Kernkompetenzen konzentrieren müssen, um zu überleben. Insbesondere werden sie mehr oder weniger enge **Kooperationen** mit anderen Kanzleien, aber auch mit anderen Berufsgruppen suchen, um ein konkurrenzfähiges Angebot bereitzuhalten. **13**

Die im Zuge der Fusionen mit amerikanischen Kanzleien aufgekommene Tendenz der Trennung von Vermarktung und Erbringung der Leistung wird weiter um sich greifen. Auch jenseits der Großkanzleien werden Anwaltsfirmen entstehen, die professionell werben und dem Anwalt die Sachbearbeitung überlassen. Auch wenn mit *Juraxx* ein erster Versuch, ein **Franchisesystem** für die Anwaltschaft zu etablieren, gescheitert ist, zeigt dies, wohin die Reise geht, nämlich in größere, professionell geführte Einheiten. Die ersten **Anwalts-AGs** dürften der Türöffner zu einer weit reichenden Liberalisierung des anwaltlichen Unternehmensrechts sein, in der die Unternehmereigenschaft und die Geschäftsführung nicht länger den Berufsträgern vorbehalten bleiben. In anderen Ländern, z.b. in den Niederlanden, sind Rechtsberatungsfirmen in Form von Kapitalgesellschaften schon längst Realität. Diese Entwicklung mag man begrüßen oder nicht, man muss sich auf sie einstellen. Wenn sich die anwaltlichen Arbeitgeber in neuer Weise formieren, steht zu hoffen, dass die anwaltlichen Arbeitnehmer dies in gleicher Weise tun und sich vielleicht gewerkschaftlich organisieren. In Großbritannien haben z.b. einige angestellte Rechtsanwälte der Kanzlei Russell Jones & Walker ihren Arbeitgeber mit Unterstützung der Gewerkschaft verklagt, weil sie sich durch eine Änderung des Bonussystems unzulässig benachteiligt sahen.

10. Fazit

14   Wenn vorstehend einige Tendenzen aufgezeigt wurden, heißt das nicht, dass Sie die allgemein schwierige Marktlage mit Ihren Marktchancen gleichsetzen müssen. Sie können zwar heutzutage nicht mehr einfach Ihr Schild an die Tür hängen und auf Mandate hoffen. Grund zur Panik besteht aber nicht, denn auch auf scheinbar gesättigten Märkten haben neue Anbieter eine Chance, wenn sie das **richtige Produkt** zum **richtigen Zeitpunkt** der **richtigen Zielgruppe** anbieten.

Andere Branchen können mit prominenten Beispielen aufwarten:

- ■ IKEA expandiert seit Jahren im allgemein stagnierenden Möbelmarkt.
- ■ H&M wächst im äußerst hart umkämpften Textileinzelhandel.
- ■ MOTELONE mischt mit günstigen Designerhotels in Innenstadtlagen den deutschen Hotelmarkt auf.

Das Erfolgsrezept dieser Unternehmen lässt sich vergröbernd auf einen Satz reduzieren: Wir sind nicht unbedingt besser als die Konkurrenz, aber wir sind anders. Es ist genau dieses **Anderssein**, das der Markt belohnt. Statt sich mit vielen um ein Stück des Kuchens zu bemühen, sollten Sie versuchen, selbst einen Kuchen zu backen. Sie sind einmalig, deshalb sollten Sie auch etwas Einmaliges anbieten. Das kann ein neues juristisches Produkt sein, aber auch ein besonderer Service oder nur ein besonderer Standort Ihrer Kanzlei. Sie haben den Vorteil, dass der Markt täglich neu verteilt wird, weil kein Tag vergeht, an dem nicht neue Probleme auftauchen und Menschen fundierten Rechtsrat benötigen. Oder anders formuliert: Willkommen auf dem Markt der unbegrenzten Möglichkeiten!

III.   Anforderungsprofil

1.   Was muss ich mitbringen?

Nach dem Blick auf den schwierigen, aber chancenreichen Markt für anwaltliche   15
Dienstleistungen werden Sie sich bestimmt fragen, ob Sie denn für diese raue Welt geeignet sind und das Zeug zum guten Anwalt haben. Die Frage, was einen guten Anwalt ausmacht, ist weder allgemein gültig noch in einem Satz zu beantworten. Die Aussage, Chancen habe nur, wer beide Examina im zweistelligen Bereich vorweisen kann, ist in dieser Ausschließlichkeit großer Quatsch. Die wie auch immer nachgewiesene juristische Qualifikation ist nur das Fundament für den anwaltlichen Erfolg.

Viel wichtiger als das Wissen, das man sich zunehmend leichter aneignen kann, ist Ihre Persönlichkeit. Sie sind für den Anwaltsberuf geeignet, wenn Sie folgende **Persönlichkeitsmerkmale** aufweisen:

- ■ Selbstbewusstsein
- ■ Aufgeschlossenheit
- ■ Eigeninitiative
- ■ Leistungsbereitschaft
- ■ Anpassungsvermögen
- ■ Entscheidungsfreude
- ■ Kontaktfreudigkeit
- ■ Überzeugungskraft
- ■ Kreativität
- ■ Zuverlässigkeit.

„Na klar bin ich das!", sagt sich der eilige Leser und lässt vielleicht noch ein verhaltenes „größtenteils zumindest" folgen, um munter weiterzulesen. Achtung! Lassen Sie sich nicht so billig davonkommen, sondern geben Sie sich für jedes Merkmal eine Schulnote von 1 (stark) bis 6 (schwach). Fragen Sie zur Kontrolle auch Menschen, die Sie gut kennen, nach deren Einschätzung. Das ist jedenfalls besser, als Ihre Umwelt zu fragen, ob Sie einen guten Anwalt abgeben würden. Die laienhafte Vorstellung von diesem Beruf ist geprägt von einem Bild, das irgendwo zwischen *Danni Lowinski* und *Der Dicke* liegt und mit der Realität wenig bis nichts zu tun hat.

2. Was wird von mir erwartet – oder: Welche Rollen muss ich spielen?

16 Zum einen verbietet die Vielgestaltigkeit anwaltlicher Tätigkeit zwischen Landanwalt und Großkanzlei das Denken in Klischees, zum anderen hat jeder Anwalt etwas von einer multiplen Persönlichkeit, in der – wie es der Psychologe ausdrückt – anscheinend Erlebnis- und Verhaltenssysteme mehrfach vorhanden sind. Anders ausgedrückt: Das Spielen und Beherrschen sehr verschiedener sozialer Rollen ist für den Anwalt identitätsstiftend. Welche Rollen im Alltag konkret auf Sie zukommen können, soll nachfolgend beleuchtet werden. Die Aufzählung ist sicherlich nicht vollständig. Sie soll Ihnen aber vor Augen führen, dass **anwaltliche Tätigkeit** weit **mehr** ist **als nur Fallbearbeitung.**

■ Arbeitgeber/Vorgesetzter

17 Es gehört zu den ungewohnten Erfahrungen beim Berufseinstieg, plötzlich Vorgesetzter zu sein. Ganz gleich, ob Sie als Angestellter vorhandenes oder als Arbeitgeber selbst eingestelltes Personal vor sich haben, Sie müssen Weisungen erteilen, die Arbeit überwachen, aber auch motivieren. Als Existenzgründer stehen Sie erst einmal vor der leicht zu unterschätzenden Aufgabe, das richtige Personal zu finden und mit passenden Verträgen an sich zu binden. Sie verfolgen die Diskussion um die steigenden Lohnnebenkosten mit persönlicher Betroffenheit. Dass der Sozialstaat nicht zum Nulltarif zu haben ist, spüren Sie jetzt am eigenen Leib. Es ist gut möglich, dass Sie mit Ihren Mitarbeitern mehr Zeit verbringen als mit Ihrem Lebenspartner. Deshalb ist es ungemein wichtig, ein gutes Betriebsklima zu schaffen.

■ Ausbilder

18 Als Anwalt haben sie vom ersten Tag Ihrer Zulassung an das Recht, angehende Fachangestellte auszubilden. Einige Anwälte scheuen sich, ohne eigene Berufserfahrung auszubilden. Dies ist aber kein Dogma, wenn Sie z.B. als Existenzgründer eine Auszubildende einstellen, mit der Sie sich gemeinsam das erarbeiten, was Sie selbst noch nicht wissen. Sie können sicher sein, dass Sie eine bessere Ausbildung bieten als manche alteingesessene Kanzlei, die ihre Azubis nur als billige Schreibkräfte missbraucht, was leider nicht selten vorkommt.

■ Diplomat

19 Laut Duden ist ein Diplomat jemand, der geschickt und klug taktiert, um seine Ziele zu erreichen, ohne andere zu verärgern. In dieser Definition dürften sich viele Anwälte wiedererkennen, geht es doch nicht nur darum, Rechtsansprüche durchzusetzen, sondern auch zum Rechtsfrieden beizutragen. Dies gilt umso mehr für den beratenden Anwalt, dessen vornehmste Aufgabe darin besteht, Konflikte erst gar nicht aufkommen zu lassen. In Vertragsverhandlungen, zu denen auch Vergleiche zählen, gewinnen Sie nur, wenn Sie nicht nur Ihrem Mandanten, sondern auch der Gegenseite das Gefühl geben, ein optimales Ergebnis erreicht zu haben. Arbeiten Sie nach dem Motto: „Der Klügere gibt nach, der noch Klügere gibt vor nachzugeben".

■ **EDV-Fachmann**

Erfolgreiche Werbeslogans wie „Ich will so bleiben wie ich bin" oder „ADVO-CARD – und der Anwalt hilft sofort" spielen mit unerfüllbaren Sehnsüchten. So verhält es sich auch mit dem Spruch „Sie können ruhig Anwalt bleiben",[10] mit dem ein Softwareanbieter für sein Produkt wirbt. Schön wär's, doch leider macht die EDV den Kanzleialltag nicht nur leichter, sondern gleichzeitig komplizierter. Der Traum von der selbsterklärenden und funktionierenden Software existiert nur in den Vorführungen der diversen Systemanbieter. Wenn Sie als Anwalt den zahllosen Helfern aus der EDV-Branche nicht hilflos ausgeliefert sein wollen, führt an Grundkenntnissen in der EDV kein Weg vorbei. Doch selbst wenn Sie zu den Glücklichen gehören, die wenig bis keinen Ärger haben, stehen Sie noch immer vor der Aufgabe, die richtige Ausstattung für Ihre Kanzlei zu wählen. Die Frage „Welcher Rechner und welche Software passen zu mir?" stellt sich alle drei bis vier Jahre neu und sollte zur Vermeidung teurer Fehlkäufe nicht ohne Vorkenntnisse getroffen werden.

20

■ **Geheimnisträger**

Die Verschwiegenheit gehört gem. § 43a Abs. 2 BRAO zu den Grundpflichten des Anwalts, die Sie nicht ernst genug nehmen können. Betrachten Sie es als Privileg, dass Sie Einblicke in Sachverhalte erhalten, die man außer Ihnen vielleicht niemandem anvertrauen würde. Kein anderer Beraterberuf ist gesetzlich dermaßen zum Schweigen verpflichtet, aber auch berechtigt wie die Anwaltschaft.

21

■ **Pädagoge**

Den meisten Mandanten reicht es nicht aus, einen Rechtsvertreter zu haben, der sich um ihre Angelegenheiten kümmert. Sie wollen außerdem wissen, wie die Rechtslage ist. Hier ist regelmäßig pädagogisches Talent gefragt, um dem Laien eine verständliche und richtige Auskunft zu geben, handelt es sich doch häufig um eine komplizierte Materie. Besonders dann, wenn die Rechtslage dem „gesunden Menschenverstand" widerspricht, darf der Anwalt seine Erklärungskünste aufwen-

22

---

10 Es handelt sich um den Slogan der Gesellschaft für Kanzleiorganisation, die den Kanzleimanager vertreibt. Mit diesem Zitat ist kein Werturteil über das Produkt verbunden.

den, um beispielsweise einem kleinen Einzelhändler die Rechtsfolgen eines wettbewerbsrechtlichen Unterlassungsverlangens auseinanderzusetzen.

■ Pfadfinder/Visionär

23 Als Anwalt gestalten Sie das Leben anderer Menschen, ein Problem wird mit Ihrer Hilfe gelöst – mit welchem Ergebnis auch immer. Ihre Aufgabe besteht dann oft darin, in verfahrenen Situationen neue Wege zu finden, auf denen man Ihnen folgt. Der New Yorker Anwalt und Schriftsteller *Louis Begley* formuliert es so: „Stellt man sich zwei gleich intelligente leistungsstarke Anwälte vor, so ist der im Vorteil, der das höhere Maß an Vorstellungskraft hat. Man kommt dann einfach auf Dinge, auf die ein anderer nicht kommt. Und man kann sich verschiedene Ansätze vorstellen, an ein Problem heranzugehen, sich vorstellen zu können, wie Dinge komplett anders verlaufen könnten."[11]

■ Privatperson

24 Das nicht enden wollende Gerede vom Anwalt, der jeden Tag zwölf Stunden in seiner Kanzlei verbringt, gibt Anlass, daran zu erinnern, dass Sie in diesem Beruf ein Recht auf Privatleben haben. Sie müssen aber damit rechnen, auch in Ihrer Freizeit als Anwalt erkannt zu werden. Wundern Sie sich also nicht, wenn man Sie außerhalb der Bürozeiten mit Rechtsfragen und Problemen konfrontiert. Betrachten Sie dies nicht als Belästigung, sondern als Kompliment für Ihre Kompetenz und Vertrauenswürdigkeit. Hüten Sie sich aber vor einer (womöglich noch kostenlosen) Erstberatung nach Feierabend, für die Sie mit Haut und Haaren haften.[12]

■ Psychologe

25 Es liegt im Wesen des Menschen, dass Denken, Sprechen und Handeln nicht immer eine Einheit bilden. Dies gilt in besonderem Maße für den Umgang des Anwalts mit seinem Mandanten. Zwischen beiden stehen oft unsichtbare Barrieren, weil sie unterschiedliche Sprachen sprechen oder der Mandant das Bedürfnis hat, sich vor dem Anwalt auf Kosten der Wahrheit gut darzustellen. Sie sind ein guter Anwalt, wenn Sie dies erkennen und außerdem die Fähigkeit haben, sich in die Situation des Mandanten zu versetzen, um seine Interessenlage möglichst genau zu bestimmen und dementsprechend vorzugehen. Sie sind ein exzellenter Anwalt, wenn Ihnen Gleiches mit der Gegenseite gelingt, mit der Sie ja keinen so vertrauten Umgang haben, deren bewusst oder unterbewusst gesendete Signale Sie aber

---

11 Zitiert aus einem Interview im Anwaltsreport 5/6 2001, 59.
12 Ein realer Fall: Ein Rechtsanwalt berät einen Gast auf einer Gartenparty im Mietrecht und denkt nicht an die kurze Verjährung des § 558 BGB. Dieses Gespräch kostete die Haftpflichtversicherung des Anwalts 50.000 DM, vgl. *Bengel*, Berliner Anwaltsblatt 1998, 300.

richtig deuten müssen, um daraus die entsprechenden Konsequenzen ziehen zu können.

■ **Schauspieler**

„Wir alle spielen Theater" lautet der Titel von *Irving Goffmanns* Klassiker der Soziologie, der eindringlich aufzeigt, wie sehr wir im Privaten wie im Beruflichen unser Auftreten als Auftritt inszenieren. Getreu dem Motto „Der Aktenautist ist tot – es lebe der Selbstdarsteller" werden seit Jahren Schauspielkurse speziell für Rechtsanwälte angeboten, was sich im Programmheft der Anwaltakademie[13] so liest: „Können Sie sich noch an Ihre Premiere, Ihren ersten Auftritt vor Gericht erinnern? ... Wir bieten Ihnen die Möglichkeit, in einer kleinen Gruppe das Handwerkszeug der Schauspielschule von Profis zu erlernen ... Sie werden vertraut gemacht mit Grundlagen der Schauspielkunst, Basisübungen zum gestischen Sprechen und allem, was zu einem wirkungsvollen Auftritt zählt. Individuelle Übungen garantieren sicht- und hörbare Veränderungen. Erleben Sie Ihre neue Premiere."

26

■ **Seelsorger**

Je nach Klientel und Rechtsgebiet werden Sie sich nicht nur auf die juristische Seite Ihrer Tätigkeit beschränken können. Wenn Ihnen eine weinende Mandantin gegenübersitzt, die von Ihrem Mann soeben grün und blau geschlagen wurde, wäre es unpassend, barsch um Ruhe für das Diktat an die Staatsanwaltschaft zu bitten. Neben einem Paket Taschentüchern, das Sie immer griffbereit haben sollten, wird von Ihnen auch menschlicher Zuspruch erwartet. Doch Vorsicht: Es wäre ein Fehler, sich mit den Nöten der Mandanten zu identifizieren und in vermeintlich guter Absicht das Mandat entsprechend emotional zu führen. Dies wäre höchst unprofessionell und könnte leicht zu Fehlern führen. Der Seelsorger in Ihnen darf daher nur eine – wenngleich wichtige – Nebenrolle spielen.

27

■ **Teamarbeiter**

Wenn Sie in einer größeren Kanzlei arbeiten, ist es nicht unbedingt die Regel, dass der Anwalt seine Fälle alleine bearbeitet, vielmehr ist er oftmals in Teams eingebunden. Getreu dem Motto „Der Star ist die Mannschaft" ist in hohem Maße Kommunikationsfähigkeit gefragt. Besonders spezialisierte Anwälte müssen sich darauf einstellen, in häufig wechselnden Teams, die nur für ein Mandat zusammengestellt werden, zu spielen. Dies gilt auch im kleineren Rahmen, wenn Sie z.B. mit dem Steuerberater und dem Vermögensberater zusammen ein Konzept für die optimale Vermögensnachfolge entwickeln sollen. Unter Teamarbeit lässt sich aber auch die

28

---

13 Seminarverzeichnis 1. Halbjahr 2010, S. 27.

Zusammenarbeit mit dem Personal der Kanzlei fassen. Das „Kanzleiteam" soll sich nicht nur lächelnd in der Kanzleibroschüre präsentieren, sondern auch im Alltag ein Miteinander pflegen. Als Anwalt tragen Sie hierfür hohe Mitverantwortung.

■ Unternehmer

29 Neben der Sorge für das Personal wartet noch eine Vielzahl anderer Aufgaben auf Sie, die sich alle um den Aufbau und Ausbau des Unternehmens drehen. Nach der Gründung (vgl. hierzu § 3) müssen Sie Ihr Unternehmen am Markt etablieren. Sie verkaufen eine Dienstleistung, auch wenn dies nicht immer so deutlich ausgesprochen wird, weil es sich um eine besondere Dienstleistung handelt. Um Gewinne zu erwirtschaften, reicht es nicht aus, ordentliche Umsätze zu erzielen, Sie müssen auch die Ausgaben im Blick behalten.

■ Wissenschaftler

30 Es ist eine Binsenwahrheit, dass Studium und Referendariat nicht die beste Vorbereitung auf den Anwaltsberuf darstellen. Sie dürfen darüber aber nicht vergessen, dass wissenschaftlich genaues Arbeiten zuweilen einen erheblichen praktischen Nutzen bringen kann. Gerade junge Rechtsanwälte haben hier die Chance, sich zu profilieren: Zum einen ist die genaue Arbeitsweise noch geläufig, zum anderen haben sie mehr Zeit, einen Fall gründlich zu durchdringen. Wenn dies konsequent unter dem Blickwinkel der Mandanteninteressen geschieht, wird sich der Erfolg garantiert einstellen.

Sicher haben Sie sich im Geiste schon in der einen oder anderen Rolle „spielen" sehen. Das Spannende an diesem Beruf (im Unterschied zur vorhersehbaren Beamtenlaufbahn) ist, dass Ihnen so ziemlich alles passieren kann. Sie können Ihre Rollen aktiv mitgestalten und so Ihre Erfolgsgeschichte schreiben. Hierzu drücke ich Ihnen beide Daumen!

§2 Der angestellte Anwalt

Dieter Trimborn v. Landenberg

I. Vorbemerkung

Mit der Entscheidung für den Anwaltsberuf stellt sich als Erstes die Frage, ob Sie **1**
in eigener oder in fremder Kanzlei starten wollen. Die Aufnahme einer angestellten Tätigkeit liegt in den letzten Jahren im Trend, wie die Berufsforscher des Soldan Instituts in einer Erhebung aus dem Jahr 2012[1] nachweisen konnten: 59 % der
neu zugelassenen Rechtsanwälte sind zunächst angestellt tätig (zum Vergleich:
1996 waren es nur 32 %!). Der Rest teilt sich auf in Kanzleigründer (26 %), Freie
Mitarbeiter (11 %) und Syndikusanwälte (4 %). Obwohl die meisten Berufsanfänger sich demnach für eine mehr oder weniger abhängige Beschäftigung entscheiden, soll dies für Sie kein Maßstab sein. Der oft gehörte Satz, man „müsse" vor der
Kanzleigründung zumindest einige Zeit in einer anderen Kanzlei gearbeitet haben,
stimmt in dieser Absolutheit nicht. Es gibt ausgesprochene Unternehmernaturen,
die in abhängiger Beschäftigung nur Zeit verlieren würden. Auch ist nicht jede
Stelle so gut und lehrreich, dass sie einer Existenzgründung vorzuziehen ist. Sowohl die Existenzgründung als auch die Anstellung in einer Kanzlei sind gangbare
Wege, die Sie gleichwertig prüfen sollten. Dieses Kapitel handelt von Arbeit in der
fremden Kanzlei, wie man sie findet und was im Einzelnen zu beachten ist.

II. Berufseinstieg

Wenn vom Arbeitsmarkt für Juristen die Rede ist, fehlt es oft an der nötigen Diffe- **2**
renzierung. Die Einschätzungen reichen je nach Blickwinkel von „total dicht und
aussichtslos" bis zu „glänzenden Perspektiven wie noch nie" für Berufseinsteiger.
Die Wahrheit liegt bekanntlich irgendwo dazwischen und sollte Sie nicht über-
mäßig beeinflussen. Abgesehen davon, dass es *den* Arbeitsmarkt für Rechtsanwälte genauso wenig gibt wie *die* Anwaltschaft, werden auf dem Anwaltsmarkt keine
Gattungswaren gehandelt, sondern Menschen, die die schöne Eigenschaft haben,
einzigartig zu sein. Ihre Individualität sollten Sie deshalb pflegen, sie ist ein
Trumpf bei der Stellensuche. Wer hingegen meint, irgendeinen Klon von einem
Idealbild, dem er nicht entspricht, verkaufen zu müssen, hat gute Chancen, Schiffbruch zu erleiden.

---

1 Soldan Institut, Pressemitteilung vom 15.6.2012.

1. Bewerbungsstrategie

3 Wenn Sie nach reiflicher Überlegung zu dem Entschluss gekommen sind, statt einer Existenzgründung zunächst eine Anstellung zu suchen, darf die Alternative nicht heißen: „Dann suche ich mir erst mal irgendwas!" Irgendetwas findet sich immer, vor allem jede Menge Sackgassen, in denen Sie Ihre besten Jahre vergeuden können. Machen Sie also Ihre Stellensuche nicht vom Zufall abhängig, sondern entscheiden Sie möglichst genau, wohin die Reise gehen soll. Neben fachlicher und örtlicher Präferenz sollten Sie sich schon vor dem ersten Bewerbungsschreiben klar gemacht haben, welche **berufliche Perspektive** Ihnen Ihre erste Stelle bieten muss. Beispielsweise sollten Ihnen folgende Fragen durch den Kopf gehen:

- Bin ich an einer dauerhaften oder nur vorübergehenden Beschäftigung interessiert?
- Arbeite ich lieber wissenschaftlich oder bin ich eher der praktische Typ?
- Was ist mir die Aussicht auf eine Partnerschaft wert?
- Welches Einkommen will ich kurz-, mittel- und langfristig mindestens erzielen?
- Wie groß soll/muss meine Traumkanzlei sein?
- Will ich von Anfang an eigene Mandate bearbeiten oder reicht mir Zuarbeit aus?
- Suche ich einen Fulltimejob oder brauche ich Zeit für Nebenbeschäftigungen?

Natürlich müssen Sie Ihre Ansprüche an Ihrer Qualifikation messen. Ich kann aber nicht eindringlich genug daran erinnern, dass Sie diese nicht auf Ihre Examensnoten reduzieren dürfen. Auch mit zwei Vieren sind Sie nicht gehalten, jeden erstbesten Job anzunehmen, von dem Sie wissen, dass er Ihnen nichts bringt außer Frust und einer Atempause für die nächste Bewerbungsphase.

> *Tipp*
> Je genauer ich mein berufliches Ziel definiere, umso zielgerichteter kann ich mich bewerben und umso größer sind meine Erfolgsaussichten. Stellensuche nach dem Beckenbauer-Prinzip („Schau'n mer mal") hat den Nachteil, dass sie lange dauern kann und erhebliches Frustrationspotenzial birgt. Im Zweifel haben Sie weder die Zeit noch das Geld, um lange auf Ihre Erstanstellung zu warten. Rationieren Sie deshalb die knappsten Ressourcen im Rahmen Ihrer Bewerbungsstrategie.

4 Im Zweifel ist es nie zu früh, sich zu bewerben. Sinnvollerweise beginnt die **Bewerbung im Referendariat**. Es gibt viele Kollegen, die bereits zum Ende des Referendariats eine Stellenzusage haben, oft durch Kontakte in der Anwaltsstage. Insofern handelt grob fahrlässig, wer aus Bequemlichkeit die Stage beim Anwalt um die Ecke absolviert, der einem außer viel Freizeit nicht viel zu bieten hat. Zwei Kriterien sollten daher die Wahl der ausbildenden Kanzlei bestimmen:

1. Was kann ich hier lernen?
2. Besteht die Chance, übernommen zu werden?

Wie lange die **Bewerbungsphase** nach dem Assessorexamen insgesamt dauern darf, kann nicht allgemeingültig beantwortet werden. Statistische Erhebungen erlauben aber die Nennung folgender Richtwerte: Nach dem dritten Monat Ihrer Bewerbungsphase sollten Sie sich erstmals fragen, ob Ihre Ziele zu hoch oder Ihre Aktivitäten bei der Stellensuche zu dürftig waren. Wenn Sie nach sechs Monaten trotz intensiver Suche keine Stelle gefunden haben, sollten Sie das Thema „Bewerbung im Anwaltsberuf" abschließen und eine Existenzgründung oder einen anderen Beruf in Betracht ziehen. Das Denken in Zielhierarchien soll Sie aber nur vor der Verfolgung unrealistischer Ziele schützen und darf keine Ausrede für Bewerbungsmüdigkeit sein!

Betrachten Sie Ihre Bewerbung als Werbekampagne für Ihre Person. Sie wissen: **5** Werbung kostet **Geld**. Gute Werbung kann sogar viel Geld kosten, bringt aber auch entsprechenden Gewinn. Sie sollten im Vorhinein festlegen, wie viel Geld Sie ausgeben wollen bzw. können, um eine Stelle zu finden. Bedenken Sie aber, dass sich hohe Investitionen lohnen, wenn Sie dadurch früher einen anständig bezahlten Job bekommen.

Wichtiger als Starfotos und halbseitige Stellengesuche in der NJW ist aber der persönliche Einsatz für Ihr Berufsziel. Bewerbung ist Schwerstarbeit; Sie müssen auf einem unübersichtlichen Markt der Möglichkeiten Chancen suchen und nutzen. Ihre kommunikative Kompetenz – technisch wie persönlich – ist gefragt. Neben der Notwendigkeit, die Jobsuche nach außen bekannt zu machen, wird häufig übersehen, dass Sie als Bewerber auch ständig für potenzielle Arbeitgeber ansprechbar sein müssen. Organisieren Sie also zunächst Ihre Erreichbarkeit über möglichst viele Kanäle:

- Telefon
- Anrufbeantworter/Mailbox aktiviert? (mit beruflich-professionellem Text!)
- Wer nimmt in Abwesenheit Anrufe an?
- Rufumleitung auf Handy eingerichtet?
- Kann ich ungestört telefonieren?
- Faxgerät
- Papiervorrat ausreichend?

- Kann ich das Faxgerät von Freunden nutzen?
- Briefkasten
- Leerung täglich?
- Wer leert bei Abwesenheit und benachrichtigt mich?
- E-Mail-Adresse
- Eingerichtet?
- Leerung täglich?

2. Stellensuche

6   Wer Richter werden will, muss nur bei 16 Justizministerien anrufen und hat schnell einen genauen Überblick über den Stellenmarkt. Ihnen als Arbeit suchendem Rechtsanwalt stellt sich der Arbeitsmarkt nicht ganz so übersichtlich dar. Sie sind daher gut beraten, Ihre Stellensuche mit detektivischem Eifer auf möglichst vielen Ebenen zu betreiben. Gute Stellen sind rar, aber man kann vieles tun, um sie zu finden.

a) Stellenangebote

7   Von einem offenbar erfahrenen Kollegen stammt der Satz, dass die meisten Stellenangebote der NJW dem Schema der Heiratswünsche in der FAZ entsprächen: Ich bin ganz große Klasse und wenn du auch ein toller Typ bist, dann werden wir beide eine wahnsinnig intensive Partnerschaft haben. Schön, wenn's klappt, doch soll es auch in unserer Branche von kurzen Affären bis zum handfesten Heiratsschwindel schon alles gegeben haben. Seien Sie also nicht unkritisch, wenn eine Traumstelle offeriert wird, sondern lesen Sie auch zwischen den Zeilen. Wenn Sie sich für geeignet halten, dürfen Sie sich auch bewerben, wenn Sie das erwartete Prädikatsexamen nicht haben. Wird ausnahmsweise kein Prädikat vorausgesetzt, können Sie davon ausgehen, dass außer Ihnen mindestens 200 Kollegen im Rennen sind. Schreiben Sie also Ihre Bewerbung in dem Bewusstsein, dass an Ihnen irgendetwas Besonderes sein muss. Nur so haben Sie eine realistische Chance, zum Vorstellungsgespräch eingeladen zu werden.

Neben der NJW[2] hat sich speziell für Rechtsanwälte ein Stellenmarkt in dem halbjährlich (Mai und November) erscheinenden Magazin Anwaltsblatt-Karriere etabliert, siehe *www.anwaltsblatt-karriere.de*.

---

2   Unter *www.beck-stellenmarkt.de* kann man auch eine nach Rechtsgebieten sortierte Recherche vornehmen, sogar schon einige Tage vor Erscheinen der Anzeige in der NJW.

b)   Stellengesuche

Stellengesuche sind das klassische Mittel der **Eigenwerbung**. Hier gilt es, sich mit **8**
wenigen und vor allem wohl gewählten Worten der richtigen Zielgruppe zu empfehlen. Zur Formulierung sollte man sich mindestens einen halben Tag reservieren.
Rücklauf erhalten Sie nur, wenn Sie auch Ihren Wunsch nach Anstellung in einer
Kanzlei deutlich äußern. Die viel verwendete Floskel „. . . sucht Erstanstellung in
Kanzlei, Verband oder Unternehmen" zeugt von erheblichen Orientierungsproble-
men.

Der nach wie vor größte Stellenteil befindet sich bekanntlich in der NJW, Stellengesuche finden sich aber auch in den Mitteilungsblättern der Anwaltsvereine und
Kammern sowie im Anwaltsblatt.

c)   Aushänge am schwarzen Brett

Steckbriefe am Schwarzen Brett des Gerichts oder des Anwaltsvereins können ein **9**
preiswertes und effektives Mittel der Stellensuche sein, wenn sie ordentlich gestaltet sind. Die Kunst besteht darin, sich in wenigen Worten ein unverkennbares Profil
zu verleihen. Idealerweise sollte die inhaltliche Gewichtung gedrittelt werden in
Angaben zur Person, zum juristischen Werdegang und zum Stellenwunsch. Hier
gilt es jeweils Folgendes zu beachten:

Nicht nur Ihre Personalien, sondern auch Ihre Persönlichkeit ist interessant. Versuchen Sie, neben Alter und Familienstand durch entsprechende Attribute auch
mitzuteilen, was Sie für ein Typ sind. Vermeiden Sie Plattitüden; denn „dyna-
misch" und „hoch motiviert" sind Ihre Mitbewerber auch.

Trotz begrenzter Aussagekraft: Ihre Examensnoten sind zur ersten Orientierung
des Lesers wichtig. Darüber hinaus sollten Sie nur das aufführen, was für Ihre angestrebte Anwaltstätigkeit von Interesse ist.

Wenn Sie Ihren Stellenwunsch allgemein halten, sprechen Sie eine breite Gruppe
von Arbeitgebern an. Die Gefahr liegt dann darin, dass Sie sich auf eine Stelle einlassen, die nicht zu Ihnen passt. Aus diesem Grund sollten Sie versuchen, Ihre Ide-
alkanzlei einzugrenzen. Ein Kriterium ist z.B. die Kanzleigröße. Wenn Sie nicht
der Junior in einer Einzelkanzlei sein wollen, suchen Sie den Einstieg in eine mittelgroße Kanzlei. Wenn Sie auch halbtags arbeiten können, weisen Sie darauf hin;
es erhöht Ihre Einstellungschancen ungemein. Im Übrigen sollten Sie keine Gehaltsvorstellungen angeben, dies bleibt regelmäßig dem Vorstellungsgespräch vorbehalten.

d) Direkte Ansprache (Initiativbewerbung)

10 Sie haben nichts zu verlieren, also wagen Sie die „kalte Anmache" bei Kanzleien, von denen Sie nicht wissen, ob sie eine freie Stelle haben! Machen Sie sich klar, dass Sie als Initiativbewerber im Zweifel der Erste und Einzige sind, der sich auf eine freie oder frei werdende Stelle bewirbt. Bei richtiger Vorbereitung haben Sie hier überdurchschnittliche Chancen. Die **Initiativbewerbung** ist aber nicht mit der **Blindbewerbung** zu verwechseln, wo der Bewerber auf gut Glück wahllos potenzielle Arbeitgeber anschreibt. Die Kanzleien, die Sie ins Visier nehmen, sollten Sie schon etwas näher kennen und zumindest wissen, welche Schwerpunkte dort gepflegt werden. Nur so können Sie überzeugend argumentieren. Es ist meist effektiver, wenige Kanzleien konkret anzusprechen, als viele Kanzleien mit einer groß angelegten Mailing-Aktion erreichen zu wollen.

Ob Sie an Kanzleien zuerst **schriftlich** oder **telefonisch** herantreten, ist Geschmacksfrage. Es ist jedoch unbedingt darauf zu achten, dass man einen Ton findet, der anspricht. Das latente Interesse des potenziellen Arbeitgebers ist zu wecken, schließlich weiß er vielleicht noch gar nicht so genau, ob er Verstärkung braucht. Darum ist der erste Eindruck hier besonders entscheidend. Patentrezepte zur Formulierung gibt es nicht. Ein kurzer Brief mit Lebenslauf reicht völlig aus; muten Sie keinem zu, bei mangelndem Interesse auch noch das Rückporto für Ihre Bewerbungsmappe auszulegen.

Von **Initiativbewerbungen per Fax** ist dringend abzuraten, weil viele Rechtsanwälte es zu Recht als eine Zumutung empfinden, wenn ihr teuer gekauftes Papier als Träger einer Werbebotschaft missbraucht wird. Gleiches gilt für **E-Mails**, die Sie nur versenden sollten, wenn Sie aus dem Internetauftritt oder anderen Anhaltspunkten ablesen können, dass sie willkommen sind. Auch hier gilt, dass Sie genauso viel Mühe wie in ein reguläres Anschreiben investieren müssen (vgl. Rn 13). Sie sollten auch davon absehen, unaufgefordert Ihre kompletten Bewerbungsunterlagen als E-Mail-Anhang mitzusenden.

Bei Erstkontakt per Telefon sollten Sie darauf bestehen, einen Rechtsanwalt (Sozius!) zu sprechen, ansonsten besteht die Gefahr, an den Falschen zu geraten. Hartnäckigkeit und Ausdauer sind erforderlich und zahlen sich aus. Die Vorteile der **Telefonbewerbung** liegen auf der Hand: Ist keine Stelle frei, hat man die Arbeit für das Anschreiben gespart. Hat die Kanzlei hingegen eine Stelle zu vergeben, hat der Entscheidungsträger schon eine Vorstellung von der Person, wenn er nach dem Telefonat die Bewerbungsunterlagen erhält.

e) Persönliche Beziehungen

Es ist bekannt, dass die überwiegende Zahl der Rechtsanwälte ihren Berufseinstieg **11**
auf informellem Weg durch persönlichen Kontakt findet. Zufälle, Glück und in
Ausnahmefällen das berühmte „Vitamin B" mögen dabei eine Rolle spielen, verlassen darf man sich darauf nicht. Daher soll nun in Ansätzen erklärt werden, wie
man systematisch ein **berufsbezogenes Kontaktnetz aufbaut** und **pflegt**. Bedenken Sie, dass Ihre „Beziehungsarbeit" auch wichtig und lohnend ist, wenn Sie keine kurzfristigen Erfolge erzielen. Als Anwalt leben Sie vor allem von guten Kontakten. Der Aufbau vollzieht sich in drei Schritten:

- **Bestandsaufnahme:** Erfassen Sie zunächst Ihren juristischen Freundes- und
  Bekanntenkreis lückenlos. Alle Menschen, die auch nur entfernt mit Anwälten
  zu tun haben, sind für Sie interessant. Nach längerem Nachdenken werden Sie
  eine lange Liste haben.

- **Suchen Sie Multiplikatoren:** Im nächsten Schritt kommt es darauf an, dass
  Sie für Ihre Stellensuche Multiplikatoren finden, die sich für Sie umhören. Neben Anwälten, die täglich Kontakt zu Kollegen haben, sind Richter oft wertvolle Multiplikatoren, sie kennen die Anwaltschaft gut und können Tipps geben,
  welche Kanzlei Verstärkung sucht. Ein Besuch beim alten Ausbilder kann daher nicht schaden.

- **Betreiben Sie Networking:** Neben der Pflege der bestehenden Kontakte müssen Sie tiefer in die Szene einsteigen. Erfahrungsgemäß haben hier die meisten
  Bewerber Schwierigkeiten, einen Anfang zu machen. In den seltensten Fällen
  werden Sie direkt auf Ihren zukünftigen Arbeitgeber stoßen. Es reicht aber,
  wenn Sie jemanden kennenlernen, der einen kennt, der einen sucht. Hauptsache, Sie sind im Gespräch. Außerdem können Sie sich mit jungen Kollegen,
  die bereits eine Stelle gefunden haben, über Erfolg versprechende Bewerbungs-
  methoden austauschen. Mehr zum weitreichenden Thema „Netzwerken" verrät
  Kapitel 6 (siehe § 6 Rn 123 ff.).

f) Stellensuche im Internet

Die deutsche Anwaltschaft, die gemeinhin dem technischen Fortschritt erst einmal **12**
mit Skepsis begegnet, hat mittlerweile die Möglichkeiten des Internet für sich entdeckt. Als Bewerber dürfen Sie daher tendenziell davon ausgehen, dass fortschritt-
liche Kanzleien im **Internet** offene Stellen anbieten, nicht zuletzt aus Kostengründen. Auch auf Bewerberseite eignet sich das Internet hervorragend, schließlich
spart die Stellensuche im Internet Zeit und Geld. Neben der Möglichkeit, eine eigene Bewerbungshomepage ins Internet zu stellen, dürfte vor allem die Nutzung

virtueller Stellenbörsen interessant sein, von denen es inzwischen einige hundert geben dürfte. Stellen für Juristen werden speziell auf folgenden Internetseiten angeboten:

- *www.arbeitsagentur.de*
- *www.anwaltsblatt-karriere.de*
- *www.brak.de*[3]
- *www.marktplatz-recht.de*
- *www.karriere-jura.de*

Bei der Mehrheit der Adressen handelt es sich lediglich um elektronische Pinwände mit mehr oder weniger komfortabler Suchfunktion. Besondere Erwähnung verdient die vom DAV jüngst eingerichtete Stellenbörse *www.anwaltsblatt-karriere.de*, wo sich neben Stellen für Einsteiger auch jede Menge Informationen rund um den Berufseinstieg finden.

Die Wechselhaftigkeit des Mediums Internet bedingt den Hinweis, dass vorgenannte Aufstellung mit Sicherheit nicht vollständig ist und ständig weitere Juristenbörsen hinzutreten. Lange Surftouren mit dem Ziel, sein Profil in möglichst vielen Datenbanken zu hinterlegen, sind daher angesagt. Für Bewerber ist die Teilnahme meistens kostenlos. Soweit Gebühren verlangt werden, handelt es sich entweder um eine Adresse mit ganz tollen Serviceangeboten (selten) oder Abzocke (häufig). Im Internet finden sich auch Hinweise auf **Personalmessen** für Juristen, bei denen sich in erster Linie Großkanzleien vorstellen.

Schließlich können Sie auch **Social Media** nutzen, um Ihr eigenes Bewerberprofil zu veröffentlichen; insbesondere die Networking-Plattform *www.xing.de* ist auf dem Gebiet der professionellen Netzwerke führend.[4] Es spricht auch nichts dagegen, in einer schriftlichen Bewerbung auf das dort hinterlegte Profil hinzuweisen. Vorsichtig sollten Sie aber mit der Freigabe von Kontakten sein, die Sie im sozialen Netzwerk pflegen; Sie müssen entscheiden, ob Sie die Preisgabe Ihrer „Freunde" als eher hinderlich oder förderlich ansehen.

---

3 Auch einige regionale Rechtsanwaltskammern haben brauchbare Stellenbörsen, z.B. die RAK Stuttgart (*www.rak-stuttgart.de*).
4 Daneben könnte z.B. noch *www.linkedin.com* interessant sein, wenn auch internationale Bezüge bestehen.

3. Die Bewerbungsunterlagen

a) Bewerbungsschreiben

13 Als Anwalt üben Sie einen Beruf aus, der vor allem sprachliche Kompetenz voraussetzt. Das Schreiben von Briefen ist wesentlicher Bestandteil Ihres Broterwerbs. Mehr noch als in jeder anderen Branche wird deshalb ein potenzieller Arbeitgeber Augenmerk auf Ihr Bewerbungsschreiben legen. Verfassen Sie deshalb Ihr Bewerbungsschreiben mit der gleichen Sorgfalt wie einen Liebesbrief, schließlich wollen Sie für sich werben!

Entscheidend ist, dass Sie Ihrer Individualität die passende Form geben. Handeln Sie also **streng zielgruppenorientiert** und präsentieren Sie angemessen Ihre Stärken. Vermeiden Sie billige Selbstbeweihräucherung ebenso wie die Entschuldigung dafür, dass Sie sich vorstellen wollen. Überspitzt gesagt, haben Sie dem potenziellen Arbeitgeber behutsam, aber eindringlich klarzumachen, dass Ihr gesamtes bisheriges Leben eigentlich nur den Zweck hatte, sich auf die Anforderungen der angestrebten Stelle vorzubereiten. Dies setzt natürlich voraus, dass Sie schon einigermaßen wissen, mit wem Sie es zu tun haben. Den Senior einer Provinzkanzlei müssen Sie anders ansprechen als den gleichaltrigen IT-Rechtler, der sein Team neu zusammenstellt.

Tipp
Ein guter Rechtsanwalt zeichnet sich u.a. dadurch aus, dass er in heiklen Fällen einen Spezialisten zurate zieht. Dementsprechend sollten Sie sich nicht scheuen, Freunde oder Kollegen, die über einschlägige Erfahrungen verfügen, anzusprechen und um Durchsicht bzw. Kritik an Ihrem Bewerbungsschreiben zu bitten.

b) Lebenslauf

14 Animiert durch Ihr packendes Bewerbungsschreiben, möchte der Arbeitgeber mehr über Sie erfahren und liest mit Interesse Ihren Lebenslauf. Den Lebenslauf muss idealerweise eine gewisse Konsequenz bestimmen, die darauf schließen lässt, dass der Bewerber sein Leben bisher interessiert und engagiert gestaltet hat und Schwerpunkte gesetzt hat. Der bequeme Bewerber setzt sich zu Beginn der Bewerbungsphase zwei Stunden vor den PC und schreibt seinen Lebenslauf säuberlich auf, um ihn für jede Bewerbung frisch ausdrucken zu können. Als fleißiger (und schlauer) Bewerber werden Sie aber im Zweifel keinen Lebenslauf zweimal verwenden, sondern je nach Stellenprofil inhaltliche Schwerpunkte setzen. Bedenken

Sie immer, dass Sie mit Ihrem Lebenslauf sich selbst verkaufen und nicht jemand anderen. Lassen Sie daher gute Freunde Ihren Lebenslauf Korrektur lesen und fragen Sie sie, ob Sie darin wiederzuerkennen sind.

Es gibt keine festen Regeln, wie Sie Ihren Lebenslauf erstellen müssen. Er sollte idealerweise **übersichtlich, vollständig, informativ** und **individuell** sein, wobei das eine leicht auf Kosten des anderen geht. Im Zweifel sollten Sie der Übersichtlichkeit den Vorrang geben, denn allzu leicht neigt man dazu, den Lebenslauf zu überfrachten. Der Leser will meistens gar nicht auf den Tag genau wissen, wann und wo Sie eingeschult wurden. Im Anschluss an den tabellarischen Lebenslauf können Sie unter der Überschrift „. . . und was Sie sonst noch von mir wissen sollten:" zum Ausdruck bringen, was Ihre Persönlichkeit ausmacht. Die sogenannte Dritte Seite im Lebenslauf hat in den letzten Jahren an Akzeptanz gewonnen. Schreiben Sie hier das, was einen Arbeitgeber interessieren könnte. Ein besonderes Bonbon bietet, wer hinter den Lebenslauf eine Liste mit Namen und Telefonnummern von Personen anfügt, auf die man sich als **Referenz** berufen kann. Dies werden in erster Linie Ausbilder oder Arbeitgeber sein, für die man vor dem oder im Referendariat gearbeitet hat. Es sollten aber nur Personen sein, von denen man sicher sein kann, in ihnen 100 %ige Fürsprecher zu haben. Natürlich gebietet es die Höflichkeit, diese Personen nur mit ihrem Einverständnis auf die Liste zu setzen. Denken Sie bei der Erstellung des Lebenslaufs immer daran, dass Sie an Ihrer Vergangenheit nichts mehr ändern können, wohl aber an deren Darstellung!

c) Bewerbungsmappe

15   Das Bewerbungsschreiben wird zusammen mit dem unterschriebenen Lebenslauf in die Bewerbungsmappe gelegt. Zu deren weiteren essentialia negotii gehören das Abiturzeugnis und sämtliche Stationszeugnisse. Weitere Zeugnisse sind nach eigenem Gusto hinzuzufügen. Die Zeugnisse von Arbeitsgemeinschaften sind nicht unbedingter Bestandteil einer Bewerbungsmappe. Mit Kopien von Examenszeugnissen, Testaten und Praktikabescheinigungen sollten Sie die Bewerbungsmappe nicht überfrachten. Wenn die wesentliche Information bereits dem Lebenslauf zu entnehmen ist, reicht es aus, die Originale im Vorstellungsgespräch bereitzuhalten (die hier vertretene Ansicht ist aber strittig; es gibt auch Arbeitgeber, die unbedingt Wert darauf legen). Stets sollte man bedenken, dass zu viele Zeugnisse auf Kosten der Übersichtlichkeit gehen. Dem ist entgegenzuwirken, indem man eine Liste der Stagen mit Einzelnoten beifügt. Bei der Reihenfolge ist zu beachten, dass der Blick zuerst auf das neueste Zeugnis gerichtet wird, das Abiturzeugnis folglich am Ende steht. Arbeitsproben, sprich Schriftsätze, sollten Sie keinesfalls ungefragt versenden. Soweit sie verlangt werden, sind diese unbedingt zu anonymisieren.

Der Arbeit gebende Anwalt achtet nicht nur im Prozess, sondern auch bei eingehenden Bewerbungen auf Formalien. Um aus der Masse herauszutreten, müssen Sie sich auch Gedanken über die richtige Verpackung Ihrer Bewerbung machen. Stellen Sie hierbei einen höheren Anspruch als nur die Vermeidung von Eselsohren und verleihen Sie Ihrem Auftritt Eleganz! Viele gute Tipps entnehmen Sie einschlägigen Ratgebern, deren Lektüre insoweit wärmstens empfohlen wird.

4. Das Vorstellungsgespräch

Werten Sie die Einladung zu einem Vorstellungsgespräch als sicheres Zeichen, für interessant gehalten zu werden. Sie dürfen sich daher glücklich schätzen und mit Selbstbewusstsein dem Termin entgegensehen. Um das Gespräch zu einem Erfolg zu machen, ist es **organisatorisch** und **inhaltlich sorgfältig vorzubereiten**. Sammeln Sie also weitere Informationen über die Kanzlei und erarbeiten Sie einen Fragenkatalog mit Punkten, die für Sie wichtig sind. Im Gegensatz zu Vorstellungsgesprächen in der Wirtschaft werden Sie häufig mit Gesprächspartnern zu tun haben, die keine Personalprofis sind. Machen Sie sich vorsorglich auf weitschweifige Selbstdarstellung des Anwalts und einen chaotischen Gesprächsablauf gefasst und versuchen Sie auch unter diesen Bedingungen einen guten Eindruck zu hinterlassen. Ihr legitimes Interesse an Informationen über die Stelle darf auch nicht zu kurz kommen, schließlich wollen Sie neben der 100-jährigen Kanzleigeschichte erfahren, welches Gehalt man zu zahlen bereit ist.

16

Da die Entscheidung, Sie einzustellen, nicht im Vorstellungsgespräch fällt, ist verbindlich zu vereinbaren, wann Sie mit einer Nachricht rechnen können. Nach spätestens drei Wochen Funkstille müssen Sie telefonisch nachfragen, sonst werden Sie vielleicht vergessen. Es gibt sogar Kanzleien, die nur solche Kollegen einstellen, denen das weitere Schicksal der Bewerbung nicht egal ist. Den Gedanken, der dahinter steht, sollte jeder Bewerber verinnerlicht haben: Nur wer in eigener Sache am Ball bleibt, wird auch fremde Interessen überzeugend vertreten.

III. Formen der Mitarbeit

Wenn pauschal vom „angestellten Anwalt" die Rede ist, ist klarzustellen, dass bei Rechtsanwälten in fremder Kanzlei neben dem Anstellungsverhältnis auch häufig die freie Mitarbeit vorkommt. Die Unterscheidung ist von erheblicher praktischer Bedeutung. Dabei fällt auf, dass viele Kollegen eine Sensibilität in eigenen Angelegenheiten vermissen lassen. Nachfolgende Ausführungen können die Problem-

17

bereiche nur streifen, bei Zweifeln sollten Sie sich tiefer in die Materie einarbeiten oder sich des Rechtsrats eines arbeitsrechtlich bewanderten Kollegen versichern.

Unabhängig von der Beschäftigungsform regelt § 26 der Berufsordnung – von der Anwaltschaft allerdings kaum wahrgenommen – die Pflichten des Arbeit gebenden Rechtsanwalts:

§ 26 Abs. 1 Berufsordnung: Beschäftigung von Rechtsanwälten

(1) Rechtsanwälte dürfen nur zu angemessenen Bedingungen beschäftigt werden. Angemessen sind Bedingungen, die

a) eine unter Berücksichtigung der Kenntnisse und Erfahrungen des Beschäftigten und des Haftungsrisikos des beschäftigenden Rechtsanwalts sachgerechte Mandatsbearbeitung ermöglichen,

b) eine der Qualifikation, den Leistungen und dem Umfang der Tätigkeit des Beschäftigten und den Vorteilen des beschäftigenden Rechtsanwalts aus dieser Tätigkeit entsprechende Vergütung gewährleisten,

c) dem beschäftigten Rechtsanwalt auf Verlangen angemessene Zeit zur Fortbildung einräumen und

d) bei der Vereinbarung von Wettbewerbsverboten eine angemessene Ausgleichszahlung vorsehen.

1.   Der freie Mitarbeiter

a)   Was ist ein freier Mitarbeiter?

18   Die seit der Gesetzesänderung 1999 anhaltende Diskussion um die sog. Scheinselbstständigkeit hat auch unter Rechtsanwälten zu erheblicher Verunsicherung geführt. Die neuen gesetzlichen Regelungen zur Bekämpfung von Scheinselbstständigkeit und zur Einführung der Rentenversicherungspflicht für arbeitnehmerähnliche Selbstständige verfolgen das Ziel, den sozialen Schutz der Betroffenen dauerhaft sicherzustellen und die Finanzgrundlagen der Sozialversicherung vor der Erosion zu bewahren. Damit dem Rentenversicherungträger keiner entkommt und kein Formenmissbrauch betrieben wird, indem das freie Mitarbeitsverhältnis vereinbart, aber ein Angestelltenverhältnis praktiziert wird, ist neben dem Scheinselbstständigen auch der Selbstständige mit nur einem Auftraggeber (§ 2 S. 1 Nr. 9 SGB VI) rentenversicherungspflichtig.[5]

---

5   Das Versorgungswerk der Rechtsanwälte in NRW hält auf seiner Homepage *www.vsw-ra-nw.de* ein stets aktualisiertes Merkblatt zum Thema „Scheinselbstständigkeit" zum Download bereit. Wegen möglicher Gesetzesänderungen rate ich, sich dort auf dem Laufenden zu halten.

Etikettenschwindel wird für den Arbeitgeber teuer, weil er auch noch Lohnsteuer abführen muss. Die Rentenversicherungsbeiträge werden in die BfA eingezahlt, weil es für einen Befreiungsantrag zugunsten des Versorgungswerks zu spät ist. Die Vorsteuerabzugsberechtigung entfällt ebenfalls rückwirkend. Kurzum ist die nachträgliche Umdeutung ein GAU, der in 98 % der Fälle das Ende der Zusammenarbeit bedeutet. *Kilger*[6] spricht zutreffend von der „Brutalpädagogik" des Gesetzgebers. Die Keule trifft den Arbeitgeber regelmäßig härter, für den Scheinselbstständigen kann es sich hingegen sogar lohnen, nach dem freien Dienstverhältnis wieder ins soziale Netz zu steigen. Wenn sich z.b. an eine unerkannt scheinselbstständige Tätigkeit keine neue Beschäftigung anschließt, kann man mit der Behauptung, man habe abhängig gearbeitet, Leistungen vom Arbeitsamt beantragen. Das böse Erwachen für den Arbeitgeber kommt dann mit der Post vom Arbeitsamt, das unangenehme Fragen über die Arbeitsbedingungen stellt.

Wenn Sie **„echter" freier Mitarbeiter** sein wollen, darf gem. § 7 Abs. 4 SGB IV   **19**
maximal eines der vier folgenden Kriterien auf Sie zutreffen:

■ Sie beschäftigen außer Familienangehörigen keine versicherungspflichtigen Arbeitnehmer.

Dieses Kriterium werden Sie meistens in einer fremden Kanzlei erfüllen, es sei denn, Sie stellen Ihren Freund/Freundin als Teilzeitkraft ein und bezahlen hierfür Sozialversicherungsbeiträge.

■ Sie sind in der Regel und im Wesentlichen nur für einen Auftraggeber tätig.

„Wesentlich" tätig sind Sie, wenn Sie mindestens 80 % Ihres Umsatzes von Ihrem ständigen Dienstherrn erhalten.

Wenn Sie nicht zwei Kanzleien haben, in denen Sie frei mitarbeiten, sind Sie darauf angewiesen, ausreichend eigene Mandate abzurechnen. Sollten Sie nicht genug eigene Mandate haben, die Ihnen ausreichenden Umsatz garantieren, sollten Sie das Problem mit Ihrem Auftraggeber besprechen. Eine Lösung könnte darin bestehen, dass Sie bestimmte, von Ihnen komplett bearbeitete Fälle alleine abrechnen dürfen. Die Rechnung schreiben Sie dann selbst unter Ihrem eigenen Briefkopf.

■ Sie erbringen für Arbeitnehmer typische Arbeitsleistungen, unterliegen insbesondere Weisungen des Auftraggebers und sind in die Arbeitsorganisation des Auftraggebers eingegliedert.

In Arbeitsvertrag und gelebter Praxis dürfen Sie als freier Mitarbeiter nicht so fest in die Organisation des Auftraggebers eingebunden sein wie ein Arbeitnehmer. Feste Arbeitszeiten sind für Sie deshalb ebenso tabu wie die vielerorts ge-

---

6   *Kilger*, Der Taum vom „freien" Mitarbeiter, AnwBl 1999, 204.

lebte Realität, dass der Chef bzw. der Bürovorsteher die Gerichtstermine ohne vorherige Rücksprache dem freien Mitarbeiter „aufdrückt". Auch wenn noch immer viele Musterverträge einen Urlaubsanspruch vorsehen, begegnet dies im Hinblick auf die neue Rechtslage erheblichen Bedenken. Die Vereinbarung eines Urlaubs bei fortgezahlten Bezügen sollte allenfalls mündlich erfolgen oder aber sich in einer höheren Vergütung ausdrücken, die zur Urlaubszeit anteilig gekürzt wird. Behalten Sie sich außerdem schriftlich das Recht vor, angetragene Mandate abzulehnen. Dies werden Sie in der Praxis vielleicht nicht jede Woche tun. Es gibt allerdings genügend Fälle, von denen auch der Berufsanfänger die Finger lassen sollte. Wenn es später einmal zu einer Überprüfung kommt, ist es vorteilhaft, die abgelehnten Mandate in Form eines Aktenvermerks nachweisen zu können.

■ Sie treten nicht unternehmerisch am Markt auf.
Als freier Mitarbeiter sind Sie Unternehmer und müssen entsprechende Marktpräsenz zeigen. Deshalb sollten Sie organisatorisch und finanziell losgelöst von der arbeitgebenden Kanzlei Marketingmaßnahmen betreiben, was nicht heißt, dass dies ohne Absprache erfolgen soll. Wenn Sie z.B. einen Vortrag halten, sollten Sie genau dokumentieren, dass Sie dort für sich und nicht als Referent Ihrer Kanzlei aufgetreten sind. Sie können auch auf eigene Kosten Werbeanzeigen schalten.

20 Sind Sie also nach Maßgabe dieser Kriterien ein „echter" freier Mitarbeiter, so sind Sie auch für Ihre **Daseinsvorsorge selbst verantwortlich**. Sie müssen Ihre Krankenversicherung vollständig selbst zahlen und sich ausreichend gegen das Schicksal des Einkommensausfalls durch Arbeits- oder Erwerbsunfähigkeit versichern. Sie unterliegen auch keiner Arbeitslosenversicherung, sodass Sie für den Fall des plötzlichen Stellenverlustes Rücklagen bilden müssen.

b) Vergütung

21 Dieses erhöhte Risiko sollte sich auch in einer angemessenen Vergütung niederschlagen. Hier gibt es **verschiedene Modelle**, die von einer monatlichen Pauschale über Stundenlohn bis hin zur reinen Umsatzbeteiligung reichen. Rechnen Sie schon vor den Vergütungsverhandlungen durch, welche monatlichen Kosten zur Vorsorge (Versorgungswerk, Versicherungen) auf Sie zukommen.

Mit aller Zurückhaltung wage ich die angemessene monatliche Vergütung für Anfänger mit durchschnittlicher Qualifikation in einer kleineren Sozietät auf 2.500 EUR bis 3.500 EUR zu taxieren. Es können sich im Einzelnen jedoch erhebliche Abweichungen ergeben. So schlagen z.B. oftmals Sitz oder Größe der Kanzlei maßgeblich zu Buche: In ländlichen, strukturschwachen Regionen werden teilweise beträchtlich geringere Vergütungen gezahlt, in Wirtschaftskanzleien werden hingegen deutlich höhere Beträge verhandelt. Und noch ein Vergleich: In einer Untersuchung ermittelte das Institut für Freie Berufe für Angestellte 2006 ein Durchschnittseinkommen von ca. 42.000 EUR, während die freien Mitarbeiter nur 37.000 EUR als Jahreshonorar erhielten.[7]

Eine zumindest in Teilen umsatzbezogene Vergütung ist bei freien Mitarbeitern üblich und entspricht auch dem unternehmerischen Selbstverständnis. Hier ist aber Obacht geboten, wenn Ihnen ausschließlich Umsatzbeteiligung ohne garantiertes Fixum angeboten wird. Wenn Sie dann nämlich nur mit der Bearbeitung weniger oder geringwertiger Mandate beauftragt werden, werden Sie sich vielleicht unter Sozialhilfeniveau verkaufen.

Auf die Vergütung ist immer noch die Umsatzsteuer aufzuschlagen. Hierzu stellt der freie Mitarbeiter dem Dienstherrn eine Rechnung über die geleistete Arbeit.

c) Mustervertrag

Nachfolgender Mustervertrag behauptet keinen Alleinstellungsanspruch. Je nach Konstellation mag es andere sinnvolle Vertragsformen geben. Im Hinblick auf die weit reichenden Folgen ist eine genaue Prüfung unter Beobachtung der sich möglicherweise verändernden Rechtslage unerlässlich. Ein Vertrag über die freie Mitarbeit muss nicht, sollte aber zur Sicherheit schriftlich abgeschlossen werden. **22**

Muster: Dienstvertrag

zwischen Dieter Dienstherr,

Rechtsanwalt als Dienstberechtigter

und Franz Frey

Rechtsanwalt als freier Mitarbeiter

§ 1 Inhalt des Dienstverhältnisses

Der Mitarbeiter übernimmt auf Anforderung des Dienstberechtigten die Erledigung folgender Aufgaben:

---

7 Vgl. *Eggert*, Die Berufssituation von angestellten und freien mitarbeitenden Rechtsanwältinnen und Rechtsanwälten 1998 und 2006 im Vergleich, BRAK-Mitt. 1/2010, 2 ff. Neuere Untersuchungen liegen nicht vor, eine wesentliche Änderung der Verhältnisse ist m.E. nicht festzustellen.

- die selbstständige Bearbeitung von bestehenden und neuen Mandaten der Kanzlei des Dienstberechtigten einschließlich der Wahrnehmung etwaiger Besprechungen
- die Erstattung von Rechtsgutachten
- die Fertigung von Schriftsatzentwürfen
- die Wahrnehmung von Gerichtsterminen nach vorheriger Absprache.

Der Mitarbeiter verpflichtet sich, die vom Dienstherrn übernommenen Arbeiten vorrangig und unverzüglich zu erledigen. Zusätzlich können die Parteien im Einzelfall eine Zeit vereinbaren, bis zu der die Arbeit erledigt sein soll.

Dem Mitarbeiter steht es frei, die Übernahme einer Arbeit abzulehnen.

§ 2 Erbringung der Leistung

Dem Mitarbeiter steht es frei, wann und wo er die übernommenen Arbeiten erledigt. Die Besprechungstermine mit Mandanten vereinbart er persönlich bzw. trägt im Kanzleikalender ein, zu welchen Zeiten Besprechungstermine vergeben werden können. Der Dienstberechtigte stellt dem Mitarbeiter einen Arbeitsraum in der Kanzlei zur Verfügung.

Außerdem ist er berechtigt, dem Kanzleipersonal Anweisungen im Rahmen der Mandatsbearbeitung zu erteilen.

§ 3 Umfang/Vergütung der Leistung

Der Mitarbeiter erhält eine pauschale Vergütung von monatlich ▓▓▓▓ EUR zzgl. Umsatzsteuer. Der Mitarbeiter stellt dem Dienstberechtigten diesen Betrag monatlich in Rechnung. Zusätzlich erhält er nachgewiesene Auslagen nach den Vorschriften des Rechtsanwaltsvergütungsgesetzes (RVG) erstattet, soweit diese Aufwendungen zur Mandatsbearbeitung notwendig waren.

Der Dienstberechtigte geht davon aus, dass der Mitarbeiter seine Arbeitskraft ▓▓▓▓ Stunden pro Woche einsetzt. Sollte der Mitarbeiter diese Arbeitszeit dauerhaft über- oder unterschreiten, werden sich die Parteien auf eine veränderte Vergütung verständigen.

§ 4 Bearbeitung eigener Mandate des Mitarbeiters

Der Mitarbeiter darf die personellen und sachlichen Mittel des Büros für die Bearbeitung der von ihm selbst akquirierten Mandate nutzen.

Er zahlt hierfür eine Pauschale i.H.v. 30 % der bei ihm eingehenden Nettogebühren. Der Mitarbeiter ist verpflichtet, dem Dienstberechtigten bis zum 10. des Folgemonats seine monatlichen Einnahmen offen zu legen. Unterlässt er dies, wird eine Pauschale i.H.v. ▓▓▓▓ EUR fällig.

Der Dienstberechtigte darf diesen Anspruch mit dem Vergütungsanspruch verrechnen.

§ 5 Vertragsbeginn und Vertragsbeendigung

Das Vertragsverhältnis beginnt am ▨▨▨▨ und wird auf unbestimmte Zeit geschlossen. Es ist jederzeit bis zum dritten Werktag des laufenden Monats zum Monatsende kündbar. Eine Kündigung aus wichtigem Grund ist jederzeit möglich.

§ 6 Schlussbestimmungen

Nebenabreden zu diesem Vertrag bestehen nicht. Änderungen und/oder Ergänzungen zu diesem Vertrag bedürfen der Schriftform. Dies gilt auch für einen Verzicht auf das Schriftformerfordernis.

Sollten einzelne Bestimmungen dieses Vertrages unwirksam sein oder werden, dann wird dadurch die Wirksamkeit der übrigen Bestimmungen nicht berührt. An die Stelle der unwirksamen Bestimmung tritt eine rechtlich zulässige, die Sinn und Zweck der unwirksamen Bestimmung möglichst nahe kommt.

▨▨▨▨ (Ort, Datum, Unterschriften)

2. Der angestellte Rechtsanwalt

Im Unterschied zum freien Mitarbeiter sind Sie als angestellter Rechtsanwalt ein Arbeitnehmer wie jeder andere auch – zumindest im Grundsatz. Es gibt einige branchenspezifische Besonderheiten, auf die Sie bei Aufnahme einer angestellten Anwaltstätigkeit achten sollten. Sie können in diesem Rahmen nur stichwortartig behandelt werden, um Ihr Problembewusstsein zu schärfen. **23**

a) Arbeitszeit

Jedem Arbeitsrechtler ist bekannt, dass es zur Erhaltung der Volksgesundheit ein Arbeitszeitgesetz gibt, wonach die **werktägliche Arbeitszeit** grundsätzlich acht Stunden nicht überschreiten darf (§ 3 Satz 1 ArbZG). Durch die Verlagerung der gesetzlich zulässigen Samstagsarbeitszeit auf fünf Arbeitstage beträgt die maximal zulässige tägliche Arbeitszeit immerhin 9,5 Stunden (§ 3 Satz 2 ArbZG). Bekanntlich gibt es nicht wenige Kanzleichefs, die von ihren Angestellten einen höheren Einsatz erwarten. Es bleibt Ihnen natürlich unbenommen, jeden Abend bis 21.00 Uhr zu arbeiten, wenn dies Ihren Sozietätsaussichten und Ihrem Kontostand zuträglich ist. Rechtlich verpflichtet sind Sie hierzu nicht. **24**

Es sollte auch eine Vereinbarung über den **Jahresurlaub** getroffen werden, der nach § 3 Abs. 1 BUrlG mindestens 24 Werktage beträgt. Soweit Sie werktags **Fortbildungsveranstaltungen** besuchen, brauchen sie hierfür keinen Urlaub zu nehmen. Da es sich gem. § 43a Abs. 6 BRAO um eine Berufspflicht handelt, muss der Arbeitgeber hierfür Freiräume schaffen. Dienstliche Belange, wie z.b. ein wichtiger Gerichtstermin, können allerdings den Besuch einer Fortbildungsveranstaltung ausschließen.

b) Berufshaftpflichtversicherung

25   Sobald Sie als angestellter Anwalt die Arbeit aufnehmen, müssen Sie haftpflichtversichert sein. Wenn Sie vor Stellenantritt bereits eine eigene Haftpflichtversicherung abgeschlossen haben, müssen Sie den Wechsel der Arbeitsstelle Ihrem Versicherer mitteilen. Außerdem ist darauf zu achten, dass die Deckungssumme Ihrer Versicherung der sämtlicher Sozietätsmitglieder entspricht, um im Schadensfall der Gefahr einer Kürzung der Versicherungsleistung zu entgehen. Es ist auch üblich, dass bei angestellten Anwälten der Arbeitgeber die **Kosten** der Berufshaftpflichtversicherung als notwendige Auslagen in vollem Umfang erstattet.

Auch wenn Sie gem. § 12 der Allgemeinen Versicherungsbedingungen für die Vermögensschaden-Haftpflichtversicherung über Ihre Kanzlei versichert werden können, müssen Sie im Hinblick auf eine theoretisch denkbare nebenberufliche Tätigkeit noch eine eigene Police abschließen. Die Versicherer bieten hier preisgünstige Sonderpolicen an.

c) Kanzleipflicht

26   Gemäß § 27 BRAO muss jeder Rechtsanwalt, also auch der angestellte Anwalt, eine Kanzlei einrichten. Dies macht keine Probleme, wenn Sie bei Ihrem Arbeitgeber ab dem ersten Tag auf dem Praxisschild, den Briefbögen und Vollmachten wie ein Sozius firmieren. Wenn dies – wie häufig – nicht der Fall ist, müssen Sie, streng genommen, zu Hause noch eine Wohnzimmerkanzlei einrichten. Die Kanzleipflicht gehört aber zu den wenigen Pflichten, die von den Kammern so gut wie nicht kontrolliert werden. Sofern dafür gesorgt ist, dass Sie über die Arbeit gebende Kanzlei erreichbar sind und Briefe nicht mit dem Vermerk „Empfänger unbekannt" zurückgehen, müssen Sie nicht mit Schwierigkeiten rechnen.

d) Krankenversicherung

27   Sofern Sie nicht einer privaten Krankenversicherung den Vorzug gegeben haben, besteht gem. § 5 Abs. 1 Nr. 1 SGB V Versicherungspflicht in der gesetzlichen Krankenversicherung mit der Folge, dass der Arbeitgeber die Hälfte des Versicherungsbeitrages übernehmen muss. Dies gilt in gleichem Maße für die Beiträge für die gesetzliche Pflegeversicherung (§ 58 Abs. 1 SGB XI). Sofern Sie die Beitrags-bemessungsgrenze nach § 6 Abs. 1 Nr. 1 SGB V überschreiten, entfällt die Pflicht zur gesetzlichen Krankenversicherung. Freiwillig gesetzlich krankenversicherte Angestellte erhalten aber vom Arbeitgeber als Beitragszuschuss die Hälfte des Bei-trages, der für einen versicherungspflichtigen Beschäftigten zu zahlen wäre (§ 257 Abs. 1 SGB V).

e) Kündigungsfristen

Wenn Sie sich über den bevorstehenden Abschluss eines Angestelltenvertrages freuen, scheint Ihnen nichts unwichtiger zu sein als die Frage, binnen welcher Fris-ten das Arbeitsverhältnis beendet werden kann. Das Problembewusstsein tritt oft erst in der Krise des Arbeitsverhältnisses ein. Typischerweise ergeben sich neue Perspektiven zum Wechsel meist kurzfristig. Eine lange Kündigungszeit, die vor-her als angenehme Sicherheit erschien, erweist sich dann als nachteilig. Eine ange-messene und übliche Kündigungsfrist bei Rechtsanwälten beträgt drei Monate zum Quartalsende.

28

f) Nebentätigkeit

Unbedingter Regelung bedürfen das Ob und Wie einer Nebentätigkeit. Hier sind verschiedene Ansätze denkbar: Viele Kanzleien bestehen darauf, dass der ange-stellte Anwalt seine gesamte Arbeitskraft der Kanzlei zur Verfügung stellt. Selbst akquirierte Mandate laufen nur über die Arbeit gebende Kanzlei, der Angestellte erhält dafür bestenfalls eine umsatzabhängige Gratifikation. Diese **Einbringungs-verpflichtung** vermeidet Konflikte, die sich aus der arbeitsvertraglichen Treue-pflicht und dem damit verbundenen Konkurrenzverbot ergeben können. In vielen Fällen kann es nämlich fraglich sein, ob der Mandant die Kanzlei oder nur den an-gestellten Anwalt beauftragen wollte. Die Rechtsprechung geht hier im Streitfall fast immer von einer Treuepflichtverletzung aus, die regelmäßig einen wichtigen Grund zur fristlosen Kündigung des Arbeitsverhältnisses darstellt. Unklarheiten sollten Sie daher im offenen Gespräch ausräumen, um nicht in den Verdacht einer Treuepflichtverletzung zu geraten. Wenn sich die Sphären klar trennen lassen, etwa weil der hauptberuflich ausschließlich im Versicherungsrecht tätige Anwalt nebenher nur familienrechtliche Mandate annimmt, braucht keine Einbringungs-verpflichtung vereinbart zu werden. Dann muss aber geklärt werden, in welchem Maße der angestellte Anwalt für seine eigenen Fälle die Infrastruktur der Kanzlei in Anspruch nehmen darf und wie dieser Vorteil auszugleichen ist. Teilweise wer-

29

den hier monatliche Pauschalen oder umsatzabhängige Beträge vereinbart, die mit dem monatlichen Gehalt verrechnet werden dürfen.

g) Rentenversicherung

30 Als angestellter Rechtsanwalt sind Sie gem. § 1 SGB VI pflichtversichertes Mitglied bei der Bundesversicherungsanstalt für Angestellte (BfA), Ihr Arbeitgeber übernimmt die Hälfte der Beiträge. Es gibt aber gute Gründe, der BfA den Rücken zu kehren und Mitglied im Versorgungswerk zu werden: Zum einen haben Sie dort wahrscheinlich höhere Rentenleistungen zu erwarten, zum andern werden Sie ohnehin Mitglied, wenn Sie später selbstständig tätig sind.

Den Wechsel müssen Sie durch einen Antrag auf Befreiung von der BfA-Versicherungspflicht an Ihr Versorgungswerk erklären. Das Versorgungswerk leitet den Antrag dann an die BfA weiter. Der Wechsel sollte frühestmöglich erfolgen, weil wichtige Fristen laufen: Waren Sie schon vor Ihrer Anstellung zugelassener Anwalt, kann die Befreiung innerhalb von drei Monaten rückwirkend zum Beginn des Beschäftigungsverhältnisses beantragt werden. Werden Sie erst nach Arbeitsaufnahme Anwalt, etwa weil sie während der Probezeit nur als Assessor tätig sein sollten, kann die Befreiung nur innerhalb einer Notfrist von drei Monaten rückwirkend zum Zulassungszeitpunkt beantragt werden. Um hier nichts falsch zu machen, sollten Sie sich frühzeitig bei Ihrem Versorgungswerk informieren. Eine besonders informative Homepage unterhält das Versorgungswerk der Rechtsanwälte in Nordrhein-Westfalen unter *www.vsw-ra-nw.d*e.

Die Höhe des Beitrags zum Versorgungswerk ist an den Beitragssatz der gesetzlichen Rentenversicherung angepasst. Die meisten Versorgungswerke haben jedoch absolute Mindestbeiträge festgesetzt, die teilweise bei 250 EUR im Monat liegen. Andererseits besteht bei vielen Versorgungswerken die Möglichkeit, in den ersten beiden Jahren der Mitgliedschaft einen um 50 % reduzierten Beitragssatz zu zahlen.

h) Steuern

31 Hinsichtlich der Steuern ergeben sich keine Besonderheiten: Der Arbeitgeber hat die Lohnsteuer einzubehalten und abzuführen. Sie zahlen Einkommensteuer auf Ihre Einkünfte aus nichtselbstständiger Arbeit. Sie können diese durch Werbungskosten gem. § 9 EStG vermindern. Zu unterscheiden sind davon Ihre gesondert zu erklärenden Gewinne aus selbstständiger Tätigkeit, wenn Sie nebenberuflich auf eigene Rechnung anwaltlich tätig sind. Sie haben dafür eine eigene Buchhaltung zu führen und sollten der Übersicht halber für Ihre Nebentätigkeit auch ein eigenes Kanzleikonto führen.

i) Unabhängigkeit

Als angestellter Rechtsanwalt sind Sie gewissermaßen ein Zwitterwesen: Auf der **32** einen Seite bestimmt Ihr Chef die Arbeitszeiten und weist Ihnen Fälle zur Bearbeitung zu, auf der anderen Seite sind Sie in der Art und Weise der Fallbearbeitung frei, zumindest nach den Buchstaben der Berufsordnung. Als Grundsatz gilt: Das **Weisungsrecht des Arbeitgebers** hört dort auf, wo Ihre **anwaltliche Unabhängigkeit** in Gefahr ist. Mit der Unabhängigkeit ist es aber oft nicht weit her, wenn der kontrollierende Chef die Qualität Ihrer Arbeit beaufsichtigt und nötigenfalls korrigiert. Im Zweifel ist das gut gemeint, schließlich können Sie von guten Ratschlägen nur profitieren. Zumindest als Berufsanfänger sollten Sie deswegen Ihre Unabhängigkeit gegenüber Ihrem Arbeitgeber nicht zu sehr betonen. *Streck* geht sogar soweit, den angestellten Anwalt nicht als Vollanwalt, sondern nur auf dem Weg zum Rechtsanwalt zu sehen.[8] Letztlich handelt es sich um ein unauflösliches Spannungsverhältnis, vor dem auch gestandene Berufsrechtler kapitulieren: „Wie diese berufsrechtlichen Implikationen zu lösen sind, lässt sich pauschal nicht beantworten. Mehr als grobe Anhaltspunkte ... werden sich nicht finden lassen. Es wird letztlich wieder einmal auf den Einzelfall ankommen."[9]

j) Vergütung

Anders als beispielsweise in Großbritannien sind die angestellten Anwälte in **33** Deutschland nicht gewerkschaftlich organisiert, sodass es keinen Tarifvertrag gibt, auf den man sich beziehen kann. Aufgrund der höchst unterschiedlichen Arbeitsbedingungen und Qualifikationen gibt es auch keine Empfehlungen von Kammern oder Vereinen, welche Vergütung als angemessen anzusehen ist. Wirtschaftskanzleien zahlen hoch qualifizierten Berufseinsteigern Jahresbruttogehälter bis zu 80.000 EUR, wohingegen ein angestellter Anwalt einer sächsischen Kleinstadtkanzlei mit weniger als 20.000 EUR jährlich auskommen muss. Angesichts dieser Bandbreite ist das vom Institut für Freie Berufe[10] ermittelte Durchschnittseinkommen von ca. 42.000 EUR nur bedingt aussagekräftig.

---

8 *Streck*, Beruf Anwalt/Anwältin, S. 84.
9 *Nerlich*, in: Hartung/Holl, Anwaltliche Berufsordnung, § 26 Rn 24.
10 *Kilger*, Der Taum vom „freien" Mitarbeiter, AnwBl 1999, 204.

Das FORUM Junge Anwaltschaft im DAV fordert – wenngleich ohne messbare Resonanz – eine Mindestvergütung in Höhe der hälftigen Beitragsbemessungsgrenze für die Sozialversicherung. Dies entspricht derzeit ca. 2.900 EUR brutto monatlich.

34   Übrigens schreibt § 26 Abs. 1 S. 1 der Berufsordnung zwingend vor, dass Rechtsanwälte nur zu angemessenen Bedingungen beschäftigt werden dürfen. Was die Bezahlung angeht, wird hiergegen häufig verstoßen, wenngleich kaum ein Fall an die Öffentlichkeit dringt. Eine Ausnahme bildet ein Fall, den das Landesarbeitsgericht Frankfurt (Az.: 5 Sa 169/ 99) 1999 zu entscheiden hatte, nachdem ein angestellter Anwalt auf Zahlung der angemessenen Vergütung klagte. Als **übliche Vergütung** urteilte das Gericht, ausgehend von einer 50-Stunden-Woche (die es nach dem ArbZG ja eigentlich nicht gibt), für die alten Bundesländer folgende Bruttomonatsgehälter aus:

1. Berufsjahr: 4.000 DM (ca. 2.050 EUR)

2. Berufsjahr: 5.000 DM (ca. 2.560 EUR)

3. Berufsjahr: 6.000 DM (ca. 3.070 EUR)

4. Berufsjahr: 6.500 DM (ca. 3.320 EUR)

Nach einer neueren Entscheidung des AGH Hamm liegt ein angemessenes Gehalt für einen Berufsanfänger ohne Zusatzqualifikationen bei ca. 2.300 EUR.[11] Falls Ihr zukünftiger Arbeitgeber Sie nach Ihren Gehaltsvorstellungen fragt, können Sie diese Rechtsprechung zur Begründung Ihrer Gehaltsvorstellung heranziehen.

Sollten Sie hingegen geringer bezahlt werden, stellt § 26 BORA allerdings keine Anspruchsgrundlage für eine höhere Vergütung dar. Die berufsrechtliche Vorschrift entfaltet keine unmittelbare Drittwirkung auf das privatrechtliche Arbeitsverhältnis. Nur wenn Ihre Vergütung im Bereich der Sittenwidrigkeit liegt, kann notfalls ein Arbeitsgericht anstelle der nichtigen Abrede die Bezahlung nach § 612 BGB (übliche Vergütung) festsetzen. Ein auffälliges Missverhältnis zwischen Vergütung und Arbeitsleistung nimmt das Bundesarbeitsgericht an, wenn die Vergütung nicht einmal zwei Drittel eines in der betreffenden Branche und Region üblicherweise gezahlten Tariflohns oder – wenn es keinen Tarifvertrag gibt – des allgemeinen Lohnniveaus erreicht.[12]

---

11   AGH Hamm, Urt. v. 2.11.2007 (Az.: 2 ZU 7/07) wurde vom BGH am 30.11.2009 (Az.: AnwZ (B) 11/08) bestätigt; vgl. den Beitrag von *Huff*, Legal Tribune Online vom 28.4.2010, *www.lto.de/recht/ job-karriere/j/anwaltliches-berufsrecht-kein-sittenwidrig-niedriger-lohn-fuer-junge-anwaelte/*

12   BAG, Urt. v. 22.4.2009 – 5 AZR 436/08.

k)   Schriftform

Obwohl Anwälte tagaus, tagein ihren Mandanten einbläuen, alle Verträge schrift-   **35**
lich zu schließen, sind sie in eigener Sache oft von einer seltsamen Unbekümmert-
heit befallen. Dies äußert sich u.a. darin, dass keine ausgeprägte Neigung besteht,
Arbeitsverträge schriftlich zu schließen. „Wozu auch?", möchte man ironisch fragen.

> *Beispiel:*
> Ein Kölner Kollege erklärte einem Bewerber freimütig: „Jetzt hörense mir mal
> gut zu: Alles was wir da reinschreiben würden, würde Sie zuerst einengen und
> später gegen mich verwendet. Also lassen wir es besser sein und versuchen,
> uns so zu vertragen!" Der darauf folgende Handschlag besiegelte ein überaus
> gedeihliches Miteinander, das den Grundstein zu einer Sozietät legte.

Vom Abdruck eines Mustervertrages wird hier abgesehen, da Sie als Arbeitnehmer
regelmäßig nicht in der Position sind, einen Vertrag auszuhandeln. Das FORUM
Junge Anwaltschaft im DAV hat aber auf seiner Homepage unter *www.davfo-
rum.de* einen Musterarbeitsvertrag ins Netz gestellt. Außerdem befindet sich auf
der Homepage des Verlags Dr. Otto Schmidt ein kommentierter Arbeitsvertrag für
angestellte Rechtsanwälte als Leseprobe des Buchs von *Bohle*.[13]

IV.   Risiken und Nebenwirkungen

Das Leben steckt voller Tücken und ungeahnter Möglichkeiten, gerade wenn Sie   **36**
den facettenreichen Beruf des Anwalts gewählt haben. Ein Buch dieses Umfangs
würde nicht ausreichen, um zu beschreiben, was einem in fremder Kanzlei so alles
passieren kann. Es gibt jedoch einige mehr oder weniger bekannte Standardsituationen, mit denen gerade Berufsanfänger regelmäßig konfrontiert werden. Diese
sollen Ihnen nachfolgend dargestellt werden.

1.   Unbefriedigende Arbeitsbedingungen

In der Stellenausschreibung und im Vorstellungsgespräch sieht es meistens ganz   **37**
rosig aus. Ihnen wird ein echter Traumjob in einer tollen Kanzlei angeboten. Die
selbstständige Bearbeitung anspruchsvoller Mandate und eine eigene Sekretärin
wurden Ihnen in Aussicht gestellt. Leider weicht die Realität des Arbeitsalltags
mehr oder weniger stark von diesen Idealbedingungen ab und es bleibt Ihrer Lei-

---

13   *www.otto-schmidt.de/daten/leseproben/ez3_2_lese.pdf*

densfähigkeit überlassen, inwieweit Sie dies widerspruchslos hinzunehmen bereit sind. Typische Sackgassen einer Anwaltskarriere können so aussehen:

Es kann vorkommen, dass der Berufsanfänger trotz Anwaltszulassung weder Mandanten sieht, noch vor Gericht auftritt, sondern ein Dasein als **Zuarbeiter** für seinen Chef fristet. Der Arbeitstag im stillen Kämmerlein ist ausgefüllt mit der Erstellung von Aktenvermerken, Schriftsätzen und Literaturrecherchen. Eigene Mandanten werden Ihnen in Aussicht gestellt, wenn man von Ihrer Qualität überzeugt ist. Das kann sich aber hinziehen und irgendwann treffen Sie zufällig einen Ihrer fünf Vorgänger, die in gleicher Weise zu Rechtsknechten degradiert wurden.

Etwas anders sieht es aus, wenn Sie bei einer ausgesprochenen Prozesskanzlei tätig sind und zur Entlastung von Gerichtsterminen der Chefs angeheuert werden. **Reisetätigkeit** kann bis zu 80 % Ihrer Arbeitszeit ausmachen. Umgang mit Mandanten haben Sie nur bei Gericht, wo ein erstes Kennenlernen meist unter denkbar schlechtesten Umständen stattfindet. Eine bundesweit prozessierende Kanzlei hat einen Rechtsanwalt eingestellt, weil er begeisterter Motorradfahrer war. Angesichts verstopfter Autobahnen war dies eine rationale Entscheidung. Der juristische Nährwert, den solch ein akademischer Laufbotenjob hat, ist denkbar gering. Auch wenn die Bezahlung einigermaßen stimmt, bieten solche Jobs i.d.R. keine Perspektiven. Wenn Sie an eine Kanzlei geraten, die Sie nur auf Tour schickt, sollten Sie die langen Wartezeiten auf den Gerichtsfluren dazu nutzen, sich Gedanken über Ihre Zukunft zu machen.

Es gibt auch Kanzleien, in denen der Berufsanfänger völlig **auf sich allein gestellt** ist. Einer jungen Anwältin eröffnete der Chef in der ersten Arbeitswoche, er fahre am Montag für drei Wochen in Urlaub und sie werde das schon alles machen. Es waren die drei schlaflosesten Wochen ihres Lebens. Nach der Rückkehr durfte sie sich dann anhören, was sie angeblich alles falsch gemacht hatte, ohne je zu erfahren, wie es denn richtig gewesen wäre. Es gibt tatsächlich Anwälte, die anscheinend weder Zeit noch Lust haben, sich fachlich auf ihre Mitarbeiter einzulassen. Meistens handelt es sich um Einzelanwälte, die durch die Einstellung eines meist schlecht bezahlten jungen Kollegen ihr dürftiges juristisches Niveau heben wollen, ohne dies zugeben zu können. Einmal abgesehen davon, dass der Lerneffekt gleich Null ist, befinden Sie sich in solchen Kanzleien in permanenter Regressgefahr.

2. Aufnahme auf den Briefkopf

38 Die Berufsordnung (§§ 9, 10) erlaubt ausdrücklich auch die Aufnahme angestellter Mitarbeiter und freier Mitarbeiter in den Praxisnamen. Es kann sein, dass Ihnen schon bald angeboten wird, auf dem Briefkopf und dem Praxisschild wie ein Sozius geführt zu werden. Bei aller Wertschätzung, die Sie für diesen Vertrauensbeweis empfinden dürfen, gilt umgekehrt genauso: Trau schau wem! Mit der Aufnahme auf den Briefkopf gelten Sie im Außenverhältnis als vollwertiges Mitglied der Sozietät, was ein erhebliches Haftungspotenzial birgt. Sie stehen damit automatisch für jeden Schaden, den ein Sozietätsmitglied verursacht, in der **Mithaftung**. Die Existenz einer Berufshaftpflichtversicherung räumt entgegen weit verbreiteter Meinung nicht jede Haftungsgefahr aus dem Wege. Probleme kann es geben, wenn z.B. eine Obliegenheit verletzt wurde oder die Deckungssumme schon lange nicht mehr dem Haftungsrisiko entspricht. Außerdem haftet die Versicherung nicht für die Veruntreuung von Mandantengeldern, wohl aber die Sozietät.[14] Es ist leider schon mehr als einmal vorgekommen, dass junge Kollegen in Haftung genommen wurden, nachdem kriminell gewordene Rechtsanwälte in Vermögensverfall geraten sind.

Nicht zuletzt diese Fälle sind es, die unüberlegte Zustimmung zur Aufnahme in den Briefkopf verbieten. Wenn man Sie gegen Ihren Willen für die Sozietät vereinnahmen will, ist dies ein untrügliches Zeichen dafür, dass etwas mit der Kanzlei nicht stimmt. Man kann sich auch die grundsätzliche Frage stellen, ob es richtig ist, sich größer zu machen als man eigentlich ist. Dies wird zum Teil heftig kritisiert. So ist es für *Streck*[15] ein ständiges Ärgernis, dass die Berufsordnung jungen Kollegen erlaubt, mit einer Unwahrheit in den Markt einzudringen.

3. Konkurrenzklauseln

Bei einem Kanzleiwechsel[16] stellt sich weiterhin die Frage, ob und inwieweit man die angestammten Mandanten betreuen darf. Es handelt sich um ein extrem sensibles Feld, das rechtlich nicht unkompliziert ist, weil sowohl berufsrechtliche als auch zivilrechtliche Aspekte eine Rolle spielen. Soweit überhaupt schriftliche Vereinbarungen getroffen werden, halten diese einer richterlichen Überprüfung oftmals nicht stand. Ohne Ihnen im Streitfall eine intensive Beschäftigung mit dem Thema ersparen zu können, sind **drei Grundtypen** zu unterscheiden:

Bei einem **Niederlassungsverbot** verpflichtet sich der angestellte Anwalt gegenüber seinem Arbeitgeber, sich nicht in dessen räumlichem Einzugsbereich nieder-

39

---

14   Vgl. BGH v. 8.7.1999 – IX ZR 338/97, NJW 1999, 3040 f.
15   *Streck*, a.a.O., S. 85.
16   Damit ist hier auch die Kanzleigründung gemeint.

zulassen. Diese Beschränkung wird mehrheitlich[17] als unzulässig, weil die anwaltliche Unabhängigkeit zu sehr einschränkend, angesehen. Hier kann allenfalls eine „Bannmeile" akzeptiert werden, die nicht weiter geht als die Straße oder das Wohnviertel. Ein vertraglich vereinbartes Berufsverbot für den ganzen Ort kann hingegen nicht wirksam vereinbart werden.

Im Übrigen ist zu unterscheiden zwischen **Mandatsschutzklauseln**, die die Mitnahme laufender Mandate verbieten, und **Mandantenschutzklauseln**, die die spätere Vertretung ehemaliger Mandanten des Arbeitgebers regeln. Diese Klauseln haben den Sinn, den Arbeitgeber vor einer illoyalen Verwertung seines beruflichen Erfolgs zu schützen. Für den Fall der Missachtung kann eine Vertragsstrafe vereinbart werden. Solche Klauseln sind grundsätzlich zulässig, sie müssen dem angestellten Rechtsanwalt aber die ausreichende Chance zu eigenverantwortlicher Berufstätigkeit lassen. Dies gilt unabhängig von der Anstellungsform, auch der freie Mitarbeiter kann nicht ohne weiteres nach Beendigung des Dienstvertrages Mandate mitnehmen. Allerdings wird die Wirksamkeit dieser Wettbewerbsverbote immer an den §§ 74 ff. HGB analog gemessen, sodass regelmäßig eine Karenzentschädigung fällig wird.

Weil hierzu die wenigsten Arbeitgeber bereit sind, sind sog. **Mandantenübernahmeklauseln** gängige Praxis. Diese lassen die Betreuung von Mandanten des früheren Arbeitgebers gegen einen Anteil an den Honoraren des jeweils übernommenen Mandats zu. Eine solche Vereinbarung lässt sich auch noch später treffen, sobald feststeht, ob der ausscheidende Mitarbeiter Mandate fortführen will.

4.   Sozietätsaussicht

40   Der Status als Angestellter oder freier Mitarbeiter ist regelmäßig nur ein Durchgangsstadium zur Partnerschaft in der Sozietät. Das vom Mitarbeiter praktizierte unternehmerische Denken soll irgendwann auch in unternehmerische Verantwortung münden. Meistens wird schon beim Vorstellungsgespräch gesagt, dass bei Bewährung eine Aufnahme in die Sozietät erfolgt. Die Antwort auf die Frage, wie lange man denn mindestens bzw. höchstens auf Bewährung arbeiten muss, fällt hingegen meistens wenig konkret aus. In der Regel sollte ein Zeitraum von zwei bis drei Jahren nicht überschritten werden. Lässt man Sie länger warten, müssen hierfür Gründe vorliegen, die außerhalb Ihrer Person liegen, z.B. dass ein neuer Partner nur bei Ausscheiden eines Seniorpartners aufgenommen wird. In der Praxis

---

17   Vgl. *Nerlich*, a.a.O., § 26 Rn 41.

wird dieses Thema gerne verdrängt, weil man sich an den Status quo gewöhnt hat und es vielen Kanzleiinhabern schwer fällt, nicht nur die Arbeit, sondern auch den Gewinn zu teilen und Mitspracherechte einzuräumen. Dies mag beim einen eine menschlich verständliche Verdrängungshaltung sein, andere versuchen aus kühler Berechnung den Sozietätseintritt so lange wie möglich hinauszuzögern. Wenn Sie an einer Soziierung interessiert sind, sollten Sie regelmäßig ein **offenes Gespräch** über Ihre Zukunft suchen. Das ist im alltäglichen Stress der Mandatsbearbeitung bestimmt leichter gesagt als getan.

Wenn die Frage des Ob geklärt ist, sollten Sie den **Sozietätsvertrag** nicht ohne eingehende Prüfung unterschreiben. Es gibt nämlich viele Sozietätsverträge, die so einseitig sind, dass man nicht glauben kann, ein vernunftbegabter Mensch könne sie unterschreiben. Mit der Sorgfalt in eigenen Angelegenheiten ist es bei Anwälten oft nicht weit her. Die Aussicht, Partner zu werden, verstellt den Blick auf Darlehensverbindlichkeiten, Pensionsverpflichtungen und dürftige Gewinnverteilungsquoten.

Achtung
Sie sollten keinen Vertrag unterschreiben, wenn Sie nicht vorher Einblick in alle Verträge und die Kosten- und Erlösstruktur erhalten haben. Weil Sie sich wirtschaftlich u.U. stärker binden als in einer Ehe, empfiehlt es sich, sicherheitshalber einen erfahrenen Kollegen zurate zu ziehen.

Schließlich gibt es einige Arbeitgeber, die Ihnen ständig **Hoffnung auf eine Soziierung** machen, in Wahrheit aber nicht im Entferntesten daran denken. Sobald Sie dieses falsche Spiel erkennen, sollten Sie sich schleunigst eine andere Stelle suchen oder die Existenzgründung erwägen. Eine weitere vertrauensvolle Zusammenarbeit wird unter diesen Vorzeichen kaum möglich sein. Anders als Prinz Charles müssen Sie sich nämlich nicht in die Rolle des ewigen Kronprinzen fügen.

§ 3 Kanzleigründung mit System

Dr. Susanne Miecke

I. Einleitung

2012 waren im gesamten Bundesgebiet **151.585** Rechtsanwältinnen und Rechts- **1** anwälte zugelassen. Im Januar 2013 waren es bereits **158.500**. Die Anwaltschaft wächst kontinuierlich. In vielen großen Städten ist bereits ein harter Konkurrenzkampf ausgebrochen. Auch Sie können in der Großstadt ein Stück des Kuchens abbekommen, wenn Sie sich ausreichend mit der Gründung, den Risiken und Chancen beschäftigen. Finden Sie Ihre anwaltliche Nische, werden Sie die schwierige Gründungsphase überstehen. Eine Ihrer Chancen ist auf jeden Fall die ständig im Wandel befindliche Gesetzeslage, auf die sich die älteren Kollegen oft schwerer einstellen können als die jüngeren. Seien Sie bereit, im Beruf stetig zu lernen.

Für Gründer und Gründerinnen stellt sich zu Beginn dieses abwechslungsreichen Weges in erster Linie die Frage nach der **Finanzierung**. Gründungen können auf die unterschiedlichste Art und Weise finanziert werden. Wer ausschließlich auf Kredite seiner Hausbank zurückgreift, zahlt erheblich mehr für den Kredit. Öffentliche Fördermittel sind hier eine echte Alternative. Diese haben im Vergleich zu den Bankkrediten viele Vorteile. Aber nicht nur die günstigen Konditionen für Zins und Tilgung sind als Vorteil anzusehen, sondern auch die Notwendigkeit, hierfür ein Existenzgründungskonzept erstellen zu müssen. Was Ihnen zunächst als sinnlose Arbeit erscheinen mag, macht sich bezahlt. Doch glauben Sie nicht, dass es Ihnen möglich sein wird, ein Konzept auszuarbeiten, das Sie in den Folgejahren nur noch umzusetzen brauchen. Dazu befindet sich zu vieles ständig im Wandel. Sie müssen in der Lage sein, Ihr Konzept bei sich wandelnden wirtschaftlichen, gesetzlichen oder gesellschaftlichen Veränderungen kritisch zu überprüfen und regelmäßig anzupassen.

Diese notwendige Flexibilität möchte ich Ihnen an einem Beispiel verdeutlichen: Ein Kollege mit dem Schwerpunkt Öffentliches Baurecht und fundierten Kenntnissen im Erschließungsbeitragsrecht stellte im Rahmen seiner Gründung fest, dass es in Zukunft aus diesem Bereich keine Mandate mehr geben wird, da es inzwischen üblich geworden war, sog. Erschließungsverträge abzuschließen, durch die die Kosten der Erschließung inklusive der Kosten zur späteren Fertigstellung der Straßen ermittelt und dem Grundstückspreis hinzugerechnet werden. Durch die Einführung des Vorhaben- und Erschließungsplans (§ 12 BauGB 1997) wurde dies zur gängigen Praxis und ein lukrativer anwaltlicher Tätigkeitsbereich fiel weg. Der

Kollege verlagerte den Schwerpunkt seines Marketings daher – mehr als ursprünglich geplant – auf privates Baurecht.

2   Auch im Vorfeld der Gründung kann es sein, dass Sie sich mit gesetzlichen Veränderungen und deren Auswirkungen beschäftigen und für sich entsprechende Konsequenzen ziehen müssen. Achten Sie also darauf, auch insoweit ein schlüssiges **Existenzgründungskonzept** auszuarbeiten. Dieses Konzept sollten Sie auch selbst schreiben. Nur dann beschäftigen Sie sich so ausgiebig mit den Chancen und Risiken Ihres Unternehmens und des ins Auge gefassten Standorts, dass Sie für Veränderungen und Probleme, die zwangsläufig im Geschäftsleben auftreten, sensibilisiert sind. Ein gutes Konzept ist nicht nur ein notwendiger Schritt für den Einstieg in die Selbstständigkeit, sondern zugleich der Schlüssel, um am Markt bestehen zu können. Allein die Tatsache, dass Sie Ihre Gründung hinreichend durchdenken und planen, erleichtert es Ihnen später, Anzeichen für notwendige Umstrukturierungen rechtzeitig zu erkennen. Nur so werden Sie in der Lage sein rechtzeitig Maßnahmen zu ergreifen. Das Existenzgründungskonzept stellt daher den ersten Baustein eines funktionierenden Controllings und Qualitätsmanagements dar.

II.   Existenzgründung – aber wie?

1.   Vorüberlegung

3   Eine Gründung schnell, unbürokratisch und ohne viel Aufwand – so soll es sein! Doch wie sieht die Realität aus? Um öffentliche Darlehen zu bekommen, benötigen Sie ein Existenzgründungskonzept. Um Kredite der Privatwirtschaft zu bekommen, benötigen Sie Einkommen und Sicherheiten. Aber auch hier kommen Sie ohne Konzept nicht aus, weil Sie Ihren Kapitalbedarf ohne ein Konzept überhaupt nicht einschätzen können. Wenn Sie nicht wissen, welche Kosten auf Sie zukommen, können Sie das Risiko nicht richtig einschätzen und reagieren nur noch statt zu agieren. Als selbstständiger Anwalt müssen Sie aber agieren, damit Mandanten zu Ihnen kommen.

4   Ob sich das Planen und Warten auf öffentliche Fördergelder für Sie rentiert, ist ein Rechenexempel mit vielen Unbekannten. In jedem Fall benötigen Sie einen Standort, die Erstausstattung und ein Finanzierungskonzept. Unabhängig davon, ob Sie einen Kredit aus der Privatwirtschaft oder eine öffentliche Förderung beantragen wollen, müssen Sie wissen, wie viel Geld Sie benötigen. Um die Analysephase, an deren Ende eine Kostenzusammenstellung steht, kommen Sie also nicht herum.

Doch was sollen Sie tun, wenn Sie die idealen Räumlichkeiten gefunden haben 5
und sofort anfangen wollen, weil die Räumlichkeiten ansonsten an jemand anderen
vermietet werden? Lassen Sie sich nicht unter Druck setzen! Der Andrang auf
Mietobjekte ist eher gering. Geben Sie also nicht auf, sondern verhandeln Sie mit
dem Vermieter:

1. Sie versuchen, mit Ihrem zukünftigen Vermieter einen mündlichen Vorvertrag
   unter Zeugen abzuschließen.
2. Sie bitten eine andere Person, die Räume für Sie anzumieten. Um dies finanzieren zu können, kann die dritte Person einen Kredit eines Kreditinstitutes aufnehmen, der mit der Auszahlung der öffentlichen Fördergelder zurückgeführt
   werden kann, nachdem Sie ein Untermietverhältnis mit der dritten Person abgeschlossen haben.
3. Sie führen das erste Bankgespräch bzw. unterschreiben alle maßgebenden Anträge. Danach können Sie den Mietvertrag abschließen, einkaufen, einziehen,
   Mandate bearbeiten. Beim Einkauf müssen Sie dann nur darauf achten, dass
   Sie längere Zahlungsziele eingeräumt bekommen.

Die wohl schwierigste Frage im Rahmen einer Gründung ist die nach der Reihen- 6
folge der einzelnen für eine optimale Gründung notwendigen Schritte. Sicherlich
wollen Sie sich möglichst schnell selbstständig machen. Wahrscheinlich brennen
Sie schon darauf, Ihre Ideen umsetzen zu können. Doch an dieser Stelle sei gewarnt: Vertragliche Vereinbarungen sollten Sie nicht übereilt abschließen. Be-
schleunigen Sie den Prozess durch eine parallele Bearbeitung. Gewiss können Sie
nicht alles gleichzeitig machen. Sie sollten daher Ihre Aktivitäten geschickt staf-
feln. Sie müssen sich zunächst darüber Gedanken machen, in welchem Zeitraum
Sie Ihre Kanzlei gründen wollen oder können. Dazu benötigen Sie einen Überblick
darüber, welche Anforderungen an Sie als Existenzgründer und als Unternehmer
gestellt werden.

Bei **idealem Ablauf Ihrer Gründung** durchlaufen Sie vier verschiedene Phasen: 7
- Qualifizierungsphase
- Analysephase
- Konzeptentwicklungsphase
- Umsetzungsphase.

Diese Phasen müssen zum Teil parallel ablaufen und ineinander greifen. Wenn Sie
sich nicht bei jeder Ihrer Handlungen vor Augen halten, in welchem Stadium Sie
sich befinden, kann dies dazu führen, dass Sie sich verzetteln und/oder wichtige
Informationen nicht rechtzeitig einholen oder zu früh mit der Umsetzungsphase
beginnen. Dies liegt daran, dass Sie nicht die Möglichkeit haben, alle Phasen nach-

einander abzuarbeiten. Die verfügbaren Informationen ändern sich innerhalb kürzester Zeit. Je länger Sie also an Ihrem Konzept arbeiten, umso weniger können Sie Ihre Rechercheergebnisse verwerten. Gerade Preisvergleiche, die Sie zur Grundlage Ihrer Planung gemacht haben, sind spätestens nach drei bis vier Monaten erneuerungsbedürftig, weil viele Angebote maximal quartalsweise gelten. Insbesondere bei Mietobjekten können Sie nicht damit rechnen, dass man Ihnen das Objekt monatelang freihält. Der Weg von der Qualifizierungsphase zur Umsetzungsphase muss daher möglichst kurz – nicht länger als vier Monate – sein. Die konkreten Standortfaktoren bestimmen Ihr Konzept als Eckdaten Ihrer Planung ganz wesentlich. Verbindliche Verträge können Sie aber erst in der Umsetzungsphase abschließen. Sie müssen sich Ihre Zeit deshalb gut einteilen.

2. Die fachliche Qualifizierung

a) Unternehmerische Qualifikation

8   Niemand ist perfekt – und auch Sie müssen noch nicht der perfekte Unternehmertyp sein, wenn Sie sich selbstständig machen wollen. Sie sollten aber vorher klären, welche Anforderungen auf Sie zukommen und überlegen, ob Sie diese ggf. mit zusätzlichen Qualifikationen erfüllen können. Doch welche persönlichen Eigenschaften benötigen Sie im Einzelnen? Anwälte sind streitlustig und das Finanzamt ist gierig – Sie müssen also eine Kämpfernatur sein, die sich nicht so schnell unterkriegen lässt. Die Sozialisation und das familiäre Umfeld des Gründers sind entscheidend. Sie können sich auch hemmend oder sogar verhindernd auswirken. Wenn Sie an einer einseitigen immer gleichbleibenden Tätigkeit interessiert sind, sollten Sie sich nicht selbstständig machen. Sie brauchen als Unternehmer kaufmännische Kompetenzen, das Gespür für das richtige Marketing und eine erotische Beziehung zum Geld. Mit Ihrer Fähigkeit, Finanzquellen zu finden, für sich zu nutzen und so zu aktivieren, dass die Zahlungen spätestens dann fließen, wenn Sie Ihre Forderungen begleichen müssen, sind Sie der geborene Unternehmer. Es kann Phasen geben, in denen Sie mit einem Minimum an Freizeit auskommen müssen. Sie leben ständig mit einem ungewissen Einkommen. Um eine Balance zwischen Ihrer anwaltlichen Tätigkeit und Ihren unternehmerischen Aufgaben zu finden, müssen Sie Wichtiges von Unwichtigem trennen können und in der Lage sein, Prioritäten regelmäßig neu zu setzen.

9   Sie sollten sich in der Umgebung anderer Menschen wohlfühlen und sich nicht daran stören, im Zentrum der Aufmerksamkeit zu stehen. Sie sollten in der Lage sein auf andere zuzugehen und ein Händchen für zwischenmenschliche Beziehungen

haben. Sie müssen bereit sein, Verantwortung zu übernehmen und – auch unangenehme – Gespräche zu beginnen. Hilfreich ist auch ein Gespür für die Gefühle anderer Menschen. Sie sollten wissen, wie Sie andere motivieren können. Besonders wichtig ist aber auch Ihre Gewissenhaftigkeit. Sie sollten auf alles vorbereitet sein, auf Details achten, Ihre Pflichten insbesondere dem Finanzamt und der Kammer gegenüber erfüllen. Sie sollten Ordnung lieben und einen Zeitplan erstellen und einhalten können. Gut ist auch, wenn Sie einen hohen Anspruch an Ihre Arbeit stellen. Sie sollten Pläne erstellen können und diese mit der im Anwaltsberuf erforderlichen Flexibilität einhalten. Gut ist auch, wenn Sie dazu neigen, anfallende Arbeit sofort zu erledigen. Als guter Unternehmer sollten Sie dazu bereit sein, sich regelmäßig Zeit zu nehmen, um Dinge zu reflektieren und nach Lösungen zu suchen. Wenn Sie es lieben, sich neue Wege auszudenken, sich stark genug fühlen, die Herausforderungen des Lebens zu meistern, und sich auch kompetent genug fühlen, um sich der realen Welt als Selbstständige(r), also als Unternehmer(in) zu stellen – dann werden Sie erfolgreich sein und können sich gefahrlos selbstständig machen.

Falls Sie sich noch nicht sicher sind, sollten Sie Ihr Selbstbewusstsein fördern und hinterfragen, ob eine selbstständige Existenz für Sie der richtige Weg ist. Nachfolgend erhalten Sie Anhaltspunkte, was einen erfolgreichen Unternehmer ausmacht:

Checkliste: Unternehmereigenschaften   **10**

- Kämpfernatur
- Rückhalt in der Familie
- kaufmännische Kompetenzen
- Gespür für das richtige Marketing
- Fähigkeit, Finanzquellen zu finden und rechtzeitig zu aktivieren
- Wichtiges von Unwichtigem trennen
- Prioritäten setzen und regelmäßig überprüfen
- sich in Umgebung von anderen Menschen wohlfühlen und auf andere zugehen können
- bereit sein, Verantwortung zu übernehmen
- andere motivieren können
- Gewissenhaftigkeit
- auf Details achten
- Pflichtbewusstsein
- Ordnungsliebe
- Zeitplan erstellen und einhalten können
- anfallende Arbeit sofort erledigen
- regelmäßige Überprüfung der Marktlage und der Arbeitsabläufe
- Selbstbewusstsein

11 Zusätzlich zu Ihren juristischen Kenntnissen benötigen Sie betriebswirtschaftliche Grundkenntnisse, die Sie sich in der Qualifizierungsphase aneignen sollten. Behalten Sie aber im Hinterkopf, dass Sie sich während des gesamten Berufslebens als Anwalt weiterbilden müssen, um immer kompetent beraten zu können. Die Qualifizierungsphase ist daher die längste Phase. Sie endet frühestens, wenn Sie nicht mehr als Anwalt tätig sind. Für die Gründungsphase sind aber Tipps und Tricks für Organisation und Markteroberung notwendig. Die wichtigsten Tipps hierzu erhalten Sie in diesem Buch. Darüber hinaus benötigen Sie Kenntnisse über Buchführung und die betriebswirtschaftliche Planung und Auswertung. Steuerrechtliche Kenntnisse sind auch hilfreich. Die wichtigsten Aspekte hierzu ergeben sich aus § 10 dieses Buches. Weitergehende Kenntnisse sollten Sie sich am besten bereits im Studium oder Referendariat durch eine Tätigkeit in einer Anwaltskanzlei aneignen. Dies ist aber dann entbehrlich, wenn Sie konkrete Vorstellungen von der Organisation Ihrer Kanzlei haben und/oder über entsprechende Vorkenntnisse aus einer früheren Ausbildung verfügen. Sie sollten Kenntnisse über die Abläufe in einer Anwaltskanzlei sammeln.

Was sollte ein selbstständiger Anwalt können?	Wie und wo kann er diese Kenntnisse erwerben oder vertiefen?
Unternehmensführung	IHK (*www.ihk.de*); Gründerzentren; Handwerkskammern; Bundesverband mittelständischer Wirtschaft (*www.bvmw.de*), Messen (*www.internetmesse.de*); Bundesarbeitsgemeinschaft Wirtschafts-Senioren Alt hilft Jung e.V. (*www.althilftjung.de*)
Buchhaltung	IHK; Volkshochschulen; Handwerkskammern; Alt hilft Jung e.V.
Sozialversicherungsrechtliche Grundkenntnisse	IHK; AOK-Service für Unternehmen (*www.aok-business.de*); Deutsche Anwaltakademie (*www.anwaltakademie.de*); Deutsches Anwaltsinstitut (*www.anwaltsinstitut.de*); Rechtsanwaltskammern (*www.brak.de*)
Steuerrechtliche Grundkenntnisse	IHK; Gründerzentren (*www.exzet.de*; *www.exist.de*); Deutsche Anwaltakademie; Deutsches Anwaltsinstitut e.V.; Rechtsanwaltskammern; Alt hilft Jung e.V.
Allgemeine betriebswirtschaftliche und gesellschaftsrechtliche Grundkenntnisse	Frühere Ausbildung; IHK; Gründerzentren; Handwerkskammern; Rechtsanwaltskammern; Alt hilft Jung e.V.; Deutsches Aktieninstitut e.V. (*www.dai.de*); Nds. Ministerium für Wirtschaft und Verkehr
Sprachen	Volkshochschulen; Auslandsaufenthalte
Verhandlungstechnik	IHK; Gründerzentren; Deutsche Anwaltakademie; Deutsches Anwaltsinstitut; Rechtsanwaltskammern

Tipp   **12**
Wissenswertes über Kanzleiführung und juristisches Insiderwissen können Sie
insbesondere im Rahmen von Urlaubsvertretungen für einen zugelassenen Anwalt sammeln.

Wirtschaftswissenschaftliche Kenntnisse können Sie auch vor oder zu Beginn
Ihrer Kanzleigründung in den zahlreich angebotenen Kursen erlernen (z.B.
Buchhaltungskurse). Wollen Sie sich gleich nach dem Referendariat selbstständig machen, empfehle ich Ihnen, spätestens nach der schriftlichen Prüfung mit
einer betriebswirtschaftlichen Fortbildung anzufangen. Dies hat aus meiner
Sicht auch bereits für die mündliche Prüfung einen positiven Aspekt. Sie lernen
praxisorientierter und gezielter, wenn Sie noch eine andere Aufgabe haben. Zu
empfehlen sind der Bielefelder Kompaktkurs für Anwalts- und Notartätigkeiten
sowie die Fortbildungsveranstaltungen des FORUM Junge Anwaltschaft im
DAV.

Doch ist für Sie wirklich eine Fortbildung zum Unternehmer notwendig? Wenn Sie   **13**
über die folgenden Voraussetzungen verfügen, dann können Sie sich auch ohne
wirtschaftlich orientierte Fortbildungen selbstständig machen:

- Wirtschaftliches Feeling,
- Fähigkeit, die eigene Steuererklärung zu erstellen,
- Erfahrungen bei der Erstellung von Lohnabrechnungen,
- Fähigkeit, Prognosen über die Wirtschaftlichkeit von Investitionen abzugeben,
- Selbstdisziplin zur Erstellung und regelmäßigen Anpassung einer Finanzpla-
  nung auch für private Ausgaben,
- Führungspersönlichkeit.

b) Fachanwaltschaften

Es gibt zurzeit 20 Fachanwaltschaften, und zwar für die folgenden Rechtsgebiete: **14**
Agrarrecht, Arbeitsrecht, Bank- und Kapitalmarktrecht, Bau- und Architektenrecht, Erbrecht, Familienrecht, Gewerblicher Rechtsschutz, Handels- und Gesellschaftsrecht, Informationstechnologierecht, Insolvenzrecht, Medizinrecht, Miet-
und Wohnungseigentumsrecht, Sozialrecht, Steuerrecht, Strafrecht, Transport- und
Speditionsrecht, Urheber- und Medienrecht, Verkehrsrecht, Versicherungsrecht,
Verwaltungsrecht.

Die Rechtsanwaltschaft hat mit der Bezeichnung „**Fachanwalt**" eine Marke gebildet, die sich mehr und mehr durchsetzt. Mit einer Fachanwaltsqualifikation heben

sich Anwälte von der wachsenden Zahl ihrer Mitbewerber ab. Dieser Titel steht für besondere theoretische Kenntnisse und praktische Erfahrungen in einzelnen Rechtsgebieten. Zur Erlangung dieses Titels müssen Sie die Bearbeitung einer erheblichen Anzahl von Fällen des jeweiligen Fachgebiets nachweisen, haben Lehrgänge zu besuchen und Prüfungen vor neutralen Stellen – den Rechtsanwaltskammern – abzulegen. Mit einem Fachanwaltstitel dokumentieren Sie darüber hinaus, dass Sie Ihr Wissen ständig aktuell halten. Dazu verpflichtet sie die Fachanwaltsordnung.

15   Fachanwaltskurse dienen Ihnen gleichermaßen zur Spezialisierung und bieten Ihnen die Möglichkeit, Werbung für Ihre Kanzlei zu machen. Es ist daher vor der Gründung zu überlegen, wie Sie an die erforderlichen Fälle kommen können. Sinnvoll ist dazu beispielsweise eine Mitarbeit in anderen Kanzleien, die auf das jeweilige Gebiet spezialisiert sind. Die Bundesagentur für Arbeit finanziert zuweilen Fachanwaltskurse. Achten Sie dabei aber auf die Qualität. Kurse, bei denen Sie zwei oder mehrere Fachanwaltsvoraussetzungen erwerben können, bieten oft nicht die besten Voraussetzungen. In meiner anwaltlichen Praxis war ich von Absolventen solcher Kurse meist sehr enttäuscht. Wollen Sie von anderen Kanzleien Fälle zur eigenverantwortlichen Bearbeitung übertragen bekommen, sollten Sie Kurse bei einem der folgenden Anbieter wählen:

- **Fachseminare von Fürstenberg GmbH & Co. KG**
  Werthmannstr. 15, 79098 Freiburg,
  Tel.: 07 61 / 2 14 83–10, Fax: 07 61 / 2 14 83–29
  E-Mail: info@fachseminare-von-fuerstenberg.de,
  www.fachseminare-von-fuerstenberg.de

- **DeutscheAnwaltAkademie Gesellschaft für Aus- und Fortbildung sowie Serviceleistungen mbH**
  Littenstr. 11, 10179 Berlin,
  Tel.: 030 / 726153–0, Fax: 030 / 726153–111
  E-Mail: daa@anwaltakademie.de, *www.anwaltakademie.de*

- **ARBER-Seminare GmbH**
  Johann-Strauß-Str. 20, 74078 Heilbronn,
  Tel.: 07066 / 90 08 0, Fax: 07066 / 90 08 22
  E-Mail: kontakt@ARBER-Seminare.de, *www.ARBER-Seminare.de*

- **Deutsches Anwaltsinstitut e.V.**
  Universitätsstr. 140, 44799 Bochum,
  Tel.: 0234 / 970640, Fax: 0234 / 703507
  E-Mail: info@anwaltsinstitut.de, *www.anwaltsinstitut.de*

Über die näheren Voraussetzungen zur Erlangung einer Fachanwaltsbezeichnung **16**
gibt es in der FAO detaillierte Regelungen. Darüber hinaus gibt es bei den Kammern Merkblätter. Nähere Informationen dazu finden Sie unter *http://www.rakcelle.de/anwaelteN/fachanwaltschaften.htm* und *http://www.brak.de/w/files/02_fuer_anwaelte/berufsrecht/fao_01_07_2011.pdf.*

3. Die Analysephase

In der Analysephase ermitteln Sie **17**
- geeignete Standorte
- die Marktsituation
- Marketingmöglichkeiten
- das Volumen der Investitionskosten
- die laufenden Kosten
- Einrichtungs- und Ausstattungsmöglichkeiten.

a) Ziel

„Analysephase" ist die Phase, die mit der vagen Idee von der eigenen Kanzlei be- **18**
ginnt und mit der gedanklichen Auswertung der gesammelten Informationen endet. Nach Ermittlung verschiedener Informationsquellen ist es Ihre Aufgabe, eine Vielzahl von Informationen auszuwerten. Die Analyse von Bestand und Umsetzungsmöglichkeiten ist zwingende Voraussetzung für die Entwicklung eines überzeugenden Existenzgründungskonzeptes. Die Informationsbeschaffung dauert, abhängig von dem jeweiligen Informationsbereich, mehr oder weniger lange. Sie sollten mit dem langwierigsten und umfassendsten Bereich der Ausstattung beginnen.

Zeitgleich sollten Sie sich aber auch um alle anderen Informationen bemühen. **19**
Welches Konzept Sie zuerst erstellen bzw. abschließen können, ergibt sich aus Intensität und Resonanz Ihrer Recherchen. **Ziel** der Analysephase ist es, dass Sie sich über folgende Fragen Klarheit verschafft haben:
1. Welche unterschiedlichen öffentlichen Fördermittel gibt es in den einzelnen Bundesländern und kommunalen Gebietskörperschaften?
2. Welche Arten von Kanzleien gibt es? Wie soll die eigene Kanzlei strukturiert sein?
3. Was soll besser/anders sein als in anderen Kanzleien?
4. Welchen Anforderungen sollen Kanzleistandort und Räumlichkeiten entsprechen?

5. Wie soll die Kanzlei eingerichtet werden? Woher sind die Einrichtungsgegenstände unter welchen Bedingungen (Preis, Lieferbedingungen, Lieferzeiten) zu bekommen?

6. Wie soll die Kanzlei organisiert werden? Was wird dafür benötigt? Wo bekomme ich diese Organisationsmittel?

7. Welche technische Ausstattung soll es in der Kanzlei geben? Wie hoch ist der Anschaffungspreis im Vergleich zu Miete oder Leasing? Welche Folgekosten entstehen?

8. Wie soll die Verbrauchsgüterbeschaffung erfolgen? Welche Lieferanten kommen in Betracht? Welche Preise, Lieferbedingungen und Lieferfristen gibt es derzeit am Markt?

9. Welches Personal können Sie zu welchen Bedingungen bekommen? Welche Lohn- und Lohnnebenkosten kommen auf Sie zu?

10. Welche Formalien müssen Sie bei Ihrer Gründung beachten und welche Kosten werden dadurch ausgelöst?

11. Was kostet die Gründung und welche Möglichkeiten gibt es, sie zu finanzieren?

b)   Grundsätze zur Informationsbeschaffung

20   Sie sehen, es geht um eine umfassende **Informationsbeschaffung/-sammlung** und Orientierung im Hinblick auf alle zu entwickelnden Konzepte und abzuschließenden Verträge, die Sie im Rahmen Ihrer Existenzgründung eingehen wollen und müssen. Wichtig ist, dass Sie alle möglichen Informationsmedien nutzen. In Frage kommen Informationsbroschüren, Kataloge und Werbeprospekte ebenso wie Internetrecherchen. In der Analysephase geht es aber auch um die Sortierung, Zusammenstellung und **Auswertung dieser Informationen**. Die Art der Informationsquellen ist sehr stark abhängig von der Art der benötigten Information selbst.

21   Beachten Sie ein paar ganz allgemeine **Grundsätze zur Informationsbeschaffung**:

1. Informationen kann es überall geben.

2. Lernen Sie Menschen kennen und entwickeln Sie ein Fingerspitzengefühl für Informationsquellen.

3. Besuchen Sie gezielt Informationsveranstaltungen, z.B. des FORUM Junge Anwaltschaft im DAV, der Rechtsanwaltskammern.

4. Unterscheiden Sie bei der Informationssammlung anhand der Interessenlagen der Informanten, ob Sie umfassende oder gefilterte, objektive oder subjektive Informationen erhalten.

5. Geben Sie sich nicht mit einseitigen Informationen zufrieden. Versuchen Sie weitere Informationen bei Konkurrenten, Kollegen oder im Internet zu bekommen.

6. Nutzen Sie möglichst viele verschiedene Informationsmedien.

7. Entscheiden Sie sich nicht zu früh. Sichten Sie das Informationsmaterial, auch wenn Sie der Auffassung sind, Sie hätten sich bereits festgelegt, immer wieder. Überprüfen Sie Ihre Entscheidungen nochmals, bevor Sie in der Umsetzungsphase Verträge abschließen.

8. Nutzen Sie die Zeit, in der Sie auf Informationsmaterial warten, um die Teile Ihres Konzeptes fertig zu stellen, die sich mit den Ihnen zur Verfügung stehenden Informationsquellen bereits erstellen lassen. Agieren Sie auf mehreren Ebenen gleichzeitig.

9. Fragen Sie sich bei jeder neuen Information, welche Auswirkungen diese auf Ihr gedanklich bereits entwickeltes Konzept hat.

10. Werfen Sie angefordertes Material nicht vor Abschluss der Umsetzungsphase voreilig weg. Bei manchen Katalogen/Broschüren stellt sich deren Wert erst im Nachhinein heraus. Angebote können sich als unrentabel erweisen. Ganze Möbelserien können zwischenzeitlich aus dem Programm genommen worden sein. Sie können nur dann schnell und einfach umdisponieren, wenn Ihnen alle anderen Informationen noch zur Verfügung stehen.

11. Legen Sie Prioritäten fest.

c) Aufbewahrung der Informationen

Die so gesammelten Informationen sollen jederzeit verfügbar und verwertbar sein. **22** Dies ist besonders wichtig, wenn Sie nicht über viel Platz verfügen. Denn leider lassen sich die Informationsmaterialien nicht einheitlich lagern. Gebundene Informationen auf Papier und elektronische Informationsmaterialien lassen sich nicht oder nur mit zusätzlichem Aufwand abheften. Sind bei Ihnen entsprechende Hilfsmittel (Abheftstreifen, Magic-Clip, abheftbare Klemmschienen, abheftbare Hüllen für Speichermedien) vorhanden, sollten Sie diese nutzen, denn viele Einzelinformationen müssen abgeheftet werden. Ein reines Ordnersystem ist natürlich am übersichtlichsten. Die kostengünstigste Variante ist eine Dreiteilung des Aufbewahrungssystems:

1. Aktenordner mit alphabetischen Registerblättern für alle Materialien, die abgeheftet werden müssen. Sortiert werden sollte nach dem anzuschaffenden Gegenstand, z.B. „Kopierer" unter „K".

2. Stehordner und/oder Stellfläche mit Buchstützen für gebundene Informationsbroschüren. Hier können auch elektronische Speichermedien mit Demoversio-

nen u.Ä. gelagert werden. Sortieren Sie auch hier alphabetisch nach den einzelnen Beschaffungsgütern. Kataloge, die sowohl Einrichtungs- als auch Organisationsmittel auflisten, können Sie als Abgrenzung beider Bereiche in der Mitte positionieren. So ersparen Sie sich auch lästige Beschriftungen.

3. Speichermedium Festplatte, externe Festplatten, USB-Sticks zur Datensicherung und Datenübertragung.

23   Legen Sie darüber hinaus eine Liste zur Bedarfsplanung an, in der Sie den Kostenrahmen und die Kosten des von Ihnen spontan favorisierten Gerätes eintragen. Mit einer solchen Liste können Sie Wirtschaftlichkeitsauswertungen vornehmen. Legen Sie sich eine beliebige Tabelle mit einem beliebigen Tabellenkalkulationsprogramm an. Bedenken Sie, dass die Preise für das gleiche Produkt bei verschiedenen Händlern unterschiedlich sein können und es verschiedene Produkte mit den gleichen Leistungsmerkmalen gibt. Ihre Tabelle muss diesen Umständen Rechnung tragen.

24   Allgemeine Informationen über öffentliche Förderungen von Existenzgründern durch Seminare u.Ä. erhalten Sie von den Wirtschaftsministerien von Bund und Ländern, bei der zuständigen Rechtsanwaltskammer und dem örtlichen Arbeitsamt. Recherchieren Sie zunächst einmal im Internet. Viele Informationen gibt es aber nach wie vor nur in gebundener Form. Fragen Sie einfach überall nach, ob es noch anderes Material für Existenzgründer gibt und fordern Sie dieses Informationsmaterial an. Sobald Sie von einer anderen möglichen Informationsquelle erfahren, sollten Sie dort um entsprechendes Informationsmaterial bitten. Ich selbst habe gute Erfahrungen mit der umfassenden Anforderung von Informationsmaterial gemacht: Bei zwei verschiedenen Wirtschaftsministerien und einer kommunalen Gebietskörperschaft habe ich nach Informationsmaterial gefragt. Trotz des gleichen Wortlauts meines Schreibens habe ich nicht eine Broschüre doppelt erhalten. Inzwischen erhalten Sie nur noch wenige gedruckte Broschüren. Meist verweisen die einzelnen Informationsgeber auf ihre Internetseiten.

4.   Die Konzeptentwicklungsphase

25   In der Konzeptentwicklungsphase erstellen Sie

- Dienstleistungs- und Zielkonzept
- Personalkonzept
- Marketingkonzept
- Finanzkonzept.

a)   Die Gründungsidee

In der Konzeptentwicklungsphase müssen Sie Ihre gedanklichen Vorüberlegungen konkretisieren. Dies geschieht am besten durch Ausformulierung des Existenzgründungskonzeptes, welches die Erstellung von Finanzierungsplänen auf der Grundlage dieses Konzeptes erfassen sollte. Bevor Sie die Konzeptentwicklungsphase nicht abgeschlossen haben, sollten Sie nicht mit der Umsetzung Ihrer Gründungsidee beginnen.   **26**

Bevor ein Gründungsvorhaben in Angriff genommen werden kann, sind zahlreiche Vorüberlegungen, Recherchen und die Erstellung eigener Konzepte notwendig. In der Analysephase haben Sie alle notwendigen Informationen gesammelt. Sie haben sich sicherlich auch schon grob überlegt, was Sie unbedingt wollen und was auf keinen Fall. Dies ist der erste Schritt zu Ihrem Existenzgründungskonzept.   **27**

Zu Beginn der Gründungsphase kommt vieles auf den Gründer zu. Er muss sich erst einmal einen Überblick über die Situation der Gründung an sich und über seine Möglichkeiten verschaffen. Daher sind wichtige Grundüberlegungen anzustellen, um die wenige Zeit optimal zu nutzen. Dies ist aus meiner Sicht eine wichtige Grundvoraussetzung. Denn wer selbstständig und erfolgreich sein will, muss agieren und nicht reagieren. Natürlich gibt es immer wieder Unvorhergesehenes, was eine Anpassung der Konzepte und/oder der zeitlichen Planungen notwendig macht. Wer aber rechtzeitig realistische Prognosen über Ereignisse anstellt und sich frühzeitig Gedanken über zeitliche Abläufe macht, bleibt in jeder Situation Herr seines Gründungsvorhabens.   **28**

Es wird auch immer wieder ein **Hinterfragen der eigenen Konzepte** notwendig sein. Dies ist nichts Bedrohliches und auch kein Grund zur Resignation. Sie als Gründer haben nicht schon versagt, weil eine Änderung Ihrer Konzepte notwendig war. Wichtig ist für Sie das Problembewusstsein. Sie müssen in der Lage sein, veränderte Umstände rechtzeitig zu erkennen, um diesen entgegenwirken zu können. Manchmal wird vielleicht die Kraft, die Zeit oder auch die Idee zur Änderung fehlen. Das ist normal. Jeder Gründer steht früher oder später vor diesem Problem. An dieser Stelle zu resignieren, wäre das Schlimmste, was Sie tun könnten. Es ist nicht notwendig, dass Sie innerhalb kurzer Zeit eine Patentlösung haben, denn die Konzeptentwicklungsphase überschneidet sich mit den anderen Phasen und setzt sich später im Controlling und Qualitätsmanagement der Kanzlei fort.   **29**

Ihre Vorstellungen von einer optimalen anwaltlichen Dienstleistung und Ihre eigenen Ziele gilt es zu verfolgen. Setzen Sie sich an dieser Stelle aber bereits grundsätzliche Zielvorgaben und Ausschlusskriterien. Teil solcher grundsätzlicher Über-   **30** legungen kann sein, dass Sie Vorgaben hinsichtlich Ihrer laufenden Betriebskosten, z.B. maximale Höhe in Prozent festlegen. Unter Umständen wollen Sie auf keinen Fall Personal einstellen. Möglicherweise wollen Sie besonders qualifiziertes Personal oder repräsentative Räume. Überdenken Sie in diesem Stadium die Eckpfeiler Ihrer Planung in groben Zügen, aber realitätsbezogen und mit Blick auf den ausgewählten Standort.

b) Einzelkonzepte

31 Doch mit welchem Konzept sollte man beginnen? Wer die selbstkritische Frage, ob er Rechtsanwalt werden und sich dazu selbstständig machen wolle, aus Überzeugung bejaht hat, hat den wichtigsten Schritt bereits getan. Bei einem klaren „Ja" fällt es Ihnen sicherlich leicht, Ihre Vorstellung der anwaltlichen Dienstleistung und Ziele in Worte zu fassen. Dafür benötigen Sie die wenigsten Informationen. Deshalb sollten Sie mit dem **Dienstleistungs-** und **Zielkonzept** beginnen.

32 Danach sollten Sie ein **Marketingkonzept** entwerfen. Sie wissen genügend über sich, so dass Sie die Grundstrukturen eines für Sie optimalen Marketingkonzeptes ohne weitere Informationen entwickeln können. Ein Marketingkonzept ist sehr wichtig. Ob Sie aber bereits im Rahmen Ihres Existenzgründungskonzeptes ein Marketingkonzept entwickeln können und wollen, hängt von den Umständen, dem konkreten Standort und insbesondere von Ihrer Einstellung zur anwaltlichen Werbung ab. Ein Marketingkonzept hilft Ihnen aber nicht nur, um sich am Markt zu etablieren, sondern ist auch gut für Ihr eigenes Selbstbewusstsein – gerade auch im Hinblick auf Ihre Wettbewerbssituation. Grundlage eines Marketingkonzeptes ist eine gute Einschätzung der Standortbedingungen und des Einzugsbereichs, aus dem Ihre Mandanten kommen sollen. Versuchen Sie, dieses Konzept als zweites Teilkonzept fertig zu stellen. Die Feinheiten können Sie allerdings erst entwickeln, wenn Sie sich für einen konkreten Standort entschieden haben.

33 Unproblematisch ist auch die Erstellung eines **Personalkonzeptes**, doch auch hierzu sollten Sie Ihren künftigen Kanzleistandort kennen. Sie können ansonsten das Potenzial an Arbeitskräften nicht ermitteln. Hierfür benötigen Sie – ebenso wie für das Finanzkonzept – zusätzliche und aktuelle Auskünfte, die Sie im Laufe der Analysephase erst ermitteln müssen. Das Personalkonzept können Sie u.U. noch während der Analysephase fertig stellen.

34 Anders ist dies beim **Finanzkonzept**. Erst nach Abschluss der Analysephase können Sie im Rahmen der Konzeptentwicklungsphase Ihre finanziellen Grundentscheidungen treffen.

5. Die Realisierungsphase

Die Umsetzungsphase ist die Phase, in der Sie Ihre Konzepte umsetzen, Anträge   **35**
stellen und Verträge abschließen.

> *Tipp*
> Machen Sie sich nicht zum Sklaven Ihres Konzeptes! Ein Konzept ist ein nur
> Grundgerüst. Bei Veränderungen der Informationsgrundlagen ist eine **Abwei-
> chung vom Konzept** nicht nur wünschenswert, sondern oft sogar erforderlich.
> Die Art der Änderung muss aber gut – nicht zwingend lange – überdacht wer-
> den. Nur wenn die Notwendigkeit dazu besteht, sollten Sie von Ihrem Konzept
> abweichen. Dies sollten Sie aber planmäßig mit einem Änderungs- oder Anpas-
> sungskonzept tun.

Ein optimaler Ablauf der Umsetzungsphase beginnt mit einem erfolgreichen Bank-   **36**
gespräch. Nichts ist ärgerlicher, als wenn Sie Ihr Konzept nach dem Gespräch
überarbeiten müssen. Der Beginn der Umsetzungsphase ist entscheidend für die
Realisierung Ihres Vorhabens. Es darf nicht zu viel Zeit vergehen. Sie haben Ihr
Gesamtkonzept und insbesondere Ihr Finanzierungskonzept schließlich im Hinblick auf einen konkreten Standort und eine konkrete Marktlage erstellt. Oft ist es
möglich, dass Vermieter und Händler flexibel genug sind, Ihnen z.B. die Räumlichkeiten auch ohne den sofortigen Abschluss eines Mietvertrages freizuhalten.
Dies hängt allerdings von der Nachfragesituation ab.

In der **Umsetzungsphase** veranlassen Sie
- Bankgespräch
- Abschluss von Verträgen
- Beantragung der Zulassung
- Umsetzung des Marketingkonzeptes
- Einzug und Einrichtung.

III. Optimierung Ihrer Qualifikation als Unternehmer

1. Unternehmerprofil

a) Organisatorische und wirtschaftliche Kompetenz

Als Unternehmer wird von Ihnen fachliche und wirtschaftliche Kompetenz ebenso   **37**
erwartet wie Flexibilität und soziale Kompetenz. Die wirtschaftlichen Fähigkeiten
sind für den Erfolg des Unternehmens von ganz wesentlicher Bedeutung. Als Existenzgründer werden Sie bereits an dem gemessen, was ein Unternehmer leisten

können muss: Sie müssen fachlich in der Lage sein, ein unternehmerisches Rechnungswesen und eine Buchhaltung zu führen bzw. führen zu lassen und zu kontrollieren. Sie müssen aber auch fähig sein, Ihre wirtschaftliche Situation trotz ggf. hoher Umsatzzahlen realistisch einzuschätzen. Schließlich müssen Sie auch imstande sein, Maßnahmen zu treffen, wenn Ihre Liquidität bedroht ist. Machen Sie sich klar, dass Sie ein **unternehmerisches Risiko** tragen, das Sie notfalls privat auffangen müssen. Fehlen Ihnen betriebswirtschaftliche und buchhalterische Kenntnisse, sollten Sie sich diese umgehend aneignen. Besuchen Sie Seminare zu diesen Themen. Derartige Fortbildungen erhöhen nicht nur Ihre Qualifikation, sondern auch Ihre Chance auf eine öffentliche Förderung mit nur einem Bankgespräch. Daher empfehle ich, dass Sie sich derartige Qualifikationen auf jeden Fall vor dem Bankgespräch, am besten vor der Erstellung des Gründungskonzeptes aneignen. Der Hintergrund ist einleuchtend: Sie haben es dann leichter, ein gutes und überzeugendes Existenzgründungskonzept zu schreiben. Teilnahmebestätigungen, die diese besondere Qualifikation nachweisen, sollten Sie Ihrem Gründungskonzept beilegen.

38 So genannte Unternehmereignungstests oder Checklisten für die Eignung als Unternehmer bietet auch die KfW Mittelstandsbank auf ihrer Homepage unter *www.kfw.de* an. Als Unternehmer müssen Sie sich selbst immer wieder alle notwendigen **Informationen** beschaffen. Sorgen Sie dafür, dass Sie in den für Ihr Unternehmen wichtigen Bereichen ständig aktuelle Informationen erhalten. Dies kann durch Zeitungen, Zeitschriften, Newsletter und/oder Stammtische geschehen. Suchen Sie auch den persönlichen Kontakt zu anderen. Die Art Ihrer Strategien und der für Sie optimalen Informationsbeschaffung müssen Sie für sich selbst ergründen. Dies hängt ganz wesentlich von Ihrer Person, Ihrem Gesamtkonzept und Ihrem zeitlichen und finanziellen Budget ab.

39 Sie haben sicherlich schon davon gehört, dass für viele „selbstständig" bedeutet, selbst und ständig zu arbeiten. Da ist sicherlich etwas dran. Am Anfang wird es sich auch kaum vermeiden lassen, dass Sie nach dieser Definition verfahren. Sie wissen noch nicht, was Sie in welchem Umfang Ihren Mitarbeitern überlassen können, damit die Arbeit ganz nach Ihren Wünschen und Ihren Interessen erledigt wird. Selbst wenn Sie die **Qualifikation Ihrer Mitarbeiter** kennen, können Sie Aufgaben nicht blind delegieren. Sie haben eine Verpflichtung zur Kontrolle und tragen die Verantwortung auch für die Arbeit Ihrer Mitarbeiter. Die unangenehmen Sachen bleiben meist beim Chef hängen, während Sie zeitaufwendige Routinearbeiten gut delegieren können. Sie sind für die Selbstständigkeit insbesondere geeignet, wenn es Ihnen gelingt, die anstehenden Aufgaben so zu delegieren, dass sie in angemessener Zeit erledigt werden. Dazu gehören Geschick für Personalauswahl und Personalführung und natürlich das richtige Personal.

b) Personalführung

Als Unternehmer sollten Sie eine **Führungspersönlichkeit** sein. Für einen Anwalt **40** ist dies deswegen besonders wesentlich, weil die Mitarbeiter schnell und korrekt arbeiten und je nach Arbeitsanfall auch zu Überstunden bereit sein müssen, um Fristen einzuhalten. Als Anwalt haben Sie aber auch die Verantwortung dafür, dass Ihren Mitarbeitern nichts Unmögliches zugemutet wird. Testen Sie die Grenzen aus, aber überfordern Sie weder sich noch Ihre Mitarbeiter.

Die richtige Auswahl und die richtige Motivation der Mitarbeiter können den Erfolg eines Unternehmens entscheidend beeinflussen. Wählen Sie Ihre Mitarbeiter **41** schlecht aus, leiten Sie diese nicht ausreichend an und/oder ist das Verhältnis zwischen Motivation und Kontrolle nicht ausgewogen, dann ist Ihr Unternehmen nicht leistungsfähig und die schönsten Prognosen könnten zum Wunschtraum werden. Auch insoweit gibt es die Möglichkeit, Fortbildungsseminare zu besuchen. Wann Sie sich diese Qualifikation aneignen sollten, hängt von Ihrem Konzept ab. Haben Sie Ihre Führungsqualitäten noch nicht entdeckt, sollten Sie sich auf jeden Fall vor der Einstellung Ihrer Mitarbeiter in Personalführung schulen lassen. Sie erhalten im Rahmen einer solchen Fortbildung auch wertvolle Tipps zu den Anforderungen, die Sie an Ihr Personal stellen sollten und stellen können. Dies kann Ihnen die Auswahlentscheidung bei der Einstellung erleichtern.

c) Selbstbewusstsein und soziale Kompetenz

Neben dem Selbstbewusstsein ist die **soziale Kompetenz** ein ganz wichtiger **42** Aspekt, der von Ihnen als Existenzgründer verlangt wird. Mit dem Schlagwort „soziale Kompetenz" meine ich die Fähigkeit, auf andere zuzugehen und mit anderen Menschen umgehen zu können. Grundsätzlich erwartet der Sachbearbeiter der Bank Teamfähigkeit von Ihnen, wenn Sie mit anderen zusammen gründen. Sind Sie nicht der geborene Team-Mitstreiter, dann sollten Sie Ihre Gründung und damit auch Ihr Konzept darauf ausrichten.

d) Fähigkeit zur Konzeptentwicklung

Die Bank erwartet von Ihnen als Existenzgründer, dass Sie in der Lage sind, als **43** angehender Unternehmer eigene Konzepte zu entwickeln. Das Gründungskonzept setzt sich aus folgenden **Einzelkonzepten** zusammen, die Sie am besten auch so benennen. Allein die Verwendung deutscher Begriffe zeigt, dass Sie auf dem Boden der Tatsachen stehen, realistisch und verantwortungsvoll agieren und auf dem Weg zu eigenen unternehmerischen Werten sind. Sie benötigen

- ein Dienstleistungs- und Zielkonzept (vgl. Rn 252 ff.)
- ein Marketingkonzept (vgl. Rn 267 ff.)
- ein Personalkonzept (vgl. Rn 278 ff.) und
- ein Finanzkonzept (vgl. Rn 283 ff.).

44 Durch die Konzeptentwicklung zeigen Sie nicht nur Ihr Engagement und unternehmerisches Denken, sondern auch die Motivation, aus der heraus Sie Ihre Kanzlei gründen. Denn um am Markt bestehen zu können, sollten Sie Ihren Beruf lieben. Für die Bank ist das Konzept aber auch deswegen interessant, weil später auf der Grundlage des Konzeptes überprüft werden kann, wie erfolgreich Sie tatsächlich waren. Während Ihres ganzen unternehmerischen Daseins kann das Grundkonzept für Sie als Maßstab dienen. In regelmäßigen Abständen müssen Sie Ihre Konzepte allerdings überdenken und an die gesellschaftlichen und wirtschaftlichen Veränderungen Ihres Umfeldes anpassen.

2. Weiterbildung

45 Unter dem Motto „Man lernt nie aus" sollten Sie Ihre Qualifikation stetig erweitern und sich fortbilden. Im Vordergrund stehen sicherlich juristische Fortbildungen. Bereits im Rahmen Ihrer Gründung sollten Sie überdenken, ob Sie einen Fachanwaltstitel erwerben wollen oder eine weitere Chance nutzen wollen: In den nächsten Jahren wird ein hoher Prozentsatz der Notare die Altergrenze (70 Jahre) erreichen. Beides ist recht teuer und gehört daher in die mittelfristige Finanzplanung. Ob Fachanwaltslehrgang oder der Lehrgang Anwaltsnotariat, die Kosten belaufen sich auf mindestens 2.200 EUR. Wollen Sie einen von beiden Lehrgängen innerhalb der ersten fünf Jahre besuchen, müssen Sie die entsprechenden Kosten (ggf. zzgl. Übernachtungs- und Reisekosten) einkalkulieren.

IV. Analyse der individuellen Gründungsbedingungen

46 Es gibt sechs Möglichkeiten, sich selbstständig zu machen: Sie können eine Kanzlei kaufen, in eine bestehende Sozietät oder Bürogemeinschaft einsteigen, eine Sozietät oder Bürogemeinschaft neu gründen oder eine Einzelkanzlei eröffnen.

1. Kanzleikauf

Für viele mag dies als der sicherste Weg in die Selbstständigkeit gelten. Beim **47** Kauf einer gut gehenden Anwaltskanzlei, so meinen viele, ist das unternehmerische Risiko deutlich geringer als bei einer Neugründung. Dies kann so sein. Doch ist ein Mandatsverhältnis immer auch ein **Vertrauensverhältnis**. Der bisherige Kanzleiinhaber ist die Vertrauensperson der Mandanten. Ihnen muss klar sein, dass Letztere Ihnen gegenüber erst Vertrauen entwickeln müssen. Ihre Arbeit wird eine ganze Zeit lang mit der Art und Weise, wie Ihr Vorgänger seine Mandanten betreut hat, verglichen werden Wer als Referendar oder angestellter Anwalt in einer Kanzlei war, die rechtzeitig zum Verkauf steht, hat Glück! Andere können sich an einen Kanzleivermittler wenden.[1]

Das größte Problem ist aber, einen für beide Seiten akzeptablen **Kanzleiwert** zu **48** ermitteln. Die maßgebende Bewertungsmethode ist das Ertragswertverfahren.[2] Wie viel eine Kanzlei wert ist, hängt sicherlich von vielen Faktoren ab und sollte daher einzelfallbezogen ermittelt werden. Anhaltspunkte zur Bewertung finden Sie auch in dem Bericht des Ausschusses Bewertung von Anwaltspraxen der Bundesrechtsanwaltskammer aus dem Jahre 2009.[3] Grundlage der Bewertung ist der **personengebundene Praxiswert**. Dieser Wert entspricht nicht dem Geschäftswert eines gewerblichen Unternehmens.[4] Maßgebend ist auch der Anlass der Bewertung, so dass beim Kanzleikauf lediglich der so genannte Übergabewert zugrunde gelegt werden sollte.[5]

Bei Ihrer Entscheidung müssen Sie klären, welche Mandate die angebotene Kanz- **49** lei wirklich hat. Auf dieser Grundlage müssen Sie entscheiden, ob Sie Mandate dieser Art überhaupt haben wollen bzw. die fachliche Kompetenz oder wenigstens ein Interesse an diesen Rechtsgebieten besitzen. Auch die Personengruppe der Mandanten erfordert u.U. einen bestimmten Umgang. Klären Sie also die **Mandantenstruktur** und fragen Sie nach den Anforderungen, die diese Mandanten an den Anwalt stellen.

---

1 Von den vielen Büros, die hier aktiv sind, seien beispielhaft folgende Internetadressen für einen ersten Eindruck genannt: *www.oliver-bauer.de, www.jost-ag.com/Kanzleivermittlung, www.jochenmuth.de, www.ulrichglawe.de.*
2 Ausschussbericht, BRAK-Ausschuss, BRAK-Mitt. 2009, 268.
3 Ausschussbericht, BRAK-Ausschuss, BRAK-Mitt. 2009, 268.
4 Ausschussbericht, BRAK-Ausschuss, BRAK-Mitt. 2009, 268.
5 Ausschussbericht, BRAK-Ausschuss, BRAK-Mitt. 2009, 268.

50 Ein weiterer Aspekt betrifft den Kauf einer Kanzlei mit Notariat. In den Jahresabschlüssen solcher Kanzleien sind regelmäßig in großem Umfang Einnahmen aus dem Notariat enthalten. Die Berücksichtigung dieser Einnahmen bei der Bewertung führt nur dann zu einem gerechten Kaufpreis, wenn Sie Notar sind oder in absehbarer Zeit Notar werden können. Ansonsten sollten Sie diese Positionen bei der Berechnung des Kaufpreises unberücksichtigt lassen.

2. Neugründung – allein oder mit anderen?

51 Sie haben die Möglichkeit, sich als Einzelanwalt allein oder in Bürogemeinschaft oder mit bzw. in einer Sozietät niederzulassen. Im Rahmen Ihres Konzeptes sollten Sie erläutern, warum Sie allein oder mit anderen Anwälten Ihre Kanzlei gründen wollen. Sei es, dass Sie aus Ihrer Natur heraus Einzelkämpfer bzw. Teamarbeiter sind oder dass wirtschaftliche Argumente oder die Räumlichkeiten das eine oder das andere notwendig machen. Auch persönlicher Kontakt zu Kollegen, mit denen Sie gern zusammen arbeiten möchten, ist ein guter Grund. Sie müssen sich aber Gedanken gemacht haben, ob die gewählte Form für Sie wirklich die richtige ist, und logische Gründe für Ihre Entscheidung benennen können. Bedenken Sie: Bei jeder dieser Gründungsmöglichkeiten benötigen Sie finanzielle Mittel für den Einstieg – wenn auch in unterschiedlicher Höhe.

a) Die Sozietät

52 Eine Sozietät ist der Zusammenschluss von Anwälten durch einen Sozietätsvertrag. Der Einzelne oder alle sind in bestimmtem Umfang am Umsatz, den Kosten und damit auch am Gewinn beteiligt. Zur Gründung einer Kanzlei ist die Gründung einer Sozietät sicherlich sinnvoll. Deckt eine Kanzlei verschiedene Schwerpunkte ab, so ist dies eine gute Voraussetzung für den Start – ganz unabhängig von der ansonsten notwendigen Nische auf dem Markt.

aa) Einstieg oder Gründung?

53 Der Einstieg in eine bestehende Sozietät erscheint auf den ersten Blick für Sie wahrscheinlich wie die Erfüllung eines Wunschtraumes. Doch Vorsicht – unterschätzen Sie nicht, wie viele Wünsche bei einer solchen Konstellation offen bleiben können. Klären Sie daher vorher, ob sich das Angebot überhaupt für Sie rentiert. Zuweilen wird die Aufnahme in die Sozietät mit einer so geringen prozentualen Beteiligung am Gewinn angeboten, dass sich der betroffene Anwalt schlechter steht, als hätte er selbst gegründet. Über die gewinnabhängige Bezahlung trägt der junge Anwalt beim Eintritt in eine bestehende Sozietät auch das Unternehmensrisiko mit.

Tipp

Lassen Sie sich daher die Bilanzen der letzten drei Jahre zeigen und rechnen Sie sich aus, was Sie bei gleich bleibender Gewinnsituation bekommen würden. Um feststellen zu können, ob sich die wirtschaftliche Lage der Sozietät verändert hat, müssen Sie sich auch die letzten Umsatzsteuervoranmeldungen vorlegen lassen.

Sind alle Grundbedingungen akzeptabel, können Sie sich mit den Einzelheiten Ihrer Aufgaben und Ihrer Ausstattung beschäftigen. In der Regel wird die Sozietät die Kosten übernehmen. Dies kann bei Geschäftsfahrzeugen anders sein. Unter Umständen haben Sie Ihr Geschäftsfahrzeug selbst zu bezahlen.   **54**

bb)   Nachteile einer Sozietät

Ein wesentlicher Nachteil ist der **Gemeinschaftszwang**. Das hierdurch entstehende Konfliktpotenzial sollte nicht unterschätzt werden. Gerade zu viel Nähe und wirtschaftliche Abhängigkeit können zu großen Problemen führen. Es gibt beispielsweise Sozietäten, in denen sich die Sozien siezen und privat nichts bzw. nur wenig gemeinsam unternehmen. Dies kann eine erfolgreiche Strategie sein.   **55**

Konfliktpotenzial liegt auch in der **Arbeits- und Gewinnverteilung** unter den Sozien. Werden ausschließlich die jungen Kollegen mit unbedeutenden Mandaten und der Wahrnehmung von Gerichtsterminen eingedeckt, fühlen Sie sich schnell wie ein angestellter Anwalt. Als Angestellter haben Sie es – je nach Verteilungsmodus des Gewinns – dann u.U. sogar besser. Bei der Gewinnverteilung gibt es zwei Extreme: Zum einen Verteilungsregelungen, die von dem **Umsatzvolumen der eigenen Mandate** abhängen. Dies fördert u.U. zwar die Arbeitsmoral einiger Sozien, kann aber auch dazu führen, dass Mandate mit geringen Streitwerten sehr unbeliebt werden. Hier stellt sich dann die Frage, ob Sie diese Mandate aus Marketinggesichtspunkten wirklich ablehnen sollten und mit welchen Argumenten. Diese Frage sollte frühzeitig mit den Sozien geklärt werden. **Prozentuale Verteilungen** führen dagegen zu Unmut, wenn Kollegen z.B. mit Bausachen bis in die Nacht oder an Wochenenden arbeiten müssen, während andere an den doch sehr lukrativen Gewinnen automatisch teilhaben, mit den von ihnen zu bearbeitenden Mandaten aber bessere Arbeitszeiten haben. Der Mehraufwand in Bausachen steht für den Bearbeiter also nur dann in einem angemessenen Verhältnis, wenn es eine umsatzabhängige Verteilung des Gewinns gibt. Von den Gewinnen aus eigenen Man-   **56** daten müssen Sie ansonsten festgelegte Quoten an die anderen abgeben. Der Lohn der eigenen Arbeit steht Ihnen in diesem Fall nicht allein zu.

57 Konfliktpotenzial hinsichtlich der Gewinnverteilung kann auch entstehen, wenn aus den Sozietätsgewinnen die **Altersversorgung** der **Altsozien** bezahlt werden muss. Das erste anwaltliche Versorgungswerk wurde erst 1982 gegründet. Verschaffen Sie sich also Klarheit darüber, welche Altsozien zu bezahlen sind und welche Bemessungsgrundlage für diese Zahlungen festgelegt worden ist. Klären Sie aber auch, ob in den nächsten Jahren Sozien ausscheiden, für die diese Versorgungsregelung auch gilt.

58 Ein weiterer, nicht außer Acht zu lassender Nachteil ist die **Haftung für die Fehler anderer**. Das Problem erscheint angesichts des notwendigen Abschlusses einer Berufshaftpflichtversicherung gering zu sein. Dies täuscht! Gerade in Notariaten kam es in den vergangenen Jahren wiederholt zu Veruntreuungen. Die jungen Kollegen, die zurückgeblieben waren, nachdem einer der Altsozien sich mit Mandantengeldern ins Ausland abgesetzt hatte, kamen dadurch in Vermögensverfall und konnten ihren Beruf nicht weiter ausüben. Die Haftungsfrage betrifft aber nicht nur den juristischen Bereich. Unternehmerische Grundentscheidungen werden von den Sozien gemeinsam, d.h. abhängig von den entsprechenden Regelungen im Sozietätsvertrag mit deren Mehrheit getroffen. Sie müssen die Entscheidung gemeinsam mit den Kollegen umsetzen und gemeinsam die Konsequenzen verantworten. Auch wenn Sie bessere Ideen haben, können Sie überstimmt werden.

59 Der wesentliche Unterschied zwischen dem Einstieg in eine bestehende Sozietät und der Gründung einer Sozietät liegt also darin, dass Sie im ersteren Fall wenig Macht und Gestaltungsfreiheit haben. Sie können nur im zweiten Fall die Gewinnverteilung, die Organisation, die Zielgruppen, die Personalstruktur usw. wesentlich beeinflussen.

cc) Vorteile einer Sozietät

60 Die Vorteile einer Sozietät sind neben der Möglichkeit, kompetenter und werbewirksamer am Markt aufzutreten (**Marketing**), vorwiegend im **finanziellen** Bereich anzusiedeln. So hoch wie die Risiken sind, so hoch sind auch die Chancen. Machen die anderen gute Umsätze, sind alle entsprechend ihrer Quoten **am Gewinn beteiligt**. Dies kann sich lohnen. Ebenso werden die Kosten nach den festgelegten Verteilungsschlüsseln aufgeteilt.

61 Sie haben mit der Sozietät einen „**Kompetenzbonus**". Durch geschickte Aufteilung der Fachgebiete können Sie besondere Akzente setzen. Sie können beispielsweise in einer Dreierkanzlei nach Zivilrecht, öffentlichem Recht und Strafrecht unterteilen. Sie decken damit den gesamten Rechtsraum ab. Ob und inwieweit dies sinnvoll ist, hängt von Ihrem Gesamtkonzept, insbesondere von Ihrem Standort und Ihrer Zielgruppe ab. Teamgeist ist hierbei ein wichtiger Vorteil der Sozietät. Sie können dadurch in arbeitsreichen Phasen angemessen entlastet und motiviert werden. In schwierigen Situationen stehen die Kollegen auch für die Diskussion über Rechtsfragen und sonstigen Gedankenaustausch zur Verfügung und Ihre Verpflichtung zur Verschwiegenheit bleibt gewahrt.

Ein weiterer Vorteil der Sozietät neben der Möglichkeit des gegenseitigen Informationsaustausches und gegenseitiger Hilfestellung sind Urlaubs- und Krankheitsvertretungen. Die Anwesenheit mehrerer Anwälte bietet auch größeren Schutz vor etwaigen Handgreiflichkeiten von Mandanten. Diese Gefahr sollte nicht unterschätzt werden. Sie ist auch nicht auf eine bestimmte Klientel beschränkt. Der Anwalt genießt nicht mehr unkritischen Respekt wie einst. Letzteres gilt natürlich auch für die Bürogemeinschaft. **62**

Der Einstieg in eine bestehende Sozietät ist die einfachste Art der Gründung. Recherchen und Entscheidungen entfallen. Sie brauchen sich nur auf entsprechende Anzeigen der Sozietät zu bewerben und dort u.U. zunächst als angestellter Anwalt tätig sein. Sinnvoll ist es allerdings, eine Standort- und Marktanalyse vorzunehmen. Gründungsrisiken entfallen. **63**

b) Die Bürogemeinschaft

Eine Bürogemeinschaft kann eine sehr zweckmäßige Nutzung vorhandener Ressourcen sein. In einer Bürogemeinschaft sind die einzelnen Unternehmer durch Miet- und Nutzungs- oder Bürogemeinschafts-GbR-Verträge miteinander verbunden. Letztere Vertragsgestaltung ist sehr nah an der Begründung einer Sozietät. Solche Vertragsgestaltungen sollten nur gewählt werden, wenn die Bürogemeinschaft später in jedem Fall in eine Sozietät umgewandelt werden soll und alle Kollegen in etwa die gleiche Arbeitsmoral haben, eine vergleichbare Akquisetätigkeit entfalten und voraussichtlich ungefähr die gleichen Umsatzzahlen erzielen. **64**

aa) Einstieg in eine bestehende Bürogemeinschaft

Am wenigsten Arbeit macht es sicherlich, in eine bestehende Bürogemeinschaft einzutreten. Ob und inwieweit Sie sich Gedanken über die Standortfrage machen sollten, hängt von Ihrer Risikobereitschaft und Finanzierungsplanung ab. Haben Sie den Eindruck, dass die Kanzlei der Kollegen boomt, so lässt dies noch keine Rückschlüsse auf die tatsächliche wirtschaftliche Situation zu. Streitwerte und **65**

Zahlungseingänge bestimmen diese Frage mit. Klären Sie vorher, ob Sie mit Ihren Tätigkeits- und Interessenschwerpunkten Synergieeffekte erwarten dürfen. Entscheidend ist auch die Einschätzung Ihres Werbebedarfs, durch den zunächst eine Gewinnminderung eintritt. Standortanalysen sind grundsätzlich immer sinnvoll. Nur in einem Ausnahmefall können Sie darauf verzichten: Sie fühlen sich auf Anhieb mit allem in dieser Bürogemeinschaft rundum wohl und brauchen keinen Kredit.

66 Der Einstieg in eine bestehende Bürogemeinschaft ist die risikoärmste Gründungsvariante. Sie können die gesamte Infrastruktur der bestehenden Bürogemeinschaft nutzen und haben keine hohen Investitionskosten. Sie können damit rechnen, Mandate von den Kollegen zu bekommen, wenn diese überlastet sind oder wegen Terminkollisionen Gerichtstermine nicht wahrnehmen können. Klären Sie aber vorher genau, unter welchen Voraussetzungen Sie solche Mandate bekommen, wie diese abgerechnet werden und vor allem wann Sie Ihr Geld bekommen sollen. Lassen Sie sich nicht darauf ein, erst bei Zahlungseingang bezahlt zu werden. Sie haben keine Kontrolle über den Zahlungseingang und laufen Ihrem Geld dann ständig hinterher.

bb) Gründung einer Bürogemeinschaft

67 Die Bürogemeinschaft kann eine **sinnvolle Nutzung bestehender Ressourcen** sein. In einer Bürogemeinschaft sind die einzelnen Unternehmer durch Miet- und Nutzungsverträge miteinander verbunden. Dies kann in der Weise geschehen, dass Teile der Kanzlei an andere untervermietet werden. Mietverträge können Sie allein oder mit allen Partnern abschließen. Dies kann allerdings zu Problemen führen, wenn einer ausscheiden will. Besser ist es daher, wenn eine Person die Räume allein mietet und mit den anderen Untermietverträge abschließt. Zur gleichmäßigen Verteilung kann ein anderer z.B. die Bürotechnik leasen und Wartungsverträge abschließen. Ein Dritter stellt das Personal ein. Die Kostenlast kann so bereits im Vorfeld sinnvoll aufgeteilt werden. Die Kostenanteile werden dann später auf die anderen Nutzer nach bestimmten Verteilungsschlüsseln umgelegt.

cc) Mögliche Nachteile einer Bürogemeinschaft

68 Wenn alle Beteiligten sich an die Absprachen halten, sind an sich keine echten Nachteile bei dieser Gründungsalternative vorhanden. Allerdings gibt es zahlreiche Gefahren, die von den beteiligten Personen, dem Mandantenzuspruch, dem Umfeld und der wirtschaftlichen Situation der Kanzlei und ihrem Einzugsbereich abhängen.

Sinnvoll ist eine Bürogemeinschaft sicherlich, wenn alle Beteiligten unterschiedliche Schwerpunkte haben. Sind gleiche Schwerpunkte vorhanden oder besteht aus wirtschaftlichen Gründen für die Beteiligten die Notwendigkeit, um die Mandate zu streiten, kann dies zu einem **Konkurrenzkampf in den eigenen Räumlichkeiten** werden. Dies ist das Schlimmste, was Ihnen passieren kann. Erkunden Sie daher vor der Gründung den Bedarf Ihrer Dienstleistung an Ihrem Wunschstandort und die Situation der anderen.

69

Eine Gefahr kann auch darin liegen, dass Mietzins, Telefon und/oder Personal nicht wie vereinbart von den Kollegen bezahlt werden. Derartige Versäumnisse können Ihre Existenz gefährden. Bedenken Sie, dass der Vermieter bereits bei **Zahlungsrückständen** in Höhe von zwei Monatsmieten kündigen kann. Die Deutsche Telekom sperrt Telefonanschlüsse ebenfalls bei nachhaltigem Zahlungsverzug.

70

> *Tipp*
> Kontrollieren Sie, ob die Zahlungen von Ihren Kollegen an die Dienstleister Ihrer Kanzleiressourcen weitergeleitet werden und regeln Sie im Vorfeld die Art und Weise Ihrer Kontrolle.

Um ganz sicher zu gehen, bleibt nur, dass Sie selbst alle Verträge abschließen und für die ordnungsgemäße Erfüllung der Verträge sorgen. Der Nachteil dieser Konstellation ist, dass Sie damit Ihre Liquidität gefährden, wenn die vereinbarten Abschläge von den Kollegen nicht oder nicht rechtzeitig an Sie gezahlt werden. Doch Sie haben die Möglichkeit, entsprechende Vorkehrungen zu treffen, z.B. Lastschrifteinzugsverfahren. Der Eintritt in eine bestehende Bürogemeinschaft ist keine Garantie dafür, dass diese Probleme nicht auftreten. Eine junge Kollegin trat z.B. in eine Bürogemeinschaft ein, ohne zu wissen, dass Mietrückstände in Höhe von ca. 30.000 EUR vorhanden waren.

71

dd) Vorteile einer Bürogemeinschaft

Ein großer Vorteil der Bürogemeinschaft ist die **Kostenteilung**. Miet- und Mietnebenkosten, Personal- und Bürokosten werden auf die Anzahl der Beteiligten aufgeteilt. Als Aufteilungsmaßstab können dabei die Kopfzahl, die Größe der jeweils überlassenen Büros oder die Umsatzzahlen zugrunde gelegt werden.

72

Zum Schutz vor den möglichen Nachteilen empfehle ich genaue **Verteilungsreglungen für eingehende Mandate**. Treffen Sie diese Absprachen schriftlich und vereinbaren Sie am besten auch eine Vertragsstrafe. Sie können aber auch ein Recht auf außerordentliche Kündigung vereinbaren. Die Mandatsverteilung könnte

73

nach Rechtsgebieten erfolgen oder bei gleichen Schwerpunkten reihum nach dem Aktenzeichen. Problematisch ist diese Vorgehensweise allerdings, wenn die Mandanten des einen Kollegen sich auch in der anderen Sache nur von diesem Kollegen vertreten lassen wollen. Für diesen Fall kann eine Ausnahmeregelung vorgesehen werden, denn die Mandanten sollten grundsätzlich nur von einem Anwalt betreut werden. Dies erwartet er schließlich, denn sonst würde er gleich in eine größere Kanzlei gehen. Um aber mit den Dienstleistungen einer Sozietät mithalten zu können, können Sie auch eine Verpflichtung zur Abgabe der Mandate vereinbaren, sofern diese zu den Schwerpunkten eines anderen Kollegen gehören. Es könnte z.B. folgende Passage die Verteilung der Mandate regeln: „Bei neu eingehenden Mandaten wird dem Mandanten derjenige als Anwalt vorgeschlagen, dessen Schwerpunkte dem vorliegenden Rechtsproblem am nächsten kommen. Neue Mandaten werden dieser Anregung folgen. Bestehen Mandaten darauf, sich weiterhin von dem Anwalt betreuen zu lassen, der Sie bereits in einer anderen Angelegenheit vertreten hat, dann ist dieser Umstand ausdrücklich zu dokumentieren. Übernimmt einer der Anwälte ein Mandat ohne ausdrücklichen Wunsch eines Mandanten, obwohl es sich um eine Angelegenheit handelt, die zu den Schwerpunkten eines Kollegen gehört, so hat er eine **Vertragsstrafe** zu zahlen. Die Vertragsstrafe an den Kollegen, dessen Rechte verletzt wurden, beträgt 2/3 der für das Mandat anfallenden Gebühren."

c)   Die Einzelkanzlei

74   Die Einzelkanzlei war immer von großer Bedeutung und ist es immer noch. Angesichts der zunehmenden Zahl großer örtlicher und überörtlicher Sozietäten, zum Teil mit Auslandsbezug, mag der Eindruck entstehen, den Einzelkämpfer gäbe es nicht mehr. Dies ist falsch. Allerdings können Sie eine Einzelkanzlei nur aus Überzeugung führen. Als Einzelanwalt müssen Sie grundsätzlich flexibler sein als die Kollegen in Sozietäten. Sie sind auf sich gestellt und ganz allein für alles in Ihrer Kanzlei verantwortlich.

aa)   Vorteile einer Einzelkanzlei

75   Die Vorteile einer Einzelkanzlei liegen für Individualisten auf der Hand: kein Chef, keine Anweisungen, keine Kontrolle der Arbeit, keine Anwesenheitskontrolle. Sie haben den Überblick über die von Ihnen bearbeiteten Mandate und Einnahmen und können sich entsprechend Ihrem persönlichen Arbeitsrhythmus die Arbeit und die Termine einteilen. Auch private Termine lassen sich in der Regel besser einplanen und wahrnehmen. Sie können Pausen, Feierabend und Urlaub machen, wann immer Sie wollen. Sie brauchen sich nicht mit Kollegen abzustimmen und müssen auch nicht hinter deren Ansprüchen zurückstehen. Organisation, Arbeitsabläufe und alle Details der von Ihnen zu erbringenden Dienstleistung werden von Ihnen geplant und tragen Ihre Handschrift. Kompromisse, die Sie in Ihrer Selbstverwirklichung hindern könnten, müssen Sie nicht eingehen. Sie können über die Mandate frei entscheiden, ohne an Vorgaben von Kollegen gebunden zu sein.

Diese Form der Existenzgründung zeichnet sich dadurch aus, dass der Gründer die volle Kontrolle hat. Niemand außer ihm und seinen von ihm kontrollierbaren Mitarbeitern kann Schäden verursachen. Die Größenordnung möglicher Schäden ist dadurch deutlich geringer. **76**

bb) Nachteile einer Einzelkanzlei

Volle Kontrolle heißt auch volle Verantwortung, volles unternehmerisches Risiko und volle Haftung. Das Haftungsrisiko ist aber überschaubarer und geringer als bei der Sozietät. Natürlich ist auch der Einzelanwalt durch seine Berufshaftpflichtversicherung abgesichert. Doch auch im Krankheitsfall trägt er die Verantwortung für eine sachgerechte Vertretung ebenso wie für die Einhaltung von Fristen und Terminen. Gerade in der Anfangszeit Ihrer Kanzlei können Sie sich insbesondere aus diesen Gründen keine unzufriedenen Mandanten leisten. Wenn Sie sich für eine Einzelkanzlei entscheiden, sollten Sie also rechtzeitig für einen **geeigneten Vertreter** sorgen (siehe § 4 Rn 61 ff.). **77**

Ein weiterer Aspekt ist die Kostensituation. Sie tragen alle Kosten allein und nutzen Ihre **Büroinfrastruktur** unter Umständen nicht voll aus. Bei Terminsachen/Fristabläufen steht außer Ihnen selbst niemand zur Verfügung, um diese Fristen einzuhalten. Problematisch wird dies insbesondere dann, wenn es um die gleichzeitige Überwachung von Kostenvorschüssen geht, die vor Einlegung eines Rechtsmittels eingehen sollen. Abhilfe kann hier aber ein Online-Konto schaffen. Problemlos haben Sie so den aktuellen Kontostand verfügbar, den Sie zu jeder Tages- und Nachtzeit abrufen können. **78**

Ob es sinnvoll ist allein zu gründen, hängt auch von Ihren **Tätigkeits- und Interessenschwerpunkten** ab. Wollen Sie beispielsweise eine wirtschaftsrechtlich orientierte Einzelkanzlei eröffnen, benötigen Sie Sprachkenntnisse, Kenntnisse des ausländischen Rechts, im Internationalen Privatrecht, Handels- und Gesellschaftsrecht, Zwangsvollstreckungsrecht, Steuerrecht, Erbrecht, UN-Kaufrecht, E-Commerce-Recht, Urheber-, Patent- und Markenrecht, Insolvenzrecht, Aktienrecht und Gesellschafts- und AGB-Recht. Alle diese Kenntnisse können Sie nicht allein so detailliert wie nötig erwerben. Sie benötigen daher andere Partner für eine Kooperation. **79**

80   Als Einzelkämpfer müssen Sie sich mit der Frage Ihrer urlaubs- und krankheitsbedingten **Vertretung** auseinandersetzen. Sie müssen entscheiden, ob es möglich
ist, Ihre Mandanten während Ihrer Abwesenheit vertrösten zu lassen, oder ob Sie
sofort einen Vertreter benötigen. Aus haftungsrechtlichen Gründen ist Letzteres anzuraten. Denn es können immer einmal Umstände eintreten, die ein sofortiges
Handeln erfordern, z.B. Fristenprobleme, die potenzielle Mandanten oft nicht richtig einschätzen können. Sind Sie **länger als eine Woche** nicht in Ihrer Kanzlei, so
haben Sie nach § 53 Abs. 1 BRAO zwingend einen Vertreter zu bestellen. Sind Sie
länger als vier Wochen nicht in der Lage, Ihre Kanzlei zu betreuen, dann bestellt
die Rechtsanwaltskammer einen amtlichen Vertreter. Referendare können nur noch
innerhalb der Anwaltsstation des Referendariats als Vertreter bestellt werden.
Auch für Assessoren ist eine solche Vertreterbestellung notwendig, wenn diese vor
Gericht auftreten oder Schriftsätze ans Gericht unterschreiben sollen.

3.   Rechtsformwahl

a)   Gesellschaft bürgerlichen Rechts

81   Die typischste Rechtsform, in der sich Anwälte zur Berufsausübung zusammen-
schließen, ist die GbR. In der GbR haftet jeder Gesellschafter mit seinem Privat-
vermögen. Die meisten Sozietäten sind als GbR organisiert. Eine GbR sind Sie zusammen mit Ihren Kollegen immer schon dann, wenn Sie gemeinsam mit diesen
auf Briefbögen, Kanzlei- und Klingelschildern aufgeführt sind. Dies gilt auch
dann, wenn Sie eigentlich nur eine Bürogemeinschaft haben und zu Werbezwecken
nach außen auftreten. Dieser Umstand allein führt zur Haftung für die Fehler der
anderen. Ausreichend ist für die Kennzeichnung einer Bürogemeinschaft aber ein
deutlicher Trennstrich auf dem Kanzleischild. Auf dem Briefkopf sollte ausdrücklich stehen, dass Sie sich mit den anderen Kollegen nur in Form der Bürogemeinschaft verbunden haben, wenn Sie keine GbR sein wollen.

b)   Partnerschaftsgesellschaft

82   Eine Partnerschaftsgesellschaft ist eine Rechtsform, deren Gründung notariell be-
glaubigt und im sog. Partnerschaftsregister eingetragen werden muss. Zur Schaffung dieser Gesellschaftsform wurde ein gesondertes Gesetz erlassen, das **Partner-
schaftsgesellschaftsgesetz** (PartGG) vom 25.7.1994. Im Wesentlichen geht es um
zwei Dinge: den Namen und das Haftungsprinzip. § 2 PartGG regelt die Vorgaben
zur **Namensführung**. Verlangt ist danach mindestens ein Name und der Zusatz
„& Partner" bzw. „Partnerschaftsgesellschaft". Nach dem **Haftungsprivileg** des

§ 8 Abs. 2 PartGG kann die Haftung auf Ansprüche aus Schäden wegen fehlerhafter Berufsausübung wirksam beschränkt werden. Ansonsten ist gemäß § 8 Abs. 1 PartGG grundsätzlich auch ein Durchgriff auf den einzelnen Anwalt möglich. Es gelten die §§ 129 und 130 HGB. Danach kann der Einzelne Einwendungen der Gesellschaft geltend machen und die Befriedigung des Gläubigers verweigern, wenn das Rechtsgeschäft anfechtbar ist. Eine Zwangsvollstreckung richtet sich gemäß § 129 Abs. 4 HGB nicht gegen die Gesellschafter. Nach dem Ausscheiden aus der Partnerschaftsgesellschaft haftet ein Partner nur für Verbindlichkeiten, die vor Ablauf von fünf Jahren nach dem Ausscheiden fällig und gerichtlich geltend gemacht worden sind.

c) Anwalts-GmbH

In der Vergangenheit wurden die verschiedensten Haftungslösungen angestrebt. **83** Anwalts-GmbHs sind seit dem Urteil des Bayerischen Obersten Landesgerichts von 1995 zulässig. Was die Gründung einer Anwalts-GmbH an Aufwendungen mit sich bringt, soll kurz erwähnt werden. Das Mindestkapital beträgt 25.000 EUR. Die Gesellschaft muss bilanzieren: Sie unterliegt der Bilanz- und Publizitätspflicht (vgl. §§ 238 ff. HGB, §§ 140 ff. AO, § 22 UStG). Für das Geschäftsführergehalt ist Lohnsteuer abzuführen. Die Kosten für die Beurkundung des Gesellschaftsvertrags und die Anmeldung im Handelsregister betragen, abhängig vom Stammkapital, z.B. bei 25.000 EUR 462 EUR; bei 50.000 EUR kostet es 726 EUR und bei 500.000 EUR 4.438,50 EUR.[6] Allerdings dürfte die Gründung einer Anwalts-GmbH für Sie als Existenzgründer deswegen nicht so interessant sein, weil Sie zuvor eine Berufshaftpflichtversicherung für die Mindestversicherungssumme von 2,6 Mio. EUR abschließen müssen. Die Anwalts-GmbH ist nur etwas für diejenigen, die ihre Einnahmen mit dem Spitzensteuersatz versteuern müssen. Der Vorteil liegt darin, dass der Spitzensteuersatz der Einkommensteuer über dem einheitlichen Steuersatz des § 23 Abs. 1 KStG liegt. Letzterer beträgt lediglich 25 %. Es handelt sich um ein Steuersparmodell für Spitzenverdiener. Wer an beschränkter Haftung lediglich interessiert ist, sollte auch die Kehrseite bedenken. Der Haftungsbeschränkung auf das Stammkapital der Gesellschaft steht eine Versicherungspflicht in Höhe von mindestens 5 Mio. EUR gegenüber. Es gibt im Übrigen weniger als 100 Anwalt-GmbHs in Deutschland.

---

6   *http://www.notar-veit.de/die_urkunden/notarkosten/notarkosten_gesellschaften.htm*

4. Öffentliche Förderprogramme

84 Öffentliche Fördermittel gibt es für die verschiedensten Bereiche und von den verschiedensten Organisationen. In den meisten Bundesländern gibt es Landesförderungen für Existenzgründer/innen. Zuweilen gibt es auch besondere Frauenförderungen. In Bayern beispielsweise gibt es Buchführungskurse für Existenzgründerinnen zur Erlangung einer betriebswirtschaftlichen Kompetenz. Es gibt eine Vielzahl von Sonderförderungen, über die das zuständige Landeswirtschaftsministerium Ihnen Auskunft erteilen kann.

a) Gründungszuschuss

85 Bis zum 30.6.2006 gab es eine staatliche Existenzförderung in Form der sog. Ich-AG und das Überbrückungsgeld. Seit dem 1.8.2006 ersetzt ein neuer Gründungszuschuss gemäß § 57 SGB III diese beiden Förderungen. Der Gründungszuschuss soll arbeitslose Menschen beim Einstieg in eine Selbstständigkeit unterstützen. Es wird an alle Existenzgründer gezahlt, die zuvor Anspruch auf Entgeltersatzleistungen nach dem SGB III hatten, also Arbeitslosengeld I oder II bezogen haben. Ausreichend ist aber auch, wenn Sie eine geförderte Beschäftigung ausgeübt haben, die als Arbeitsbeschaffungsmaßnahme nach dem SGB III gefördert worden ist.

86 Gefördert wird, wer arbeitslos ist. Bei einem direkten Übergang aus einem bestehenden Beschäftigungsverhältnis in eine selbstständige Erwerbstätigkeit kann der Gründungszuschuss nicht beantragt werden. Weiterhin müssen Sie Ihre Kenntnisse und Fähigkeiten zur Ausübung der selbstständigen Tätigkeit darlegen und der Agentur für Arbeit die Tragfähigkeit der Existenzgründung nachweisen. Zur Tragfähigkeit des Gründungsvorhabens reicht eine Stellungnahme einer fachkundigen Stelle (Rechtsanwalt, Rechtsanwaltskammer oder Steuerberater) aus. Auch hinsichtlich der persönlichen und fachlichen Eignung für die Selbstständigkeit reicht eine Darlegung gegenüber dieser fachkundigen Stelle.

87 Es wird nur gefördert, wer noch einen Anspruch auf mindestens 90 Tage Arbeitslosengeld I oder II hat. Damit wird beabsichtigt, dass eine Gründung stets so früh wie möglich erfolgt. Ein noch bestehender Anspruch auf Arbeitslosengeld wird durch die Förderung vollständig verbraucht. Der Gründungszuschuss wird gemäß § 58 SGB III in Höhe ihres individuellen Arbeitslosengeldes I für neun Monate gewährt und dient der Sicherstellung des Lebensunterhaltes. Zusätzlich wird in dieser Zeit zur sozialen Absicherung eine Pauschale von 300 EUR gezahlt, damit freiwillige Beiträge zur gesetzlichen Sozialversicherung gezahlt werden können. Für die folgenden sechs Monate wird nur noch die Pauschale für die Sozialversicherung gezahlt. Insgesamt beträgt die Förderung damit 15 Monate; danach muss der Gründer auf eigenen Füßen stehen.

Wer allerdings sein Arbeitsverhältnis ohne wichtigen Grund selbst kündigt, kann erst nach Ablauf einer Karenzzeit von drei Monaten eine Förderung erhalten. Die Förderdauer wird darüber hinaus um diese Zeit gekürzt. Diese Karenzzeit entspricht der Sperrzeit für Arbeitnehmer, die kündigen und damit arbeitslos sind. Der Gründungszuschuss wird nicht geleistet, solange Ruhenstatbestände nach den §§ 142 bis 144 vorliegen oder vorgelegen hätten.

88

b)   Förderdarlehen der KfW Mittelstandsbank

aa)   Allgemeines

Die KfW Mittelstandsbank bietet jedes Jahr verschiedene Existenzgründungsprogramme auch für Freiberufler an. 2011 förderte die KfW ausweislich ihres Geschäftsberichts[7] 1.017 Existenzgründungen mit einer Darlehenssumme von insgesamt 2.055 Mio. EUR.[8] Eines der wichtigsten Programme ist sicherlich das StartGeld, das 6.600 Gründungen mit einem Volumen von 249 Mio. EUR fördert.

89

Förderprogramm	An-zahl	Volumen (in Mio. EUR)	
ERP-Kapital für Gründung	179	168	Existenzgründungen und junge Unternehmen sowie Unternehmensnachfolgen durch Nachrangdarlehen
KfW-Gründerkredit (einschließlich KfW-StartGeld)	220	943	Existenzgründungen und junge Unternehmen sowie Unternehmensnachfolgen
ERP-Regionalförderprogramm	473	597	Investitionen zur Verbesserung regionaler Wirtschaftsstruktur
ERP-Beteiligungsprogramm	90	83	Beteiligungskapital für kleine und mittlere Unternehmen
Sonstige Förderprogramme	55	137	
Beratungszuschüsse	126	127	

---

[7] https://www.kfw.de/Download-Center/Finanzpublikationen/PDF-Dokumente-Berichte-etc./1_Gesch%C3%A4ftsberichte/Neu_Geschaeftsbericht_2011.pdf

[8] Geschäftsbericht der KfW, S. 45.

Die KfW Mittelstandsbank förderte Existenzgründungen 2011 ausweislich ihres Geschäftsberichts[9] wie folgt:[10]

Bundesland	Anzahl	Volumen (in Mio. EUR)
Bayern	25.559	3.765
Baden-Württemberg	15.215	3.483
Nordrhein-Westfalen	19.209	3.289
Niedersachsen	9.763	2.030
Hamburg	1.041	1.497
Brandenburg	1.520	1.390
Schleswig-Holstein	3.473	1.179
Hessen	5.117	951
Rheinland-Pfalz	3.983	897
Sachsen	2.124	579
Sachsen-Anhalt	1.138	567
Mecklenburg-Vorpommern	1.054	491
Thüringen	1.229	326
Berlin	1.241	323
Saarland	834	242
Bremen	304	98

90   Beachten Sie, dass die KfW verschiedene Banken unter einem Dach[11] vereint, die für den Unkundigen nicht auf Anhieb zu unterscheiden sind. Die Kreditprogramme für Existenzgründer finden Sie auf den Seiten der KfW Mittelstandsbank. Die Förderprogramme für die Bereiche Umweltschutz, Bauen, Wohnen, Energie sparen, Infrastruktur und Bildung werden hingegen von der KfW Förderbank verwaltet. Zwar ist dies auf der Startseite ausführlich erläutert, doch lädt die Förderbank allein schon durch ihren Namen zum Anklicken ein. Wenn Sie dieser Versuchung der Startseite entgehen wollen, geben Sie am besten gleich

http://www.kfw-mittelstandsbank.de/DE_Home/Service/Online-Bibliothek.jsp

ein, um zu den Seiten mit den Details über Existenzgründungsprogramme zu gelangen. Für die einzelnen Kredite gibt es dort eine übersichtliche Zusammenstel-

---

9   https://www.kfw.de/Download-Center/Finanzpublikationen/PDF-Dokumente-Berichte-etc./1_Gesch%C3%A4ftsberichte/Neu_Geschaeftsbericht_2011.pdf
10   Geschäftsbericht der KfW, S. 46.
11   Zu der KfW Bankengruppe gehören die KfW Förderbank, die KfW Mittelstandsbank, die IPEX-Bank und die KfW Entwicklungsbank und die DEG, eine 100 %ige Tochter der KfW Bankengruppe.

lung aller für Existenzgründer wichtigen Darlehen, bei der man gezielt zwischen einzelnen Informationen wählen kann. Sie finden dort folgende Aufteilung:

- Wer wird gefördert?
- Was wird finanziert?
- Wann und wo werden die Darlehen beantragt?
- Ihre Vorteile
- Konditionen auf einen Blick

Interessant sind auch die Gründerkataloge der KfW, die sich mit Themen wie **91** Gründungsnetzwerken, Gründungswettbewerben und Gründungsevents unter dem Motto „Gründung aktiv", regionalen Förderbedingungen, Gründungsberatung durch andere Vereine und Verbände, einem Gewerbeverzeichnis unter dem Stichwort „Gründungsmarktplatz", Gründungstools, Gründungswissen und Informationen zur Gründungsvorbereitung beschäftigen. Unter

http://www.kfw-mittelstandsbank.de/DE_Home/Beratung/Finanzierungsberatung/
Gruender-_und_Unternehmertage.jsp

können Sie sich über Gründungs- und Unternehmertage in Ihrer Nähe informieren.

Zum Kalkulieren von Zins und Tilgung bietet die KfW einen Tilgungsrechner für **92** Ihren persönlichen Kredit an. Die KfW versteht sich als Bank mit besonderem Service. Sie bietet neben dem guten Internetauftritt auch drei Beratungsstellen in Berlin, Bonn und Frankfurt am Main und eine telefonische Hotline zur Beratung an. Diese Informationen sind für Sie als Existenzgründer von unschätzbarer Bedeutung, um die Kreditabteilung Ihrer Hausbank davon zu überzeugen, einen Antrag auf öffentliche Förderung bei der KfW für Sie zu stellen (banktechnisch: „zu begleiten").

Die KfW versteht sich als Mittelstandsbank für vier unternehmerische Grundprobleme: Eigenkapitallücken, Liquiditätsengpässe, fehlende banküblichen Sicherheiten und geringen Finanzierungsbedarf. Für alle drei Bereiche bietet sie „ERP-Kapital" an. Das European Recovery Program (ERP) ist damit neben kommunalen und landeseigenen Darlehen die wichtigste Geldquelle für den Existenzgründer. Letztere Programme zur Förderung der Existenzgründung basieren auf dem Marshall-Plan und werden als Wirtschaftshilfen von der EU in sog. ERP-Fonds verwaltet. Wichtig ist, dass sich die meisten Förderdarlehen gegenseitig ausschließen. So können Sie kommunale oder landeseigene Förderdarlehen oft nicht erhalten, wenn Sie bereits andere öffentliche Darlehen aufgenommen haben oder Ihre Finanzierung eine Kombination vorsieht. Anders sieht es aus, wenn kommunale oder landeseigene Förderprogramme zielorientiert und beispielsweise an die Schaffung neuer Arbeitsplätze gekoppelt sind und ausschließlich der Finanzierung der Ausstattung des neu geschaffenen Arbeitsplatzes dienen. Seit dem 1.3.2004 werden mit der Programmfamilie „Unternehmerkapital" mezzanine Finanzierungen für Vorhaben „von der Gründung bis zum Weltmarkt" angeboten. Doch Ihr Partner für die Finanzierung Ihrer Gründung ist nicht die KfW, sondern Ihre Hausbank bzw. eine Bank Ihrer Wahl.

94   Wenn Sie nicht über ausreichende Sicherheiten oder Sachwerte verfügen, dann ist Ihr Investitionsvolumen bei Ihrer Gründung unter Umständen so gering, dass Sie nicht alles Notwendige anschaffen können. Es gibt aber Förderprogramme, die Sie bis zu acht Jahre nach Ihrer Existenzgründung als Folge- und Festigungsinvestition beantragen können. Es gibt darüber hinaus Programme, die Sie auch zur Deckung der laufenden Kosten einsetzen können. Das Angebot setzt sich zusammen aus den Bausteinen Fremdkapital, Mezzanine-Finanzierung und Eigenkapital. Hier finden Sie auch den neuen „Unternehmerkredit", der die bisherigen Breitenprogramme KfW-Mittelstandsprogramm und DtA-Existenzgründungsprogramm vereint.

95   Welches Darlehen sich für Ihre Existenzgründung eignet, hängt von verschiedenen Faktoren ab. Auf der Grundlage der in der Analysephase gesammelten Informationen sollten Sie zuerst das Verhältnis Ihrer Sachwerte zum Anschaffungspreis ermitteln, um die maximale Investitionshöhe im Rahmen der Eigenkapitalhilfe zu ermitteln. Ist Ihr Investitionsbedarf höher, wollen oder können Sie die Investitionen aber nicht verschieben, scheidet die ERP-Eigenkapitalhilfe für Sie aus. Sind Sie nur bedingt risikobereit, dann benötigen Sie ein Programm, das Ihnen einen Nebenerwerb ermöglicht, wie z.B. das StartGeld. Wollen Sie Ihre monatlichen Betriebskosten mitfinanzieren, weil Sie feste Rechengrößen bevorzugen und sich nicht auf hohe Kontokorrentkreditzinsen einlassen wollen, die unkalkulierbar ansteigen können, dann müssen Sie ein Programm wählen, mit dem Sie die Betriebskosten ebenfalls finanzieren dürfen.

bb)   Gründungsdarlehen

96   Im Verhältnis zur Gründung eines Industrieunternehmens benötigen Sie zur Kanzleigründung nur ein verhältnismäßig geringes Darlehen. Für Gründungen mit kleinen Startinvestitionen hat die KfW zwei spezielle Programme: StartGeld und ERP-Kapital für Gründung. Durch ein festes Bearbeitungsentgelt soll der Hausbank ein Anreiz geboten werden, auch kleinere Finanzierungen zu übernehmen. Ein fester Eigenkapitalanteil ist nicht erforderlich.

(1) KfW-StartGeld

Mit dem StartGeld sollen Gründer mit geringem Investitionsvolumen unterstützt **97** werden. Die KfW Mittelstandsbank möchte mit dem StartGeld den Hausbanken verstärkt Anreize bieten, auch mittlere Gründungsvorhaben zu begleiten. Sie erhalten 100 % des Finanzierungsbedarfs nach Abzug von Eigenmitteln für Sachinvestitionen und Betriebsmittel sowie Festigungsmaßnahmen innerhalb von drei Jahren nach Aufnahme der Existenz. Das Programm löst die häufigsten Finanzierungsprobleme durch eine an das Vorhaben angepasste Laufzeit mit einer tilgungsfreien Anfangszeit und einem festen, d.h. kalkulierbaren Zins. Die Höhe des Zinssatzes orientiert sich an der Entwicklung des Kapitalmarktes und wird nach Ihrer persönlichen Bonität bestimmt. Er ist durch die Maximalsätze nach der Preisvergabeverordnung begrenzt. Das StartGeld wird bis zu einer Investitionssumme von max. 100.000 EUR u.a. für Sachinvestitionen (z.B. Betriebs- und Geschäftsausstattung, Kosten für Umbau und Renovierung) und bis zu 30.000 EUR für Betriebsmittel gewährt. Sie können weitere Anträge stellen, solange die maximale Finanzierungssumme von 100.000 EUR nicht erreicht ist. Die Besonderheit ist, dass es bei Gründung und gleichzeitigem Nebenerwerb in Anspruch genommen werden kann, wenn langfristig ein Vollerwerb angestrebt wird. Es kann auch für laufende monatliche Betriebskosten genutzt werden. Die Laufzeit beträgt zehn Jahre, davon sind höchstens zwei Jahre als Anlaufzeit tilgungsfrei. 80 % der Sicherheiten werden von der KfW und dem Europäischen Investitionsfonds (EIF) getragen. Für die restlichen Prozente verlangt die Bank eigene Sicherheiten. Durch die 80 %ige Haftungsfreistellung können auch Gründer mit geringen Sicherheiten finanziert werden. Dennoch wird Ihre Hausbank u.U. Sicherheiten in der gesamten Höhe Ihres Darlehens verlangen. Eine vorzeitige Tilgung ist kostenfrei möglich. Eine Kombination mit anderen KfW-Mittelstandsbankprodukten ist weder notwendig noch möglich.

Checkliste: StartGeld

- ◼ maximaler Fremd-   100.000 EUR
  finanzierungsbedarf:
- ◼ Auszahlung: 100 %
- ◼ Laufzeit: bis zu 5/10 Jahre
- ◼ Tilgung: 1 Jahr/2 Jahre tilgungsfrei
- ◼ Zins: fester Zins für die gesamte Laufzeit
- ◼ Sondertilgungen möglich
- ◼ Sicherheiten: zu 80 % von KfW und Europäischen Investitionsfonds
- ◼ nicht kombinierbar

(2)   Unternehmerkapital ERP-Kapital für Gründung

98   Das „ERP-Kapital für Gründung" steht für Existenzgründer bis zu drei Jahre nach Geschäftsaufnahme als mögliche Förderung zur Verfügung. Es handelt sich um ein Nachrangdarlehen. Voraussetzung für eine Kreditgewährung ist der Einsatz eigener Mittel, die mindestens 15 % (alte Länder) bzw. 10 % (neue Länder und Berlin) der förderfähigen Kosten betragen sollen. Sie können mit dem Nachrangdarlehen bis auf 45 % (alte Länder) bzw. 50 % (neue Länder und Berlin) der förderfähigen Kosten aufgestockt werden. Gewährt werden maximal 500.000 EUR insgesamt je Antragsteller. Dabei werden auch früher gewährte (ERP-)Eigenkapitalhilfedarlehen angerechnet.

99   Finanziert werden

- Grundstücke, Gebäude und Baunebenkosten;
- Sachanlageinvestitionen (Kauf von Maschinen, Anlagen und Einrichtungsgegenständen);
- Betriebs- und Geschäftsausstattung;
- Erwerb eines Unternehmens oder Unternehmensteils (Voraussetzung ist grundsätzlich, dass das Unternehmen bzw. der Unternehmensteil von einem unabhängigen Investor (weniger als 25 % der Unternehmensanteile vor dem Erwerb) erworben wird);
- Material-, Waren- und Ersatzteillager (sofern es sich um eine Erstausstattung oder betriebsnotwendige, langfristige Aufstockung handelt);
- extern erworbene Beratungsdienstleistungen, die einmalige Informationserfordernisse bei Erschließung neuer Märkte oder Einführung neuer Produktionsmethoden sicherstellen;
- Kosten für erste Messeteilnahmen.

100   Der Zinssatz wird in den ersten 10 Jahren der Laufzeit aus Mitteln des ERP-Sondervermögens vergünstigt, und eine Haftungsfreistellung aufgrund einer Bundesgarantie wird gewährt. Hierfür fällt ein Garantieentgelt in Höhe von 1 % p.a. des jeweils valutierenden Kreditbetrages an.

101   Der Programmzinssatz orientiert sich an der Entwicklung des Kapitalmarktes. Die vom 1. bis zum 10. Jahr geltenden Nominal- und Effektivzinssätze gemäß Preisangabenverordnung (PAngV) können Sie der Konditionenübersicht für Investitionskreditprogramme entnehmen, die unter der Fax-Nr. 069/74 31–42 14 oder im Internet unter *www.kfw.de* abgerufen werden kann. Am Ende des 10. Jahres wird der Zinssatz unter Zugrundelegung des dann bestehenden Marktzinsniveaus für die Restlaufzeit neu vereinbart. Nach sieben tilgungsfreien Jahren ist die Tilgung in 31 gleich hohen, vierteljährlichen Raten und einer gegebenenfalls abweichenden

Schlussrate zu zahlen. Während der Tilgungsfreijahre sind lediglich die Zinsen und das Garantieentgelt auf den ausgezahlten Kreditbetrag zu leisten. Eine vorzeitige vollständige oder teilweise außerplanmäßige Tilgung ist gegen Zahlung einer Vorfälligkeitsentschädigung möglich.

Checkliste: ERP-Kapital für Gründung

- maximaler Fremd-
  finanzierungsbedarf: 500.000 EUR
- Auszahlung: 100 % der max. Förderung von 45 % (alte Länder) bzw.
  50 % (neue Länder und Berlin) der Investitionskosten
- Laufzeit: 15 Jahre
- Tilgung: 7 Jahre tilgungsfrei
- Zins: ermäßigter fester Zins für 10 Jahre
- Sondertilgungen möglich gegen Zahlung einer Vorfälligkeitsentschädigung
- Sicherheiten: zu 100 % von KfW und Europäischen Investitionsfonds
- kombinierbar mit anderen Förderprogrammen

(3) ERP-Regionalförderprogramm

Das ERP-Regionalförderprogramm steht für die Sachinvestitionen in Regionalför-   **102**
dergebieten (ehem. strukturschwache Gebiete) auch GA-Fördergebieten (Gemeinschaftsaufgabe Verbesserung der regionalen Wirtschaftsstruktur) bis zu einer Investitionssumme von max. 500.000 EUR je Betriebsstätte pro Kalenderjahr zur
Verfügung. Es werden 50 % bzw. 85 % (neue Bundesländer und Berlin) der förderfähigen Kosten u.a. für den Erwerb von Grundstücken und Gebäuden oder immaterieller Wirtschaftsgüter von der KfW bereitgestellt. Die Regionalfördergebiete sind
bis zum 31.12.2013 festgelegt und in die Kategorien A, B, C und D aufgeteilt:

1. A-Fördergebiete   **103**

(Fördergebiete nach Artikel 87 des EG-Vertrages Absatz 3 Buchstabe a)

- Brandenburg
- Mecklenburg-Vorpommern
- Niedersachsen – Landkreise
- Lüchow-Dannenberg
- Uelzen
- Sachsen

- Sachsen-Anhalt
- Thüringen

104 **2. C-Fördergebiete**

(Fördergebiete nach Artikel 87 des EG-Vertrages Absatz 3 Buchstabe c)

Bayern
- **Kreisfreie Städte:**
- Hof
- Weiden, davon Fördergebiete Bahnhof/Moosbürg, Fichtenbühl, Hammerweg, Mooslohe, Neunkirchen, Rothenstadt, Scheibe, Weiden-West
- **Landkreise**
- **Cham**, davon Fördergebiete Arnschwang, Arrach, Blaibach, Cham, Chamerau, Eschlkam, Falkenstein, Furth i.W., Gleißenberg, Grafenwiesen, Hohenwarth, Kötzting, Lam, Lohberg, Michelsneukirchen, Miltach, Neukirchen beim Heiligen Blut, Pemfling, Pösing, Reichenbach, Rimbach, Roding, Rötz, Runding, Schönthal, Schorndorf, Stamsried, Tiefenbach, Traitsching, Treffelstein, Waffenbrunn, Walderbach, Waldmünchen, Weiding, Willmering, Zandt, Zell
- **Coburg**, davon Fördergebiete Neustadt, Sonnefeld
- Freyung-Grafenau
- Hof
- Kronach
- Kulmbach
- **Neustadt a.d. Waldnaab,** davon Fördergebiete Altenstadt, Eschenbach, Eslarn, Etzenricht, Floß, Flossenbürg, Georgenberg, Kirchdemenreuth, Leuchtenberg, Luhe-Wildenau, Mantel, Moosbach, Neustadt a.d. Waldnaab, Parkstein, Pirk, Pleystein, Pressath, Püchersreuth, Schwarzenbach, Störnstein, Tännesberg, Trabitz, Vohenstrauß, Waidhaus, Waldthurm, Weierhammer, Windischeschenbach, Grafenwöhr, teilweise (davon Hütten, Hammergmünd, Dorfgmünd, Bruckendorfgmünd, Josephstal, Grub, Gaismannseller),
- **Passau,** davon Fördergebiete Büchlberg, Eging am See, Fürstenstein, Hauzenberg, Hofkirchen, Huthurm, Obernzell, Thyrnau, Tittling, Witzmannsberg, Vilshofen teilweise (davon Albersdorf)
- Regen
- Tirschenreuth
- **Schwandorf**, davon Fördergebiete Altendorf, Bodenwöhr, Bruck, Dieterskirchen, Fensterbach, Gleiritsch, Guteneck, Nabburg, Neukirchen-Balbini, Neunburg vorm Wald, Niedermurach, Oberviechtach, Pfreimd, Schmidgaden, Schönsee, Schwarzach, Schwarzenfeld, Schwarzhofen, Stadlern, Stulln, Teunz,

Thanstein, Trausnitz, Wackersdorf, Weiding, Wernberg-Köblitz, Winklarn, Schwandorf teilweise: Büchelkühn, Charlottenhof, Dachelhofen, Freihöls, Fronberg, Höflarn, Klardorf, Stegen (einschließlich Ober- und Unterweiherhaus, Zielheim), Kronstetten (einschließlich Holzhaus, Bössellohe), Lindenlohe, Münchshöf, Nattermoos, Niederhof, Prissath

- Wunsiedel

Berlin

- teilweise, siehe interaktives Verzeichnis nach Postleitzahl und Straße unter *http://www.businesslocationcenter.de/foerdergebietskarte*

Bremen

- Stadt Bremen, davon Fördergebiet I: Vegesack, Grohn, Fähr-Lobbendorf, Blumenthal, Werderland, Industriehäfen, Seehausen, Strom, Neustädter Hafen/ Hohentorshafen, Rablinghausen, Handelshäfen; Fördergebiet II: Neuenland, Huckelriede, Habenhausen, Hemelingen, Arbergen, Mahndorf; Fördergebiet III: Hohweg, In den Hufen, Lehe, Lehesterdeich, Horn
- **Kreisfreie Stadt:** Bremerhaven einschließlich Stadt Bremen Überseehafengebiet

Hessen

- **Landkreis:** Werra-Meißner-Kreis

Niedersachsen

- **Kreisfreie Städte**
- Emden
- Wilhelmshaven
- **Landkreise**
- Aurich
- Celle
- Cuxhaven
- Friesland
- **Göttingen**, davon Fördergebiete Bilshausen, Duderstadt, Flecken Bovenden, teilweise (davon Bovenden westlich der Bahntrasse, Emmenhausen, Harste, Lenglern), Friedland, Göttingen, teilweise (davon Weststadt, Grone, Groß Ellershausen, Hetjershausen, Knutbühren, Elliehausen, Esebeck, Holtensen), Jünde, Hann. Münden, teilweise (davon Bonaforth, Gimte, Hann. Münden, Hedemünden, Laubach, Lippoldshausen, Mielenhausen, Oberode, Volkmarshausen, Wiershausen), Rosdorf, Staufenberg
- Goslar
- **Hameln-Pyrmont,** davon Fördergebiete Aerzen, Bad Münder a. D., Bad Pyrmont, Emmertal, Hameln, Hessisch Oldendorf

- Helmstedt
- Holzminden
- Leer
- Lüneburg
- Northeim
- Osterode
- Wittmund

Nordrhein-Westfalen
- **Kreisfreie Städte**
- Bottrop
- Dortmund
- **Duisburg**, davon Fördergebiete Walsum, Hamborn, teilweise (ohne Röttgers-bach-Nord), Meiderich-Beek, Homberg-Ruhrort-Baerl, teilweise (ohne Hoch-heide), Mitte, Rheinhausen, teilweise (ohne Bergheim-Süd, Rumeln-Kalden-hausen), Süd, teilweise (ohne Bissingheim, Rahm, Mündelheim)
- Gelsenkirchen
- Herne
- **Landkreise**
- **Recklinghausen**, davon Fördergebiete Castrop-Rauxel, Datteln, Dorsten, Her-ten, Marl, Waltrop
- **Unna**, davon Fördergebiete Bergkamen, Bönen, Lünen, Schwerte, Unna, Werne

Rheinland-Pfalz
- **Kreisfreie Städte**
- Pirmasens
- Zweibrücken
- **Kaiserslautern**, davon Fördergebiete Innenstadt Nord/Kaiserberg, Grübentäl-chen, Kaiserslautern-West, Erzhütten, Einsiedlerhof, Morlautern, Erlenbach, Siegelbach, Erfenbach
- **Landkreise**
- **Birkenfeld**, davon Fördergebiete Baumholder, Berglangenbach, Berschweiler b. Baumholder, Eckersweiler, Fohren-Linden, Frauenberg, Hahnweiler, Heim-bach, Idar-Oberstein, Leitzweiler, Mettweiler, Reichenbach, Rohrbach, Rück-weiler, Ruschberg, Abentheuer, Achtelsbach, Birkenfeld, Börfink, Brücken, Buhlenberg, Dambach, Dienstweiler, Elchweiler, Ellenberg, Ellweiler, Gimbweiler, Gollenberg, Hattgenstein, Höppstädten-Weiersbach, Kronweiler, Leisel, Meckenbach, Niederbrombach, Niederhambach, Nohen, Oberbrom-

bach, Oberhambach, Rimsberg, Rinzenberg, Rötsweiler-Nockenthal, Schmiß-
berg, Schwollen, Siesbach, Sonnenberg-Winnenberg, Wilzenberg-Hußweiler,
Allenbach, Berschweiler b. Kirn, Dickesbach, Fischbach, Gerach, Herborn,
Herrstein, Hettenrodt, Hintertiefenbach, Kirschweiler, Mackenrodt, Mittelrei-
denbach, Niederwörresbach, Oberreidenbach, Oberwörresbach, Veitsrodt, Vol-
mersbach, Wirschweiler

■ **Donnersbergkreis,** davon Fördergebiete Bolanden, Dannenfels, Kirchheimbo-
landen, Gehrweiler, Gundersweiler, Imsweiler, Ruppertsecken, Würzweiler,
Rockenhausen, Falkenstein, Gonbach, Höringen, Imsbach, Lohnsfeld, Münch-
weiler a. d. Alsenz, Schweisweiler, Wartenberg-Rohrbach, Winnweiler

■ **Kaiserslautern,** davon Fördergebiete Enkenbach-Alsenborn, Mehlingen, Neu-
hemsbach, Sembach, Otterbach, Heiligenmoschel, Otterberg, Ramstein-Mie-
senbach, Mackenbach, Rodenbach, Weilerbach

■ **Kusel,** davon Fördergebiete Altenglan, Elzweiler, Erdesbach, Horschbach, Nie-
deralben, Rammelsbach, Rathsweiler, Ulmet, Welchweiler, Bedesbach, Blau-
bach, Dennweiler-Fronbach, Ehweiler, Körborn, Konken, Kusel, Oberalben,
Ruthweiler, Thallichtenberg, Buborn, Deimberg, Glanbrücken, Grumbach,
Hausweiler, Herren-Sulzbach, Homberg, Kirrweiler, Lauterecken, Lohnweiler,
Nerzweiler, Offenbach-Hundheim, Sankt Julian, Wiesweiler, Aschbach, Hin-
zweiler, Oberweiler im Tal, Wolfstein

■ **Südwestpfalz,** davon Fördergebiete Stadt Dahn, Erfweiler, Hauenstein, Hinter-
weidenthal, Wilgartswiesen, Lemberg, Obersimten, Ruppertsweiler, Trulben,
Vinningen, Bottenbach, Clausen, Donsieders, Leimen, Merzalben, Münchwei-
ler a. d. Rodalb, Rodalben, Höheischweiler, Höhfröschen, Nünschweiler, Pe-
tersberg, Thaleischweiler-Fröschen, Maßweiler, Reifenberg, Rieschweiler-
Mühlbach, Heltersberg, Schmalenberg, Geiselberg, Steinalben, Höheinöd,
Waldfischbach-Burgalben, Herschberg, Saalstadt, Schauerberg, Biedershausen,
Schmidtshausen, Wallhalben, Winterbach (Pfalz), Althornbach, Battweiler,
Contwig, Dellfeld, Dietrichingen, Großbundenbach, Großsteinhausen, Horn-
bach, Käshofen, Kleinbundenbach, Kleinsteinhausen, Mauschbach, Walshau-
sen

Saarland

■ **Stadtverband Saarbrücken,** davon Fördergebiete Stadt Völklingen, Großros-
seln

■ **Landkreise**

■ **Neunkirchen,** davon Fördergebiete Merchweiler, Eppelborn, teilweise (davon
Eppelborn, Macherbach, Bubach-Calmesweiler, Habach, Hierscheid, Humes,

Wiesbach), Illingen, teilweise (davon Illingen, Uchtelfangen), Schiffweiler, teilweise (davon Heiligenwald, Landsweiler-Reden)

- **Saarlouis,** davon Fördergebiete Saarlouis, Dillingen, Ensdorf, Saarwellingen, Überherrn, Lebach, teilweise (davon Lebach, Knorrscheid, Eidenborn, Falscheid, Landsweiler)

Schleswig-Holstein
- **Kreisfreie Städte**
- **Flensburg**, davon Fördergebiete Altstadt, Neustadt, Nordstadt, Westliche Höhe, Friesischer Berg, Weiche, Südstadt, Sandberg, Jürgensby, Fruerlund, Mürwik, Engelsby
- **Lübeck** davon Stadtteile Buntekuh, Innenstadt, Kücknitz, Sankt Gertrud, teilweise (ohne statistische Bezirke 100020, 100064, 100070, 100071, 100073 bis 100079, 100081, 100082, 100084 bis 100086), Moisling, Sankt Jürgen, teilweise (ohne statistische Bezirke 100021 bis 100027, 100091, 100092), Schlutup, Sankt Lorenz Süd, Sankt Lorenz Nord, Travemünde
- **Landkreise**
- Dithmarschen
- Nordfriesland
- Ostholstein
- **Pinneberg**, davon Fördergebiete Hochseeinsel Helgoland
- Schleswig-Flensburg
- **Steinburg**, davon Fördergebiete Äbtissinwisch, Bahrenfleth, Beidenfleth, Bekdorf, Bekmünde, Borsfleth, Blomesche Wildnis, Breitenburg, Brokdorf, Büttel, Dägeling, Dammfleth, Ecklak, Glückstadt, Heiligenstedten, Heiligenstedtenerkamp, Hodorf, Hohenaspe, Hohenlockstedt, Huje, Itzehoe, Kellinghusen, Kleve, Kremperheide, Krempermoor, Krummendiek, Kudensee, Lägerdorf, Landrechtich, Landscheide, Lohbarbek, Moorhusen, Mühlenbarbek, Münsterdorf, Neuenbrook, Neuendorf-Sachsenbande, Nortorf, Nutteln, Oelixdorf, Oldendorf, Ottenbüttel, Rethwisch, Sankt Margarethen, Schlotfeld, Stördorf, Vaalermoor, Wewelsfleth, Wilster, Winseldorf

105 **3. D-Fördergebiete**

Bayern
- **Kreisfreie Städte**
- Amberg
- Bayreuth
- Coburg
- Passau

- **Weiden**, davon Fördergebiet Altstadt, Weiden-Ost I, Weiden-Ost II, Stockerhut, Lerchenfeld, Rehbühl, Weiden-Land
- **Landkreise**
- Amberg-Sulzbach
- Bad Kissingen
- Bayreuth
- **Cham**, davon Fördergebiete Rettenbach, Wald
- **Coburg**, davon Fördergebiete Ahorn, Bad Rodach, Dörfles-Esbach, Ebersdorf, Großheirath, Grub am Forst, Itzgrund, Lautertal, Meeder, Niederfüllbach, Rödental, Seßlach, Untersiemau, Weidhausen, Weitramsdorf
- Lichtenfels
- **Neustadt a.d. Waldnaab**, davon Fördergebiete Bechtsrieth, Grafenwöhr, teilweise (ohne Hütten, Hammergmünd, Dorfgmünd, Bruckendorfgmünd, Josephstal, Grub, Gaismannskeller), Irchenrieth, Kirchenthumbach, Kohlberg, Neustadt am Kulm, Schirmitz, Schlammersdorf, Speinshart, Theisseil, Vorbach
- **Passau**, davon Fördergebiete Aicha vorm Wald, Aidenbach, Aldersbach, Bad Füssing, Bad Griesbach, Beutelsbach, Breitenberg, Fürstenzell, Haarbach, Kirchham, Kößlarn, Malching, Neuburg, Neuhaus, Neukirchen vorm Wald, Ortenburg, Pocking, Rotthalmünster, Ruderting, Ruhstorf, Salzweg, Sonnen, Tettenweis, Tiefenbach, Untergriesbach, Vilshofen, teilweise (ohne Albersdorf), Wegscheid, Windorf
- Hassberge
- Rhön-Grabfeld
- Rottal-Inn
- **Schwandorf**, davon Fördergebiete Burgenlengenfeld, Maxhütte-Haiddorf, Nittenau, Steinberg, Teublitz, Schwandorf, teilweise: Bubach a.d. Naab, Dauching, Diestlhof, Ettmannsdorf (Ost und West), Göggelbach, Haselbach und Matthiaszeche I, Irlaching, Irlbach, Kernstadt Schwandorf, Kreith und Matthiaszeche II, Krondorf, Naabeck, Spielberg, Alte Ziegelhütte, Naabsiegenhofen, Neukirchen, Richt, Strießendorf, Waltenhof, Wiefelsdorf

Berlin
- teilweise, siehe interaktives Verzeichnis nach Postleitzahl und Straße unter *http://www.businesslocationcenter.de/foerdergebietskarte*

Hessen
- **Kreisfreie Städte**
- Kassel

- **Landkreise**
  - ▦ Fulda
  - ▦ Gießen
  - ▦ Hersfeld-Rotenburg
  - ▦ Kassel
  - ▦ Schwalm-Eder-Kreis
  - ▦ Vogelsbergkreis
  - ▦ Waldeck-Frankenberg

Niedersachsen
- **Kreisfreie Städte**
  - ▦ Braunschweig
  - ▦ Oldenburg
- **Landkreise**
  - ▦ Ammerland
  - ▦ Cloppenburg
  - ▦ Gifhorn
  - ▦ **Göttingen**, davon Fördergebiete Flecken Adelebsen, Bodensee, Flecken Bovenden, teilweise (davon Ortsteile Bovenden östlich der Bahntrasse, Billingshausen, Eddigehausen, Reyershausen, Spanbeck), Bühren, Stadt Dransfeld, Ebergötzen, Flecken Gieboldehausen, Gleichen, Stadt Göttingen, teilweise (davon Stadtbezirke Innenstadt, Oststadt, Südstadt, Nordstadt, Weende östlich der Bahntrasse, Nikolausberg, Geismar, Herberhausen, Deppoldshausen, Roringen), Krebeck, Landolfshausen, Stadt Hann. Münden, teilweise (davon Ortsteil Hemeln), Niemetal, Obernfeld, Rhumspringe, Rollshausen, Rüdershausen, Scheden, Seeburg, Seulingen, Waake, Wollbrandshausen, Wollershausen
  - ▦ Grafschaft Bentheim
  - ▦ **Hameln-Pyrmont**, davon Fördergebiete Cloppenbrügge, Salzhemmendorf
  - ▦ Nienburg
  - ▦ Oldenburg
  - ▦ Peine
  - ▦ Rothenburg (Wümme)
  - ▦ Schaumburg
  - ▦ Soltau-Fallingbostel
  - ▦ **Wesermarsch**, davon Fördergebiete Brake, Elsfleth, Nordenham, teilweise (davon Ortsteile Abbehauser Groden, Abbehauser Hörne, Abbehauserwisch, Atens, Atenserfeld, Blexen, Blexersande, Blexerwurp, Bulterweg, Butterburg, Einswarden, Enjebuhr, Esenshamm, Esenshammer Altendeich, Esenshammer Oberdeich, Esenshammergroden, Friedrich-August Huette, Grebswarden, Gro-

ßensiel, Havendorf, Heering, Hoffe, Kloster, Moorseersand, Oberdeich, Phiese-
warden, Rahden, Sarve, Schockumerdeich, Schütting, Tettens, Treuenfeld, Vol-
kers, Inseln Langlütjen I und Langlütjen II), Berne, Butjadingen, Jade, Lemwer-
der, Ovelgönne, Stadland
- Wolfenbüttel

Nordrhein-Westfalen
- **Kreisfreie Städte**
- Bielefeld
- Bochum
- Hagen
- Hamm
- Mönchengladbach
- **Kreise**
- Heinsberg
- Herford
- Höxter
- Lippe
- **Recklinghausen**, davon Fördergebiete Gladbeck, Haltern am See, Oer-Erken-
  schwick, Recklinghausen
- **Unna**, davon Fördergebiete Fröndenberg/Ruhr, Holzwickede, Kamen, Selm

Rheinland-Pfalz
- **Landkreise**
- Bad Kreuznach
- **Birkenfeld**, davon Fördergebiete Bergen, Breitenthal, Bruchweiler, Griebel-
  schied, Kempfeld, Langweiler, Mörschied, Niederhosenbach, Oberhosenbach,
  Schmidthachenbach, Sensweiler, Sien, Sienhachenbach, Sonnschied, Weiden,
  Wickenrodt, Asbach, Bollenbach, Bundenbach, Gösenroth, Hausen, Hellerts-
  hausen, Horbruch, Hottenbach, Krummenau, Oberkirn, Rhaunen, Schauren,
  Schwerbach, Stipshausen, Sulzbach, Weitersbach
- **Südwestpfalz**, davon Fördergebiete Bobenthal, Busenberg, Erlenbach bei
  Dahn, Fischbach bei Dahn, Hirschthal, Ludwigswinkel, Niederschlettenbach,
  Nothweiler, Rumbach, Schindhard, Schönau (Pfalz), Bruchweiler-Bärenbach,
  Bundenthal, Darstein, Dimbach, Lug, Schwanheim, Spirkelbach, Eppenbrunn,
  Hilst, Kröppen, Schweix, Hermersberg, Horbach, Hettenhausen, Weselberg,
  Knopp-Labach, Krähenberg, Obernheim-Kirchenarnbach, Bechhofen, Riedel-
  berg, Rosenkopf, Wiesbach

Schleswig-Holstein
- **Kreisfreie Städte**
- **Flensburg**, davon Fördergebiete Wasserlos, Friedheim, Engelsby-Süd, Vogelsang, Tarup, Fruerlund-Hof
- Kiel
- **Lübeck**, davon Fördergebiete St. Jürgen teilweise (Statistische Bezirke 100021 bis 100027, 100091, 100092), St. Gertrud teilweise (statistische Bezirke 100020, 100064, 100070, 100071, 100073 bis 100079, 100081, 100082, 100084 bis 100086)
- Neumünster
- **Landkreise**
- Herzogtum Lauenburg
- Plön
- Rendsburg-Eckernförde
- **Steinburg**, davon Fördergebiete Aasbüttel, Agethorst, Altenmoor, Auufer, Besdorf, Bokelrehm, Bokhorst, Breitenberg, Brokstedt, Christinenthal, Drage, Elskop, Engelbrechtsche Wildnis, Fitzbek, Grevenkop, Gribbohm, Hadenfeld, Hennstedt, Herzhorn, Hingstheide, Hohenfelde, Holstenniendorf, Horst (Holstein), Kaaks, Kaisborstel, Kiebitzreihe, Kollmar, Kollmoor, Krempe, Krempdorf, Kronsmoor, Lokstedt, Looft, Mehlbek, Moordorf, Moordiek, Neuendorf b. Elmshorn, Nienbüttel, Oeschebüttel, Oldenborstel, Peissen, Pöschendorf, Poyenberg, Puls, Quarnstedt, Rade, Reher, Rosdorf, Sarlhusen, Schenefeld, Siezbüttel, Silzen, Sommerland, Störkathen, Süderau, Vaale, Wacken, Warringholz, Westermoor, Wiedenborstel, Willenscharen, Wittenbergen, Wrist, Wulfsmoor

106 Der Zinssatz orientiert sich an der Entwicklung des Kapitalmarktes und richtet sich auch nach Ihrer Bonität und wird bei der Bewilligung für die ersten zehn Jahre der Laufzeit festgelegt. Er ist durch die Maximalsätze nach der Preisvergabeverordnung begrenzt. Die Darlehenssumme wird zu 100 % ausgezahlt. Sicherheiten verlangt die Hausbank nach eigenem Ermessen.

Eine Kombination mit anderen Fördermitteln, insbesondere mit Zuschüssen aus der Gemeinschaftsaufgabe „Verbesserung der regionalen Wirtschaftsstruktur" ist möglich.

Checkliste: ERP-Regionalförderprogramm
- Antragsformular Nummer 6000000141
- Erwerb von Vermögenswerten aus anderen Unternehmen einschließlich Übernahmen in Form von Asset Deals

- Betriebsmittel
- Kreditobergrenze: bis zu 3 Mio. EUR
- Bereitstellungsprovision: 0,25 % pro Monat
- bis zu 50 % (85 % **in den neuen Ländern und Berlin**) der Investitionssumme
- Laufzeit:
- bis zu 5 Jahren: höchstens 1 tilgungsfreies Anlaufjahr
- bis zu 15 Jahren (bis 20 Jahre bei Bauvorhaben): höchstens 5 tilgungsfreie Anlaufjahre
- Marktzins: 10 Jahre fest
- Auszahlung: 100 %
- Sicherheiten nach Ermessen der Hausbank (Form und Umfang werden im Rahmen der Kreditverhandlungen zwischen Antragsteller und Hausbank vereinbart)
- kombinierbar mit anderen Fördermitteln, insbesondere mit Zuschüssen aus der Gemeinschaftsaufgabe „Verbesserung der regionalen Wirtschaftsstruktur"

(4)   KfW-Unternehmerkredit

Der KfW-Unternehmerkredit ist ein Programm speziell für in- und ausländische **107** Investitionen. Darunter dürfen u.a. auch folgende Aufwendungen fallen:

- der Erwerb von Grundstücken und Gebäuden,
- gewerbliche Baukosten,
- der Kauf von Maschinen, Anlagen, Fahrzeugen und Einrichtungen,
- Betriebs- und Geschäftsausstattung,
- immaterielle Investitionen in Verbindung mit Technologietransfer, die vom Antragsteller zu Marktbedingungen erworben, durch ihn genutzt und mindestens 3 Jahre in der Bilanz aktiviert werden,
- die Übernahme eines bestehenden Unternehmens oder der Erwerb einer tätigen Beteiligung durch eine natürliche Person (grundsätzlich mindestens 10 % Gesellschaftsanteil und Geschäftsführerbefugnis). Voraussetzung ist grundsätzlich, dass das Unternehmen bzw. der Unternehmensteil von einem unabhängigen Investor (weniger als 25 % der Unternehmensanteile vor dem Erwerb) erworben wird.

Je Vorhaben gibt es eine Kreditobergrenze von 10 Mio. EUR. Der Kredit wird in **108** Höhe von bis zu 100 % der förderfähigen Investitionskosten bzw. der Betriebsmittel gewährt und hat eine Laufzeit von 12 Jahren. Ob tilgungsfreie Jahre gewährt werden können, hängt von der Kreditlaufzeit ab. Bei Laufzeiten von bis zu 5 Jahren ist höchstens ein tilgungsfreies Anlaufjahr, bei Laufzeiten von bis zu 10 Jahren sind höchstens 2 tilgungsfreie Anlaufjahre und bei Laufzeiten von bis zu 20 Jahren sind höchstens 3 tilgungsfreie Anlaufjahre für Investitionsvorhaben, bei denen mindestens 2/3 der förderfähigen Investitionskosten auf Grunderwerb, gewerbliche Baukosten oder den Erwerb von Unternehmen und Beteiligungen entfallen, möglich.

109   Auf Wunsch ist in diesen Fällen auch die Gewährung eines endfälligen Darlehens möglich. Bei endfälligen Darlehen erfolgt die Rückzahlung in einer Summe am Ende der Laufzeit. Bei der Wahl dieser Möglichkeit sollten Sie aber sehr vorsichtig sein! Dafür spricht sicherlich, dass Sie sich am Anfang erst etablieren müssen und möglicherweise wenige Einnahmen haben. Dagegen spricht allerdings, dass Sie mehr Zinsen zahlen, weil Sie immer den gesamten Betrag verzinsen müssen. Auch erhöhen sich die jeweiligen Kreditraten, weil sich die Rückzahlung auf wenigere Jahre verteilt.

110   In der tilgungsfreien Zeit müssen nur die Zinsen gezahlt werden. Nach den tilgungsfreien Jahren erfolgt die Tilgung in gleich hohen vierteljährlichen Raten. Eine vorzeitige ganze oder teilweise außerplanmäßige Tilgung des ausstehenden Kreditbetrages ist während der ersten Zinsbindungsphase zulässig.

111   Die Höhe des Zinssatzes orientiert sich an der Entwicklung des Kapitalmarktes und wird nach Ihrer persönlichen Bonität bestimmt. Er ist durch die Maximalsätze nach der Preisvergabeverordnung begrenzt. Die Auszahlung erfolgt zu 96 %. Besonders interessant ist dieses Darlehen, weil vorzeitige Tilgungen in beliebiger Höhe möglich sind. Es fällt eine Bereitstellungsprovision in Höhe von 0,25 % pro Monat, beginnend zwei Bankarbeitstage und einen Monat nach Zusagedatum für noch nicht ausgezahlte Kreditbeträge, an. Die Zinskonditionen sind von der Größe des Unternehmens abhängig. Die kleinen und mittleren Unternehmen (KMU) erhalten günstigere Konditionen.

Checkliste: KfW-Unternehmerkredit

■ Antragsformular Nummer 6000000141
■ Unternehmen und Freiberufler, die seit mindestens zwei Jahren am Markt aktiv sind
■ Kreditbetrag
■ Fremdkapital
    – max. 10 Mio. EUR pro Vorhaben für Investitionen mit und ohne Haftungsfreistellung

- max. 5 Mio. EUR pro Unternehmensgruppe für Betriebsmittel mit 50%iger Haftungsfreistellung (nur an KMU)
- Nachrangkapital: max. 4 Mio. EUR pro Vorhaben
■ Kreditobergrenze: 0,5 Mio. EUR je Antragsteller
■ bis zu 100 % der förderfähigen Kosten
■ Laufzeit: 12 Jahre
■ Zinsen: bis zu 3 Jahre tilgungsfrei, später vierteljährliche Raten
■ Risikoabhängig zzt. zwischen 3,65 % und 7,83 %
■ Auszahlung: 96 %
■ 50%ige Haftungsfreistellung des durchleitenden Kreditinstituts möglich (keine zusätzlichen Kosten)
▨ bei Fremdkapital max. 10 Mio. EUR pro Vorhaben für Investitionen mit und ohne Haftungsfreistellung
▨ bei Betriebsmitteln max. 5 Mio. EUR pro Unternehmensgruppe mit 50%iger Haftungsfreistellung (nur an KMU)
■ vorzeitige Tilgung ganz oder teilweise möglich
■ persönliche Haftung des Endkreditnehmers; ggf. Mithaftung des Ehepartners

(5) KfW-Kapital für Arbeit und Investitionen

Das „KfW-Kapital für Arbeit und Investitionen" steht für etablierte Unternehmen, **112** die bereits seit mehr als 3 Jahren am Markt tätig sind, als mögliche Förderung zur Verfügung. Es handelt sich um ein Nachrangdarlehen. Voraussetzung für eine Kreditgewährung ist der Einsatz eigener Mittel, die mindestens 15 % (alte Länder) bzw. 10 % (neue Länder und Berlin) der förderfähigen Kosten betragen sollen. Sie können mit dem Nachrangdarlehen bis auf 45 % (alte Länder) bzw. 50 % (neue Länder und Berlin) der förderfähigen Kosten aufgestockt werden. Gewährt werden maximal 500.000 EUR insgesamt je Antragsteller. Dabei werden auch früher gewährte (ERP-)Eigenkapitalhilfedarlehen angerechnet.

Finanziert werden
■ Grundstücke, Gebäude und Baunebenkosten
■ Sachanlageinvestitionen (Kauf von Maschinen, Anlagen und Einrichtungsgegenständen)
■ Betriebs- und Geschäftsausstattung
■ immaterielle Investitionen in Verbindung mit Technologietransfer, die vom Antragsteller zu Marktbedingungen erworben, durch ihn genutzt und mindestens 3 Jahre in der Bilanz aktiviert werden
■ Erwerb eines Unternehmens oder Unternehmensteils. Voraussetzung ist grundsätzlich, dass das Unternehmen bzw. der Unternehmensteil von einem unabhän-

gigen Investor (weniger als 25 % der Unternehmensanteile vor dem Erwerb) erworben wird.

■ Material-, Waren- und Ersatzteillager (sofern es sich um eine Erstausstattung oder betriebsnotwendige, langfristige Aufstockung handelt)

■ extern erworbene Beratungsdienstleistungen, die einmalige Informationserfordernisse bei Erschließung neuer Märkte oder Einführung neuer Produktionsmethoden sicherstellen

■ Kosten für erste Messeteilnahmen.

113 Der Zinssatz wird in den ersten 10 Jahren der Laufzeit aus Mitteln des ERP-Sondervermögens vergünstigt, und eine Haftungsfreistellung aufgrund einer Bundesgarantie wird gewährt. Hierfür fällt ein Garantieentgelt in Höhe von 1 % p.a. des jeweils valutierenden Kreditbetrages an. Der Programmzinssatz orientiert sich an der Entwicklung des Kapitalmarktes. Die vom 1. bis zum 10. Jahr geltenden Nominal- und Effektivzinssätze gemäß Preisangabenverordnung (PAngV) können Sie der Konditionenübersicht für Investitionskreditprogramme entnehmen, die unter der Fax-Nr. 069/74 31–42 14 oder im Internet unter *www.kfw-mittelstandsbank.de* abgerufen werden kann. Am Ende des 10. Jahres wird der Zinssatz unter Zugrundelegung des dann bestehenden Marktzinsniveaus für die Restlaufzeit neu vereinbart. Nach 7 tilgungsfreien Jahren ist die Tilgung in 31 gleich hohen, vierteljährlichen Raten und einer gegebenenfalls abweichenden Schlussrate zu zahlen. Während der Tilgungsfreijahre sind lediglich die Zinsen und das Garantieentgelt auf den ausgezahlten Kreditbetrag zu leisten. Eine vorzeitige vollständige oder teilweise außerplanmäßige Tilgung ist gegen Zahlung einer Vorfälligkeitsentschädigung möglich.

Checkliste: KfW-Kapital für Arbeit und Investitionen

■ Maximaler Fremd- finanzierungsbedarf:	4 Mio. EUR pro Vorhaben
■ Bereitstellungsprovision:	0,25 % pro Monat
■ Auszahlung:	100 % der förderungsfähigen Investitionskosten
■ Laufzeit:	10 Jahre
■ Tilgung:	7 Jahre tilgungsfrei in der Nachrangtranche
■ Zins:	ermäßigter fester Zins für 10 Jahre
■ Sondertilgungen möglich	gegen Zahlung einer Vorfälligkeitsentschädigung
■ Sicherheiten:	Keine, nachrangige Haftung ist gewährleistet. Die Ansprüche der KfW Mittelstandsbank treten im Haftungsfall hinter die Forderungen anderer Gläubiger zurück
■ Kombinierbar	mit anderen Förderprogrammen (ausgenommen KfW-Unternehmer-Kredit mit Haftungsfreistellung)

(6) KfW-Zinskonditionen im Überblick (Stand 01.05.2013)

Programm Laufzeit / tilgungsfreie Anlaufjahre / Zinsbindung	KP-Nr.	Anmerkung	maximaler Zinssatz EKN % Sollzins (Effektivzins)1)									Auszahlung %	Bereitstellungsprovision p.M. %2)	Zinssätze gültig ab
			Bei Programmen mit risikogerechtem Zinssystem gelten die Preisklassen											
			A	B	C	D	E	F	G	H	I			
Kreditfinanzierung für Gründer und Mittelstand														
ERP-Gründerkredit – StartGeld 5/1/5	67						2,85 (2,89)					100	0,25	07.02.2013
ERP-Gründerkredit – StartGeld 10/2/10	67						3,10 (3,14)					100	0,25	07.02.2013
ERP-Gründerkredit – Universell 5/1/5	68	3)	1,00 (1,00)	1,25 (1,26)	1,65 (1,66)	1,95 (1,97)	2,45 (2,48)	3,05 (3,09)	3,75 (3,82)	4,25 (4,33)	5,35 (5,48)	100	0,25	06.09.2012
ERP-Gründerkredit – Universell 10/2/10	68	3)	1,25 (1,26)	1,50 (1,51)	1,90 (1,92)	2,20 (2,22)	2,70 (2,73)	3,30 (3,35)	4,00 (4,07)	4,50 (4,59)	5,60 (5,75)	100	0,25	15.03.2013
ERP-Gründerkredit – Universell 20/3/10	68	3)	1,85 (1,87)	2,10 (2,12)	2,50 (2,53)	2,80 (2,84)	3,30 (3,35)	3,90 (3,97)	4,60 (4,70)	5,10 (5,22)	6,20 (6,38)	100	0,25	15.03.2013
ERP-Gründerkredit – Universell 20/3/20	68	3)	2,55 (2,58)	2,80 (2,84)	3,20 (3,25)	3,50 (3,56)	4,00 (4,07)	4,60 (4,70)	5,30 (5,43)	5,80 (5,96)	6,90 (7,12)	100	0,25	21.09.2012
KfW-Unternehmerkredit (Fremdkapital) außerhalb KMU-Fenster 5/1/5	37	3)5)12)	1,45 (1,46)	1,70 (1,71)	2,10 (2,12)	2,40 (2,42)	2,90 (2,93)	3,50 (3,55)	4,20 (4,27)	4,70 (4,78)	5,80 (5,93)	100	0,25	18.01.2013
KfW-Unternehmerkredit (Fremdkapital) außerhalb KMU-Fenster 10/2/10	37	3)5)12)	1,95 (1,96)	2,20 (2,22)	2,60 (2,63)	2,90 (2,93)	3,40 (3,44)	4,00 (4,06)	4,70 (4,78)	5,20 (5,30)	6,30 (6,45)	100	0,25	15.03.2013

Kreditfinanzierung für Gründer und Mittelstand

Programm / Laufzeit / tilgungsfreie Anlaufjahre / Zinsbindung	KP-Nr.	Anmerkung	maximaler Zinssatz EKN % Sollzins (Effektivzins)1) Bei Programmen mit risikogerechtem Zinssystem gelten die Preisklassen									Auszahlung %	Bereitstellungsprovision p.M. %2)	Zinssätze gültig ab
			A	B	C	D	E	F	G	H	I			
KfW-Unternehmerkredit (Fremdkapital) außerhalb KMU-Fenster 20/3/10	37	3)5)12)	2,50 (2,52)	2,75 (2,78)	3,15 (3,19)	3,45 (3,49)	3,95 (4,01)	4,55 (4,63)	5,25 (5,35)	5,75 (5,88)	6,85 (7,03)	100	0,25	30.11.2012
KfW-Unternehmerkredit (Fremdkapital) außerhalb KMU-Fenster 20/3/20	37	3)5)12)	3,00 (3,03)	3,25 (3,29)	3,65 (3,70)	3,95 (4,01)	4,45 (4,52)	5,05 (5,15)	5,75 (5,88)	6,25 (6,40)	7,35 (7,56)	100	0,25	30.11.2012
KfW-Unternehmerkredit (Fremdkapital) KMU-Fenster 2/2/2	47	3)12)	1,00 (1,00)	1,25 (1,26)	1,65 (1,66)	1,95 (1,96)	2,45 (2,47)	3,05 (3,09)	3,75 (3,80)	4,25 (4,32)	5,35 (5,46)	100	0,25	18.05.2012
KfW-Unternehmerkredit (Fremdkapital) KMU-Fenster 5/1/5	47	3)12)	1,25 (1,26)	1,50 (1,51)	1,90 (1,91)	2,20 (2,22)	2,70 (2,73)	3,30 (3,34)	4,00 (4,06)	4,50 (4,58)	5,60 (5,72)	100	0,25	15.03.2013
KfW-Unternehmerkredit (Fremdkapital) KMU-Fenster 10/2/10	47	3)12)	1,80 (1,81)	2,05 (2,07)	2,45 (2,47)	2,75 (2,78)	3,25 (3,29)	3,85 (3,91)	4,55 (4,63)	5,05 (5,15)	6,15 (6,29)	100	0,25	15.03.2013
KfW-Unternehmerkredit (Fremdkapital) KMU-Fenster 20/3/10	47	3)12)	2,20 (2,22)	2,45 (2,47)	2,85 (2,88)	3,15 (3,19)	3,65 (3,70)	4,25 (4,32)	4,95 (5,04)	5,45 (5,56)	6,55 (6,71)	100	0,25	15.03.2013
KfW-Unternehmerkredit (Fremdkapital) KMU-Fenster 20/3/20	47	3)12)	2,95 (2,98)	3,20 (3,24)	3,60 (3,65)	3,90 (3,96)	4,40 (4,47)	5,00 (5,09)	5,70 (5,82)	6,20 (6,35)	7,30 (7,50)	100	0,25	30.11.2012

Programm Laufzeit / tilgungsfreie Anlaufjahre / Zinsbindung	KP-Nr.	Anmerkung	maximaler Zinssatz EKN % Sollzins (Effektivzins)1) Bei Programmen mit risikogerechtem Zinssystem gelten die Preisklassen									Auszahlung %	Bereitstellungsprovision p.M. %2)	Zinsätze gültig ab
			A	B	C	D	E	F	G	H	I			
Kreditfinanzierung für Gründer und Mittelstand														
ERP-Regionalförderprogramm außerhalb KU-Fenster 5/1/5	62	3) neue Länder und Berlin	1,00 (1,00)	1,25 (1,26)	1,65 (1,66)	1,95 (1,96)	2,45 (2,47)	3,05 (3,09)	3,75 (3,80)	4,25 (4,32)	5,35 (5,46)	100	0,25	06.06.2012
ERP-Regionalförderprogramm außerhalb KU-Fenster 5/1/5	62	3) alte Länder ohne Berlin	1,25 (1,26)	1,50 (1,51)	1,90 (1,91)	2,20 (2,22)	2,70 (2,73)	3,30 (3,34)	4,00 (4,06)	4,50 (4,58)	5,60 (5,72)	100	0,25	07.02.2013
ERP-Regionalförderprogramm außerhalb KU-Fenster 20/5/10	62	3) neue Länder und Berlin	1,90 (1,91)	2,15 (2,17)	2,55 (2,57)	2,85 (2,88)	3,35 (3,39)	3,95 (4,01)	4,65 (4,73)	5,15 (5,25)	6,25 (6,40)	100	25	15.03.2013
ERP-Regionalförderprogramm außerhalb KU-Fenster 20/5/10	62	3) alte Länder ohne Berlin	2,15 (2,17)	2,40 (2,42)	2,80 (2,83)	3,10 (3,14)	3,60 (3,65)	4,20 (4,27)	4,90 (4,99)	5,40 (5,51)	6,50 (6,66)	100	0,25	15.03.2013
ERP-Regionalförderprogramm KU-Fenster 5/1/5	72	3) neue Länder und Berlin	1,00 (1,00)	1,25 (1,26)	1,65 (1,66)	1,95 (1,96)	2,45 (2,47)	3,05 (3,09)	3,75 (3,80)	4,25 (4,32)	5,35 (5,46)	100	0,25	18.05.2012
ERP-Regionalförderprogramm KU-Fenster 5/1/5	72	3) alte Länder ohne Berlin	1,00 (1,00)	1,25 (1,26)	1,65 (1,66)	1,95 (1,96)	2,45 (2,47)	3,05 (3,09)	3,75 (3,80)	4,25 (4,32)	5,35 (5,46)	100	0,25	06.06.2012
ERP-Regionalförderprogramm KU-Fenster 20/5/10	72	3) neue Länder und Berlin	1,60 (1,61)	1,85 (1,86)	2,25 (2,27)	2,55 (2,57)	3,05 (3,09)	3,65 (3,70)	4,35 (4,42)	4,85 (4,94)	5,95 (6,08)	100	0,25	15.03.2013

Programm Laufzeit / tilgungsfreie Anlaufjahre / Zinsbindung	KP-Nr.	Anmerkung	maximaler Zinssatz EKN % Sollzins (Effektivzins)1) Bei Programmen mit risikogerechtem Zinssystem gelten die Preisklassen									Aus-zahlung %	Bereitstellungsprovision p.M. %2)	Zinssätze gültig ab
			A	B	C	D	E	F	G	H	I			
Kreditfinanzierung für Gründer und Mittelstand														
ERP-Regionalförderprogramm KU-Fenster 20/5/10	72	3) alte Länder ohne Berlin	1,85 (1,86)	2,10 (2,12)	2,50 (2,52)	2,80 (2,83)	3,30 (3,34)	3,90 (3,96)	4,60 (4,68)	5,10 (5,20)	6,20 (6,35)	100	0,25	15.03.2013

1) Effektivzinssatz für die Dauer der Zinsbindungsfrist. Soweit in der Darlehenszusage nicht anders angegeben, wurden die ausgewiesenen Effektivzinssätze unter programmspezifischen Annahmen berechnet; sie gelten jeweils für den Fall, dass in dem jeweiligen Kreditprogramm taggenau die maximal möglichen Laufzeitjahre ab dem 30.12. des laufenden Kalenderjahres, die maximal mögliche Anzahl tilgungsfreier Anlaufjahre und der maximal mögliche Zinsbindungszeitraum in Anspruch genommen werden. Diese Daten sind dem Merkblatt des jeweiligen Kreditprogramms zu entnehmen. Von diesen Annahmen abweichende Darlehensbedingungen können im Einzelfall zu einem abweichenden Effektivzinssatz in der Darlehenszusage führen.

2) beginnend zwei Bankarbeitstage und einen Monat (vier Monate in den Programmen Wohneigentum, Altersgerecht Umbauen (159) und Wohnraum Modernisieren) nach Zusagedatum für noch nicht ausgezahlte Kreditbeträge.

3) die Ermittlung der Preisklassen ist in der Anlage zur Konditionenübersicht für den Endkreditnehmer zum Risikogerechten Zinssystem erläutert.

...

5) Beihilfefreier Zinssatz

...

12) Bei Vorhaben in Griechenland reduziert sich der Sollzinssatz in den entsprechenden Programmvarianten um 0,25 % p.a.

Quelle: https://www.kfw-formularsammlung.de/KonditionenanzeigerINet/KonditionenAnzeiger

cc) Antrag

Der Kreditantrag muss immer vor Beginn des Vorhabens (z.b. erster verbindlicher Auftrag, Abschluss eines Kaufvertrages) gestellt werden, denn Umschuldungen und Nachfinanzierungen sind nicht möglich.   **115**

Sprechen Sie also so früh wie möglich mit Ihrer Bank über den Kredit der KfW Mittelstandsbank.

Das Antragsformular erhalten Sie bei Ihrer Bank und im Internet unter   **116**
www.kfw.de. Nutzen Sie auch die Möglichkeit, den Kreditantrag direkt am Bildschirm auszufüllen. Den Ausdruck reichen Sie dann bei Ihrer Hausbank ein, ebenso alle notwendigen Unterlagen zu Ihrem Vorhaben. Ihre Bank prüft Ihren Antrag. Die Bank finanziert Ihr Vorhaben „aus einer Hand". Der Kredit wird i.d.R. banküblich besichert. Art und Höhe der Besicherung verhandeln Sie mit Ihrer Bank. Die Entscheidung über die Kreditvergabe trifft Ihre Bank nach Objekt- und Bonitätsprüfung. Fällt die Prüfung positiv aus, so befürwortet die Bank den Kredit auf dem Antragsformular und reicht es bei der KfW Mittelstandsbank ein. Erst dann erfolgt eine Prüfung des Antrags bei der KfW Mittelstandsbank.

Besonders wichtig ist es, dass der Antrag auf Gewährung von öffentlichen Zuschüssen vor Beginn der Verwirklichung des Vorhabens bei der Hausbank gestellt   **117**
wird. Grundsätzlich reicht als Stichtag das erste Bankgespräch. Bei manchen Landesförderungen zählt nur der förmliche **Antrag** auf den dafür vorgesehenen Vordrucken. Der Beginn des Vorhabens liegt immer schon dann vor, wenn finanzielle Verbindlichkeiten eingegangen werden.

Im Anschluss an die Entscheidung für ein Förderprogramm können Sie mit Ihrem   **118**
Finanzierungskonzept in Wort und Zahl beginnen. Allerdings müssen Sie erst alle elementaren Gründungsentscheidungen getroffen haben. Schaffen Sie realistische Möglichkeiten, um die Kanzleigründung finanzieren zu können. Dazu benötigen Sie aber nicht nur Informationen über die einzelnen in Betracht kommenden Förderprogramme.

dd) Notwendige Unterlagen

Bei allen Anträgen benötigen Sie   **119**
- den jeweiligen Antragsvordruck;
- Gründungskonzept bzw. Businessplan und Rentabilitätsvorschau für jeweils mindestens 2 Jahre; inhaltliche Anforderungen der KfW an das Gründungskonzept/Businessplan und Checklisten können im Internet unter *www.kfw.de* in der Rubrik Gründerzentrum/Planungsphase abgerufen werden;

- fachliche Stellungnahme einer unabhängigen, kompetenten Institution (Formularnummer 600 000 0269);

- Anlage „Besitz und Beteiligungsverhältnisse" (Formularnummer 600 000 0144);

- Selbsterklärung zur Einhaltung der KMU-Definition (Formularnummer 600 000 0095 oder Formularnummer 60 000 0196; verbleibt bei der Hausbank);

- „Risikoanlage A" (Formularnummer 60 000 0143);

- „Risikoanlage B" (Formularnummer 60 000 0066; von der Hausbank unterschriebener unausgefüllter Vordruck zur Bestätigung, dass die Einwilligung des Antragstellers zur Einholung einer SCHUFA-Auskunft vorliegt);

- ERP-Gründerkredit – Universell (068), Antragsformular 600 000 0141 (alt 141 660);

- statistisches Beiblatt „Investitionen allgemein" (Formularnummer 600 000 0139);

- „De-minimis"-Erklärung des Antragstellers (PDF, 1,6 MB, nicht barrierefrei) 600 000 0075;

- vereinfachte Selbsterklärung des Antragstellers zur Einhaltung der KMU Definition 600 000 0095.

120   Bei Übernahme tätiger Beteiligung und Vorhaben zur Festigung zusätzlich:

- Jahresabschluss inklusive Jahresabschluss-Zahlen des Vorjahres (ggf. Einzel- und konsolidierter Abschluss) einschließlich Verbindlichkeitenspiegel bzw. Einnahmen-Überschussrechnung des zu fördernden Unternehmens inklusive Vorjahreszahlen (sofern diese vorliegen);

- „Risikoanlage B" (Formularnummer 60 000 0066; vollständig ausgefüllter Vordruck, sofern ein Jahresabschluss bzw. eine Einnahmen-Überschussrechnung eines vollständigen Geschäftsjahres bereits vorliegt);

- aktuelle Betriebswirtschaftliche Auswertung (BWA), sofern keine Jahresabschlüsse bzw. Einnahmen-Überschussrechnungen vorliegen oder diese älter als 3 Monate sind.

121   Bei der Finanzierung eines Material-, Waren- und Ersatzteillagers zusätzlich:

- Anlage „De-minimis"-Erklärung des Antragstellers über bereits erhaltene „De-minimis"-Beihilfen (Formularnummer 60 000 0075);

- Die KfW behält sich vor, ergänzende Unterlagen anzufordern, sofern dies für die Bearbeitung notwendig ist.

ee) **Informationsbereich Förderprogramme**

(1) **Grundsätzliches**

Wenn Sie an Finanzierung denken, dann denken Sie sicherlich zuerst daran, sich **122** alle notwendigen Informationen in einem Gespräch mit Ihrem Kundenberater bei der Bank zu holen. Doch genau davor sei gewarnt. Machen Sie nicht den Fehler und lassen sich, ohne vorher ein Konzept erarbeitet zu haben, von Ihrem Kundenberater bei der Bank „beraten". Sie verspielen damit Ihrem Kundenberater gegenüber Ihre **wirtschaftliche/unternehmerische Kompetenz.** Diese Kompetenz demonstrieren Sie insbesondere dadurch, dass Sie selbst Informationen beschaffen und auswerten können. Gerade im finanziellen Bereich müssen Sie sich besonders gut auskennen und über entsprechendes Informationsmaterial verfügen. Es ist schon oft vorgekommen, dass die Kundenberater der Banken behaupten, bestimmte Förderprogramme gäbe es nicht (mehr) oder diese seien nicht für Sie zugeschnitten. Beachten Sie, dass die Bank die öffentlichen Fördermittel beantragen muss und dafür nur geringe Gebühren erhält. Sie hat aber den gesamten Aufwand und das volle Risiko. Die Bank hat ihr Personal daher so geschult, dass **hauseigene Kredite** in den Vordergrund zu stellen sind. Wenn Sie sich aber dennoch von einem Kundenberater bei der Bank beraten lassen wollen, dann sollten Sie jedenfalls nur zu einer Bank gehen, die Sie nicht als Hausbank ausgewählt haben. Fragen Sie bei jeder Ablehnung, warum Sie mit den von Ihnen vorgetragenen und ggf. dokumentierten Vorstellungen keinen Kredit erhalten, um Ihr Konzept entsprechend zu überarbeiten.

Schließlich sei erwähnt, dass nach der Rechtsprechung nur **Rechtsanwälte** berech- **123** tigt sind, Sie bei der Auswahl der Förderprogramme zu beraten.[12] Es handelt sich um einen Bereich, der vom Rechtsberatungsgesetz erfasst wird. Steuerberater, Wirtschafts- und Unternehmensberater, Kammern und Banken dürfen dies nur in Zusammenarbeit mit einem Rechtsanwalt.

Voraussetzungen und Konditionen ändern sich, orientiert an den jeweiligen politi- **124** schen Zielen, regelmäßig, z.B. wird die Schaffung von Arbeitsplätzen zeitweilig besonders belohnt. Bevor Sie also planen können, müssen Sie die jeweils aktuelle Ausgestaltung der Programme kennen. Sie finden die Einzelheiten unter *www.kfw.de.*

---

12   OLG Bremen MDR 2000, 1160.

(2) Adressen der Wirtschaftsministerien

125 Solange Sie sich noch nicht festgelegt haben, in welchem **Bundesland** Sie sich selbstständig machen wollen, ist es durchaus sinnvoll, Informationsmaterial aus verschiedenen Bundesländern anzufordern bzw. aus dem Internet herunterzuladen. Aus der nachfolgenden Tabelle können Sie die Bundesländer ersehen, die Ihre Förderprogramme im Internet präsentieren. Ich empfehle Ihnen aber auch, wenn Sie sich in einem anderen Bundesland selbstständig machen wollen, beim jeweiligen Wirtschaftsministerium Informationsmaterial zur Förderung von Existenzgründern anzufordern. Wichtige Informationen über Landesprogramme zur Förderung von Existenzgründern erhalten Sie auch direkt bei den Förderbanken des Landes.

Tabelle:
Wirtschaftsministerien und Förderbanken der Bundesländer – Adressen

Baden-Württemberg	**Staatsbank für Baden-Württemberg/Standort**
	Landeskreditbank Baden-Württemberg Förderbank
	Standort Karlsruhe:
	L-Bank, 76113 Karlsruhe (Postanschrift)
	L-Bank, Schlossplatz 10, 76113 Karlsruhe (Hausanschrift)
	Tel.: 0721/150–0, Fax: 0721/150–1001
	Standort Stuttgart:
	L-Bank, Postfach 102943, 70025 Stuttgart (Postanschrift)
	L-Bank, Börsenplatz 1, 70174 Stuttgart (Hausanschrift)
	Tel.: 0711/122–0, Fax: 0711/122–2112
	www.l-bank.de
Bayern	**LFA Förderbank Bayern**
	Königinstr. 17, 80539 München
	Tel.: 089/2124–0, Fax: 089/2124–2216,
	www.lfa.de
Berlin	**Investitionsbank Berlin, Abt. 163 – Wirtschaftsförderung**
	Bundesallee 210, 10719 Berlin
	Allgemeine Fragen
	Tel.: 030/2125–0, Fax: 030/2125–2020
	Kundenberatung Wirtschaft
	Tel.: 030/2125–4747, Fax: 030/2125–4329,
	www.investitionsbank.de

Brandenburg	**Investitionsbank des Landes Brandenburg (ILB)**
	Steinstr. 104–106, 14480 Potsdam
	Tel.: 03 31/6 60–0, Fax: 03 31/6 60–12 34,
	www.ilb.de
	Ministerium für Wirtschaft und Europaangelegenheiten des Landes Brandenburg
	Heinrich-Mann-Allee 107, 14473 Potsdam
	Tel.: 03 31/8 66–155, Fax: 03 31/8 66–1727
	www.wirtschaft.brandenburg.de
Bremen	**Senatskanzlei**
	Am Markt 21, 28195 Bremen
	Tel.: 04 21/3 61–61 32, Fax: 04 21/3 61–63 63,
	www.rathaus-bremen.de
	Senator für Wirtschaft, Arbeit und Häfen
	Zweite Schlachtpforte 3, 28195 Bremen
	Tel.: 0421/361–8808, Fax: 0421/361–8717
Hamburg	**BTG Beteiligungsgesellschaft mbH**
	Habichtstr. 41, 22305 Hamburg
	Tel.: 0 40/61 17 00–0, Fax: 040/611 700–49
	www.btg-hamburg.de
Hessen	**Wirtschaftsförderung Hessen Investitionsbank AG**
	Hessische Landesentwicklungs- und Treuhandgesellschaft (HLT)
	Abraham-Lincoln-Str. 38–42, 65189 Wiesbaden
	Tel.: 06 11/7 74–0, Fax: 06 11/7 74–385
	www.wibank.de
Mecklenburg-Vorpommern	**Mecklenburg-Vorpommern – Das Landesamt für Gesundheit und Soziales**
	Landesförderinstitut Mecklenburg-Vorpommern
	Werkstr. 213, 19061 Schwerin
	Tel.: 03 85/63 63–0, Fax: 03 85/63 63–12 12
	www.lfi-mv.de
Niedersachsen	**Ministerium für Wirtschaft, Arbeit und Verkehr**
	Friedrichswall 1, 30159 Hannover
	Tel.: 05 11/12 00, Fax: 05 11/1 20–57 70
	www.mw.niedersachsen.de/master/C713_L20_D0.html

Nbank

Günther-Wagner-Allee 12–16, 30177 Hannover

Tel.: 05 11/3 00 31–0, Fax: 05 11/3 00 31–3 00,

www.nbank.de

mit **Beratungscenter in Hannover**

Tel.: 05 11/3 00 31–3 33, Fax: 05 11/3 00 31–1 13 33,

info@nbank.de

Geschäftstelle Lüneburg mit **Beratungscenter**

An der Münze 3, 21335 Lüneburg

Tel.: 0 41 31/2 44 43–3 33, Fax: 0 41 31/2 44 43–3 02

Geschäftsstelle Oldenburg mit **Beratungscenter**

Ammerländer Heerstr. 231, 26129 Oldenburg

Tel.: 04 41/5 70 41–3 33, Fax: 04 41/5 70 41–3 033

Nordrhein-
Westfalen

Ministerium für Wirtschaft, Energie, Bauen, Wohnen und Verkehr

Hausanschrift: Haroldstr. 4, 40213 Düsseldorf

Tel.: 02 11/8 37–02, Fax: 02 11/8 37–22 00

Poststelle: Jürgensplatz 1, 40219 Düsseldorf

Tel.: 0211/38430, E-Mail: poststelle@mwebwv.nrv.de

www.wirtschaft.nrw.de

NRW.BANK-Förderportal für das Land Nordrhein-Westfalen

Kavalleriestr. 22, 40213 Düsseldorf

Tel.: 0211/9 17 41–0, Fax: 0211/9 17 41–18 00

und

Friedrichstr. 3, 48145 Münster

Tel.: 0251/9 17 41–0, Fax: 0251/9 17 41–29 21

www.nrwbank.de

Rheinland-Pfalz

Investitionsbank- und Strukturbank Rheinland-Pfalz GmbH (ISB)

Holzhofstr. 4, 55116 Mainz

Tel.: 0 61 31/6172–0, Fax: 0 61 31/6172–1299

Investitions- und Strukturbank Rheinland-Pfalz (ISB) GmbH

Stabsstelle Betriebsansiedlung, Außenhandelsförderung

Tel.: 0 61 31/9 85–2 01, Fax: 0 61 31/9 85–2 99

www.isb.rlp.de

Ministerium für Wirtschaft, Klimaschutz und Energie Rheinland-Pfalz

Hausanschrift: Stiftsstr. 9, 55116 Mainz

Tel.: 0 61 31/16–0, Fax: 0 61 31/16–21 00

Postanschrift: Postfach 3269, 55022 Mainz

www.mwvlw.rlp.de

Saarland

Saarländische Investitionskreditbank AG (SIKB)

Franz-Josef-Röder-Str. 17, 66119 Saarbrücken

Tel.: 06 81/1 30 33–0, Fax: 06 81/1 30 33–1 00,

E-Mail: info@sikb.de

www.sikb.de

Ministerium für Wirtschaft und Wissenschaft

Staatskanzlei

Franz-Josef-Röder-Str. 17, 66119 Saarbrücken

Tel.: 06 81/5 01–00, Fax: 06 81/5 01–1649

Postfach 102463, 66024 Saarbrücken

wwwsaarland.de/ministerium_wirtschaft_wissenschaft.htm

Sachsen

Sächsische Aufbaubank Dresden GmbH

Pirnaische Str. 9, 01069 Dresden

Tel.: 03 51/4 91 00, Fax: 03 51/49 10 40 00

www.sab.sachsen.de

Sächsisches Staatsministerium Wirtschaft, Arbeit und Verkehr

Wilhelm-Buck-Str. 2, 01097 Dresden

Tel.: 03 51/5 64–0, Fax: 03 51/5 64–80 68

www.smwa.sachsen.de

Sachsen-Anhalt

Investitionsbank Sachsen-Anhalt (Anstalt der Norddeutschen Landesbank Girozentrale)

Domplatz 12, 39104 Magdeburg

Tel.: 03 91/5 89–17 45, Fax: 03 91/5 89–17 54

E-Mail: info@Isa.de

www.ib-sachsen-anhalt.de

Ministerium für Wirtschaft und Arbeit

des Landes Sachsen-Anhalt

Hasselbachstr. 4, 9104 Magdeburg

Tel.: 0391/567–01, Fax: 0391/6150–72

www.sachsen-anhalt.de/LPSA/index.php?id=31

Schleswig- Holstein	**Investitionsbank Schleswig-Holstein, Förderberatung Wirtschaft** Fleethörn 29–31, 24103 Kiel Tel.: 04 31/99 05–0, Fax: 04 31/99 05–3383 *www.ib-sh.de* **Ministerium für Wissenschaft, Wirtschaft und Verkehr** Düsternbrooker Weg 94, 24105 Kiel Tel.: 04 31/9 88–47 60, Fax: 04 31/9 88 47 00 E-Mail: mwvinternet@wimi.landsh.de *www.mwv.schleswig-holstein.de*
Thüringen	**Thüringer Ministerium für Wirtschaft, Technologie und Arbeit** Max-Reger-Str. 4–8, 99096 Erfurt Postfach 900225, 99105 Erfurt Tel.: 03 61/3 79 79 99, Fax: 03 61/3 79 79 90 *www.erfurt.de/ef/de/wirtschaft/foerderung* *www.thüringen.de/de/tmwat/* **Thüringer Aufbaubank** Gorkistr. 9, 99084 Erfurt Tel.: 03 61/74 47–0, Fax: 03 61/74 47–410 *www.aufbaubank.de*

126 Welche Darlehen für Ihren konkreten Fall in die engere Wahl kommen, hängt von verschiedenen Faktoren ab. Haben Sie sich schon Gedanken über Ihre Gründungs-alternativen und Idealvorstellungen gemacht? Damit haben Sie festgelegt, welche Art der Gründung und welchen Bedarf Sie haben. Einige Programme scheiden da-mit sicherlich bereits aus. Wenn es Ihnen beispielsweise wichtig ist, ein Geschäfts-fahrzeug anzuschaffen, kommen einige Landesförderungen nicht in Betracht. Eini-ge Programme sehen auch Mindest- oder Höchstfördersummen vor.

(3) Weitere Adressen

127 Weitere Informationen erhalten Sie auch bei den einzelnen Rechtsanwaltskammern und dem zuständigen Arbeitsamt. Haben Sie die Standortfrage noch nicht geklärt, grenzen Sie ein, in welchem Land oder Bundesland Sie sich eine Gründung vor-stellen könnten.

128 Informationsmaterial über öffentliche Fördergelder bekommen Sie unter folgenden Adressen:

- **Bundesrechtsanwaltskammer**, Littenstr. 9, 10179 Berlin,
  Tel.: 0 30/28 49 39–0, Fax: 0 30/28 49 39–11, *www.brak.de*

- **Bundesministerium für Wirtschaft und Technologie (BMWi)**,
  Scharnhorststr. 34–37, 10115 Berlin,
  Tel.: 030/18615–0, Fax: 030/18615–7010, *www.bmwi.de*
- **Bundesverband der Freien Berufe**, Reinhardtstr. 34, 10117 Berlin,
  Tel.: 030/28 44 44–0, Fax: 030/284444–78, *www.freie-berufe.de*
- **Beraternetz Freie Berufe**, Gesellschaft für Marketing und Personalvermittlung, Spohrstr. 3, 01277 Dresden, Tel.: 0351/3179234, *www.freieberufe.de*
- **Kreditanstalt für Wiederaufbau (KfW), KfW Bankengruppe**,
  Palmengartenstr. 5–9, 60325 Frankfurt am Main,
  Tel.: 069/74 31–0, Fax: 069/74 31–29 44, *www.Kfw.de*, E-Mail: info@kfw.de
  Niederlassung Berlin, Charlottenstr. 33/33a, 10117 Berlin,
  Tel.: 030/20 2 64–0, Fax: 030/20 2 64–51 88
- **Verband der Bürgschaftsbanken**, Schillstr. 10, 10785 Berlin,
  Tel.: 030/26396540, Fax: 030/263965420,
  www.vdb-info.de, E-Mail: info@vdb-info.de
- **Stadt- und Gemeindeverwaltung** – Amt für Wirtschaftsförderung –
  www.[stadtname].de

> *Tipp*   **129**
> Für Gründerinnen lohnt sich der Weg zu der **örtlichen Frauenbeauftragten**. Dort erfahren Sie von besonderen frauenspezifischen Förderungen, auch über kommunale Förderungen hinaus. Das Angebot reicht – je nach Bundesland und Kommune – von Buchführungskursen bis hin zu 100-Prozent-Darlehen.

Welche Informationsmaterialien Sie anfordern sollten, hängt davon ab, ob Ihre   **130**
Entscheidung in der Frage der Standortwahl bereits entschieden ist. Haben Sie sich bisher noch nicht festgelegt, dann informieren Sie sich über die Förderungsmöglichkeiten sämtlicher Länder. Interessant kann auch eine Gründung in einem anderen EU-Mitgliedstaat sein. Versuchen Sie bereits bei der Informationssammlung klare Vorstellungen davon zu gewinnen, was Sie auf keinen Fall wollen. Nach und nach kristallisieren sich dann die Kriterien heraus, die Sie für Ihre Standortwahl für besonders wichtig halten. Nur so vermeiden Sie hohe Investitionen in ungeliebte Notlösungen.

Um für die die Anforderungen der Banken an ein Existenzgründungskonzept sensibilisiert zu werden, empfehle ich Ihnen, an **Existenzgründermessen** und **-tagungen** teilzunehmen. Fordern Sie bei verschiedenen Instituten dazu Informationsmaterial an. Die Anwaltschaft ist mehr und mehr auch bei solchen Messen vertreten. Wenden Sie sich an die entsprechende Arbeitsgruppe bei der für Ihren Bereich zuständigen Anwaltskammer.   **131**

132 Nach der Beantwortung der nachfolgenden Fragen haben Sie Ihre persönlichen Ausscheidungskriterien gefunden, nach denen Sie die gesammelten Informationen in einer Tabelle gegenüberstellen sollten. Damit Sie zwischen Landesförderungen und KfW-Förderprogrammen die für Sie richtige Entscheidung treffen, erstellen Sie sich am besten die folgende Tabelle. Nehmen Sie nur die Förderprogramme auf, die zu Ihrem Konzept passen. Das Förderprogramm muss sich nach Ihrer Idee richten – nicht umgekehrt!

Tabelle: Aktuelle Informationen zu Förderprogrammen

Name des Programms	Zinsen und Zinskonditionen	Tilgung und Tilgungskonditionen	Besonderheiten (Mindest- u. Höchstsumme, Geschäftsfahrzeug etc.)
...	...	...	...

5. Analyse der Standortbedingungen

133 Auf die Frage, welcher Qualität das Umfeld Ihrer Kanzlei mindestens entsprechen sollte, finden Sie sicher spontan eine Antwort. Behalten Sie diese Anforderungen bei der Standortwahl im Gedächtnis. Sie sind wichtige subjektive Ausscheidungskriterien im Rahmen der Standortwahl.

a) Auflistung beliebiger Orte

134 Überlegen Sie spontan weiter, in welchen Städten/Gemeinden Sie sich eine Gründung vorstellen könnten. Es sollten maximal zehn Orte sein. Sollten Sie nicht wissen, welche Orte Sie wählen könnten, denken Sie an Ihren Studienort, den Ort Ihrer Referendarzeit und Ihre bisherigen Wohnorte oder diejenigen von Partnern und Familienangehörigen. Gehen Sie dann den im Folgenden genannten Fragen nach:

- Können Sie sich eine Gründung im Ausland vorstellen?
- Gibt es Kriterien, die von vornherein gegen die Wahl eines Landes/Bundeslandes/einer Stadt sprechen?
- Würden Sie sich in der Stadt selbstständig machen, in der Sie jetzt wohnen?
- Würden Sie sich nicht in einer Stadt selbstständig machen, in der Sie viele Menschen kennen?
- Würden Sie Ihre Kanzlei in der Stadt eröffnen, aus der Sie stammen?
- Bevorzugen Sie eine mitbewerberarme Gegend in einer kleinen Gemeinde?
- Wollen Sie überörtlich tätig werden?
- Welche fünf Vor- bzw. Nachteile haben die in Frage kommenden Standorte auf den ersten Blick?

Beantworten Sie sich nach jeder Frage die folgenden Fragen: Warum? Warum nicht? Welche Vor- und Nachteile fallen mir spontan ein?

Es gibt Kollegen, die empfinden es als unangenehm, sich in Städten selbstständig **135** zu machen, in denen sie viele Bekannte haben. Zu oft entstehen im Bekanntenkreis Erwartungen, dass die anwaltliche Beratung wegen der persönlichen Beziehung gratis zu haben sei. Dies ist ein Risiko, das Sie dadurch umgehen können, dass Sie eine andere Stadt wählen. Andererseits halte ich einen hohen Bekanntheitsgrad für sehr wichtig. Mit dem nötigen Fingerspitzengefühl können Sie Ihren Bekannten gegenüber Stellung beziehen, bevor nicht zu erfüllende Erwartungen aufkommen.

b) Bedingungen für öffentliche Förderungen

Ein wichtiges Analyse- und Ausscheidungskriterium kann das finanzielle Argu- **136** ment sein. Erkundigen Sie sich nach den Bedingungen ortsbezogener öffentlicher Förderungen. Beachten Sie aber, dass kommunale Förderungen, Landesdarlehen und Förderdarlehen der DtA sich in der Regel ausschließen. Standortbestimmend sollte eine öffentliche Förderung auf kommunaler oder Landesebene aber nur zusammen mit anderen Kriterien sein.

c) Erkundung der Orte

Nehmen Sie sich für die ausgewählten Orte Zeit. Fahren Sie herum. Gehen Sie spa- **137** zieren. Kommen Sie mit Menschen ins Gespräch, um über die Situation vor Ort etwas zu erfahren. Dabei sollten Sie ganz besonders auf Neubaugebiete, leer stehende Wohnungen und Büroflächen, Verwaltergesellschaften für Mietobjekte u.Ä. achten. Sehen Sie sich den Ort aus mehreren Blickwinkeln an:

■ Wo könnte ich mir meine Kanzlei vorstellen?

■ Würde ich jetzt einen Anwalt in der Angelegenheit x benötigen, würde ich zu dem Anwalt gehen, der hier seine Kanzlei hat?

■ Unter welchen Bedingungen würde ich von wo anreisen?

Alle Orte, in denen Sie negative Eindrücke gewinnen, sollten Sie aus der engeren Wahl herausnehmen; Sie würden dort nicht gerne längere Zeit sein.

Die Beantwortung dieser Fragen führt Sie zu der Analyse von Erwartungen und **138** Vorurteilen, die für Ihre Entscheidung wichtig sind, weil Ihre Mandanten ähnliche Vorurteile und Erwartungen wie Sie haben. Nur so können Sie das Verhalten potenzieller Mandanten abschätzen. Schreiben Sie sich jeweils fünf negative und fünf positive Aspekte auf. Finden Sie mehr als fünf negative Argumente, ohne dass positive Argumente überwiegen, sollte dieser Ort aus der engeren Wahl genommen werden.

139 Zur Auswertung der Standortbedingungen zur Auswahl des Ortes schlage ich ein **Punktesystem** vor. Dieses sollte von seiner Gewichtung her individuell auf Ihre persönlichen Bedürfnisse abgestimmt sein.

Tabelle: Standortbedingungen

	Stadt A	Gemeinde B	Stadt C
Günstige örtliche Förderprogramme (1–7 Pkt.)			
Gute Infrastruktur (Verkehrsverbindungen usw.) (1–5 Pkt.)			
Interessante Vereins- und Verbandsstruktur (1–5 Pkt.)			
Niedrige Anwaltsdichte oder große Nachfrage (1–5 Pkt.)			
Einzugsbereich (1–4 Pkt.)			
Marketingmöglichkeiten (1–4 Pkt.)			
Kaufkraft (1–4 Pkt.)			
Passende Einwohner- und Unternehmerstruktur (1–4 Pkt.)			
Kooperationsangebote (1–3 Pkt.)			
Gerichtsstruktur (1–3 Pkt.)			
Höhe der Lebenshaltungskosten (1–3 Pkt.)			
Günstige kommunale Planungen (1–3 Pkt.)			
Sonstige Vorteile (1–3 Pkt.)			
Sonstige Nachteile (1–3 Pkt.)			
Summe			

d) Infrastruktur

140 Um sich auf die nennenswerten Aspekte konzentrieren zu können, müssen Sie Ihre **Zielsetzung** gedanklich festlegen und an dieser Stelle ganz gezielt vorbereiten. Legen Sie Hauptziele fest. Als mögliche Ziele können Interessen- und Tätigkeitsschwerpunkte ebenso im Vordergrund stehen wie bestimmte Zielgruppen. Besorgen Sie sich bei der Kommunalverwaltung Einwohnerstatistiken und Stadtbroschüren, aus denen Sie die Infrastruktur der Stadt und der einzelnen Ortsteile ersehen können.

> *Beispiel*
> Sie haben vor, sich mit dem Schwerpunkt **Sozialrecht** niederzulassen. Ihre besondere Qualifikation ist Kassenarzt- und Rentenrecht. Sie sollten ermitteln,

wie die gesundheitliche Versorgung des Ortes organisiert ist. Wo gibt es welche Ärzte? Wie können Sie Zugang zu diesem Personenkreis bekommen? Gibt es eine räumliche Nähe zu einem Ärztehaus oder einer Apotheke? Wo befinden sich kommunale oder private Altenpflegeheime, Altenwohnanlagen, Anlagen des betreuten Wohnens? Welche Vereinsaktivitäten gibt es im sozialen Bereich? Konzentrieren sich die Einrichtungen und Projekte auf einen bestimmten Ortsteil? Welche Krankenkassen haben eine Geschäftsstelle am Ort?

Stellen Sie auch weiter gehende **Untersuchungen zum Standort** an: Gibt es An- **141**
haltspunkte dafür, dass sich die Bevölkerung positiv entwickeln wird, z.B. durch neue umfangreiche Wohngebiete? Oder gibt es Wohnungsleerstand in der Umgebung? Wie attraktiv ist der Ortsteil? Sie können dies u.a. an der Entwicklung der Grundstückspreise messen. Gibt es aus Ihrer Sicht andere Gründe, Ereignisse, besondere Umstände in der Nachbarschaft, z.B. andere Unternehmungen, die zu der besonderen Attraktivität des Standorts beitragen? Welche besonderen wirtschaftlichen Faktoren gibt es in der Stadt oder in bestimmten Ortsteilen, die Sie ausnutzen können? Wirtschaftlich relevante Organisationen, Vereine, Stammtische, die auch dem Gründer zugänglich sind/erschlossen werden könnten, sollten ermittelt werden. Auch bestehende Auslandsverbindungen, Städtepartnerschaften, die Art und Lage von Erholungsgebieten, die Anzahl an Naherholungs- und Landschaftsschutzgebieten sowie Naturdenkmälern können im Zusammenhang mit Zukunftsprojekten der Stadt aussagekräftig sein.

Ist Ihr Wunschortsteil eher **traditionell oder modern**? Welche Vorteile und Kon- **142**
sequenzen ergeben sich dadurch für Ihre Kanzlei, Ihre Konzeption und Ihr Marketingkonzept? Prüfen Sie, ob Ihre Kanzlei, so wie Sie sie sich vorstellen, in dieses **Umfeld** passt. Beantworten Sie sich die Fragen, warum Ihre Kanzlei in den Stadtteil passt bzw. warum es unerheblich ist, dass sie überhaupt nicht passt. Welche Maßnahmen könnten Sie treffen, damit es passt? Würde dies große oder lediglich tolerable Veränderungen Ihrer Konzeption mit sich bringen, wenn Sie Vorteile dieser Situation nutzen und Nachteile kompensieren?

Es gibt immer wieder Ortsteile, in denen bestimmte Bevölkerungsgruppen woh- **143**
nen. Ermitteln Sie, ob die **Einwohnerschaft** im Umfeld Ihrer Kanzlei für Sie als potenzielle Mandanten in Betracht kommt. Dazu ermitteln Sie am besten Besonderheiten, z.B. Schule für Lernbehinderte/geistig behinderte Kinder, Volkshochschulen, Kulturarbeit, Musikschule. Gibt es ein pulsierendes wirtschaftliches Leben oder Stagnation mit der Gefahr von Arbeitslosigkeit vor Ort? Ermitteln Sie die Standortvorteile Ihres Wunschobjektes. Analysieren Sie die **Bebauung**: (freistehende) Einfamilienhäuser, Doppel- und Reihenhäuser, Hochhäuser usw., Gewer-

begebiet, reines Wohngebiet usw. Orientieren Sie sich an den Baugebieten, wie sie in der BauNVO unterteilt sind, und stellen Sie Besonderheiten heraus. Der Einfachheit halber sollten Sie sich in der Stadt- oder Gemeindeverwaltung den Bebauungsplan und dessen Begründung ansehen. Sie ersparen sich damit eine eigene Analyse des Baugebiets und seiner Besonderheiten. Klären Sie auch, wo sich die bedeutendsten Industrieansiedlungen der Stadt befinden und welche Unternehmen dies sind. Wenn es bestimmte prägende Unternehmen gibt, dann ist es für Ihr Konzept wichtig, die wirtschaftliche Entwicklung kurz zu schildern. Ordnen Sie unter Umständen nach Groß- und Kleinbetrieben.

144 Geht es der Stadt und ihren Bewohnern gut, wird es Ihnen höchst wahrscheinlich auch gut gehen. Beurteilen Sie daher die **regionale Kaufkraft** und die Einzugsgebiete. Ist der Ortsteil der Stadt aus irgendwelchen Gründen für Ortsfremde anziehend? Wie beurteilen Sie die Attraktivität des Gebietes aus wirtschaftlicher Sicht? Legen Sie dabei Ihr eigenes Verhalten zugrunde. Wo würden Sie Ihre Grundbedürfnisse wie Einkauf und Freizeitgestaltung befriedigen: in diesem Ortsteil oder in der Nachbarschaft? Warum ist dies so? Gibt es vielleicht Schwächen, die das Gebiet kennzeichnen? Arbeiten Sie diese Schwächen genau heraus und klären Sie, inwieweit diese Schwächen für Sie und Ihr Unternehmen Standortnachteile mit sich bringen. Klären Sie dies insbesondere in Anbetracht Ihrer Zielgruppe, Ihrer Marketingstrategie und anhand Ihrer Schwerpunkte.

e) Kriterien bei der Auswahl von Räumlichkeiten

145 Informationen über Mietobjekte zu bekommen, ist die wichtigste und schwierigste Aufgabe, die Sie zu bewältigen haben, wenn Sie keinen Makler einschalten wollen. Woher erfahren Sie, welche Räumlichkeiten frei sind, frei werden, gebaut werden oder in nächster Zeit bezugsfertig sind? Der Zufall kann Ihnen hier zu Hilfe kommen. Lesen Sie aufmerksam **Zeitung**. Geben Sie selbst Anzeigen in der Tageszeitung und/oder regionalen Wochenblättern auf. Hören Sie **regionale Radiosender** und sehen Sie **regionale Fernsehsendungen** an. Nicht nur die Anzeigen über Vermietung von Gewerbeflächen und Wohnungen sind für Sie interessant, sondern auch Berichte über neue Geschäftszentren usw. Erkunden Sie diese und andere (Neu-)Baugebiete. Fragen Sie auch bei der **Stadtverwaltung** nach, welche Vermieter gewerbliche Räume dort oder anderswo vermieten.

Geeignete Büroräume können Sie aber auch über das Internet finden. **Immobilienportale** haben inzwischen sehr komfortable Sucheinstellungen, in denen z.B. nach Ortsteil, Größe und maximaler Kaltmiete unterschieden wird. Dort gibt es auch die Rubrik Bürogemeinschaft.

Vermieter von Kanzleiräumen inserieren auch in den Veröffentlichungen der **Anwaltsvereine** und **Rechtsanwaltskammern**. Teilweise werden solche Angebote aber auch in den Anwaltszimmern der örtlichen Anwaltvereine ausgehängt.

In Gesprächen mit dem örtlichen Bauamt, mit gesellschaftlich und/oder politisch **146** aktiven Menschen und anderen sog. Multiplikatoren können Sie Insiderinformationen bekommen. Bei diesen Personen sollten Sie folgende vier Fragen regelmäßig stellen:

1. Stehen in dieser Gegend Räumlichkeiten leer?
2. Werden u.U. in dieser Gegend irgendwo Räumlichkeiten in naher Zukunft frei?
3. Gibt es Neubaugebiete?
4. Wann werden die Gebäude voraussichtlich bezugsfertig sein?

Sprechen Sie mit möglichst vielen Menschen, die sich in der von Ihnen ausgewähl- **147** ten Gegend auskennen und lassen Sie sich von verfügbarem Gewerbe- und Wohnraum ebenso berichten wie von Gerüchten über Veränderungen anderer Gewerbetreibender. Dazu können Sie Kontakt zu Vereinen, Verbänden und/oder anderen Organisationen der ortsansässigen Gewerbetreibenden aufnehmen. Suchen Sie nach geselligen Menschen, Multiplikatoren und Vertretern von Bauunternehmen und Verwaltungsgesellschaften als Gesprächspartner. Als Multiplikatoren kommen alle Personen in Betracht, die leitende Aufgaben in Beruf und/oder Freizeit, z.B. Ehrenämter, übernommen haben. Diese Menschen wissen von Veränderungen in ihrem Umfeld und können darüber hinaus Ihre Suchanfragen an andere Vermieter weiterleiten.

In Bereichen großer Nachfrage müssen Sie sich für Mietobjekte immer noch auf **148** Chiffreanzeigen bewerben. Es handelt sich meist um größere Vermietergesellschaften, die zahlreiche Mietobjekte verwalten. Schildern Sie in Ihrem Brief Ihr Vorhaben und zeigen Sie auch Ihr Interesse für andere Objekte nach Lage und/oder Größe an.

Sie können sich aber Ihr „Traumbüro" auch selber schaffen. Gerade in Neubau- **149** gebieten gibt es Bürogebäude, die erst nach der Vermietung ausgebaut werden, so dass Sie Ihre Ideen und Vorstellungen mit einbringen können. Stellen Sie fest, dass ein solches Büro innerhalb einer absehbaren Zeit an einem von Ihnen favorisierten Standort entsteht/frei wird, dann suchen Sie Übergangsmöglichkeiten in der Nähe dieses Standorts. Ein Umzug innerhalb eines Bezirks bietet Ihnen auch aus Marketinggesichtspunkten positive Möglichkeiten. Achten Sie darauf, dass beide Standorte nicht zu weit voneinander entfernt sind. Sie können natürlich auch selbst bauen. Doch benötigen Sie hierfür erheblich mehr Anfangskapital.

150 Für welche Räumlichkeiten Sie sich entscheiden, hängt von verschiedenen Umständen ab. Lage, Größe und Kosten dürften ein wesentlicher Aspekt dieser Entscheidung sein. Nehmen Sie eine Bewertung in Anlehnung an die Bedeutung der einzelnen Eigenschaften vor. Folgende Tabelle soll die Grundlage für Ihre Bewertung sein. Legen Sie zunächst die Relevanz der einzelnen Aspekte fest

Tabelle: Räumlichkeiten

	Kanzlei-Räume A	Kanzlei-Räume B	Kanzlei-Räume C
Parkplätze (1–7 Pkt.)			
Optimale Größe (1–5 Pkt.)			
Synergieeffekte (1–5 Pkt.)			
Gute Erreichbarkeit im Haus/Fahrstuhl (1–5 Pkt.)			
Optimaler Zuschnitt (1–5 Pkt.)			
Umfeld/Nachbarschaft (1–4 Pkt.)			
Mindestgröße (1–3 Pkt.)			
Untervermietungsmöglichkeiten (1–3 Pkt.)			
Entfernung/Verkehrsanbindung (Gerichte) (1–3 Pkt.)			
Beschilderungsmöglichkeiten (1–3 Pkt.)			
Akzeptabler Zuschnitt (1–3 Pkt.)			
Miethöhe (1–2 Pkt.)			
Sonstige Vorteile (1–3 Pkt.)			
Sonstige Nachteile (1–3 Pkt.)			
Summe			

Achtung
Sollten Sie Ihre Kanzlei in Ihrer Wohnung oder in ursprünglich als Wohnraum genutzten Räumen eröffnen wollen, dann sollten Sie prüfen, ob Rechtsvorschriften entgegenstehen. In Zeiten der Wohnungsnot waren in einzelnen Bundesländern für zahlreiche Städte und Gemeinden sog. **Zweckentfremdungsverordnungen** erlassen worden, die noch nicht an allen Orten aufgehoben worden sind. Nach den Vorschriften solcher Verordnungen ist es aus Gründen der Knappheit von Wohnraum verboten, Wohnraum in Gewerberaum umzuändern. Sollten Sie dies dennoch tun, benötigen Sie zu der ohnehin notwendigen Nutzungsänderungsgenehmigung zusätzliche Mittel, die Sie zur Schaffung eines vergleichbaren Wohnraumes an die jeweilige Gemeinde zahlen müssen (Zweckentfremdungsentschädigung).

f) Analyse der Wettbewerbssituation

Die Wettbewerbssituation sollten Sie im Hinblick auf die Anwaltsdichte und auf **151** die angebotenen Dienstleistungen überprüfen. Ermitteln Sie Ihre Mitbewerber im näheren Umkreis zunächst aus dem Telefon- und Branchenbüchern, die für diesen Bezirk herausgegeben werden. Lassen Sie sich entsprechende Statistiken von der zuständigen Anwaltskammer schicken. Dort sind Daten über die bei dem jeweils zuständigen Amtsgericht zugelassenen Anwälte gespeichert. Durch die bei den Rechtsanwaltskammern angesiedelten Anwaltsuchdienste gibt es dort ebenfalls Daten über die Fachanwälte in Ihrer Nähe. Lassen Sie sich von der Anwaltskammer auch Ansprechpartner des örtlichen Anwalts- und Notarvereins nennen. Setzen Sie sich mit diesen Kollegen in Verbindung und lassen Sie sich etwas über die Wettbewerbssituation vor Ort erzählen. So können Sie beispielsweise auch ermitteln, welche Schwerpunkte die Kollegen haben, die nicht mit Schwerpunkten werben. Fragen Sie in Gesprächen gezielt nach einzelnen Kollegen.

Sie sollten sich mit den Kanzleien beschäftigen, die mit den gleichen Schwerpunk- **152** ten werben wie Sie selbst. Suchen Sie die Kanzleien auf und sehen Sie sich an, wie die Kollegen und Kolleginnen nach außen auftreten. Besuchen Sie die Mitbewerber ruhig auch selbst und stellen Sie sich vor. Im Gespräch können Sie zum einen Kontakte knüpfen und zum anderen Stärken und Schwächen der Kollegen ermitteln. Sie können sich über die Wettbewerbssituation aber auch mit anderen Kollegen aus dem örtlichen Anwaltverein unterhalten. Kontakte können Sie bei den örtlichen Anwaltvereinen knüpfen. Dort können Sie auch mehr zu dem jeweiligen Ruf der Mitbewerber und über deren Spezialkenntnisse erfahren. Fragen Sie auch nach deren Qualifikationen als Fachanwälte. Es gibt zahlreichen Kollegen und Kolleginnen, die früher einmal andere Berufe ausgeübt haben und aus diesen Bereichen Ihre Mandate bekommen. Ermitteln Sie auch Fachanwaltsqualifikationen Ihrer Mitbewerber, mit denen diese aber (zurzeit) nicht werben. Klären Sie weiterhin folgende Fragen:
1. Welche Mitbewerber haben das gleiche Einzugsgebiet?
2. Können Sie das Einzugsgebiet der anderen durch die Eröffnung Ihrer Kanzlei möglicherweise ändern und warum?
3. Ermitteln Sie, wie sich die anderen Kanzleien nach außen präsentieren.

Versuchen Sie, Anregungen und Ideen aus dem Auftreten der Mitbewerber heraus- **153** zufiltern und für sich zu nutzen. Betrachten Sie die Darstellung der anderen Kanzleien aber auch kritisch. Stellen Sie sich vor, Sie wären dort Mandant: Was stört Sie am Auftreten, an der Dienstleistung oder der Art, wie diese erbracht wird? Lassen Sie sich daher nicht abschrecken, sondern entwickeln Sie zu Ihrer eigenen Motivation ein Marketingkonzept. Dabei müssen Sie berücksichtigen, dass Sie nach § 7 Abs. 1 BORA nur mit den Ihnen verliehenen Fachanwaltsbezeichnungen oder Teilbereichen der Berufstätigkeit werben dürfen. Eine Werbung mit einem rechtlichen Teilbereich ist danach nur zulässig, wenn Sie entsprechende Kenntnisse in diesem Bereich nachweisen können, die in der Ausbildung, durch Berufstätigkeit, Veröffentlichungen oder in sonstiger Weise erworben wurden. Zusätzlich müssen Sie über entsprechende theoretische Kenntnisse verfügen und auf dem benannten Gebiet in erheblichem Umfang tätig gewesen sein. Dabei dürfen Sie aber nach § 7 Abs. 2 BORA ansonsten keine Teilbereiche verwenden, die einer der ausgewiesenen Fachanwaltschaften entsprechen. Einträge in Branchenbücher wie die Gelben Seiten sind daher nicht empfehlenswert.

154   Informieren Sie sich bei der Gemeinde- bzw. Stadtverwaltung über Einwohnerzahl, Ortsteilsgrenzen, Fläche und Bevölkerungsstruktur. Derartige Informationen finden Sie im Internet auf der jeweiligen Seite des Ortes. Es reicht aus, den Ortsnamen einzugeben, z.B. *www.hannover.de*. Auf dieser Grundlage sollten Sie die Anwaltsdichte (Kollegen pro Einwohner) insgesamt und bezogen auf die jeweiligen Qualifikationen (Fachanwaltschaft, Titel) und Schwerpunkte ermitteln.

155   **Tabelle: Wettbewerbssituation**

Name der Kanzlei	Anzahl der Anwälte	Lage der Kanzlei	Schwerpunkte der Kanzlei	Vorteile der Kanzlei
...	...	...	...	...

Unterscheiden Sie in der Tabelle danach, welche Kanzleien mit den gleichen Schwerpunkten werben bzw. zu einem späteren Zeitpunkt werben könnten, weil die Kollegen und Kolleginnen sich ebenfalls auf diesem Gebiet spezialisiert haben oder tätig werden.

156   In diesem Zusammenhang müssen Sie auch Ihre eigene Dienstleistung reflektieren. Wie und wodurch wollen Sie sich von den anderen unterscheiden? Um Ihre eigene Dienstleistung aus den Stärken und Schwächen der Mitbewerber entwickeln zu können, schlage ich Ihnen folgende Tabelle vor.

Tabelle: Stärken-/Schwächen-Analyse

Stärken	Schwächen	Anders? Wenn ja – wie?
...	...	...

157   Reflektieren Sie unter dem Eindruck der über die Wettbewerbssituation gewonnenen Erkenntnisse die bisherige Bewertung der jeweiligen Orte. Wenn Sie Ihr Konzept in diesem Bereich abrunden wollen, dann nehmen Sie sich die Zeit und informieren sich bei der örtlichen Stadtverwaltung über die dort aufgestellten Entwicklungsprognosen und Planungen der Stadt, des betreffenden Stadtteils und des konkreten Standorts. Möglicherweise stellen Sie bei einem solchen Gespräch fest, dass Sie Stadt, Stadtteil oder konkreten Standort falsch eingeschätzt haben. Bestimmte kommunale Planungen können sich auch ungünstig auf Ihre Kanzlei auswirken.

6. Optimale Erstausstattung

a) Grundsätzliches zur Anschaffung

Für die Ermittlung der optimalen Erstausstattung sollten Sie sich zuerst fragen, **158** was Ihre Kanzlei **auf jeden Fall** haben sollte. Sie sollten aber wirtschaftlich investieren. Eine optimale Erstausstattung muss alle Bereiche der Ausstattung – von Möblierung bis Verbrauchsmaterialien – abdecken. Wie Ihre Kanzlei ausgestattet sein sollte, ermitteln Sie am besten in einer **umfassenden Bedarfsplanung.** Der Bedarf hängt ganz wesentlich von den eigenen Zielen, Fähigkeiten und Ansprüchen, von der Orientierung der Kanzlei, der Kanzleigröße (Anzahl der Gründer und Mitarbeiter) und nicht zuletzt von den ausgewählten Räumlichkeiten (Größe und Zuschnitt) ab. Es handelt sich um ein individuelles Profil, das maßgeblich von der Höhe der finanziellen Mittel abhängt. Damit bestimmen Sie gleichzeitig den Rahmen Ihres Finanzbedarfs. Viele Dinge, die ein bereits niedergelassener Anwalt zwingend benötigt, sind für einen Existenzgründer entbehrlich. Beispielsweise ist das Diktiergerät – je nach Konzept – heute nicht mehr zwingend erforderlich, denn es gibt Smartphones und Diktier-Apps. Die App von Dragon Natural Speaking, ein Produkt von Nuance beispielsweise, ist so komfortabel, dass sie sogar ohne Training schreibt, was Sie diktieren, und Sie das Ergebnis als Mail an eine beliebige E-Mail-Adresse verschicken können (vgl. Rn 206).

Um in der Analysephase gezielt recherchieren und die notwendige Ausstattung be- **159** stimmen zu können, müssen Sie erst einmal einen Überblick darüber bekommen, was es in einer Anwaltskanzlei geben könnte, geben sollte und geben muss. Im Folgenden finden Sie hierzu eine Auflistung der Dinge, die Sie bei intensiver Recherche in die engere Wahl ziehen könnten. Unterteilt nach Rubriken und dort alphabetisch sortiert, habe ich potenzielle Gegenstände aufgezählt und deren etwaige Entbehrlichkeit aufgezeigt. Betrachten Sie die Liste als Anregung und Gedankenstütze, damit Sie bei Ihrer Gründung nichts Wesentliches vergessen.

Muster: Anschaffungsgegenstände

	zwingend	notwendig	wünschenswert
Berufskleidung			
Robe	X		
Literatur			
Fachliteratur		X	
Fachzeitschriften		X	
Gesetzessammlungen			X, gibt es kostenlos im Internet
Handbücher		X	
Kommentare		X	
Kostentafeln		X	
Lehrbücher		X	
Ortsverzeichnis			X, gibt es kostenlos im Internet
Möblierung			
Aktenschränke	X		
Anwalts-/Chefsessel (Bürostuhl)	X		
Besprechungstisch, Besprechungs-anbautisch		X	
Besucherstühle	X		
Bewirtungsgeschirr	X		
Drehstühle für Mitarbeiter	X		
Empfangstresen (2 Tische, Winkelelement, Thekenaufsatz)	X		
Formularschränke			X
Garderobe/Garderobenständer	X		
Geschirrspüler			X
Hängeregistraturschrank	X		
Lamellenvorhänge		X	
Mikrowelle		X	
Papiertuchhalter	X		
Pendelregistraturschrank	X		
Regal	X		
Rollcontainer	X		
Schreibtische für Anwälte und Mitarbeiter	X		
Schreibtischlampen	X		
Seifenspender		X	
Smartphone		X	
Staubsauger		X	
Teekücheneinrichtung	X		
Kaffeemaschine	X		
Kühlschrank	X		

	zwingend	notwendig	wünschenswert
Tablet-PC			X
Tisch und Stühle für Aufenthaltsraum für Mitarbeiter			X
Wartebereichmöblierung, Wartezimmerstühle	X		
Zeitungsständer	X		
Ordnung			
Ablagekörbe	X		
Akten (Hängehefter, Pendelhefter)	X		
Aktendeckel	X		
Aktenklammern	X		
Aktenordner	X		
Hängeschiene	X		
Lineal 30 cm	X		
Organisationsstreifen/Aktenbeschriftung	X		
Schiebesignale/Aktenreiter	X		
Schreibtischabroller für Klebefilm		X	
Locher	X		
Notizzettelbox	X		
Papier- und Folienschere	X		
Papierkörbe	X		
Schreibtischutensilien für Anwalt und Mitarbeiter	X		
Stehsammler			X
Stempel: „Abschrift"		X	
Stempel: „Anlage"	X		
Stempel: „Beglaubigt – Rechtsanwalt/Rechtsanwältin"		X	
Stempel: „Beglaubigte Abschrift"		X	
Stempel: „Beglaubigte Fotokopie"		X	
Stempel: „Eilt sehr"		X	
Stempel: „Gegner hat Abschrift"		X	
Stempel: „Mandant hat Abschrift"		X	
Stempel: Eingangsstempel	X		
Stempel: Kanzleistempel	X		
Stempel: Namensstempel	X		
Stempelträger		X	
Organisation			
Adressverzeichnisse			X, gibt es kostenlos im Internet
Anwaltsverzeichnis			X, gibt es kostenlos im Internet
Beschriftungsgeräte	X		
Briefwaage	X		

Miecke 149

	zwingend	notwendig	wünschenswert
Faxnummernbuch (kostenlos)			X, gibt es kostenlos im Internet
Fristenkalender	X		
Haftnotizen	X		
Stampit-Software			X
Prozessregisterbuch	X		
Evtl. Spielsachen für Kinder von Mandanten			X (je nach Rechts- gebieten)
Terminkalender	X		
Unterschriftenmappen	X		
Vernetzung			X
Software			X
Acrobat Reader			X
Antivirenprogramm	X		
Anwaltssoftware		X	
Backupprogramm	X		
Betriebssystem	X		
Buchführungssoftware	X		
Firewall	X		
Internetbrowser und E-Mail-Software	X		
Internetzugang	X		
Juristische Datenbanken		X	
Netzwerksoftware			X
Rechtsprechungssammlungen		X	
Spracherkennungsprogramm	X		
Tabellenkalkulation	X		
Textverarbeitungsprogramm	X		
Treiber		X	
Technisches Zubehör Aktenvernichter		X	
Computer mit Monitor	X		
USB-Sticks	X		
digitales Diktiergerät mit Sprachwieder- gabeprogramm	X		
Tatstatur mit Handgelenkauflage	X		
Faxgerät	X		
Feuerlöscher	X		
Laptop			X
Laser-/Digitalkopierer/-drucker	X		
Multifunktionsgerät (Drucker, Fax, Kopierer, Scanner)		X	
Schneidemaschine			X
Taschenrechner mit Speicher (Euro-Umrechnung usw.)	X		

	zwingend	notwendig	wünschenswert
Telefonanlage, Telefonapparate, Anruf-beantworter, Handy	X		
Verbrauchsmaterialien			
Fensterbriefumschläge, Kompaktbrief-umschläge DIN lang	X		
Formular: Antrag an Gerichtsvollzieher		online erhältlich	
Formular: Antrag auf Gewährung von Be-ratungshilfe		online erhältlich	
Formular: Antrag auf richterliche Durch-suchungsermächtigung		online erhältlich	
Formular: Anwaltjournal		X	
Formular: Aufnahmebogen für Ehe- und Familienrechtssachen			X
Formular: Erklärung über die persönlichen und wirtschaftlichen Verhältnisse bei Pro-zesskostenhilfe		online erhältlich	
Formular: Fahrtenbuch		bei Ge-schäfts-fahrzeugen	
Formular: Ferngesprächsvermerk		X	
Formular: Fragebogen für Anspruchsteller in Unfallsachen			X
Formular: Handaktenbogen		X	
Formular: Kostenfestsetzungsantrag		online erhältlich	
Formular: Pfändungs- und Überweisungs-beschluss		online erhältlich	
Formular: Prozessregister		X	
Formular: Quittungsblock		X	
Formular: Vollmacht		X	
Formular: Vorläufiges Zahlungsverbot		online erhältlich	
Formular: Zeugenentschädigungs-Verzichtserklärung		online erhältlich	
Formular: Zustellungsbescheinigung von Anwalt zu Anwalt		online erhältlich	
Formularbücher (Vertrags- und Prozess-formularbücher)		X	
Klebefilm		X	
Klebstoff		X	
Briefumschläge (DIN lang, mit Fenster) und Versandtaschen DIN B 4, C 4		X	
Kopfbögen, Papier		X	

	zwingend	notwendig	wünschenswert
Gesprächslisten		X	
Kugelschreiber		X	
Büroklammern (u.U. im Magnetspender)		X	
Hefter, Heftklammern		X	
Tintenpatronen für Drucker und/oder Fax-gerät		X	
Visitenkarten		X	
Versicherungen			
Berufshaftpflichtversicherung	X		
Werbung			
Branchentelefonbücher			X
Homepage (Erstellung und Pflege)		X	
Werbeanzeigen zur Geschäftseröffnung			X
Kanzlei- und Fahrstuhlschilder		X	
Schilder: Notausgang, WC		X	
Telefonbucheinträge insb. online		X	

160　Ihre Aufgabe in der Analysephase ist es, Preisvergleiche anzustellen und konkrete Produkte auszuwählen. Maßstab ist die Differenzierung zwischen Gegenständen, die Sie zwingend benötigen (**zwingender Bedarf**), die zur Arbeitserleichterung sinnvoll und notwendig wären (**notwendiger Bedarf**) und denjenigen, die Sie darüber hinaus **gerne** hätten. Bei den Gegenständen des notwendigen Bedarfs handelt es sich um Gegenstände, die auch anderweitig vorhanden sind und dort von Ihnen vorübergehend genutzt werden können, z.B. Fachzeitschriften und Fachliteratur, die Sie in einer Bibliothek einsehen können. Holen Sie sich entsprechende Angebote ein, auch wenn Sie noch nicht sicher wissen, ob Sie den betreffenden Gegenstand anschaffen wollen oder können. Sie können bereits in diesem Stadium kennzeichnen, welche Gegenstände Sie für zwingend notwendig bzw. wünschenswert oder entbehrlich halten. Fordern Sie **Kataloge über Büroausstattung und Bürobedarf** an. Recherchieren Sie unter folgenden (Internet-)Adressen und verschaffen Sie sich einen Überblick über die Marktlage.

■　Topdeq GmbH, Werner-v.-Siemens-Str. 31, 64319 Pfungstadt,
　Tel.: 0 61 57/1 59–0, *www.topdeq.de*

■　Hans Soldan GmbH, Bocholder Str. 259, 45356 Essen,
　Tel.: 0 18 05/53 33, *www.soldan.de*

■　Otto Büro & Technik Profi Handelsgesellschaft mbH & Co., 20088 Hamburg,
　Tel.: 0 18 05/20 20 20, *www.otto-office.com*

■　Staples Deutschland GmbH & Co. KG, Gropiusplatz 10, 70563 Stuttgart,
　Tel.: 0800 / 707 80 80, *www.staples.de*

- Büromarkt Böttcher AG, Brüsseler Str. 3, 07747 Jena,
  Tel.: 01805–667300, *www.bueromarkt-ag.de*
- Viking Direkt GmbH, Babenhäuser Str. 50, 63762 Großostheim,
  Tel.: 08 00/8 18 18 21, *www.viking.de*
- Office discount, Ingolstädter Str. 170, 80939 München,
  Tel.: 08 00/8 88 44 42, *www.officediscount.de*
- Printus GmbH + Co, 77646 Offenburg, Tel: 07 81/6 07–100, *www.printus.de*

Mit großer Wahrscheinlichkeit werden Sie nach den ersten Kostenschätzungen von **161** einigen Anschaffungen Abstand nehmen müssen, weil Ihr Budget begrenzt ist. Bevor Sie aber entscheiden, auf welche Dinge Sie verzichten wollen, prüfen Sie genau, ob nicht zeitliche Verschiebungen in Betracht kommen bzw. notwendig sind. Ein abschreckendes Beispiel: Ein Gründer wurde zwei Jahre nach der Gründung insolvent, weil er kurz nach der Gründung feststellte, dass in der Analysephase die Telefonanlage nicht berücksichtigt worden war. Wegen der Notwendigkeit, funktionsfähige Telefone zu haben, mussten weitere 15.000 EUR investiert, also zusätzlich aufgenommen werden. Diese Kosten belasteten durch die zusätzlichen Zinszahlungen so sehr, dass nach der ersten Tilgung Zahlungsunfähigkeit eintrat.

Diesem Phänomen können Sie entgehen, wenn Sie sich einen Überblick darüber **162** verschaffen, was Sie alles benötigen könnten, und sich entsprechende Listen anlegen, die Sie kontinuierlich vervollständigen und aktualisieren. Diese Liste sollten Sie bei Verkaufsgesprächen dabei haben. Sie behalten damit nicht nur den Überblick über die Preise, sondern können auch besser verhandeln, wenn Sie den Verkäufer mit den Preisen der Mitbewerber konfrontieren können.

Um Ihre finanziellen Möglichkeiten auch später in der Umsetzungsphase noch **163** überblicken zu können, empfehle ich Ihnen, Tabellen in einem Kalkulationsprogramm (z.B. Excel) anzulegen. Sie brauchen mehrere Tabellen:

- Gesamtzusammenstellung aller Gegenstände, die Sie gerne kaufen würden
- Auflistung des notwendigen Bedarfs, also diejenigen Gegenstände, die Sie zwingend benötigen
- Auflistung der wünschenswerten Ausstattung, also Dinge, die Sie später noch anschaffen wollen/können
- Auflistung der finanzierbaren Ausstattung
- Auflistung der Folgekosten.

Folgendes Muster für die einzelnen Tabellen erscheint dafür sinnvoll:

Tabelle: Bedarfsermittlung

Ohne USt		Mit 7 % USt		Mit 19 % USt	
Monatlich	Einmalig oder jährlich	Monatlich	Einmalig oder jährlich	Monatlich	Einmalig oder jährlich
...	...	...	...	...	...

Tipp
In den meisten Kalkulationsprogrammen können Sie Dateien als Arbeitsmappen anlegen. Die einzelnen Registerkarten in der Arbeitsmappe ermöglichen es Ihnen, diese o.g. Tabellen zur Bedarfsermittlung unter einem Dateinamen, aber jeweils übersichtlich getrennt zu speichern. So haben Sie immer alle voraussichtlichen Kosten an einer Stelle. Die von Ihnen ermittelten Kosten und Verhandlungsergebnisse können Sie sofort in die richtige Tabelle eintragen. Zu verschiebende Anschaffungen können Sie problemlos in eine andere Tabelle kopieren.

164 Gewöhnen Sie sich frühzeitig daran, dass alle Preise, die Ihnen als Existenzgründer genannt werden, **Nettopreise** sind. Beachten Sie, dass für **Bücher** und **Zeitschriften** nur **7 % Mehrwertsteuer** anfallen und berücksichtigen Sie dies gleich bei der Ermittlung Ihres Bedarfs. Im Rahmen Ihres Finanzierungskonzeptes kommen dann keinerlei Unklarheiten auf. Mit Hilfe der vorstehenden Tabelle können Sie die mögliche Vorsteuererstattung prognostizieren. Die Differenzierung dokumentiert im Übrigen Ihr wirtschaftliches Verständnis, so dass die Sachbearbeiter der Bank beeindruckt sein werden.

165 Einige Anschaffungen verursachen **Folgekosten** (Wartung, Updates usw.). Damit Sie in Ihrer späteren Finanzplanung keine dieser Folgekosten vergessen, sollten Sie diese mit in die Tabelle der Anschaffungskosten eintragen. Nicht selten jongliert der Existenzgründer gegen Ende seiner Planung mit den Zahlen seines Finanzkonzeptes, um den einen oder anderen Gegenstand doch noch anschaffen zu können. Dabei verliert man Folgekosten ganz schnell aus den Augen. Haben Sie sich dann für eine bestimmte Ausstattung entschieden, legen Sie eine gesonderte Tabelle für die Folgekosten an, die Sie bei Ihrer Fünf-Jahres-Planung und bei der Liquiditätsplanung berücksichtigen müssen.

Achtung
Sie müssen alle Kosten äußerst sorgfältig ermitteln. Beachten Sie, dass Sie in der Analysephase Kostenrahmen erstellen müssen, die Sie in der Umsetzungsphase im Wesentlichen einzuhalten haben. Setzen Sie in dieser Phase bei der Ermittlung des Grundbedarfs mindestens einen Mittelwert an. So haben Sie

Spielräume bei zu erwartenden Preissteigerungen bis zur Umsetzungsphase. Auf keinen Fall dürfen Sie in der Analysephase schon einkaufen! Sie verlieren so die Chance auf öffentliche Förderung.

b) Einrichtung/Möblierung

Hinsichtlich der Frage der Einrichtung/Möblierung sollten Sie darauf achten, dass Einrichtung und Konzept stimmig sind. Wie zweckmäßig oder repräsentativ die Einrichtung sein sollte, hängt wesentlich von Ihren Schwerpunkten, Ihrem Personalkonzept und der angestrebten Mandantenstruktur ab. Die Angebotspalette ist groß, sie reicht von Designermöbeln bis zu Möbeln von Ikea. Hauptkriterium sollte sein, dass Sie sich in den Möbeln wohl fühlen können. Sprüche wie „Junger Anwalt braucht eine moderne Möblierung" können Sie ignorieren, wenn Sie sich inmitten von antiken Echtholzmöbeln wohler fühlen. Denn fühlen Sie sich mit Ihren Möbeln nicht wohl, können Sie Ihre anwaltliche Leistung nicht überzeugend verkaufen. Das Konzept ist dann nicht **stimmig**. Ihr Unwohlsein überträgt sich auf die Mandanten. Allerdings sind für die Auswahl der Einrichtung der Kanzlei Räumlichkeiten, Zuschnitt, Beleuchtungssituation und nicht zuletzt Ihre Arbeitsweise entscheidend. Überlegen Sie sich daher gut, unter welchen Voraussetzungen Sie bisher gearbeitet haben, was gut war, was schlecht war und vor allem was sich für Sie als Mindestvoraussetzung für Ihren Arbeitsstil herauskristallisiert hat.

166

Gerade unter den Beratern (Innenarchitekten, Designermöbelhändler) haben sich viele auf die Ausstattung von Anwaltskanzleien spezialisiert. Dort werden Sie zwar individuell beraten. Doch die Preise sind nichts für schmale Geldbeutel. Besser ist, Sie stöbern selbst in den Katalogen bei beliebigen Möbelhändlern. Das Repertoire der Berater ist in der Regel auch nicht viel größer. Wenn Sie einen Berater mit der Inneneinrichtung und Ausstattung beauftragen, können Sie sich natürlich viel Lauferei ersparen. Insbesondere, wenn Sie eine exklusive Einrichtung haben wollen, sind Sie dort gut aufgehoben. Für alle anderen empfiehlt es sich, **Kataloge** anzufordern, um das Leistungsangebot der Hersteller und Händler zu sichten. Dadurch erkennen Sie bereits Trends, technischen Fortschritt und innovative Ideen. Günstige Sonderangebote werden Ihnen von den Händlern dann regelmäßig übersandt. Bei vielen gehört die individuelle Planung mit zum Leistungsumfang.

167

Während Sie die Einrichtung Ihres Arbeitsplatzes zielsicher planen können, werden Sie bei der Frage nach der Einrichtung der Arbeitsplätze Ihrer zukünftigen Mitarbeiter sicherlich Neuland betreten. Sie sollten sich eine Übersicht über die Zweckbestimmung und Ausstattung der einzelnen Räume erstellen, die Sie einzurichten haben.

168

Muster: Ausstattung der Räume/Arbeitsplätze

Zweckbestimmung der einzurichtenden Räume	Einrichtung
Empfangsbereich	Tresen oder Tresenaufsatz, 2 Schreibtische, Aktenschrank, Bürostuhl mit Fußstütze, Regal, Telefon, Kopierer, Faxgerät, PC mit Drucker, Stempelständer und sonstiges Büromaterial, Stauraum für Papier usw., Dekoration (Bilder, Blumen usw.), Schreibtischbeleuchtung
Wartezone/Wartezimmer	Garderobe/Garderobenständer, Schirmständer, Stühle, kleiner Tisch oder Zeitschriftenhalterung für Lesezirkel und Kaffeehausständer für Zeitungen, Kinderspielzeug, Dekoration (Bilder, Blumen usw.)
Teeküche/Sozialraum	Mikrowelle, Kühlschrank, Geschirrspüler/Spüle, Küchen(hänge-)schrank, Kaffeemaschine, Bewirtungsgeschirr, evtl. Tische und Stühle
Besprechungsraum	Großer Tisch, mindestens sechs Stühle, Telefon, Dekoration (Bilder, Blumen usw.)
Anwaltszimmer	Schreibtischkombination evtl. mit PC-Tisch und Abstellmöglichkeit für kleinen Drucker, Anwaltsbürostuhl, Dekoration (Bilder, Blumen usw.), Deckenfluter, Schreibtischbeleuchtung

169 Bei der Suche nach geeigneten Möbeln empfehle ich Kataloge anzufordern, im Internet zu recherchieren und zu Büromöbelmessen zu fahren. Mit **maßstabsgerecht** ausgeschnittenen Papiermöbeln können Sie dann bereits in der Analysephase Ihre zukünftigen Räume einrichten. Dabei können Sie feststellen, ob beim Kauf dieser Möbel die Arbeitsschutzbestimmungen eingehalten werden können. Zwischen Tisch und Wand muss z.B. ein Mindestabstand von 1,2 m eingehalten werden, damit dort jemand sitzen kann.

170 Bei Möbeln kommt es entscheidend auf Größe, Form und Ausstattung an. Legen Sie daher zunächst die Kapazität fest. Klären Sie, für wie viele Akten der Aktenschrank ausgelegt sein sollte. Dies hängt natürlich davon ab, ob Sie viele kleine oder wenige große Mandate anstreben. 500 bis 1.000 Akten sollten Sie aber gleichzeitig unterbringen können.

Tipp für Gründerinnen
Damit Sie auch im Kleid oder Rock noch bequem sitzen können, sollte Ihr Schreibtisch an der zum Mandanten bzw. zur Tür gewandten Seite verblendet sein.

c) Technische Geräte

aa) Informations- und Kommunikationstechnik

Technik ist für jedes Unternehmen ein sehr wichtiger Bereich. Kaum jemand kann   **171**
es sich leisten, dass seine technische Infrastruktur längere Zeit ausfällt. Deswegen
ist es besonders wichtig, sich bereits vor der Kaufentscheidung mit dem Szenario
möglicher Fehler zu beschäftigen. Gerade Geräte, die z.B. in einem Netzwerk zusammenarbeiten sollen, oder die Kompatibilität von Hardware und Software bzw.
der Software untereinander, führen immer wieder zu Problemen. Konfrontieren Sie
Ihre technischen Berater daher nicht nur mit Ihren Anforderungen an die benötigte
Technik, sondern auch mit Ihrem Service im Rahmen von Wartungsverträgen.

Doch wie kommen Sie zu technisch-kompetenten Beratern? Eine Vielzahl von   **172**
technischen Kaufhäusern verschickt Werbebeilagen über die örtlichen Tageszeitungen und Wochenblätter. Neben der Anforderung von Katalogen können Sie auch
übers Internet Informationen erhalten, z.B.: *www.conrad.de*, *www.misco.de*,
www.amazon.de, *www.idealo.de*. Über die einzelnen Suchmaschinen, z.B.
www.google.de oder *www.metager.de*, finden Sie die verschiedensten Anbieter der
gewünschten Produkte schnell und problemlos. Doch Kataloge und Informationen
aus dem Internet können nur eine erste Information sein. Eine umfassende Zusammenstellung von Vor- und Nachteilen verschiedenster Produkte erhalten Sie aus
veröffentlichten Praxistests, z.B. in gängigen Computerzeitschriften und der Zeitschrift „Test". Informationen, die in älteren Ausgaben veröffentlicht wurden, erhalten Sie über das Internet, z.B. *www.heise.de*, *www.computerbild.de*, *www.stiftung-
warentest.de*.

Im Internet oder direkt beim Hersteller können Sie auch Messegeräte günstig er-   **173**
werben. Diese sind fast neuwertig. Über Geräte älterer Bauart, die Sie i.d.R. ebenfalls wesentlich günstiger erwerben können, benötigen Sie aber in jedem Fall weitere Informationen. Klären Sie Leistungsfähigkeit und voraussichtliche
Lebensdauer. Sie wissen selbst, wie schnelllebig Technik ist. Klären Sie insbesondere bei der Anschaffung Ihrer EDV-Anlage, ob die (Kanzlei-)Software, die Sie
erwerben wollen, insbesondere in Kombination der Programme untereinander –
auch im Hinblick auf die Installation juristischer Datenbanken – bestimmte
Systemanforderungen stellt (Stichwort: Kompatibilität).

Bevor Sie eine Kaufentscheidung treffen, sollten Sie darüber hinaus klären, wo   **174**
Folgekosten lauern: Wartungskosten, Kosten für Verbrauchsmaterial wie Toner,
Druckereinheit, Farbbänder, Beschriftungsbänder usw. Wenn Sie sich über Preise
informieren, fragen Sie auch gleich, zu welchen Bedingungen Ihnen **Wartungs-**

verträge für das jeweilige Gerät angeboten werden können. Sammeln Sie die ermittelten Informationen. Dafür können Sie folgendes Muster verwenden:

Tabelle: Informationsbereich Technik

Gegenstand (Hersteller, Bezeichnung)	Nettopreis*/ Händler	MwSt	Bruttopreis*	Folgekosten	Besondere Angebote Preis/Händler
I. Drucker:					
Canon, . . .					
Ricoh, . . .					
Epson, . . .					
HP, . . .					
Brother, . . .					
Lexmark, . . .					

*Markieren Sie Sonderangebote besonders, damit Sie wissen, dass der Marktpreis davon abweicht.

175 Fragen Sie aber nicht nur Kollegen, sondern machen Sie auch **selbst** den **Praxistest**. Durch die Aussagen Ihrer Kollegen und veröffentlichte Testergebnisse erhalten Sie wichtige Grundinformationen. In dieser Weise vorgebildet und sensibilisiert, sollten Sie auf Messen und/oder kleinere Wirtschaftsschauen in Ihrer Umgebung gehen. Informationen zu Bedienerfreundlichkeit, tatsächliche Ausmaße und Leistungsfähigkeit können Sie in zahlreichen Computerläden und bei sonstigen Herstellern technischer Geräte erhalten. Dies ist allerdings sehr zeitaufwendig, wenn Sie noch keine konkreten Vorstellungen haben. Lassen Sie sich am besten die Geräte vorführen, die in die engere Wahl kommen. Empfehlenswert ist es aber in jedem Fall. Nur so wissen Sie, ob Sie mit den Geräten zurechtkommen würden und/oder ob etwaige Vorteile/Nachteile für Sie gar keine Vorteile/Nachteile sind. Man erkennt dann schnell, ob eine bestimmte Handhabung leicht oder schwer fällt. Es gibt eine Vielzahl von Herstellern und Anbietern für technische Büroausstattung. Unterschiede gibt es immer wieder hinsichtlich der Bedienerfreundlichkeit und des Services. Klären Sie auch die Voraussetzungen für eine etwaige Zusatzausstattung. Es lassen sich viele digitale Kopierer zu Multifunktionsgeräten umrüsten. Für eine sog. Fax-Option als Zusatzgerät sind beispielsweise zwei Papierschächte und ein Einzelblatteinzug notwendig. Soll das Gerät in einem Netzwerk betrieben werden, benötigen Sie besondere Netzwerkkarten oder Printserver. Zu den unverzichtbaren Geräten, auf die Sie als Existenzgründer/in nicht verzichten können, gehören vor allem Kopierer, Computer, Drucker, Fax und Telefon.

Tipp **176**
Fordern Sie einige Wochen vor Messen (Cebit oder Cebit Home) Informationsmaterial bei größeren Herstellern an. Es besteht dann eine große Wahrscheinlichkeit, dass mindestens ein Hersteller nachfragt, ob Sie eine **Freikarte für
die** jeweilige **Messe** haben möchten. Bei einem fünfstelligen Investitionsvolumen für Hardware und Software lohnt sich auch eine weite Anreise. Sie können
sich Geräte und Software auch von anderen Ausstellern zeitsparend vorführen
lassen. Besonders interessant sind im Übrigen auch die **Messepreise**. Sie können Sonderkonditionen aushandeln und/oder Ausstellungsstücke kaufen. Auf
Messen hat der Verkäufer viel mehr Handlungsspielraum als sonst. Auch wenn
Sie glauben, sich für ein Gerät entschieden zu haben, schließen Sie widerruf-
bare Verträge, in denen Sie sich auch gleich den Preis für beabsichtigte Erwei-
terungen (Fax-Option, Netzwerkeinbindung usw.) garantieren lassen sollten.
Binden Sie sich aber insoweit nicht. Der Widerrufsvorbehalt sollte zeitabhängig
und einseitig – nur durch Sie – widerrufbar sein. Als Argument für den Widerrufsvorbehalt zu Ihren Gunsten können Sie anführen, dass noch keine Bewilligung Ihres beantragten Existenzgründungsdarlehens vorliegt. Erhalten Sie
noch bessere Angebote, können Sie den Vertrag innerhalb der vereinbarten
Frist rückgängig machen.

bb)   Telefon, Smartphone & Co.

Die Kommunikation nach außen ist die wichtigste für einen Anwalt. Um diese her- **177**
zustellen, benötigen Sie einen **Telefonanschluss**, eine **Telefonanlage** und Endgeräte. Sie können auch Telefone mit mehreren schnurlosen Endgeräten erhalten.

Als Existenzgründer müssen Sie sich überlegen, wie Sie Ihre telefonische Erreich- **178**
barkeit sicherstellen und die Kanzlei mit Telefonapparaten und Anschlussarten
ausstatten.

Als Mindestvoraussetzung sollten Sie einen Telefonanschluss mit Voice over IP haben. Nachteil daran ist, dass Sie dann nur eine Rufnummer haben. Besser sollten
Sie daher einen **ISDN-Anschluss** mit **DSL** und einer **Doppelflatrate** für Telefonie
und Internet in der Kalkulation berücksichtigen. Haben Sie so mindestens drei Telefonnummern, ist die Frage zu klären, wie viele Endgeräte Sie benötigen und welche Mindestvoraussetzungen diese Geräte haben sollten. An dieser Stelle sei bemerkt, dass es sinnvoll sein kann, sich gleich fünf oder mehr Telefonnummern
geben zu lassen, um zukünftige Expansionen ohne weiteres vornehmen zu können.
Dies kann auch von vornherein notwendig sein, wenn Sie beispielsweise planen,

mit mehreren Anwälten zu gründen oder Personal einzustellen. Die nachträgliche Vergabe weiterer **Rufnummern** kostet in der Regel mehr.

Wie bestimmen Sie nun die notwendige Anzahl der Nummern und der Endgeräte? Dazu sind einige Vorüberlegungen notwendig. Eine Telefonnummer pro Anwalt erscheint jedenfalls unerlässlich. Eine Telefonnummer für den Empfang, eine für das Fax und u.U. eine gesonderte für den Internetzugang sind sinnvoll. Die gesonderte Rufnummer für das Faxgerät sollten Sie aber auch dann einplanen, wenn Sie Fax To Mail einrichten wollen. Schließlich müssen Sie auch Faxe versenden, die Ihrer Kanzlei problemlos als echt zugeordnet werden können.

179 Ist eine Telefonanlage notwendig, kann schnell ein vierstelliger Betrag zusammenkommen. Darum sollten Sie als erstes diese Kosten ermitteln. Ermitteln Sie den Bedarf genau, denn die Kosten für eine Telefonanlage sind so hoch, dass diese höchstwahrscheinlich nicht aus Ihrem Ansatz für Unvorhergesehenes bezahlt werden kann. Beachten Sie, dass Sie für Ihr Faxgerät und jeden Computer einen Telefonanschluss benötigen. Dies sollte unbedingt auch dann der Fall sein, wenn Sie keinen Computer mit Modem oder ISDN-Karte, sondern ein Netzwerk haben. Planen Sie es aber auf jeden Fall ein.

180 Mindestens einen **Mobilfunkanschluss** (Handy) hat heutzutage ohnehin jeder Mensch. Auch für einen Existenzgründer ist dies eine Notwendigkeit. Fällt Ihre Telefonanlage einmal aus, können Sie den Kontakt nach außen wenigstens über das Handy herstellen. Je schneller Sie die Telefonstörung melden können, umso schneller wird sie auch behoben sein.

Tipp
Sie können zur Kostenersparnis bei einigen Telefonanbietern zu Ihrer Handynummer auch eine Festnetznummer kostenfrei dazu bekommen. Sie sind dann für alle Inhaber einer Festnetz-Flatrate kostenlos erreichbar, egal wo Sie sind.

181 Über das Internet können Sie zudem von jedem Ort aus Ihren Telefonanschluss auf Ihr Handy umleiten, wenn dies einmal notwendig sein sollte. Die meisten Handys sind heute aber mehr als ein ein bloßes Telefon. Mit **Smartphones**, iPhone, iPad & Co. können Sie heute Ihren Anwaltsalltag wesentlich erleichtern. Neben der Möglichkeit E-Mails abzurufen, gibt es auch eine Kalenderfunktion, mit der eine automatische Koordination Ihrer Termine möglich ist. Es gibt für iPhone und iPad auch sehr nützliche **Apps**. Darunter sind Apps zum Anhören von E-Mails oder zur Information über die neuesten Nachrichten. Auch Navigations-Apps können gute Dienste leisten.

Es gibt inzwischen auch speziell auf die Bedürfnisse von Anwälten zugeschnittene **182** Apps. Neben zahlreichen Anbietern von Gesetzes-Apps empfehle ich z.b. die kostenlose App der Bundesregierung „Gesetze im Internet". Sinnvoll sind auch Taxi-Apps und Apps, die das iPhone in einen Scanner verwandeln, z.B. CamScanner. Die Verkehrszeichen-App und Wikihood können ebenfalls sehr hilfreich sein. Es gibt Bußgeld-Apps, Unterhalts-Apps und verschiedene Apps zur Berechnung von Prozess- und Notarkosten. Der Deutsche Anwaltverein bietet beispielsweise solche Apps an. Doch gibt es auch eine App, die gleich neun solcher Anwendungen beinhaltet: DatevAnwalt. Auch wenn Sie sich nicht für eine der anwaltlichen DATEV-Kanzleilösungen entschieden haben, können Sie diese App unter *http://www.datev.de/portal/ShowPage.do?pid=dpi&nid=123498&stat_Mparam= int_url_datev_anwalt* kostenlos herunterladen und kostenfrei nutzen. Mit ihr lassen sich die Kosten des Zivilprozesses, Bußgelder, Kindesunterhalt, Scheidungskosten, Notar- und Grundbuchkosten für Immobilienkäufe sowie für den Nachlass berechnen. Ein Umsatzsteuerrechner ist ebenso enthalten wie ein Promillerechner bis hin zu einem Rechner zur Bestimmung der Empfängniszeit.

Die Nutzung von Apps mit dem Smartphone oder Tablet spart viel Platz und bietet Übersichtlichkeit, weil die Programme auf das Notwendige reduziert sind und meist Übertragungsmöglichkeiten der Ergebnisse per E-Mail oder SMS bestehen.

Interessant sind auch die verschiedenen **Diktierlösungen**: revolutionäre Bedienung **183** durch Nutzung des integrierten Bewegungssensors zur Diktatsteuerung, professionelle Diktierfunktionen wie Einfügen (Insert), Voice Activation, Konferenzmodus, separate Diktatordner für Diktate, Entwürfe, Diktate für Spracherkennung, Diktate im Konferenzmodus, Bedienoberfläche und Steuerung wahlweise für Rechtshänder und für Linkshänder einstellbar, Diktaten eine Textbemerkung („Betreff") hinzufügen, Diktaten ein Foto hinzufügen (optional mit Standortinformationen), Diktaten eine „Hohe Priorität" zuweisen, Eingabe eines Diktatkürzels („Initialen"), Diktatübertragung auf den PC per WLAN, Diktatversand per ra e-post (RA-Micro-Anwendung). Einige Systeme sind auch zu verschiedenen anderen voll kompatibel, z.B. DictaNet Mobile zu DictaNet WF und RA-Diktat Diktiersystemen. Meist hat man aber keine weiteren Kosten für Programmpflege und Support.

> *Tipp*
> Einige Apps gibt es noch kostenlos, andere sind für geringe Preise zu haben. Die App sollte aber zu Ihrem Spracherkennungsprogramm auf dem PC passen.

Apps zum Diktieren	
DictaNet Mobile	*http://www.dictanet.de/de/dictanet-mobile-apps.html*
Dragon Dictation	*https://itunes.apple.com/us/app/dragon-dictation/id341446764?mt=8*
Dictamus	*http://www.jotomi.de/dictamus*

Tipp

Für Dragon-Dictation gibt es das Tool „Dragon Search". Die Gratis-App erkennt Ihre eingesprochenen Begriffe und durchsucht für Sie Wikipedia, Google oder YouTube. Dann können Sie auch darauf verzichten, mit der Zustimmung zur Datenschutzerklärung des Herstellers in das Speichern Ihrer gespeicherten Kontakte einzuwilligen. Die App können Sie ebenso problemlos nutzen, wenn Sie der Erklärung widersprechen.

184 Sie können Ihre Anrufe auch mittels **Internettelefonie** führen. Näheres können Sie unter *www.verivox.de/themen/internettelefonie/* nachlesen. Als Internettelefonie werden alle Gespräche bezeichnet, bei denen mindestens ein Teilnehmer nicht über das normale Telefonnetz, sondern über das Internet verbunden ist. Dies kann über einen Computer, ein Handy oder ein spezielles Telefon geschehen. Um beispielsweise mithilfe der Software Skype zu kommunizieren, wird bloß ein normaler PC mit Internetzugang sowie evtl. ein Headset benötigt. Der Vorteil liegt u.a. darin, dass kein Telefonanschluss vonnöten ist und man nur die regulären Kosten für den Internetanschluss trägt. Dieser wird heutzutage von den verschiedensten Anbietern einzeln oder auch als Komplettpaket inkl. Internet und Telefon angeboten. Es gibt allerdings auch spezielle Internettelefonanbieter. Ein Nachteil kann hier entstehen, wenn eine schlechte Internetverbindung vorhanden ist, die dazu führt, dass sich die Gespräche verzögern und die Sätze bzw. Stimmen nur abgehackt ankommen.

Eine andere Alternative ist die Internettelefonie mit einem Internettelefon. Hier besteht der Vorteil darin, dass man immer erreichbar ist, auch wenn der PC nicht läuft. Das Internettelefon wird hierbei einfach an den Router oder das Modem angeschlossen. Anstatt ein Internettelefon zu kaufen, kann man auch einfach einen speziellen Adapter an das normale Telefon anschließen. So lassen sich normale Festnetztelefone an das Internet anschließen.

Inzwischen gibt es auch viele Apps fürs Handy, z.B. von Skype, die das Telefonieren via Internet möglich machen. Hier sollte man allerdings darauf achten, dass man über WLAN eingeloggt ist, da sonst hohe Kosten für die mobile Datenverbindung entstehen können. Außerdem wird die Internettelefonie bei einer mobilen Datenverbindung von vielen Anbietern nicht gestattet; und selbst wenn, gibt es hier nur niedrige Übertragungsraten, sodass die Qualität sehr schlecht ist. Über **WLAN** ist dies schon unproblematischer, allerdings leidet der Handyakku stark unter der Beanspruchung durch solche Programme. Vorteile der Internettelefonie sind, dass man sich die Gebühren für einen ISDN-Anschluss spart und selbst Gespräche ins Ausland kostenlos führen kann. Nur für das Telefonieren vom Internettelefon zu einem normalen Handy oder einem Festnetztelefon fallen zusätzliche Gebühren an.

cc) Computer

Ein Computer und ein Multifunktionsdrucker mit Scan-Funktion gehören zwingend zur notwendigen Grundausstattung. In der Anfangszeit reicht sicherlich auch Ihr PC aus dem Referendariat. Allerdings sollten Sie sich über den Einsatzort Gedanken machen. Alte PCs haben oft nur wenig Speicherkapazität und langsame Laufwerke. Sobald Sie Personal einstellen, benötigen Sie ohnehin zwei PCs. Geben Sie z. B. Ihrer Mitarbeiterin den alten Rechner als Schreibmaschine und zur Mandantenverwaltung. Vor der Auswahl der Hardware sollten Sie sich mit einigen technischen Details vertraut machen, damit Sie einschätzen können, was für einen Computer Sie brauchen. **185**

Es ist empfehlenswert, einen Computer mit einem Arbeitsspeicher von mindestens 1 GB (32 Bit) oder 2 GB (64 Bit) (für Windows 7 oder 8) zu haben. Die Mindestanforderung an die Größe der Festplatte des PCs beträgt nach den Angaben des Herstellers 16 GB (32 Bit) oder 20 GB (64 Bit); besser ist wegen zahlreicher juristischer Programme und Datenbanken aber eine **Speicherkapazität** von 30 GB. Diese Größe benötigen Sie jedenfalls, wenn auf dem PC Anwaltsprogramme und juristische Datenbanken abgefragt und Schriftsätze verfasst werden sollen.

Alternativ können Sie aber auch zusätzliche externe Festplatten verwenden. Beachten Sie dabei aber, dass zahlreiche Programme auf Laufwerk C: installiert werden müssen. Hinzu kommt, dass Sie eine elektronische Akte führen und dort auch den gescannten Posteingang speichern sollten. Scannen Sie die eingegangenen Briefe bzw. eilige Schriftsätze aber auch deswegen als pdf-Dokument ein, um diese an die Mandanten per E-Mail zu verschicken – das spart Zeit und Porto.

Wollen Sie ein **Netzwerk** aufbauen, können Sie bedenkenlos einen älteren PC z.B. als Server einbinden. Allerdings können ein zusätzliches Sicherungsmedium und ggf. eine Erweiterung des Arbeitsspeichers notwendig sein. Festplatten und Speichermodule gibt es heute günstig zu kaufen. Ihr alter Computer kann aber auch als Zweit- oder Ersatzgerät eingesetzt werden. Dies ist immer dann sinnvoll, wenn viele Mitarbeiter der Kanzlei zur gleichen Zeit auf dieselben Daten zugreifen müssen. **186**

Zentralität hat auch ihre Tücken. Fällt irgendwo etwas aus, ist die Kanzlei außer Kraft gesetzt. Im WLAN-Zeitalter sollten Sie sich eine WLAN-fähige Telefonanlage, WLAN-fähige PCs und kleine mobile externe Festplatten zur Datensicherung anschaffen Die externen Festplatten können über die USB-Schnittstelle angeschlossen werden. Viele der externen Festplatten verfügen über eine Backup-Funktion. Sie können selbstverständlich auch andere Programme dafür einsetzen, die beim Kauf von externen Festplatten heute in der Regel im Lieferumfang enthalten sind.

187 Die **Ausstattung Ihres Computers** hängt von der Art des gewünschten Einsatzes ab. In jedem Fall benötigen Sie ein Medium, um regelmäßig Daten sichern zu können. Hierzu sind SD-Karten, USB-Sticks oder externe Festplatten geeignet. Von einer umfänglichen Datensicherung mit Zip-Medien oder CD- oder DVD-ROM rate ich angesichts der heutigen Datenmengen ab. Sie können Ihre Daten heute preisgünstiger auf einer Festplatte sichern. Ansonsten können herkömmliche Sicherungsmöglichkeiten ebenfalls genutzt werden. Für die herkömmliche Art der Datensicherung benötigen Sie ein Zip-Laufwerk bzw. einen DVD/CD-Brenner. Für regelmäßige Datensicherungen gibt es wiederbeschreibbare CD-ROMs (CD-ROM RW) bzw. DVDs. Auf eine CD-ROM passen bereits wesentlich mehr Daten als auf eine Zip-Kassette, die größte Kapazität bieten aber **externe Festplatten**. Aufgrund des rentablen Preis-Leistungs-Verhältnisses und der einfachen Handhabung lassen sich externe Festplatten sehr gut verwenden. Die externen Festplatten gibt es auch für Datenvolumen von 2 TB zu günstigen Preisen. Auf eine Festplatte dieser Größe passen die Sicherungen mehrerer Wirtschaftsjahre.

Tipp
Sie können Ihre Erstausstattung ganz oder teilweise von Insolvenzverwaltern günstig kaufen, die auch insolvente Unternehmen stilllegen müssen, wenn diese nicht mehr zu retten sind. Berufsstartern ermöglicht dies Einblicke in die Organisation anderer Unternehmen. Im ersten Jahr können Sie die Organisation Ihrer Kanzlei erproben und jederzeit kurzfristig anpassen. Dies geht nicht, wenn Sie sich beispielsweise mit Krediten eine teure Ausstattung zugelegt haben und Ihr Handlungspielraum zur Neuorganisation dadurch eingeschränkt ist.

188 Wenn Sie einen **Tablet-PC** nutzen, kommen weitere Einsatzmöglichkeiten hinzu. Sie können auf diese Geräte Office-Apps beispielsweise für die Ansicht und Bearbeitung von Word-, Excel- und Powerpoint-Dokumenten herunterladen. Weitere Angebote sind Bank-Apps, Gesetzes-Apps, Wetter-Apps, die Tagesschau-App, Telefonbuch-Apps, die Deutsche-Bahn-App, RVG-Rechner-Apps, Bußgeld-Apps,

Unterhalts-Apps oder die komfortable App von Datev „DatevAnwalt" (siehe oben Rn 182).

Sie sollten weiterhin die Möglichkeit nutzen, Ihren Computer mit einem **Scanner** auszustatten. Ausreichend kann ein iphone mit Scanner-App sein (siehe oben Rn 182). Ansonsten gibt es viele leistungsfähige **Multifunktionsgeräte**. Haben diese auch eine Fax-Funktion, können Sie einstellen, ob Sie das Ergebnis auf einem bestimmten PC haben wollen oder in einem von mehreren definierten E-mail-Postfächern. Verwenden Sie an jedem PC kleine Drucker mit Scannfunktion, kann Ihnen jedes Gerät als Ersatzgerät für Ihr Faxgerät und Ihren Kopierer dienen. Die Preise dieser Multifunktionsgeräte sind heute so niedrig, dass sich große voluminöse Multifunktionsgeräte fast gar nicht mehr rechnen. Selbst die Tintenstrahldrucker haben inzwischen dokumentenechte Tinte. **189**

Tipp
Verwenden Sie für das elektronische Mahnverfahren in der Barcode-Variante keine Tintenstrahldrucker. Die Druckergebnisse sind zwar auf den ersten Blick ausreichend gut. Die maschinelle Lesbarkeit ist aber meist nicht gewährleistet.

Sie können auch den Computer, den Sie im Studium und/oder Referendariat benutzt haben, in Ihre neue Kanzlei als Sachmittel einbringen. Dies ist insbesondere dann interessant, wenn die Eigenkapitalhilfe der Deutschen Ausgleichsbank (DtA) beantragt werden soll. Ansonsten hängt es entscheidend davon ab, ob eine Anwaltssoftware verwandt werden soll und welche Systemvoraussetzungen für den Einsatz dieser Software erforderlich sind. Es kann daher sinnvoll sein, das Gerät mit einem zusätzlichen **Sicherungsmedium**, einer zweiten Festplatte und zusätzlichem Arbeitsspeicher aufzurüsten. Festplatten und Speichermodule gibt es heute günstig zu kaufen. Der Einbau ist einfach. Dieser Computer kann aber auch als Zweitgerät oder als Server eingesetzt werden. **190**

Es versteht sich von selbst, dass Sie als Anwalt über einen griffbereiten Internetzugang verfügen, damit Sie immer auf dem Laufenden sind und die Mandanten Ihnen gegenüber keinen Wissensvorsprung haben. Sie benötigen ihn z.b. auch für die Übertragung im Rahmen von Online-Banking, wenn Sie ein Bankprogramm nutzen, das offline arbeitet. Per Modem, per ISDN-Karte, mit einer USB-Buchse in oder an Ihrem PC oder mit einem Smartphone kommen Sie ins Internet. Sie sind im Übrigen verpflichtet, elektronische Steuererklärungen abzugeben, und auch für die Übermittlung von Sozialversicherungsdaten direkt oder über Ihren Steuerberater ist es unerlässlich, einen **schnellen und stabilen Internetzugang** zu haben. Wenn Sie bisher davon abgesehen haben, weil in Ihrem Gebiet die Telekom wegen alter Glasfaserkabel nicht einmal in der Lage ist, eine Übertragungsrate von 2000 **191** kbit/s zu gewährleisten, dann haben Sie Glück. Mit weniger als der Hälfte des finanziellen Aufwands der herkömmlichen Anbieter ist Kabel Deutschland in der Lage, eine Geschwindigkeit von 100 Mbits/s über die alten Kabel zu gewährleisten. Diese Geschwindigkeit ist in unserem Beruf schon sehr sinnvoll.

dd) Fax

192 Ob es sich bei Ihrem **Faxgerät** um ein **Multifunktionsgerät,** also kombiniert mit Drucker und Kopierer und ggf. Scanner, handeln sollte, kommt sicherlich auf verschiedene Umstände an. Sie müssen sicherstellen, dass der Kanzleibetrieb auch bei Ausfall des Gerätes nicht zusammenbricht. Entweder schließen Sie für das Gerät einen Wartungsvertrag ab, was je nach Preisklasse unbedingt zu empfehlen ist. Sie sollten aber auch auf – alte – Ersatzgeräte zurückgreifen können. Ein Drucker aus privater Nutzung kann im Notfall ein brauchbares Ersatzgerät sein. Ich kann aus meiner eigenen Erfahrung sagen, dass zuweilen auch der beste Wartungsvertrag nicht davor schützt, dass ein Gerät drei Tage lang nicht benutzbar ist. Ein Trost ist vielleicht die Tatsache, dass bei Multifunktionsgeräten inzwischen nicht mehr zwingend alle Disziplinen ausfallen.

193 *Tipp*
1. Faxgerät defekt: Faxe direkt über den PC verschicken und annehmen. Anlagen lassen sich ggf. einscannen oder können per Post – zusammen mit dem Original – nachgeschickt werden.
2. Drucker defekt: Drucker gibt es schon sehr günstig; je nach Standort der Kanzlei kann – u.U. auch erst im Notfall – ein Ersatzgerät beschafft werden. Ggf. sind Notfallausdrucke auch in befreundeten Kanzleien oder Unternehmen, die zur Verschwiegenheit verpflichtet sind, möglich. Andere Unternehmen kommen wegen § 59a Abs. 1 Satz 1 BRAO und § 203 StGB nicht in Betracht. Danach dürfen Rechtsanwälte mit Patentanwälten, Steuerberatern, Steuerbevollmächtigten, Wirtschaftsprüfern und vereidigten Buchprüfern eine Sozietät eingehen.
3. Kopierer defekt: Dies ist der denkbar schlimmste Fall. Wenn nicht gerade ein Copyshop in der Nähe Ihres Wunschstandortes ist, müssen Sie überlegen, ob vielleicht mit anderen Gewerbetreibenden eine Absprache für diesen Fall getroffen werden könnte. Dazu müssen Sie ermitteln, wo der nächste Kopierer steht. Notfalls müssen Sie den Mandanten dann erläutern, dass Sie aus technischen Gründen zurzeit keine Kopien machen können, und sie bitten, Ihnen die Originale zu überlassen oder selbst Kopien anzufertigen und vorbeizubringen.

ee) Diktiergerät

Ob man einem Existenzgründer wirklich raten sollte, ein Diktiergerät anzuschaf- **194**
fen, hängt wieder einmal vom Gesamtkonzept ab. Kann oder will der Anwalt selbst
nicht oder nicht schnell genug schreiben und auch nicht mit Spracherkennungsprogrammen arbeiten, dann ist ein digitales Diktiergerät zwingend erforderlich. Alternativ können Sie auch Ihr Smartphone mit einer Diktier-App verwenden.

Es kann aber auch sinnvoll sein, gerade wegen des Einsatzes eines Spracherkennungsprogramms ein Diktiergerät anzuschaffen (vgl. Rn 206). Dabei muss es sich
dann um ein digitales Diktiergerät handeln. Nur so können Sie auf diesem Gerät
aufgenommene Texte von Ihrem Spracherkennungsprogramm schreiben lassen.
Sie sollten aber mindestens eine Diktiersoftware anschaffen, denn Sie können mit
der richtigen App auch professionell mit Ihrem Smartphone diktieren.

Die Vorteile des digitalen Diktierens liegen auf der Hand: Sie können jedes Diktat
einzeln ansteuern, gezielt zurückspulen und bei Bedarf ändern. Jedes Diktat ist mit
dem Aufnahmedatum und der Aufnahmezeit gespeichert und kann so gut wieder-
gefunden werden. Diese Diktate können von einer Schreibkraft viel leichter geschrieben werden. Die Software für digitale Diktiergeräte ist hervorragend. Sie
können Ihre Mitarbeiter auch mit einem komfortablen Fußschalter ausstatten,
wenn diese während des Diktats nicht auf Maus und Tastatur zurückgreifen wollen.
Mit diesem Schalter kann die Schreibkraft **das digitale Diktat** anhalten, zurückspulen und wieder abspielen, wenn ein Begriff nicht beim ersten Hören verstanden
und geschrieben werden konnte. Dies ist ein großer Vorteil für die Geschwindigkeit. Sie können die Diktate aber auch mit einer Spracherkennungssoftware „umsetzen", also vom Computer schreiben lassen. Mit der Diktier-App können Sie
überall diktieren und die Diktate in Ihre Kanzlei schicken. Dort können auch Ihre
Mitarbeiter die Umsetzung des Diktats durch die **Spracherkennungssoftware**
überwachen. Mit der Spracherkennungssoftware können Sie sich sowohl Ihr Diktat
als auch den tatsächlich geschriebenen Text vorlesen lassen. Dies sollten Sie unbedingt auch beides tun, weil die Umsetzung zuweilen auch fehlerhaft sein kann.

ff) Aktenvernichter

Der Aktenvernichter ist ein absolut notwendiger Gegenstand. Er sollte nicht zu **195**
klein bemessen sein. In jeder Anwaltskanzlei entstehen große Mengen an brisan-
tem Datenmüll, für den Sie in Ihrer eigenen Kanzlei verantwortlich sind. Bedenken
Sie wegen der strafbewehrten Geheimhaltungsvorschriften bei der Anschaffung
die notwendige Sicherheitsstufe. Streifen reichen in der Regel nicht.

gg) Frankiermaschine

196 Ob eine Anwaltskanzlei eine Frankiermaschine benötigt, hängt von dem eigenen Selbstverständnis und der Größe der Kanzlei ab. Aber im Zuge von Privatisierungen auch im Sektor der Postzustellungen können Sie getrost davon absehen. Wenn Sie Ihre Post mit den privaten Zustellungsdiensten versenden, ist dies nicht nur billiger, sondern macht auch die Frankiermaschine absolut entbehrlich. Sie sollten sich in jedem Fall über die örtlichen privaten Kurierdienste informieren, bevor Sie eine Frankiermaschine anschaffen. Diese sind billiger und schneller. In Hannover versenden alle Gerichte, Behörden, Sparkassen und größere Unternehmen, aber auch zunehmend Anwaltskanzleien ihre Briefe mit privaten Dienstleistern. Diese privaten Unternehmen stempeln die Briefe mit deren Logo an der Stelle, wo üblicherweise frankiert wird. Wenn Sie eine Frankiermaschine anschaffen wollen, sollten Sie also klären, ob sich die Anschaffung unter diesem Aspekt noch rentiert. An dieser Stelle sei auf die Internetfrankierung „Stampit" hingewiesen. Die Deutsche Post AG bietet eine Software an, mit der man seine Post im Internet frankieren lassen kann. Die Frankierung der Briefumschläge erfolgt mit einem Punktcode über den eigenen Drucker. Damit erübrigt sich die Anschaffung einer Frankiermaschine.

> *Tipp*
> Die Citipost hat im Internet einen Briefmarkenshop und fast neben jedem gelben Briefkasten ihre blauen Briefkästen aufgestellt. Die Briefmarken sind sogar noch günstiger als die Abholung, und die Rechnung enthält eine Ausweisung der Umsatzsteuer. Die Citipost stellt inzwischen wieder bundesweit zu.

d) Geschäftsfahrzeug

197 Ihr erster Gedanke bei der Gründung könnte der Gedanke an ein standesgemäßes Geschäftsfahrzeug sein – so ging es mir auch. Doch Vorsicht, steuerlich gesehen ist dies oft unrentabel. Eine spätere Anschaffung ist sinnvoller. Prüfen Sie, ob Sie im Rahmen der öffentlichen Förderung Geschäftsfahrzeuge überhaupt anschaffen dürfen. Bei vielen Landesdarlehen ist dies ausgeschlossen. Sie wären aber in der Lage die Umsatzsteuervorteile zu nutzen. Sie müssen dann entweder ein Fahrtenbuch führen oder den geldwerten Vorteil mit 1 % vom Listenpreis monatlich als Einkommen versteuern.

Ein Fahrtenbuch, das vom Finanzamt als Beweismittel anerkannt werden soll, muss bestimmte Mindestbedingungen erfüllen. Die Anforderungen an ein ordnungsgemäßes **Fahrtenbuch**[13] sind folgende: **198**

1. Die Aufzeichnungen müssen zeitnah und fortlaufend vorgenommen werden.
2. Zur Verhinderung von Manipulationen ist eine geschlossene Form der Aufzeichnung erforderlich, so dass Änderungen, Streichungen und Ergänzungen erkennbar sind. Lose Notizzettel reichen nicht aus.
3. Ausdrucke aus Tabellenkalkulationsprogrammen sind nicht ordnungsgemäß.
4. Zwingend bei beruflichen Reisen sind die Angaben: Datum, Reiseziel, aufgesuchter Kunde/Geschäftspartner bzw. Gegenstand der dienstlichen Verrichtung sowie bei Abschluss der Fahrt der erreichte Gesamtkilometerstand. Dabei müssen genaue Adressen angegeben werden, Straßennamen alleine reichen nicht aus.
5. Ein Verweis auf andere Unterlagen ist unzulässig. Die Angaben sind im Fahrtenbuch zu machen.
6. Umwegfahrten sind gesondert auszuweisen, auch wenn sie verkehrsbedingt (z.B. Umleitung, Stau) waren.
7. Die handschriftlichen Aufzeichnungen müssen gut leserlich sein, es handelt sich um Nachweise, nicht um Erinnerungsstützen.

Ohne Frage ist dies ein großer Aufwand. Vergessen Sie oder einer Ihrer Mitarbeiter eine Fahrt, beispielsweise zum Tanken oder zur Werkstatt, fällt dies dem Finanzamt in der Regel auf und der ganze Aufwand war vergebens. Es wird dann ohnehin die 1 %-Methode angewandt.

Der Vorteil der 1 %-Methode liegt darin, dass Ihnen nahezu kein Verwaltungsaufwand entsteht. Ausgangspunkt der pauschalen Wertermittlung ist in diesen Fällen der Brutto-Listenpreis inkl. Sonderausstattung im Zeitpunkt der Erstzulassung und nicht der von Ihnen tatsächlich gezahlte Kaufpreis. Somit bleiben Rabatte, Skonti und Inzahlungnahmen für die Bemessungsgrundlage vollkommen unbeachtet. Die Anwendung der 1 %Methode ist begrenzt auf die Gesamtkosten bei Vermietung von Kfz an Personengesellschaften durch ihre Gesellschafter.[14] **199**

Der Brutto-Listenpreis einschließlich Umsatzsteuer und Sonderausstattung des Fahrzeugs im Zeitpunkt der Erstzulassung darf auf glatte 100 EUR abgerundet

---

13 BFH, Urteile v. 1.3.2012 – VI R 33/10 –, v. 13.11.2012 – VI R 3/12 –, v. 10.12.2012 – X B 139/11 –, v. 20.9.2012 – VI B 36/12 –, v. 18.9.2012 – VIII R 28/10 –, v. 12.10.2012 – III B 78/12 –, v. 14.3.2012 – VIII B 120/11 –, v. 13.12.2011 – VIII B 82/11 –.
14 BFH, Urt. v. 18.9.2012 – VIII R 28/10 –.

werden. Für die reinen Privatfahrten sind 1 % monatlich, für die Fahrten zwischen Wohnung und regelmäßiger Arbeitsstätte zusätzlich 0,03 % monatlich je Entfernungskilometer, für die steuerpflichtigen Familienheimfahrten im Rahmen einer doppelten Haushaltsführung zusätzlich 0,002 % je Fahrt und Entfernungskilometer anzusetzen. Insoweit fällt auch Umsatzsteuer an.

Tipp
Fordern Sie beim Hersteller oder Händler eine schriftliche Bescheinigung über den Brutto-Listenpreis zum Zeitpunkt der Erstzulassung an. Kein Pkw wird heutzutage zum Listenpreis verkauft. Daher können Sie Ihren Kaufpreis nicht für die Berechnung heranziehen. Sie können nur so den Ansatz des Finanzamts überprüfen.

e) Software

200 Wie Sie wissen, gibt es unzählige Softwareprogramme, die Sie mehr oder weniger gut gebrauchen könnten. Um eine richtige Auswahl treffen zu können, benötigen Sie ein individuell erstelltes Anforderungsprofil. Sie selbst stellen zusammen, was Sie benötigen. Möglicherweise wollen Sie Ihren privaten Computer in Ihrer Kanzlei nutzen. Je nach Ihrer Hardwareausstattung besitzt Ihr Computer ein Betriebssystem und meist auch das eine oder andere Textverarbeitungs-, Office- und/oder Virenschutzprogrammm. Dies reicht am Anfang sicherlich aus, um Mandate bearbeiten zu können.

aa) Virenschutzprogramm

201 Das wohl Wichtigste ist ein Virenschutzprogramm, mit dem Sie grundsätzlich alle Datenträger und Programme scannen lassen können. Es muss sich aber um ein aktuelles Virenschutzprogramm handeln, welches automatisch beim Start Ihres PC starten muss, sonst nützt es Ihnen nur wenig. Sie können aber jedes beliebige Programm in das Autostartprogramm unter Windows integrieren.

bb) Kanzlei-Programme

202 Ob Sie ein Office-Programm oder einzelne Dateien nutzen, ist unerheblich. Sie benötigen auf jeden Fall ein Textverarbeitungsprogramm und eine Tabellenkalkulation. Für den Einsteiger reicht aus meiner Sicht ein normales Office-Paket aus. Wollen Sie zunächst Ihren alten PC und/oder ein einfaches Office-Programm verwenden, so empfehle ich Ihnen, sich über diese Art von Programmen in aktuellen Veröffentlichungen verschiedener Computerzeitschriften zu informieren. Das Office-Programm **„Staroffice"** hat z.B. in einem Test aus dem Jahr 2000 (in „ct", Heft 23/2000 – im Internet noch erhältlich) oder die Nachfolgeversion „LibreOffice 4.0.2 " (*www.heise.de/download/libreoffice.html*) sehr gut abgeschnitten (leider gibt es hierzu keinen aktuellen Testbericht). Es hat vieles, was Word nicht kann. Mit Staroffice haben Sie ein Kompaktpaket von der Textverarbeitung über Datenbank und Tabellenkalkulation bis hin zum Browser und haben im Gegensatz zum Microsoft Office Paket nur eine Benutzeroberfläche, von der aus Sie alles steuern können. Eine aktuelle Liste aller Textverarbeitungsprogramme finden Sie unter *www.wikipedia.org/wiki/Textverarbeitung.*

Sie sollten bei der Auswahl Ihrer Kanzleisoftware darauf achten, dass das Programm Dokumentenformatvorlagen und automatische Sicherungsdateien anlegen kann und eine Wiederherstellungs- und Serienbrieffunktion hat. Dies kann Microsoft Word. Mit Word kann man auch Schriftsätze und Mandantenordner verwalten. Mandantendatenbanken lassen sich mit Access hervorragend verwalten, ohne dass Sie Daten doppelt eingeben müssen. Bedenken Sie auch, dass viele Bücher heute als Beilage eine CD-ROM mit Textvorlagen enthalten. Nicht zuletzt für den überwiegenden Teil der juristischen Datenbanken führt daher an **Microsoft Word** kein Weg vorbei. Damit Sie für Ihre Kanzlei das richtige Softwareprogramm finden, sollten Sie die in Betracht kommende Software zuvor testen, denn von den meisten gibt es Demo- oder Testversionen. Nachfolgende Übersicht enthält neben altbekannten Namen auch einige kleinere Softwarefirmen, die gerade für Anfänger attraktive Nischenprodukte bieten.

203

Übersicht: Anbieter anwaltsspezifischer EDV

204

www.juracafe.de/kanzlei/infos/edv-gerichtstag_2001.htm

www.jurawiki.de/AnwaltsSoftware

www.duessellaw.eu/duessellaw-old/existenzgruendung.htm

www.allesklar.de/l.php?xref_path=100–532–73864–101458–102025–102407–102408

www.unterweisungen.de/e-book/13180/bearbeiten-bzw-ausfuellen-u-verwenden-eines-ueberweisungstraegers-unterweisung

Software	Anbieter	Internetadresse
AdvoAkte u. Advoline-Start	ZAP Verlag für die Rechts- und Anwaltspraxis	*http://shop.wolterskluwer.de/ wkd/shop/ software-und-dienstleistungen,97/? show-page=4.de*
Advocat-Office	Advocat-Office	*www.advocat-office.de*
ADVOline	ADVOline GmbH & Co. KG	*www.advoline.de/*
Advolux	Advolux GmbH	*www.advolux.de*
Advolux Start	Rudolf Haufe Verlag GmbH & Co. KG	*www.haufe.de/suche/?query= advolux&category=&sort=.de*
Advo-web	Advo-web GmbH	*www.advo-ware.de/*
BS-Anwalt	BS Software GmbH	*www.bs-anwalt.de*
Datev Anwalt Classic pro	DATEV eG	*www.datev.de/anwalt*
EuroStar	AnNoText GmbH	*www.annotext.de*
JUDAS	TWC Treuwert Computer GmbH	*www.judas.de*
JuMaS	Juwel-EDV GmbH & Co. KG	*www.juwel-edv.de*
KANZLEIMANAGER	GKO Gesellschaft für Kanz-lei-Organisation mbH	*www.gko.de*
Kanzlei Plus	Verlag C. H. Beck	*www.kanzleiplus.de*
Kanzlei-Profi	R+S Recht und Software GmbH	*www.kanzlei-profi.de*
LAS	GEDICON GmbH	*www.gedicon.de*
LawFirm	Kanzleirechner.de	*www.kanzleirechner.de*
Lecare	Lecare GmbH	*www.lecare.de*
Legal:office	Renostar GmbH	*www.renostar.de*
OrgAnice/RA	Bit by bit Software AG	*www.organice.de*
ProOffice RA	ProOffice Softwareentwick-lungs- und Vertriebs GmbH	*www.prooffice.net*
RAMANDATA/32	Schedel, Dr. Dieter Rechts-anwalt	*www.schedel.de/body_soft-ware.html*
RA-MICRO	RA-MICRO Software AG	*www.ra-micro.de*
RA WIN 20101, WinBüro	RA WIN 2000 Software GmbH	*www.ra2000.de*
ReNoStar	ReNoStar GmbH	*www.renostar.de*
SyncFrame	Syncline GmbH	*www.syncframe.de*
WinMacs	Rummel AG	*www.rummel-ag.de*
WinRa	A.F. Software GmbH	*www.winra.de*

cc) Firewall

Unter „**Firewall**" versteht man ein Programm, das Angriffe auf Ihrem Computer aus dem Internet verhindert. Sie ersparen sich mit einem solchem Programm viel Ärger, schützen Ihre Daten und sparen viel Zeit. Es gibt diese Programme von verschiedenen Herstellern. Informationen hierzu gibt es im Internet unter anderem unter *www.heise.de*. Für den privaten Gebrauch lassen sich die Programme kostenlos aus dem Internet herunterladen. In der Installationsroutine erhält man dann Anweisungen, was man tun muss, wenn man das Programm geschäftlich nutzen möchte. Meist müssen Sie sich nur als Nutzer registrieren lassen und den angegebenen Kaufpreis bezahlen.

205

dd) Spracherkennungssoftware

Spracherkennungssoftware ist heute auch für eine Anwaltskanzlei durchaus eine realistische Alternative zur Einstellung von Schreibkräften. Für Sie als Anwalt spart es viel Zeit, wenn Ihr Diktat sofort geschrieben wird. Sie sind auch nicht darauf angewiesen, an Ihrem PC zu diktieren. Mit einem digitalen Diktiergerät können Sie Diktate aufnehmen und von Ihrem Spracherkennungsprogramm nachträglich verarbeiten lassen (vgl. Rn 194). Allerdings müssen Sie die Texte sehr konzentriert kontrollieren – abhängig von der Aussprachegenauigkeit. Als Systemvoraussetzungen benötigen Sie in der Regel mindestens Windows XP, einen Pentium III-Prozessor mit 500MHz, 256 MB RAM, 500 MB freien Festplattenspeicher und eine Soundkarte. Inzwischen gibt es zahlreiche Hersteller von Spracherkennungsprogrammen. Einen Überblick über Angebote und Produkte bietet Ihnen *www.heise.de* unter der Rubrik Software. Ingenieure des Verlages testen Hardware und Software regelmäßig auf hohem Niveau in der „ct". Wenn Sie ein Smartphone haben, können Sie auch eine Diktat-App, z.B. von Nuance, dem Hersteller von Dragon Natural Speaking, herunterladen. Sie brauchen dann kein zusätzliches Diktiergerät (vgl. Rn 158).

206

7. Personal

a) Allgemeines

Mit dem Personal steht und fällt ein Unternehmen. Für den Erfolg Ihrer Kanzlei ist Personal daher ein wesentlicher Faktor. Gerade freundliche Mitarbeiterinnen am Telefon und am Empfang sind ein Aushängeschild, das für positives Marketing sorgt. Allerdings ist Personal auch ein enormer **Kostenfaktor**. Für den Existenzgründer ist Personal oft nicht zu bezahlen. Es muss Ihnen ein Spagat zwischen

207

Qualifikation und Kosten gelingen. Dazu einige Tipps: Am Anfang ist es für Sie wichtig, Mandate zu bekommen. Sie sollten daher jemanden einstellen, der aus der näheren Umgebung stammt und Mandanten zu Ihnen bringt. Dies kann allein schon dadurch passieren, dass in der Freizeit der Arbeitgeber genannt wird. Bei passender Gelegenheit sind diese Leute bei Ihnen. Doch welche Qualifikation soll der Mitarbeiter/die Mitarbeiterin haben? Am Anfang haben Sie kaum Schreibarbeiten. Es reichen ein Telefondienst und eine Schreibkraft, die stundenweise zur Verfügung stehen. Wollen Sie beispielsweise mit einem Spracherkennungsprogramm arbeiten, reicht Ihnen u.U. eine Halbtagskraft oder eine Auszubildende.

208   Welche Förderungen Sie für Ihr Personal erhalten können, kann Ihre Personalentscheidung beeinflussen. Informationen hierzu haben Sie u.U. schon in den Broschüren gefunden, die Sie zur Lösung der Finanzierungsfrage beantragt haben. Informieren Sie sich auch beim örtlich zuständigen Arbeitsamt über vermittelbare Arbeitslose und mögliche Förderungen. Vor der Erstellung Ihres Personalkonzeptes sollten Sie die tatsächlichen Möglichkeiten, staatlich gefördertes Personal zu bekommen, überprüft haben. Es reicht nämlich nicht, dass Sie sich für ein Modell der Bezuschussung entschieden haben, wenn Sie keine geeigneten Bewerber finden. Theoretisch geniale Ideen müssen auf ihre praktische Umsetzbarkeit überprüft werden. Führen Sie daher die Vorstellungsgespräche kurz vor dem Bankgespräch.

Achtung
Stellen Sie kein Personal vor der förmlichen Antragstellung bei Ihrer Hausbank ein. Auch mit dem Abschluss eines Arbeitsvertrages vor diesem Stichtag hätten Sie einen die Förderung ausschließenden Vertrag abgeschlossen.

209   Als Arbeitgeber sind Sie verpflichtet, Ihre Mitarbeiter in der Verwaltungsberufsgenossenschaft zu versichern. Informationen zum Arbeitsschutz und zur Höhe der Beiträge erhalten Sie bei der für Ihren Kanzleiort zuständigen Bezirksdirektion. Die Adressen finden Sie unter *www.vbg.de*.

210   Zu den notwendigen Informationen, die Sie im Zusammenhang mit dem von Ihnen zu erarbeitenden Personalkonzept sammeln sollten, gehören auch die Informationen zur Höhe der **Lohnnebenkosten**. Die gesetzlichen Krankenkassen informieren Sie – unabhängig von einer Mitgliedschaft – in Ihrer Eigenschaft als Arbeitgeber umfassend und kostenlos. Zuweilen gibt es gesonderte Informationsstellen für Arbeitgeber bei den gesetzlichen Krankenkassen, z.B. bei der AOK. In jedem Fall haben Sie bei den gesetzlichen Krankenkassen kompetente Gesprächspartner, die sich mit allen Fragen zu Nebenkosten, Erstattungen von krankheits- oder mutterschaftsbedingten Ausfallkosten auskennen. Sie können aber auch im Sechsten Buch des Sozialgesetzbuches nachschlagen.

Ein wichtiger Aspekt, der jede Art von Personal betrifft, ist die Verschwiegenheits- **211**
verpflichtung. Als Rechtsanwalt sind Sie zur Verschwiegenheit verpflichtet, vgl.
§ 43a BRAO und § 2 Berufsordnung. Verstößt ein Rechtsanwalt gegen seine Verschwiegenheitsverpflichtung, macht er sich gemäß § 203 StGB strafbar. Er ist nach
§ 43a Abs. 2 BRAO verpflichtet, seine Mitarbeiter und alle sonstigen Personen, die
bei seiner beruflichen Tätigkeit mitwirken, zur Verschwiegenheit ausdrücklich zu
verpflichten und anzuhalten. Sie sollten dies schriftlich und in zweifacher Ausfertigung tun. Ein Exemplar behalten Sie für Ihre Akten und jeweils ein Exemplar
geben Sie Ihren Mitarbeitern mit nach Hause. Dort haben diese dann die Möglichkeit, sich den Inhalt der unterschriebenen Erklärung nochmals genau durchzulesen.
Formulare gibt es bei den Rechtsanwaltskammern.

b) Rechtsanwalts- und Notarfachangestellte

Eine Rechtsanwaltsfachangestellte, die gut schreiben kann, Rechnungen schreibt, **212**
die Buchhaltung erledigt, die Zwangsvollstreckung übernimmt und die Kanzlei
säubert, ist für den Existenzgründer sehr wertvoll. Ihre Einstellung lohnt sich
schon allein dadurch, dass sie den lästigen Bereich der Zwangsvollstreckung eigenverantwortlich übernehmen kann. Eine gute und erfahrene Kraft können Sie unter Umständen auch zu günstigen Konditionen bekommen. Viele Frauen sind aus
dem Beruf ausgestiegen, um Kinder zu betreuen. Sie haben oft den Wunsch, wieder halbtags zu arbeiten. Stellen Sie eine solche Kraft **halbtags** oder **tageweise**
ein. Sie sparen dadurch Kosten. Halbtagsstellen sind auch heutzutage noch schwer
zu bekommen. Sie tun sich und der Berufsrückkehrerin damit einen großen Gefallen. Ihre Kanzlei wird am Anfang sicherlich mit einer Halbtagskraft auskommen.
Sollte sich dies – was zu hoffen ist – als Fehleinschätzung herausstellen, können
Sie zusätzlich eine(n) Auszubildende(n) einstellen. Gegebenenfalls ist Ihre Mitarbeiterin aber auch bereit, 30 Stunden zu arbeiten. Es ist nicht ausgeschlossen,
dass Sie eine Kraft bekommen, die stufenweise wiedereingegliedert werden möchte. Machen Sie mit ihr zusammen einen Plan, wie das aussehen könnte. Sie sind in
der Gestaltung frei.

Die sog. Lohnnebenkosten haben Sie zur Hälfte zu tragen, wenn Sie Arbeitnehmer **213**
nicht nur **geringfügig beschäftigen.** Zurzeit sind dies 41,35 % des Bruttolohns. Zu
den Personalkosten kommen also ca. 21 % an Personalnebenkosten hinzu, die Sie
einkalkulieren müssen, wenn Sie Personal nicht nur geringfügig beschäftigen.

Beispiel
Wollen Sie einem Mitarbeiter monatlich 2.000 EUR brutto zzgl. Weihnachts-
(z.B. 2.000 EUR) und Urlaubsgeld (z.B. 280 EUR) bezahlen, dann kommen

Jahreskosten in Höhe von 26.280 EUR zusammen, die zu versteuern und für die Sozialabgaben zu zahlen sind. Darin enthalten sind ca. 6.000 EUR von Ihnen abzuführende Einkommens- und Kirchensteuer sowie Solidaritätszuschlag. Sie müssen also Personalkosten in Höhe von 31.766 EUR aufbringen, auszahlen bzw. abführen.

214 Auch ein **geringfügiges Beschäftigungsverhältnis** mit einer ausgebildeten Rechtsanwalts- und Notarfachangestellten in Elternzeit kommt in Frage, wenn diese nur wenige Stunden arbeiten will. In der Elternzeit wollen die Mütter meist nur bis zu zehn Stunden wöchentlich arbeiten. Eine geringfügig entlohnte Beschäftigung liegt nach § 8 Abs. 1 Nr. 1 SGB IV ab 1.1.2013 vor, wenn das Arbeitsentgelt im Monat 450 EUR nicht überschreitet. Die wöchentliche Arbeitszeit ist dabei ab 1.4.2003 unerheblich (musste früher weniger als 15 Stunden betragen). Ab 2013 ist für geringfügig Beschäftigte die Versicherungspflicht in der Rentenversicherung die Regel. Den geringfügig Beschäftigten steht es frei, sich auf Antrag von der Versicherungspflicht in der gesetzlichen Rentenversicherung befreien zu lassen. Für den Arbeitnehmer gilt bei niedrigerem Entgelt aber eine Mindestbeitragsbemessungsgrundlage von 175 EUR monatlich. Verdient der Arbeitnehmer weniger als 175 EUR monatlich, wird der Aufstockungsbeitrag von mindestens 175 EUR berechnet (Mindestbeitragsbemessungsgrundlage ab 2013).

Die Meldung zur Sozialversicherung muss in diesem Fall nicht an die Krankenkasse, sondern an die Minijob-Zentrale erfolgen. Die Beitragssätze sind niedriger:

- Krankenversicherung einschl. des 0,9 Anteils des Arbeitnehmers — 13,0 %
- Rentenversicherung (mindestens 33,08 EUR) — 18,9 %
- Arbeitslosenversicherung — 3,00 %
- Lohnausgleichsversicherung[15] für Krankheitsaufwendungen (U1) — 0,70 %
- Lohnausgleichsversicherung[16] für Mutterschutz (U2) — 0,14 %
- Insolvenzgeldumlage — 0,15 %

Ein Arbeitnehmeranteil in Höhe von mindestens 18,08 EUR ist wegen der Rentenversicherungspflicht vom Arbeitslohn einzubehalten.

---

15 § 10 Abs. 2 Lohnfortzahlungsgesetz; je nach Krankenkasse unterschiedlich.
16 OLG Bremen MDR 2000, 1160.

Bei 450 EUR ergibt sich:

Beitragsgruppen		
6000	zur Krankenversicherung	58,50 EUR
0500	zur Rentenversicherung	0,00 EUR
0100	voller Beitrag zur Rentenversicherung	85,05 EUR
U1	Umlage 1	0,00 EUR
U2	Umlage 2	0,63 EUR
INSO	Insolvenzgeldumlage	0,68 EUR
ST	einheitliche Pauschalsteuer	9,00 EUR
	zu zahlender Gesamtbetrag	**153,86 EUR**
	Arbeitnehmeranteil bei Rentenversicherungspflicht (vom Arbeitslohn einzubehalten):	**17,55 EUR**

Die gesamten Personalkosten liegen dann lediglich bei 603,86 EUR monatlich. Die darin enthaltenen sog. Lohnnebenkosten, die Sie in diesem Fall vollständig zu tragen haben, liegen bei 153,86 EUR. Sie sparen in einem solchen Fall den Aufwand zur Berechnung und Abführung der Steuern, weil unter dem Existenzminimum keine Steuern zu entrichten sind.

c) Auszubildende

In Niedersachsen ist es für jeden selbstständigen Rechtsanwalt, unabhängig von weiteren Voraussetzungen, erlaubt, eine(n) Auszubildende(n) einzustellen. Dies ist nicht in allen Bundesländern der Fall. Erkundigen Sie sich bei der für Ihren Kanzleiort zuständigen Rechtsanwaltskammer. Dort gibt es auch Richtwerte zur Entlohnung von Auszubildenden. Die Kammern empfehlen 325 EUR für das erste, 435 EUR für das zweite und 525 EUR für das dritte Lehrjahr, vgl. KKM 1/20/11.   **215**

Für Existenzgründer, die Auszubildende einstellen, gibt es zudem noch einen Zuschuss vom örtlichen Arbeitsamt. Es handelt sich um einen Zuschuss zur Ausbildungsvergütung nach § 10 SGB III, als freie aktive Arbeitsförderung, die im Ermessen des Sachbearbeiters beim zuständigen Arbeitsamt steht. Sie können den Antrag erst stellen, wenn Sie den Ausbildungsvertrag abgeschlossen haben, und müssen diesen in Kopie vorlegen. Es gibt die verschiedensten Programme zur Förderung beschäftigungsloser Menschen. Jedes Programm hat seine spezifischen Ziele, Voraussetzungen und Antragsformulare. Bei manchen Programmen gibt es Stichtagsregelungen. Die Förderung wird dann nicht monatlich, sondern zu den festgelegten Stichtagen ausgezahlt, wenn die geförderte Person an diesen Tagen noch beschäftigt wird. Dies kann problematisch sein, wenn die geförderte Person nicht dauerhaft motiviert ist und einfach wegbleibt. Die Voraussetzungen der ver-   **216** schiedenen Programme ändern sich aber regelmäßig, so dass Sie sich bezogen auf die jeweilige Person, die Sie einstellen wollen, genau erkundigen müssen. Sie können sich von der Agentur für Arbeit aber auch die Personen schicken lassen, die förderungsfähige Eigenschaften haben. Es gibt beispielsweise auch die Förderung Schwerbehinderter. Zuweilen bemerken Sie die Schwerbehinderung gar nicht sofort. Diese Personengruppe hat aber mehr Urlaub und je nach Behinderung Anspruch auf besondere Hilfsmittel. Die Kündigung Schwerbehinderter ist an die Zustimmung des Integrationsamtes gebunden.

217   Zu beachten ist aber, dass der Rechtsanwalt auch **Pflichten** gegenüber seinen Auszubildenden hat. Nach § 28 der Berufsordnung hat er zu gewährleisten, dass die Tätigkeit der Auszubildenden in der Kanzlei auf die Erreichung des Ausbildungsziels ausgerichtet ist. In der Anfangszeit haben Sie ohnehin nicht so viele Mandate, so dass Sie sich Zeit nehmen können, eine(n) Auszubildende(n) anzuleiten. Sie können Ihre Kenntnisse der ZPO, im Gebühren- und Zwangsversteigerungsrecht bei dieser Gelegenheit auffrischen.

218   Realisieren Sie aber auch, dass Ihr(e) Auszubildende(r) nicht die ganze Woche über zur Verfügung steht. Berufsschule findet zweimal wöchentlich statt. Sie können es in der Anfangszeit aber auch problemlos verschmerzen, wenn die Auszubildende in manchen Wochen an diesen Tagen nicht zur Verfügung steht. Allerdings müssen Sie alles so organisieren und koordinieren, dass der Kanzleibetrieb reibungslos abläuft. Einige Kollegen verlangen beispielsweise, dass die Auszubildenden nach der Berufsschule noch bis zum regulären Ende der Arbeitszeit in der Kanzlei arbeiten.

d)   Schreibkraft

219   Gute Schreibkräfte sind heute selten. Die Deutschkenntnisse können allgemein als schlecht bezeichnet werden. Gerade bei Auszubildenden oder Rechtsanwaltsfachangestellten können diese Probleme auftreten. Für einen Existenzgründer ist dies ein großes Problem. Daher kann es sinnvoll sein, lediglich stundenweise eine Schreibkraft einzustellen. Sie können dieses Arbeitsverhältnis auf der Grundlage eines geringfügigen Beschäftigungsverhältnisses eingehen. Es gibt aber auch Service-Center, die diese Dienstleistung professionell anbieten. Sie sollten aus meiner Sicht aber nicht mehr als 15 EUR in der Stunde bezahlen. Es ist umstritten, ob eine Anrufweiterschaltung in ein Callcenter standesrechtlich im Hinblick auf das Geheimhaltungsgebot zulässig ist. Fragen Sie vorher am besten die für Sie zuständige Anwaltskammer.

Ob es sinnvoll ist, lediglich eine Schreibkraft einzusetzen, hängt wieder vom Gesamtkonzept der Kanzlei ab. In den ersten Jahren kann es eine Alternative sein, eine Schreibkraft zusätzlich zu einer Auszubildenden einzusetzen, weil eine Auszubildende im ersten Lehrjahr nicht nach Diktat schreiben darf. Tatsächlich wird dies in der Praxis anders gehandhabt. Gerade wenn Sie sich eine Auszubildende auswählen, die bereits das 10-Finger-Tast-Schreiben beherrscht, darf sie in Ihrer Kanzlei auch schon im ersten Lehrjahr schreiben. Sie können in einem solchen Fall die Kosten für eine Schreibkraft sparen. Bedenken Sie aber, dass Sie eine ausgebildete Rechtsanwaltsfachangestellte (Refa) für alle Arbeiten einsetzen können, wenn Sie dies vertraglich regeln, also einschließlich anfallender Reinigungsarbeiten. Refas sind auch in Buchhaltung und Zwangsvollstreckung einsetzbar.

220

e) Telefonisten

Je nach Konzept kann es ausreichen, Schüler, Studenten oder Rentner kostengünstig als geringfügig Beschäftigte auf der Basis einer geringfügigen Beschäftigung als Telefonisten einzustellen. Bedenken Sie aber die u.U. begrenzten Einsatzmöglichkeiten und die mögliche Fluktuation. Die Motivation kann größer sein als bei anderen Beschäftigten, insbesondere, wenn es sich um angehende Juristen handelt. Das Problem in der Anfangszeit wird sein, dass Ihr Telefonist nur wenig zu tun haben wird. Geht es um Terminsvergaben, muss er schließlich ohnehin zum Anwalt durchstellen, damit Sie nicht in die Regressfalle laufen.

221

> *Tipp*
> Sie haben daher auch die Möglichkeit, externe Telefonisten zu nutzen. Es gibt Callcenter, die über eine Anrufweiterschaltung für Sie ans Telefon gehen und sicherlich billiger sind als eigenes Personal. Es handelt sich um Bürodienstleister, die zum Teil auch Schreibkräfte und Besprechungszimmer zur kurzfristigen Vermietung anbieten. In der Regel ist ein pauschaler Grundbetrag zu zahlen. Darüber hinaus werden die tatsächlich angefallenen Kosten für angenommene Anrufe, Schriftsätze und ggf. die Anmietung eines Besprechungszimmers abgerechnet.

f) Praktikanten

Es gibt zweierlei Arten von Praktikanten. Zum einen gibt es Schulpraktikanten, zum anderen Berufspraktikanten. Letztere verfügen über fundierte Kenntnisse. Sie beherrschen die deutsche Schriftsprache meist sehr gut, sind wendig und kundenorientiert. Aus ihrer bisherigen beruflichen Tätigkeit sind sie meist zügiges Arbeiten gewohnt. Einem Existenzgründer kann nichts Besseres passieren, als so einen

222

Mitarbeiter für einige Zeit zu bekommen. Berufspraktikanten haben weitere Vorteile. Meist beziehen sie im Rahmen ihrer Umschulungsmaßnahme Arbeitslosengeld oder Arbeitslosenhilfe. Sie wollen meist kein Geld, weil ihnen dieses Geld zu einem gewissen Teil von ihrem Arbeitslosengeld oder ihrer Arbeitslosenhilfe abgezogen werden würde.

223 Bei Praktikanten sollten Sie keinen ungehinderten Zugang zum Internet schaffen und die Personen genau darüber aufklären, welche Verbote sie zu beachten haben. Der Anschlussinhaber kann bei Verletzung von Urheberrechten rigoros zur Kasse gebeten werden. Ein Regress bei Praktikanten dürfte nicht durchsetzbar sein.

Sie können sich nach den Grundsätzen des BGH bei ausreichender und nachweisbarer Belehrung vor urheberrechtlichen Schadenersatzansprüchen bewahren. Ausreichend ist die Belehrung über das Verbot einer Teilnahme an Internettauschbörsen[17], also dass die Teilnahme an sogenannten Tauschbörsen rechtswidrig ist. Nach Auffassung des BGH sei es zur Erziehung selbstverständlich, dass minderjährige Kinder über einen Computer verfügen und dass sie bei der Nutzung nicht ständig unter Aufsicht sind. Sie müssen nicht grundlos misstrauen oder vermuten, dass sie trotzdem Rechtsverletzungen begehen. Eine Verpflichtung, die Nutzung des Internets durch Minderjährige zu überwachen, den Computer des Kindes zu überprüfen oder dem Kind den Zugang zum Internet (teilweise) zu versperren, besteht grundsätzlich nicht.

224 Der Reiz bei der Einstellung von Praktikanten sind die möglichen staatlichen Förderungen. Das Arbeitsamt bezahlt die Kosten für ein Betriebspraktikum voll, wenn die Praktikanten zuvor mindestens sechs Monate arbeitslos gemeldet waren und noch keine 25 Jahre alt sind, für höchstens drei Monate. Das Praktikumsentgelt muss in diesem Fall zzt. mindestens 255,65 EUR betragen. Der Zuschuss beträgt dann monatlich 255,65 EUR.

g) Exkurs: Spracherkennung statt Personal

225 Wer keine professionelle Schreibkraft einsetzen, aber auch nicht selbst schreiben möchte, kann mit Hilfe eines Spracherkennungsprogramms Personal ersetzen. Die heutigen Spracherkennungsprogramme sind so gut, dass Sie mit geringem Aufwand und etwas Training mit 99 %iger Sicherheit in der Zeit des sinkenden Bildungsniveaus eine höhere Trefferquote haben als viele Abiturienten. Die Gefahr liegt eindeutig darin, dass die Worte korrekt geschrieben sind. Aus eigener Erfah-

---

17   BGH v. 15.11.2012 – I ZR 74/12.

rung kann ich bestätigen, dass es ganz leicht überlesen werden kann, wenn das Programm „Fahrstuhl" anstelle von „Fahrspur" geschrieben hat. Mein Tipp: Diktieren Sie ruhig noch auf die Schnelle – auch wenn Sie Ihr Tagewerk an sich schon hinter sich haben. Sie glauben gar nicht, wie gut es am nächsten Tag ist, wenn man nur noch Korrektur lesen muss. Sie freuen sich dann über die Trefferquote und es kommt Ihnen ungeheuer schnell vor, den Schriftsatz absenden zu können.

Sie müssen sich aber unbedingt die Zeit nehmen, um die Schriftsätze konzentriert Korrektur zu lesen bzw. sich vom Computer vorlesen zu lassen. Sie haben richtig gelesen! Die Spracherkennungsprogramme sind in der Lage, Ihnen Text vorzulesen. Sie sind aber auch in der Lage, den von Ihnen diktierten Text vorzuspielen, so dass Sie dann beim Lesen wissen, was Sie eigentlich diktiert haben. Spracherkennung ist daher eine tolle Sache. Allerdings müssen Sie sich erkundigen, ob Ihre Hardware die notwendigen Systemvoraussetzungen für die jeweiligen Programme besitzt. Die Ergebnisse der Spracherkennung sind heute aber so gut, dass führende Programme wie IBM ViaVoice Pro 12, Dragon NaturallySpeaking 10 und das in DATEV Phantasy eingebundene Programm mit guten Noten abschneiden (Informationen hierzu auf *www.nuance.de, www.ibm.com, www.datev.de*). Nutzen Sie dazu auch die angebotenen Apps für Ihr Smartphone. Sie brauchen dann nicht einmal die teuren digitalen Diktiergeräte anzuschaffen.

h) Arbeitnehmeranmeldung bei DASBV und ELENA

Nach § 24 Abs. 1 Nr. 5 BORA haben Sie die Verpflichtung, die Beschäftigung von **226** Rechtsanwälten bei der zuständigen Rechtsanwaltskammer anzuzeigen. Darüber hinaus haben Sie Meldepflichten auch gegenüber Krankenkassen und der zentralen Speicherstelle des Bundes.

Seit dem 1.1.2009 müssen die Rentenversicherungsdaten angestellter Rechtsanwälte über das Programm „DASBV" angemeldet werden. Dazu müssen sie sich zunächst unter folgendem Link anmelden:

http://www.dasbv.de/forum/register.php.

Danach erhalten Sie Zugangsdaten.

Ihr angestellter Rechtsanwalt muss Ihnen dazu ein Schreiben des Versorgungswer- **227** kes mit seiner individuellen Mitgliedsnummer BV übergeben. Die Mitgliedsnummer BV setzt sich aus der Mitgliedsnummer des jeweiligen Anwalts und weiteren

Identifikationsziffern zusammen. Auf folgender Seite können Sie die Meldedaten eingeben, nachdem Sie sich angemeldet haben:

https://www.da.dasbv.de/meldemaske/cgi-bin/webMeldemaske.cgi

228   Seit dem 1.1.2010 müssen alle Entgeltdaten monatlich über den Elektronischen Entgeltnachweis („ELENA") an die Zentrale Speicherstelle gemeldet werden. Dies ergibt sich aus § 97 SGB IV und Gemeinsame Erklärung und Abstimmung der Kommunikationsrichtlinien vom 10.11.2009 zum Einsatz von Kommunikationsservern bei der DRV Bund und der GKV.

Die Meldung können Sie mit dem kostenlosen sv.net classic 10.0 übermitteln, das Programm steht unter *www.deutsche-sozialversicherung.de* zum Download bereit.

Auszug aus § 97 SGB IV:
Pflichten des Arbeitgebers

(1) Der Arbeitgeber hat der Zentralen Speicherstelle für jeden Beschäftigten, Beamten, Richter oder Soldaten monatlich gleichzeitig mit der Entgeltabrechnung eine Meldung zu erstatten, welche die Daten enthält, die in die erfassten Nachweise (§ 95 Abs. 1) aufzunehmen sind.

Gemeinsame Erklärung und Abstimmung der Kommunikationsrichtlinien vom 10.11.2009 zum Einsatz von Kommunikationsservern bei der DRV Bund und der GKV:

In einer Abstimmung zwischen dem GKV Spitzenverband und der Deutschen Rentenversicherung Bund wurden für die aus Datenschutzgründen getrennten Kommunikationsserver der DRV Bund und der GKV einheitliche Richtlinien vereinbart, die als Download beigefügt sind. Es geht dabei um die Kommunikationsserver der DRV Bund und der GKV, die als Empfänger und Absender von Sendungen nach dem eXTra-Standard in Frage kommen.

Die Arbeitgeber erstatten die Meldungen unter Angabe der Versicherungsnummer nach § 147 SGB VI. Diese ist dem Sozialversicherungsausweis zu entnehmen und in die Meldungen zu übertragen.

i)   Sozialabgaben

229   Wenn Sie sich selbstständig gemacht und Personal eingestellt haben, sind Sie verpflichtet, für Ihre Mitarbeiter Sozialabgaben zu entrichten. Sie müssen der Krankenkasse anzeigen, dass Sie Mitarbeiter beschäftigen, und erhalten eine Betriebsnummer, die Sie bei Statusänderungen und bei den monatlichen Abrechnungen angeben müssen. Sie können entscheiden, bei welcher Krankenkasse Ihre Mitarbeiter versichert sein sollen. Sie können Ihren Mitarbeitern aber auch die Wahl lassen.

Es fallen zzt. **folgende Sozialabgaben** an, die Sie auf der Basis des Lohns Ihrer Mitarbeiter errechnen und abführen müssen: **230**

■ Krankenversicherung einschl. des 0,9 Anteils des Arbeitnehmers 15,50 %
■ Pflegeversicherung 2,05 %
■ für kinderlose Arbeitnehmer 2,30 %
■ Rentenversicherung 18,90 %
■ Arbeitslosenversicherung 3,00 %
■ Lohnausgleichsversicherung[18] für Krankheitsaufwendungen (U1) 1,40–3,30 %
■ Lohnausgleichsversicherung[19] für Mutterschutz (U2) 0,07–0,16 %
■ Insolvenzgeldumlage 0,15 %

Die Höhe der Sozialversicherungsbeiträge ändert sich oft. Informieren Sie sich daher bei den gesetzlichen Krankenkassen, die Ihnen unabhängig von einer Mitgliedschaft kompetente Auskunft geben (müssen) z.b bei der AOK (*http://www.aok.de/bundesweit/beitraege-tarife/beitraege-tarife-28531.php*). Die Sozialversicherungsdaten müssen ebenso wie die Lohnsteuererklärungen elektronisch übermittelt werden. **231**

Für die Sozialversicherung gibt es u.a. die kostenlose Software svnet, die Sie im Internet unter *www.deutsche-sozialversicherung.de* herunterladen können. Für die Lohnsteuer können Sie das kostenlose Programm ElsterFormular, ein Programm der Finanzverwaltung, verwenden. Sie finden es unter *www.elster.de/elfo_down.php*.

j) Steuern

Auch die Lohnsteuererklärungen müssen elektronisch übermittelt werden. Dazu gibt es das kostenlose Programm „**Elsterformular**", das aber wenig komfortabel ist. Das Steuerformularprogramm können Sie sich von der Homepage der jeweiligen Oberfinanzdirektion, z.B. von *http://www.ofd.niedersachsen.de/master/C3660674_N3655722_L20_D0_I636.html* herunterladen. **232**

Die Lohnausgleichsversicherung wird von den Ausgleichskassen getragen, wenn Sie mindestens einen und nicht mehr als 20 Arbeitnehmer oder einen Auszubilden- **233**

---

18 § 10 Abs. 2 Lohnfortzahlungsgesetz; je nach Krankenkasse unterschiedlich.
19 OLG Bremen MDR 2000, 1160.

den beschäftigen. Hat ein Kleinunternehmer keine Auszubildenden, gehört er auch nur der Ausgleichskasse U2 an.

Beispiel

- Nettolohn — 1.500 EUR
- Krankenversicherung — 232,50 EUR
- Pflegeversicherung mit Kind oder vor dem 1.1.1940 geboren — 30,75 EUR
  Pflegeversicherung kinderlos — 34, 50 EUR
- Rentenversicherung — 283,50 EUR
- Arbeitslosenversicherung — 45,00 EUR
- Lohnausgleichsversicherung für Krankheitsaufwendungen — 27,00 EUR
- Lohnausgleichsversicherung für Mutterschutz — 5,25 EUR
- Insolvenzgeldumlage — 0,25 EUR
- Lohnnebenkosten — 624,25 EUR
- Bruttolohnkosten — 2.124,00/2.127,50 EUR

234 Im Rahmen der monatlichen Lohnabrechnung müssen Sie Steuern und Sozialversicherungsbeiträge für Ihre Mitarbeiter berechnen und abführen, d.h. an das zuständige Finanzamt und die zuständige Krankenkasse überweisen. Sie können die notwendigen Zahlungen auch im Lastschriftverfahren einziehen lassen. Als Beitragsnachweis erhalten Sie von der Krankenversicherung Blöcke, auf denen alle Sozialversicherungsbeitragsarten aufgeführt sind. Sie beziffern auf diesem Bogen monatlich die von Ihnen zu entrichtenden Beiträge. Auf dieser Grundlage werden die Beiträge fällig. Sie müssen dafür Sorge tragen, dass die Beiträge korrekt berechnet werden.

Tipp
Im Internet gibt es auf den Seiten der Krankenkassen einen Firmenservice mit Beitragsrechnern.

k) GEZ

235 Auch für Ihre Kanzlei müssen Sie Rundfunkgebühren bezahlen. Sie können aber aus wirtschaftlichen Gründen einen sog. Freistellungsantrag stellen.

Am 1.1.2013 ist der neue **Rundfunkbeitrag** eingeführt worden, der die bisherige Rundfunkgebühr ablöst. Wer wie viele Geräte zu welchem Zweck bereithält, spielt nun keine Rolle mehr. Pro Wohnung ist ein Beitrag zu zahlen – egal wie viele Menschen dort leben und welche Rundfunkgeräte sie haben. Der Beitrag beträgt 17,98 EUR monatlich. Der neue Rundfunkbeitrag soll für Unternehmen Vieles vereinfachen.

Der genaue Beitrag ergibt sich aus der Zahl der Betriebsstätten, der Beschäftigten und der Kraftfahrzeuge. Eine kleine Kanzlei mit nur einer Betriebsstätte und bis zu drei Mitarbeitern gehört in Beitragsstaffel 1 und zahlt nur ein Drittel des Rundfunkbeitrags: 5,99 EUR pro Monat.

Auch für betrieblich genutzte Kraftfahrzeuge ist Rundfunkbeitrag zu zahlen. Pro beitragspflichtiger Betriebsstätte ist jedoch ein Fahrzeug frei – unabhängig davon, wo es zugelassen ist. Für jedes weitere müssen Unternehmen und Institutionen mit monatlich 5,99 EUR ein Drittel des Beitrags entrichten. Eine einfache Formel hilft, die beitragspflichtigen Kraftfahrzeuge zu errechnen.[20]

l) Arbeitsschutzbedingungen

Als Arbeitgeber müssen Sie die verschiedensten Arbeitsschutzbestimmungen beachten. Besuchen Sie Seminare bei der für Ihren Kanzleiort zuständigen Verwaltungsberufsgenossenschaft. Im Vorfeld Ihrer Gründung können Sie dort auch Informationsmaterial zur Ergonomie am Arbeitsplatz, zu Bildschirmarbeitsplätzen, Unfallgefahren, Unfallverhütungsvorschriften und Ähnliches anfordern. Diese Unterlagen können bei der Planung und Einrichtung Ihrer Kanzlei sehr hilfreich sein. **236**

Der Arbeitgeber ist verpflichtet, die erforderlichen Maßnahmen des Arbeitsschutzes unter Berücksichtigung der Umstände zu treffen, die Sicherheit und Gesundheit der Beschäftigten bei der Arbeit beeinflussen. Er hat durch eine schriftliche Beurteilung die für die Beschäftigten mit ihrer Arbeit verbundenen Gefährdungen zu ermitteln und die erforderlichen Maßnahmen des Arbeitsschutzes zu treffen. Je nach Art der Tätigkeiten und der Zahl der Beschäftigten muss er über erforderliche Unterlagen verfügen, aus denen das Ergebnis der Gefährdungsbeurteilungen der von ihm festgelegten Maßnahmen des Arbeitsschutzes und das Ergebnis ihrer Überprüfung ersichtlich sind. Über Sicherheit und Gesundheitsschutz bei der Arbeit hat er die Beschäftigten während ihrer Arbeitszeit ausreichend und angemessen zu unterrichten, § 5 des Arbeitsschutzgesetzes. **237**

Für **Bildschirmarbeitsplätze** gilt die Bildschirmarbeitsverordnung (BildscharbV). Es gibt Gesetzessammlungen, in denen Arbeitsschutzbestimmungen gesammelt sind. Sie können diese Verordnung aber auch über die für Sie zuständige Berufsgenossenschaft (VBG) anfordern. Je nach Ausgestaltung der Arbeitsplätze müssen Sie als Arbeitgeber dafür sorgen, dass notwendige Pausen eingehalten werden, und **238**

---

20   Vgl. *www.rundfunkbeitrag.de*.

für Mitarbeiter an Bildschirmarbeitsplätzen regelmäßige Untersuchungen der Augen und des Sehvermögens durch eine fachkundige Person anbieten und u.U. spezielle Sehhilfen für ihre Arbeit an Bildschirmgeräten zur Verfügung stellen.

239 Die Zeichen auf dem Bildschirm müssen u.a. scharf, deutlich und ausreichend groß sein. Das Bild muss stabil und frei von Flimmern, störenden Reflexionen und Blendungen sein. Der Monitor muss frei und leicht drehbar und neigbar, die Tastatur vom Bildschirmgerät getrennt und neigbar sein. Die Arbeitsfläche vor der Tastatur muss ein Auflegen der Hände ermöglichen. Die Unterarme müssen so auflegbar sein, dass in der Ellenbogenbeuge ein 90°-Winkel entsteht.

240 Unter dem Stichwort **„Ergonomie"** finden Sie dort auch etwas zur Gestaltung des Arbeitsraumes an sich. Betrachten Sie diese Vorgaben nicht als gesetzliche Überregulierung, sondern als Tipps zum Schutz auch Ihrer eigenen Gesundheit. Sie werden sehen, dass Sie sich Ihren Arbeitsplatz nach der Lektüre der Vorschriften mit großer Wahrscheinlichkeit anders einrichten müssen, als ursprünglich geplant. In der Arbeitsumgebung muss ausreichender Raum für wechselnde Arbeitshaltungen und -bewegungen vorhanden sein. Auch durch die Beleuchtung dürfen keine störenden Blendwirkungen, Reflexionen oder Spiegelungen auf dem Bildschirm und den sonstigen Arbeitsmitteln eintreten. Die Fenster müssen mit einer geeigneten verstellbaren Lichtschutzvorrichtung ausgestattet sein.

Achtung
Verstöße gegen die Bildschirmarbeitsverordnung können nach § 7 BildscharbV als Ordnungswidrigkeiten geahndet werden. Dies kann teuer werden.

V. Aufbau und Inhalt des Gründungskonzeptes

1. Gliederung und Aufbau

241 Das Gründungskonzept ist das Herzstück Ihrer Existenzgründung. Wenn Sie sich schon über Existenzgründung informiert haben, werden Sie auf die vielfältigsten Bezeichnungen und Gliederungen von Existenzgründungskonzepten gestoßen sein. Anglizismen wie „Businessplan" und Überschriften wie „Management Summary" sollte man dabei aber vermeiden, weil der anwaltliche Markt ein nationaler Markt ist. Mit deutschen Bezeichnungen zeigen Sie ein Stück Individualität. Bei der Erstellung des Existenzgründungkonzeptes müssen Sie sich immer wieder Sinn und Zweck der Erstellung des Konzeptes vergegenwärtigen. Aufgabe des Existenzgründungskonzeptes ist es, Ihre **Qualifikation darzustellen** und gleichzeitig zu erweitern, weil Sie Ihre unternehmerische Kompetenz durch die Verarbeitung des gesammelten Materials im Rahmen der Erstellung des Konzeptes erheblich erweitern.

Dieser **Lerneffekt** ist einer der wichtigsten Nebeneffekte für eine erfolgreiche Gründung. Mit großer Wahrscheinlichkeit wird Ihr Unternehmen scheitern, wenn Sie Ihr Konzept nicht selbst erarbeiten. Denn in Ihrem Konzept müssen Sie alle erfolgsrelevanten Aspekte recherchieren, analysieren und in eine kurze, prägnante schriftliche Form bringen. Dadurch, dass Sie gezwungen sind, die Analyse schriftlich abzufassen, sind Sie gezwungen Ihre Gedanken zu ordnen, um exakt und präzise formulieren zu können. Oft wird Ihnen die Bedeutung eines Themenbereichs erst bei der Ausformulierung mit seinen Problemen, Chancen und Risiken klar werden. Gehen Sie an Ihr Gründungsvorhaben in dieser Weise heran, so sind Sie gleichzeitig dazu gezwungen, Ihre Gründungsidee auf Ihre Realisierbarkeit zu prüfen. Schließlich müssen Sie in dem Konzept erläutern, warum gerade Ihr Gründungsvorhaben erfolgreich sein wird und eine öffentliche Förderung verdient.

Bei kritischer Erarbeitung können Sie nicht umhin, selbst eigene Zweifel und Ungewissheiten zu beseitigen und ggf. Alternativen zu entwickeln, bevor Sie die endgültigen Einzelentscheidungen treffen, die Sie im Konzept festschreiben. Ihr Existenzgründungskonzept ist schließlich die Grundlage der Finanzierungsentscheidung Ihrer Hausbank. Mit dem Konzept müssen Sie Ihr Gründungsvorhaben und Ihre Qualifikation ebenso präsentieren wie eine Leistungsbeschreibung, Ihre Wettbewerbsvorteile und Ergebnisse Ihrer Marktanalyse. Zur Abrundung bestimmen Sie Ihre Zielgruppe und Ihre Marktstrategie(n). Nur auf dieser Grundlage können Sie seriös Ihre Finanzkonzepte und den Gesamtkapitalbedarf ermitteln und darstellen, weil diese auf den Eckpfeilern Ihres Konzeptes lastet.

Achtung
Seien Sie davor gewarnt, ein unrealistisches Konzept zu erstellen, an das Sie sich gar nicht halten wollen. Versuchen Sie positive Planzahlen im geplanten zeitlichen Rahmen – notfalls durch Sparmaßnahmen – zu erreichen. Dies sichert Ihre Kreditfähigkeit für spätere Folgeinvestitionen.

242 Ich empfehle Ihnen daher eine Gliederung, die mir zur Gründung einer Rechtsanwaltskanzlei am geeignetsten erscheint:

Muster: Gliederung Gründungskonzept

I. Das Gründungsvorhaben

II. Zur Person

III. Das Dienstleistungs- und Zielkonzept
1. Mein Selbstverständnis
2. Interessen- bzw. Tätigkeitsschwerpunkte
   a) Erwerb spezieller Kenntnisse
   b) Finanzielle Einschätzung
3. Ziele der Kanzlei
   a) Der angestrebte Mandantenkreis
   b) Die internen Kanzleiziele
   c) Ziele in der Mandantenbetreuung
4. Der Standort und seine wirtschaftlichen Aspekte
   a) Einwohnerdichte, Gebietsgröße, Infrastruktur, Kaufkraft
   b) Anbindung des Individualverkehrs
   c) Prognose zukünftiger Entwicklungen
   d) Anwaltsdichte
   e) Gerichtsstruktur
   f) Persönliche Bindungen zum Standort
   g) Kooperationsmöglichkeiten vor Ort
   h) Das Gebäude und sein Umfeld

IV. Das Marketingkonzept – Der Markt für meine Dienstleistung
1. Der angestrebte Mandantenkreis
2. Bedarf der angebotenen Dienstleistung
3. Künftig denkbare Marktveränderungen
4. Marketingstrategie
5. Wettbewerbssituation

V. Das Personalkonzept
1. Personalstruktur und öffentliche Förderung
2. Personalentwicklung
3. Personalkosten

VI. Das Finanzkonzept
1. Die Kosten

2. Finanzierung der Investitionen
3. Erfolgsplanung
4. Liquiditätsplanung
5. Sicherheiten

VII. Anlagen
1. Qualifikationsnachweise
2. Weiterbildungsnachweise

Tipp
Laden Sie sich einen standardisierten Businessplan der KfW-Mittelstandsbank oder der Landeskreditbank Baden-Württemberg herunter unter:

http://www.kfw-mittelstandsbank.de/DE_Home/Gruenderzentrum/Planungsphase/Businessplan/index.jsp

www.l-bank.de/cms/content/gruender/business/business.xml?stufe=2&pfad=1,106&nav_id=134

So gelangt man auf die Seite der Landeskreditbank Baden-Württemberg! Wenn man nun sucht, bekommt man 7 Ergebnisse für „standardisierter Businessplan":

■ Workshop 5: Eigenkapital oder Mezzanine – der Einzelfall ist entscheidend PDF (369 kB)
■ Kolloquium für Berater PDF (603 kB)
■ Kolloquium: Bürgschaften und Beteiligungen eröffnen Finanzierungsspielräume PDF (684 kB)
■ L-Bank USD 1.5bn Global Notes – Luxembourg Prospectus PDF (936 kB)
■ L-Bank USD 1.5bn Global Notes – Luxembourg Prospectus PDF (936 kB)
■ Studie: Gründungsfinanzierung PDF (4526 kB)
■ WKNA0DL8Z PDF (936 kB)

2. Inhalt des Gründungskonzeptes

a) Gründungskonzept als Selbstvermarktungsstrategie

Bei der Abfassung Ihres Gründungskonzeptes müssen Sie immer das eigentliche Ziel Ihres Konzeptes im Hinterkopf behalten. Sie beantworten im Vorfeld quasi die Fragen, die Ihnen der Sachbearbeiter der Bank stellen würde – nur ausführlicher. Zur Kontrolle können Sie sich immer die Frage stellen, ob Sie in der Gesamtschau Ihres Konzeptes von einem Erfolg überzeugt wären und sich ein Darlehen geben

243

würden. Sie müssen dem Sachbearbeiter der Bank diese Überzeugung vermitteln. Achten Sie daher auf eine **positive Darstellung** aller Punkte Ihres Konzeptes. Es sollten aber nur die Umstände aufgeführt werden, die Sie in einer für Ihre Kanzlei positiven Art und Weise einbinden können oder für Ihre Kanzlei objektiv positive Auswirkungen erwarten lassen. Ihr Konzept ist insofern der **erste Baustein Ihrer Selbstvermarktung.** Ratsam ist es daher, Ihr Gründungskonzept als knallhartes Marketingkonzept aufzubauen. Schließlich geht es darum, sich von der Anzahl möglicher Mandate seinen Teil zu sichern. Denn die Mandate werden nicht mehr, es wird lediglich eine Umverteilung geben, wenn auch Sie am Markt auftreten.

244 Ihr Existenzgründungskonzept sollte wie eine Urteilsklausur im Referendariat aufgebaut werden. Suchen Sie nach allen wirtschaftlichen Aspekten, die auf Ihre Existenzgründung an diesem Ort und in dieser Form positiv wirken können. Es gibt aus meiner Sicht nur eine wirklich sinnvolle Art der Darstellung: Ihr Existenzgründungskonzept muss eine Selbstvermarktungsstrategie sein. Je angespannter die Wettbewerbssituation ist, umso stringenter muss sich Ihr Marketing durch das gesamte Gründungskonzept ziehen. Sparen Sie nicht am falschen Ende. Investieren Sie Zeit in die Erstellung Ihres Gründungskonzeptes. Es gibt immer wieder Kollegen, die meinen, sich Arbeit sparen zu können und übernehmen wörtlich Gründungskonzepte von Kollegen. Das geht in den meisten Fällen schief. Denn ein Gründungskonzept muss auf die **individuelle Situation** des Gründers zugeschnitten sein. Wichtig ist, dass Sie als Gründer selbst ein Gefühl für die Problemfelder entwickeln. Fremde Konzepte können Sie unter Umständen für die Analyse der Standortfaktoren heranziehen. Allerdings verändern sich Standortbedingungen oftmals schnell. Auch die Schwerpunkte der Darstellung hängen von der Person des Gründers ab.

Prüfen Sie deshalb zumindest, inwieweit das Konzept auf die Person des Gründers abgestimmt war. Was vom Verfasser angesichts seiner Schwerpunkte positiv bewertet wurde, kann für Sie negativ sein. Auch die Art der Werbung hängt von Ihrer Persönlichkeit ab. Prüfen Sie, inwieweit der Verfasser des fremden Konzeptes beratende und/oder forensische Mandate anstrebt. Prüfen Sie aber auch, ob die zugrunde gelegten Daten noch aktuell sind. Fremde Konzepte sind daher in jedem Fall im Hinblick auf die eigene Dienstleistung, den Standort und die von den rechtlichen Schwerpunkten abhängigen Daten selbst zu schreiben. Ich empfehle aber dringend, insgesamt ein eigenes Konzept zu erarbeiten. Denn wer meint, an dieser Stelle Arbeit sparen zu können, der sollte die Entscheidung, sich selbstständig zu machen, noch einmal überdenken. Wer schon den Fleiß für die Erarbeitung eines Gründungskonzeptes nicht aufbringt, wird der Arbeitsbelastung eines selbstständigen Anwalts kaum gewachsen sein.

b) Das Gründungsvorhaben

Eine Rechtsanwaltskanzlei ist seit der Reform des Handelsrechts 1996 nicht nur **245** ein wirtschaftliches Unternehmen, sondern ein Gewerbe und unterfällt damit dem Handelsgesetzbuch. Die wesentliche Konsequenz hieraus ist neben dem unternehmerischen Risiko insbesondere die Rügepflicht des § 376 HGB. Ihr Konzept dient dazu, das **unternehmerische Risiko** zu verringern. Sie sollten das zu gründende Unternehmen so genau wie möglich beschreiben. Entwickeln Sie für sich eine **Idealvorstellung** und beschreiben Sie kurz, wie Sie sich den idealen Standort Ihrer eigenen Kanzlei vorstellen. Entscheiden Sie, welche Rechtsform Sie wählen und warum. Nehmen Sie auch dazu Stellung, ob Sie allein oder mit anderen Kollegen zusammen in Bürogemeinschaft oder als Sozietät gründen wollen (zu entsprechenden Argumenten vgl. Rn 51 ff.). Erläutern Sie den Verfahrensstand notwendiger Vorbesprechungen mit anderen Kollegen. Skizzieren Sie die Qualifikation und besonderen Eigenschaften der anderen Kollegen (kurze Charakterisierung).

Achtung
An dieser Stelle darf nichts dargestellt werden, was darauf schließen lassen könnte, Sie hätten schon verbindliche Verträge abgeschlossen. In einem solchem Fall haben Sie Ihr Gründungsvorhaben nämlich bereits begonnen. Die Gewährung öffentlicher Fördergelder scheidet dann aus.

Setzen Sie sich individuell mit der angestrebten Form der Zusammenarbeit und **246** Berufsausübung auseinander. Für den Anwalt ist die Wahl der **Rechtsform** ebenso entscheidend wie für andere wirtschaftliche Unternehmen. Lediglich die Auswahl der Rechtsformen ist eingeschränkter. Begründen Sie, warum Sie die gewählte Rechtsform (z.B. GbR-Gesellschaft, Partnerschaftsgesellschaft, Anwalts-GmbH) gewählt haben. Mit den einzelnen Argumenten haben Sie sich in der Analysephase schließlich beschäftigt (vgl. Rn 17 ff.). Als Erläuterung Ihrer Entscheidung für oder gegen die Art der Gründung können Sie beispielsweise folgende Argumente verwenden: Arbeitseffektivität, Zeiteinteilung, Auszeit, Kinderbetreuung, individuelle Gestaltung von Arbeitsplätzen, Arbeitsorganisation und Arbeitszeit.

Formulierungsbeispiel   **247**
„Das zu gründende Unternehmen ist eine Rechtsanwaltskanzlei mit ▨▨▨ Rechtsanwälten und ▨▨ Büroangestellten in der Rechtsform einer ▨▨▨. Diese Kombination ist deswegen besonders geeignet, weil ▨▨▨."

Im Anschluss an diese Einleitung gilt es darzustellen, warum Sie mit dieser Anzahl **248** von Kollegen und ggf. bereits konkret bekannten Kollegen in dieser Form gründen. Folgende Gründe können positiv herausgestellt werden:

- Vorteile der gewählten Rechtsform
- Interessen- und/oder Tätigkeitsschwerpunkte, Fachanwaltsbezeichnungen, Titel oder sonstige Qualifikation, insbesondere persönliche Kontakte, Beliebtheit der Kollegen
- besondere Vertretungsregelungen oder Synergieeffekte, die Sie sich aus dieser Konstellation erhoffen. Inwieweit Sie an dieser Stelle etwas zu Ihrem **Personal** sagen, bleibt Ihnen überlassen. Ich empfehle Ihnen, die Details erst im Rahmen des späteren Personalkonzeptes zu erläutern und sich hier auf die schlichte Benennung der Anzahl der sonstigen Mitarbeiter zu beschränken. Sie können aber die einzelnen Aufgabenbereiche des sonstigen Personals definieren. Sie können beispielsweise eine Mitarbeiterin für Zwangsvollstreckung und Buchhaltung einstellen und/oder für jeden Rechtsanwalt eine eigene Angestellte usw.

c) Zur Person

249 Damit sich die Sachbearbeiter bei der Bank von Ihnen und Ihrer Qualifikation ein umfassendes Bild machen können, sind diese ganz besonders an Ihrem **Lebenslauf** interessiert. Auf etwa einer Seite sollten Sie Ihre Kompetenz für die geplante Tätigkeit und als Unternehmer aufzeigen. Ich rate Ihnen daher von einem rein tabellarischen Lebenslauf ab. Schreiben Sie das aus Ihrer Sicht Wichtigste und legen Sie als Anlage einen tabellarischen Lebenslauf dazu. Auf jeden Fall benötigt die Bank folgende Informationen von Ihnen: Alter/Geburtsdatum, Geburtsort, der Ort, an dem Sie aufgewachsen sind, Lebensmittelpunkt, Lebenslauf, Schulbildung, Ausbildung, Berufsbildung und – besonders wichtig – Darstellung der Sozialkompetenz.

250 Beantworten Sie an dieser Stelle die im Raum stehende Frage, wie und wo Sie Ihre wirtschaftlichen Kenntnisse und Erfahrungen erworben haben und in welcher Weise Sie sich mit Personalführung auskennen. Für die Sachbearbeiter der Bank ist Ihre **wirtschaftliche Kompetenz** besonders wichtig. Betriebswirtschaftliche und kaufmännische Kenntnisse sind notwendig, um ein wirtschaftliches Unternehmen führen zu können. Ohne ein Gespür für die Notwendigkeit und die Höhe von Rücklagen und die richtige Einschätzung der Zahlungsmoral der Mandanten werden Sie Probleme bekommen. Sie sollten den Erwerb solcher Kenntnisse durch Teilnahmebescheinigungen oder Ähnliches belegen. Wenn Sie eine andere abgeschlossene Ausbildung haben und bereits berufstätig waren, dann legen Sie auch diese Zeugnisse bei. Belegen müssen Sie aber nur wesentliche Eckpfeiler Ihrer Qualifikation. Die Ergebnisse Ihrer beiden juristischen Staatsexamina sind anzusprechen. Legen Sie Kopien der Urkunden dem Konzept als Anlage bei.

Haben Sie keinerlei Führungs- oder Leitungserfahrung und wissen Sie nicht, wie   **251**
Sie Ihre soziale Kompetenz belegen sollen, dann empfehle ich, Dinge aus dem privaten Bereich einzuflechten, in denen Sie besondere Verantwortung übernommen haben. Als Führungserfahrung können Sie Vorstandstätigkeiten in Vereinen anführen. Ihre soziale Kompetenz können Sie durch die Benennung von Vereinsmitgliedschaften, ehrenamtlichen Tätigkeiten, Ihre Hobbys und/oder notfalls angestrebte Vereinsmitgliedschaften aufzeigen. Denn eine Rechtsanwaltskanzlei ist – und das kann ich gar nicht oft genug betonen – ein **wirtschaftliches Unternehmen**, das mit seiner **Akzeptanz am Markt** steht und fällt. Dieser Gedanke sollte Sie bei der Abfassung Ihres Konzeptes immer begleiten.

d)   Das Dienstleistungs- und Zielkonzept

aa)   Die „tragenden Säulen"

Anders als beim Abfassen eines Urteils reicht es in Ihrem Konzept also nicht, sich   **252**
auf die tragenden Gründe zu beschränken. Sie sollten Ihr Konzept eher als Marketinginstrument sehen. Auch Ihre Bank kann Sie weiter empfehlen. Orientieren Sie Ihre Argumentation – immer ausgerichtet auf Ihren wirtschaftlichen Erfolg – an folgenden Eckpunkten:

■ **Ihre Persönlichkeit**

Beispiel: „Meine Stärken liegen ganz besonders im Umgang mit schwierigem Klientel. In Gebieten mit sozial schwachen Bürgern habe ich optimale Entfaltungsmöglichkeiten, insbesondere weil ich Strafrecht als einen Hauptschwerpunkt gewählt habe."

■ **die Zielgruppe von Mandanten**

Beispiel: „Potenzielle Straftäter sind meine Zielgruppe, deswegen ist ein Standort in einem Hochhausviertel in einer Gegend sozial schwacher Einwohner ideal. Nach örtlichen Statistiken ist die Anzahl derer, die in diesem Gebiet straffällig geworden sind, sehr hoch. Dieser Umstand ist extrem positiv, weil ich Strafrecht als Schwerpunkt habe."

■ **das Umfeld**

Beispiel: „Der Einzugsbereich reicht von ... bis ... und erfasst ... Einwohner. Der Anteil der vorbestraften Einwohner dieses Gebietes beträgt ... %. Die Rückfallwahrscheinlichkeit liegt nach allgemeinen Statistiken bei ... %."

Miecke   193

■ **Ihre Schwerpunkte**

Beispiel: „Auf den konkreten Standort meiner Kanzlei kommt es nicht an, weil ich europaweit/bundesweit ein seltenes Rechtsgebiet betreuen will, für welches es bisher lediglich wenige Spezialisten in ... und in ... gibt."

bb)   Die eigene Dienstleistung

253 Mit Ihrer Entscheidung, sich selbstständig zu machen, haben Sie in Ihrem Unterbewusstsein viele Entscheidungen bereits getroffen, die es jetzt an die Oberfläche zu locken gilt. Die meisten Beweggründe für Ihre Gründungsentscheidung können Sie in Ihrem Konzept verwerten. In diesem Abschnitt schreiben Sie nicht nur, warum Sie selbstständige(r) Rechtsanwalt/-anwältin werden/sein möchten, sondern auch, mit welchem Angebot Sie am Markt auftreten wollen. Der Funke der Begeisterung für den Beruf muss auf den Bankangestellten überspringen, damit dieser dem letztendlich entscheidenden Sachbearbeiter in der Kreditabteilung der Bank gegenüber ein positives Votum zu Ihren Gunsten abgibt. Ihre Motivation, Ihr Engagement und Ihre persönlichen Maßstäbe für Ihre Dienstleistung müssen dargestellt werden. Als **Interessenschwerpunkte** können Sie gemäß § 7 Abs. 1 BRAO fünf beliebige Rechtsgebiete auswählen. Begründen Sie an dieser Stelle, warum Sie in diesem Bereich arbeiten wollen. Haben Sie bereits als Anwalt nachhaltig in bestimmten Rechtsbereichen gearbeitet, können Sie im dritten Jahr diesen Rechtsbereich als **Tätigkeitsschwerpunkt** angeben.

254 Den Rahmen Ihrer Dienstleistung bilden die von Ihnen gesteckten **Ziele**. Es kann sich um Zukunftsvisionen anwaltlicher Dienstleistung (z.B. besonderer Service) ebenso wie um angestrebte wirtschaftliche Erfolge bestimmter Größenordnung handeln. Zum Grundservice müssen in jedem Fall Erreichbarkeit (im Rahmen der angegebenen Zeiten), Höflichkeit und Freundlichkeit, Flexibilität und Engagement gehören. Erläutern Sie, wie Sie diesen Grundservice und Ihren besonderen Service erreichen und dauerhaft gewährleisten wollen.

Übersicht: Interne Ziele

Welche Ziele verfolgen Sie intern (z.B. Gewinn- und Expansionserwartungen)?
- Definieren Sie an dieser Stelle Ihres Konzeptes die Bürozeiten und die Umsetzung bezüglich Terminvergaben und Telefondienst.
- Zeigen Sie Zukunftsperspektiven für die Entwicklung der Kanzlei auf: Rechtsform, Personal-, Umsatz- und Gewinnvorgaben mit zeitlicher Zielvorgabe.
- Sagen Sie etwas zur Sicherung Ihrer Liquidität, z.B. dass Sie auf Vorschussbasis arbeiten und in welcher Weise Sie Ihr Verlangen nach einem Vorschuss gegenüber den Mandanten umzusetzen gedenken.

- Haben Sie Vorbilder? Orientieren Sie sich an bestimmten Grundsätzen, z.B. Grundsätze des Qualitätsmanagements?
- Denken Sie sich ein oder mehrere aussagekräftige Mottos für Ihre Kanzlei aus!

Ziele in der Mandantenbetreuung können vielfältig sein. Sie können völlig neue **255** Konzepte entwickeln oder bestimmte Selbstverständlichkeiten für Ihre Kanzlei festlegen. Sie glauben gar nicht, wie schwer die Einhaltung dieser selbst gesetzten Vorgaben manchmal sein kann.

Übersicht: Fragen der Mandantenbetreuung zur eigenen Inspiration
- Welche Ziele verfolgen Sie hinsichtlich der Mandantenbetreuung?
- Wie würden Sie als Mandant gerne behandelt werden?
- Was müssen Sie tun, um Interessenskollisionen zu vermeiden?
- Was streben Sie in folgenden Punkten an?
- Ansprechpartner?
- Terminvergabe?
- Telefonate?
- Schriftverkehr?
- Gesprächstermine?
- Mandatsbearbeitung, ggf. bestimmte Strategien für bestimmte Teile der Mandatsbearbeitung?
- Vorschuss, Rechnungsstellung, Zahlungsfristen?
- Mahn- und Zwangsvollstreckungswesen?

Besonders wichtig ist aber auch die Bestimmung einer oder mehrerer **Zielgruppen**. Beachten Sie, dass dieser Personenkreis mit der von Ihnen angebotenen Dienstleistung etwas anfangen können muss. Mit dem Schwerpunkt Verwaltungsrecht beispielsweise sollten Sie Lehrer und Polizisten als Zielgruppe wählen.

cc)   Der Standort und seine wirtschaftlichen Aspekte

Die Standortfrage ist Teil Ihres Dienstleistungskonzeptes. Sie ist von Ihrer Bedeu- **256** tung her aber umstritten. Aus meiner Sicht ist die **richtige Standortwahl** in Zeiten hohen Konkurrenzdrucks und einer allgemeinen Verschlechterung der wirtschaftlichen Verhältnisse eine ganz entscheidende Gründungs-voraussetzung. Sicherlich relativiert sich die Frage durch die Mobilität und neue Kommunikationsmedien wie das Internet. Doch gerade weil die Situation so schlecht ist, haben die Menschen auch immer weniger Zeit. Sei es, dass sie mehrere Jobs haben oder aus Statusgründen im Freizeitstress sind. Sollen also diese Menschen zu Ihnen kommen, müssen Sie Ihre Kanzlei strategisch günstig positionieren. Insbesondere kommt es daher auf Verkehrsanbindungen und Parkplatzsituation an.

257 Planen Sie eine **Internetkanzlei**, bestimmt sich die Standortwahl nach anderen Kriterien. Begründen Sie, warum die Mandanten gerade Sie per Internet auswählen werden. Nur wenn die angebotene Leistung, der Standort bzw. die Positionierung im Internet und das Konzept stimmig sind, werden Sie Erfolg haben. An dieser Stelle müssen Sie eine Grundlage für Ihre spätere Argumentation im Rahmen der Finanzplanung schaffen. Denn Sie benötigen für Ihre Umsatzprognose Anhaltspunkte.

258 Stellen Sie Ihre **Standortentscheidung** als Ergebnis Ihrer Standortwahl im Urteilsstil dar. Ihre Vorstellungen von der idealen Kanzlei sind der Maßstab. Die in der Analysephase ermittelten Vorteile sind die daran zu messenden Argumente. Für etwaige Nachteile müssen Sie Kompensationslösungen finden, die Sie als besonderen Vorteil darstellen können, um so den vermeintlichen Nachteil zu beseitigen, und zwar ohne diesen Nachteil als solchen zu erwähnen. Wichtig ist auch zu begründen, warum der Standort auf Ihr Angebot und den Umfang Ihrer Dienstleistung besonders gut zugeschnitten ist und warum Sie die Zielgruppe Ihrer Mandanten dort besonders gut erreichen. Spielte für Sie auch die Attraktivität der Stadt oder Gemeinde bzw. des ausgewählten Ortsteils eine Rolle, dann lassen Sie diese positiven Aspekte bei Ihrer Begründung mit einfließen. Zusammenfassend gesagt, haben Sie zu begründen, warum dieser Standort den von Ihnen nach Ihrem Dienstleistungskonzept bestimmten Anforderungen entspricht und warum Sie dort Erfolg haben werden. Alle von Ihnen erwähnten Aspekte über den ausgewählten Kanzleistandort müssen etwas mit den von Ihnen formulierten allgemeinen Statements zu Ihrer Gründungsidee, Ihren Zielen und Schwerpunkten zu tun haben. Ihr Konzept dient dazu, Bankangestellte von der Rentabilität Ihrer Kanzlei an diesem Ort zu überzeugen.

259 Die Beurteilung des Standortes ist entsprechend der in der Analysephase durchgeführten dreistufigen Auswertung der wirtschaftlichen Faktoren – **Stadt oder Gemeinde, Ortsteil, Umfeld des Kanzleiobjektes** – vorzunehmen. Unter der Überschrift **„Das städtische Umfeld"** sollten Sie kommunale Aspekte und Besonderheiten darstellen. Stellen Sie statistische Daten in Zusammenhang mit Ihrer Erfolgsplanung. Kommunale Stärken spiegeln sich in der **Einwohnerdichte**, der **Gebietsgröße**, der **Infrastruktur**, der Art und Anzahl von Gewerbe- und Baugebieten und der **Kaufkraft** der Bevölkerung wider. Stellen Sie ein Gesamtbild der wirtschaftlichen und politischen Bedeutung der Stadt und des **Ortsteils** anhand aller wirtschaftlich relevanten Aspekte (Verkehr, Kaufkraft, Konfliktpotential, Lage, Wettbewerbssituation) dar. Auch wirtschaftliche Vorteile durch die Nachbarschaft zu anderen Städten oder Gemeinden, Flächen oder Monumenten sollten nur bei Bezugspunkten zu der von Ihnen angebotenen Dienstleistung erwähnt werden.

Besonderes Augenmerk sollten Sie der verkehrspolitischen Infrastruktur und der Kaufkraft des Ortsteils widmen. Die **Anbindung des Individualverkehrs** ist maßgebend für die Erreichbarkeit und den Einzugsbereich Ihrer Kanzlei. Argumentationen mit Statistiken über die Kaufkraft zeugen von unternehmerischer Professionalität.

Knüpfen Sie u.U. auch an besondere Ereignisse in der Stadt-/Ortsgeschichte an. **260** Dies dokumentiert, dass Sie sich mit dem Standort beschäftigt haben, und symbolisiert Identifikation mit der Stadt bzw. dem Ort, was wesentlich für Ihren Erfolg dort ist. Die meisten Menschen, die dort leben, haben persönliche Beziehungen zu dem Standort und identifizieren sich in den allermeisten Fällen mit ihrem Wohnort als dem Ort ihres Lebensmittelpunktes. Bilden Sie Kategorien, z.B. Nord – Süd oder Wohn- und Schlafortteile und Gewerbegebiete usw. Begründen Sie, warum Sie meinen, dass ein Standort in dieser Stadt den von Ihnen vorausgesetzten Kriterien entspricht. Verdeutlichen Sie, welche Bedeutung die Stadt hat. Die Bedeutung der Stadt/Gemeinde als Siedlungsgebiet, ihre landschaftliche Lage und/oder ihre geschichtliche Relevanz geben Aufschluss über den Charakter der Stadt. Aber auch die Infrastruktur (überörtliche Straße, öffentlicher Personennahverkehr, Anbindung zu Bahnhöfen und Flughafen, soziales und kulturelles Angebot) ist wichtig für die Ausarbeitung eines gezielten Marketingkonzeptes. Auch benachbarte Städte und Gemeinden können Ihre Standortbedingungen stark beeinflussen. Entfernungen und Parkplatzsituationen können bei dieser Beurteilung eine Rolle spielen. Je nach gemeindlicher Organisation sind die potenziellen Mandanten bestimmte Abläufe gewöhnt. Klären Sie daher, was für die Mandanten ausschlaggebend dafür sein könnte, zu diesem Standort zu kommen. Haben Sie einen seltenen Schwerpunkt, dann können Sie an dieser Stelle auch auf den voraussichtlichen Radius Ihres Einzugsbereichs hinweisen. Maßstab ist der Einzugsbereich des nächsten Kollegen mit dem gleichen Schwerpunkt bzw. desjenigen Kollegen, der derartige Fälle bisher bearbeitet hat.

Zur Abrundung der Darstellung der örtlichen Stadtortbedingungen gehört auch **261** eine **Prognose zukünftiger Entwicklungen**, die belegt, dass Sie Unternehmertum verinnerlicht haben. Durch wandelnde wirtschaftliche, gesellschaftliche oder politische Verhältnisse müssen Planungen und Zukunftsperspektiven anderer u.U. überprüft werden. Die zukünftige Entwicklung des Wohn-/Baugebietes, in dem Sie sich niederlassen wollen, sollte kurz skizziert werden. Argumentieren Sie auch mit objektiven Umständen aus der Kommunalpolitik vor Ort, z.B. vorausschauende Wohnungspolitik und die Ansiedlung von Büro-, Dienstleistungs- und Gewerbebetrieben. Tragen Sie daher an dieser Stelle auch politische Absichtserklärungen der amtierenden Kommunalvertretung vor, die ein Bevölkerungswachstum versprechen. Interessant können aber auch andere Faktoren sein, die zu einer potenziellen Vergrößerung Ihres Einzugsgebietes führen könnten. Als Beispiel hierfür kommen der Ausbau des öffentlichen Personennahverkehrs oder bestimmte Bildungsangebote, durch die eine engere Verbindung zu Nachbargemeinden geschaffen wird, in Betracht. Achten Sie darauf, dass Sie nur positive Aspekte darstellen. Erläutern Sie, wie Sie Ihre Planungen darauf abgestellt haben. Je nach Planungsstadium sollten Sie Ihr Konzept aber nicht von zukünftigen Entwicklungen abhängig machen.

262 Argumentieren Sie schließlich auch mit der **Anwaltsdichte** am Ort, Infrastruktur, Gerichtsstruktur und konkreten kommunalen Planungen bezogen auf Ihre Schwerpunkte. Ermitteln Sie jeweils die Anzahl der Anwälte pro Einwohner. Benennen Sie die Anzahl und das Angebot Ihrer Mitbewerber, insbesondere mit welchen Interessen- und Tätigkeitsschwerpunkten diese am Markt auftreten. Stellen Sie dies vergleichend mit Ihrem Angebot dar. Bestenfalls können Sie aus dieser Situation einen Bedarf für Ihre Dienstleistung ermitteln. Stellen Sie die **Gerichtsstruktur** in Beziehung zu der Anwaltsdichte und dem Einzugsbereich dar. Dort wo viele Gerichte sind, ist die Anwaltsdichte sehr groß. Anwaltskanzleien sind dort dennoch sehr erfolgreich.

263 Für den Wunschstandort können auch **persönliche Bindungen** und andere besondere Standortfaktoren entscheidend und wirtschaftlich bedeutend sein. Hobbys oder ehrenamtliche Tätigkeiten in Vereinen und Verbänden schaffen den für einen Rechtsanwalt notwendigen Bekanntheitsgrad. Auch schulische, berufliche oder studentische Kontakte können hilfreich sein, um Ihre Kanzlei bekannt zu machen.

264 Synergieeffekte und besondere Impulse gehen von **interprofessioneller Zusammenarbeit** aus. Als Neuling im Beruf ist es sicherlich schwierig, an solche Kontakte heranzukommen. Gut geeignet sind neue Geschäftszentren. Existenzgründer anderer Berufe sind wegen der zu erwartenden Synergieeffekte für derartige Zusammenarbeit in der Regel sehr aufgeschlossen. In Frage kommt beispielsweise eine Zusammenarbeit mit Steuerberatern, Bausachverständigen, Fahrschulen und Versicherungen. Beachten Sie in diesem Zusammenhang auch die Regelungen der BRAO und der Berufsordnung. Über Beratungsstellen für Existenzgründer gibt es auch die Möglichkeit, Existenzgründer anderer Berufe kennenzulernen. Bei der Ausgestaltung der Zusammenarbeit sollten Sie sich nicht zu früh festlegen. Die Zusammenarbeit kann vom Auslegen von Visitenkarten, Hinweisen auf Vortragstätigkeiten, dem Aufhängen und/oder Auslegen von Kanzleibroschüren bis zur konkreten Empfehlung des jeweils anderen gehen.

Schließlich müssen das **Gebäude** und **sein Umfeld** geeignet sein, um von Ihrer   **265**
Zielgruppe angenommen zu werden. Entscheidend ist die Wahrnehmbarkeit Ihrer
Kanzlei. Beschreiben Sie daher Einzelheiten des Gebäudes: Etage, Auffindbarkeit
im Gebiet und im Gebäude. Beziffern Sie u.U. die Anzahl der Wohn- bzw. Ge-
schäftseinheiten, um ein Potenzial an Mandanten zu benennen. Interessant ist auch
die genaue Lage Ihres Wunschgebäudes im Baugebiet. Liegt Ihr Mietobjekt zentral
in einem Baugebiet und ist irgendetwas in der Nähe einmalig für das Umland,
kann dies für einen erweiterten Einzugsbereich sprechen. Diese Kombination garantiert die Anziehung aller Bevölkerungsschichten. Dies wird auch durch die ansonsten sehr vielfältige Mischung anderer Geschäftstypen gefördert werden. Handelt es sich um einen Neubau, teilen Sie den Grad der Fertigstellung und den
voraussichtlichen Bezugstermin mit. Besonders wichtig sind die Parkplatzsituation
(u.U. aber Anzahl, Art und Lage der Parkplätze) und ggf. auch die postalische Zuordnung. Besonderheiten wie z.B. Markt- oder Veranstaltungsplätze in Objektnähe
können für ein lebendiges Gebiet sprechen. Erläutern Sie die Nutzungen der einzelnen Etagen und der Nachbarhäuser, die konkrete Erreichbarkeit und die voraussichtlichen Passantenströme.

Berichten Sie auch über die **Verkehrsanbindung** des Gebäudes. Benennen Sie die
Entfernung zur Stadtbahnhaltestelle, zum Bahnhof, zu den umliegenden Gerichten,
zur Innenstadt in Auto- und (Stadt-) Bahnminuten, zum Stadtbahntakt und dem
Anschluss an das Regionalbahnnetz.

Zu guter Letzt sagen Sie noch kurz etwas zu den **Büroräumen** selbst: Wie planen   **266**
Sie die Nutzung der Räumlichkeiten (Empfangsbereich, Wartezimmer, Bespre-
chungszimmer, Teeküche und Toiletten, Registratur)? Welche Vorteile haben diese
Räume und/oder diese Aufteilung?

e)   Das Marketingkonzept – Der Markt für Ihre Dienstleistung

aa)   Der angestrebte Mandantenkreis

Ein weiterer wichtiger Punkt: Sie müssen eine **Zielgruppe** für Ihre Dienstleistung   **267**
bestimmen. Nur wenn Sie wissen, wer Ihre Zielgruppe ist, können Sie gezielte
Maßnahmen treffen, um diese Zielgruppe zu erreichen. Sollte sich Ihre Zielgruppe
nicht im Umfeld Ihres Wunschobjektes aufhalten (also dort wohnen oder arbeiten),
dann ist es erforderlich, kurz zu begründen, warum Sie sich dennoch in Kenntnis
dieser Tatsache an diesem Ort niederlassen und warum diese Unstimmigkeit keine
Auswirkungen auf den wirtschaftlichen Erfolg Ihres Unternehmens haben wird.

bb)   Bedarf der angebotenen Dienstleistung

268   Bedarf an anwaltlicher Dienstleistung gibt es immer. In manchen Bereichen wird dieser Bedarf von den bereits etablierten Kanzleien abgedeckt. Dennoch müssen Sie für Ihren Wunschstandort ermitteln, ob Sie an diesem Ort und mit Ihren Schwerpunkten überhaupt eine Chance haben. Dies hängt zum einen von Ihrer Person, Ihren Schwerpunkten und Ihrem Gesamtkonzept, aber auch ganz entscheidend von unbeeinflussbaren Faktoren ab, die Sie im Vorfeld ermitteln müssen. Fragen Sie sich, unter welchen Bedingungen Sie zu einem Anwalt gehen würden, der sich so, wie Sie es planen, am Markt platzieren will. In Ihrem Konzept sollten Sie darum darlegen, warum die angestrebte und erreichbare Zielgruppe ausgerechnet Ihre Dienstleistung benötigt. Ob an einem Ort eine bestimmte Leistung benötigt wird, kann immer nur anhand **statistischer Daten** beurteilt werden. Als Beurteilungskriterium kann die **Anwaltsdichte** ebenso dienen wie Potenziale hinsichtlich der Interessenschwerpunkte. Sie können aber auch damit argumentieren, dass Sie Ihre Schwerpunkte nicht nach Bedarf, sondern rein nach Interesse festgelegt haben. Da wahrscheinlich auch an Ihrem Wunschstandort kein echter Bedarf an einer bestimmten anwaltlichen Dienstleistung besteht, der nicht gedeckt werden kann, können und müssen Sie wettbewerberverdrängend auftreten. Sie haben dann die Motivation und das Engagement auf Ihrer Seite. Wie Sie sich das vorstellen, sollten Sie in Ihrem Konzept ansprechen. Wie detailliert dies sein sollte, müssen Sie selbst entscheiden. Aus meiner Sicht reichen Eckpunkte. Bedenken Sie, dass Sie bei der Abfassung Ihres Konzeptes lediglich Einschätzungen und Prognosen zugrunde legen. Die Realität kann anders sein. Sie müssen in Ihrem Konzept daher Freiraum für das Unvorhersehbare haben. Lassen Sie diesen Freiraum ganz bewusst, um die Notwendigkeit einer rechtzeitigen Veränderung Ihrer Strategie erkennen zu können.

(1)   Anwaltsdichte

269   Betrachten Sie die Gesamtzahl der zugelassenen Anwälte bezogen auf die Zahl der Einwohner in Deutschland, dann kommen inzwischen mehr als 19 Anwälte auf 10.000 Einwohner.[21] Sie sollten aber in jedem Fall die Anwaltsdichte Ihres Wunschstandortes mit diesem Wert vergleichen. Noch besser ist es aber, Sie besorgen sich aktuelle Statistiken. Mit der Statistik haben Sie immer ein gutes Argument, um Ihre Bank von einem „Bedarf" zu überzeugen. Analysieren Sie die Anwaltsdichte auch nach der Art der Kanzleien – umgerechnet auf die Einwohner

---

21   *http://www.bundesregierung.de/Content/DE/Artikel/2013/01/2013–01–15-demografie-bevoelke-rungswachstum.html*

(einmal gesamt/einmal für Ihren Orts- oder Stadtteil). Stellen Sie auch dar, wie die Situation nach Ihrer Kanzleigründung aussehen wird, und vergleichen Sie die Situation mit umliegenden Städten. Die notwendigen statistischen Daten erhalten Sie bei der für Ihren Wunschstandort zuständigen Anwaltskammer. Je nach Vergleichszahlen müssen Sie entscheiden, ob Sie den Vergleich auf eine ganze Stadt oder einen bestimmten Stadtteil beziehen. Durch die Festlegung dieser Parameter wird es Ihnen gelingen, den Durchschnittswert zu unterbieten.

(2)   Gebührenprognose, Prognose der Fallzahl

Zahlen zu schätzen ist noch nicht allein das Problem. Dieses liegt vielmehr darin, dass Sie weder im Studium noch im Referendariat viel über anwaltliches Gebührenrecht gehört haben. Sie müssen sich also schnell einen Überblick über die Struktur der Gebührenberechnung für Ihre Interessenschwerpunkte verschaffen. Allerdings ist Gebührenrecht ein weites Feld. Es lassen sich aber für viele Rechtsgebiete Prognosen abgeben: Wird es zu gerichtlichen Verfahren kommen oder bleibt es im außergerichtlichen Bereich? Überwiegen in diesem Bereich vielleicht sogar nur die Erstberatungen? Wird es in diesem Bereich zu Beweisaufnahmen kommen? Diese Fragen können Sie aus Ihren Erfahrungen aus der Anwaltsstation bzw. mit Hilfe des gesunden Menschenverstandes prognostisch beantworten.

270

Als Richtwert können Sie z.B. Mietrecht, Verkehrsrecht und Zwangsvollstreckungen als Masse-Verfahren einordnen. Während es im Mietrecht ebenso wie im Familienrecht oft zu Prozessen kommt, ist dies im Erbrecht und Baurecht seltener, weil Rechtsschutzversicherungen keinen Deckungsschutz für ein gerichtliches Verfahren in diesen Rechtsgebieten gewähren. Für jedes Rechtsgebiet lässt sich dies realistisch einschätzen, wenn Sie ein wenig darüber nachdenken. Sie selbst haben Ihre Schwerpunkte bestimmt und sicherlich im Referendariat Fälle aus diesem Bereich bearbeitet. Sie kennen die typischen Konstellationen der jeweiligen Rechtsgebiete und brauchen nur noch die Bereitschaft der Mandanten einzuschätzen, sich beraten oder gerichtlich vertreten zu lassen. In Ihrem Marketingkonzept haben Sie Ihre Zielgruppe festgelegt. Sie haben bei der Analyse Ihrer Mitbewerber festgestellt, wie diese am Markt auftreten, und können daraus schlussfolgern, welche Zielgruppe diese Kanzleien haben. In der Standortanalyse haben Sie das Umfeld Ihrer zukünftigen Kanzlei analysiert. Nun müssen Sie sich nur noch in die Lage der potenziellen Mandanten in Ihrem Kanzleiumfeld versetzen, um deren „Streitverhalten" abschätzen zu können. Maßstab sind die Lebensverhältnisse der Menschen. Bedenken Sie dabei, dass in Ihrer Anfangszeit Ihre Mitbewerber wahrscheinlich noch die meisten der in diesem Bereich anfallenden Mandate erhalten werden.

271   Bestimmen Sie den Rahmen der möglichen Streitwerte und bilden Sie einen Durchschnittssatz für jedes Ihrer Gebiete. Ermitteln Sie die Gebühren, die bei diesem Streitwert anfallen würden und teilen Sie die Gebühr nach Vorschuss, Abrechnung am Ende des Mandats und anzumahnende Beträge auf. An dieser Stelle müssen Sie die durchschnittliche Verfahrensdauer ermitteln. Fragen Sie bei den betreffenden Gerichten nach.

272   Geben Sie bei der Ermittlung Ihrer **Gebührenprognose** die jeweiligen Rechtsvorschriften des **RVG** und die Gebührenhöhe an. Hinsichtlich Ihrer Schreib-, Porto- und Telefonkosten können Sie vertreten, dass diese deswegen unberücksichtigt bleiben können, weil dem Mandanten Portokosten nach §§ 2, 13 RVG i.V.m. Nr. 7001 VV RVG mit einer Pauschale von 20 EUR in Rechnung gestellt werden. Ihre Prognose sollte sich an der Gebührenstruktur orientieren. Sie prognostizieren die Anzahl der Mandate der Rechtsgebiete und legen typische Streitwerte fest. Dann prognostizieren Sie, wie viele Mandate Sie außergerichtlich beenden – differenzieren Sie in Ihrer Prognose, wie Sie die Verfahren voraussichtlich beenden werden (Vergleich, Urteil, Anerkenntnis, Versäumnisurteil). Je nach der Art der Beendigung fallen unterschiedliche Gebühren an. Bei Abschluss eines außergerichtlichen Vergleichs ist eine 1,5-fache, bei Abschluss eines gerichtlichen Vergleichs nur eine 1,0-fache Vergleichsgebühr abzurechnen usw. (zum RVG vgl. § 8 in diesem Buch). Dann sehen Sie die 1,3-fache Geschäftsgebühr und die 1,5-fache Einigungsgebühr nach. Für den Anteil gerichtlicher Verfahren nehmen Sie zusätzlich eine 0,65fache Verfahrensgebühr und eine 1,2-fache Terminsgebühr. Wenn Sie den Anteil gerichtlicher Vergleiche geschätzt haben, dann ermitteln Sie für diese Quote die 1,0-fache Einigungsgebühr.

273   Welche wesentlichen Faktoren für die **Prognose der Fallzahl** in Ihren Arbeitsbereichen maßgebend sind, müssen Sie in einer Gesamtschau ermitteln. Als Kontrollfrage müssen Sie sich selbst fragen, unter welchen Bedingungen Sie diese Kanzlei bei dem von Ihnen geplanten Kanzleiprofil als Mandant aufsuchen würden. Legen Sie bei Ihrer Argumentation die räumliche Nähe, die Art und Weise des Angebots der Mitbewerber, das Auftreten der anderen am Markt, den Ruf der anderen Kanzleien zugrunde und suchen Sie so Ihre Marktnische.

cc)   Künftig denkbare Marktveränderungen

274   Überdenken Sie, welche Faktoren Auswirkungen auf die Analyse Ihrer Schwerpunkte haben können. In Frage kommen absehbare Entwicklungen, die den Absatzmarkt für die von Ihnen angebotene Dienstleistung nachhaltig verändern könnten, z.B. die politische Entwicklung. Setzen Sie sich beispielsweise für ein

Stadtmarketing ein, wenn Sie Baurecht oder Wirtschaftsrecht als Schwerpunkt haben. So können Sie kommunale Entwicklungen zu Ihren Gunsten beeinflussen.

dd) Marketingstrategie

Im Rahmen Ihres Existenzgründungskonzeptes sollten Sie sich umfassende Gedan-   **275**
ken zu Ihrer Marketingstrategie machen. Es soll an dieser Stelle einiges angesprochen werden, was in § 5 genauer dargestellt wird. Für Ihre Überlegungen ist es aber wichtig, sich im Rahmen der Erstellung ihres Gründungskonzeptes darüber klar zu werden, welche Möglichkeiten der Werbung Sie eigentlich an Ihrem Wunschstandort haben. Gerade wenn es Schwächen des Standortes gibt, können Sie diese mit gezielten Marketingmaßnahmen wieder wettmachen. Dazu müssen Sie in Ihrem Konzept etwas schreiben! Benennen Sie kurz, welche Marketingstrategie Sie verfolgen und warum und welche finanziellen Erwartungen Sie mit dieser Strategie verbinden. Die Marketingstrategie einer Rechtsanwaltskanzlei muss sich aber im Rahmen berufsrechtlicher Vorgaben halten. Sie sollte dennoch möglichst vielseitig sein.

Wichtigster Bereich ist grundsätzlich die Festlegung der **Zielgruppe** der Werbung.   **276**
Allerdings lässt sich die Zielgruppe der Werbung nicht allgemein für eine Anwaltskanzlei benennen. Zum einen liegt dies daran, dass jeder Bürger mit den verschiedensten rechtlichen Problemen konfrontiert werden kann. Zum anderen ist ein Rechtsanwalt umfassend ausgebildet worden, so dass er in der Lage ist, beinahe jedes Sachgebiet zufrieden stellend zu bearbeiten. Welche Zielgruppe(n) Sie mit Ihrer Werbung erreichen wollen und können, sollten Sie daher selbst festlegen.

ee) Wettbewerbssituation

Um die Prognose Ihrer wirtschaftlichen Möglichkeiten schlüssig erläutern zu kön-   **277**
nen, müssen Sie die Stärken und Schwächen der einzelnen Mitbewerber darstellen. Beginnen Sie mit der Anzahl der Kanzleien, deren Lage und Schwerpunkte. Damit charakterisieren Sie zum einen die Wettbewerbssituation. Zum anderen werden Sie Grenzen und Möglichkeiten erkennen. Durch die steigende Zahl der zugelassenen Anwälte ist die Wettbewerbssituation der größte Feind Ihres Gründungsvorhabens. Auch die Sachbearbeiter Ihrer Bank wissen, dass zurzeit an sich kein Bedarf an zusätzlichen Anwaltskanzleien besteht. Daher ist es sinnvoll, sich Gedanken über die Frage zu machen, welchen besonderen Nutzen die Mandanten Ihrer Zielgruppe gerade von Ihrer Dienstleistung haben werden. Wenigstens Sie müssen wissen, was potenzielle Mandanten durch Ihre Beauftragung für Vorteile haben werden.

Stellen Sie gegenüber, welche Vorteile Ihre Art der Mandatsbearbeitung im Verhältnis zu der herkömmlichen Mandatsbearbeitung hat.

f) Das Personalkonzept

278   Personalkosten sind ein relativ hoher und kontinuierlich wachsender Kostenfaktor. Jeder Existenzgründer sollte sich daher gut überlegen, wie er seine Personalstruktur plant. Nachdem Sie in der Analysephase die Entscheidung über den Einsatz von Personal getroffen haben, stellen Sie diese Entscheidung in einem Personalkonzept dar. Sie brauchen keine langen Begründungen. Allerdings sollten Sie zwei bis drei Sätze dazu schreiben, warum Sie mit dem von Ihnen vorgesehenen Personal die geplante Dienstleistung erbringen und die angestrebten Ziele erreichen können. Mit dem finanziellen Argument und dem Schwerpunkt auf Sympathie und Freundlichkeit können Sie es leicht vertreten, keine ausgebildete Rechtsanwaltsfachangestellte einzuplanen.

279   Bei der Argumentation müssen Sie aber Ihr Gesamtkonzept und Ihr finanzielles Budget im Blick haben. Dies kann die Personalfrage mitentscheiden. Ist Ihre Kanzlei auf Qualität und Kontinuität ausgerichtet, ist es notwendig, einen festen Personalstamm zu haben. Die Mandanten müssen schließlich nicht nur zu Ihnen Vertrauen aufbauen, sondern auch zu Ihrer Kanzleiorganisation und Ihrem Personal. Schließlich geht es um personenbezogene Daten. Argumentieren Sie ruhig auch mit der Höhe der Lohnnebenkosten und den sich daraus ergebenden Konsequenzen für Ihre Liquidität.

280   Ideal erscheint eine aufgabenorientierte Mischbesetzung. Haben Sie in Ihrem Dienstleistungskonzept auf Qualität gesetzt, können Sie Personalvielfalt gut begründen. Ein Callcenter oder Studenten können für den telefonischen Kontakt zum Mandanten eingesetzt werden, eine Schreibkraft für professionelle und fehlerfreie Schriftsätze und stundenweise eine ausgebildete Rechtsanwaltsfachangestellte, die in der Lage ist, eine Auszubildende einzuarbeiten, die die Kanzleiorganisation später ganz nach Ihren persönlichen Vorstellungen betreiben soll. Mit einer Auszubildenden können Sie moderne Maßstäbe in der Kanzleiorganisation bei Terminvergabe, Postein- und -ausgang, Telefondienst, Aktenverwaltung, Fristenüberwachung, Schreibarbeiten, Wiedervorlagen, Rechnungswesen, Buchhaltung, Mahnwesen, Zwangsvollstreckung, Altablage einführen, die zu einer Optimierung und Qualitätssteigerung beitragen werden.

281   Auch Zukunftsperspektiven in der **Personalentwicklung** sollten aufgezeigt werden. Sie können beispielsweise planen, in den ersten zwei oder drei Jahren bestimmte Tätigkeiten an andere Unternehmen zu vergeben, die Ihre Mitarbeiter ab dem dritten oder vierten Jahr übernehmen sollen. Dies ist beispielsweise sinnvoll, wenn Sie sich für Auszubildende entscheiden. Haben Sie sich beispielsweise dazu entschieden, in der Anfangszeit vieles selbst zu machen, wird Ihnen schon bald die Zeit für diese Tätigkeiten fehlen. Sie benötigen zu einem späteren Zeitpunkt daher Fremdunternehmen oder Personal.

Bei der Auswahl Ihres Personals empfehle ich Ihnen, sich nicht auf Noten zu verlassen. Das Bildungsniveau und insbesondere die Deutschkenntnisse von Gymnasiasten sind schlechter denn je. Zu dieser Problematik sei aber angemerkt, dass trotz gleich bleibender Bewerberzahlen der öffentliche Dienst nicht einmal genügend geeignetes Personal bekommen kann. Von ca. 700 Bewerbern bleiben nach dem ersten Test keine 70 Bewerber übrig. Noch vor einigen Jahren waren drei Tests notwendig, um 65 der ca. 200 geeigneten Bewerber, die den ersten Test bestanden haben, auszuwählen. Anzumerken ist, dass sich die Tests nicht wesentlich verändert haben. Es werden zumeist lediglich logische Fähigkeiten abgeprüft. Natürlich spielt neben Deutsch- und Mathematikkenntnissen bei dem Test auch freundliches und hilfsbereites Auftreten eine wichtige Rolle. Berücksichtigen Sie dieses K.o.-Argument, wenn Sie ausschließlich mit einem Auszubildenden gründen. Legen Sie bereits in Ihrem Konzept Maßnahmen zur Kompensation fest. **282**

g) Das Finanzkonzept

Das Finanzkonzept stellt das Herzstück Ihres Gründungskonzeptes dar und basiert auf Ihren Entscheidungen in den anderen Teilkonzepten. In der Analysephase haben Sie den Anschaffungsbedarf ermittelt. In Ihrem Finanzierungskonzept müssen Sie klären, was sich davon tatsächlich finanzieren lässt. Seien Sie realistisch genug und streichen und/oder kürzen Sie. Zum Finanzkonzept gehört also der Abgleich zwischen Gründungsinvestitionen und Finanzierbarkeit. Einnahmen und Ausgaben müssen sich decken (**ausgeglichener Finanzierungsplan**). Aber auch die laufenden Kosten und deren Finanzierbarkeit unter Ermittlung Ihres Finanzbedarfs zur Sicherung Ihrer Liquidität sind darzustellen. **283**

aa) Die Kosten

(1) Investitionskosten

An Hand Ihres Konzeptes haben Sie Idealvorstellungen und Standards entwickelt. Im Rahmen der Bedarfsplanung haben Sie Ihre Technikstandards und langfristige Investitionswünsche in einer Prioritätenliste zusammengestellt. Grundsätzlich be- **284**

nötigen Sie im Rahmen Ihres Konzeptes nur eine Investitionsaufstellung für das
Gründungsjahr. Planen Sie aber gestaffelte Investitionen, benötigen Sie einen
Mehrjahresplan. Erstellen Sie eine Investitionstabelle:

Einmalige Investitionen	Kosten
Kanzleiräume (Bezugskosten/Kaution/ggf. Zweckentfremdungsgebühr)	EUR
Einrichtung/Möblierung der Kanzleiräume	EUR
Schreib- und/oder EDV-Technik	EUR
Telefontechnik und sonstige Telekommunikationstechnik	EUR
Spezieller Berufs- und allgemeiner Bürobedarf	EUR
Fachbücher/Fachzeitschriften/elektronische Medien	EUR
Repräsentation/Marketing	EUR
Geschäftsfahrzeug	EUR
Unvorhergesehenes	EUR
Summe förderungsfähiger Investitionen	EUR
Finanzierungskosten (Disagio)	EUR
Gesamtinvestitionssumme	EUR

(2)   Betriebskosten

285   Sie kommen nun in rein betriebswirtschaftliche Bereiche. Um eine realistische betriebswirtschaftliche Prognose abgeben zu können, müssen Sie sich über Ihre Aus-
gabenstruktur Gedanken machen. Ihre Ausgaben setzen sich aus privaten Ausgaben und betrieblichen Kosten zusammen. Bei den **betrieblichen Kosten**
unterscheidet man **Fixkosten** und **variable Kosten**. Während Sie die Fixkosten anhand der Verträge, die Sie abzuschließen gedenken, ziemlich genau ermitteln können, gelingt dies bei den variablen Kosten nicht. Hier müssen Sie schätzen.

Sie benötigen jeweils eine getrennte Aufstellung der Fixkosten und der variablen
Kosten, um so einen besseren Überblick über Ihre voraussichtlichen Kosten und
deren Veränderlichkeit zu erlangen. Machen Sie sich einen **Fünf-Jahres-Plan**.
Mindestvoraussetzung ist ein Drei-Jahres-Plan. Von drei Jahren ging man bisher
regelmäßig aus. Hintergrund war die Überlegung, dass ein Unternehmer erst zwei
Jahre nach Abschluss des Wirtschaftsjahres seine Steuererklärung erstellt und erst
zu diesem Zeitpunkt Steuern zahlen muss. Diese meist beträchtliche Kostenpositi-
on führt schnell zu Liquiditätsengpässen und kann auch Ursache für eine Insolvenz
sein – jedenfalls dann, wenn man als Unternehmer diesen Umstand nicht berücksichtigt. Ein Fünf-Jahres-Plan wird von den Banken aber zunehmend gefordert,
weil sich gezeigt hat, dass Insolvenzen vermehrt nach fünf Jahren eintreten. Dies
hängt zum einen mit den Rückzahlungsmodalitäten der Förderdarlehen und zum
anderen mit gesteigerten privaten Wünschen zusammen. Haben Sie aber einen

Fünf-Jahres-Plan erstellt, dann sind Sie sich auch im fünften Jahr noch bewusst, dass Sie nur wirtschaftlich vertretbare Privatentnahmen vornehmen können.

Tipp

Mit einer Access-Datenbank können Sie den monatlichen Verlauf Ihrer Kosten mit einfachen Mitteln verfolgen, ohne dass Sie in jedem Monat eine neue Liste anlegen müssen. Sie schaffen einmal die Grundstruktur in Ihrer Datenbank und geben nur noch die monatlich angefallenen variablen Kosten ein.

Fixkosten haben Sie bereits in Ihrer Analysephase als Folgekosten für einzelne Vertragsabschlüsse ermittelt. In der nachfolgenden Tabelle sind die wichtigsten Kostenbereiche aufgelistet: **286**

Fixkosten	Beträge
Beitrag Rechtsanwaltskammer	EUR
Beitrag Anwaltverein	EUR
Beitrag FORUM Junge Anwaltschaft im DAV	EUR
Berufshaftpflichtversicherung	EUR
Betriebshaftpflichtversicherung	EUR
Fachzeitschriften	EUR
Finanzierungskosten	EUR
Kanzleiräume (Kaltmiete) und Mietnebenkosten	EUR
Kosten des Geldverkehrs (ohne Zinsen)	EUR
Lohn- und Finanzbuchhaltung	EUR
Personalkosten inkl. Sozialabgaben	EUR
Sachwert-/Elektronikversicherung	EUR
Kurierdienst des örtlichen Anwaltvereins	EUR
Telefontechnik	EUR
Verwaltungsberufsgenossenschaft	EUR
Wartungsverträge EDV-Technik	EUR
Zinsaufwand	EUR
Kfz-Steuer/Kfz-Versicherung	EUR
Sonstige Versicherungen	EUR
Summe	EUR

Die Höhe der Kosten ist zu unterschiedlich, als dass hier eine Modellrechnung erfolgen könnte. Diese Werte lassen sich aber schnell – am besten telefonisch – ermitteln.

Prognostizieren Sie dann Ihre monatlichen **variablen Kosten** für die nächsten fünf Jahre. Die folgende Tabelle kann dabei als Muster dienen: **287**

Monatlich in	2013 (in EUR)	2014 (in EUR)	2015 (in EUR)	2016 (in EUR)	2017 (in EUR)
Fortbildung	50	100	200	100	100
Porto	200	200	250	300	300
Reisekosten, Treibstoffkosten	100	100	100	100	100
Reparaturkosten	25	25	25	25	25
Repräsentation/Marketing	80	80	80	80	80
Schreibbedarf	100	150	150	200	200
Strom	100	100	150	150	150
Telefoneinheiten	100	100	150	150	150
Unvorhergesehenes	25	25	25	25	25
Summe	780	880	1130	1130	1130

288   Die **Betriebskosten** setzen sich aus Ihren variablen Kosten und Ihren Fixkosten zusammen. Daher sollten Sie als wirtschaftlich orientierter Unternehmer eine Gesamtaufstellung für die nächsten fünf Jahre erstellen. Zunächst sollten Sie die Betriebskosten für den Jahresbedarf zusammenstellen. Haben Sie bereits konkrete Anhaltspunkte, dass und in welcher Höhe bestimmte Betriebskosten steigen, dann legen Sie eine Tabelle für mehrere Jahre an. Dies sollten Sie auch wieder mit monatlichen Durchschnittswerten tun. Beachten Sie dabei, dass die Tabelle, die Sie nun erstellen, eine Zusammenfassung von 1. (Fixkosten) und 2. (Variable Kosten) sein muss. Es müssen daher folgende Kosten enthalten sein:

Betriebskosten	2013 (in EUR)	2014 (in EUR)	2015 (in EUR)
Beitrag Rechtsanwaltskammer			
Beitrag regionaler Anwaltverein			
Berufshaftpflichtversicherung			
Betriebshaftpflichtversicherung			
Fachbücher/Fachzeitschriften			
Finanzierungskosten			
Fortbildung			
Kanzleiräume (Kaltmiete)			
Kosten des Geldverkehrs (ohne Zinsen)			
Lohn- und Finanzbuchhaltung			
Mietnebenkosten			
Personalkosten inkl. Sozialabgaben			
Porto			
Reisekosten			
Reparaturkosten			
Repräsentation/Marketing			
Sachwert-/Elektronikversicherung			
Schreibbedarf			

Betriebskosten	2013 (in EUR)	2014 (in EUR)	2015 (in EUR)
Strom			
Telefontechnik			
Telefoneinheiten			
Wartungsverträge EDV-Technik			
Verwaltungsberufsgenossenschaft Hamburg			
Unvorhergesehenes			
Summe			

Neben der Jahresplanung sollten Sie auch Ihre durchschnittlichen **monatlichen** **289** **Betriebskosten** ermitteln, um für Ihre Erfolgsplanung sachgerechte Ansätze zu haben. Grundlage sind die Jahreswerte. Folgende Tabelle können Sie dafür verwenden:

Monatliche Geschäftskosten	2013 pro Monat (in EUR)	2014 pro Monat (in EUR)	2015 pro Monat (in EUR)	2016 pro Monat (in EUR)
Fixkosten				
Variable Kosten				
Summe				

Für Ihre spätere Liquiditätsplanung benötigen Sie eine Aufstellung der **monatlichen Kosten in Abhängigkeit von der jeweiligen Fälligkeit.** Sie müssen wissen, **290** welche Kosten wann anfallen. Versuchen Sie daher die einzelnen Fälligkeiten so genau wie möglich festzustellen.

2013	Jan Feb März Apr Mai Juni Juli Aug Sep Okt Nov Dez
Beitrag Rechtsanwaltskammer	
Beitrag regionaler Anwaltverein	
Berufshaftpflichtversicherung	
Betriebshaftpflichtversicherung	
Fachbücher/ Fachzeitschriften	
Finanzierungskosten	
Fortbildung	
Kanzleiräume (Kaltmiete)	

2013	Jan Feb März Apr Mai Juni Juli Aug Sep Okt Nov Dez
Kosten des Geldver- kehrs (ohne Zinsen)	
Lohn- und Finanzbuchhaltung	
Mietnebenkosten	
Personalkosten inkl. Sozialabgaben	
Porto	
Reisekosten	
Reparaturkosten	
Repräsentation/ Marketing	
Sachwert-/Elektronik- versicherung	
Schreibbedarf	
Strom	
Telefontechnik	
Telefoneinheiten	
Wartungsverträge EDV-Technik	
Verwaltungsberufs- genossenschaft	
Unvorhergesehenes	
Betriebskosten	

(3)   Private Kosten

291   Gerade für den Existenzgründer ist es wichtig, insbesondere in den ersten Monaten auch die privaten Kosten decken zu können. Jeder Bankangestellte weiß, dass ein Unternehmer nur dann am Markt eine Chance hat, wenn er in der Lage ist, sein Privatleben zu finanzieren. Es ist auch ein häufiger Fehler in Existenzgründungs- konzepten, dass der Gründer sich zu diesem Punkt noch keine Gedanken gemacht hat. Als gedankliche Vorüberlegung sollten Sie daher alle regelmäßig und unregel- mäßig anfallenden privaten Kosten ermitteln. Sie sollten dies ebenso professionell machen wie oben bei der Ermittlung der Betriebskosten. Hinsichtlich Ihrer pri- vaten Kosten haben Sie es aber leichter: Sie rechnen mit bekannten Größen. Wenn Sie Ihren durchschnittlichen monatlichen Bedarf ermittelt haben, dann müssen Sie sich um die Finanzierung dieser Kosten kümmern. Mit Finanzierung meine ich nicht zwingend eine Finanzierung über ein Darlehen. Wie Sie Ihre privaten Kosten decken wollen, hängt natürlich auch mit Ihren persönlichen Verhältnissen zusammen. Erkundigen Sie sich auch nach dem Mindestbeitrag für das Versorgungswerk; dieser Posten kann manchmal über 200 EUR im Monat ausmachen.

Grundsätzlich müssen Sie Ihre privaten Kosten zu den betrieblichen addieren. Eine Ausnahme von diesem Grundsatz können Sie aber für die ersten sechs Monate machen, wenn Sie Überbrückungsgeld vom Arbeitsamt gemäß § 51 SGB III erhalten. Danach müssen die privaten Kosten z.b. durch Privatentnahmen in die Kostenberechnung der Kanzlei eingestellt werden.

Um sich einen Überblick zu verschaffen, erstellen Sie auf der Grundlage dieser Überlegungen am besten folgende Tabelle, in die Sie Ihre privaten und betrieblichen Gesamtkosten eintragen.   **292**

Monatliche Gesamtkosten	2013 pro Monat (in EUR)	2014 pro Monat (in EUR)	2015 pro Monat (in EUR)	2016 pro Monat (in EUR)	2017 pro Monat (in EUR)
Monatliche Geschäftskosten Notwendige Privatentnahmen					
Summe					

(4) Jahresgesamtkosten

Legen Sie als Grundlage für Ihre nachfolgende Erfolgsplanung eine Tabelle an, in der Sie alle Kosten zusammenfassen. Besonders wichtig ist dabei, dass Sie in dieser Tabelle Ihre privaten Kosten berücksichtigen. Machen Sie sich klar, dass es nicht darum geht, der Bank ein geschöntes Konzept mit schwarzen Zahlen vorzulegen. Ihr Konzept ist die Grundlage Ihrer Gründung, an der Sie sich in der Realisierungsphase ständig orientieren müssen. Sie werden die Erfahrung machen, dass einige Dinge, die Sie kaufen wollen, teurer sind als angenommen, weil Sie aus vorher nicht bekannten Gründen eine bessere Qualität benötigen o.Ä. Diese Mehrkosten müssen Sie dann woanders einsparen, damit Ihr Gesamtkonzept nicht schon in der Gründungsphase aus den Angeln gerät. Zur Deckung der privaten Kosten können Sie leider kein Investitionsdarlehen aufnehmen. Daher sollten Sie Privat- und Geschäftskosten getrennt ausweisen. Sie dürfen die privaten Kosten aber nicht vergessen. Schließlich wollen Sie überleben. Sie benötigen Privatentnahmen in Höhe Ihrer privaten Fixkosten und Ihrer Kosten zur Lebenserhaltung.   **293**

	2013	2014	2015	2016	2017
Geschäftskosten Notwendige Privatentnahmen					
Summe					

bb)   Finanzierung der Investitionen

294 An dieser Stelle Ihres Konzeptes müssen Sie erläutern, wie Sie die soeben ermittelten Kosten decken wollen. Grundlage sind die oben ermittelten Investitions- und Betriebskosten. Stellen Sie kurz dar, aus welchem Förderprogramm Sie Mittel beantragen wollen. Handelt es sich um ein Programm, bei dessen Beantragung Sie bestimmte Voraussetzungen zu erfüllen haben, so listen Sie kurz auf, dass und wie Sie diese Voraussetzungen erfüllt haben bzw. erfüllen wollen. Wenn Sie sich für ein ERP-Programm entschieden haben, dann benötigen Sie in der Regel ein weiteres Darlehen Ihrer Hausbank.

(1)   Basel II – der Informationsmotor

295 „Mit Basel II bricht für das Bankgeschäft eine neue Ära an", so überschrieb die FAZ am 24.6.2004 die Einleitung ihrer umfangreichen Berichterstattung im Wirtschaftsteil zur Vorbereitung der offiziellen Veröffentlichung der Basel II-Kriterien am 1.7.2004. „Hochgradig differenzierte Erfassung aller Risiken", so lautete der treffende Untertitel. Rechtliche Bedeutung erlangen diese Kriterien im Rahmen der Eigenbedarfsrichtlinie der EU Ende des Jahres 2006. Die EU-Kommission hat wie bereits auch 1988 im Zusammenhang mit der Aufstellung der Basel-I-Regeln bereits eine Änderung der Eigenkapitalrichtlinie auf der Grundlage der Basel II-Kriterien mit einigen Modifikationen erarbeitet, die seit dem 1.1.2007 in Kraft ist (EU-Richtlinie 2006/49/EG). Die Umsetzung ins deutsche Recht erfolgte mit der Änderung des Kreditwesengesetzes (KWG vom 5.1.2007, BGBl I S. 10, 31). Die Mindestanforderungen an das Risikomanagement und die Stabilitätsverordnung ergänzen diese Regelungen.

Verschiedenartig aufgesplittete Finanzierungen und Darlehen für Folgeinvestitionen werden durch die neuen Kriterien im Wesentlichen von Ihrer Informationsbereitschaft abhängig sein. Für Sie ist es daher wichtig, einige Zusammenhänge zu kennen, um bei Ihrer Finanzplanung die richtigen Entscheidungen treffen zu können.

296 Schon seit 1988 gibt es den „gläsernen Kreditnehmer", der alle Informationen über sein Einkommen, sein Vermögen und seine Finanzgeschäfte offen legen und Selbstauskünfte neben den Anfragen bei der Schufa erteilen muss. Die Kreditinstitute haben an sich immer schon umfassende Ermittlungen zur Bestimmung des Gesamtrisikos durchgeführt. In Zukunft wird es jedoch eine Obliegenheit eines jeden Kreditnehmers sein, sein „wirtschaftliches Eigenkapital" umfassend aufzulisten und mit ausführlichen Analysen des Marktes, seiner Stärken und Schwächen und Wettbewerbschancen Eckpfeiler für das bankeninterne Rating vorzugeben, weil u.a. nach diesen Eckpunkten das individuelle Ausfallrisiko und damit die Höhe der Zinsen bestimmt wird. Zum „wirtschaftlichen Eigenkapital" gehören auch Kredite an Dritte. Bisher müssen Kredite an Schuldner mit ansonsten schlechter Bonität mit genauso viel Eigenkapital unterlegt werden wie bei guten Schuldnern. Das gibt Banken einen Anreiz, größere Risiken einzugehen. Gute Schuldner subventionieren nach diesem System schlechte Schuldner, was manche guten Schuldner veranlasst, Fremdmittel günstiger an den Anleihemärkten aufzunehmen. Um diesem Missstand abzuhelfen, ging Basel II von Anfang an davon aus, dass die individuellen Risiken eines Kredits sehr differenziert zu erfassen sind. Ein weiteres Ziel von Basel II ist es, den Kreditinstituten einen Anreiz zu geben, ihre Systeme für das Risikomanagement beständig weiterzuentwickeln. Darüber hinaus zielt das neue Regelwerk darauf, internationalen Wettbewerbsverzerrungen vorzubeugen: Kein Kreditinstitut soll einen Anreiz haben, seinen Sitz in ein anderes Land zu verlagern, weil dort die Auflagen der Bankaufsicht laxer und damit kostengünstiger sind.[22] Eigenkapital ist also nicht nur das entscheidende Kriterium für die Frage, ob eine Hausbank überhaupt den gewünschten Kredit begleitet.

Zusammenfassend kann gesagt werden: Nur wer Geld hat, kann einen Kredit zu günstigen Konditionen bekommen. Ansonsten bezahlen die Kreditnehmer ihr höheres Ausfallrisiko selbst. Dies ist paradox, weil derjenige, der leichter in wirtschaftliche Schwierigkeiten geraten kann, höhere Zinsen zahlen muss und damit aller Voraussicht nach die wirtschaftlichen Schwierigkeiten noch früher eintreten und/oder verstärkt werden können.

297

Hintergrund ist, dass die Kreditinstitute unter dem Aspekt der Risikominderung und des Schutzes der Anleger nach den neuen Basel-II-Kriterien dazu verpflichtet sind, entsprechend der Risikobewertung für ihr Kreditvolumen bankeneigenes Kapital vorzuhalten, um Ausfälle kompensieren zu können. Bereits seit 1988 (Basel I) müssen Kreditinstitute ihre Kreditrisiken zum Schutz der Anleger in Höhe von pauschal 8 % von ihrem Kreditvolumen durch eine eigene Eigenkapitalausstattung absichern, um das Vertrauen der Bankkunden in die einzelnen Kreditinstitute und damit in die Stabilität des Finanzsystems insgesamt zu festigen. Dies setzt voraus,

---

22 FAZ v. 24.6.2004, S. 12.

dass die Banken sog. weiche Ratingfaktoren ebenfalls mit einbeziehen müssen. Bei der Bewertung im Rahmen eines Ratings ist eine nachvollziehbare strategische Planung oder ein gut ausgebautes Controlling von großer Bedeutung. Planungs- und Berichtswesen sowie eine Kostenrechnung führen zur Professionalisierung der Unternehmensführung und sind auch in kleinen Unternehmen und Anwaltskanzleien notwendig, um langfristig wirtschaftlichen Erfolg zu haben. Die für das Rating generierten Daten könnten beispielsweise auch die Steuerung des Unternehmens erheblich verbessern. „Basel II ist daher eine Chance für die Mittelständler, ihre Wettbewerbsfähigkeit zu steigern".[23]

298   Auch ein Anwalt wird seine Informationspolitik grundlegend verändern müssen und eine permanente Kommunikation zu seiner Bank aufbauen. Eine aktive, zeitnahe und offene Finanzkommunikation gegenüber den Banken mit unterjährigen Werten sowie Planzahlen macht bis zu 20 % auf dem Weg zu günstigen Kreditkonditionen aus. Die Qualität des Managements, der Informationssysteme oder der Personalentwicklung sowie von „Corporate Identity" und „Corporate Design" haben ebenso Einfluss auf das Rating wie eine Regelung der Nachfolge sämtlicher Führungskräfte der ersten und zweiten Ebene. Die Nachfolgeregelung geht immerhin zu gut 5 % in das Rating ein.[24] Vergangenheitsbezogene Daten und zukunftsorientierte Planung braucht die Bank, um für jeden Kreditnehmer eine Ausfallwahrscheinlichkeit abschätzen zu können. Nach Auffassung von *Gerald Lüer*, Commerzbank-Manager, werden sich Kredite auf dem gesamten Kreditmarkt dadurch verteuern. Doch wenn die Bonität eines Kreditnehmers unterdurchschnittlich schlecht ist, nehmen die Zinskosten deutlich zu. Dabei kommt es zu einem Doppeleffekt: höhere Zinsmargen zur Abdeckung der im Durchschnitt höheren Verluste dieser Schuldnergruppe durch Kreditausfälle abzudecken. Zudem schreibt Basel II den Banken vor, für riskante Kredite deutlich mehr Eigenkapital vorzuhalten. Auch dies ist ein Kostenfaktor, der die Zinsmarge nach oben treibt. Kreditinstitute müssen mehr als bisher als Partner verstanden werden.[25] Die Bank kann Hinweise geben, welche Schwächen behoben werden müssen, um das bankeninterne Rating zu verbessern und so in den Genuss günstigerer Zinskonditionen zu kommen. Alternativen sind steueroptimiertes Leasing oder Mezzanine-Kapital.

---

23 *Künzel*, FAZ v. 24.6.2004, S. 12.
24 LfM-Geschäftsführer *Kayser*, FAZ v. 24.6.2004, S. 12.
25 *Lüer*, FAZ v. 24.6.2004, S. 12.

Mindestanforderung an die Eigenkapitalausstattung der Banken, eine Über-　**299**
wachung der Kreditinstitute durch die Aufsichtsbehörden einerseits und Veröffent-
lichungspflichten der Kreditinstitute andererseits (Marktdisziplin)[26] bilden die drei
Säulen des neuen Systems, die an sich ausschließlich das Verhältnis der Aufsichts-
behörde zum jeweiligen Kreditinstitut betreffen. Den Kreditinstituten wird dabei
die Option geboten, zwischen drei unterschiedlichen Berechnungsansätzen zu
wählen. Bei dem Standardansatz wird für Kredite an Unternehmer ein Risikogewicht von 100 % zugrunde gelegt, das pauschal mit 8 % Eigenkapital zu unterlegen
ist. Sie können aber auch den flexibleren Basisansatz oder den fortgeschrittenen
Ansatz wählen. Dies soll dem unterschiedlichen Entwicklungsstand der Risikoma-
nagementsysteme bei den einzelnen Banken Rechnung tragen. Individuelle Risiken eines Kredits, also letztlich die Bonität des Kreditnehmers, werden zukünftig
hochgradig differenziert erfasst. Dies läuft darauf hinaus, dass die Banken ihren
Kunden für riskante Kredite deutlich höhere Sollzinsen in Rechnung stellen wer-
den. Für schlechte Schuldner müssen die Kreditinstitute mehr Eigenkapital binden.
Nach Basel II werden insoweit vier Risikogruppen unterschieden, die sich an der
Bonitätseinstufung des Kreditnehmers durch externe Ratingagenturen orientieren.
Für die besten Schuldner gibt es ein Risikogewicht von 20 %, d.h. eine Bank muss
nur noch 1,6 % von dem um Sicherheiten bereinigten Kreditvolumen hinterlegen.
Bei schlechter Bonität beträgt das Risikogewicht 150 %; 12 % Eigenkapital der
Bank sind vorzuhalten.[27]

Die Kreditinstitute haben nun leider noch weniger Spielraum als früher, weil nicht　**300**
nur der Kreis der anerkennungsfähigen Sicherheiten im Standardansatz festgelegt
ist, sondern die Eigenkapitalrichtlinie der EU auch den Begriff des „Kreditaus-
falls" definiert und an Verzugskriterien – unabhängig von der späteren erfolgreichen Beitreibung des Geldes – orientiert. Besonders problematisch ist zum einen,
dass dingliche Sicherheiten nach dem Richtlinienentwurf im Standardansatz nicht
zur Risikominderung herangezogen werden können (Annex E-1, Tz. 204 und 209
Begleitdokument). Zum anderen koppelt Art. 1 (46), Annex D-5, Nr. 42 die Definition des Kreditausfalles an eine feste Anzahl von Verzugstagen. Auch das Instrument der Forderungsabtretung kann nach der neuen Eigenkapitalsrichtlinie nicht
berücksichtigt werden. Erfreulich ist aber, dass generell der Kreis der anerkennungsfähigen Sicherheiten erweitert wurde. Berücksichtigt werden können nun, je
nach Ansatz, unter anderem auch Unternehmensgarantien, Forderungen aus Liefe-

---

26 Dipl. Kfm. (FH) *Christian Reichling*, Basel II – Eine Herausforderung vor allem für den steuerbe-
    ratenden Beruf, Steuer & Studium 2003, 416 ff., 417.
27 FAZ v. 24.6.2004.

rungen, Sicherungsübereignungen zum Beispiel von Maschinen und Autos, Rohstoffen und Halbfertigwaren.

Eine internationale Arbeitsgruppe sorgt dafür, dass die quantitativen Regeln in allen Ländern gleich ausgelegt werden, so dass es nicht zu Wettbewerbsverzerrungen kommt.[28]

301 Die Bedeutung des Mittelstandes zur Diversifikation der Risiken durch viele mittelständische Kreditnehmer sowie die hohe Stabilität des Finanzsystems durch Langfristkredite zeigt sich in vielen Detailvorschriften, die darauf hinauslaufen, dass die Banken Kredite an Mittelständler mit weniger Eigenkapital unterlegen müssen als Kredite an Großunternehmen. Wichtigste Erleichterung ist, dass Kredite bis zu einer Höhe von 1 Mio. EUR dem sog. Retailportefeuille zugeordnet werden. Im Standardansatz beträgt das Risikogewicht für Retailkredite pauschal 75 %, im Basisansatz sowie im fortgeschrittenen Ansatz sind die Risikogewichte oft noch niedriger. Durch die Zuordnung zum Retailportefeuille begünstigt Basel II also Kredite an Handwerker, Ärzte und das Kleingewerbe. Bei den internen Ratingansätzen kommen zudem Unternehmen mit einem Jahresumsatz bis zu 50 Mio. EUR in den Genuss verringerter Risikogewichte. Gegenüber Großunternehmen verringern sich die Risikogewichte im Durchschnitt um 10 %, in der Spitze um 20 %. Im fortgeschrittenen Ansatz entfällt für Unternehmen mit einem Umsatz bis 500 Mio. EUR ein etwaiger Zuschlag für eine lange Kreditlaufzeit.

302 Die dritte Säule schreibt den Kreditinstituten vor, Details zu ihren Kreditrisiken sowie dem Risikomanagement regelmäßig zu veröffentlichen. Damit sind die Banken der „Marktdisziplin" unterworfen: Kommt der Markt aufgrund der veröffentlichten Informationen zu dem Schluss, dass sich das Gesamtrisiko einer Bank erhöht hat, muss sie bei der Geldaufnahme höhere Zinsen zahlen. Das soll als Regulativ wirken und eine Bank ggf. zur Verringerung ihrer Risiken oder zur Verbesserung ihres Risikomanagements veranlassen.

Tipp
Geben Sie Ihrer Hausbank zweimal im Jahr Ihre Planungen und Ist-Zahlen zum Abgleich und führen Sie Gespräche über die Verbesserung Ihres Erfolges mit Ihrer Bank, um sich langfristig günstige Kreditkonditionen zu sichern.

---

28 FAZ v. 24.6.2004.

(2) Beispielrechnungen

Beispiel 1: 303

Sie haben Eigenmittel in Höhe von 6.000 EUR und wollen ein Darlehen aus dem Programm der ERP-Kapital für Gründung beantragen. Ihre private Büroausstattung inklusive Fachbüchern hat einen Wert von 1.500 EUR. Ihr Onkel würde Ihnen 15.000 EUR zur Verfügung stellen. Sie wollen möglichst wenig Fremdgeld aufnehmen.

Lösung:

Mit 7.500 EUR können Sie bis zu einer Investitionssumme von 50.000 EUR planen, weil Sie 15 % dieser Summe als Eigenkapital besitzen. Wenn Sie das Privatdarlehen Ihres Onkels annehmen, dann benötigen Sie nur weitere 15.000 EUR Fremdkapital von Ihrer Hausbank, weil das ERP-Kapital für Gründung lediglich bis zu einer Summe von 40 % der Investitionssumme eingesetzt werden kann. Wollen Sie sich in den neuen Bundesländern selbstständig machen, kann das ERP-Kapital für Gründung bis zu 75 % der Investitionssumme aufstocken.

Investitionssumme	50.000 EUR
Eigenkapital	7.500 EUR
ERP-Kapital für Gründung (25 %)	12.500 EUR
Privatdarlehen	15.000 EUR
Darlehen der Hausbank	15.000 EUR

Beispiel 2:

Sie wollen bei der im Beispiel 1 geschilderten Grundkonstellation eine möglichst hohe Investitionssumme erreichen, ohne eine 100 %-Förderung anzustreben.

Lösung:

Setzen Sie das Privatdarlehen zusammen mit Ihren Mitteln als Eigenkapital ein.

Investitionssumme	150.000 EUR
Eigenkapital	22.500 EUR
ERP-Kapital für Gründung (25 %)	37.500 EUR
Darlehen der Hausbank	90.000 EUR

Tipp
Nutzen Sie in einem solchen Fall Ihre gesamten liquiden Mittel als Liquiditäts-reserve und/oder für unvorhergesehene Folgeinvestitionen. Setzen Sie diese nicht als Eigenmittel ein!

Beispiel 3:
Sie wollen bei der Grundkonstellation wie im Beispiel 2 Ihre liquiden Mittel als Liquiditätsreserve einsetzen.

Lösung:
Setzen Sie das Privatdarlehen zusammen mit dem Wert Ihrer vorhandenen Bü-roausstattung als Eigenkapital ein.

Investitionssumme	**110.000 EUR**
Eigenkapital	16.500 EUR
ERP-Kapital für Gründung (25 %)	27.500 EUR
Darlehen der Hausbank	66.000 EUR

304 Beziffern Sie das Verhältnis von Eigenkapital und Fremdfinanzierung und differen-zieren Sie Letztere ggf. noch genauer. Fassen Sie zusammen, warum Sie die För-derungskriterien erfüllen, und schildern Sie die wesentlichen Eckdaten des ge-wünschten Darlehens. Die Zusammenstellung könnte wie folgt aufgebaut werden:

Investitionsbedarf	▨▨▨▨ EUR
Vorhandenes Eigenkapital – liquide Mittel[29]	▨▨▨▨ EUR
Bedarf an langfristigen Finanzmitteln	▨▨▨▨ EUR
Bedarf an kurzfristigen Finanzmitteln	▨▨▨▨ EUR

Tipp
Wenn Sie sich dafür entschieden haben, für Ihre Gründung ein Darlehen aus dem Programm der ERP-Kapital für Gründung zu beantragen, dann sollten Sie an dieser Stelle angeben, was Sie mit welchem Wert in die Kanzleigründung einbringen. Büroeinrichtungen, Fachbücher und Ihre technische Ausstattung entsprechen einem Teilbedarf und sind daher auch ein Teil Ihrer Gesamtinvesti-tion.

cc) Erfolgsplanung

305 Erfolgsplanung ist ein Begriff, von dem einige behaupten, es gebe ihn nicht, weil man Erfolg nicht planen könne. Dies ist falsch. Erfolg ist planbar. Sie müssen sich

---

29 Ohne Liquiditätsreserve.

selbst gegenüber und im Hinblick auf alle Standortfaktoren nur kritisch genug sein. Die Erfolgsplanung basiert auf einer Sensibilisierung für Risiken vor dem Hintergrund einer Zielvorgabe. Streben Sie beispielsweise einen Jahresumsatz von 80.000 EUR im zweiten Jahr an, dann müssen Sie überlegen, wie Sie dieses Ziel erreichen können. An dieser Stelle müssen Sie sich vergegenwärtigen, ob sich die von Ihnen geplanten Ausgaben und Folgekosten erwirtschaften lassen. Dazu legen Sie die bereits ermittelten durchschnittlichen Betriebskosten zugrunde.

(1) Umsatzprognose

Zu den Zielvorgaben des zu gründenden Unternehmens gehört auch eine realistische Schätzung der zu erwartenden Umsätze. Diese Umsatzprognose sollte sich auf **Nettoumsatzerlöse** beziehen, also den Gesamtumsatz abzüglich der Mehrwertsteuer. Dieser sollte aus Sicherheitsgründen bewusst niedrig angesetzt werden. Um überhaupt einen Überblick über erzielbare Umsätze zu bekommen, sollten Sie in **Umsatzstatistiken** recherchieren. Diese werden in regelmäßigen Abständen in den verschiedensten Medien veröffentlicht, z.B. in den Mitteilungsblättern der Bundesrechtsanwaltskammer (BRAK-Mitt).[30]   **306**

Berücksichtigen Sie bei der individuellen Prognose das Profil der zu gründenden Kanzlei ebenso wie die Anwaltsdichte und die spezielle Wettbewerbssituation gerade auch im Hinblick auf die angestrebten Schwerpunkte. Bereits an dieser Stelle macht es sich bezahlt, ein konkretes Konzept ausgearbeitet zu haben, denn nur aus der Würdigung aller Umstände lässt sich eine zuverlässige Prognose entwickeln. Insbesondere die Auswertung beabsichtigter Marketingstrategien kann dazu beitragen, die Prognose zu untermauern.

Umsatzstatistiken gibt es für die gängigsten Rechtsgebiete. Haben Sie ein Nische für sich entdeckt, also ein Rechtsgebiet, für das es noch keine Statistik gibt, wählen Sie vorhandene Zahlen eines vergleichbaren Rechtsgebietes und erläutern Sie die Vergleichbarkeit der Situation. Allerdings sollten Sie als Existenzgründer diese Durchschnittswerte nur als Grundlage ansehen. Es ist in jedem Fall ein Abschlag notwendig, um dem Umstand Rechnung zu tragen, dass Sie erst bekannt werden müssen und jedes Unternehmen in der Anfangsphase mit Anlaufschwierigkeiten zu rechnen hat. Wenn Sie schon Mandanten oder gar einen Mandantenstamm haben, kann dieser Abschlag niedriger ausfallen.   **307**

---

30 *Star*, BRAK-Mitt 5/1996.

308   Um eine Umsatzprognose erstellen zu können, müssen Sie alle wirtschaftlichen Aspekte abwägen. Auf der Grundlage Ihres Konzeptes können Sie sich anhand der ermittelten wirtschaftlichen Faktoren ein Gesamtbild machen. Es handelt sich um die knappe Zusammenfassung Ihres Konzeptes. Anhand dieser Gesamteinschätzung müssen Sie Ihre Umsatzprognosen aufstellen.

Für die Interessenschwerpunkte Arbeitsrecht, Erbrecht und Steuerrecht schlage ich vor, statistisch ermittelte Umsatzprognosen mit einem 30 %igen Abschlag für das erste Jahr und einen 15 %igen Abschlag für das zweite Jahr aufzustellen.

Spezialgebiet	Umsatz	Umsatzprognose 1. Jahr	Umsatzprognose 2. Jahr
Arbeitsrecht	40.000 EUR	28.000 EUR	34.000 EUR
Erbrecht	36.000 EUR	25.000 EUR	31.000 EUR
Steuerrecht	47.000 EUR	33.000 EUR	40.000 EUR

Tipp
Sind Sie weiblich, machen Sie in Anbetracht der Erkenntnisse von *Professor Hommerich*,[31] der herausfand, dass **Rechtsanwältinnen** grundsätzlich weniger Umsatz erwirtschaften, einen weiteren **Abschlag von 10 %**. Schreiben Sie dies aber bitte nicht so in Ihr Konzept. Bezeichnen Sie den Abschlag besser als „Sicherheitsabschlag".

(2)   Ermittlung von finanziellen Risiken

309   Ermitteln Sie Ursachen für finanzielle Risiken, um eventuell einen weiteren **Sicherheitsabschlag** vorzunehmen. Risiken können auch in der **eigenen Person** begründet sein und/oder von den Mitarbeitern ausgehen. Maßgebend ist die Frage, ob Ihre Kanzlei den Erwartungen der Mandanten entspricht. Sind Sie nicht in der Lage, Ihre Stärken und die Stärken Ihrer Mitarbeiter herauszustellen, werden Sie an Ihren Schwächen gemessen. Nehmen Sie eine Einschätzung Ihrer Schwächen vor. Hier ist ein **Fragenkatalog**, anhand dessen Sie sich darüber klar werden können, ob Sie ein Vertrauensdefizit ausgleichen müssen.
1. Wirken (Ihre Kollegen und) Sie souverän, kompetent und sympathisch?
2. Wirken Ihre Mitarbeiter kompetent und sympathisch?
3. Ist Ihr Kanzleistandort für Ihre Wunschklientel geeignet?
4. Ist das Gebäude einladend?
5. Sind die Räumlichkeiten Ihres Wunschobjektes hell und freundlich?
6. Welche Vorkehrungen können Sie treffen, um die zu verneinenden Anforderungen zu kompensieren?

---

31   *Hommerich*, Der Einstieg in den Anwaltsberuf, 2001.

Beantworten Sie diese Fragen am besten zunächst schriftlich und begründen Sie **310** Ihre Antwort. Stichworte genügen dabei. Sie haben dann die Gewähr, dass Sie sich nicht unreflektiert von den Meinungen anderer beeinflussen lassen. Im nächsten Schritt sollten Sie sich mit anderen – Bekannte, Freunde und/oder Familienangehörige – über diese Punkte unterhalten. Fragen Sie ganz direkt! Verzagen Sie nicht, wenn Sie völlig unterschiedliche Antworten bekommen. Merken Sie sich, wer welche Antworten und Kommentare abgegeben hat. Fragen Sie sich, ob es für bestimmte Antworten besondere, ggf. tagesabhängige Hintergründe oder persönliche Interessen/Zwänge gab. Je distanzierter Sie die Ergebnisse betrachten, desto besser. Doch beachten Sie: Sie sollen nicht entscheiden, welcher Auffassung Sie sich anschließen. Sie selbst haben für sich eine vielleicht völlig andere und viel differenziertere Meinung unter Abwägung aller Umstände zu bilden. Bei Ihrer Gründung sind Sie der Experte für Ihre Geschicke! Auch der beste Berater kann Ihnen diese Aufgabe nicht abnehmen.

(3)   Gewinn- und Verlustrechnung

Nach § 4 Abs. 3 EStG können Sie als Anwalt auf eine Bilanzierung verzichten und **311** eine Einnahme-Überschuss-Rechnung erstellen. Sie können dies auch, wenn Sie sich entschieden haben, auf die Kleinunternehmerregelung nach § 19 UStG zu verzichten. Trotz dieses Verzichts haben Sie grundsätzlich keine umfassenden Buchführungspflichten. Im Rahmen Ihrer Planung müssen Sie Ihre zukünftigen Gewinne und Verluste prognostizieren. Prognose bedeutet mehr als Schätzung. Von Ihnen wird eine zielorientierte Schätzung verlangt, d.h. Sie geben vor, wann Sie wie viel verdienen wollen. Mit Ihrem Marketingkonzept entwickeln Sie die dafür notwendigen Strategien.

Für Ihre Liquiditätsplanung ist es elementar, dass Sie sich darüber klar werden, **312** wann voraussichtlich Zahlungen eingehen werden. Sie müssen die voraussichtlichen Umsätze daher schätzen. Stellen Sie zunächst eine Jahresumsatzprognose auf. Dies ist einfacher, weil Sie sich an dieser Stelle dann noch nicht mit Gebührenhöhe und Verfahrensdauern beschäftigen müssen. Prognostizieren Sie nach Schwerpunkten, Umfeld und Verfahrensdauer Ihre Umsatzerlöse und stellen Sie die Erlösschätzungen Ihren Kostenprognosen gegenüber. Erstellen Sie zunächst für die einzelnen Gründungsjahre eine Umsatzerlösprognose, am besten nach folgendem Muster:

Umsatzerlöse	2013	2014	2015	2016
Vorsteuererstattung				
Sonstiges (z.B. Referentenhonorare)				
Gemäß Umsatzprognose				
Personalkostenzuschuss vom Arbeitsamt				
Summe der Nettoerlöse				

313   Wesen der Liquiditätsplanung ist aber nicht nur, den durchschnittlichen Fehlbedarf für die Gründungsjahre, sondern auch die **monatlichen Umsätze** zu ermitteln, auf deren Grundlage Sie die monatlichen Gewinne oder Verluste ermitteln. Da verschiedene Kosten mit dem Jahresbetrag auf einmal anfallen, müssen Sie in einigen Monaten Gewinne machen, um die voraussichtlichen Verluste in anderen Monaten wieder ausgleichen zu können. Dazu müssen Sie zunächst eine monatliche Umsatzprognose – am besten nach folgendem Muster – erstellen:

2013	Jan Feb März Apr Mai Juni Juli Aug Sep Okt Nov Dez
Erlöse	
Kosten	
Gewinn/ Verlust	

dd)   Liquiditätsplanung

(1)   Liquiditätssicherung; existenzsichernde Tätigkeiten

314   Die Liquiditätsplanung ist an sich die wichtigste Planung für ein Unternehmen. Für die Erstellung einer solchen Planung können Sie sich auch fachkundig beraten lassen. Kolleginnen und Kollegen, die auf dem Gebiet der Existenzgründung arbeiten, sind geeignete Berater. Welcher Kollege mit welchen Interessen- und Tätigkeitsschwerpunkten im Umkreis des von Ihnen ausgewählten Kanzleistandortes tätig wird, erfahren Sie aus dem örtlichen Branchenbuch und bei den zuständigen Rechtsanwaltskammern. Wie bereits im Rahmen der Umsatzprognosen sind auch hier sehr viele Unbekannte im Spiel. Wie sollen Sie bei soviel Ungewissheit zu sinnvollen Planungen kommen, werden Sie sich fragen. Sie müssen zunächst die Kosten und deren Fälligkeitszeitpunkte ermitteln. Dann müssen Sie anhand der zu einem Zeitpunkt fällig werdenden Kostenvolumina entscheiden, ob Sie zu diesem Zeitpunkt das benötigte Geld aus den laufenden Einnahmen aufbringen können oder rechtzeitig dafür Rücklagen anlegen müssen und können. Wenn nicht, benötigen Sie hierfür ein kurzfristiges Darlehen, wie z.B. das DtA-Darlehen in der Betriebsmittelvariante (vgl. Rn 317 f.).

Achtung

Kalkulieren Sie die Tilgungsraten richtig ein! Denn in den neuen Bundesländern sind zahlreiche Unternehmen insolvent geworden, weil sie – unzureichend beraten – eben dies nicht getan haben. Diese Unternehmen waren im fünften Jahr wirtschaftlich nicht in der Lage, ihre Darlehen in gleich bleibenden Jahresraten zu tilgen. Da die Darlehen fünf Jahre lang nicht zu tilgen waren, verteilte sich die gesamte Tilgungslast nur auf die verbleibenden 5 bzw. 15 Jahre Restlaufzeit und waren so entsprechend höher.

Es ist kein Geheimnis: Die allgemeine Zahlungsmoral der Leute ist schlecht. Die **315** Einnahmenstruktur sollte daher möglichst vielseitig sein. Sie müssen im Rahmen Ihrer Möglichkeiten liquiditäts- und existenzsichernde Maßnahmen ausarbeiten. Legen Sie dar, wie Sie mit diesem Problem umgehen wollen. Am besten ist natürlich eine dicke Eigenkapitaldecke, die leider nicht jeder von uns zur Verfügung hat. Folgende existenzsichernde Tätigkeiten kommen – abhängig von Ihren Schwerpunkten – in Betracht:

- Inkassoaufträge – Mahnverfahren*
- Gerichtsverhandlungen für andere Kanzleien
- Unternehmensberatung*
- Medienberatung*
- Datenschutz*
- Korrespondenzmandate
- Pflichtverteidigungen
- Insolvenzverfahren
- Pflege von Unternehmensverträgen, insb. Kontrolle von Allgemeinen Geschäftsbedingungen*
- Steuertipps* (Sie müssen wissen, welche Belege Sie sammeln müssen)
- Hausverwaltung inkl. Betriebskostenabrechnung und Steuererklärung
- Ratsmandate.

Die mit Sternchen (*) gekennzeichneten Leistungen können Sie zu Stundensätzen oder Pauschalen anbieten, soweit sie außergerichtlich bleiben. Besteht Ihre Zielgruppe aus kleineren und mittleren Wirtschaftsunternehmen, dann sind Stundenhonorare sinnvoll. Die meisten Unternehmer können mit den Tarifen des RVG wenig anfangen. Diese Klientel ist es gewohnt, mit Stundensätzen zu rechnen. Stundensätze vermitteln in diesem Zusammenhang den Eindruck, günstiger zu sein als die Anwendung des RVG. Sie sind es oft auch.

316   Zu einer erfolgreichen Gründung gehört eine gezielte Liquiditätsstrategie. Sie werden am Anfang mit den unterschiedlichsten Ursachen für Liquiditätsengpässe zu kämpfen haben. Doch mit gezielter Planung werden Sie Erfolg haben.

(2)   Exkurs: DtA-Betriebsmittelvariante

317   Sorgen Sie für eine Möglichkeit, Ihre Liquidität zu sichern. Wie Sie das machen, steht Ihnen frei. Sie haben neben den üblichen Dispositionskrediten von Ihrer Bank auch die Möglichkeit, ein **DtA-Darlehen** als **Betriebsmittelvariante** zu beantragen. Achten Sie aber darauf, dass Ihr Bankangestellter die Beantragung dieses Darlehens nicht mit dem Hinweis verwirft, dass er Ihnen einen hauseigenen Dispositionskredit zu günstigen Konditionen gewährt. Sie sollten u.U. den Dispositionskredit zunächst ablehnen oder mindestens bis zum Zeitpunkt der Bewilligung zurückstellen. Wenn Sie gut argumentieren können, können Sie natürlich auch versuchen, dem Bankangestellten klar zu machen, dass Sie beides benötigen. Ein Argument dafür könnte z.B. sein, dass Sie Ihre Liquidität in zwei Stufen sichern.

Die erste Stufe als notwendiges Minimum sichern Sie mit dem DtA-Darlehen als Betriebsmittelvariante. In der zweiten Stufe (z.B. ab einem 2.000 EUR übersteigenden Zusatzbedarf) planen Sie einen **Kontokorrentkredit**. Wollen Sie sicherheitshalber einen günstigen Kontokorrentzins aushandeln, um unvorhersehbare Engpässe mit dem hauseigenen Dispositionskredit abdecken zu können, sind Vorsicht und Geschick geboten. Der Bankangestellte wird Ihnen unter diesen Umständen DtA-Darlehen als Betriebsmittelvariante als die für ihn und seine Bank ungünstigste Alternative auszureden versuchen. Verschieben Sie im Zweifel die Beantragung eines bankeigenen Kontokorrentkredits. Nachverhandlungen sollten aber insoweit vor Eröffnung Ihrer Kanzlei geführt werden.

318   Zwischen Kontokorrentkredit und DtA-Darlehen als Betriebsmittelvariante gibt es zwei wesentliche Unterschiede:
1. Das Darlehen der DtA als Betriebsmittelvariante ist auf die gesamte Laufzeit und den gesamten Betrag zu verzinsen. Dies spricht dafür, nur die absolut notwendige Summe zu beantragen.
2. Die Zinsen des DtA-Darlehens als Betriebsmittelvariante sind wesentlich geringer als die günstigsten Zinsen eines Dispositionskredites.

(3)   Gebührenstruktur und Verfahrensdauer als Grundlage der Prognose

319   Für Ihre Stellungnahme zu der Frage, wie sich der Umsatz gezielt erwirtschaften lässt und wodurch er beeinflusst werden kann, können Sie auf Eigenheiten des anwaltlichen Gebührenrechts und Ihre Marketingstrategie zurückgreifen. Schreiben

Sie etwas zu Art und Berechnung der Anwaltsgebühren (vgl. § 8 Rn 1 ff.). Solche Ausführungen wirken kompetent und bieten die Möglichkeit der Selbstkontrolle.

Beachten Sie, dass Sie bestimmte Eigenheiten des Gebührenrechts darstellen. **320** Dazu gehört die Möglichkeit, einen Vorschuss verlangen zu können. Allerdings sollten Sie auch erwähnen, dass bei forensischer Tätigkeit lediglich ein Vorschuss in Höhe von einem Drittel der anfallenden Gebühren verlangt werden kann. Besonders hinweisen möchte ich auf einen wesentlichen Umstand: die **Verfahrensdauer**! Sozialgerichtliche Verfahren beispielsweise dauern in der Regel mindestens drei Jahre. Solange bekommen Sie maximal einen Vorschuss (§ 9 RVG). Ist für das Verfahren PKH bewilligt, dann bekommen Sie drei Jahre lang zunächst nichts für Ihre Tätigkeit. Auch landgerichtliche Verfahren dauern oft lange. Beim Landgericht Hannover beispielsweise braucht jede Übersendung von gegnerischen Schriftsätzen zurzeit ca. acht Wochen. Die Verfahrensdauer wird sich in diesem Jahr damit wohl bei ca. 12 Monaten einpendeln.

> *Tipp*
> Erkundigen Sie sich bei den Geschäftsstellen der Gerichte, vor denen Sie auftreten werden, nach der jeweiligen Verfahrensdauer.

Sachgebiet	Durchschnittliche Verfahrensdauer*
Verkehrssachen	6 Monate
Mahn- und Zwangsvollstreckungssachen	8 Monate
Arbeitsrechtsverfahren	2–3 Wochen (Erledigung im Gütetermin), sonst bis 6 Monate
Sozialrechtsverfahren	2,5 Jahre
Zivilverfahren	
■ Familiensachen	3 bis 12 Monate (bei Scheidungen abhängig vom Ablauf des Trennungsjahres)
■ Einstweiliger Rechtsschutz	1–6 Wochen – je nach Dringlichkeit
■ Sonstige Amtsgerichtssachen	10 Monate
■ Landgerichtssachen	12 Monate
■ Straf-/OWi-Verfahren	4 Monate
■ Außergerichtliche Mandate	3 Monate
■ Erstberatungen	1 Tag
Verwaltungsrechtsverfahren	
■ Behördliche Verfahren	5 Monate
■ Gerichtliche Verfahren	12 Monate

* Raum Hannover für 2003

(4) Exkurs: Die Zahlungsmoral

321 Dass die Zahlungsmoral schlecht ist, ist allgemein bekannt. Allerdings denken die wenigsten an die Konsequenzen. Gerade in der Gründungsphase kann dies die Existenz gefährden. Versuchen Sie zu ergründen, wann Ihre Rechnungen besonders gut oder besonders schlecht bezahlt werden. In meiner Kanzlei konnte ich bestimmte finanzielle Engpässe bei meinen Mandanten im November 2000 ganz besonders gut beobachten. Aus der unmittelbaren Nähe zur EXPO habe ich im letzten Monat der Weltausstellung nur wenige neue Mandate bekommen. Die allgemeine Zahlungsmoral wurde schlechter. Im November, also während des EXPO-Sonderpostenverkaufs, ging die allgemeine Zahlungsmoral jedoch gegen Null. Lediglich Vorschüsse waren zu bekommen, wobei einige Mandanten mit der Bezahlung der Vorschüsse aber auch bis zu den ersten Tagen im Dezember warteten.

Es ist oft nicht böswillig, wenn die Mandanten nicht bezahlen. Auch sie verfügen in der Regel nur über ein begrenztes Budget. Kommen außerplanmäßige Ausgaben in großem Umfang dazwischen, führt dies nicht selten zur vorübergehenden Zahlungsunfähigkeit. Dann werden Prioritäten gesetzt und nur noch die wichtigsten Rechnungen bezahlt. Anwaltsrechnungen gehören in der Prioritätenliste – wenn es sich nicht um Vorschussrechnungen handelt – in der Regel nicht ganz nach oben.

322 Mögliche Einflüsse auf die Zahlungsmoral möchte ich Ihnen hier beispielhaft darstellen:

Gute Zahlungsmoral	Schlechte Zahlungsmoral
■ Vorschüsse in Verbindung mit Gerichtskostenvorschüssen	■ Vor und nach den Ferien/ dem Urlaub
■ Innerhalb von 8 Tagen nach gewonnenem Prozess/günstiger außergerichtlichen Einigung	■ Zu Quartalsbeginn
■ 14 Tage vor Weihnachten	■ Zu Jahresbeginn
■ Zwischen Weihnachten und Neujahr („Nicht mit Schulden ins neue Jahr gehen!")	■ Nach besonderen Kaufangeboten/ Großveranstaltungen

Kalkulieren Sie dies daher auch in Ihrer Liquiditätsplanung ein. Verfahren Sie am besten nach der „Drittel-Theorie": Gehen Sie davon aus, dass lediglich ein Drittel der Gebühren innerhalb von vier Wochen eingehen. Ein weiteres Drittel können Sie innerhalb eines Quartals erwarten. Das letzte Drittel machen die problematischen Fälle aus, in denen Sie u.U. die Zwangsvollstreckung betreiben müssen. Je nach angestrebter Zielgruppe kann die Zahlungsmoral besser oder schlechter sein.

(5) Vorsteuererstattung als „rettende" Einnahme in der Anfangszeit

Ein ganz interessanter Punkt dürfte die Möglichkeit der Vorsteuererstattung im ersten Jahr sein. Wie Sie wahrscheinlich wissen, sind Sie im ersten Jahr wegen der Geringfügigkeit Ihrer Einnahmen höchstwahrscheinlich noch nicht umsatzsteuerpflichtig. Wenn Sie aber freiwillig Umsatzsteuer ausweisen und abführen, dann können Sie die Mehrwertsteuer bei den eigenen Ausgaben sparen. Gerade im ersten Jahr, in dem Sie Ihre Kanzlei neu einrichten, dürfte der Vorsteueranteil, den Sie beim geschäftlichen Einkauf zu zahlen haben, beachtlich sein. Eine Vorsteuererstattung gibt es aber nur dann, wenn der an das Finanzamt abzuführende Anteil (Umsatzsteuer) niedriger als der verauslagte Anteil (Vorsteuer) ist. Bei einer Investitionssumme von 20.000 EUR beispielsweise sind dies 2.758,62 EUR. Abzugsfähig ist aber nicht nur der Teil der Vorsteuer, der für Investitionen verauslagt wird, sondern jeder Vorsteueranteil, der betriebsbedingt verauslagt worden ist, z.B. für Betriebsausgaben.

323

Obwohl es möglich ist, sich die Vorsteuer monatlich erstatten zu lassen, sollten Sie der Einfachheit halber davon ausgehen, dass die im Gründungsjahr gezahlte Vorsteuer quartalsweise erstattet wird. Ansonsten müssen Sie monatlich Ihre Vorsteuererklärung abgeben. Die Termine zur Abgabe der Quartalsmeldung zur Umsatzsteuer sind der 10. Januar, der 10. April, der 10. Juli und der 10. Oktober eines jeden Jahres.

Die Einnahmen werden zu Beginn nicht in voller Höhe eingehen, weil sich Gerichtsverfahren lange hinziehen können (vgl. Rn 320 ff.). Ein weitsichtiger Anwalt arbeitet daher auf Vorschussbasis in Höhe etwa eines Drittels der Gesamtgebühr (vgl. § 17 RVG).

324

Ermitteln Sie unter Berücksichtigung eines geschätzten Einkommens Ihren Gesamtliquiditätsbedarf für die Zeit, in der Sie Verlust prognostiziert haben. Sie müssen sich aber einen festen Zeitpunkt setzen, zu dem Sie Gewinne anstreben. Legen Sie an dieser Stelle fest, in welcher Höhe Sie Darlehen zur Liquiditätssicherung (DtA-Existenzgründerdarlehen in der Betriebsmittelvariante bzw. Kontokorrentkredit) in Anspruch nehmen wollen.

(6) Liquiditätspläne

Um sich in der Gründungsphase rechtzeitig auf finanzielle Engpässe und den daraus erwachsenen Problemen einstellen zu können, sind Liquiditätspläne für jedes Ihrer fünf Gründungsjahre wichtig. Sie müssen sich darüber klar werden, wann Zahlungen frühestens eingehen können bzw. Ausgaben zu leisten sind. Durch Ihren

325

jährlichen Liquiditätsplan erhalten Sie rechtzeitig einen motivierenden Druck, der Sie zu Akquisemaßnahmen oder zum Rechnungen schreiben animieren sollte. Legen Sie für sich und Ihre Bank daher folgende Tabelle an:

Liquiditätsplan 2013

2013	Jan	Feb	März	Apr	Mai	Juni	Juli	Aug	Sep	Okt	Nov	Dez
Barmittel/Linie												
Vorschussprognosen												
Resteinnahmen												
Mieteinnahmen												
Zinserträge/Bürg-schaftskonto*												
Personalkostenzuschuss												
Abzüglich Geschäfts-kosten												
Abzüglich Privatent-nahme												
Monatsende												

*Aus hinterlegten Mietzinskonten bei der bürgschaftsgebenden Bank.

326   Eine solche Tabelle sollten Sie aus betriebswirtschaftlicher Sicht **für jedes Ihrer Planungsjahre** erstellen. Ohne eine solche Mehrjahresplanung brauchen Sie der Bank Ihr Konzept nicht vorzulegen. Sie würden schon allein deswegen keinen Erfolg haben. Mit einer solchen umsichtigen Planung zeigen Sie, dass Sie betriebswirtschaftliche Kenntnisse haben. Sicherlich ist dies ein gutes Stück Arbeit. Es rentiert sich aber. Nicht nur, dass Sie dem wirtschaftlichen Fachmann der Bank dann mit gleichwertigem wirtschaftlichen Verständnis entgegentreten. Sie haben auch Planungen, die Sie mit den späteren Jahresergebnissen vergleichen können, um Fehlentwicklungen rechtzeitig zu erkennen und zu korrigieren.

Bedenken Sie, dass Sie nicht dauerhaft Verlust ausweisen dürfen, dann bekommen Sie kein Darlehen. Versuchen Sie später, bei Planabweichungen die Ursachen zu ermitteln. Möglicherweise stellt sich heraus, dass Sie zu viel ausgeben. Versuchen Sie dann, die Kosten zu senken. Dies passiert schnell, weil vergangene Monate glanzvoll gelaufen sind. Doch Vorsicht! Es gibt Monate, die laufen ganz furchtbar schlecht! Sie können also bei guten Ergebnissen nicht darauf vertrauen, dass die Einnahmen in dieser Höhe weiterhin eingehen werden. Es mag sein, dass Sie berechtigte Ansprüche in entsprechender Höhe haben. Das heißt in der heutigen Zeit aber noch lange nicht, dass Sie dieses Geld auch bekommen. Es kann auch notwendig werden, die eigenen Rechnungen einzuklagen und zu vollstrecken.

ee) Sicherheiten

Die Bank erwartet von Ihnen, dass Sie ihr für die Unterstützung Ihrer Existenz- 327
gründung durch die fachliche Befürwortung Ihres Gründungsvorhabens als Grundvoraussetzung für die Vergabe der öffentlichen Fördermittel Sicherheiten überlassen. In diesem Punkt sind Sie fast machtlos. Entweder Sie haben die Möglichkeit,
Sicherheiten zu stellen, oder Sie haben diese Möglichkeit nicht. Wenn Sie über Lebensversicherungen, Bausparverträge o.Ä. verfügen, haben Sie sicherlich weniger
Schwierigkeiten, ein Darlehen zu bekommen. Sollte dies nicht der Fall sein, gibt
es verschiedene **Bürgschaftsbanken**, in Niedersachsen beispielsweise die Nieder-
sächsische Bürgschaftsbank (NBB). Das Problem ist allerdings, dass die Bürgschaftsbanken in der Regel nur eine Bürgschaft in Höhe von 80 % übernehmen und
sämtliche andere Sicherheiten, die Sie haben (z.B. Lebensversicherungen), an die
Bürgschaftsbank abzutreten sind und nicht an die Hausbank. Dies hat zur Folge,
dass die Hausbank ein Risiko von 20 % und die gesamte bürokratische Abwicklung
zu tragen hat. Daher befürworten die Hausbanken nur die aus ihrer Sicht wirklich
Erfolg versprechenden Existenzgründungen. Dies ist auch ein Schutz für den jeweiligen Existenzgründer. Ohne fundierte betriebswirtschaftliche Kenntnisse droht
einem Existenzgründer die Insolvenz. Er haftet mit seinem persönlichen Vermögen. Betrachten Sie die hohen Anforderungen der Banken also nicht als Schika-
ne, sondern als Hilfestellung auf dem Weg zur rentablen Kanzlei.

h) Wirtschaftliche Gesamtbetrachtung

Wirtschaftliche Vorteile sind nicht nur der rote Faden Ihres Konzeptes. Ausgewähl- 328
te Vorteile, die Ihnen besonders wichtig erscheinen, sollten Sie am Schluss des
Konzeptes in Form einer wirtschaftlichen Gesamtbetrachtung zusammenfassen,
damit ein positiver Gesamteindruck den Abschluss bildet.

An dieser Stelle müssen Sie dem Sachbearbeiter der Bank zusammenfassend vermitteln, dass Sie erfolgreich sein werden. Mit dieser Überschrift setzen Sie die
Maßstäbe für die Beurteilung Ihrer Gründungsidee, denn der Bankangestellte wird
zunächst Ihr Konzept durchblättern und Ihr Inhaltsverzeichnis studieren. In diesem
Abschnitt müssen Sie nicht nur Ihr Selbstbewusstsein unter Beweis stellen, sondern auch Ihr Realitäts- und Krisenbewusstsein. Der Sachbearbeiter der Bank
muss allein nach diesem Abschnitt die Überzeugung haben, dass Sie erfolgreich
sein werden.

Stellen Sie wesentliche Aspekte gegenüber: entscheidende örtliche Besonderheiten, auf die Ihr Marketingkonzept gezielt ausgerichtet ist. Ihre fachliche Kom-

petenz, die unter Umständen die fachlichen Kompetenzen Ihrer Mitbewerber überragt, z.b. Fachanwaltschaft muss nochmals besonders in den Vordergrund gestellt werden. Stellen Sie Ihre Stärken (z.b. Umgang mit Menschen) in den Vordergrund dieser Betrachtung.

VI.   Jetzt geht's los – Realisierung der Gründungsidee

329   Zusammenfassend gesagt, ist die Existenzgründung nicht schwieriger als das Assessorexamen. Wenn Sie das eine geschafft haben, wird Ihnen das andere auch keine Schwierigkeiten bereiten. Für die Selbstständigkeit sollte man allerdings geboren sein. Die enorme Freiheit der eigenen Kanzlei bezahlen Sie zuweilen damit, dass Sie selbst und ständig eingespannt sind, wenn Sie nicht auf zuverlässige Mitarbeiter zurückgreifen können oder wollen. Doch wer mit Leib und Seele Anwalt ist oder es werden will, der wird die Gründungsphase erfolgreich überstehen. Der Anwaltsberuf ist schließlich einer der interessantesten Berufe, die es gibt, und die Krönung ist die eigene Kanzlei.

Wenn Sie mit der Realisierung Ihrer Gründungsidee beginnen, müssen Sie alle wichtigen unternehmerischen Entscheidungen getroffen haben. Ab jetzt beginnt Ihr Dasein als Unternehmer/in. Stellen Sie ab sofort alle Aspekte aus dem Anforderungsprofil heraus, die Sie als Ihre Stärken ausgemacht haben.

1.   Das Bankgespräch

a)   Vorbereitung

330   Ein besonders wichtiger Aspekt ist die Tatsache, dass die Sachbearbeiter der Bank, die sich mit Ihnen über Ihr Konzept unterhalten dürfen, **psychologisch und/oder wirtschaftswissenschaftlich geschult** sind. Sie erkennen an Schwächen des Konzeptes Schwächen in der Persönlichkeit, die sie im Gespräch mit Ihnen gezielt auf die Probe stellen werden. Wer ein Darlehen zur Existenzgründung haben will, benötigt Selbstbewusstsein, Überzeugungskraft, Schlagfertigkeit und natürlich ein gutes Konzept. Es hilft Ihnen aber nicht, wenn Sie Ihr Konzept der Bank erstmalig am Tag des Bankgesprächs vorlegen. Niemand wird sich zu diesem Zeitpunkt die Zeit nehmen, um Ihr Konzept zu lesen. Geben Sie das Konzept daher einige Tage vor dem Gespräch in der Bank ab. Fragen Sie auch nach, wie viel Zeit die Bank zur Vorprüfung Ihres Konzeptes benötigt. Wenn Sie insoweit Absprachen treffen, ist es wichtig, dass Sie diese dann auch einhalten.

Der Bankangestellte wird Sie zum Beispiel fragen, wie Sie sich gegenüber der einen oder anderen größeren Kanzlei am Markt behaupten wollen. Er wird mit Ihnen Ihr Finanzkonzept besprechen. Es kann sein, dass er auf Ihre Noten eingeht und auf Ihre Schwerpunkte. Sicherlich wird er aber mit Ihnen über den gewählten Standort reden. Im Vordergrund wird natürlich auch das Thema „Sicherheiten" stehen. Informieren Sie sich daher am besten vor dem Bankgespräch bei der zuständigen Bürgschaftsbank über deren Leistungen und die Risiken für Ihre Hausbank.

331

> *Tipp*
> Lassen Sie einen Unbeteiligten das Konzept vor dem Bankgespräch lesen und diskutieren Sie die Stimmigkeit Ihres Konzeptes. Ziel des Gesprächs ist es, das eigene Konzept zu präsentieren und zu verteidigen. Überdenken Sie alle Anregungen und setzen Sie sich noch während des Gesprächs damit auseinander. Gute Anregungen und Ideen können Sie – je nach Aufwand – noch einarbeiten.

Gehen Sie kein Risiko ein! Lassen Sie sich bei Ihrem ersten Bankgespräch eine Kopie oder Durchschrift des gestellten Antrages mitgeben und achten Sie darauf, dass auch Ihr Exemplar datiert und von einem Bankangestellten unterschrieben oder zumindest abgezeichnet ist.

332

b) Selbstbewusste Argumentation bei Konfrontation mit vermeintlichen Schwachpunkten

Der Sachbearbeiter der Bank hat sich vor dem Gespräch mit Ihnen ausgiebig mit Ihrem Konzept beschäftigt. Er hat sich Fragen zu allen wirtschaftlichen Schwachstellen Ihres Konzeptes notiert und beabsichtigt, Ihnen diese Schwachstellen vor Augen zu führen. Schlagworte wie Existenzgründung als Flucht aus der Arbeitslosigkeit dürfen Ihnen nicht die Kehle zuschnüren. Erläutern Sie am besten schon im Vorfeld, was Sie in der Zeit Ihrer Arbeitslosigkeit alles für die Kanzleigründung unternommen haben. Reisen zu Messen, Standortbesichtigungen mit Analyse auch in anderen Städten oder auch Renovierung der eigenen Wohnung als Übergangslösung bis zur Bezugsfertigkeit.

333

Eine Existenzgründung, die lediglich den Zweck hat, aus der Arbeitslosigkeit zu entfliehen, hat – aus Sicht der Banken – angesichts der vermeintlich geringeren Motivation und höheren Belastungen weniger Aussicht auf Erfolg. Die Banken beurteilen Sie kritischer. Denn Ihre Eigenkapitaldecke dürfte in dieser Situation relativ dünn sein. Andererseits kann dies durchaus eine sinnvolle Ausgangssituation für eine Gründung sein. Wer einen Monat lang Arbeitslosengeld oder Arbeitslosenhilfe bezogen hat, hat nach § 51 SGB III Anspruch auf Überbrückungsgeld. Zeigen

334

Sie Engagement, damit die Bank Ihnen auch in dieser Situation eine Chance für Ihre Existenzgründung gibt.

c) Überzeugungskraft

335 Überzeugungskraft ist etwas, von dem andere meinen, wir Juristen müssten sie haben, um ein guter Jurist sein zu können. Dies trifft zwar nicht uneingeschränkt zu. Doch wenn es darum geht, an öffentliche Fördergelder herankommen zu wollen, ist sie tatsächlich notwendig. Zum einen müssen Sie dem Bild, das ein Bankangestellter von einem erfolgreichen Rechtsanwalt hat, gerecht werden, zum anderen müssen Sie ihn vom Erfolg der geplanten Gründung überzeugen. In unserem Beruf ist ein Mehr an Überzeugungskraft aber sicherlich nicht schädlich. Es ist Ihre Aufgabe, den Bankangestellten in dem Bankgespräch von Ihrer Kompetenz als Unternehmer/in und dem Erfolg Ihrer Kanzlei zu überzeugen.

2. Eröffnungsanzeige und Unbedenklichkeitsbescheinigung

336 Dem Finanzamt gegenüber müssen Sie die Eröffnung Ihrer Kanzlei anzeigen. Die Bestätigung des Finanzamtes müssen Sie dem für Sie zuständigen Arbeitsamt zusenden, wenn Sie Überbrückungsgeld beantragt haben.

337 Von dem Finanzamt, in dessen Bezirk Sie Ihre Kanzlei eröffnen, erhalten Sie zur **Anzeige der Eröffnung** Ihrer Kanzlei einen mehrseitigen Fragebogen. Bedenken Sie, dass Ihre Angaben in dem Fragebogen die Grundlage der Steuerfestsetzung sind. Sie sollten beachten, dass im ersten Jahr mit Verlust zu rechnen ist. In diesem Fragebogen müssen Sie sich auch entscheiden, ob Sie auf die Anwendung der Kleinunternehmerregelung des § 19 Abs. 1 UStG verzichten und nach § 19 Abs. 2 UStG zur Regelbesteuerung optieren und ob Sie nach vereinbarten oder vereinnahmten Entgelten besteuert werden wollen. Verzichten Sie auf die Kleinunternehmerregelung, sind Sie vorsteuerabzugsberechtigt. Gleichzeitig sind Sie verpflichtet, Umsatzsteuer auf Ihren Rechnungen auszuweisen und die eingenommene Umsatzsteuer regelmäßig an das Finanzamt abzuführen. Ich halte einen entsprechenden Verzicht für professionell, weil Sie nicht nur anders am Markt auftreten können, sondern auch die Umsatzsteuer, die Sie bei Ihren Investitionen bezahlen (Vorsteuer), verrechnet wird bzw. zurückerhalten.

338 Mit der **Unbedenklichkeitsbescheinigung** bestätigt Ihnen das Finanzamt, dass Sie keine Steuerrückstände haben und einer selbstständigen Ausübung Ihrer Anwaltstätigkeit nichts entgegensteht, die seit der Handelsrechtsreform ein Gewerbe im Sinne des § 1 HGB ist. Meist unterrichten die Finanzämter das zuständige Arbeitsamt, bei dem Sie das Überbrückungsgeld beantragt haben, wenn Sie entsprechende Angaben bei der Anmeldung machen.

3. Anmietung von Kanzleiräumen

Sie haben sich für die Anmietung bestimmter Räume entschieden und haben alle rechtlichen Möglichkeiten dafür geschaffen, die Anmietung zu finanzieren. Versuchen Sie bei den Vertragsverhandlungen, einen Existenzgründerrabatt beim Mietpreis zu erzielen.

339

In der Umsetzungsphase geht es nur noch um die Vertragsgestaltung bei Abschluss eines Mietvertrages. Wir Juristen sind ja dafür bekannt, dass wir in unseren eigenen Angelegenheiten fahrlässig sind. Gerade im Bereich der Gestaltung von Mietverträgen gibt es einige Fallstricke. Beachten Sie, dass Sie bei gewerblichen Vermietern Mehrwertsteuer bezahlen und eine Mietkaution in Form einer **Bankbürgschaft** hinterlegen müssen. Bankbürgschaften kosten Geld. Sie zahlen Avalprovisionen und Gebühren. **Avalprovision** ist die Provision, die Sie jährlich für die Abgabe und Aufrechterhaltung der Bürgschaftserklärung an Ihre Bank zu zahlen haben, wenn Ihr Vermieter eine Bankbürgschaft als Mietkaution verlangt.

Bedenken Sie auch, dass Untermieterklauseln ebenso wichtig sind wie Konkurrenzschutzklauseln und die Genehmigung von Schildern im Außenbereich. Als Existenzgründer können Sie auch für einen Übergangszeitraum Sonderkonditionen aushandeln. Klären Sie bei etwaigen Renovierungsarbeiten, wer diese zu tragen hat und wer etwaige Planungskosten bei von Ihnen veranlassten Umbaumaßnahmen tragen soll. Bedenken Sie in diesem Zusammenhang, dass Sie für nichttragende Wände keine behördliche Baugenehmigung benötigen und sämtliche Wünsche des Vermieters auf Planerstellung zwar berechtigt, aber für ihn jedenfalls nicht völlig kostenlos sein können.

340

4. Das richtige Personal

Zu welchem Zeitpunkt Sie mit der Personalsuche beginnen, hängt von verschiedenen Faktoren ab. Ihr Konzept spielt eine Rolle, als Sie wissen müssen, welche Art von Personal Sie suchen. Wollen Sie eine(n) Auszubildende(n) einstellen, haben Sie die größte Auswahl, wenn Sie am Anfang eines Jahres mit der Personalsuche beginnen und zum 1. August jemanden einstellen. Dies setzt sich grundsätzlich auch fort. Die ausgelernten Rechtsanwalts- und Notarfachangestellten suchen – wenn Sie die Kanzlei wechseln wollen oder müssen – zum 1. August einen neuen Arbeitgeber, weil die Lehrzeit im Juli endet. Andere Einstellungstermine kommen

341

nur dann in Betracht, wenn eine erfahrene Kraft gesucht wird, die aus ungekündig-
ter Stellung oder nach einem Mutterschaftsurlaub eingestellt werden soll.

a) Die elektronische Lohnsteuerkarte

342 Ab 1.1.2013 wird die Lohnsteuerkarte durch ein neues elektronisches Verfahren
zur Übermittlung von Lohnsteuermerkmalen ersetzt. Die Angaben auf der bisherigen Vorderseite der Steuerkarte (Steuerklasse, Kinder, Religionszugehörigkeit und
Freibeträge) werden bei der Finanzverwaltung in einer Datenbank gespeichert und
müssen zukünftig vom Arbeitgeber elektronisch abgeholt werden. Dieses Verfahren nennt man **ELStAM** (Elektronische LohnSteuerAbzugsMerkmale). **Nähere
Informationen** dazu erhalten Sie auch unter
https://www.elster.de/arbeitn_elstam.php.

343 Durch die Digitalisierung der Lohnsteuerkarte soll der Prozess vereinfacht werden,
doch für Arbeitgeber bedeutet ELStAM mehr Verantwortung, mehr Pflichten und
mehr Technik. Bisher lag die Pflicht, dem Arbeitgeber eine gültige Lohnsteuerkarte oder eine Ersatzbescheinigung auszuhändigen, beim Arbeitnehmer. Ab Januar
2013 wird diese Pflicht jedoch vollständig eine Pflicht des Arbeitgebers. Er ist ab
sofort für die Abholung der elektronischen Daten verantwortlich. Auf Wunsch des
Arbeitnehmers muss der Arbeitgeber dem Arbeitnehmer einen Zugang zu den
ELStAM-Daten verschaffen. Die Voraussetzung für den Abruf der Lohnsteuerabzugsmerkmale ist eine komplizierte Registrierung und Authentifizierung bei Els-
ter. Es muss ein Zertifikat erzeugt werden, was den Arbeitgeber eindeutig identifi-
ziert. Damit hat sich der Arbeitgeber dann zunächst registriert. Dieser Vorgang
kann bis zu mehreren Wochen dauern, da die abschließende Registrierung auf dem
Postweg erledigt werden muss.

Sie haben als Arbeitgeber zwei Möglichkeiten, wie Sie die Lohnsteuerdaten Ihrer
Arbeitnehmer abrufen. Die gesamte Registrierung sowie die zusätzliche Abholung
der einzelnen Daten kann man sich mithilfe einer Lohnabrechnungs-Software ersparen, die vollautomatisch im Rahmen der Erstellung der Lohnabrechnung die
Lohnsteuerdaten der Arbeitnehmer über ELStAM abholt. Diese integriert ELStAM
komplett und holt die gesamten Daten einfach elektronisch ab. Dazu **benötigen
Sie vom Arbeitnehmer** die Steueridentifikationsnummer (Steuer-ID), das Geburtsdatum, die Auskunft, ob es sich jeweils um das Hauptarbeitsverhältnis (Steuerklasse 1 bis 5) oder um ein Nebenarbeitsverhältnis (Steuerklasse 6) handelt.

b) Szenarien des Abrufs der ELStAM-Daten

Bei **Abruf der ELStAM-Daten des Arbeitnehmers** erhalten Arbeitgeber die Daten der Arbeitnehmer, die im Unternehmen arbeiten, aus der Datenbank für die Lohnsteuerabzugsmerkmale. Hierbei gibt es vier Szenarien, die der Arbeitgeber unterscheiden muss: **344**

1. Bereitstellung nach Neuanmeldung aller Arbeitnehmer zum Verfahrensbeginn oder bei Betriebsneugründungen.

2. Bereitstellung nach Neuanmeldung eines neuen Arbeitnehmers im laufenden Verfahren.

3. Bereitstellung geänderter Lohnsteuerabzugsmerkmale einzelner Arbeitnehmer (zum Beispiel nach Änderungen, die der Arbeitnehmer veranlasst hat; Steuerklasse, Freibeträge). Die monatlichen Änderungslisten sind von den Arbeitgebern zwingend abzurufen. Kommt der Arbeitgeber seiner Pflicht zum Abruf der Änderungsliste nicht nach, wird der Abruf angemahnt. Änderungslisten werden jeden Monat neu erzeugt, auch wenn sich keine Lohnsteuerabzugsmerkmale geändert haben. In dem Fall sind die Änderungslisten ohne Inhalt und dienen lediglich zur Dokumentation.

4. Bereitstellung der Lohnsteuerabzugsmerkmale aller Arbeitnehmer im laufenden Verfahren (zum Beispiel bei Datenverlust beim Arbeitgeber) nur auf Antrag beim Finanzamt.

Für die Lohnabrechnung muss der Arbeitgeber die abgerufenen elektronischen   **345**
Lohnsteuermerkmale verwenden. Dies gilt auch dann, wenn diese von den ab 2011 an die Arbeitnehmer versandten schriftlichen Mitteilungen ihrer gebildeten Lohnsteuerabzugsmerkmale abweichen. Abweichungen ergeben sich oft bei Freibeträgen, die jährlich neu beantragt werden müssen oder bei Änderungen im privaten Bereich, wie Heirat, Geburt von Kindern, **Kirchenein- oder Kirchenaustritt** etc. Die Finanzverwaltung hält zahlreiche Vordrucke zur Mitteilung relevanter Änderungen parat.

c) Vor- und Nachteile von ELStAM

Der Vorteil von ELStAM ist, dass in Verbindung mit einer Lohn-Software auto-   **346**
matisch eine Aktualisierung der Lohnsteuermerkmale gewährleistet wird. Der Arbeitgeber ist ohnehin verpflichtet die Aktualität der Lohnsteuermerkmale zu gewährleisten. Sobald der Arbeitnehmer Änderungen beim Finanzamt beantragt, müssen diese in der Lohnabrechnung berücksichtigt werden.

Die abgerufenen Daten werden automatisch in jeder Lohnabrechnung ausgewiesen. Die Arbeitnehmer können die Daten aber auch im ElsterOnline-Portal selbst einzusehen, wenn sie sich mit der steuerlichen Identifikationsnummer registrieren. Bei Ehegatten muss jeder Ehegatte ein eigenes Zertifikat erzeugen.

347 Mit dem Einstieg in das Verfahren der ELStAM muss ein Arbeitgeber die betrieblichen Abläufe anpassen und eine entsprechend angepasste Software einsetzen. Nachteil dieser Änderung ist, dass Sie ab sofort eine kompatible Lohnbuchhaltungssoftware benötigen. Die Programme werden zurzeit noch angepasst. Es gibt auch noch keine Liste geeigneter Software. Deswegen wurde ein Einführungszeitraum geschaffen. Der Arbeitgeber muss danach spätestens für den letzten im Kalenderjahr 2013 endenden Lohnzahlungszeitraum die ELStAM abrufen und anwenden. Die letztmalig für das Jahr 2010 ausgestellten Lohnsteuerkarten und eine für 2011/2012/2013 ausgestellte Ersatzbescheinigung gelten bis zum Einstieg des Arbeitgebers in das elektronische Verfahren. Der Arbeitgeber muss diese bis Ende des Jahres 2014 weiter aufbewahren. Der Arbeitgeber erhält künftig die Lohnsteuerabzugsmerkmale direkt von der Finanzverwaltung.

348 Die Kommunikation zwischen Bürger, Unternehmen und Finanzamt kann damit individuell, papierlos und sicher auf elektronischem Wege erfolgen; sie wird dadurch wesentlich beschleunigt. Durch die klare Zuständigkeit des Finanzamts für die Änderung sämtlicher Lohnsteuerabzugsmerkmale werden unnötige Wege vermieden. Bei Änderungen muss keine Vorlage der Lohnsteuerkarte mehr erfolgen. Das erspart das Abholen und Zurückbringen der Lohnsteuerkarte durch den Arbeitnehmer vom Arbeitgeber.

d) ELStAM-Verfahren im Einführungszeitraum

349 Wird im Jahr 2013 erstmalig ein Arbeitsverhältnis begründet, haben Sie als Arbeitgeber Ihre Arbeitnehmer im ELStAM-Verfahren anzumelden. Dazu benötigen Sie von Ihren Arbeitnehmern Identifikationsnummer, Geburtstag und die Religionszugehörigkeit und deren schriftliche Bestätigung, dass es sich um das erste Arbeitsverhältnis handelt. Sie dürfen dann Steuerklasse 1 unterstellen. Unabhängig davon, ob Sie als Arbeitgeber bereits am ELStAM-Verfahren teilnehmen, hat der Arbeitnehmer bei seinem zuständigen Finanzamt einen Antrag auf Ausstellung einer Ersatzbescheinigung zu stellen. Bei Ausbildungsbeginn im Jahr 2011 oder 2012 ist diese Bestätigung in 2013 zu wiederholen. Kommt die Steuerklasse 1 nicht in Betracht, kann der Auszubildende beim Finanzamt eine Ersatzbescheinigung für den Lohnsteuerabzug beantragen.

Seit dem Jahr 2011 sind die Finanzämter für die Änderung der Lohnsteuerabzugsmerkmale (zum Beispiel Steuerklassenwechsel, Eintragung von Kinderfreibeträgen und anderen Freibeträgen) zuständig. Arbeitnehmer müssen **vor** der Umstellung des Arbeitgebers auf das ELStAM-Verfahren **vorhandene Freibeträge** beim zuständigen Finanzamt **erneut beantragen.**

Da für Arbeitgeber die Möglichkeit geschaffen wurde, den Einstiegszeitpunkt in das ELStAM-Verfahren im Laufe des Jahres 2013 selbst zu wählen, gelten für diesen Einführungszeitraum Besonderheiten gegenüber dem späteren ELStAM-Verfahren.   **350**

Im Einführungszeitraum gelten die bisher gültigen Papierbescheinigungen bis zum Einstieg in das ELStAM-Verfahren weiter. Der Arbeitgeber darf nur dann als Hauptarbeitgeber (mit der Folge des Abrufs der Steuerklassen 1 bis 5) in das ELStAM-Verfahren einsteigen, wenn ihm die Lohnsteuerkarte 2010 oder eine Ersatzbescheinigung mit der entsprechenden Steuerklasse vorliegt.   **351**

Bei Unstimmigkeiten im Datenbestand wird für den Arbeitgeber so lange eine Sperrung des Abrufs der ELStAM gespeichert, bis die Daten berichtigt sind. Nach der Berichtigung der Daten wird die Sperre durch das Finanzamt aufgehoben.   **352**

Ruft der Arbeitgeber die ELStAM erstmals ab, muss er diese nicht überprüfen. Stellt er allerdings Abweichungen zu den bislang verwendeten Lohnsteuerabzugsmerkmalen fest, kann er eine „Bescheinigung zur Überprüfung der ELStAM" ausstellen. Bis zur Klärung, welche Lohnsteuerabzugsmerkmale zutreffend sind, hat er – mit Zustimmung des Arbeitnehmers – die Möglichkeit, die Entgeltabrechnungen sechs Kalendermonate nach den bisherigen Lohnsteuerabzugsmerkmalen vorzunehmen.   **353**

e) ELStAM-Verfahren nach Einführungszeitraum

Für das ELStAM-Verfahren muss dem Arbeitgeber nur noch das Geburtsdatum und die steuerliche Identifikationsnummer des Arbeitnehmers mitgeteilt werden, und er muss darüber informiert werden, ob es sich um das Haupt- oder um ein Nebenarbeitsverhältnis handelt. So wird der Arbeitgeber berechtigt, die ELStAM abzurufen.   **354**

Soll ein Arbeitsverhältnis erstmals im Kalenderjahr 2013 beginnen oder wird ein weiteres Arbeitsverhältnis aufgenommen, stellt das Finanzamt eine Bescheinigung für den Lohnsteuerabzug aus (Ersatzbescheinigung).

355 Hat ein Arbeitnehmer noch keine steuerliche Identifikationsnummer mitgeteilt, können Sie als Arbeitgeber die voraussichtlichen Lohnsteuerabzugsmerkmale längstens für einen Zeitraum von drei Monaten zugrunde legen. Wird nach Ablauf von drei Monaten keine steuerliche Identifikationsnummer vorgelegt, haben Sie für die Lohnsteuerberechnung die Steuerklasse 6 anzuwenden.

f) Datenschutz

356 Der Datenschutz ist auf der Grundlage des § 39e Einkommensteuergesetz sowie des § 139b Abgabenordnung gewährleistet. Nur der aktuelle Arbeitgeber ist zur Anfrage und zum Abruf der ELStAM berechtigt. Mit Beendigung des Arbeitsverhältnisses entfällt diese Berechtigung. Welche ELStAM zur Übermittlung gespeichert sind und welche Arbeitgeber sie in den letzten zwei Jahren abgerufen haben, können die Arbeitnehmer jederzeit einsehen. Dazu ist eine Authentifizierung unter Verwendung der Identifikationsnummer im ElsterOnline-Portal notwendig. Auf Antrag des Arbeitnehmers beim zuständigen Finanzamt können konkrete Arbeitgeber für den Abruf der Lohnsteuerabzugsmerkmale benannt oder ausgeschlossen werden. Bekommt ein Arbeitgeber aufgrund einer Sperrung keine Informationen zu Ihren ELStAM bereitgestellt, ist er grundsätzlich verpflichtet, den Arbeitslohn nach Steuerklasse 6 zu besteuern. Etwas anderes gilt nur, wenn dem Arbeitgeber eine Besondere Bescheinigung für den Lohnsteuerabzug vorliegt.

5. Berufshaftpflichtversicherung

357 Die Berufshaftpflichtversicherung (Vermögensschaden-Haftpflichtversicherung) ist Voraussetzung, um überhaupt als Rechtsanwalt zugelassen werden zu können (§ 51 BRAO). Um nicht ohne jeden Vergleich einen Vertrag abzuschließen, holen Sie sich rechtzeitig mindestens drei Angebote ein. Nicht alle Versicherer bieten Berufshaftpflichtversicherungen für Anwälte an, weil es sich im Schadensfall um unkalkulierbar große Summen handelt. In der nachfolgenden Tabelle sind die Internet-Adressen der wichtigsten Berufshaftpflichtversicherer aufgelistet. Es gibt die unterschiedlichsten Versicherungs-modelle, z.B. speziell für Existenzgründer mit privater Haftpflichtversicherung oder Büroversicherung kombiniert. Die Mindestdeckungssumme beträgt 250.000 EUR und reicht am Anfang aus.

358 Inzwischen gibt es auch Versicherungen, die Berufshaftpflichtversicherungen, die die Jahresbeiträge nach dem Jahresnettoumsatz berechnen. Unabhängig davon, wie viele Anwälte der Sozietät angehören, lohnt sich eine solche Versicherung, wenn der Jahresnettoumsatz niedrig ist. Die Vermittlung übernimmt die Assekuranz Freier Berufe GmbH, Schäferstraße 4, 40479 Düsseldorf, *www.afb.24.de* als Makler.

Übersicht: Anbieter von Berufshaftpflichtversicherungen

Versicherung	Internet-Adresse
Allianz	*www.allianz.de*
Axa Colonia	*www.axa.de*
Badische Versicherung	*www.bgv.de*
Bayerische Versicherungskammer	*www.vkb.de*
Generali Lloyd	*www.generali.de*
Gerling	*www.hdi-gerling.de*
Gothaer Versicherung	*www.gothaer.de*
Hamburg-Mannheimer	*www.ergo.de*
Zurich Versicherung	*www.zurich.de*

Tipp
Sie können sich dadurch Arbeit ersparen, dass Sie einen Versicherungsmakler einschalten oder selbst vergleichen, welches für Sie die preiswerteste und/oder beste Versicherung ist.

6. Zulassung

Zur Ausübung des Berufs des Rechtsanwalts müssen Sie bei einem bestimmten Gericht der ordentlichen Gerichtsbarkeit zugelassen sein (§ 18 Abs. 1 und 2 BRAO). Das gewünschte Amts- und Landgericht ist anzugeben. Nach § 27 Abs. 1 BRAO muss der Rechtsanwalt am Ort der Zulassung auch seinen Kanzleisitz einrichten. Eine Zulassung beim OLG kommt trotz Abschaffung der Singularzulassung erst nach fünf Jahren anwaltlicher Tätigkeit (ab Zulassung) in Betracht. **359**

Zuständig für die Durchführung des Zulassungsverfahrens sind die jeweils zuständigen Rechtsanwaltskammern. In den alten Bundesländern ging diese Zuständigkeit bereits 1999 von den Landgerichten auf die für den Kanzleisitz zuständigen Rechtsanwaltskammern über. Dadurch wurden die Verfahren abgekürzt. Die Zulassung ist bei der für den Kanzleisitz zuständigen Kammer zu beantragen. Formulare finden Sie auf der jeweiligen Homepage.

a) Der Antrag

Um die Zulassung beantragen zu können, benötigen Sie entsprechende Formulare, die Sie bei den zuständigen Rechtsanwaltskammern anfordern können. Diese müssen wahrheitsgemäß ausgefüllt werden. Sie müssen u.a. Angaben zu Ihrer Qualifikation, Ihrem Wohnsitz, Ihrem zukünftigen Kanzleistandort und eventuellen Nebentätigkeiten machen. Die Ausübung einer Nebentätigkeit kann ein Ver- **360** sagungsgrund nach § 7 Nr. 8 BRAO sein. Sie muss mit der Stellung als Anwalt vereinbar sein. Klären Sie im konkreten Fall vor Aufnahme der Nebentätigkeit, wie die für Sie zuständige Rechtsanwaltskammer die Tätigkeit einstuft.

361 Dem Antrag sind folgende Anlagen beizufügen:
- Zeugnis des zweiten Staatsexamens
- Nachweis über eine frühere Zulassung
- Nachweis über die Berechtigung, einen akademischen Grad führen zu dürfen
- Lebenslauf
- Passfoto
- Nachweis über den Abschluss einer Berufshaftpflichtversicherung (§ 51 BRAO).

Beachten Sie, dass bestimmte Anlagen in drei- oder vierfacher Ausfertigung und zum Teil auch beglaubigte Abschriften verlangt werden. Befolgen Sie daher die Anweisungen auf den Merkblättern.

362 Grundsätzlich haben Sie gemäß § 27 BRAO „**Kanzleipflicht**", d.h. Sie müssen am Ort des Gerichts, bei dem Sie die Zulassung beantragen, eine Kanzlei einrichten. Wenn Sie noch nicht wissen, wo Sie Ihren Kanzleisitz haben werden, haben Sie nach § 35 Abs. 1 Ziff. 2 BRAO drei Monate Zeit, um eine **Kanzleiadresse** anzuzeigen. Sie können auch gemäß § 29 BRAO in Ausnahmefällen von der Kanzleipflicht befreit werden. Sie benötigen dann aber gemäß § 30 BRAO einen Zustellungsbevollmächtigten. Haben Sie nach drei Monaten noch keine Kanzlei und sind auch nicht von der Kanzleipflicht befreit, so wird die Zulassung nach § 35 Abs. 1 Ziff. 2 BRAO widerrufen.

b) Das Zulassungsverfahren

363 Das Zulassungsverfahren dauert ca. sechs bis zwölf Wochen. Sie können dies aber genauer kalkulieren, wenn Sie nachfragen, wann die nächste Vorstandssitzung stattfindet. Beschlüsse werden zum Teil im Umlaufverfahren getroffen. Ihre Unterlagen müssen rechtzeitig vor der Sitzung vorliegen.

Durch den Vorstandsbeschluss werden Sie zugelassen und werden gemäß § 31 BRAO in die Liste der Rechtsanwälte eingetragen. Bereits in diesem Zeitpunkt erlangen Sie gemäß § 32 BRAO die Befugnis, Anwaltstätigkeiten ausüben zu dürfen. Sie erhalten als Dokumentation dieser Zulassung eine Urkunde.

Die Durchführung des **Zulassungsverfahrens** kostet 75 EUR bis 250 EUR. Die konkrete Gebühr ist von der Kammerversammlung der jeweils zuständigen Rechtsanwaltskammern festgelegt worden und kann in der jeweiligen Gebührensatzung der Kammer nachgelesen werden. Sie erhalten mit der Zulassungsurkunde eine entsprechende Zahlungsaufforderung.

Durch die Zulassung werden Sie **Pflichtmitglied** der zuständigen Rechtsanwaltskammer (§ 60 BRAO) und des Landesversorgungswerks für Rechtsanwälte, soweit vorhanden. Die anwaltlichen Versorgungswerke haben im Gegensatz zu der gesetzlichen Rentenversicherung den Vorteil, dass die von Ihnen gezahlten Beiträge wie bei einer Versicherung für Sie angelegt werden. Bei dem Generationenprinzip der gesetzlichen Rentenversicherung werden die laufenden Einnahmen an die anspruchsberechtigten Rentner gleich wieder ausgezahlt.

364

Als Kammermitglied haben Sie einen **Kammerbeitrag** zu zahlen, der unterschiedlich hoch ist. Bei einigen Kammern können Sie sich in der Anfangszeit von der Zahlung des Mitgliedsbeitrages befreien lassen. Die Höhe des Mitgliedsbeitrages ist ebenfalls in der jeweiligen Gebührensatzung der Kammer festgeschrieben und kann dort nachgelesen werden.

Um die Kosten in Ihrem Finanzkonzept berücksichtigen zu können, sollten Sie die Anträge telefonisch anfordern und bei dieser Gelegenheit gleich nach den Kosten für die Zulassung und nach der Höhe des Kammerbeitrags fragen.

c) Die Vereidigung

Aufregend und spannend stellt man sich die Vereidigung zum Rechtsanwalt vor. Sicherlich es ist ein feierlicher Akt. Die Vereidigung erfolgt gemäß § 12a BRAO seit 2007 ausschließlich vor der jeweils örtlich zuständigen Rechtsanwaltskammer. Der Bewerber hat danach folgenden Eid vor der Rechtsanwaltskammer zu leisten: „Ich schwöre bei Gott dem Allmächtigen und Allwissenden, die verfassungsmäßige Ordnung zu wahren und die Pflichten eines Rechtsanwalts gewissenhaft zu erfüllen, so wahr mir Gott helfe."

365

Der Eid kann auch ohne religiöse Beteuerung geleistet werden. Gestattet ein Gesetz den Mitgliedern einer Religionsgemeinschaft, an Stelle des Eides eine andere Beteuerungsformel zu gebrauchen, so kann, wer Mitglied einer solchen Religionsgemeinschaft ist, diese Beteuerungsformel sprechen. Wer aus Glaubens- oder Gewissensgründen keinen Eid leisten will, muss folgendes Gelöbnis leisten: „Ich gelobe, die verfassungsmäßige Ordnung zu wahren und die Pflichten eines Rechtsanwalts gewissenhaft zu erfüllen." Rechtsanwältinnen verwenden selbstverständlich die weibliche Berufsbezeichnung. Über die Vereidigung wird ein Protokoll aufgenommen, das auch den Wortlaut des Eides oder des Gelöbnisses zu enthalten hat. Das Protokoll ist von dem Rechtsanwalt und einem Mitglied des Vorstands der Rechtsanwaltskammer zu unterschreiben. Es ist zu den Personalakten des Rechtsanwalts zu nehmen.

7. Versicherungen

366   Die Frage nach den Versicherungen ist für viele Existenzgründer ein Buch mit sieben Siegeln. Selbst für Juristen ist es oft schwierig, sich mit den Feinheiten von Versicherungsverträgen zurechtzufinden. Oft besteht Unsicherheit, ob und welche Versicherungen neben der zwingenden Berufshaftpflichtversicherung abgeschlossen werden sollten. Dafür gibt es natürlich kein Patentrezept. Als Kontrollüberlegung machen Sie sich klar, welche Risiken Sie aus Ihrem eigenen Vermögen heraus nicht ausgleichen können. Sie können sich auch eigene Sparbücher zur Absicherung einzelner Risiken anlegen, wenn die Wahrscheinlichkeit eines Schadenseintritts und die Schadenshöhe dies sinnvoll erscheinen lassen. Finanzmittel, die Sie in eine Versicherung investieren, sind in Bezug auf Ihre Liquidität „verlorenes" Kapital.

Zunächst sollten Sie eine Aufteilung der möglichen Versicherungen danach vornehmen, welche für Ihr Unternehmen und welche privat notwendig sind. Die Aufteilung muss sich daran orientieren, welche Grundvoraussetzungen Sie für einen reibungslosen Kanzleibetrieb benötigen.

a)   Büroversicherungen

367   Büroversicherungen können Sie bei einigen Gesellschaften als Gesamtpaket zusammen mit der Berufshaftpflichtversicherung abschließen. Dies kann sinnvoll sein, wenn Sie durch Ihre Zielgruppe, Ihren Standort oder eine Sonderausstattung der Kanzlei zusätzliche Risiken absichern wollen. Sie können mit dieser Versicherung Wasserschäden, durch Mandanten verursachte Schäden an der Mietsache und Diebstahl abdecken.

b)   Private Kranken- und Pflegeversicherung, Krankentagegeld

368   Krankheitskosten können sehr hoch sein. Es empfiehlt sich daher, nicht auf eine Krankenversicherung zu verzichten. Dies gilt auch für die Pflegeversicherung.

Während Referendare früher im Referendariat Beamte und somit privat versichert waren, bedarf es heute einer Entscheidung zwischen gesetzlicher und privater Krankenversicherung. Die Leistungen der gesetzlichen Krankenversicherungen werden immer schlechter und die Beiträge steigen. Sicherlich gibt es einige Betriebskrankenkassen, z.b. die BKK für juristische und steuerberatende Berufe, die recht günstig sind.

Für Selbstständige sei aber eine **private Krankenversicherung** empfohlen, die individuell zusammengestellt werden kann. Bei den privaten Krankenversicherungen gibt es Versicherungsgesellschaften, die als Kapitalgesellschaft und solche, die als Versicherungsverein geführt werden. Bei Kapitalgesellschaften wird der erwirtschaftete Gewinn an die Aktionäre ausgeschüttet, während die Versicherten bei Versicherungsvereinen (z.b. Debeka) Mitglied sind und ihnen ein etwaiger Gewinn wieder zugute kommt.

Der Deutsche Anwaltverein hat mit der DKV einen Rahmenvertrag geschlossen. Private Krankenversicherungen können Sie als Anwalt dort besonders günstig abschließen. Sie können einen Sondertarif für Existenzgründer bekommen, der nach vorher festgelegten Zeiten problemlos in einen Tarif mit einem größeren Leistungsspektrum umgewandelt werden kann. Auch bei diesem Tarif können Sie **Krankentagegeld** zusätzlich vereinbaren. Beitragsrückerstattungen gehören bei der DKV ohnehin zum Leistungsspektrum. **369**

> *Tipp* **370**
> Achten Sie beim Abschluss Ihrer Krankenversicherung darauf, dass Ihr Vertrag auch die Lohnfortzahlung nach sechswöchiger Krankheit erfasst. Die Versicherungsvertreter achten bei Vertragsabschluss in der Regel auch darauf. Die gesetzliche Krankenversicherung zahlt ca. 70 % der Gehaltsforderung. Die private Krankenversicherung zahlt das vereinbarte Krankentagegeld. Es ist zu empfehlen, ein Krankentagegeld ab der dritten Woche in den Leistungsumfang der Versicherung einzubeziehen.

c) Berufsunfähigkeitsversicherung

Durch die Pflichtmitgliedschaft im Versorgungswerk der Rechtsanwälte ist das Risiko einer Berufsunfähigkeit abgesichert. Eine gesonderte Berufsunfähigkeitsversicherung benötigen Sie daher an sich nicht. Allerdings zahlt das Versorgungswerk nur dann eine **Berufsunfähigkeitsrente**, wenn der Rechtsanwalt nicht mehr in der Lage ist, in nennenswertem Umfang Einkünfte aus rechtsanwaltlicher Tätigkeit zu erwirtschaften, und er seine Zulassung zurückgibt. **371**

Zwischen Krankheit und Berufsunfähigkeit liegen oft lange Zeiträume der Rehabilitation. Diese Ausfälle sind aber dann nicht mehr durch Ihre Krankenversicherung abgedeckt, wenn ein Vertrauensarzt der Krankenkasse bei einem Krankenbesuch **372** zu dem Ergebnis kommt, dass Ihre Krankheit schon Berufsunfähigkeit ist. Gefährliche Versorgungslücken können dadurch entstehen. Dafür benötigen Sie die private Berufsunfähigkeitsversicherung, denn diese Rente wird auch gezahlt, wenn die Berufsunfähigkeit mehr als sechs Monate, nicht aber ein Leben lang dauert. Ist die Erwerbsunfähigkeit, z.b. durch einen Unfall, um 50 % gemindert, dann tritt die Berufsunfähigkeit nach sechs Monaten für die Dauer der Rehabilitationsmaßnahme ein. Allerdings müssen Sie auf diesen Punkt beim Vertragsabschluss achten, damit dieser Fall wirklich abgedeckt ist. Achten Sie daher auf Verweisungsklauseln, die Sie ansonsten zwingen könnten, Hausmeistertätigkeiten oder Ähnliches auszuführen.

Achten Sie bei der Auswahl der Versicherung auf die **Gesundheitsprüfung**. Je härter die Prüfung, umso gesünder sind die Versicherten. Dadurch können Beiträge länger stabil gehalten werden.

d) Unfallversicherung

373 Hinsichtlich der Unfallversicherung ist zwischen privaten und beruflichen Unfällen zu differenzieren. Der Abschluss einer freiwilligen Unfallversicherung bei der zuständigen Verwaltungsberufsgenossenschaft als Versicherung für berufliche Unfälle ist unbedingt zu empfehlen. Diese Versicherung tritt dann auch bei Wegeunfällen ein. **Wegeunfälle** sind Unfälle, die sich auf dem Weg zu einem dienstlichen Termin, zu Ihrer Kanzlei oder von dort nach Hause ereignen. Sie müssen also mindestens eine Akte bei sich haben. Diese Versicherung ersetzt zwar keine private Unfallversicherung, deckt aber in Anbetracht der anwaltlichen 60-Stunden-Woche die meisten Problemfälle ab. Wollen Sie darüber hinaus abgesichert sein, sollten Sie auch eine private Unfallversicherung abschließen.

Bei der freiwilligen Unfallversicherung der Berufsgenossenschaft werden Sie in die Gefahrenklasse 0,59 eingestuft. Der Mindestbetrag liegt bei 89,21 EUR bei einer Mindestversicherungssumme von 31.500 EUR. Wenn Sie eine höhere Versicherungssumme wählen, können Sie den Jahresbeitrag mit der Formel: Versicherungssumme x 0,59 (Gefahrenklasse) x 4,8 : 1.000 bestimmen. Die höchste Versicherungssumme beträgt 84.000 EUR. Der Höchstbeitrag beträgt 237,89 EUR. Hinzu kommen 30 EUR als Anteil an der Rentenaltlast und an der Lastenverteilung nach Neurenten.

e) Lebensversicherungen

Bei den Lebensversicherungen ist zwischen Risiko- und Kapitallebensversicherungen zu unterscheiden. **374**

Die **Risikolebensversicherung** ist ausschließlich als Absicherung für Ihre Familie von Bedeutung. Gerade wenn Sie Kinder haben und Ihr Lebenspartner sich ausschließlich der Kindererziehung widmet, ist der Abschluss einer Risikolebensversicherung wichtig. Ausschließlich im Todesfall wird Ihren Angehörigen die vereinbarte Versicherungssumme ausgezahlt.

Kapitallebensversicherungen sind dagegen eine Form der Geldanlage. Durch die **375** sog. **Überschussbeteiligung** wird Ihnen nach Ablauf der vereinbarten Laufzeit nicht nur die Versicherungssumme, sondern beispielsweise 130 % von dieser Summe ausgezahlt. Die Höhe der Überschussbeteiligung wird jedes Jahr auf der Grundlage der vorgelegten Bilanz Ihrer Versicherungsgesellschaft neu ermittelt. Wirtschaftet Ihre Versicherung gut, so profitieren diejenigen, deren Lebensversicherungen in dem Jahr ausgezahlt werden, durch die Ausschüttung in Form der Überschussbeteiligung von diesem guten Ergebnis.

Einen Geheimtipp, wie Sie aufgrund des Altersvermögensgesetzes zur Umsetzung **376** der Rentenreform 2001/2002 staatliche Zuschüsse zur privaten Rentenversicherung erhalten, gibt es bisher noch nicht. Bislang sind Angestellte und Selbstständige, die in einer berufsständischen Versorgungseinrichtung pflichtversichert sind, von der Bezuschussung ausgeschlossen. Begründet wird dies damit, dass berufsständische Versorgungswerke das Geld ihrer Mitglieder ausschließlich für diese anlegen. Es gibt keinen Generationenvertrag wie bei den gesetzlichen Rentenversicherungen, der dazu zwingt, eingezahltes Geld sofort wieder auszugeben.

Ein nicht zu unterschätzendes Problem ist auch die Möglichkeit der **Beitragsfrei- 377 stellung** bei Kapitallebensversicherungen. Selbst wenn Ihnen diese Möglichkeit eingeräumt wird, heißt das noch lange nicht, dass Sie nach Ihrem Belieben und Ihrem Budget die Beitragsfreistellung erreichen können. Dies geht nämlich nur dann, wenn die Mindestversicherungssumme erreicht wird. Ansonsten wird Ihr Wunsch auf Beitragsfreistellung als Kündigung behandelt und die Versicherung zu einem Bruchteil der eingezahlten Beträge rückabgewickelt.

8. Kontoeröffnung

a) Online-Konto

378 Im Internetzeitalter bietet es sich für Sie als moderner Rechtsanwalt an, ein Online-Konto zu führen. Es gibt inzwischen die verschiedensten Lösungen. Verschiedene Programme, die Ihnen von manchen Kreditinstituten sogar kostenlos überlassen werden, ermöglichen es Ihnen, ein Online-Konto offline zu bedienen. Dies ist aus meiner Sicht eine hervorragende Sache. Für Ihr Smartphone und den Tablet-PC gibt es auch entsprechende Apps zum Online-Banking.

Ein Online-Konto hat finanzielle und zeitliche **Vorteile**. Sie brauchen nicht zur Bank fahren, keine Überweisungsträger auszufüllen, sind nicht an Öffnungszeiten gebunden und können dennoch jederzeit in aller Ruhe Lastschriften und Überweisungen eingeben und Kontostände abfragen. Sie sehen Kontobewegungen – je nach Bank – spätestens am nächsten Tag und sparen die Kosten für die beleghafte Abwicklung und für die Übersendung der Kontoauszüge. Bei manchen Instituten müssen Sie auf die Übersendung der Kontoauszüge schriftlich verzichten. Dies ist aus meiner Sicht insbesondere dann sehr sinnvoll, wenn die Bank Kontoauszüge bei jeder Kontobewegung übersendet. Gerade in der Anfangszeit kann das teuer werden, weil Sie zahlreiche Rechnungsüberweisungen online in Auftrag geben werden.

379 Die einem Online-Konto früher allgemein nachgesagten Nachteile sind inzwischen kompensierbar. Sie müssen Ihre Überweisungen nicht online eingeben, sondern können ein Bankprogramm verwenden, das in der Lage ist, Ihre Kontendaten nach der Abfrage jederzeit offline zugänglich zu machen und Aufträge offline zu speichern. Zur Übermittlung der Aufträge benötigen Sie dann nur einen kurzen Augenblick. Diese Bankprogramme gehen nach der Übertragung automatisch in den Offline-Betrieb über, so dass Sie nur so lange online sind wie notwendig. Der Vorteil bei dieser automatischen Einstellung ist, dass keine Datenverluste durch zu frühe Unterbrechung der Übertragung eintreten können. Durch die nur kurze Online-Übertragung sind die Sicherheitsrisiken im Vergleich zum reinen Online-Banking wesentlich geringer.

380 Die Offline-Bankprogramme sind auch in der Lage, Ihre Kontendaten zu exportieren, d.h. Sie können diese beispielsweise in eine Excel-Tabelle umwandeln, die dann wiederum in Ihr Buchführungsprogramm importiert werden kann. Sie brauchen diese Daten dann nicht einzugeben!

b) Anderkonten

§ 4 der Berufsordnung ist so formuliert, dass man den Eindruck haben muss, § 43a **381**
Abs. 5 BRAO schreibe die Pflicht, Anderkonten zur Verwahrung von Fremdgeldern zu führen, vor. Dies ist jedoch nicht der Fall. Wenn Sie allerdings kein Anderkonto einrichten, dann dürfen Sie Fremdgelder nur annehmen, wenn Ihr Geschäftskonto im Haben geführt wird. Denn sonst können diese Gelder nicht unbeschadet und unverzüglich an den Berechtigten weitergeleitet werden (vgl. § 4 Berufsordnung). Anderkonten können zu günstigeren Bedingungen als das Geschäftskonto geführt werden. Verhandeln Sie mit ihrer Bank.

9. Versorgungswerk

Mit der Zulassung zur Anwaltschaft sind Sie in den meisten Bundesländern **382**
Pflichtmitglied in dem jeweiligen Versorgungswerk. In einigen Bundesländern gibt es kein Versorgungswerk. In anderen Bundesländern können Sie sich beitragsfrei stellen lassen. Sie müssen dazu anwaltlich versichern, dass Sie ein Einkommen unter dem Existenzminimum haben. Allerdings erwerben Sie auf diese Weise keinerlei Versorgungsanwartschaften. Sie haben daher in diesen Bundesländern auch die Möglichkeit, die Pflichtbeiträge nach einem selbstgewählten fiktiven Einkommen zu bestimmen. Waren Sie vor der Existenzgründung bereits als Angestellte(r) tätig, wird Ihr letztes versteuertes Einkommen als Bemessungsgrundlage zugrunde gelegt. In anderen Bundesländern gibt es Mindestbeiträge. Hier eine Übersicht:

	Anschrift	**Telefon/Fax/BV-Nr.**	**Mindestbeitrag**
Versorgungswerk der Rechtsanwälte in Baden-Württemberg	Hohe Str. 16 70174 Stuttgart *www.vw-ra.de*	Tel.: 07 11/2 99 10 51 Fax: 07 11/2 99 16 50 BV-Nr. 67 89 30 89	78 EUR (max. 2 Jahre)
Bayerische Rechtsanwalts- und Steuerberaterversorgung	Arabellastr. 31 81295 München *www.versorgungs-kammer.de/brastv/*	Tel.: 0 89/92 35–70 50 Fax: 0 89/92 35–70 40 BV-Nr. 18 28 41 25	126,70 EUR (max. 4 Jahre)
Versorgungswerk der Rechtsanwälte in Berlin	Schlüterstr. 42 10707 Berlin *www.b-rav.de*	Tel.: 0 30/8 87 18 25–0 Fax: 0 30/8 87 18 25–79 BV-Nr. 90 25 97 34	107,46 EUR

	Anschrift	Telefon/Fax/BV-Nr.	Mindestbeitrag
Versorgungswerk der Rechtsanwälte im Land Brandenburg	Grillendamm 2, 14776 Brandenburg a. d. Havel *www.vwra.de/index.php?sec=2*	Tel.: 0 33 81/2 53 40 Fax: 0 33 81/2 53 425 BV-Nr. 02 83 45 20	90,55 EUR
Hanseatische Rechtsanwaltsversorgung Bremen	Bahnhofstr. 5, 29221 Celle *www.hrav.de*	Tel.: 0 51 41/91 97 14 Fax: 0 51 41/91 97 20 BV-Nr. 20 62 98 31	Einkommensabhängig, bei Verlust beitragsfrei auf 2 Jahre
Versorgungswerk der Rechtsanwältinnen und Rechtsanwälte in Hamburg	Jungfernstieg 44, 20354 Hamburg *www.vw-ra-hh.de*	Tel.: 0 40/32 50 98 88 Fax: 0 40/32 50 98 89	Einkommensabhängig, bei Verlust beitragsfrei auf 2 Jahre
Versorgungswerk der Rechtsanwälte im Lande Hessen	Bockenheimer Landstr. 13–15 60325 Frankfurt *www.vw-ra-hessen.de*	Tel.: 0 69/71 37 67 0 Fax: 0 69/71 37 67 30 BV-Nr. 45 79 14 11	53,73 EUR
Versorgungswerk der Rechtsanwälte in Mecklenburg-Vorpommern	Schelfstr. 35, 19055 Schwerin *www.versorgungswerk-ra-mv.de*	Tel.: 03 85/76 06 00 Fax: 03 85/7 60 60 20 BV-Nr. 09 54 10 19	Auf Antrag bis zu 3 Jahren beitragsfrei
Rechtsanwaltsversorgung Niedersachsen	Bahnhofstr. 5 29221 Celle *www.rvn.de*	Tel.: 0 51 41/91 970 Fax: 0 51 41/91 97 20 BV-Nr. 22 29 79 70	107,46 EUR
Versorgungswerk der Rechtsanwälte im Lande Nordrhein-Westfalen	Breite Str. 67, 40213 Düsseldorf *www.vsw-ra-nw.de/*	Tel.: 02 11/35 38 45 Fax: 02 11/35 02 64 BV-Nr. 34 77 70 22	102,38 EUR*
Versorgungswerk der rhein-pfälzischen Rechtsanwaltskammern	Löhrstr. 113 56068 Koblenz *www.versorgungswerk-rlp.de*	Tel.: 02 61/15 77 50 Fax: 02 61/1 47 35 BV-Nr. 52 08 42 59	102,37 (5 Jahre nach Einkommen)

Anschrift	Telefon/Fax/BV-Nr.	Mindestbeitrag
Versorgungswerk der Rechtsanwaltskammern des Saarlandes	Am Schlossberg 5 66119 Saarbrücken *www.rak-saar.de/ aservice/versorgungs-werk/index.htm*	Tel.: 06 81/58 82 80 Fax: 06 81/58 10 47	205 EUR einmalig 102,37 EUR mit Befreiungsantrag
Sächsisches Rechtsanwaltsversorgungswerk	Am Wallgäßchen 1a-2b, 01097 Dresden *www.s-r-v.de/*	Tel.: 03 51/8 10 50 70 Fax: 03 51/8 10 50 81	69,65 EUR*
Schleswig-Holsteinisches Versorgungswerk für Rechtsanwälte	Gottorfstr. 13 24837 Schleswig *www.rechtsanwalts-versorgung-sh.de*	Tel.: 0 46 21/3 43 11 Fax: 0 46 21/3 15 96	307,13 EUR 19,5 % des Einkommens
Versorgungswerk der Rechtsanwälte in Thüringen	Lange Brücke 21 99084 Erfurt *www.advoversor-gung.de/page63.html*	Tel.: 03 61/5 66 85 27 Fax: 03 61/5 66 85 38	90,55 EUR einkommenabhängig
Versorgungswerk der Rechtsanwälte in Sachsen-Anhalt	Breite Straße 67 D-40213 Düsseldorf *www.rvw-lsa.de*	Tel: 02 11/8829320–0 Fax: 02 11/8829320–99	¹/₂ des Höchstsatzes der gesetzlichen Rentenversicherung

*Auf Antrag beitragsfrei.

VII. Ein letzter Gedanke

Zu guter Letzt möchte ich Ihnen Mut machen, den Schritt in die Selbstständigkeit zu wagen. Ich habe es bis heute nicht bereut, Einzelanwältin zu sein und dafür eine gesicherte Beamtenstellung aufgegeben zu haben. Als selbstständiger Anwalt haben Sie einfach mehr Lebensqualität, viel Freiheit und viel Abwechslung. Sie kommen nicht nur mit den unterschiedlichsten Menschen in Kontakt, sondern haben Einblick in die unterschiedlichsten Lebenssituationen. Sie erfahren von geschäftlichen Erfolgen und Misserfolgen und deren Hintergründen. Sie genießen Achtung in der Bevölkerung und haben auch die Möglichkeit, den Anwaltsberuf als Trittbrett zum Erfolg werden zu lassen. Das Erfolgsrezept haben Sie selbst in der Hand. Machen Sie etwas draus!

383

Miecke 249

§ 4 Kanzleimanagement

Petra Geißinger

I. Büroorganisation

1. Sinn und Zweck

Auf den ersten Blick scheint es so, dass Büroorganisation erst einmal nichts mit **1** der klassischen anwaltlichen Bearbeitung eines Mandats zu tun hat. Die Frage der Büroorganisation wird entweder ignoriert oder unterschätzt. Alltag in vielen Kanzleien, unabhängig von der Größe und der Zahl der dort tätigen Anwälte, ist oft ein Chaos, das irgendwie meist von genervten oder verzweifelten Mitarbeitern verwaltet wird. Ständig werden wichtige Daten und Adressen zum Mandat gesucht oder es wird gleich nach der kompletten Akte gefahndet. Zudem können am Telefon oft ganz simple Auskünfte nicht erteilt werden, weil das Suchen nach der nötigen Information zu lange dauert. Das bindet unnötig viel Energie aller Personen in der Kanzlei, die für andere Dinge besser eingesetzt werden könnten.

Eine von Anfang an durchdachte Büroorganisation – und insbesondere eine ein- **2** heitliche Aktenführung sowohl in Papierform als auch in elektronischer Form – ist kein reiner Selbstzweck. Eine gut strukturierte individuell **zur Kanzlei passende Büroorganisation** hat folgende Effekte:

- Erleichterung des anwaltlichen Alltags,
- Sicherung der Qualität der anwaltlichen Dienstleistung,
- Minimierung teurer Haftungsfälle,
- bessere Mandantenbetreuung,
- höhere Motivation der Mitarbeiter und eine gutes Betriebsklima,
- Beitrag zum Work-Life-Balance.

Eine Büroorganisation, die nicht nur zu Ihnen persönlich, sondern auch zur Größe **3** und ggf. Spezialisierung Ihrer Kanzlei passt, muss keinen großen Aufwand bedeuten. Die bis ins kleinste Detail ausgearbeitete Ablaufplanung kann im Gegenteil sogar dazu führen, dass erst recht das große Chaos ausbricht. Zudem kann es sich im Laufe der Jahre – etwa aufgrund einer geänderten Mandatsstruktur oder aufgrund einer gewachsenen oder reduzierten Mitarbeiteranzahl – als notwendig erweisen, Organisation und Abläufe einer Überprüfung zu unterziehen und ggf. anzupassen. Es ist daher empfehlenswert, ein paar grundlegende Dinge festzulegen und auch **konsequent tagtäglich** anzuwenden.

4 Zu den wesentlichen Elementen einer klaren Büroorganisation zählen daher:

- Aktenanlage (Papier und elektronische Form) bei Mandatsannahme,
- Aktenführung und -aufbau,
- Aktenlagerung,
- Aktenablage,
- Termins-, Fristen- und Wiedervorlagensystem,
- Bearbeitung des Postein- und -ausgangs.

Im Nachfolgenden sollen daher ein paar Anregungen, die sich in vielen anderen Kanzleien bewährt haben, gegeben werden, den eigenen persönlichen Stil in Sachen Organisation und Aktenführung zu finden:

2. Vom Umgang mit der Akte

a) Aktenführung

5 **§ 50 Abs. 1 BRAO** verpflichtet den Rechtsanwalt zur Anlegung von Handakten, die – so wörtlich – „ein geordnetes Bild über die von ihm entfaltete Tätigkeit geben können". Für Sie heißt dies: „Führe Deine Akten so, wie Deine Mandanten es verdienen".

6 Die optische und inhaltliche Gestaltung der Handakten bleibt Ihnen überlassen. Verschiedenfarbige Akten je nach Rechtsgebiet mit doppelter Abheftvorrichtung und dehnbarer Tasche, farbige Kopien und Aktenfahnen tragen dazu bei, die Akte im Aktenbestand schneller zu finden und auf einzelne Schriftstücke bei Bedarf möglichst schnell zuzugreifen. Hier sollten Sie die Kataloge der Spezialausstatter zur Rate ziehen. Sprechen Sie auch mit Kollegen, warum sie welches System nutzen. Dies sind zwar keine objektiven Auskünfte, aber möglicherweise Anregungen für **Ihr eigenes System**. Denn jeder muss das Ordnungssystem finden, das zu ihm passt! Schaffen Sie sich deshalb eine eigene Systematik für Ihre Akten. Grundsätzlich bieten sich hierfür zwei Systeme an:

- **Chronologische** Heftung nach Datum des Posteingangs (aktuelles Schriftstück befindet sich hinten in der Akte)
- **Kaufmännische** Heftung nach Datum des Posteingangs (aktuelles Schriftstück befindet sich vorne in der Akte)

7 Hierfür müssen Sie aber nicht das Rad neu erfinden, sondern können sich an folgender Einteilung orientieren:

- **Aktenvorblatt** mit Stammdaten des Mandanten und des Gegners mit allen dazugehörigen Angaben und weiter am Vorgang Beteiligten;
- **Termin-, Fristen- und Wiedervorlagenblatt;**

- **Kostenblatt:** Formblatt für aufgewendete Auslagen, falls Ihnen die Pauschalgebühr nach Nr. 7002 VV RVG nicht reicht; bei Honorarvereinbarung: Zeiterfassungsbogen;
- **Kostenteil der Akte** mit Abrechnungen und Kostenfestsetzungsanträgen;
- **Schriftverkehr:** Korrespondenz mit den Beteiligten in Abschrift, Gesprächs-, Akten- und Telefonvermerke in chronologischer bzw. kaufmännischer Heftung; bei Verwendung einer doppelten Abheftvorrichtung bietet es sich an, die Korrespondenz mit dem Mandanten und ggf. der RSV zu trennen von der Korrespondenz mit Gericht und Gegner.

Tipp   8
In **Familien- und** in **Zwangsvollstreckungssachen** sollten Sie für jede Folgesache bzw. jeden Zwangsvollstreckungsauftrag eine Unterakte anlegen und diese in der Akte mit Trennstreifen unterteilen. Das erleichtert die Übersicht.

Originalurkunden und Zwangsvollstreckungstitel sowie andere wichtige Schriftstücke des Mandanten sind am besten in einer Klarsichthülle aufzubewahren. Dadurch stellen Sie sicher, dass diese am Ende des Mandats zurückgegeben werden und nach Ende der Aufbewahrungsfrist nicht versehentlich wichtige Unterlagen vernichtet werden.

Das papierlose Büro und der ausschließliche Einsatz der elektronischen Akte sind   9
nach wie vor nicht Realität in den Kanzleien. Dies liegt zum einen daran, dass aus haftungsrechtlichen Gründen noch einiges in **Papierform** aufbewahrt werden muss. Zum anderen wahren eingescannte Dokumente nicht immer die notwendigen gesetzlichen oder vertraglichen Formvorschriften. Und in der Zwangsvollstreckung ist nach wie vor die Vorlage der vollstreckbaren Ausfertigung und nicht irgendeine Kopie ebenfalls zwingend notwendig.

b) Aktenanlage

Die Akte ist Ihr zentrales Arbeitsmittel, das guter Pflege bedarf. Beachten Sie,   10
dass sich ein **Fehler** in der Datenerfassung/Aktenanlage durch den gesamten Aktenverlauf zieht und es zu schwerwiegenden Falschmeldungen/-schreiben kommen kann.

Beispiele
1. Sie legen eine neue Akte an und registrieren die Rechtsschutzversicherung. Weil Sie vergessen haben, die Selbstbeteiligung einzutragen, vergessen Sie, diese sofort anzufordern. Erst nachdem Ihre Rechnung von der Rechts-

schutzversicherung gekürzt wird, werden Sie aktiv, was einen erheblichen Mehraufwand an Schreiben und Buchungen bewirkt.

2. Die Kontoverbindung des Mandanten wurde nicht aufgenommen. Eine Weiterleitung des Fremdgelds kann deshalb nur verzögert erfolgen. Dies darf nicht geschehen, weil Sie verpflichtet sind, Fremdgeld unverzüglich an den Mandanten weiterzuleiten!

3. Sie haben nur die Festnetznummer des Mandanten in Ihrer Akte erfasst. Im Termin zeichnet sich ein Vergleich ab, den Sie in einer kurzen Sitzungspause gerne telefonisch erläutern und wasserdicht machen würden. Da der Mandant zu Hause nicht erreichbar ist, müssen Sie einen Widerrufsvergleich schließen, der den Abschluss der Sache weiter verzögert.

Fazit: Je genauer und sorgfältiger die Akte geführt wird, umso leichter ist es, die Angelegenheit sachgerecht und vor allem rationell zu bearbeiten.

11   Bereits im ersten Gespräch empfiehlt es sich, den **kanzleiinternen Mandatsaufnahmebogen**, ggf. je nach Rechtsgebiet unterschiedlich, parat zu haben und alle für die Mandatsbearbeitung relevanten Daten und Informationen darin aufzunehmen. Neben den Adressen der Beteiligten und des Gerichts (einschließlich der jeweiligen Aktenzeichen) können und sollten zu diesem Zeitpunkt auch schon der vorläufige Gegenstandswert und der Mandatsumfang (reine Beratung, außergerichtliche Tätigkeit oder Prozesstätigkeit) festgehalten werden. Dies erleichtert das schnelle Erstellen einer Vorschusskostennote. Daneben ist es zudem zweckmäßig, weitere **Verfügungen** festzuhalten, dies erspart überflüssigen Aktenumlauf und Rückfragen seitens der zuständigen Mitarbeiter.

▼

12   **Muster: Mandatsaufnahmebogen mit Verfügungen an das Sekretariat**

■ **Personalien des Mandanten**

Vor- und Zuname:

Geburtsdatum, Geburtsort:

ggf. Firmenname /Inhaber:

Registergericht/ HRA od. B-Nummer:

gesetzl. Vertreter/GF, ggf. weitere Adresse:

Anschrift

Straße, Hausnummer:

PLZ, Ort:

Telefon (privat):

Telefon (dienstlich):

weitere Telefonnummer:

Fax:
Handy:
E-Mail-Adresse:
Internetadresse:
Rechtsschutzversicherung
Anschrift:
Versicherungs-Schein-Nr.:
Schaden-Nr. (soweit bekannt):
Wer ist Versicherungsnehmer? (selbst/Ehegatte/Lebensgefährte/Kind):
Höhe der Selbstbeteiligung:
Bankverbindung:
BLZ:
Konto-Nr.:
Arbeitgeber, ggf. Adresse (sofern nicht Gegner):
Besondere Hinweise/Vertraulichkeitsvermerke:

■ **Angaben zum Gegner**

Vor- und Zuname:
Geburtsdatum, Geburtsort:
ggf. Firmenname /Inhaber:
Registergericht/ HRB-Nummer:
gesetzl. Vertreter/GF, ggf. weitere Adresse:
Anschrift
Straße, Hausnummer:
PLZ, Ort:
Telefon (privat):
Telefon (dienstlich):
Fax:
Handy:
E-Mail-Adresse:
gegnerischer Rechtsanwalt
Kanzleiname:
ggf. Sachbearbeiter:
Straße, Hausnummer:
PLZ, Ort:
Aktenzeichen dort:
Telefon:
Fax:
E-Mail-Adresse:

Haftpflichtversicherung des Gegners
Name:
Straße, Hausnummer:
PLZ, Ort:
Versicherungsschein- Nr.:
Schadennummer:
Bankverbindung
BLZ:
Konto-Nr.:
Arbeitgeber:
Besondere Hinweise:

■ **Verfügungen bei Aktenanlage**

    Erledigt am   **von**

☐ **Aktenanlage**
☐ mit Zeiterfassungsbogen
☐ Aktenzeichen intern
☐ Kurzrubrum
☐ wegen
    Umfang der Tätigkeit
☐ außergerichtlich
☐ gerichtlich
☐ reine Beratung
☐ vorläufiger Streitwert
    Referat
☐ Aktenzeichen Gericht
☐ Gerichtstermin bestimmt am
☐ Fristverlängerung bis ... beantragen
☐ laufende Fristen für Klage etc.
☐ Verjährungsfrist des Anspruchs
☐ nächste Wiedervorlage/n
☐ nächster Besprechungstermin am
☐ Mandatsbestätigung übersenden
☐ Vollmacht anfordern
☐ folgende fehlenden Unterlagen bei Mandant anfordern
☐ Vergütungsvereinbarung gem. Besprechung mit Mdt. erstellen
    und zur Unterschrift übersenden
☐ Vorschussrechnung/Selbstbeteiligung/Mehrwertsteuer –
    Rechnung an Mandant erstellen
☐ Zahlungsvereinbarung mit Mandant

- [ ] Raten/Stundung bis ▨▨▨▨
  und Einzugsermächtigung zur Unterschrift übersenden
- [ ] Deckungsanfrage an RSV mit Kostenrechnung
- [ ] Erklärung des Mandanten, dass er Kosten zu tragen hat, die die RS nicht zahlt! Unterschrift!
- [ ] PKH-Formular aushändigen und erläutern, PKH-Unterlagen anfordern
- [ ] Gerichts-/StA-Akten anfordern, kopieren, Kopierkosten erfassen und zurücksenden
- [ ] bevorzugtes Kommunikationsmittel (Mail, Fax, Post) mit Mandanten klären
- [ ] besondere Hinweise/Vertraulichkeitsvermerke für die Mandatsbearbeitung beachten!

Stellt sich nach dem ersten Gespräch mit dem Mandanten heraus, dass es sich um eine reine Erstberatung gehandelt hat, ist eine vollständige Aktenanlage oft nicht notwendig. So kann es genügen, die Mandantendaten elektronisch zu erfassen, unmittelbar danach abzurechnen und alle **Erstberatungsmandate** sortiert nach A–Z in einem Ordner getrennt nach Jahrgang abzuheften. Dies spart Aktenlagerkapazität. **13**

Tipp **14**
Besorgen Sie sich für Unfälle den **DAV-Fragebogen in Unfallsachen.** Die hier zu erfassenden Daten ermöglichen Ihnen eine optimale Bearbeitung, da Ihnen bei korrektem Ausfüllen alle erforderlichen Daten zur Verfügung stehen.

c) Aktenlagerung

Wichtig ist, dass aufgrund der anwaltlichen Pflicht zur Verschwiegenheit nach § 43a Abs. 2 BRAO die Akten **unter Verschluss** zu halten sind, um zu verhindern, dass unberechtigte Dritten Zugriff auf diese Akten haben. Dies gilt sowohl für die Kanzlei im klassischen Sinne als auch für das immer häufiger praktizierte Homeoffice. Es verbietet sich daher von ganz allein, die Akten auf dem Fußboden, auf Fensterbrettern oder in offenen Regalen aufzubewahren, bei denen jeder Besucher Ihrer Kanzlei sofort weiß, wen Sie als Mandant betreuen. Ein abschließbarer Aktenschrank ist daher unumgänglich. **15**

Sie haben eine ordnungsgemäße Aktenlagerung, wenn Sie binnen einer Minute auf eine Akte zugreifen können. Dieser Idealzustand besteht bis zur 20. Akte automatisch, bis zur 40. Akte schaffen das Kollegen mit Orientierungssinn, spätestens dann ist aber Organisation gefragt! Wichtig ist es, dass Sie ab der 1. Akte eine **16**

Grundorganisation haben. Wenn Sie erst ab der 40. Akte ein System einführen wollen, ist ein großes Chaos unausweichlich. Durchgesetzt hat sich die Aktenlagerung **nach Alphabet** der Mandanten oder aber auch nach Mandantennummern.

17 Die Akte kann sich immer wieder im Umlauf befinden: bei der Sachbearbeiterin, vom Anwalt zum Diktat oder bei der Postbearbeitung etc. Die Suchzeiten hängen von der jeweiligen Effizienz und Schnelligkeit der Sachbearbeiter ab und vor allem davon, ob die Akte nach Bearbeitung so schnell wie möglich wieder in den Aktenschrank kommt. Ab 150 laufenden Akten sollte eine **zentrale Aktenlagerung** vorhanden sein. Stellen Sie außerdem durch eine allgemeine Anweisung und regelmäßige Kontrollen sicher, dass die Akten auch am Arbeitsplatz Ihrer Mitarbeiterin nur an fest definierten Stellen liegen dürfen. Sonst verschwinden Akten in irgendwelchen Schränken und Schubladen. Wichtig ist auch, dass keine Akte ohne **vorherige Fristen- und/oder Wiedervorlagenkontrolle** in den Aktenschrank zurückkehrt. Denn anderenfalls verschwindet die Akte im Nirwana und es wird erst dann wieder hektisch danach gesucht, wenn sie benötigt oder danach gefragt wird.

18 Sollte eine Akte einmal nicht so schnell gefunden werden und auch eine Auskunft über die elektronische Akte nicht möglich sein, ist es besser, den Mandanten freundlich darauf hinzuweisen, dass die Akte gerade in Bearbeitung und nicht greifbar ist, und einen Rückruf anzubieten. Hierdurch verschaffen Sie sich einen Zeitgewinn, um die Akte vor dem Rückruf nochmals durchzuarbeiten.

d)   Aktenablage

19 Nach Beendigung des Mandats ist die Akte in einer den gesetzlichen Anforderungen entsprechenden Form zu archivieren. Die Akte mit dem „normalen Schriftverkehr und Aufzeichnungen" ist nach § 50 Abs. 2 BRAO nach Beendigung des Mandats für die Dauer von fünf Jahren aufzubewahren. Unter steuerlichem Gesichtspunkt müssen alle steuerlich relevanten Bestandteile, z.B. Honorarabrechnungen und Buchungsbelege, für die Dauer von zehn Jahren aufbewahrt werden. Unser Rat: Bewahren Sie sicherheitshalber alle Akten generell **zehn Jahre** auf! Vor Ablage der Akte sollten Sie jedenfalls die folgende Checkliste abarbeiten.

20 **Checkliste: Aktenablage**
- Sind sämtliche Gebühren abgerechnet worden?
- Sind Erstattungsansprüche des Mandanten oder der Rechtsschutzversicherung vollständig beigetrieben und weitergeleitet worden?
- Sind alle Konten, d.h. Honorar, Fremdgeld und Auslagen, ausgeglichen?
- Sind Originalunterlagen an den Mandanten zurückgegeben worden?

- Sind bezahlte und entwertete Titel dem Gegner übersandt worden?
- Sind nicht bezahlte Titel nebst Vollstreckungsunterlagen dem Mandanten übersandt worden?

Erst wenn diese Punkte erledigt sind, können die Akten abgelegt und zentral archiviert werden. Bei der Ablage müssen Ablagenummern vergeben und das Ablagedatum notiert werden. Auch wenn es für Sie als Kanzleigründer noch Zukunftsmusik ist: Nach Ende der „Ruhezeit" müssen die Akten **ordnungsgemäß entsorgt** werden. Es versteht sich von selbst, dass die Altakten nicht im normalen Altpapiercontainer verschwinden, sondern entweder mühevoll alles selbst geschreddert oder ein professionelles Unternehmen damit beauftragt wird. Da Archivraum meist nur sehr begrenzt vorhanden ist, sollte einmal im Jahr das Archiv daraufhin kontrolliert werden, welcher Jahrgang entsorgt werden kann.

21

3. Fristen, Wiedervorlagen und Termine

a) Bedeutung von Fristen

Wussten Sie schon, dass Ihre Berufshaftpflichtversicherung viel preisgünstiger sein könnte, wenn alle Anwälte sorgfältiger arbeiten würden? Die Nachlässigkeit vieler Kollegen kostet die Versicherungen viel Geld, denn 50 % aller Haftpflichtfälle beruhen auf Fristversäumnissen! Doch nicht nur deshalb gehört die Fristenkontrolle zu den wichtigsten Arbeiten einer Kanzlei. Ein gutes und konsequent angewandtes Fristensystem bietet folgende Vorteile:

22

- Sie vermeiden Fristversäumnisse, die – wenn überhaupt – nur mit viel Arbeit repariert werden können.
- Sie können Ihre Arbeit besser einteilen, wenn Sie ein Wiedervorlagesystem einrichten, das einen absehbaren Aktenstau entzerrt.
- Regelmäßige Wiedervorlagen sorgen für einen zügigen Abschluss der Akten. Sie können früher die Endabrechnung stellen.

b) Fristensystem

In jeder Kanzlei müssen zwingend organisatorische Vorkehrungen getroffen werden, damit Fristen jedweder Art laufend kontrolliert und exakt eingehalten werden können. Aus diesem Grund wird in jedem Anwaltsbüro ein **Fristenkalender** geführt. Sie sollten darauf achten, dass mit der Betreuung des Kalenders grundsätzlich nur ein **erfahrener** und **sehr sorgfältig arbeitender Mitarbeiter** beauftragt wird, der Ihr uneingeschränktes Vertrauen besitzt.

23

> *Achtung*
> Im Zweifel haften Sie für Versäumnisse und Fehler! Deshalb müssen Sie den Kalender als eines Ihrer wichtigsten Arbeitsmittel betrachten.

24 Fristenkontrolle ausschließlich per **EDV** ist riskant. Natürlich beinhaltet die heute gängige Anwaltssoftware auch die Erfassung und Kontrolle von Fristen. Es kann jedoch nur immer wieder davor gewarnt werden, die Fristen ausschließlich per EDV zu überwachen, auch wenn die Rechtsprechung das grundsätzlich zulässt. Die Gefahr, dass technische Defekte wichtige Daten löschen, ist sehr groß und begründet unnötige Haftungsrisiken. Außerdem haben Sie im Streitfall mit einem Papierkalender im Zweifel das bessere Argument. Der Fristenkalender als zentraler Kalender der Kanzlei sollte also unbedingt zusätzlich zur EDV-Erfassung in Papierform geführt werden.

Sicherlich hat jede Kanzlei ihr eigenes Fristensystem. Es mag umständlich erscheinen, wenn Fristen mehrfach, im Kanzleikalender, im Rechtsanwaltskalender und im elektronischen Kalender notiert werden. Hier die größtmögliche Sorgfalt walten zu lassen, ist zum Nutzen aller. Im Idealfall sind Fristverlängerungsanträge erst gar nicht an der Tagesordnung, wenn die Kanzlei gut organisiert ist.

c) Arten von Fristen

25 Fristen sind grundsätzlich alle eilig und wichtig, aber innerhalb des Fristensystems gibt es je nach Rechtsgebiet nicht nur Notfristen, die im Gesetz ausdrücklich auch so genannt werden, sondern auch richterlich gesetzte Fristen, Ausschlussfristen und „einfache" Stellungnahmefristen von Kollegen der Gegenseite.[1]

aa) Notfristen

26 Es sollte allseits bekannt sein, dass Notfristen **nicht** – mit welcher Begründung auch immer – **verlängerbar** sind. Eine Fristverlängerung zu beantragen, wäre deshalb ein schwerer Kunstfehler. Hier muss kanzleiintern auf jeden Fall sichergestellt werden, dass genügend Zeit und Ruhe bleibt, solche Fristen zu bearbeiten.

bb) Richterlich gesetzte Fristen

27 Richterlich gesetzte Fristen sind nicht beliebig oft verlängerbar. Spätestens bei der zweiten Verlängerung sollte im Vorfeld die Zustimmung des gegnerischen Rechts-

---

1 Gute Dienste leistet hier die Fristentabelle für die Anwaltspraxis von *Buschbell/Buschbell-Kaniewski*, 8. Aufl. 2012.

anwalts mindestens telefonisch eingeholt werden. Im Übrigen gilt es bei der Begründung der Fristverlängerung darauf zu achten, dass diese nicht die immer gleichlautenden Floskeln von der Überlastung des Rechtsanwalts enthält; stattdessen sollte kreativ mit wechselnden Begründungen eine Verlängerung beantragt werden.

cc) Ausschlussfristen

Mindestens so tückisch wie Notfristen sind die Ausschlussfristen. Diese kommen nicht nur vereinzelt in der ZPO vor, sondern auch und vor allem im **Arbeitsrecht**, wenn es um Vergütungsansprüche des Arbeitnehmers geht. Ausschlussfristen finden sich oft in den einschlägigen Tarifverträgen, aber auch individuell vereinbart in den Arbeitsverträgen. Ausschlussfristen sind oft sehr **kurz** (meistens zwischen 3 und 6 Monaten seit Fälligkeit des Anspruchs) und sollten daher sofort bei Mandatsannahme bzw. bei Kenntniserlangung geprüft und notiert werden. Die Versäumnis von Ausschlussfristen führt zum vollständigen Verlust des Anspruchs und nicht nur wie bei Verjährungsfristen zur Nichtdurchsetzbarkeit des Anspruchs.

28

> *Tipp*
> Für einige Branchen (z.B. Bau und Gebäudereinigung) erscheinen im Buchhandel regelmäßig **Tarifsammlungen**, deren Anschaffung sich auf jeden Fall lohnt, wenn man bestimmte Personengruppen im Arbeitsrecht häufiger vertritt. Weitere wichtige Quellen zur Ermittlung von Ausschlussfristen sind neben den Tarifsammlungen der Länder in Loseblattform die jeweiligen Tarifregister der Länder im Internet.

29

dd) Stellungnahmefristen

In der außergerichtlichen Korrespondenz kommen häufig Stellungnahmefristen vor, die **von Kollegen** gesetzt werden. In diesen Fällen ist es bereits ein Gebot der Kollegialität, dass auch solche Fristen ernst genommen und notiert werden. Gegebenenfalls ist auch hier rechtzeitig Fristverlängerung zu beantragen. Hat ein Kollege eine unangemessen kurze Frist von nur wenigen Tagen gesetzt, sollte man darauf hinweisen und entsprechend ankündigen, dass eine Stellungnahme zu einem späteren Zeitpunkt eingehen wird.

30

d) Die 10 Gebote der Fristenkontrolle

Nachfolgend stellen wir einige bewährte Regeln vor, mit denen Sie den Start in die Fristenbearbeitung erfolgreich meistern werden:

31

1. Aus der Akte muss sich – ggf. gekennzeichnet durch entsprechende Vermerke oder Aktennotizen – eindeutig ergeben, wann eine bestimmte Frist zu laufen beginnt. Aktennotizen sollten sich stets durch farbiges Papier von dem anderen Akteninhalt unterscheiden.

2. Verjährungsfristen müssen bei Beginn (!) des Mandats eingetragen werden; später denken Sie nicht mehr daran.

3. Fristen, die sich aus der Eingangspost (normale Post, Gerichtspost, Überbringung durch Boten oder E-Mail) ergeben, sind unverzüglich in den Fristenkalender einzutragen. Die Eintragung muss zwingend durch einen Erledigungsvermerk des Mitarbeiters kenntlich gemacht werden (Verantwortlichkeit).

   Achtung: Gerade bei gerichtlichen Verfügungen befinden sich Fristsetzungen häufig auch auf der Rückseite des jeweiligen Schriftstücks, in gerichtlichen Protokollen „mittendrin". Hier ist die besondere Aufmerksamkeit umso wichtiger, weil die Fristsetzung nicht hervorgehoben ist.

4. Fristen, die Sie von Gerichtsverhandlungen „mitbringen", müssen ebenfalls sofort eingetragen werden. In solchen Fällen müssen Sie sich entsprechend selbst organisieren, z.B. dadurch, dass Sie die Akte vor dem Diktieren des Terminsberichts o.Ä. erst eintragen bzw. der zur Fristeneintragung zuständigen Mitarbeiterin übergeben.

5. Gerichtliche oder behördliche Fristen werden meistens per Empfangsbekenntnis oder Zustellungsurkunde zugestellt. Sie sollten daher in Ihrem Eingangsstempel sofort den Vermerk führen „EB" (Empfangsbekenntnis) oder „Zustellungsurkunde". So ist sofort klar, dass hier eine wichtige Frist ablaufen kann.

6. Oftmals erreichen Sie Fristen auch per Einschreiben. Hier sollte es Ihnen zur Pflicht werden, dass Sie samstags niemals Einschreiben abholen, da die Frist dann nämlich am Samstag beginnt und Sie zwei wichtige Tage verlieren.

7. Notieren Sie auf einen Tag nicht mehr Fristen, als Sie bearbeiten können, sondern verteilen Sie die Arbeit auf die ganze Woche.

8. Spätestens am Morgen des Tages, an dem die Frist abläuft, müssen Sie überprüfen, ob die Sache bereits erledigt oder aber gewährleistet ist, dass der Vorgang im Laufe des Tages noch rechtzeitig bearbeitet wird.

9. Die Frist darf erst gestrichen werden, wenn die Sache wirklich erledigt ist, z.B. durch Einreichung des Schriftsatzes bei Gericht.

10. Turnusmäßige Aktenvorlage: Mindestens zweimal im Jahr sollten Sie jede Akte in der Hand halten; somit vermeiden Sie „U-Boot-Akten", die ins Nirwana der Registratur abtauchen.

e) Vorfristeintragung

Allgemein sollte die Fristenkontrolle nach Bedeutung und Arbeitsumfang notiert **32** werden! Am Anfang werden Sie kein Problem haben, Fristen abzuarbeiten. Doch wenn man sie falsch oder alle gleichzeitig notiert, haben Sie über kurz oder lang einen **Fristenstau**. Wenn Sie in den Kalender nicht nur den Aktennamen und die Registernummer, sondern auch die Art der Frist eintragen, ersparen Sie sich viel Arbeit. Sie können damit ohne großes Aktenwälzen die Dringlichkeit bestimmen und entsprechend die tägliche Aktenbearbeitung planen. Erfahrungsgemäß sind Sie bei Eintragung der Fristen nicht so gestresst wie bei der Vorlage der Akte. Wir empfehlen folgendes **System der Vorfristeintragung**:

„Frist" =	Einfache Fristen, bei denen nichts „anbrennt", wenn Sie sie um einen oder zwei Tage überschreiten.
„X-Frist" =	9 Tage vor Ablauf der Notfrist. Bei dieser Frist kann noch nichts passieren, aber Sie sind gewarnt, dass Sie die Sache in der nächsten Zeit erledigen müssen.
„XX-Frist" =	6 Tage vor Ablauf der Notfrist. Bei dieser Frist sollten Sie den Zeitplan abstecken bzw. sich Zeit freihalten, damit Sie die Sache möglichst bald bearbeiten.
„XXX-Frist" =	Hier brennt's! 3 Tage vor Ablauf der Notfrist. Für die Einhaltung dieser Frist sollten Sie alles andere stehen und liegen lassen und die Akte sofort bearbeiten. Wenn diese Frist ohne Bearbeitung verstreicht, laufen Sie Gefahr, in Regress genommen zu werden. Der Vorlageort für diese Akten sollte Ihr Bürosessel sein, damit Sie sich vor jeglicher weiterer Arbeit mit der Akte auseinandersetzen.
„Notfrist" =	Den Ablauf der Notfrist sollten Sie in einer anderen Farbe notieren, z.B. in Rot. Sollte diese Frist am Tag des Ablaufs noch nicht gestrichen sein, stimmt in Ihrer Kanzleiorganisation etwas nicht. Sie stehen am Abgrund der Fristversäumnis und müssen alles andere stehen und liegen lassen.

f) Fristberechnung

Die Freude, eine Frist richtig erkannt zu haben, ist allerdings verfrüht, wenn Sie **33** Anfang und Ende des Fristlaufs nicht richtig bestimmen können. Hier helfen Ihnen §§ 186 bis 193 BGB, für den Zivilprozess gelten in den §§ 221 bis 223 ZPO einige Sondervorschriften. Die Lektüre dieser Vorschriften sollten Sie spätestens nach dem ersten Mandantengespräch hinter sich gebracht haben.

aa) Fristbeginn

34 Eine Frist beginnt nach § 187 Abs. 1 BGB regelmäßig erst mit dem Ablauf des Tages, an dem das sie auslösende Ereignis stattfindet. Vorbehaltlich einer abweichenden Bestimmung enden Fristen immer um 24.00 Uhr. Sie müssen daher nicht wissen, zu welcher Uhrzeit das auslösende Ereignis stattgefunden hat.

> *Beispiel*
> E erhält am Dienstag, den 7.5.2013 um 11.00 Uhr vormittags vom Nachlassgericht die Nachricht, dass sein hochverschuldeter Großvater ihn zum Alleinerben eingesetzt hat. Die sechswöchige Ausschlagungsfrist gem. § 1944 Abs. 1 BGB läuft ab Mittwoch, den 8.5.2013. Sie endet 6 x 7 Tage später am 18.6.2013 um 24.00 Uhr.

35 Ist kein Ereignis, sondern ein Kalendertag als Fristbeginn bestimmt, wird hingegen dieser Tag gem. § 187 Abs. 2 S. 1 BGB mitgezählt.

> *Beispiel*
> Wird ein noch nicht vollzogener Mietvertrag gekündigt, beginnt die Kündigungsfrist am Beginn des Tages, ab dem die Wohnung zur Verfügung stehen soll.

bb) Fristende

36 Wann eine Frist endet, hängt davon ab, ob es sich um eine Tages-, Wochen-, Monats- oder Jahresfrist handelt. Der dies regelnde § 188 BGB lässt sich folgendermaßen zusammenfassen:

■ Eine nach Tagen bestimmte Frist endigt mit dem Ablauf des letzten Tages. Habe ich z.B. vergessen, das Zeugengeld einzuzahlen, setzt das Gericht eine Frist von 5 Tagen, binnen denen ich dies nachholen soll, weil sonst mein Zeuge nicht geladen wird. Die Zustellung erfolgt an einem Mittwoch, die Frist beginnt am Donnerstag (s.o.) und endet Montagabend 24.00 Uhr.

■ Eine nach Wochen bestimmte Frist, bei der kein genaues Datum des Fristbeginns festgelegt ist, beginnt am Tag nach dem Ereignis (meist Zustellung) und endet 7 Tage später. Wird z.B. am Montag, den 3.5.2013 ein Versäumnisurteil zugestellt, ist Einspruch bis zum Montag, den 17.5.2013, 24:00 Uhr möglich.

■ Monatsfristen laufen im Prinzip genauso, sodass hier nur auf den Klassiker verwiesen sei: Die Berufungsfrist von einem Monat gegen ein am 8.1.2013 zugestelltes Urteil endet am 8.2.2013, 24:00 Uhr. Eine Besonderheit gilt es aber zu beachten: Wenn in dem letzten Monat der für den Ablauf einer Monatsfrist maßgebliche Tag fehlt, endet nach § 188 Abs. 3 BGB die Frist mit Ablauf des letzten Tages des Monats. Erhalte ich das Urteil z.b. am 31. Januar, bleibt für die Berufung nur Zeit bis zum 28. Februar.

Sonderfall: Fristende an einem Feiertag. Fristen, deren Ende auf einen Samstag, Sonntag oder allgemeinen Feiertag (im gesamten Bundesgebiet – und die regionalen Feiertage, die am Gerichtsort gelten) fallen würde, enden erst mit Ablauf des nächstfolgenden Werktages (§ 193 BGB, § 222 Abs. 2 ZPO).   **37**

> *Tipp*   **38**
> Fragen Sie Ihre Mandanten bereits Anfang November, ob ältere Forderungen beigetrieben werden sollen. Dann ersparen Sie sich die übliche Hektik zum Jahresende, wenn noch vor Ablauf des 31.12. Mahnbescheide oder Klagen erstellt werden müssen, um den Eintritt der Verjährung zu verhindern.

> *Tipp*   **39**
> Vor allem in langwierigen Bausachen und in größeren Schadenfällen im Verkehrsrecht, sollte überlegt werden, ob die Gegenseite aufgefordert werden kann, vor Fristablauf den Verzicht auf die Einrede der Verjährung zu erklären.

g) Wiedervorlagen

Es erleichtert die Aktenbearbeitung, wenn man mit einem auf die Kanzleibedürfnisse zugeschnittenen Wiedervorlagensystem arbeitet. Zudem wird der Aktenumlauf erheblich reduziert. Neben dem Wiedervorlagedatum sollte auch immer ein konkreter **Wiedervorlagengrund** erfasst sein. Je konkreter der Wiedervorlagengrund bezeichnet ist, desto weniger Aufwand mit der Akte, da der nächste Arbeitsschritt klar ist, ohne dass die Akte lange gesichtet werden muss. So kann man sich beim Wiedervorlagengrund „Posteingang" gleich vermerken, welcher Posteingang oder von wem (Gericht, Gegner, RSV etc.) Posteingang als nächstes erwartet wird. Gleiches gilt für den Wiedervorlagengrund Zahlungseingänge.   **40**

Weitere ganz konkrete Wiedervorlagen können z.b. sein: **41**
- Unterlagen des Mandanten da?
- Fremdgeld auszahlen
- Gerichtskosten überweisen
- Aktenkonto prüfen
- Auslagen erfassen
- Vorbereitung der ZV
- Anruf GVZ
- Sachstandsanfrage an Gericht

h) Termine

42   Im Kanzleialltag hat der Anwalt eine Vielzahl von Terminen wahrzunehmen. Hier seien nur die Gerichtstermine, Besprechungen mit Mandanten und Verhandlungen mit Gegnern und Dritten genannt. Dies erfordert ein kluges **Zeitmanagement** (vgl. § 5 Rn 1 ff.). Je konkreter die Vorgaben des Anwalts für die Mitarbeiter sind, wann und wie viele Termine an einem Tag, desto stressfreier sind die Tagesabläufe in der Kanzlei.

4. Kommunikationsmedien in der Kanzlei

43   Der Rechtsanwalt lebt von der Kommunikation und muss ständig bestmögliche Erreichbarkeit organisieren. Dabei unterstützen ihn folgende Kommunikationsmedien:

a) Telefon

44   Das Telefon ist Ihr wichtigstes Arbeitsmittel, aber auch Ihr größter Störfaktor. Der Anrufbeantworter sollte tagsüber nur eine absolute Notlösung sein. Zwar ist es keine Schande, wenn der Anwalt selbst an den Apparat geht, andererseits machen Sie durch die Beschäftigung einer Empfangssekretärin einen professionellen Eindruck. Außerdem kann eine Telefonistin Sie sehr gut und umfangreich entlasten. Lästige Alltäglichkeiten wie Terminvergabe, nichtjuristische Auskünfte, Informationen aus der Akte an die Mandantschaft und Entgegennahme von Mitteilungen halten Sie nicht mehr von der Arbeit ab, sondern geben Ihnen Freiräume, in denen Sie fleißig Gebührentatbestände verwirklichen können.

45   Bedenken Sie, dass das Telefon ebenso wie der Empfangsbereich die **Visitenkarte der Kanzlei** ist. Der erste Kontakt mit der Mandantschaft erfolgt in der Regel über das Telefon, und die weitere Kommunikation neben den persönlichen Besprechungen wird ebenfalls über das Telefon geführt. Als Erstes kommt es daher auf den **richtigen Ton** an. Das gilt nicht nur für zufriedene Mandanten oder Gesprächspartner, auch ungeduldigen Gesprächspartnern darf nicht in barschem Ton am Telefon entgegnet werden. Lassen Sie Ihren Gesprächspartner ausreden und unterbrechen Sie ihn möglichst nicht. Wenn er jedoch beginnt „aus seiner Jugend zu erzählen" oder sich ständig wiederholt, sollten Sie ihn höflichst bitten, auf sein wirkliches Anliegen zu kommen. Bedenken Sie immer: Wenn Sie richtig zuhören, erfahren Sie mehr und vielleicht wichtige Details, die Ihnen entscheidend weiterhelfen.

Hier ein paar Hilfestellungen für den **Telefonempfang** – die Visitenkarte Ihrer **46**
Kanzlei:

- Lassen Sie das Telefon nicht öfter als dreimal klingeln.
- Sie sollten immer Papier und Stift griffbereit haben.
- Melden Sie sich korrekt mit dem Kanzleinamen und Ihrem eigenen Namen.
- Sprechen Sie langsam und deutlich.
- Seien Sie höflich und freundlich.
- Sprechen Sie den Anrufer mit seinem Namen an.
- Lassen Sie den Anrufer aussprechen.
- Die Antworten auf seine Fragen müssen präzise sein, evtl. Rückruf anbieten.
- Bieten Sie Rückrufe nur an, wenn diese auch wirklich eingehalten werden können; die gewünschte Rückrufzeit ist zu erfragen.
- Bleiben sie auch bei ungeduldigen Mandanten ruhig.
- Längere Wartezeiten während des Telefonats sind zu vermeiden.
- Notieren sie alles Wichtige während des Telefonats.
- Wenn etwas unklar ist, nachfragen: Habe ich Sie richtig verstanden, dass ...?
- Am Ende eines längeren Telefonats die wesentlichen Punkte und Absprachen zusammenfassen.
- Signalisieren Sie Verbindlichkeit – Halten Sie (Termin-)Zusagen auch wirklich ein.

Wichtig ist, dass Sie **bei Abwesenheit** zumindest einen Anrufbeantworter ange- **47**
schaltet haben. Besser ist die Umleitung auf Ihr Mobiltelefon. Noch besser ist die
Inanspruchnahme eines personalisierten Telefonservices,[2] der sich mit Ihrem
Kanzleinamen meldet und Ihnen per SMS, E-Mail und/oder Fax von den eingegangenen Anrufen berichtet.

Telefonnotizzettel kann man kaufen,[3] aber auch selbst herstellen. Sie sollten auf **48**
jeden Fall farbig sein, damit sie auf dem Schreibtisch und in der Akte auffallen.

---

2 Z.B. bei *www.ebuero.de*.
3 Z.B. bei Fabo, *(www.fabo.de)*.

▼

49   **Muster: Telefonnotizzettel**

Telefongespräch: ▒	
Telefonisch/persönlich: ▒	Datum: ▒
Name: ▒	Tel.-Nr.: ▒
Firma: ▒	Fax-Nr.: ▒
Angelegenheit: ▒	Mobil: ▒
Gesprächsinhalt: ▒	
Angenommen: ▒	Verfügungen: ▒
Sachbearbeiter: ▒	
erledigt/Datum: ▒	

▲

50   Ein häufiger Anlass zur Beschwerde von Mandanten ist, dass der Anwalt telefonisch für Sie nicht erreichbar sei oder nicht zurückrufe. Bei lebhaftem Kanzleibetrieb und zahlreichen Anrufern an einem Tag empfiehlt es sich daher, mit einer Anruferrückrufliste zu arbeiten. Diese kann ohne großen Aufwand als eigene Vorlage erstellt werden. So können Sie gewährleisten, dass die **Rückrufe** tatsächlich zum vereinbarten Zeitpunkt erledigt werden. Gut instruiertes Personal fragt den Anrufer gleich, zu welcher Zeit er am besten zurückgerufen werden kann.

▼

Muster: Anruferrückrufliste

Datum /Uhrzeit: ▒

Anrufer/ Firma: ▒

Telefon-Nr.: ▒

Betreff: ▒

Rückruf ja/nein, wann?: ▒

Erledigt von: ▒

b)   E-Mail und Internet

51   Eine moderne Kanzlei kommt heute an der Kommunikation via Internet und E-Mail nicht mehr vorbei; im Gegenteil, es ist für die meisten eine Selbstverständlichkeit, die aus dem Alltag nicht mehr wegzudenken ist. Anwaltliche Tätigkeit und elektronische Kommunikation müssen jedoch vereinbar sein mit den anwaltlichen Berufspflichten, insbesondere der Verschwiegenheitsverpflichtung.[4] Besondere Bedeutung haben zudem Vorkehrungen für die Datensicherheit und den Datenschutz. Dennoch wird der größte Teil der E-Mails unverschlüsselt versendet und auch die qualifizierte elektronische Signatur nach dem SignG ist noch nicht weit verbreitet. In naher Zukunft wird die elektronische Kommunikation auch mit den Gerichten an Bedeutung gewinnen.[5]

Für viele Mandanten ist die Kommunikation mit dem Anwalt per E-Mail heute   **52**
eine schnelle und unkomplizierte Art des Informationsaustauschs; oftmals werden Anlagen und Dokumente in großer Zahl gleich mitverschickt. Es gibt deshalb auch immer mehr Mandanten, die auf die Übersendung von Schreiben in Papierform verzichten. Korrekterweise sollte Sie als Anwalt jedoch darauf hinweisen, dass bei der E-Mail-Kommunikation immer ein **Restrisiko** der Manipulation und des Datenverlusts besteht und im Zweifel vertrauliche Informationen nicht per E-Mail verschickt werden sollten.

Die Kommunikation mit den Rechtschutz- und Haftpflichtversicherern wird ebenfalls zunehmend elektronisch abgewickelt.[6] Einer Kommunikation auf dem Postwege oder per Fax begegnen die Versicherer mit deutlich längeren Bearbeitungszeiten, auch bei Begleichung der Rechnungen.

Auch ein Großteil der Kommunikation mit dem Gegner bzw. dem gegnerischen Rechtsanwalt findet per E-Mail statt. Soweit nicht zwingende Formvorschriften und die Beweislast, etwa bei Zugang einer Kündigung, zu berücksichtigen sind, ist dies grundsätzlich ein Kommunikationsweg unter mehreren möglichen.

Checkliste: Elektronische Kommunikation   **53**

- Verwendung von (unverschlüsselten) E-Mails nur mit Zustimmung des Mandanten
- Vertrauliche Kommunikation nur mit Einsatz von Verschlüsselungssoftware und/oder Signaturkarte bzw. per Post
- Sorgfalt bei der Erfassung der korrekten E-Mail-Adresse (Trennung von privaten und geschäftlichen E-Mail-Adressen)
- Berücksichtigung der Internet-Nutzungsgewohnheiten des Mandanten (liest der Mandant regelmäßig seine E-Mails?)

---

4   Vgl. die 2011 aktualisierten Richtlinien ITK-Grundregeln der Arge IT im DAV unter *www.davit.de*.
5   Vgl. das Angebot bei intarsys in Kooperation mit davit unter *www.intarsys.de/rechtsanwaele*.
6   Vgl. das Angebot der adesso AG unter *www.drebis.de*, dem sich bereits viele Versicherer angeschlossen haben.

- Ist sichergestellt, dass nur Sie von Ihrem Rechner Mails versenden können, oder können auch Dritte Mails mit Ihrer Mailadresse versenden?
- Ist sichergestellt, dass nur Sie auf Ihrem Rechner für Sie bestimmte Mails empfangen und lesen können, oder können dies auch Dritte?
- Option „Lesebestätigung" lediglich ein Indiz für den Zugang der E-Mail
- Verwendung der Funktionen „cc" und „wichtig" nur bei begründetem Anlass und eher sparsam
- Ordnungsgemäße Dokumentation und Archivierung der E-Mails von Mandanten und anderen Beteiligten in der elektronischen Akte
- Regelmäßige Datensicherung der elektronischen Kommunikation
- Beachtung der Pflichtangaben in E-Mails (vollständige Adresse des Absenders)
- Beachtung von Netiquette und Rechtschreibung im E-Mail-Verkehr

c) Telefax

54 Das Telefax ist nach wie vor ein wichtiges Kommunikationsmittel in der Anwaltskanzlei. Es hat den Vorzug des sofortigen Zugangs sowohl an Gericht, Gegner und Mandant. Gleichzeitig haben Sie als Absender auch die Kontrolle durch den Sendebericht. Sie sollten bei dem Versenden von Telefaxen immer darauf achten, dass Sie zu jedem ausgegangenen Schreiben einen **Sendebericht** ausdrucken und diesen hinter das Schriftstück heften. Dies allein ist jedoch nicht ausreichend. In wichtigen und fristwahrenden Angelegenheiten sollten Sie **beim Empfänger anrufen** lassen und erfragen, ob das Fax vollständig angekommen ist. Darüber ist ein Vermerk zu fertigen, in dem Gesprächspartner, Uhrzeit und Bestätigung aufgenommen werden. Allein die Tatsache, dass Sie angerufen haben, lässt die Wahrscheinlichkeit sinken, dass jemand den Empfang eines Faxschreibens abstreitet.

Tipp
Wie schon bei der Kommunikation per E-Mail sollte darauf geachtet werden, dass es sich bei der Versendung von Faxen um eine Textform handelt und die in einigen Fällen zwingende Schriftform damit nicht gewahrt wird.

d) Schriftverkehr

55 Die **Eingangspost** kann Ihr Büro auf folgenden Wegen erreichen:
- Postfach
- Briefträger
- private Kurierdienste
- Hausbriefkasten

- Gerichtsfach
- persönlich durch den Mandanten.

Für den täglichen Arbeitsablauf kann es vorteilhaft sein, ein **Postfach** einzurichten. **56**
Hierdurch sind Sie von den „Dienstzeiten" Ihrer Briefträger unabhängig und können Ihren eigenen Tagesablauf einschließlich der Bearbeitung der Tagespost besser planen. Oft kommt die Post per Briefträger erst im Laufe des späten Vormittags und Sie werden in Ihrem Arbeitsablauf gestört. Das Postfach können Sie ganz einfach bei Ihrer Postfiliale schriftlich beantragen. In einem bei der Deutschen Post erhältlichen Formular sollten Sie auch eine Person Ihres Vertrauens zum Empfang von Einschreiben, Nachnahmen usw. bevollmächtigen. Allerdings muss in personeller Hinsicht sichergestellt sein, dass das Postfach **täglich** geleert wird. Der Briefträger der Post hat in letzter Zeit Konkurrenz durch die privaten Postzusteller und Kurierdienste bekommen, die zwar durchaus mehrfach am Tag vorbeischauen, aber den Arbeitsablauf in der Kanzlei auch beeinträchtigen können.

Der **Hausbriefkasten** muss so angebracht sein, dass Ihre Mandanten jederzeit die Möglichkeit haben, Ihnen wichtige Dokumente zu überbringen.

Die Einrichtung eines **Gerichtsfachs** bei Ihrem örtlichen Amtsgericht ist vorteilhaft und für Ihre „unmittelbare" Erreichbarkeit in Prozessen wichtig. In Ihrer täglichen Arbeit werden Sie sehr schnell feststellen, dass diese Einrichtung den Postweg sehr beschleunigt. Einen Nachteil hat das Gerichtsfach: Es muss **täglich** geleert werden! Sie sollten daher prüfen, ob sich der Aufwand lohnt. Dies gilt vor allem für Kanzleien, die wenige Gerichtstermine wahrnehmen müssen oder deren Kanzleisitz vom Gericht weit entfernt ist. Die Einrichtung Ihres Gerichtsfachs können Sie schriftlich bei Ihrem zuständigen Amtsgericht beantragen.

Der **Eingangsstempel** Ihrer Kanzlei ist ebenfalls ein wichtiges Hilfsmittel und unentbehrlich. Jeder Posteingang muss zwingend mit dem Eingangsstempel versehen werden. Dies nicht nur wegen der Fristenberechnung, sondern auch zum Nachweis und Ihrer persönlichen Absicherung. Das gilt auch, wenn die Post bei Ihnen persönlich abgegeben wird. **57**

Die Eingangspost sollte in Fächermappen vorsortiert werden. Hierbei haben sich folgende **Postgruppen** bewährt: **58**
- Mandats- und Gerichtspost
- Korrespondenz allgemein
- Kontoauszüge, Schecks
- Rechnungen, Lieferscheine
- juristische Zeitschriften

Geißinger 271

- Werbung aller Art
- privat

59

Tipp

Lassen Sie sich die geöffnete Eingangspost mit angeheftetem Kuvert – an dem sich Absender und Poststempel ersehen lassen – vorlegen. Werfen Sie den Umschlag weg, wenn zwischen Poststempel und Briefdatum weniger als drei Tage liegen. Es kommt vor, dass Briefe rückdatiert werden und der Absender behauptet, er habe doch schon vor zwei Wochen geschrieben. Wenn Sie dann den Umschlag noch vorweisen können, fällt es Ihnen leicht, den Vorwurf der Bummelei zu entkräften.

60 Die täglich anfallende **Ausgangspost** sollten Sie sammeln und nicht „nach und nach" eintüten. Der Postausgang sollte so in den täglichen Kanzleiablauf integriert werden, dass er unter Berücksichtigung der Leerungszeiten des nächstgelegenen Briefkastens jeden Nachmittag rechtzeitig fertig bzw. bei privaten städtischen oder regionalen Kurierdiensten abholbereit ist. Vorteil bei den privaten Kurierdiensten ist oft, dass sie in Stadtgebieten und einzelnen Regionen etwas preiswerter sind als die normalen Posttarife. Je nach Art und Umfang des Postaufkommens kann sich dies lohnen.

II. Notfallmanagement für den Einzelanwalt

61 Bislang war von der Kanzleiorganisation die Rede, wie sie unter der Bedingung Ihrer täglichen Anwesenheit im Büro zu leisten ist. Was aber passiert, wenn Sie unvorhergesehen für einige Tage oder gar Wochen ausfallen, z.B. weil Sie krank sind oder ein Fluglotsenstreik Ihren Kurzurlaub unfreiwillig verlängert? Nach § 53 Abs. 1 BRAO muss der Rechtsanwalt für seine Vertretung sorgen, wenn er sich **länger als eine Woche** von der Kanzlei entfernt. In Sozietäten stellt sich diese Frage nicht, weil aufgrund der gemeinsamen Bevollmächtigung immer jemand da ist, der für den abwesenden Sozius handeln kann. Als Einzelanwalt müssen Sie hingegen **Vorsorge treffen**. Je nach Organisationstyp werden Sie einen zehnseitigen Notfallplan entwickeln oder sich darauf verlassen, dass sich schon ein Kollege findet, der sich Ihrer verwaisten Kanzlei annimmt. Mit zu großer Sorglosigkeit setzen Sie aber den Bestand Ihrer gerade gegründeten Kanzlei leichtfertig aufs Spiel. Deshalb sollten Sie mindestens Folgendes beherzigen:

1. Vertreter suchen

Es ist unbedingt ratsam, sich vorsorglich einen Vertreter zu suchen, der kurzfristig einspringen kann. Neben Rechtsanwälten kommen als Vertreter auch Volljuristen und Referendare, die seit mindestens zwölf Monaten im Vorbereitungsdienst beschäftigt sind, in Frage. Es sollte aber ein Anwaltskollege sein, weil der mit den Kanzleiabläufen in der Regel besser vertraut ist. Im Hinblick auf wahrzunehmende Gerichtstermine sollte es auch ein Kollege aus dem gleichen Sprengel sein, der sich bei Ihrem Heimatgericht auskennt. Vor allem aber sollte Ihr Nothelfer Ihr vollstes **Vertrauen** genießen und beizeiten Einblick in Ihre Kanzlei erhalten. Das Versprechen, sich notfalls zu unterstützen, kann gegenseitig gelten. Inwieweit die Vertretung entgeltlich sein soll, bedarf ebenfalls der Regelung. Solidarisch gesinnte Junganwälte werden oft Wege finden, die Mehrarbeit auch ohne Zahlung von Tagessätzen auszugleichen, etwa durch vermehrte Zuarbeit des Vertretenen nach Beendigung der Vertretung. **62**

2. Vertreter bestellen

Es gibt zwei Möglichkeiten, gem. § 53 BRAO einen Vertreter zu bestellen: Zum einen können Sie selbst einen Vertreter bestellen, wenn die Vertretung von einem Rechtsanwalt aus Ihrem Kammerbezirk übernommen wird. Dann reicht ein formloses Schreiben an die Rechtsanwaltskammer. Die Vertretung ist längstens bis zum Ablauf **eines Kalenderjahres**, also dem 31. Dezember, möglich und muss danach erneuert werden. **63**

Wenn Sie einen Referendar, einen Assessor oder einen Kollegen aus einem anderen Kammerbezirk als Vertreter wünschen, müssen Sie dies bei der Anwaltskammer beantragen, die dann den Vertreter für Sie bestellt.

Haben Sie dies unterlassen oder sind Sie hierzu nicht in der Lage, bestellt notfalls die Rechtsanwaltskammer für Sie einen Vertreter. Dann führt ein Kollege, den Sie sich nicht ausgesucht haben, Ihre Geschäfte weiter. Daher sollten Sie einen ständigen Vertreter für alle Verhinderungsfälle in einem Kalenderjahr bestimmen.

3. Vertreter informieren

Anders als bei einem lange geplanten Urlaub muss Ihr Vertreter in Notfällen **kurzfristig** informiert werden. Natürlich tragen Sie immer Ihr Handy bei sich, um von jedem Punkt der Welt Nachricht über Ihre Abwesenheit geben zu können. Um ganz sicherzugehen, können Sie in Ihr Portemonnaie einen Zettel legen, auf dem **64**

Geißinger 273

bestimmt ist, wer zu informieren ist, wenn Sie das Bewusstsein verloren haben. Sinnvoll ist auch, einer vertrauenswürdigen Kanzleiangestellten oder Familienangehörigen Bescheid zu geben, wer im Notfall als anwaltlicher Vertreter sofort zu informieren ist.

4. Schlüsselgewalt organisieren

65   Stellen Sie den Zugang zur Kanzlei sicher, indem Sie einen **Zweitschlüssel** bei einer Person Ihres Vertrauens deponieren. Das kann außer dem Vertreter auch ein Familienmitglied oder eine Mitarbeiterin sein. Gerade Ihr Personal sollte den Vertreter schon vor dem Ernstfall kennengelernt haben. Mit den Mitarbeitern ist auch zu besprechen, was der Vertreter darf (im Zweifel nach außen alles). Dem Vertreter sind in einem geschlossenen Umschlag sämtliche Codes zu Anwaltsprogramm, Online-Banking, Tresor und E-Mail-Briefkasten zu hinterlegen.

Besonders sensibel ist die Frage der **Kontovollmacht** zu behandeln. Weil z.B. eingehende Fremdgelder unmittelbar weitergeleitet werden müssen, müssen Sie Verfügungsmacht organisieren und Ihrem Vertreter vorsorglich Vollmacht einräumen. Wollen Sie dies bei aller Wertschätzung doch nicht tun, räumen Sie einem Angehörigen Vollmacht ein, damit der die vom Vertreter ausgefüllten Überweisungsträger nach Prüfung unterschreiben kann.

5. Notfallgerechte Aktenführung

66   Wenn Sie Ihrem Vertreter, wie beschrieben, die Grundlage zum Arbeiten geben, sollte er nicht an einer chaotischen Aktenführung scheitern, die ohne Zusatzwissen eine ordnungsgemäße Mandatsführung unmöglich macht. Legen Sie daher alle Informationen einschließlich der mit dem Mandanten besprochenen Strategie in **Aktenvermerken** nieder.

Zum Abschluss noch eine Warnung: Es gibt Kollegen, die den (überschaubaren) Aufwand einer förmlichen Vertretung nicht auf sich nehmen wollen und stattdessen einige **blanko** unterschriebene Schriftsätze und Überweisungsträger an sicherem Ort zur Verwendung – durch wen auch immer – deponieren. Diese Form der „vollmachtslosen Vertretung" setzt ein absolutes Vertrauen voraus. Unbedenklich erscheint hingegen die Praxis, ein Formular für eine Vertretungsanzeige an die Anwaltskammer zu entwerfen, das Sie vorab unterschreiben und in dem der Vertreter nur den Zeitraum eintragen muss, in dem er Sie vertritt. Für alle weiteren Handlungen steht er dann außer Zweifel mit seinem Namen ein.

§ 5 Zeitmanagement

Sina Töpfer

I. Wozu Zeitmanagement?

In einer Welt, in der die tägliche Informationsflut zwar auf dem normalen Postweg **1** abnimmt, sich aber auf dem digitalen Weg nahezu täglich zu verdreifachen scheint, nimmt die Herausforderung, den **Überblick** zu behalten, zu. Jeder, der im Anwaltsberuf Erfolg haben will, ist gezwungen, nach Wegen zu suchen, die richtige Information zur richtigen Zeit zur Verfügung zu haben.

Zeitmanagement ist in erster Linie ein Weg, unserem Geist Stützen für all die Gedanken anzubieten, die immer wiederkommen, bis sie erledigt sind, damit wir uns im Augenblick auf eine gerade anfallende Tätigkeit fokussieren können. Gelingt uns das nicht, fühlen wir uns häufig gehetzt und immer nah an unserer Belastungsgrenze. Bei näherer Betrachtung liegt dies nicht an den klar vorgezeichneten Aufgaben, die wir den Tag über abarbeiten müssen, sondern vielmehr an all den Dingen, die uns zu verschiedenen Aufgaben, Projekten etc. durch den Kopf gehen und sich immer wieder in Erinnerung rufen oder aber an dem, was wir im Laufe eines Tages nebenbei „im Kopf" behalten müssen, wie z.B. die Nachrichten auf der Mailbox oder die kurzfristige Bitte eines Mandanten usw.

Es wäre illusorisch zu glauben, dass Sie im Laufe Ihres Berufsalltags mehr Routine **2** entwickeln, um gelassen an all die Dinge dann zu denken, wenn Sie sie gerade brauchen. Die Erfahrung lehrt, dass das Gegenteil der Fall ist: Mit Ihrem fortschreitenden Berufsalltag werden auch die Anforderungen an Sie und Ihre Arbeit wachsen. Je mehr Mandanten Sie haben, umso schwerer wird es Ihnen fallen, jedem Einzelnen ausreichend Zeit zu widmen – und noch ein Privatleben zu führen, das diesen Namen verdient.

Die Freiheit, gelassen zu sein, liegt in der Methode, die Informationen und Aufgaben so zu verarbeiten, dass sie erst einmal nicht erledigt, aber abrufbar sind, wenn sie Sie tatsächlich zum Bearbeiten benötigen. Vereinfacht gesagt: Gedanken raus aus dem Kopf und rein in ein **Ordnungssystem**, das Sie zum richtigen Zeitpunkt an die richtigen Dinge erinnert.

Ich möchte an dieser Stelle *David Allen* (Management-Berater und Bestseller-Autor) zitieren:

„Diese ständige unproduktive Beschäftigung unseres Geistes mit all den Angelegenheiten, die wir erledigen sollen, verzehrt den größten Teil unserer Zeit und unserer Energie."

II.   Wer braucht Zeitmanagement?

3   Jeder Mensch hat sich im Laufe seines Lebens einen individuellen Umgang mit der Zeit angewöhnt. Gerade bei Freiberuflern prägt dies den Arbeitsalltag, weil es keine festen Arbeitszeiten gibt. Daher sollte eine kritische Überprüfung des eigenen Zeitmanagements eigentlich selbstverständlich sein, insbesondere

- für jeden, der seine **Belastungsgrenze** spürt, egal ob dann und wann, gelegentlich, manchmal oder selten, und
- für jeden, der wöchentlich auf 60 Stunden Arbeitszeit kommt und ein **Ungleichgewicht** zwischen Aufwand und Ertrag empfindet.

4   Erwarten Sie vom Zeitmanagement aber keine Wunder. Vor allem gibt es im Zeitmanagement nicht die eine Methode, die auf jeden von uns 1:1 anwendbar ist, denn wir

- befinden uns in unterschiedlichen Lebens-/Arbeitssituationen,
- sind mit differenzierten Belastungsgrenzen ausgestattet und
- verfügen über verschiedene mentale Ressourcen.

Mit dem „richtigen" Zeitmanagement verhält es sich im Grunde wie mit einer Diät: Sie können zehn schlaue Bücher lesen und haben noch kein Gramm abgenommen, weil Sie nichts davon umsetzen. Andererseits sollten Sie auch nicht blindlings irgendeine Methode „durchziehen", die nicht zu Ihnen passt.

5   Bevor Sie aus diesem Kapitel möglichst viele brauchbare Anregungen mitnehmen, möchte ich Sie zunächst bitten, sich die folgenden beiden Fragen ehrlich zu beantworten:

- Wollen Sie wirklich aus der sicheren **Komfortzone der Gewohnheit** ausbrechen?

  Wenn ich in meiner Praxis zu Zeitmanagement- bzw. Organisationsthemen beratend tätig bin, erlebe ich immer wieder die Situation, dass Menschen zum Ausdruck bringen, sie würden, egal, wie gut sie ihre Zeit über den Tag strukturieren, fremd gesteuert (von ihren Chefs, den Mandanten, anderen Kollegen). Auf meine Bitte, mir diese Fremdsteuerung näher zu beschreiben, stellt sich häufig heraus, dass es gar nicht so sehr um das Was und Wie der zu erledigenden Dinge geht, sondern darum, dass der eigene Informationsfluss durch Unvorhergesehenes unterbrochen und dann letztlich nur noch abgearbeitet wird. Mit anderen Worten: Im Zweifel alles erledigen, was sich gerade vor einem auftürmt. Das schafft am Ende des Tages ganz sicher das Gefühl, mit Vollgas durch den Tag gerast zu sein. Aber haben diese Menschen auch etwas von dem geschafft, was wichtig gewesen wäre oder hätte endlich erledigt werden müssen oder hätte heute auch nur erledigt werden können?

■ Wollen Sie **lernen, nein zu sagen**, und zwar schneller zu mehr Vorgängen (um Ihrem eigenen Fluss fokussiert folgen zu können)?

Hier möchte ich Sie ermuntern, Ihre Konzentration auf die für Sie wichtigen Aufgaben/Projekte zu lenken, während sich die Flut neuer Eingänge und potentieller Ablenkungen zu multiplizieren scheint. Was meine ich damit? Stellen Sie sich vor, Sie arbeiten an einem Schriftsatz, sind gut im Zeitplan, Fristablauf ist in der kommenden Woche und plötzlich platzt ein neues Mandat rein. Ein spannendes Mandant, was Ihnen – dem eigentlich anstehenden Schriftsatz vorgezogen – sicherlich noch leichter von der Hand geht und eine willkommene Abwechslung wäre. Aber: Ist **Eile** wirklich umfänglich geboten? – höchstens in Teilaspekten, wie die Mandantenbesprechung (es geht um Ihre Dienstleistungsbereitschaft), die Legitimation (es geht um Fristwahrung) oder das Anfordern von Akten (es geht um Reibungslosigkeit). Die **Umfänglichkeit** hat Zeit, bis Ihr Schriftsatz fertig ist.

Tipp
Mit anderen Worten: Sensibilisieren Sie sich für vorprogrammierten und hausgemachten Stress. **Themen zu Ende zu bringen** – sofern diese nicht durch Notsituationen unterbrochen werden müssen – schafft einerseits Motivation und andererseits Erledigung.

III. Best-off verschiedener Methoden

Es ist wenig sinnvoll, von der einen für jeden passenden Zeitmanagement-Methode   6
zu sprechen. Vielmehr suchen wir uns, wie bei allen anderen Alltagsthemen, egal ob im Beruf oder Privaten, das für uns persönlich am besten Geeignete heraus. Nachfolgende Darstellung erhebt deshalb keinen Anspruch auf Vollständigkeit, sondern beschreibt Methoden, die sich nach meiner Beobachtung von Rechtsanwälten gut und erfolgreich anwenden lassen:

1. Gedanken zu Papier bringen – Eingangskorb

7 Getreu dem Motto „Think it and ink it!", möchte ich zunächst meinen persönlichen Favoriten vorstellen. Diese Methode habe ich in Teilen von *David Allen* übernommen und über die Jahre sehr schätzen gelernt. Sie hat sich nicht nur für mich, sondern für viele juristische und nichtjuristische Mitarbeiter ausgezahlt, mit denen ich im Laufe meiner Beratertätigkeit zu tun hatte. Worum geht es also?

Zunächst geht es einmal nur darum, Ihren Kopf zu entleeren. Legen Sie sich dazu einen Eingangskorb an, der in gut erreichbarer Nähe auf Ihrem Schreibtisch steht. In diesen Eingangskorb kommen die tägliche Post und darüber hinaus alle fein säuberlich auf DIN-A4-Blätter geschriebenen **Gedanken**, und zwar **jeden einzelnen auf je ein Blatt**, unsortiert, so wie es Ihnen in den Sinn kommt. Auf diesen Blättern kann z.b. stehen:

- Rückruf Mandant X
- Termin in Sachen Z ./. Z umlegen
- Zahnarzttermin machen
- Mandant R wg. offener Rechnung anrufen
- Kanzlei-Software anschaffen
- NJW zum Binden bringen
- E-Mail an RA U wg. Mittagessen in Sachen A
- Urlaubsvertretung für RA Q in Kalender eintragen und organisieren
- Eigene Urlaubsvertretung organisieren
- Uni-Bibliothek wg. Literatur aufsuchen
- Internetrecherche wg. Schuldner C
- Rechnungen April erledigen
- Rechnungen April bezahlen
- Buchhaltung für Steuerberater vorbereiten
- Vermieter wg. Nebenkostenabrechnung anrufen
- Reifenwechsel Auto
- Milch für Büro besorgen
- Recherche für Berufungsschriftsatz in Sachen O ./. L
- Hemden aus der Reinigung holen
- Blumen für G wg. Vermittlung Mandant
- Abrechenbarkeit in Sachen E recherchieren
- Wissensmanagement aufbauen
- Neuen Handytarif recherchieren.

8 Sicherlich fallen Ihnen noch unzählige weitere Dinge ein, wenn Sie erst einmal anfangen darüber nachzudenken. Dieser Eingangskorb wird – sofern er für Ihren Arbeitsalltag funktionieren soll – niemals statisch sein, sondern vielmehr Ihre **umfassende Gedankenstütze** werden. Sie können also jederzeit neue Gedanken ablegen. Schauen Sie sich in Ihrem Büro um: Gibt es dort weitere Dinge, die Sie immer wieder daran erinnern, dass sie erledigt werden müssten? Zum Beispiel:

■ der Drucker, der nicht mehr funktioniert und zum Resthof gebracht werden muss,

■ der Kartonstapel der letzten Online-Bestellungen, der zum Altpapier muss.

Diese Dinge passen schwerlich in Ihren Eingangskorb, aber stellvertretend dafür auf DIN-A4-Blätter.

Und es geht weiter:

■ Liegt in der Schublade vielleicht Ihr Lieblingskugelschreiber, den Sie seit zwei Monaten nicht benutzen, weil Sie dringend eine bestimmte Sorte Minen brauchen, die Sie in einem bestimmten Laden auf dem Weg zu W bekommen?

■ Oder fällt Ihnen vielleicht immer wieder ein altes Diktiergerät in die Hände, das Sie eigentlich entsorgen wollten?

Auch diese Dinge gehören auf ein DIN-A4-Blatt und anschließend in Ihren Eingangskorb.

Wenn Sie diese Methode zum ersten Mal anwenden, werden Sie vermutlich das   9
Gefühl haben, Ihr Eingangskorb würde von den vielen Themen gesprengt werden. Vielleicht werden Sie sich auch fragen, wozu irgendwelche **Banalitäten** aufschreiben. Ersteres wird sich – ich beschreibe nachfolgend wie – sehr schnell relativieren und dem zweiten Punkt möchte ich entgegensetzen, dass sicherlich die eine oder andere Banalität dabei ist. Aber ist es wirklich eine Banalität, wenn sie in der Lage ist, Ihren Geist in Schach zu halten und dieser immer wieder kleine Erinnerungen schickt?

„Besser über die Dinge nach-, als ständig an Sie zu denken." (David Allen)

Es stehen verschiedene Möglichkeiten zur Verfügung, wie Sie Ihren **Eingangskorb leeren** können:

a)   Die 2-Minuten-Regel

Jede Aufgabe, die nur zwei Minuten an Erledigung in Anspruch nimmt, soll da-   10
nach **sofort erledigt** werden. Beispiele hierfür:

■ In der Post befindet sich eine Einladung zu einer Veranstaltung, an der Sie teilnehmen werden. Dem Schreiben liegt eine gedruckte Antwortkarte bei.

▨ Termin notieren

- Antwortkarte ausfüllen und in die Post geben.
- In der Post befinden sich Werbeprospekte, Infopost etc., die Sie nicht interessieren.
- Ansehen
- In den Papierkorb werfen.
- In der Post befindet sich zur Akte D ./. W. das Protokoll der letzten Eigentümerversammlung, das Sie zur Kenntnis bekommen.
- Zur Akte (der Mandant hat es bereits auf direktem Weg erhalten).
- Auf einem DIN-A4-Blatt findet sich die Notiz „Zahnarzttermin"
- Anrufen und Termin vereinbaren
- Termin notieren.
- Auf einem DIN-A4-Blatt findet sich die Notiz „E-Mail an RA U wg. Mittagessen in Sachen A"
- Terminkalender nach Vorschlägen durchsehen
- E-Mail an RA U schreiben
- Sich selbst in Bcc setzen als Erinnerungshilfe zwecks bestätigender Antwort.

Tipp
Wenden Sie diese Methode **konsequent** an, werden Sie in überschaubarer Zeit einiges erledigt haben und nebenbei eine Menge Motivation mitnehmen können.

b)   Kontextbezogene Listen

11   Ich möchte mich hier nochmals einiger Beispiele bedienen, die ich weiter vorn bereits benutzt habe:
- Rückruf Mandant X
- NJW zum Binden bringen
- Mandant R wg. offener Rechnung anrufen
- Vermieter wg. Nebenkostenabrechnung anrufen
- Milch für Büro besorgen
- Hemden aus der Reinigung holen
- Blumen für G wg. Vermittlung Mandant
- Neuen Handytarif recherchieren.

Diese Beispiele werden exemplarisch auf kontextbezogenen Listen notiert:
- Kontextbezogene Liste „Telefonate":
- Rückruf Mandant X
- Mandant R wg. offener Rechnung anrufen
- Vermieter wg. Nebenkostenabrechnung anrufen

- Kontextbezogene Liste „Besorgungen/Erledigungen unterwegs":
- NJW zum Binden bringen
- Milch für Büro besorgen
- Hemden aus der Reinigung holen
- Blumen für G wg. Vermittlung Mandant
- Kontextbezogene Liste „Internet":
- Neuen Handytarif recherchieren
- Internetrecherche wg. Schuldner C

Daneben kann es noch kontextbezogene Listen „E-Mail" oder „Literatur" usw. geben.

Wenn Sie Ihre Aufgaben auf derartigen Listen notieren, können Sie beispielsweise, **12** wenn Sie morgens mit dem Auto auf dem Weg zu einem Termin sind, Ihre kontextbezogene Liste „Besorgungen/Erledigungen" durchsehen und stellen vielleicht fest, auf dem Weg kommen Sie an der Reinigung vorbei und ein Supermarkt ist auch direkt nebenan. So sparen Sie sich doppelte Wege. Möglicherweise haben Sie plötzlich im Laufe des Tages Luft, weil die Person, mit der Sie zum Essen verabredet sind, eine halbe Stunde später kommt. Diese Zeit könnten Sie nutzen, um Ihre kontextbezogene Liste „Telefonate" (vielleicht lohnt es sich diese in ihrem Smartphone unter Notizen abzulegen) durchzusehen und den einen oder anderen Anruf noch zu erledigen. Oder aber Sie sind mit dem ICE auf dem Weg nach Berlin; hier lohnt es sich, die kontextbezogene Liste „Literatur" anzusehen und vielleicht die neue NJW einzupacken, oder aber Sie arbeiten Ihre kontextbezogene Liste „Recherche" im Zug auf Ihrem Tablet PC/Notebook ab.

Es geht also darum, je nach zur Verfügung stehenden **Arbeitsmitteln** und der zur Verfügung stehenden Zeit,

- flexibel auf zu erledigende Themen eingehen zu können,
- Leerläufe gezielt zu nutzen,
- nie wieder unnötig zusätzliche Zeit aufwenden zu müssen, um Besorgungen zu machen.

c) Projekte

Sicherlich finden Sie in Ihrem Eingangskorb auch Stichpunkte, die sich bei ge- **13** nauerer Betrachtung nicht mit einem Anruf, einer E-Mail etc. erledigen lassen, sondern eine Vielzahl an Unterpunkten mit sich bringen, bevor sie „abgehakt" werden können, sogenannte Projekte, z.B.:

- Kanzlei-Software anschaffen,
- eigene Urlaubsvertretung organisieren,
- Wissensmanagement aufbauen.

Projekte sind, um in einem Bild zu sprechen, gleichzusetzen mit Puzzles. Jedes einzelne Teil trägt zum Gesamtergebnis bei.

Durchleuchten wir das Thema Kanzlei-Software danach, könnten sich folgende **Puzzleteile** ergeben:

- Klarheit über die Frage „Warum Einsatz einer Kanzlei-Software?"
- Recherche nach geeigneten Anbietern
- Kontaktaufnahme mit geeigneten Anbietern
- Vergleichsaufstellung der in Frage kommenden Lösungen
- Bildet Ihre IT-Landschaft bereits eine funktionierende Basis einer Implementierung?
- Wer kann Sie bei der Umsetzung unterstützen?

Oder betrachten wir das Thema Urlaubsvertretung einmal näher:

- In welchem zeitlichen Rahmen brauchen Sie eine Urlaubsvertretung?
- Welche Qualifikation muss der/die Vertreter/in mitbringen?
- Steht die Person dafür zur Verfügung?
- Sind Sie sich über eine etwaige Vergütung einig?
- Einweisung der Urlaubsvertretung in Ihr bestehendes System
- Schlüsselübergabe vorbereiten
- Eventuell Vollmachten vorbereiten
- Eventuell Mandanten sensibilisieren und informieren
- Eventuell wichtige anstehende Termine oder Fristen, die Sie (nur) selbst erledigen wollen oder müssen, vorarbeiten oder verlegen.

14 Eine Methode, die sich hier passend einfügt und bei noch komplexeren Projekten sehr hilfreich ist, ist die **Mind-Map-Methode**. Eine Mind-Map ist eine Visualisierungshilfe. Sie malen Ihr Puzzle sozusagen auf und bekommen einen Projektüberblick, den Sie immer weiter ergänzen können und der Ihnen als „roter Faden" dienen kann. Das nachfolgende Schaubild greift das Thema Kanzlei-Software noch einmal auf und lässt sich ergänzen, verfeinern etc. Es geht vor allem darum, Ihnen eine Idee für die Vorgehensweise zu geben.

Übersicht: Mind-Map-Methode Kanzlei-Software   **15**

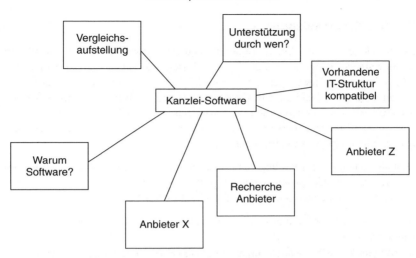

Mind-Map Kanzlei-Software

Aus der Mind-Map lässt sich eine **Erledigungsliste** ableiten. Möglicherweise erge-   **16**
ben sich aus dieser Erledigungsliste „Teilchen", die wieder Ihren kontextbezogenen Listen zugeführt werden können – Sie erledigen dann Auszüge eines Projektes
ganz nebenbei, ohne den Überblick zu verlieren.

d)   Alles Weitere oder: „Was du heute kannst besorgen ..."

Zurück zu Ihrem Eingangskorb und all den Dingen, die dort weiterhin auf die Be-   **17**
arbeitung warten. In Ihrer Post werden sich Schriftsätze, Schreiben von gegnerischen Anwälten oder weitergeleitete Schriftstücke der Mandanten befinden – all
das, was den Alltag der meisten Anwälte bestimmt und die Top Five der Stressfak-
toren anführt: Fristen, Termine etc.

Ich möchte hier weniger in den Vordergrund stellen, was im Einzelnen bei der **Be-**   **18**
arbeitung von Fristsachen etc. zu beachten ist. Schauen wir uns einmal exempla-
risch an, was bei Eingang eines Schriftsatzes am gleichen Tag getan werden muss:
- Verfügung des Gerichts auf Fristen, Auflagen etc. durchsehen,
- Fristen/Vorfristen notieren,
- Auflagen eventuell gleich erledigen oder terminieren,
- Schriftsatz genauer ansehen,
- Weiterleitung an den Mandanten bzw. sonstige Beteiligte.

Zu einem späteren Zeitpunkt – dafür haben Sie Vorfristen und Fristen notiert – legitimieren Sie sich für Ihren Mandanten und bereiten Ihren Schriftsatz vor.

2. Der Terminkalender

19 Bei der Notierung Ihrer Vorfristen und Fristen bekommen Sie – sofern Sie alles in Ihrem Kalender notieren – einen **Abgleich** dessen, was auf Sie an zu erledigenden Tätigkeiten an den jeweiligen Tagen wartet. Wenn sich an drei Tagen hintereinander aufwendig zu bearbeitende Fristabläufe ballen, denken Sie kritisch darüber nach, ob Sie diese zeitlich gestemmt bekommen, ohne Nachtschichten einlegen zu müssen oder Mandanten erst eine Woche später zurückrufen zu können oder andere ebenfalls wichtige Aufgaben liegen zu lassen.

Deshalb sollten Sie bei Ballung von Fristabläufen rechtzeitig Fristverlängerung beantragen und überdies vorausschauend prüfen, ob es bis zum Fristablauf etwaige Leerläufe laut Kalender gibt, so dass sich eine Fristbearbeitung vorziehen lässt.

20 Nach meiner Erfahrung gibt es zwei Verhaltensweisen, die eine häufige Ursache von Stress sind:

- Aufgaben werden zwar terminiert, mit deren Erledigung wird aber eher lax umgegangen, frei nach dem Motto „kann auch morgen erledigt werden!" Denken Sie immer daran, dass jeder Terminierung Gedanken vorausgegangen sind und Sie Ihre Gründe haben, warum Sie die Themen genau an dem Tag erledigen wollten.
- Es wird nicht ein Kalender geführt, sondern sicherheitshalber gleich zwei – oder drei oder vier. Kein Witz, gelebte Praxis! Und zwar häufig mit der Begründung: „Sicher ist sicher!" Dies ist nicht nur ein Zeitkiller, sondern vor allem die Fehlerquelle schlechthin.

21 *Tipp*
*Meine Empfehlung, egal ob digital oder handschriftlich: Führen Sie **einen Kalender** und diesen richtig!*

Mit richtig meine ich, die Essensverabredung nächste Woche Dienstag um 18:30 Uhr **nicht im Kopf haben, sondern notieren**. Warum? Weil nächste Woche Dienstag noch andere Dinge anstehen und/oder Sie vielleicht ein Mandant anruft und um einen Termin nächste Woche Dienstag gegen 17:00 Uhr bittet. Sie gucken ansonsten in Ihren Terminkalender und stellen fest, dass da nichts steht um 17:00 Uhr, passt also. Später fällt Ihnen – obwohl Sie gedanklich gerade in der Bearbeitung einer Akte sind – ein: „Passt doch nicht, bin verabredet!" Das reißt Sie in diesem Moment aus Ihrem Bearbeitungsfluss und Sie müssen sich um Absagen und

Verlegung kümmern. In dem Moment, wo wir alles notieren, ersparen wir uns solche Situationen.

3. Pufferzeiten einplanen

Bei dem Führen Ihres Terminkalenders empfehle ich Ihnen, nicht zu knapp zwischen Terminen zu kalkulieren und **lieber großzügige** Pufferzeiten einzubauen (40 % der Arbeitszeit verwendet man durchschnittlich für Unvorhergesehenes). Gerade Anwälten kann im Laufe eines Arbeitstages einiges passieren: **22**

- Es tauchen bei der Aktenbearbeitung Rechtsprobleme auf, die eine intensive Recherche erforderlich machen.
- Ein neuer Mandant erscheint mit einer einstweiligen Verfügungssache.
- Ein Mandant hat aktuellen telefonischen Beratungsbedarf.
- Im Gütetermin beim Arbeitsgericht verzögern vorangegangene Verhandlungen den Beginn Ihres Termins um eine Stunde.
- Auf der Rückfahrt vom Gericht geraten Sie in einen Stau.
- Sie waren am Abend vorher auf einer Geburtstagsfeier und kommen eine halbe Stunde zu spät ins Büro. Dafür arbeiten Sie nur halb so schnell wie sonst.

Brauchen Sie diese Pufferzeiten nicht, umso besser, dann haben Sie Zeit, einen Blick auf Ihre kontextbezogenen Listen oder den Blick auf ein Projekt zu werfen und sich zu überlegen, wie es hier weitergeht. Pufferzeiten, die nicht gebraucht werden, haben – wenn man sie zeitlich nutzt – etwas von „geschenkter Zeit", was natürlich faktisch nicht so ist, aber Sie schaffen vielleicht mehr, als Sie ursprünglich für den Tag geplant hatten.

4. System für Arbeitsmaterialien

In Ihrem Posteingangskorb finden sich vielleicht auch interessante Aufsätze, die Sie kopiert haben, oder Urteile, die Sie womöglich als Gedankenstützen aus dem Internet gezogen haben, oder Notizen, die Sie sich zwischendurch gemacht haben, weil diese für Sie an anderer Stelle noch einmal interessant werden könnten. All diese Dokumente lassen sich (noch) keiner Akte zuordnen, sondern dienen lediglich einer Materialsammlung. Wie gehen Sie damit um und in welchem **Ablagesystem** können Sie das etablieren, um jederzeit Zugriff darauf zu haben? **23**

Hier gibt es unterschiedliche Herangehensweisen, Sie können z.B.

- **Ordner** anlegen und **nach dem Alphabet** stichwortartig die Dokumente ablegen oder

- Sie legen sich in Ihrem Computer eine Ablagestruktur, ähnlich wie die Ordner in physischer Form, **digital** an.

Das eine ist so gut wie das andere, wenn Sie ein System finden, mit dem Sie arbeiten können und wollen. Wichtig und entscheidend ist letztlich, überhaupt eine **Struktur** zu schaffen, denn nichts ist umständlicher als ständiges Suchen: „Ich hatte hier irgendwo noch einen Aufsatz, der muss sich hier in dem Stapel befinden." Das mag bei kleinen Stapeln nicht die Hürde sein, aber meine Erfahrung ist, dass diese unübersichtlichen Haufen stetig wachsen und am Ende doch nicht gebraucht werden, weil die Hemmschwelle im Laufe der Zeit zunimmt, sich darin zurechtfinden zu wollen.

5. Mappe 1–31 – Wiedervorlagen griffbereit organisieren

24   Sich eine Mappe zu besorgen, die die **Unterteilung von 1–31** hat, wird Ihr Ordnungs- und Wiedervorlagesystem für alle die Vorgänge stützen, die keine Aktenzuordnung haben, aber trotzdem erledigt werden müssen. Dabei bildet die Unterteilung von 1–31 das **Datum des jeweiligen Tages** ab. Nachfolgend näher skizziert:

- Sie schauen auf Ihre kontextbezogene Liste „Telefonate" und stellen fest, dass Sie heute, am 9. August, bereits die Telefonate erledigt haben. Vielleicht ist aber der eine oder andere Anruf dabei, den Sie erst am kommenden Tag tätigen können; dann legen Sie die kontextbezogene Liste „Telefonate" auf Wiedervorlage in Ihrer Mappe auf den 10. August.
- In Ihrer Post befindet sich ein Veranstaltungshinweis für den 26. August. Vielleicht würden Sie da gern hingehen, wissen aber noch nicht, wie sich Ihr Tagesgeschäft bis dahin entwickelt. Zusagen müssten Sie bis zum 16. August, also legen Sie diesen Vorgang unter dem 15. August ab und entscheiden dann.

Dieses System hilft Ihnen dabei, Ihren Eingangskorb – selbst wenn Sie Themen nicht gleich entscheiden oder erledigen können – trotzdem im Griff zu behalten, ohne dass sich darin „kalte" Dokumente/Vorgänge finden, die dort vor sich hinschlummern.

6. Ihr Arbeitsplatz

25   Menschen haben unterschiedliche Arbeitsstile. Die einen arbeiten auf einem freien Schreibtisch konzentrierter, die anderen brauchen Aktenstapel um sich herum. Entscheidend ist: Ein wirklich gut organisierter und vorbereiteter Arbeitsplatz ist das beste Bollwerk gegen das Chaos.

Gut organisiert heißt hierbei nicht mehr und nicht weniger, als dass die **Dinge, die Sie zum täglichen Arbeiten brauchen**, griffbereit sind. Vom Locher und Hefter bis zu funktionierenden Schreibgeräten usw. – diese Kleinigkeiten tragen dazu bei, dass keine Hürde entsteht, Dokumente abzulegen und zu verarbeiten. Denn so lässt sich vermeiden, für all das, was sich nicht im unmittelbaren Zugriff befindet, jedes Mal aufstehen zu müssen.

Ganz besonders wichtig: Haben Sie stets Papier und Stift zur Hand, wenn das Telefon klingelt. Es kostet nicht nur Zeit, sondern nervt auch den Anrufer, wenn Sie erst umständlich nach Schreibzeug suchen müssen.

Tipp
Arbeiten Sie mit Notizbüchern, nicht mit losen Zetteln! Sie haben so die Chance, Notizen erstens immer wiederzufinden und zweitens auch länger zu behalten, weil ein Buch in der Regel eine Weile in Benutzung ist, bevor man es vollgeschrieben hat. Diese Methode habe ich irgendwann mal von einem Kunden – einer großen Consulting-Firma – übernommen. Deren Berater sind alle mit schwarzen Lederkladden ausgestattet, die ihnen im Tagesgeschäft als Gedankenstützen und für die Fallbearbeitung dienen.

7. E-Mail-Ablage

Mit Ihrem E-Mail-Eingang sollten Sie bestenfalls genauso verfahren wie mit Ihrem Eingangskorb. Das bedeutet, dass Sie Ihre eingehenden **E-Mails ausdrucken und in Ihren Eingangskorb legen**. Die Abarbeitung erfolgt wie bereits zuvor beschrieben. **26**

Sobald Sie die E-Mails bearbeitet haben, vergessen Sie nicht, diese aus Ihrem Eingangskorb zu entfernen und Ihrer E-Mail-Ablage zuzuführen. In Ihrem Eingangskorb sind bestenfalls nur die E-Mails noch sichtbar, bei denen Sie auf Rückmeldung etc. warten, bevor Sie diese beantworten.

8. Die ABC-Analyse

Mit der nachfolgenden ABC-Analyse können Sie Ihren Lebens- und Arbeitsablauf sehr gut planen. Dies ist eine einfache Hilfe, um erfolgreich zu leben und zu arbeiten. Es kommt darauf an, dass Sie Ihre Zeit an der Bedeutung und dem Wert der Aufgaben orientieren und nicht an der Menge aller Aufgaben. **27**

Übersicht: Wertanalyse der Zeitverwendung (ABC-Analyse)

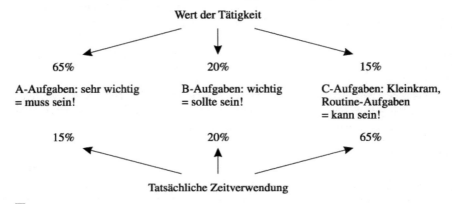

Tipp
Konzentrieren Sie sich auf A. Delegieren Sie bei B. Entrümpeln Sie bei C!

28   Im Laufe Ihrer Arbeit werden Sie feststellen, dass Sie oft Ihre Zeit mit vielen nebensächlichen Problemen (C) vertun, während wenige, lebenswichtige Aufgaben (A) meistens zu kurz kommen. Gutes Zeitmanagement besteht zunächst darin, die geplanten Aktivitäten durch eine ABC-Klassifikation in eine Rangordnung zu bringen. Diese Methode erfordert keinen größeren Aufwand, um Ihren täglichen Arbeitsablauf zu gestalten und Ihre Kanzlei erfolgreich zu führen.

A-Aufgaben sind die wichtigsten Aufgaben. Sie können von der betreffenden Person nur **selbst oder im Team** verantwortlich durchgeführt werden und sind für die Erfüllung der ausgeübten Funktion von größtem Wert. Sie allein sind für diese Aktivitäten **verantwortlich**. Hier können beispielsweise bei „Hinauszögern" Regressforderungen auf Sie zukommen oder Mandanten abspringen, weil die Akten von Ihnen nicht ordnungsgemäß bearbeitet wurden bzw. der zeitliche Rahmen nicht ihren Vorstellungen entsprach. Zu den A-Aufgaben gehören beispielsweise:

■   Mandantengespräche,

■   Telefonate mit Mandant, Gegner, Gericht etc.,

■   Schriftsätze mit Fristablauf.

B-Aufgaben sind durchschnittlich wichtige Aufgaben, die **teilweise von anderen** erledigt werden können. Diese Aktivitäten können Sie **mittelfristig** bearbeiten und kurzfristig erst mal hinten anhängen. Sie können sich auch einen Nachmittag pro Woche nur für die Erledigung von B-Aufgaben reservieren. Beispiele für B-Aufgaben und ihre Erledigung sind:

- Postvorbereitung,
- Einkaufen,
- Buchhaltung,
- Telefonate,
- Schriftsätze ohne zeitnahen Fristablauf (können Sie dann bearbeiten, wenn in einer Pufferzeit nichts Unvorhergesehenes passiert).

C-Aufgaben sind die Aufgaben mit dem **geringsten Wert für die Erfüllung einer Funktion**, machen jedoch den größten Teil der Arbeit aus. Zu dieser Kategorie zählen z.B.:

- Lektüre von Fachzeitschriften oder Tageszeitungen,
- ehrenamtliche Tätigkeit für Vereine oder Kammer,
- Besuch von Fortbildungsveranstaltungen,
- Plaudereien mit Kollegen.

Tipp

Achten Sie in Zukunft darauf, dass Sie nicht nur die A-Aufgaben erledigen, sondern auch die C-Aufgaben (aber nicht mehr so häufig wie bisher). Hierbei ist zu beachten, dass alle Aktivitäten durch Ihre eigene Prioritätensetzung in eine **ausgewogene Relation** gelangen.

▼

Muster: Zeitplan für einen Tag 29

Zeitraum	Sache/Tätigkeit	Aufgabe (A, B, C)	erledigt
8.00 – 8.30 Uhr	„Stille Stunde", Planung des Tages	A	
8.30 – 9.00 Uhr			
9.00 – 9.30 Uhr	Post bearbeiten	B	
9.30 – 10.00 Uhr			
10.00 – 10.30 Uhr			
10.30 – 11.00 Uhr			
11.00 – 11.30 Uhr	Gerichtstermin wahrnehmen	A	
11.30 – 12.00 Uhr			
12.00 – 12.30 Uhr			

▼

30   **Muster: Planung Ihrer ABC-Aufgaben**

Datum	Aufgabe	A	B	C	Erledigt
30.5.2013	Quartalsabrechnung	X			
…	…				

▲

Dies ist eine „zeitlose" Liste, d.h. hier schreiben Sie alles auf, was Ihnen im Laufe des Tages, Monats oder Jahres auffällt, und können somit nichts vergessen.

9.   Das Pareto-Prinzip

31   Das Pareto-Prinzip geht von folgender Annahme aus:
- 20 % der aufgewendeten Zeit bringen 80 % Ertrag und
- 80 % der aufgewendeten Zeit bringen 20 % Ertrag.

Ich bin der Ansicht, dass diese Methode dann anfängt zu hinken, wenn wir über Tätigkeiten sprechen, die nicht nur an ihrem Ertrag gemessen werden können, sondern es beispielsweise um vertrauensbildende Maßnahmen geht (denken Sie an den neuen Mandanten: der Fall ist einfach gelagert und in einer halben Stunden besprochen – allerdings kennen Sie den Mandanten noch nicht und er Sie auch nicht, also nehmen Sie sich vermutlich mehr Zeit für ihn, denn hier geht es in erster Linie um Vertrauensaufbau) oder Ihre strategische Orientierung und Ausrichtung (natürlich ist es wichtig, auch wenn es erst einmal keinen Ertrag bringt, über neue Geschäftsfelder nachzudenken).

10.   Zurück in den Arbeitsfluss

32   In den Momenten, in denen nicht gleich klar ist, wie Sie in Ihrem Tagesgeschehen weitermachen sollen, bieten Ihnen die folgenden vier **Kriterien** Unterstützung zu entscheiden, **was aktuell zu tun ist**:
- Kontext,
- verfügbare Zeit,
- verfügbare Kräfte,
- Priorität.

33   Unter dem Punkt „Kontext" nehme ich Bezug auf die kontextbezogenen Listen. Was steht Ihnen als **Hilfsmittel** aktuell zur Verfügung? Ihr Computer, Ihr Smartphone, Ihr Tablet PC, usw.? Hier steht die Frage „Womit können Sie weiterarbeiten?" im Vordergrund.

Über wie viel Zeit verfügen Sie, bis der nächste Termin oder die nächste Telefon-   **34**
verabredung wartet? Hier wird auch noch einmal deutlich, wie wichtig es für Sie
ist, Ihren Terminkalender sorgfältig zu führen, denn nur so können Sie Ihre verfügbare Zeit einschätzen.

> *Tipp*
> Sollten Sie zur Einschätzung, wie viel Zeit Sie für bestimmte Tätigkeiten brau-
> chen, mehr Routine benötigen, empfehle ich Ihnen, sich die Zeiten, während
> Sie arbeiten, zu notieren. Das bewirkt in jedem Fall langfristig eine **realistische**
> **Planung**.

Der nächste Punkt „verfügbare Kräfte" spricht Ihre persönliche **Tagesleistungs-**   **35**
kurve an. Wie aktiv und leistungsbereit fühlen Sie sich zum Zeitpunkt dieser Fra-
gestellung? Gilt es, die Zeit in den Vormittagsstunden zu füllen, wären sicherlich
solche Tätigkeiten sinnvoll zu erledigen, die Ihnen Konzentration abverlangen.
Sind es die Zeitfenster am Mittag, die produktiv genutzt werden wollen, so könnten hier Themen erledigt werden, die Ihnen leicht von der Hand gehen, z.B. Ihre
Belege für den Steuerberater zusammenzustellen oder eine Mandantenbesprechung
mit einem Mittagessen zu verbinden. Sie tun sich selbst einen Gefallen, wenn Sie
nach Ihrem persönlichen Leistungsniveau arbeiten; es nicht zu tun, bedeutet, Energie allein für das „Konzentriert-sein-müssen" aufzuwenden.

Wenn Sie die ersten drei Kriterien für sich durchgegangen sind, gilt es nun, aus   **36**
den anstehenden möglichen Aufgaben die für Sie wichtigste, die Sie jetzt tun
könnten, herauszufinden – also, **Prioritäten** zu setzen. Hier könnte das Pareto-
Prinzip zum Tragen kommen, sprich: „Bei welcher Aufgabe könnten Sie mit minimalem Zeitaufwand das Maximum an Wert erreichen?"

IV. Stressfaktoren

Dinge, die uns Stress erleben lassen, sind manchmal gar nicht so leicht zu identifi-   **37**
zieren. Häufig meinen wir, es ist der Mandant, der irgendwie einen komischen Ton
drauf hatte, oder das Gutachten, das immer noch nicht in der Post ist. Bei genaue-
rer Betrachtung kommen uns diese Dinge aber häufig gerade recht, weil wir die
eigentliche Ursache nicht so schnell identifizieren können. Nachfolgend einige
mögliche Ursachen:

■ Unentschlossenheit

Ein besonders hartnäckiger Zeiträuber wohnt in vielen Köpfen, die Unentschlossenheit, die viel Zeit kostet. So brauchte eine neu gegründete Kanzlei über ein Jahr,

bis sie sich für eine bestimmte EDV entschied. Bis dahin wurde mühsam jede Akte von Hand ins Register eingetragen. Es gibt auch Menschen, die aus Bequemlichkeit minutenlang durch ein halbleeres Parkhaus fahren, um einen möglichst nahen Platz beim Ausgang zu finden. Entscheiden Sie sich lieber falsch als gar nicht. Aus Fehlern können Sie immerhin noch lernen, aus Unentschlossenheit nicht.

■ **Perfektionismus**

Niemand ist perfekt. Sie müssen nicht für jede Verkehrsunfallregulierung in die Universitätsbibliothek laufen, um die neueste Rechtsprechung abzurufen. Ein Schriftsatz ist keine Examenshausarbeit. Ich will Sie damit nicht zu unsorgfältigem Arbeiten animieren, aber Sie dürfen nie die Relation aus den Augen verlieren. Sie müssen keine Angst vor Fehlern haben, weil sie ohnehin vorkommen. Trösten Sie sich damit, dass die meisten Ihrer Fehler unentdeckt bleiben. Außerhalb der Mandatsbearbeitung führt Perfektionismus dazu, dass Sie viele Projekte nicht zu Ende führen, weil Sie ein mittelmäßiges Ergebnis fürchten.

■ **Anwaltskollegen**

Es gibt Kollegen, die in Wort und Schrift sehr ausführlich vortragen. Erliegen Sie nicht der Versuchung, es ihnen gleich zu tun. Wenn Sie auf einen weitschweifigen Schriftsatz statt mit einer ebenso nichtssagenden Replik mit einem Dreizeiler antworten, in dem Sie feststellen, dass die Sache nun ausgeschrieben sei und Sie einer Terminierung entgegensehen, haben Sie nicht nur Ihre Ressourcen geschont, sondern auch einen Bonuspunkt beim Richter gewonnen.

■ **Nichteinhaltung innerlicher Abmachungen**

Was häufig Frustration und negative Gefühle in uns auslöst, ist das Brechen mit innerlichen Abmachungen. Wir nehmen uns dieses und jenes vor, am Ende machen wir es doch nicht und statt zu dieser Entscheidung zu stehen, geben wir lieber noch mehr Energie ins Hadern. Was ich Ihnen hier mit auf den Weg geben möchte:

■ Gehen Sie keine (innerlichen) Abmachungen ein.
■ Bringen Sie zum Abschluss, was Sie mit sich oder anderen verabredet haben oder
■ ändern Sie die Abmachung.

All das ist geeignet, um negative Gefühle loszuwerden.

■ **Zeitdiebe**

Vielleicht sitzen Sie in einer Bürogemeinschaft, vielleicht haben Sie direkte Kollegen oder Mitarbeiter, vielleicht ist Ihre Familie im wahrsten Sinne des Wortes allgegenwärtig. All das sind wichtige soziale Kontakte. Vielleicht tragen Sie manchmal aber auch dazu bei, dass Sie aus Ihren Arbeitsphasen herausgerissen werden und sich gedanklich mit Themen beschäftigen, die Sie von Ihren Aufgaben abhalten. Die Lösung liegt darin, diese Kontakte auf verabredete Zeiten zu verschieben, z.B. zum Mittagessen oder auf einen gemeinsamen Kaffee am Nachmittag o.Ä.

V. Zu guter Letzt

Abschließend möchte ich Ihnen noch zwei Gedanken auf den Weg zum souveränen **38** Umgang mit der Zeit mitgeben:

Zum einen: Suchen Sie sich Ihr **persönliches Ritual**, um sich einmal pro Woche zu sammeln und sich einen Überblick – bestenfalls alle neu aufgetauchten Gedanken auf Papier gebracht und in Ihren Eingangskorb gelegt – zu verschaffen, was in den kommenden sieben Tagen an Aufgaben auf Sie wartet. Es sollte eine Zeit sein, die bei Ihnen Muße auslöst. Ich persönlich mag Freitage für derartige „Blitzlichter". Ich habe den Kopf über das Wochenende frei und starte mit einem frischen Plan in die nächste Woche. Allerdings weiß ich auch, dass es in den meisten Kanzleien an Freitagen hoch hergeht, so als würde das bevorstehende Wochenende geradezu wie ein Katalysator auf die eigene Motivation wirken. Häufig geht damit aber auch absolute Hektik einher. Eine andere Zeit kann der Montagmorgen sein oder eine Zeit am Wochenende. Ganz egal: Wichtig erscheint mir, Sie dafür zu sensibilisieren, sich bewusst Momente zum Sammeln in Ihr Tagesgeschäft einzubauen!

Zum anderen: **Nehmen Sie das Ziel Ihrer Arbeit vorweg.** Was das heißt, mag **39** nachfolgendes Beispiel verdeutlichen:

Stellen Sie sich vor, Sie arbeiten an einer komplizierten Akte. Es handelt sich um ein neues, mit einem hohen Streitwert belegtes Mandat. Für Sie als Anwalt in gerade gegründeter Kanzlei ist das eine großartige Sache, die Ihnen allerdings auch einiges abverlangt. Sie werden sich beweisen wollen und müssen. Es geht um Reputation und Anerkennung. Vielleicht spüren Sie Druck und würden am liebsten erst einmal all die anderen Sachen erledigen, die erledigt werden könnten. Ihnen läuft allerdings auch die Zeit davon und das Thema auf die lange Bank zu schieben, erweist sich am Ende nur als Bumerang, weil Sie dann vielleicht Nachtschichten einlegen, andere Termine verschieben und Ihre privaten Verabredungen platzen lassen müssen, nur um diesen Schriftsatz zu erledigen. Dann fühlen Sie sich vielleicht gestresst und frustriert (innerliche Abmachungen nicht eingehalten, andere Themen bleiben liegen und der Stapel der zu erledigenden Dinge wächst und wächst).

Versuchen Sie nun, sich vorzustellen, wie es sich anfühlt, wenn Sie den Schriftsatz fristgerecht eingereicht haben und der Mandant Ihnen vielleicht schon mitgeteilt hat, wie zufrieden er mit Ihrer Arbeit ist. Sie sind vielleicht auf das eine oder andere bei der Erarbeitung gestoßen, was den Fall für Ihren Mandanten gut aussehen lässt. Noch besser: Sie werden den Fall für Ihre Mandantschaft entscheiden, und zwar in erster Linie, weil Sie einen guten Job gemacht haben!

Es geht darum, das Ziel und ihre damit verbundenen Emotionen genau vor Augen zu haben. Dieses Bild leitet Sie durch arbeitsintensive Phasen und wird sich in der Realität genau so einstellen (weil Sie darauf zusteuern).

§ 6 Marketing bei Kanzleigründung

Dieter Trimborn v. Landenberg

I. Marketing – was ist das?

Wenn Sie sich mit dem Gedanken tragen, eine Kanzlei zu gründen, oder die Gründung gerade hinter Ihnen liegt, steht zu hoffen, dass Ihnen auf dem Weg dorthin schon einmal der schillernde Begriff „Marketing" begegnet ist. Anwaltliches Marketing hat sich in den letzten Jahren in Seminaren, Zeitschriften, Büchern und natürlich bei Gesprächen unter Kollegen zu einem echten Dauerbrenner entwickelt. Der DAV als Lobby der Anwälte investiert in Studien zur Marktforschung, der Anwaltstag 2013 stand unter dem Motto „Anwaltsmarkt 2030 – die Zukunft jetzt gestalten". Dies wundert nicht, weil richtiges Marketing inzwischen zur Überlebensfrage jeder Kanzlei geworden ist. Sie betreten als Kanzleigründer einen Wachstumsmarkt, bei dem Angebot und Nachfrage unterschiedlich stark gestiegen sind: 1997, als nur 85.000 Rechtsanwälte zugelassen waren, betrugen die Gesamtumsätze 9,4 Mrd. EUR. Bis 2009 erhöhte sich dieser Betrag um 53 % auf 14,4 Mrd. EUR, während die Zahl der Rechtsanwälte im gleichen Zeitraum um mehr als 75 % gestiegen ist.[1] Kanzleien ohne klares Profil sind die Verlierer dieser Entwicklung. Strategisch gut aufgestellte Kanzleien können hingegen von dem Wachstumsmarkt profitieren.

1

Die Durchdringung des Themas „Marketing" ist inzwischen so weit fortgeschritten, dass man als betriebswirtschaftlicher Laie leicht den Überblick verlieren kann. Darum will ich zunächst einige Grundlagen klären.

Der Begriff „Marketing" substantiviert die angelsächsische Redewendung „to get into the market", was man am ehesten mit Marktausrichtung/Markterschließung übersetzen kann. Bezogen auf die Anwaltskanzlei umfasst **anwaltliches Marketing** „alle Entscheidungen und Maßnahmen, die in irgendeiner Form auf die Gestaltung von Beziehungen zu Klienten und anderen Interessengruppen wirken." Diese von *Scheuch*[2] Ende der 80er-Jahre geprägte Formel hat nach wie vor Gültigkeit. Entgegen einem weit verbreiteten Vorurteil ist Marketing demnach mehr als nur Werbung (die zwar ein Teilbereich ist, aber häufig fälschlicherweise mit Marketing gleichgesetzt wird). Es ist die hohe Kunst, Beziehungen anzubahnen und zu gestalten, um unternehmerische Ziele zu verwirklichen. Insoweit betreibt jeder An-

2

1 Vgl. *Kilian/Dreske* (Hrsg.), Statistisches Jahrbuch der Anwaltschaft 2011/2012, Tab. 5.1.2.
2 AnwBl 1988, 342.

walt zumindest unterbewusst Marketing für seine Kanzlei (Merke: „You cannot not communicate"). Wer behauptet, er betreibe kein Marketing, weil er dies nicht nötig habe, sollte so ehrlich sein und sagen, er betreibe ein schlechtes Marketing, weil ihn die Markterfordernisse anscheinend nicht sonderlich interessieren. Ein solches Desinteresse wird sich auf Dauer niemand leisten können, der am Markt bestehen will. Umgekehrt belohnt der Markt eine entsprechende Ausrichtung an den Bedürfnissen der Kunden.

Hüten Sie sich aber vor Selbstverleugnung. Dauerhafter Erfolg und berufliche Zufriedenheit beruhen in erster Linie auf Wahrhaftigkeit. Wer meint, er könne seinen Mandanten etwas vormachen und damit glücklich werden, sei vor einer Berufskrankheit gewarnt, die *Erich Fromm* unter dem Stichwort „Marketing-Charakter" abhandelt:

> *„Ich habe die Bezeichnung ,Marketing-Charakter' gewählt, weil der Einzelne sich selbst als Ware und den eigenen Wert nicht als ,Gebrauchswert', sondern als ,Tauschwert' erlebt. Der Mensch wird zur Ware auf dem ,Persönlichkeitsmarkt'. ... Um Erfolg zu haben, muss man imstande sein, in der Konkurrenz mit vielen anderen seine Persönlichkeit vorteilhaft präsentieren zu können. Wenn es zum Broterwerb genügen würde, sich auf sein Wissen und Können zu verlassen, dann stünde das eigene Selbstwertgefühl im Verhältnis zu den jeweiligen Fähigkeiten, das heißt zum Gebrauchswert eines Menschen. Aber da der Erfolg weitgehend davon abhängt, wie gut man seine Persönlichkeit verkauft, erlebt man sich als Ware oder richtiger: gleichzeitig als Verkäufer und zu verkaufender Ware. Der Mensch kümmert sich nicht mehr um sein Leben und sein Glück, sondern um seine Verkäuflichkeit. ... Der Mensch dieses Typus hat nicht einmal ein Ich, an dem er festhalten könnte, das ihm gehört, das sich nicht wandelt. Denn er ändert sein Ich ständig nach dem Prinzip: ,Ich bin so, wie Du mich haben willst'. "*[3]

3   Ziel dieser Ausführungen ist es, Ihnen einen Leitfaden und Anregungen für die **aktive Markterschließung** zu geben. Gehen Sie die Sache mit Optimismus an, weil Sie es mit einem äußerst lebendigen Markt zu tun haben, der täglich neu verteilt wird. Bevor Sie aber nun Ihre Aktivitäten entfalten, müssen Sie zunächst Ihre Marketingstrategie (siehe Rn 9 ff.) festlegen, um danach operatives Marketing zu betreiben. Und damit Sie ab heute Ihr Marketing nicht nur systematisch betreiben, sondern mit anderen Kollegen auch auf hohem Niveau fachsimpeln können, möchte ich Sie vorab noch mit den **fünf Grundsäulen** des Marketings vertraut machen:

---

3   *Erich Fromm*, Haben oder Sein, 6. Aufl. 1980, S. 141 f.

■ Beschaffungspolitik

Aufgabe der Beschaffungspolitik ist es, für die Bereitstellung der „Produktionsmittel" zu sorgen. Bei Rechtsanwälten ist dies in erster Linie das Wissen, das durch ständige Fortbildung auf dem neuesten Stand gehalten wird. In zweiter Linie geht es natürlich auch um die sog. soft skills, mit denen das juristische Wissen für den Mandanten gewinnbringend umgesetzt wird, beispielsweise rhetorische Stärken oder Verhandlungsgeschick. Die Beschaffungspolitik ist hauptsächlich im Produktmarketing Thema und wird im anwaltlichen Bereich meist nicht unter Marketingaspekten problematisiert. Seien Sie sich aber stets im Klaren darüber, dass Marketing ein **fundiertes juristisches Know-how** voraus- und nicht ersetzt.   **4**

■ Angebotspolitik

Die Angebotspolitik beschäftigt sich mit der Frage, mit welchen Leistungen ich am Markt auftreten will – und mit welchen nicht. Das Kernprodukt der anwaltlichen Leistung ist die **Rechtsberatung** bzw. **Rechtsvertretung** im konkreten Fall. Dienstleistungsmarketing vermarktet weniger die Leistung als vielmehr den dadurch gestifteten Nutzen. Kurz gesagt, verkaufen Sie nicht Rechtsberatung, sondern Sorgenfreiheit bzw. den wirtschaftlichen/persönlichen Vorteil als Folge Ihrer Tätigkeit. Dies setzt ein gewisses Einfühlungsvermögen in die Bedürfnisse des Mandanten woraus. Die Frage, welches Rechtsgebiet Sie anbieten wollen, greift dabei oft zu kurz. Neben Rechtsgebieten kann man sein Angebot auch auf Lebenslagen ausrichten.   **5**

■ Preispolitik

Von erheblicher Bedeutung ist die Frage, zu welchem Preis die Leistung angeboten wird. Die Zeiten, in denen man sich, ohne nachzudenken, hinter der Gebührenordnung verstecken konnte, sind unwiderruflich vorbei. So sollte es sich inzwischen überall herumgesprochen haben, dass das RVG im Bereich außergerichtlicher Beratung seit dem 1.7.2006 seine Gültigkeit verloren hat. Es wird zunehmend darauf ankommen, attraktive Gestaltungsmöglichkeiten zu entwickeln, mit denen man sich im Wettbewerb profilieren kann. Bedenklich ist jedoch die Entwicklung, dass in Umkehrung früherer Verhältnisse von einigen Kollegen das Preisargument stark in den Vordergrund gestellt und bisweilen ein negatives „Billiger-Jakob-Image" gepflegt wird. Merke: Die **Kunst der guten Preispolitik** besteht nicht darin, billiger als die anderen zu sein, sondern einen angemessenen Preis zu erzielen, der von den Mandanten akzeptiert wird und von dem sich leben lässt.   **6**

■ **Kommunikationspolitik**

7 Inhalt der Kommunikationspolitik ist es, auf verschiedenen Kanälen den Markt über das Dienstleistungsangebot zu informieren. Darüber hinaus hat die Marktkommunikation des Rechtsanwalts auch eine Überzeugungsaufgabe zu erfüllen, nämlich dass Ihre Dienstleistung a) notwendig und b) gegenüber anderen Dienstleistungen vorzugswürdig ist. Die klassischen Instrumente der Kommunikationspolitik sind **Werbung** und **Öffentlichkeitsarbeit**.

■ **Distributionspolitik**

8 Die Verteilungspolitik beschäftigt sich mit der Frage, in welchem Umfeld die Leistung angeboten wird. Angefangen von der Büroumgebung über die personelle Ausstattung bis zu Fragen des Service und der Unternehmenskultur reichen die Aspekte, die diesen Bereich betreffen. Der Bereich des **Leistungsumfeldes** ist für Anwälte von zunehmender Bedeutung, weil das „Drumherum" als Hilfsgröße für die Bewertung einer Leistung dient, deren Qualität für einen Laien nur schwer zu bestimmen ist.

II. Marketingstrategie

9 Zwischen den Begriffen „Straps" und „Stretch" definiert das Fremdwörterbuch die **Strategie** als „genauen Plan des eigenen Vorgehens, der dazu dient, ein Ziel zu erreichen, und in dem man diejenigen Faktoren, die in die eigene Aktion hineinspielen könnten, von vornherein einzukalkulieren versucht."[4] Bevor Sie sich also in die Niederungen der Taktik begeben, die in diesem Kapitel noch eingehend behandelt wird, müssen Sie sich zum einen über Ihr Ziel Klarheit verschaffen und zum anderen einen möglichst genauen Plan zur Erreichung dieses Ziels erstellen. Beides ist leichter gesagt als getan, aber von fundamentaler Wichtigkeit. Unerlässlich ist auch die **Schriftform**, die wir den Mandanten immer predigen, aber in eigener Sache meist nicht für erforderlich halten. Vorsicht! Auch Rechtsanwälte sind nur Menschen, denen nichts Menschliches fremd ist, am wenigsten der Selbstbetrug. Lassen Sie sich nichts durchgehen, sondern legen Sie nachprüfbar fest, was Sie wie erreichen wollen. Darum: Think it and ink it!

---

4 Duden, Das Fremdwörterbuch, 6. Aufl. 1997.

1. Zielsetzung

Marketing zu betreiben ist kein Selbstzweck, sondern dient der Umsetzung von
Unternehmenszielen. Wenn Sie ehrlich mit sich zu Rate gehen, werden Sie merken, wie schwierig es sein kann, konkrete und vor allem realistische Ziele für Ihre
Kanzlei zu formulieren. Dies ist aber immens wichtig, sonst besteht die Gefahr,
dass blinder Aktionismus (auch „anwaltliche Werbesucht" genannt) das trügeri-
sche Gefühl vermittelt, man tue sich und seiner Kanzlei etwas Gutes. Nur wenn
Sie der Versuchung widerstehen, den zweiten Schritt vor dem ersten zu tun, können Sie Fehler, die viel Zeit und Geld kosten, vermeiden. In einem Satz zusammengefasst, müssen Sie sich die Frage stellen: **Wofür soll meine Kanzlei stehen?**

10

Natürlich träumen wir alle davon, eines Tages ganz groß rauszukommen. Dies ist
jedoch nicht konkret genug. Notieren Sie deshalb ganz genau, wo Sie in einem, in
drei und in fünf Jahren stehen möchten. Seien Sie hierbei nicht zu bescheiden,
aber auch nicht unrealistisch. Als Gründer brauchen Sie vor allem eines: eine
Vision!

11

Damit ist mehr gemeint als das Formulieren von Umsatzzielen. Sie müssen sich
vielmehr darüber **im Klaren sein, wie Ihr Berufsleben im Ganzen aussehen soll**.
Wenn Sie ein Ziel vor Augen haben, dann werden Sie Ihre Kanzlei nach diesen
Vorstellungen gestalten können. Haben Sie dies nicht, werden Ihre Mandanten Ihre
Kanzlei und Ihre Tätigkeit nach ihren Vorstellungen gestalten. In der Anwaltschaft
wimmelt es nur so von Kollegen, die sich von grässlichen Mandanten gepiesackt
fühlen, aber nicht auf den Gedanken kommen, sich neue und vor allem andere
Mandanten und Tätigkeitsbereiche zu suchen.

Sie haben am Anfang Ihrer Karriere noch alle Einflussmöglichkeiten auf Ihre
Kanzlei. Begreifen Sie dies als Wettbewerbsvorteil, den Sie nicht leichtfertig verspielen dürfen. Nehmen Sie darum Stift und Papier zur Hand und beantworten sie
schriftlich folgende Fragen:

12

- In welchen Rechtsgebieten möchte ich vorwiegend tätig sein? Mit wem möchte
  ich es zu tun haben? Wer sind meine potenziellen Mandanten? (Einzugsgebiet/
  soziale Schichtung/Zugehörigkeit zu eingrenzbaren sozialen Gruppen)
- In welcher Art von Kanzlei möchte ich langfristig tätig sein? (Einzelkanzlei/
  Bürogemeinschaft/Sozietät)
- Welchen Umsatz möchte ich erwirtschaften? (Diese Frage müssen Sie im Kontext Ihrer Finanzierung beantworten.)
- Welche Kostenquote will ich erreichen? (Gut organisierte Kanzleien liegen selten über 60 %.)

- Wie viele Mandate will ich im Jahr akquirieren?
- Wie viele Stunden will ich monatlich im Büro verbringen?
- Welche außerberuflichen Ziele (z.B. Familie, Hobby, ehrenamtliches Engagement) muss ich mit meiner Kanzleigründung in Einklang bringen?

13   Weil Sie gerade gelernt haben, in kurz-, mittel- und langfristigen Zeiträumen zu denken, müssen Sie jede Frage mindestens dreimal beantworten, nämlich bezogen auf ein Jahr, auf drei Jahre und auf zehn Jahre. Als gelerntem **Visionär** macht es Ihnen außerdem nichts aus, auch schon einmal an das Ende Ihres Berufslebens zu denken und sich zu fragen, wo Sie dann stehen wollen. Der vorstehende Fragenkatalog ist übrigens nicht abschließend, sondern soll Sie nur ermuntern, Ihre Ziele so genau wie möglich zu bestimmen. Wenn Sie das hinter sich gebracht haben, haben Sie gegenüber anderen Gründern einen unschätzbaren Motivationsvorsprung: Sie wissen, wofür Sie die ganze Arbeit auf sich nehmen.

Orientieren Sie sich immer nach oben und formulieren Sie Ihre Ziele **positiv**. Ihre Existenzgründung hat nicht das Ziel, dem Bankrott zu entkommen, sondern dient Ihrer beruflichen Selbstverwirklichung. Um Ihre Ziele **realistisch** zu fassen, ist eine Analyse Ihrer Stärken und Schwächen unabdingbar. Sofern Sie Ihre drei stärksten Wettbewerber benennen können, ist es sinnvoll, sich an Ihnen zu messen. Machen Sie aber nicht den Fehler, so sein zu wollen wie die Konkurrenten – deren Vorsprung ist meist zu groß. Suchen Sie stattdessen nach Lücken, die Sie ausfüllen können.

> *Beispiel*
> Sie haben eigentlich vor, Familienrecht zu betreiben. An Ihrem geplanten Standort gibt es aber schon drei Kollegen, deren Schwerpunkt Familien- und Erbrecht ist. Zwei Kollegen haben den Fachanwalt. Im Hinblick auf die anderen Kanzleien, die auch keinem Scheidungswilligen die Tür weisen, wäre es gewagt, sich auf Familienrecht zu spezialisieren. Bekanntlich spielt bei Familienrechtlern das Erbrecht meist eine untergeordnete Rolle, zumal der Fachanwalt für Familienrecht landläufig als „Scheidungsanwalt" wahrgenommen wird. Es ist darum zu erwägen, das Familienrecht völlig zu vernachlässigen und einen Schwerpunkt auf das Erbrecht zu legen.

2. Strategische Planung

14   Mit einer festen Zielsetzung vor Augen müssen Sie planen, wie und in welcher Zeit Sie Ihre Ziele umsetzen wollen. In den meisten Büchern zum Thema Anwaltsmarketing finden Sie Anleitungen zur Entwicklung eines Marketingplans. Diese sind meist so ausführlich, dass Ihnen von vornherein die Lust vergeht – oder Sie im Gegenteil der sog. „Planungssucht" verfallen und einen Marketingplan entwerfen, der das Herz jedes Betriebswirtes höher schlagen lässt. Der Perfektionismus hat dann aber oft die ernüchternde Nebenwirkung, dass die Lust und Energie für die Umsetzung erlahmt sind. Um Ihnen die Lust nicht zu nehmen, will ich mich nun auf die wichtigsten Faktoren beschränken.

a) Finanzplan

Zur strategischen Planung gehört zunächst die **Budgetierung** Ihres **Marketing-** **15** **etats**. Als Kanzleigründer können Sie auch Ihre Markteintrittskosten als Gründungskosten vom Existenzgründungskredit bestreiten. Dies ist unter dem Gesichtspunkt der Finanzierungskosten oft vorteilhafter, weil damit der Kontokorrentkredit des Geschäftskontos nicht mit den laufenden Betriebsausgaben belastet wird. Wie hoch ihr Marketingbudget sein sollte, kann man nicht verallgemeinern. Für die Gründung sind 2.000 EUR eher zu niedrig als zu hoch gegriffen. Bei der Finanzierungsplanung wird oft nicht bedacht, wie wichtig es ist, in die Akquise auch Geld zu investieren. Das schöne Büro ist wertlos, wenn es keiner betritt; das perfekte Kanzleiprogramm ist nur dann nützlich, wenn damit Akten angelegt werden. Der Autor dieser Zeilen hatte beispielsweise einen Marketingetat von 5.000 EUR bei einer Gesamtinvestitionssumme von 25.000 EUR eingeplant. Das war viel Geld, hat sich aber gelohnt.

Weil es darum geht, die eigene Person zu vermarkten, ist der Marketingetat zugleich ein Indiz für Ihr Selbstvertrauen. Wenn ich von mir und meinem Konzept überzeugt bin, bin ich auch bereit zu investieren. Habe ich Zweifel, ob ich es mir wirklich wert bin, stellt sich die Frage, ob ich überhaupt den Schritt in die Selbstständigkeit wagen soll. Natürlich muss jeder wissen, was nach seinen Maßstäben möglich ist, auch mag es Marketingkonzepte geben, die ohne viel Geld, aber mit hohem persönlichen Einsatz funktionieren. Trotzdem: Die meisten Kanzleigründer sparen hier an der falschen Stelle, sodass ich Ihnen hier nochmals Großvaters Spruch an den Kopf werfen muss: Wer nicht wagt, der nicht gewinnt!

b) Wahl der Mittel – Marketingmix

Entsprechend Ihrer Zielgruppe stellen Sie in einem weiteren Schritt den „**Marke-** **16** **tingmix**" zusammen. Prüfen Sie genau, ob Sie Ihre Zielgruppe eher durch klassische Werbemedien wie Anzeigenwerbung oder typische Wege der Öffentlichkeitsarbeit erreichen. Patentrezepte gibt es nicht, Ihre guten und schlechten Erfahrungen werden Sie selbst machen müssen. Um sich nicht zu verzetteln, sollten

Sie Schwerpunkte bilden und Prioritäten setzen. Zuallererst müssen Sie sich mit dem Kanzleinamen und der grafischen Gestaltung auseinandersetzen. Erst wenn der Briefkopf steht, kommen das Schild, der Kanzleiprospekt, die Homepage, damit alles aus einem Guss ist.

c)   Zeitplan

17   Marketing benötigt viel Zeit. In der Anfangsphase werden Sie wahrscheinlich mehr Zeit mit der Erfüllung Ihres Marketingplans verbringen als mit der Bearbeitung von Mandaten. Auch hier gilt die alte Messie[5]-Weisheit: Nicht zu viel auf einmal vornehmen, sonst klappt gar nichts. Geben Sie sich für jede Woche Ihre Marketinghausaufgaben auf, bei Sozietätsgründungen werden diese Hausaufgaben an die einzelnen Gründer verteilt.

3.   Umsetzung

18   Machen Sie sich einen genauen Plan, in welchen Zeiträumen Sie Ihren Marketingplan abarbeiten wollen. Bekanntlich kann Zeit bei Rechtsanwälten unversehens zum knappen Gut werden, sobald die ersten Mandanten den Weg in die Kanzlei gefunden haben. Bedenken Sie immer, dass sich der Erfolg nicht danach bemisst, wie viele Stunden Sie in die Mandatsbearbeitung investieren, sondern wie nah Sie Ihren Zielen gekommen sind. Der Erfolg kommt nicht von allein, sondern braucht Zeit, die Ihnen keiner gibt und die Sie sich deshalb nehmen müssen.

> *Tipp*
> Halten Sie sich deshalb mindestens einmal im Quartal, in der Startphase mindestens monatlich einen halben Tag frei für Ihre „Marketingwerkstatt". Je länger Sie sich mit dem Thema befassen, umso mehr Ideen werden Ihnen in den Sinn kommen und umso länger werden Sie sich freiwillig mit Marketing befassen.

Wenn Sie als Kanzleigründer jetzt sofort den Kalender gezückt haben, haben Sie schon einen Misserfolgsfaktor ausgeschaltet. Wenn Sie dann noch so konsequent sind und die Sprechstunde mit Ihnen selbst nicht verschieben, kann schon fast nichts mehr schief gehen.

---

5   Krankheitsbild von Menschen, die in steter Unordnung leben und bei denen nichts klappt, weil sie immer alles 100 %ig machen wollen.

Erfolgreiche Anwälte zeichnen sich dadurch aus, dass sie über den Tellerrand schauen und insbesondere keine Angst vor bewährten Managementmethoden haben. Eine weit verbreitete Methode ist die **EKS**, die sog. Engpasskonzentrierte Strategie, mit der Sie lernen, Ihre Kräfte auf das Wesentliche an der entscheidenden Stelle zu konzentrieren.[6] Auch wenn Begriffe wie „Erfolgsgesetze" der leise Beigeschmack des Sektenhaften umgibt, dürfen Sie sich von bewährter Ratgeber-Literatur inspirieren lassen.

Weil Marketing Schwerstarbeit ist und Sie nicht tausend Dinge im Kopf haben **19** können, geschweige denn gleichzeitig erledigen können, ist es hilfreich, umfangreiche **To-do-Listen** anzulegen. Hierbei ist es wichtig, auch den zeitlichen Aufwand realistisch einzuschätzen. Die Gestaltung einer Eröffnungsanzeige geht sicher schneller von der Hand als die Kanzleibroschüre. Anders als die Großkanzlei in Frankfurt oder Berlin haben Sie kein eigenes Marketingpersonal, das sich darum kümmert, sodass sich die Frage der Auslagerung von Aufgaben stellt. Es wäre sicher übertrieben, mit der Eröffnungsfeier eine Eventagentur zu betrauen, andererseits setzt professionelles Marketing zumindest in Ansätzen **professionelle Hilfe** voraus. Besonders bei der Gestaltung von Briefkopf, Schildern etc. sind ein paar EUR für den Grafiker eine sinnvolle Investition. Wer keine Schwester hat, die gerade Grafikdesign studiert, kann auch den Kontakt über die einschlägige Fakultät suchen, um vielleicht engagierte und (preiswerte) Helfer für die Entwicklung zu finden.

Nachfolgende Checkliste kann Ihnen nur die Orientierung erleichtern, je nach **20** Kanzleityp muss sie individuell angepasst werden. Ein 08/15-Marketingplan wird Ihnen nur helfen, wenn Sie eine 08/15-Kanzlei eröffnen wollen. Setzen Sie sich also hin und überlegen Sie, welchen speziellen Marketingmix Sie anrühren wollen. Dabei können manche Elemente sehr wichtig sein, andere wiederum völlig wegfallen. Für den Strafverteidiger kann Pressearbeit sehr wichtig sein, wohingegen ihn die Gestaltung seines Briefkopfs wenig kümmert, weil er hauptsächlich durch die Verhandlung und das Gespräch wirkt. Mangels nennenswerten Publikumsverkehrs wird auch die Kanzleieinrichtung nicht erste Priorität haben. Wer hingegen eine feinsinnige Klientel hat, wie beispielsweise der Medienrechtler, muss das Kanzleiumfeld viel genauer planen. Der IT-Spezialist wiederum haust in einem mit EDV vollgestopften Verschlag, in dem er täglich seine Homepage aktualisiert, die kraft ihrer kompetenten Inhalte genügend Vertrauen schafft. Seine Marketinginvestition war ein schicker Anzug, den er nur trägt, wenn er seine Mandanten besucht.

---

6 Vgl. *Friedrich/Malik/Seiwert*, Das große 1x1 der Erfolgsstrategie, 13. Aufl. 2009.

21 **Checkliste: Marketingplan**

1. **Vor-Eröffnungs-Phase**
   a) Genaue Definition des Dienstleistungsangebots
   b) Äußeres Erscheinungsbild (Logo/Schrift/Farben) wählen
      – Homepage
      – Schilder
      – Briefpapier
      – Visitenkarten
      – Flyer
      – Eröffnungsanzeigen
2. **Kanzleieinrichtung**
3. **Personalauswahl**
4. **Eröffnungsfeier**
5. **Erste Werbemaßnahmen**, z.B.
   a) Suchservice
   b) Telefonbuch
   c) Gelbe Seiten
6. **Eröffnungsphase**
   a) Daueranzeigen
   b) Kontaktpflege
   c) Weitere Werbemöglichkeiten prüfen
7. **Aufbauphase**
   a) Kooperationen suchen
   b) Angebotserweiterung/-reduzierung
   c) Auswertung von Mandantenbefragungen
   d) Mandantenbindung verstärken

4. Zielkontrolle

22 Wenn Sie sich so ausgiebig über Ihre beruflichen Ziele Gedanken gemacht haben, wäre es eine Schande, diese aus dem Auge zu verlieren. Notieren Sie sich darum im Abstand von drei Monaten **Wiedervorlagetermine**, in denen Sie überprüfen, ob und wieweit Sie Ihren Zielen näher gekommen sind. Analysieren Sie, was Sie von Ihrem Plan umgesetzt haben und was noch umzusetzen ist. In letzterem Falle müssen Sie den Ursachen nachgehen und sich konkrete Fragen stellen. Im Grunde interessiert Sie aber immer nur eine Frage: **Was kann ich tun, um hochwertige Mandate aus der gewünschten Zielgruppe zu erhalten?**

Es ist nicht damit getan, ausreichend Mandate zu haben. Die kaum verhohlene **23** Prahlerei über erreichte Fallzahlen, die man gelegentlich hört, sollte Sie nicht interessieren. Auch wenn Sie genügend zu tun haben, muss dies nicht unbedingt ein Erfolgszeichen sein. Es kann nämlich sein, dass Sie vom eigenen Erfolg überrollt werden und vormals gesetzte Qualitätsstandards gar nicht mehr erreichen können. Der schmerzliche Wachstumsschub ist eine typische Pubertätskrankheit der jungen Kanzlei. Herrschten früher Teamgeist, Flexibilität und Motivation vor, treten bei zunehmender Inanspruchnahme des Junganwalts leicht persönliche Schwächen zutage. Besonders die Unfähigkeit zur Delegation bzw. die Weigerung, mehr Personal einzustellen, kann leicht dazu führen, dass nach anfänglichen Erfolgen wieder eine Flaute eintritt. Immer dann, wenn Kanzleien keine Zeit mehr für Marketing haben, ist ein kritischer Punkt erreicht. Der Einzelanwalt ist in Gefahr, sich durch das süße Gift umsatzträchtiger, aber strategisch untauglicher Mandate zu verzetteln. Die Sozietät hat zusätzlich das Problem, dass der Teamgeist sinkt und jeder nur noch auf die eigenen Umsätze und Akten fixiert ist. Die wiederkehrende Beschäftigung mit Marketing darf sich nicht auf die Frage der Umsatzsteigerung reduzieren, es geht auch um (kollektive) **Selbstvergewisserung**. Wo der Kompass fehlt, kann es leicht zum Schiffbruch kommen.

Doch dies lässt sich durch vorbeugende Maßnahmen vermeiden.

Beispiel
Die drei Gründer einer inzwischen sehr erfolgreichen Kanzlei haben zu Beginn halbjährlich Strategiewochenenden in einem abgelegenen Gasthof verbracht, nur um sich damit zu beschäftigen, inwieweit Ihre Marketingziele erfüllt worden sind. Nach einer Bestandsaufnahme wurde das Budget festgelegt und die Aufgaben für das nächste halbe Jahr an die einzelnen Partner verteilt. Noch heute finden diese Strategiewochenenden jährlich statt.

Um im Alltag die Zielkontrolle zu vereinfachen, sollten Sie zumindest Strichlisten **24** anlegen, wie die Mandanten den Weg zu Ihnen gefunden haben. Danach können Sie entscheiden, ob Sie bestimmte Maßnahmen weiterführen oder ob Sie in Marketingflops keinen müden EUR bzw. Energien mehr investieren. Hierzu ist es hilfreich, einen Marketingordner anzulegen, in dem Sie sämtliche Aktivitäten zusammenfassen und archivieren (Zeitungsartikel, Verträge mit Anwaltsuchservices, Aufnahme der Verzeichnisse, in denen Sie gelistet sind, etc.). Ich empfehle außerdem eine **Rentabilitätsanalyse** der einzelnen Marketinginvestitionen, indem Sie die Herkunft Ihrer Mandate zuordnen. Diese Erfahrungen sind bares Geld wert, weil sie Ihnen helfen, zukünftige Streuungsverluste zu minimieren.

> *Beispiel*
> Der Eintrag in den Gelben Seiten hat Sie 800 EUR gekostet. Am Jahresende stellen Sie fest, dass Mandanten, die durch das Branchenbuch auf Sie gekommen sind, Ihnen einen Umsatz von 2.000 EUR beschert haben. Anders sieht es vielleicht beim Suchservice aus, für den Sie 400 EUR im Jahr zahlen. Von dort wurde Ihnen nur eine Erstberatung mit einem Volumen von 100 EUR vermittelt. Sie entschließen sich deshalb, die Mitgliedschaft im Suchdienst zu kündigen und stattdessen einen größeren Eintrag im Branchenbuch zu buchen.

25 Die **Wirksamkeit anwaltlicher Werbemaßnahmen** war Gegenstand einer empirischen Untersuchung[7] des Soldan Instituts für Anwaltmanagement, in der es einige erstaunliche Ergebnisse gab. Wussten Sie z.B. schon, dass

- die Bereitschaft, in Unternehmenskommunikation zu investieren, bei deutschen Kanzleien schwach ausgeprägt ist?

- weniger als ein Viertel der Kanzleien mit Broschüren, Flyern oder Mandanten-Rundschreiben wirbt?

- Vorträge für potenzielle Mandanten als effektivste Marketingmaßnahme angesehen, aber nur von 12 % der Kanzleien veranstaltet werden?

Eine der zentralen Erkenntnisse der Befragung ist die Tatsache, dass sich die Anwaltschaft zwar schon mit der Wirksamkeit bestimmter Werbemaßnahmen auseinandergesetzt hat, jedoch bisher nur bedingt Konsequenzen für die praktische Gestaltung ihres Außenauftritts gezogen hat. Das ist Ihre Chance: Werden Sie die löbliche Ausnahme in einer Branche, die sehenden Auges Geld zum Fenster herauswirft.

26 Ihre Zielkontrolle wird vielleicht klaffende Lücken zwischen Soll und Haben offenbaren. Sie werden demnach lernen müssen, mit Misserfolgen umzugehen, weil nicht jede Saat aufgeht. Ein ganzes Berufsleben werden Sie viele Stunden und noch mehr Euros vergeblich investieren. Wenn Sie Misserfolge als Vorbedingung für den Erfolg betrachten, werden Sie **Rückschläge** auch nicht zu persönlich nehmen. Mit den Worten „Seid immer schön fleißig und kreativ!" trieb der interdisziplinär forschende *Prof. Paul Reul* seine Assistenten an, wenn ein Projekt ins Stocken geriet. Nur mit dieser Einstellung konnte er im Team mit anderen Forschern dem

---

7 *Kilian*, Wirksamkeit anwaltlicher Werbemaßnahmen, 2011 (die Befragung von 710 Rechtsanwälten erfolgte bereits 2009).

ersten künstlichen Herzen, an das viele nicht glaubten, den Weg ebnen. Auch für Sie gilt: Nehmen Sie Widerstände in Kauf und hören Sie nie auf, an neue Wege zu denken. Den Sieg hat schließlich nur verdient, wer auch schon einmal verloren hat.

III. Angebotspolitik

Bei einer Kanzleigründung stellt sich zuerst die Frage, welche Leistungen man auf dem Markt der Rechtsberatung anbieten will. Dies hört sich banal an, wird aber sehr oft falsch gemacht. Manche Kollegen eröffnen ihre Kanzlei, ohne einen Gedanken daran zu verschwenden, wen sie eigentlich ansprechen wollen. Der Rat „Am Anfang musst du erst einmal alles machen" wird auch von wohlmeinenden Kollegen erteilt. Dabei ist dies gar kein Muss. Im Gegenteil, je enger Sie Ihre Tätigkeitsgebiete eingrenzen können, umso genauer können Sie Ihre Zielgruppe erreichen. Zu dieser Einsicht zu gelangen, ist vielleicht nicht so schwer. Sie umzusetzen ungleich schwieriger, denn sie erfordert eine Tugend, die selten geworden ist: den Verzicht. Nur wer von Anfang an auf bestimmte Mandate verzichtet, verfügt über die Zeit, sich auf die Suche nach den Klienten zu machen, die die Kanzlei braucht. Zugegeben, dies sagt sich leicht, wenn man schon einige Fälle hat, die zur Kostendeckung beitragen. Für den Anfänger ist die Verlockung zu groß, alles anzunehmen, auch wenn es viel Zeit kostet, sich immer neu einzuarbeiten. Andererseits ist der Lohn des Verzichts ein nachhaltigeres Wachstum der Kanzlei.

27

Ich habe noch keinen Kollegen getroffen, den eine **mit Bedacht gewählte Spezialisierung** gereut hätte. Vielmehr meinen die meisten Spezialisten rückblickend, es sei ein Fehler gewesen, mit der Spezialisierung so lange gewartet zu haben. Nicht umsonst sind die Fachanwaltslehrgänge in den letzten Jahren so gut besucht, zumal die Ausweitung der Fachanwaltschaften immer weiter voranschreitet. Neben der Rentabilität ist Spezialisierung die Qualitätsbedingung schlechthin. Sie sind dann gut, wenn Sie sich auskennen, also über einschlägige Literatur verfügen und Zeit für Fortbildungen haben. Außerdem werden Sie mit einem eingeschränkten Angebot leichter vom rechtsuchenden Publikum als Spezialist wahrgenommen.

28

Wer noch nicht genau weiß, in welche Richtung er sich spezialisieren will, darf zwar alles annehmen, muss sich aber schon bald fragen, von welchen Fällen er mehr bearbeiten will. Aus diesem Anfangsbestand von Mandaten kristallisiert sich dann eine Spezialisierung heraus. Eine große Kunst besteht nun darin, die Mandanten, die man nicht mehr bedienen will, nicht vor den Kopf zu stoßen und erfolgreich weiterzuempfehlen. Weiterempfehlungen an Kollegen sollten aber keine Einbahnstraße, sondern die Grundlage für ein **Empfehlungsnetzwerk** sein.

29

30 Eine angepeilte Spezialisierung vollzieht sich in **drei Schritten**:

1. Für welche Leistungen besteht ein Markt?

Trotz der erhöhten Anwaltsdichte gibt es nach wie vor Rechtsgebiete, in denen geradezu ein Beratungsnotstand herrscht, z.B. in weiten Teilen des Sozialrechts. Es ist allerdings nicht leicht, auf Anhieb die Chancen des Marktes zu erkennen. Deswegen soll hier auch nicht einer gnadenlosen Spezialisierung vom ersten Tag an das Wort geredet werden. Viele Chancen sieht man erst, wenn man im Job und damit näher an der Szene ist. Wenn Sie sich nicht sicher sind, können Sie Ihr Angebot anfangs etwas breiter anlegen, um später abzuschichten.

2. Will ich das auch?

Eine Marktlücke zu erkennen, heißt noch lange nicht, sie besetzen zu müssen. Wenn Sie ohne Freude Familienrecht betreiben, nur weil es gefragt ist, werden Sie auf Dauer ein Problem haben. Wirklicher Erfolg setzt immer Leidenschaft voraus. Die Frage junger Juristen, welche Rechtsgebiete zukünftig gefragt sind, vernachlässigt die persönliche Neigung. Strafrecht kann z.B. im Studium großen Spaß machen, was noch lange nicht bedeutet, dass dies auch in der Praxis der Fall sein muss. Es ist etwas anderes, verschiedene Versuchslehren auseinanderhalten zu können, als für Kinderschänder und Drogendealer das Grundrecht auf einen fairen Prozess durchzusetzen.

3. Kann ich dieses Angebot bedienen?

Wenn Sie nun Ihre Nische kennen und lieben gelernt haben, müssen Sie diese auch kompetent ausfüllen, was u.U. erhebliche Investitionen in die Fortbildung bedingt. Ob dies durch Seminare oder vertieftes Literaturstudium erfolgt, ist sekundär, Hauptsache Ihre Beratung ist von Anfang an ein Qualitätsprodukt. Mangelnde Erfahrung müssen Sie mit einem überdurchschnittlichen Engagement kompensieren. Es reicht nicht aus, sich hinzustellen und einen Interessenschwerpunkt zu benennen, wenn dieses Interesse erst nach der Annahme eines Mandats verfolgt wird. Gerade im Bereich des Wirtschaftsrechts findet sich gelegentlich der von *Endrös/ Waltl*[8] sog. „Pseudowirtschaftsanwalt kraft verfehlter Selbsteinschätzung". Auch gibt es eine bemerkenswert große Zahl von „IT-Rechtlern", die auf Ihren Homepages ein Sammelsurium an Halbwissen, falscher Begrifflichkeit und veralteter Rechtsprechung präsentieren, sodass man deren Mandanten nur bedauern kann. Gerade im IT-Bereich zeigt sich, dass Rechtskenntnisse nur angewendet werden können, wenn man die tatsächlichen Zusammenhänge versteht. Rechtsanwalt *Jür-*

---

8 *Endrös/Waltl*, Der Wirtschaftsanwalt, 1995, S. 64.

gen Weinknecht bringt es treffend auf den Punkt: „Sachverhalt kommt von Sache. Wer dem Mandanten den vollständigen Sachverhalt entlocken will, muss etwas von der Sache verstehen."[9] Seien Sie also mit Ihrer Spezialisierung selbstkritisch und ehrlich.

Sie haben in puncto Angebotspolitik Ihre Hausaufgaben gemacht, wenn Sie in einem Satz sagen können, wofür Ihre Kanzlei steht. Ob dies schon der Fall ist, können Sie jetzt ausprobieren, indem Sie folgende Sätze vervollständigen: **31**

- „Ich bin tätig in folgenden Rechtsgebieten: . . ."
- „Ich habe folgende Zielgruppen: . . ."
- „Obwohl ich schon einmal daran gedacht habe es zu tun, werde ich aus folgenden Rechtsgebieten keine Mandate annehmen: . . ."

Notieren Sie in Ihrem Kalender eine Wiedervorlage von neun Monaten und überprüfen Sie, inwieweit Sie Ihr Angebot am Markt durchsetzen konnten.

IV. Kommunikationspolitik

Nachdem Sie Klarheit darüber gewonnen haben, mit welchem Dienstleistungs-   **32**
angebot Sie am Markt auftreten wollen, ist es Zeit, sich Gedanken darüber zu machen, wie Sie potenzielle Klienten informieren und davon überzeugen können, dass genau Sie es sind, der das Bedürfnis nach Rechtsberatung optimal befriedigen kann. Die Kommunikationspolitik hat das Ziel, Ihre Dienstleistung nicht nur bekannt zu machen, sondern auch im rechten Licht erscheinen zu lassen, damit sie von Ihrer Zielgruppe in Anspruch genommen wird. Dieses Ziel kann auf verschiedenen Wegen erreicht werden, die hier aufgezeigt werden.

Vorab möchte ich Sie aber auf ein Kommunikationsproblem hinweisen, das bei der Mehrzahl potenzieller Mandanten besteht, die nicht regelmäßig anwaltliche Dienstleistung in Anspruch nehmen: Das Interesse an Ihrer Dienstleistung ist grundsätzlich gering, solange man Sie nicht als Problemlöser benötigt. Erst wenn der „Fall" eingetreten ist, ändert sich dies schlagartig. In dieser Situation, in der regelmäßig kurzfristig ein Anwalt benötigt wird, muss Ihr Name dem Mandanten im Kopf klingeln. Anders als der Discounter, der heute ein Supersonderangebot bekannt gibt und morgen mit Schlangen vor der Tür rechnen kann, legt beim Anwalt eine **langfristige** Kommunikationspolitik den Grundstein für den Erfolg. Erwarten Sie also keine Wunder von Ihrer Eröffnungsanzeige, sondern setzen Sie auf einen nachhaltigen Marketingmix, mit dem Sie auf vielen Ebenen präsent sind.

---

9   Zitiert nach einem Interview in Justament 2/2001, S. 9.

1. Werbung

a) Grundsätzliches zur Anwaltswerbung

33 „Wer nicht wirbt, der stirbt" lautet eine alte Kaufmannsweisheit, die offensichtlich auch immer mehr Rechtsanwälte verinnerlicht haben und – um im Bilde zu bleiben – den täglichen Überlebenskampf mit immer neuen (Werbe-)Mitteln führen. Den werbebeflissenen Kollegen kann keiner entgehen: Auf Autos, Litfasssäulen, Stadtplänen, Feuerzeugen, Kugelschreibern und unzähligen weiteren Werbeträgern heischen die Kollegen um Aufmerksamkeit. Interessiert an der anwaltlichen Werbung sind aber auch die konkurrierenden Kollegen, die durch Abmahnung oder mit Hilfe der Kammer die berufsrechtlichen Grenzen der anwaltlichen Werbung ausloten. Trotz eindeutiger Liberalisierungstendenz bestehen nach wie vor Werbeverbote, die mehr oder weniger gut begründet sind. Höchstrichterliche Entscheidungen sind im **anwaltlichen Werberecht** noch immer Mangelware, sodass innovative Kollegen immer ein Risiko eingehen. Die unübersichtliche Rechtsprechung kann daher in diesem Rahmen unmöglich dargelegt werden. Die nachfolgenden Ausführungen zur Rechtslage dürfen Ihnen nur als erster Anhaltspunkt dienen, sie ersetzen im Zweifelsfalle nicht die genaue Prüfung, wenn Sie etwas Neues ausprobieren wollen.

Die Durchdringung rechtlicher Grauzonen sollte allerdings nicht Ihre Hauptbeschäftigung sein. Viel wichtiger ist für Sie die Frage, welchen Nutzen Ihre Werbung stiften soll. Das Ziel Ihrer Werbung ist es, Vertrauen in die persönliche Leistung zu wecken. Dem Bedürfnis des Mandanten, einen engagierten Berater für sein Problem zum angemessenen Preis zu finden, entspricht nur, wer seine Zielgruppe im Blick behält und sie richtig anspricht. Wer seine Kanzleibroschüren mit aberwitzigen Karikaturen versieht oder inhaltsleere Formeln wie „Alles, was Recht ist" verbreitet, hat nicht verstanden, was seriöses Dienstleistungsmarketing ausmacht. Die besten Beispiele für **Vertrauenswerbung** finden Sie übrigens bei Finanzdienstleistern, die jährlich Millionen investieren, um ihren guten Ruf zu pflegen bzw. aufzubessern.

34 Im Unterschied zu Banken und Versicherungen hat die Anwaltschaft aufgrund des langjährigen Werbeverbots keine werbliche Infrastruktur aufbauen können. Anwaltswerbung hat in den Medien keine festen Plätze, formal und inhaltlich hinkt sie den Standards anderer Branchen weit hinterher. Das werbliche Verhalten mancher Kanzleien zeigt nur, wie wenig man bereit ist, auf die Bedürfnisse der Mandanten einzugehen. Statt die Probleme der Menschen konkret anzusprechen, wird viel Raum für die eitle Selbstdarstellung verschwendet.

Doch selbst wenn Sie Ihre Werbung nach den Regeln der Kunst ausrichten, haben Sie noch immer keine Garantie für deren Wirksamkeit. Allen wissenschaftlichen Erfahrungssätzen und Studien zum Trotz ist der Verbraucher nur bedingt berechenbar. *Henry Ford* sagte einmal: „Die Hälfte meines Werbeetats werfe ich zum Fenster hinaus, aber ich weiß nicht, welche Hälfte es ist." Werbung funktioniert also zum guten Teil aus dem Trial-and-error-Prinzip. Die nachfolgenden Hinweise geben keine Erfolgsgarantie, aber sie erhöhen die Wahrscheinlichkeit, dass Sie genauso erfolgreich werben wie der seinerzeit größte Autohersteller der Welt.

b) Rechtliche Aspekte anwaltlicher Werbung

aa) Die Kammer wacht – berufsrechtliche Grundlagen

Das anwaltliche Werberecht ist, von wenigen eindeutigen Vorschriften abgesehen, äußerst diffus. Die einschlägigen Vorschriften der Berufsordnung legen ein eindrucksvolles Zeugnis ab von der Unfähigkeit der organisierten Anwaltschaft, eigene Angelegenheiten kompetent zu regeln. Das ursprüngliche Ziel, endlich klare Leitlinien zu schaffen, wurde ins Gegenteil verkehrt. Ein unübersichtlicher Flickenteppich von Entscheidungen der ordentlichen Gerichte und der Anwaltsgerichte hat zu einer erheblichen Rechtsunsicherheit geführt. Als werbetreibender Kollege bewegen Sie sich leicht auf dünnem Eis. Wenn Sie Zweifel an der Rechtmäßigkeit einer geplanten Werbemaßnahme haben, stehen Sie vor zwei Alternativen.

Die erste Möglichkeit: Sie fragen schriftlich bei der Kammer nach, ob Bedenken gegen die geplante Werbung bestehen. Gem. § 73 Abs. 2 Nr. 1 BRAO hat der Kammervorstand die Mitglieder in Fragen der Berufspflichten zu beraten und zu belehren. In der Praxis erfolgt die Beratung meist durch einen Kammergeschäftsführer, der einen genauen Überblick über die Beschlusslage des Kammervorstands hat. Nur in unklaren Fällen werden Fragen im Rahmen einer Vorstandssitzung erörtert. Die **vorherige Anfrage** erweist sich als vorteilhaft, wenn die Kammer die begehrte Freizeichnung erteilt. Dann brauchen Sie die Kammer nicht zu fürchten, wenn Sie dort von einem Kollegen angeschwärzt werden. Auch wenn der Kammermeinung keine präjudizielle Wirkung für einen Wettbewerbsprozess zukommt, kann sie auch im Falle einer Abmahnung durch Kollegen nützlich sein. Derjenige, dem man die schriftlich erklärte Freizeichnung als Reaktion auf eine Abmahnung übersendet, wird sich zweimal überlegen, ob er gegen Sie den Unterlassungsanspruch auch gerichtlich verfolgt. Wenn hingegen die Kammer meint, Ihre geplante Werbemaßnahme sei unzulässig, haben Sie ein Problem, weil Sie nun bösgläubig sind und mit größerem Ärger rechnen dürfen, wenn Sie sich trotzdem von Ihrem Vor-

35

36

haben nicht abbringen lassen. In diesem Fall sollten Sie von der Fehlerhaftigkeit der Rechtsauffassung der Kammer hundertprozentig überzeugt sein und die Nerven haben, auch eine anwaltsgerichtliche Prüfung zu überstehen. Nicht zuletzt vor dem Hintergrund, dass eine vielleicht berufsrechtlich nicht ganz einwandfreie Werbung niemandem aufgefallen wäre, erweist sich die vorherige Anfrage als nicht uneingeschränkt empfehlenswert. Die Entscheidung für oder gegen eine solche Anfrage hängt im Übrigen von der berufsrechtlichen Kompetenz der Kammer ab, die regional höchst unterschiedlich sein kann.

37 Die Alternative besteht darin, nicht der Kammer, sondern seinem eigenen juristischen Können zu vertrauen und **selbst** eine **Prüfung vorzunehmen**.[10] Diese Prüfung erfolgt im Groben nach folgendem Schema:

38 **1. Liegt überhaupt Werbung vor?**

Als Werbung wird das eigene oder das fremde – dem Einzelnen zurechenbare – Verhalten verstanden, das bei verständiger Würdigung als direkte oder indirekte Anregung oder Aufforderung zur Vertragsanbahnung verstanden werden kann.[11] Keine Werbung liegt demnach vor, wenn ein Anwalt ein Amt in einem Verein bekleidet, einen Vortrag hält oder politisch aktiv ist.

39 **2. Ist diese Werbung berufsbezogen?**

Um in den Sanktionsbereich des Werberechts zu fallen, muss eine Werbung berufsbezogen sein. Maßgeblich hierfür ist das Informationsinteresse des Rechtsuchenden. Nicht berufsbezogen und damit auch nicht zu ahnden sind z.B. Angaben über Hobbys bzw. andere außerberufliche Aktivitäten. Eine Berufsbezogenheit wird auch bei einer Kunstausstellung in der Kanzlei zu verneinen sein.

40 **3. Ist diese Werbung sachlich?**

Gemäß § 43b BRAO ist die Werbung nur erlaubt, wenn sie über die berufliche Tätigkeit in Form und Inhalt sachlich unterrichtet. Dieses Sachlichkeitsgebot beinhaltet jedoch – vielen anders denkenden Kammern zum Trotz – keine Geschmackskontrolle. Im Sinne der grundgesetzlich garantierten Berufsfreiheit hat das Bundesverfassungsgericht in mehreren Fällen klargestellt, dass Einschränkungen der Werbefreiheit nur erlaubt sind, wenn überwiegende Gemeinwohlbelange betroffen sind. Dies trifft in den meisten Fällen zu, in denen die untergerichtliche

---

10 Eine dritte Alternative bestünde darin, einen spezialisierten Kollegen mit der Prüfung zu beauftragen. Ein ordentliches Gutachten kann aber leicht mehr als 1.000 EUR kosten.
11 Vgl. *Kleine-Cosack,* Das Werberecht der rechts- und steuerberatenden Berufe, 2. Aufl. 2004, Rn 149 ff.

Rechtsprechung noch immer auf ein „reklamehaftes Sich-Herausstellen" abstellt. Auf den Terminus der Reklamehaftigkeit wurde bei der Berufsrechtsreform 1996 bewusst verzichtet, und zwar aus der schlichten Erkenntnis heraus, dass Werbung typischerweise ein reklamehaftes Wesen immanent ist. Deshalb ist nicht mehr reklamehafte Werbung, sondern marktschreierische Werbung verboten. Die Abgrenzung, die zugegebenermaßen nicht immer ganz sauber getroffen werden kann, wird wie folgt vorgenommen: **Marktschreierisch** sind all jene aufdringlichen Methoden, denen sich der schützenswerte Verbraucher nicht entziehen kann, ihn also auf Deutsch gesagt nerven. Beispiele hierfür sind relativ selten. Die Hauptfallgruppen sind Täuschung, Nötigung und vor allem die Belästigung. So dürfte es sich von selbst verstehen, dass Sie potenzielle Mandanten nicht mit Telefaxen, E-Mails oder gar Anrufen auf den Geist gehen.[12] Weniger selten ist hingegen der Fall, dass Sachlichkeit durch **unzulässige Qualitätswerbung** gebrochen wird. Sätze wie „Wir bieten Spitzenleistung" sind nach heutigem Verständnis unzulässig. Immerhin hat der BGH[13] es für zulässig erachtet, wenn in einem Werbetext die Redewendung „optimale Vertretung" in eine Reihe von Sachangaben eingebettet ist. Wer sich besser machen will als die Kollegen, sollte dies nicht durch flotte Sprüche, sondern nur durch die Angabe von objektiv überprüfbaren Eigenschaften wie z.B. einer Zusatzausbildung als Fremdsprachenkorrespondent o.Ä. tun.

4. Verstößt die Werbung gegen ein Werbeverbot? 41

Es gibt wenige Werbeverbote, die in der Berufsordnung festgelegt sind. Die häufigsten Probleme bereiten Schwerpunktangaben. Mit der Neuregelung des § 7 **BORA** zum 1.3.2006 sind die Begriffe „Tätigkeitsschwerpunkt" und „Interessenschwerpunkt" obsolet geworden, auch wenn viele Kanzleien diese Unterscheidung in ihrem Außenauftritt treffen. Statt „Schwerpunkt" heißt es inzwischen „Teilbereich", § 7 BORA lautet:

> (1) Unabhängig von Fachanwaltsbezeichnungen darf Teilbereiche seiner Berufstätigkeit nur benennen, wer seinen Angaben entsprechende Kenntnisse nachweisen kann, die in der Ausbildung, durch Berufstätigkeit, Veröffentlichungen oder in sonstiger Weise erworben wurden. Wer qualifizierende Zusätze verwendet, muss zusätzlich über entsprechende theoretische Kenntnisse verfügen und auf dem benannten Gebiet in erheblichem Umfang tätig gewesen sein.

> (2) Benennungen nach Absatz 1 sind unzulässig, soweit sie die Gefahr einer Verwechslung mit Fachanwaltschaften begründen oder sonst irreführend sind.

> (3) Die vorstehenden Regelungen gelten für Berufsausübungsgemeinschaften nach § 9 entsprechend."

---

12 Vgl. *Kleine-Cosack*, Rn 293 ff.
13 BGH, Urt. v. 27.1.2005 – I ZR 202/02, AnwBl 2005, 505.

42 Die Einschränkungen gelten gem. **§ 6 Abs. 2 BORA** aber nicht für Praxisbroschüren, Rundschreiben und andere vergleichbare Informationsmittel. Ob diese Regelung verfassungsmäßig ist, erscheint fraglich. Jedenfalls fördert dies die Unsicherheit gerade bei Kanzleigründern, die sich naturgemäß schwertun, entsprechende Erfahrungen und Kenntnisse in Spezialgebieten nachzuweisen. Andererseits: die diffuse Rechtslage erhöht andererseits auch bei abmahnwilligen Konkurrenten das Prozessrisiko, zumal neue Urteile bislang fehlen.

43 Die **Werbung um ein Einzelmandat** ist ebenfalls verboten. Auch wenn es sich empfiehlt, nie ohne Visitenkarten das Haus zu verlassen, sollten Sie davon absehen, einem Verkehrsunfallopfer unaufgefordert eine Karte in die Hand zu drücken. Tabu ist aber nur das konkrete Mandat, nicht der Mandant. Wenn Sie z.B. ein Rundschreiben an eine von Ihnen avisierte Zielgruppe richten und darauf hinweisen, welche Fälle Sie am liebsten bearbeiten, wird man Ihnen keinen Verstoß gegen § 43b BRAO vorwerfen können.[14]

44 Wir wollen nun einen Blick auf die **berufsrechtlichen Folgen eines Verstoßes** gegen das anwaltliche Werberecht werfen. Auch wenn die Angst vor der Kammer gerade unter jungen Kollegen groß ist und man bemüht ist, möglichst keinen Ärger zu haben, sind die Konsequenzen einer rechtswidrigen Werbung für Ersttäter relativ harmlos. Meist lässt es die Kammer bei einer formlosen Ermahnung bewenden, in schwereren Fällen erfolgt eine Rüge gem. § 74 BRAO. Deren Rechtsfolgen sind erträglich: Sie sind für fünf Jahre nicht in den Kammervorstand wählbar. Deshalb sollten Sie sich auch überlegen, ob Sie im Falle eines Falles wirklich innerhalb eines Monats Einspruch einlegen wollen, nur weil Sie sich der vielleicht fragwürdigen Argumentation der Kammer nicht anschließen wollen. Der Existenzgründer hat in der Regel dringlichere Sorgen, als sich in einem anschließenden anwaltsgerichtlichen Verfahren über die Rechtmäßigkeit einer Werbemaßnahme zu streiten.

Es gibt aber auch äußerst sensible Kammervorstände, die es sich zur schlechten Gewohnheit gemacht haben, innovative Kollegen mit einem anwaltsgerichtlichen Verfahren zu überziehen, weil es sich nicht mehr um eine geringfügige Pflichtverletzung handeln soll. Darüber entscheidet gem. § 121 BRAO die Staatsanwaltschaft, die eine Anschuldigungsschrift beim Anwaltsgericht einreicht. Als denk-

---

14   Vgl. *Kleine-Cosack*, Rn 336 ff.

bare Sanktionen kommen gem. § 114 BRAO Warnung, Verweis oder Geldbuße in Betracht; Letztere wohl nur bei Wiederholungstätern. Als informelle Rechtsfolge dürfen Sie sich in einem überschaubaren Gerichtsbezirk darauf gefasst machen, dass Kollegen und vielleicht auch Richter über Sie sprechen und die Nase rümpfen werden. In Gerichtskantinen sind laufende Kammerverfahren ein beliebtes Klatschthema. Einen mutigen Werber lässt das aber erfahrungsgemäß kalt. Umgekehrt verschaffen Sie sich Respekt, wenn Ihre Werbung einer anwaltsgerichtlichen Überprüfung standhält. Die Erfolgschancen sind nicht schlecht, hält man sich die Liberalisierungstendenz und die teilweise nur von geringer Rechtskenntnis getrübte Handhabung einiger Kammern vor Augen.[15] Wenn Sie sich aber dazu entschließen, es mit der Kammer aufzunehmen, sollten Sie auf jeden Fall mit Ihrer Vertretung einen Kollegen beauftragen, weil der Anwalt in eigener Sache immer befangen ist. Sie machen damit einen wesentlich professionelleren Eindruck.

bb) Der Kollege wacht – wettbewerbsrechtliche Aspekte

Empfindlicher als die berufsrechtliche Ahndung durch die Kammer trifft hingegen die Abmahnung eines Kollegen oder des hierzu befugten Anwaltvereins, der Sie bei einer unlauteren Werbung erwischt. Schlimmer noch: Auch Rechtsanwaltskammern sind gem. § 13 Abs. 2 UWG klagebefugt und gehen teilweise dazu über, statt des stumpfen Schwertes des Berufsrechts den Wettbewerbshüter herauszukehren.[16] Wer wie die meisten noch keine Berührung mit dem Wettbewerbsrecht hatte, muss wissen, dass es sich genauso wie beim Werberecht um einen Sumpf handelt, in dem man leicht versinken kann. Je größer die Konkurrenz, umso fester die Bandagen, mit denen gekämpft wird. Die **Abmahnung** unter Kollegen ist folglich in den letzten Jahren sehr in Mode gekommen. Wenn Sie innovativ werben, können Sie dieses Risiko kaum kalkulieren. Dennoch mag ein kurzer Blick auf die Rechtslage hilfreich sein.

45

Aktivlegitimiert sind Kollegen, die mit dem Wettbewerbsverletzer in einem konkreten Wettbewerbsverhältnis stehen. Entscheidend hierfür ist eine mögliche Behinderung des Abmahners durch den Wettbewerbsverstoß, eine tatsächliche Beein-

46

---

15 *Kleine-Cosack*, Zukunft der Anwaltsgerichtsbarkeit, AnwBl 1999, 565, 570, kennt hier keine Schonung: „Es ist kein Geheimnis, dass die Kammern schon derzeit mit der Wahrnehmung von Verwaltungsaufgaben überfordert sind. Ihre Bescheide weisen überwiegend gravierende Mängel ... auf. Das erschreckend geringe Maß an Verwaltungsprofessionalität im Bereich der Kammern wird in jedem Fall zu einer erhöhten Belastung der Anwaltsgerichtsbarkeit führen."

16 Der BGH (GRUR 2006, 598, 599) verlangt aber, dass die Anwaltskammer abzuwägen hat, ob das Vorgehen in der Zivilklage nicht unverhältnismäßig in die Berufsausübungsfreiheit des Kammerangehörigen eingreift.

trächtigung ist nicht erforderlich. Wo die Grenze liegt, weiß keiner so genau, die Definitionshoheit liegt bei der Wettbewerbskammer Ihres Landgerichts. Viele gerichtsbekannte und überregional aktive Abmahner sind hieran aber schon gescheitert.

Des Weiteren müssen Sie eines Wettbewerbsverstoßes überführt werden. Das ist automatisch der Fall, wenn Sie gegen Berufsrecht verstoßen. Dann liegt der Fall des **„Vorsprungs durch Rechtsbruch"** vor, den § 1 UWG erfasst. Er lautet: „Wer im geschäftlichen Verkehre zu Zwecken des Wettbewerbs Handlungen vornimmt, die gegen die guten Sitten verstoßen, kann auf Unterlassung und Schadensersatz in Anspruch genommen werden." Sie können bei Verschulden also auch auf Zahlung von Schadensersatz in Anspruch genommen werden.

Nach § 3 UWG besteht ein Unterlassungsanspruch bei irreführenden Angaben. Was **„irreführend"** ist, hat auch schon viele Gerichte mit unterschiedlichen Ergebnissen beschäftigt, sodass ich hier nur den Rat erteile, sich so klar wie möglich auszudrücken. Sie dürfen in diesem Bereich den gesunden Menschenverstand ruhigen Gewissens beiseite lassen.

47 Die Rechtsfolge eines begründeten Unterlassungsbegehrens besteht nicht nur in Ihrer Pflicht zur Abgabe einer strafbewehrten Unterlassungserklärung. Wenn Sie Pech haben, müssen Sie für die nicht bestellte Musik auch noch zahlen. Das Recht, für den Hinweis auf wettbewerbswidriges Verhalten vom Kollegen eine Geschäftsgebühr zu verlangen, beruht auf dem Gedanken der GoA. Danach liegt es im wohlverstandenen objektiven Interesse des Verletzers, auf rechtswidriges Verhalten hingewiesen zu werden, damit man wieder auf den Pfad der Tugend kommt. Klingt logisch, oder? Betrachtet man hingegen die stolzen Gegenstandswerte, die durchweg im fünfstelligen Bereich liegen, wird klar, dass dem auch eine disziplinierende Wirkung zukommen soll.

48 Was also soll man tun, wenn eine Abmahnung ins Haus flattert? Stecken Sie vor allen Dingen nicht den Kopf in den Sand! Der Wettbewerbsprozess ist schnell, sodass Sie zügig reagieren müssen, um die anerkannt kurzen Fristen einzuhalten. Im Wettbewerbsverfahren dominiert die einstweilige Verfügung, zweitinstanzlich wird dann durch das Landgericht bzw. das Oberlandesgericht entschieden.

Prüfen Sie zuerst, ob die Abmahnung wirklich berechtigt ist. Sind Sie der Überzeugung, dass Sie sich nichts zu Schulden haben kommen lassen, weisen Sie die Abmahnung zurück. Wenn Sie den Rechtsverstoß einsehen, sollten Sie die Unterlassungserklärung unterschreiben, sich aber nicht mit einem unangemessen hohen Gegenstandswert einverstanden erklären. Manche Abmahner geben sich mit niedrigen Pauschalzahlungen zufrieden, wenn sie zeitig eingehen. Sie können so das Lehrgeld u. U. gering halten. Wenn Sie den Verdacht haben, der abmahnenden Kanzlei gehe es in erster Linie um die Gebühren und weniger um den lauteren Wettbewerb, sollten Sie die Kammer einschalten und sich dort über den Kollegen beschweren. Sollten dort bereits mehrere Beschwerden vorliegen, erhöht dies die Chance, dass das Gericht den Gebührenerstattungsanspruch ablehnt.

Schützenhilfe gegen das Abmahnungswesen bietet auch ein Urteil des BGH[17], das bei unschwer zu erkennenden Wettbewerbsverstößen die Kostenerstattung ablehnt (es ging vorliegend um die Zahl der Tätigkeitsschwerpunkte). Die Urteilsgründe geben eine gute Begründung für die Ablehnung eines Gebührenerstattungsanspruchs:

> *„Aufwendungen für eine Abmahnung sind unter dem Gesichtspunkt einer Geschäftsführung ohne Auftrag von dem Verletzer nur zu erstatten, wenn sie zur zweckentsprechenden Rechtsverfolgung notwendig sind. ... Auszugehen ist dabei von dem mutmaßlichen Willen (§ 683 BGB) des Abgemahnten, die Aufwendungen für eine Abmahnung möglichst niedrig zu halten. ... Allein die zeitliche Inanspruchnahme des Geschädigten durch die Schadensbearbeitung kann nicht ausreichen, um die Erstattungsfähigkeit der Kosten aus der Beauftragung des Rechtsanwalts zu begründen. Es ist vielmehr jeweils zu prüfen, ob der Geschädigte im einzelnen Schadensfall die Heranziehung eines Rechtsanwalts für erforderlich halten durfte, was in einfach gelagerten Fällen zu verneinen sein wird. ... Schon bei Unternehmen mit einer eigenen Rechtsabteilung sieht die Rechtsprechung die Beauftragung eines Anwalts mit der Abmahnung eines solchen Verstoßes als nicht erforderlich an. ... Erst recht muss ein Rechtsanwalt im Fall der eigenen Sachkunde bei der Abmahnung eines Wettbewerbsverstoßes einsetzen. Die Zuziehung eines weiteren Rechtsanwalts ist bei typischen, unschwer zu verfolgenden Wettbewerbsverstößen nicht notwendig. Es besteht dann kein Anspruch auf Erstattung dafür anfallender Kosten. Entsprechendes gilt für den Fall der Selbstbeauftragung ... "[18]*

Sie können sich vor allem dann entspannt zurücklehnen, wenn der Abmahner Sie 49 darauf hinweist, dass Sie einen eindeutigen Wettbewerbsverstoß begangen haben. Den kann man dann ruhig zugeben, darf ihn aber nicht wiederholen.

Es entspricht der Üblichkeit, dass abmahnende Kollegen auf die satte Gebührenrechnung die **Umsatzsteuer** aufschlagen. Das ist aber nicht rechtens, weil mangels

---

17 BGH, Urt. v. 6.5.2004 – I ZR 2/03, AGS 2004, 254 f.; BRAK-Mitt 2004, 183 f.
18 A.a.O. S. 254.

eines zugrunde liegenden Leistungsaustauschs keine Umsatzsteuer anfällt. Damit ist der objektive Tatbestand der Gebührenüberhöhung gem. § 352 StGB erfüllt, was es Ihnen wert sein sollte, eine Kopie der Gebührenrechnung mit einem kurzen Begleitschreiben mit der Bitte um weitere Veranlassung an die Staatsanwaltschaft zu schicken. Weil aber das Umsatzsteuerrecht unter deutschen Anwälten nicht bekannt ist, wird in der Regel das Verfahren mangels Vorsatz wieder eingestellt. Trotzdem verfehlt es seine Wirkung nicht und Sie haben die Genugtuung, sich bei einem „Kollegen" angemessen revanchiert zu haben.

50   Falls alle Stricke reißen, gibt es aber noch eine Möglichkeit, der Kostenfolge zu entgehen, nämlich, wenn Sie kurz vorher wegen des gleichen Verstoßes abgemahnt worden sind. Schauen Sie deshalb noch einmal ganz genau in Ihren Briefkasten und überprüfen Sie, ob nicht ein anderer Kollege, mit dem Sie sonst nicht nur ein Wettbewerbsverhältnis, sondern auch eine herzliche Freundschaft verbindet, Sie vorher abgemahnt hat. Ist dies der Fall, ist der Gedanke der GoA hinfällig, weil nur der **erste Abmahner** Gebühren verlangen kann, danach sind Sie ja schon schlauer. Aufgrund der wettbewerbsrechtlichen Sonderbeziehung müssen Sie dies dem Zweitabmahner natürlich anzeigen.

c)   Werbemöglichkeiten für den Kanzleigründer

51   Die Mittel anwaltlicher Werbung sind vielgestaltig, nach inzwischen gefestigter Rechtsprechung stehen Berufsangehörigen grundsätzlich alle Formen der Werbung in der gewerblichen Wirtschaft offen. Trotzdem wäre es ein Fehler, von den unbegrenzten Möglichkeiten ausgiebig Gebrauch zu machen. Gute Werbung kostet nämlich viel Geld und ist im Vergleich zu anderen Marketinginstrumenten für Anwälte nur bedingt tauglich. Nachfolgende Aufzählung kann in diesem Rahmen darum nur einen unvollständigen Überblick über das geben, was man alles Schönes veranstalten kann oder besser sein lassen sollte. Die Unsicherheit, ob eine Werbung legal ist oder nicht, bedingt den Hinweis, dass hier keine Gewähr für Zulässigkeit einzelner Werbemaßnahmen übernommen werden kann. Eine Garantie für die Einsichtsfähigkeit von Kammern und Gerichten ist leider nicht möglich.

aa)   Gelbe Seiten und andere Verzeichnisse

52   Nach einer Studie der Gesellschaft für Konsumforschung erfolgen nur noch 37 % der lokalen Branchensuchen in gedruckten Werken, 49 % suchen über den Computer oder das Smartphone. Wir leben zwar im digitalen Zeitalter, aber jährlich werden in Deutschland immer noch mehr als 100 Millionen Branchen- und Telefonbücher verteilt, allein die Gelben Seiten erscheinen in einer Auflage von

55 Millionen. Deren Bekanntheitsgrad sorgt auch dafür, dass die Website *www.gelbeseiten.de* mit 5,6 Millionen Nutzern das reichweitenstärkste Online-Branchenbuch Deutschlands ist. Die App der Gelben Seiten wurde schon über 1,2 Millionen mal heruntergeladen.[19] Dennoch: An Googles marktbeherrschender Stellung kommen auch die Gelben Seiten nicht vorbei, die Onlinepromotion sollte daher nicht der Hauptgrund sein, in einem Adressbuch zu inserieren. Fragen Sie sich deshalb zuerst, ob die Mandanten, die Sie ansprechen wollen, Menschen sind, die noch gerne blättern.

Der Eintrag in das **örtliche Telefonbuch** und die **Gelben Seiten** erfolgt immer unter zwei Aspekten: Zum einen soll derjenige, der mich kennt und zu mir will, möglichst unkompliziert erfahren, wo und wie er mich erreichen kann. Zum anderen soll über das Adressbuch die Kanzlei bekannt gemacht werden, um neue Mandantengruppen erstmalig anzusprechen.

Mit der Anmeldung eines Telefonanschlusses ist ohne Mehrkosten der **Standardeintrag** in das örtliche Telefonbuch und auch in die Gelben Seiten verbunden. Ob Sie aber mit 2 Millimeter Schriftgröße auch von potenziellen Mandanten gefunden werden, ist eine ganz andere Frage, die Ihnen früher oder später der Außendienstmitarbeiter des Adressbuchverlags stellen wird. Wegen der unterschiedlichen Termine für den Anzeigenschluss sollten Sie nicht darauf warten, bis man von Ihrer Niederlassung erfahren hat, sondern unmittelbar nach Erteilung Ihrer Rufnummer mit dem Verlag Kontakt aufnehmen und sich Angebote unterbreiten lassen.

Aufgrund der noch bestehenden Quasi-Monopolstellung vorgenannter Medien sind die Preise für Fettdruck ordentlich und für alles, was darüber hinausgeht, fast schon unanständig hoch. Neben den herkömmlichen Telefon- und Branchenbüchern, bei denen im Fettdruck nur Telefon und Fax angegeben werden können, gibt es zusätzlich auch die „Business-Gelbe-Seiten", die allerdings nur online verfügbar sind.[20] Die Zielgruppe sind vornehmlich geschäftliche Nutzer. Ob Anwälte über diese Schiene in einem Maße gesucht werden, dass dies weitere Kosten rechtfertigt, darf indes bezweifelt werden. Immerhin besteht die Möglichkeit zu einem kostenlosen Standardeintrag. **53**

Ob die exponierte Präsenz in Adressbüchern für den jungen Anwalt überhaupt lohnt, ist im Vorhinein schwer zu ermessen. Die Erfahrungen sind höchst unterschiedlich. Generell handelt es sich um einen überlaufenen Werbeplatz, in dem vor

---

19   Lt. Welt am Sonntag v. 29.7.2012, S. 37.
20   *www.businessdeutschland.de.*

allem alteingesessene und finanzstarke Kanzleien vertreten sind. Als grobe Faustregel mag gelten, dass die Wahrnehmungswahrscheinlichkeit steigt, je kleiner die Region und je individueller das Rechtsgebiet ist.

54 Besonders in Großstädten sind die **Anwaltsspalten** der Gelben Seiten sehr unübersichtlich. Dies liegt nicht zuletzt daran, dass die Verlage natürlich auch den Trend der Spezialisierung erkannt und eigene Rubriken eingerichtet haben. Diese unterscheiden z.T. trotz der Neuregelung zwischen Fachanwälten, Interessen- und Tätigkeitsschwerpunkten, und zwar in alphabetischer Reihenfolge. Beginnend mit der allgemeinen Rubrik, in der Rechtsanwälte nach Orten alphabetisch aufgeführt werden, folgen Fachanwaltschaften von Arbeitsrecht bis Verwaltungsrecht, denen sich Interessenschwerpunkte von Arbeitsrecht bis Wettbewerbsrecht anschließen. Erst danach erfolgt die Differenzierung nach Tätigkeitsschwerpunkten. Innerhalb der Fachgebiete sorgt die weit gefächerte Unterscheidung, z.B. nach „Ehe- und Familienrecht", „Familienrecht", „Scheidungs- und Unterhaltsrecht" für weitere Verwirrung (und zusätzliche Umsätze für den Verlag!).

Weil auch die Gelben Seiten mit der Zeit gehen, bieten sie für Kunden einer gestalteten Anzeige für einen Aufpreis von ca. 50 EUR im Jahr die Aufnahme in die **Internetdatenbank**, auf der unter *www.gelbeseiten.de* über 1 Mio. Zugriffe täglich stattfinden. Hier wie überall gilt: Man muss nicht unbedingt der Erste, sollte aber auch nicht der Letzte sein. Vor dieser Investition sollten Sie zumindest prüfen, ob Ihre Zielgruppe das Internet nutzt und ob Ihre Kollegen dort auch schon vertreten sind. Gleiches gilt für die örtlichen Telefonbücher, die unter *www.dasoertliche.de* online sind.

Je nach Ausrichtung ihrer Kanzlei kann es sinnvoll sein, nur in einem zielgruppenspezifischen Branchenbuch zu inserieren. In vielen größeren Städten wie z.B. Bremen, Köln und Stuttgart gibt es ein Familienbranchenbuch, in dem bevorzugt Familienrechtler werben.[21] Jeder Inserent erhält zudem einige Freiexemplare, die an Mandanten verteilt werden können.

55 *Tipp*
1. Lassen Sie sich im örtlichen Telefonbuch nicht nur unter Ihrem Nachnamen, sondern auch unter **„R" wie Rechtsanwälte** auflisten, wenn dies mit noch vertretbaren Mehrkosten verbunden ist. Sie erleichtern potenziellen Mandanten, bei denen Sie schon bekannt sind, die Suche.

---

21 *www.familienbranchenbuch.de.*

2. Im Branchenbuch gehören Ihre **Schwerpunkte** unbedingt dazu, auch wenn es mehr kostet. Eine Werbung ohne weitere Angaben ist dort so attraktiv wie eine Boutique mit leerem Schaufenster.
3. Wenn Sie einen hohen Einsatz zu spielen bereit sind, dann bringen Sie Farbe ins Spiel – und Ihr **Porträt**! Die Erfahrung zeigt, dass ansprechende Fotos Rechtsuchende viel schneller zum Telefon greifen lassen als reine Buchstabensuppen. Bei gestalteten Anzeigen im Branchenbuch sollten Sie daher auch nicht jeden Quadratmillimeter zutexten.

Mit erheblichen Mehrkosten ist die Platzierung einer gestalteten **Anzeige** verbunden. Die Investition ist nur dann lohnend, wenn Sie über einen einprägsamen Außenauftritt, zu dem ein Logo gehört, verfügen. Ein frei wählbarer Schrifttyp und ein Rahmen um die Anzeige rechtfertigen diesen Mehraufwand i.d.R. nicht. Wer sich von dem Gros der werbetreibenden Rechtsanwälte abheben will und bereit ist, etwas mehr zu investieren, sollte nachfragen, ob noch ein Werbeplatz auf einer **Umschlagseite des örtlichen Telefonbuchs** frei ist. Die Kosten liegen zwar im vierstelligen Bereich, aber hier wird die Werbung dauerhaft wahrgenommen, weil das Telefonbuch oft am Arbeitsplatz liegt und sich die Werbebotschaften – während der Blick bei Telefonaten umherschweift – unterbewusst einprägen. Der Autor dieser Zeilen hat mit diesem Werbeplatz die Erfahrung gemacht, dass zumindest die Kosten der auf diese Weise akquirierten Mandate wieder hereingekommen sind. **56**

bb)   Anwaltsuchservice

Seit der Etablierung des ersten Anwaltsuchservice vor über 30 Jahren sind viele weitere Unternehmen entstanden, die Sie gegen Gebühr in eine Datenbank aufnehmen und Sie den Rechtsuchenden als kompetenten Ansprechpartner nennen. **57**

Jeder Suchservice ist telefonisch und im Internet für Anfragende zu erreichen, denen aus der Datenbank mehrere Kollegen zur Auswahl genannt werden. Daneben unterhalten die meisten Anwaltskammern und Anwaltsvereine einen kostenlosen Suchservice, dem man selbstverständlich beitreten sollte. Auch der Deutsche Anwaltverein unterhält exklusiv für Mitglieder einen kostenlosen Suchservice, der im Internet unter *www.anwaltauskunft.de* erreichbar ist.

Die wichtigsten gewerblichen Anbieter sind:
- *www.anwalt.de*
- *www.123recht.net*
- *www.anwalt-suchservice.de*
- *www.anwalt.de*

58 Erfahrungsgemäß kommen beim Suchservice die meisten Anfragen von Privatleuten aus Standardrechtsgebieten wie dem Mietrecht, dem Familien-, Verkehrs- oder Arbeitsrecht. Wirklich hochwertige Mandate werden über diese Schiene selten vermittelt. Für den Anwalt lohnt sich eine kostenpflichtige Teilnahme daher nur, wenn er oft genug genannt wird. Um das Preis-Leistungs-Verhältnis genau einschätzen zu können, empfiehlt es sich, folgende Checkliste abzuarbeiten.

Checkliste: Anwaltsuchservice
1. Seit wann existiert der Suchservice?
2. Welche Kosten sind jährlich mit der Mitgliedschaft verbunden?
3. Wie viele Mitglieder hat der Suchservice?
4. Auf welche Weise wird für den Suchservice geworben (insbesondere: Google-ranking)?
5. Wie viele Anfragen erhält der Suchservice im Jahr?
6. Auf welche fünf Rechtsgebiete entfallen die meisten Anfragen?
7. Welche Zusatzleistungen werden mir geboten?
8. Wann kann ich den Vertrag wieder kündigen?

59 Wenn Sie unsicher sind, können Sie den Anbieter testen, indem Sie aus der Perspektive des Rechtsuchenden einige Kollegen Ihres Fachgebiets aus einer fremden Stadt ermitteln. Diese können Sie dann als Kollege anrufen und unverbindlich fragen, ob man den Suchservice uneingeschränkt empfehlen kann. Auch kann es hilfreich sein, mit Nichtjuristen einen Nachmittag am PC zu verbringen und deren Einschätzung zu diversen Portalen zu erfragen. Insbesondere die Möglichkeit, durch eigene Fachartikel die Aufmerksamkeit potenzieller Mandanten auf sich zu ziehen, ist gerade für Berufsanfänger reizvoll. Wenn Sie sich vornehmen, zwei Artikel im Monat online zu stellen, werden Sie eine Routine beim Schreiben bekommen, die Ihrem Renommee als kompetenter Ratgeber zugute kommt.

cc) Besuch bei potenziellen Mandanten

60 Je nach Zielgruppe kann es sinnvoll sein, sich bei möglichen Mandanten persönlich vorzustellen. Vor allem bei gewerblichen Mandanten ist dies eine Maßnahme, die gut ankommt, wenn sie ordentlich vorbereitet ist. Die rechtlichen Rahmenbedingungen sind eng, weil der unangekündigte Besuch ganz überwiegend als unzulässig, weil belästigend empfunden wird. Gleiches gilt für das unangekündigte Telefonat. Darum handelt nur rechtmäßig, wer seine direkte Kontaktaufnahme mit der gelben Post schriftlich ankündigt.[22]

---

22 Vgl. *Kleine-Cosack*, Rn 295.

Hier ist es unbedingt erforderlich, einen **konkreten Adressaten** zu haben. Schreiben an die sehr geehrten Damen und Herren werden von diesen ohne weitere Gefühlsregung in den Papierkorb befördert. Nach der Begrüßungsformel ist folgender Aufbau sinnvoll:

- Sie haben folgenden Beratungsbedarf (zumindest vermute ich ihn bei Ihnen).
- Ich kann Ihnen hierzu eine Lösung anbieten.
- Ich bin neu hier und ich habe mich spezialisiert.
- Ich werde Sie wegen eines Termins anrufen.

Natürlich müssen Sie je nach Zielgruppe die richtigen Worte finden, mit denen Sie Ihren Besuch ankündigen. Es wird auch empfehlenswert sein – soweit vorhanden – eine Kanzleibroschüre beizufügen.

Die **Dreistufigkeit** aus Anschreiben, Telefonat und persönlichem Besuch ist sinnvoller, als unmittelbar nach einem Anschreiben auf der Matte zu stehen. Seien Sie direkt, aber nicht aufdringlich. Dies ist ein schmaler Grat, den zu gehen aber lohnt. Eine Kollegin aus Hamburg, die mit dieser Methode beachtliche Akquisitionserfolge hatte, zog den Unmut eines Kollegen auf sich, der hiervon durch Zufall Kenntnis erhielt. Die Kammer, die sich damit befassen musste, blieb cool und schrieb dem erbosten Kollegen ins Stammbuch: „Die Methoden der Kollegin mögen ungewöhnlich sein, ein berufsrechtlich zu beanstandendes Verhalten vermag der Kammervorstand hierin aber nicht zu erkennen."

dd) Rundschreiben an Nichtmandanten

Wem die persönliche Vorstellung nicht liegt, darf sich mit Rundschreiben an seine **Zielgruppe** wenden. Die nach §6 Abs. 2 Berufsordnung ausdrücklich erlaubte Werbeform ist nach inzwischen ganz herrschender Meinung auch bei Nichtmandanten zulässig.[23] Das ist gut so, denn ein Mailing ist ein preiswertes und sehr wirksames Werbemittel, wenn es gut vorbereitet ist. Wie eine **Mailingaktion** optimal vorbereitet und durchgeführt wird, soll deshalb näher betrachtet werden. Als erstes mögen Sie sich die Frage stellen: Wen will ich erreichen?

Sie wissen, dass Sie kein Anwalt für alle Fälle sind. Die Portokosten für ein Rundschreiben an 50 Millionen erwachsene Bundesbürger bleiben Ihnen also erspart. Sie wären wahrscheinlich auch nicht imstande, einen Ton zu finden, der alle gleichermaßen anspricht. Also entscheiden Sie sich für eine Zielgruppe, die sich zumindest so eng eingrenzen lässt, dass sich jeder Angehörige der Gruppe durch ei-

61

62

63

---

23 Zulässig sind aber nur Mailings in Papierform. Fax, E-Mail oder gar SMS wären ein klarer Verstoß gegen § 1 UWG.

nen Serienbrief persönlich angesprochen fühlt. Der Form nach gehört dazu der richtige Ton, inhaltlich der Bezug auf einen typischen Beratungsbedarf. Hierfür ist allerdings nicht jede Zielgruppe zugänglich, sodass Sie den Einsatz des Mittels kritisch prüfen sollten. Am ehesten eignen sich Mailings für gewerbliche Mandanten; Privatleute sind nur erreichbar, wenn ein spezieller Lebensbereich angesprochen wird, mit dem man sozusagen mit der Tür ins Haus fallen kann. Der Familienrechtler wird keine Briefe an Scheidungswillige versenden, der Strafverteidiger ebenso wenig an potenzielle Steuersünder. Schon eher wird man die Mitglieder eines Motorsportclubs anschreiben können und die Vertretung in Bußgeldverfahren anbieten.

64 Wenn Sie Ihre Zielgruppe definiert haben, stehen Sie vor der Aufgabe, die Adressdatei für die Serienbriefproduktion zu füttern. Hierzu gibt es grundsätzlich zwei Wege:

Der **Adressenkauf** ist die einfachste, weil zeitsparendste Möglichkeit. Unter dem Stichwort „Adressenverlage" finden Sie in den Gelben Seiten oder im Internet diverse Anbieter, die Adressen zum Stückpreis zwischen 0,50 EUR (z.B. für alle Metzger im PLZ-Bereich 74) und 30 EUR (z.B. für Namen und Adressen der Marketingchefs der börsennotierten Aktiengesellschaften) verkaufen. Dort erhalten Sie auch Adressen mit konkreten Ansprechpartnern, was vor allem bei Unternehmen oder Institutionen von Vorteil ist. Die großen Adressenhändler unterhalten einen Verwaltungsapparat, um vollständige und vor allem aktuelle Adressbestände vorzuhalten. Lassen Sie sich einen Katalog schicken, der Sie inspiriert, neue Zielgruppen zu erschließen. Einer der größten Anbieter ist die Schober GmbH (*www.schober.de*).

Die **Eigenrecherche** ist die preiswerte, wenngleich zeitaufwendige Alternative. Dank der Telefon-CD-ROMs mit Exportfunktion können Sie hier komfortabel Daten, z.B. in Microsoft Outlook, sammeln. Besonders beliebt ist die Klicktel-CD, für die es eine Zusatzsoftware gibt, mit der man unbegrenzt Adressen exportieren kann (normalerweise ist der Zugriff auf 70 Datensätze beschränkt). Den konkreten Ansprechpartner in einer Firma sollten Sie im Zweifel telefonisch erfragen (lassen). Daneben bietet das Internet eine Vielzahl von Verzeichnissen, angefangen von den Mitgliedsbetrieben der Handwerkskammern bis hin zu den regionalen Ansprechpartnern bundesweit organisierter Vereine und Verbände, die Sie eventuell als Multiplikatoren ansprechen wollen.

65 Um einen guten Eindruck zu hinterlassen, sollte das Anschreiben so **individualisiert** wie möglich sein. Deshalb sind Adressaufkleber, die auf eine massenhafte Versendung schließen lassen, nicht so empfehlenswert wie die direkt auf den Brief gedruckte Adresse. Auch wenn eine Massendrucksache oder Infopost günstiger ist, kann es tunlich sein, die Sendung mit Briefmarke als Normalbrief zu frankieren, weil manche Empfänger ihrem Sekretariat die Anweisung geben, unbekannte Absender, die als Infopost frankiert sind, ungeöffnet zu entsorgen. Um auch optisch einen guten Eindruck zu hinterlassen, lassen Sie sich zumindest bei einer Mailingaktion nicht lumpen und investieren Sie in elegantes Papier mit Struktur oder Wasserzeichen. Dazu gehört, dass Sie statt einer eingescannten Unterschrift mit Tinte unterschreiben.

Soweit vorhanden, spricht nichts dagegen, dem Schreiben auch einen **Kanzleiprospekt** beizufügen. Wenn Sie den Brief verfassen, stellen Sie sich vor allem die Frage: Welchen konkreten Nutzen biete ich dem Empfänger an?   **66**

> *Beispiel*
> Sehr geehrte Damen und Herren,
>
> hiermit gebe ich bekannt, dass ich mich in ▬▬▬▬ (Ort) niedergelassen habe. In meiner modern eingerichteten Kanzlei berate ich Sie in allen Fragen rund um das Wirtschafts-, Gewerbe- und Arbeitsrecht. Zur kurzfristigen Terminvereinbarung stehe ich Ihnen gerne zur Verfügung.
>
> Mit freundlichen Grüßen
>
> Rechtsanwalt

Dieser Brief wurde im Original so an über 500 Gewerbetreibende verschickt, aus kollegialer Rücksichtnahme wurden nur Ort und Name weggelassen. Wenn Sie es sich so einfach machen wie dieser Kollege, brauchen Sie mit einer solchen Aktion keine großen Hoffnungen zu verbinden. Allenfalls schlichte Gemüter werden sich durch solch ein banales Schreiben angesprochen fühlen. Was fehlt, ist das schlagende Argument, warum ausgerechnet jener Kollege mandatiert werden soll. Nur weil er nicht das Renommee einer eingesessenen Kanzlei anbieten kann, gibt es noch lange keinen Grund zu schweigen. Sofern es keine biographischen Argumente wie erste einschlägige Berufserfahrung gibt, bietet es sich an, den Service der Kanzlei herauszustellen, z.B. Sprechstunden auch abends und samstags. Die moderne Kanzleieinrichtung ist sekundär bzw. wird bei Kanzleigründern vorausgesetzt.

Wenn Sie die Beachtung Ihres Briefes nicht nur möglich, sondern wahrscheinlich machen wollen, müssen Sie einen **sofort erkennbaren konkreten Zusatznutzen** bieten. Je nach Veranlagung bieten sich verschiedene Möglichkeiten, die einzeln oder kombiniert angeboten werden können: **67**

■ Auf einem gesonderten Blatt, das natürlich auch mit Ihrer Kanzleiadresse versehen ist, stellen Sie ein neues Urteil oder eine Gesetzesänderung dar, die für Ihre Zielgruppe relevant ist (**Rechtstipp**). Es reicht aber nicht aus, nur Leitsatz und Gründe zu kopieren und zu sagen, darauf müsse man zukünftig achten. Vielmehr erwartet der Leser in verständlicher Sprache Informationen und konkrete Handlungsanweisungen. Im Arbeitsrecht reicht es beispielsweise nicht aus, mitzuteilen, dass das Arbeitsgericht X den Zugang einer Kündigung durch Einwurfeinschreiben für nicht ausreichend bewiesen hält. Der Leser will auch wissen, welche Möglichkeiten er hat, den Zugang wasserdicht zu beweisen.

■ Außer einem einmaligen Rechtstipp können sie eine Vielzahl von Informationen in **regelmäßigen Mandantenrundschreiben** zusammenfassen. Sie bieten auch Ihren Nichtmandanten an, dieses regelmäßige Rundschreiben kostenlos zu abonnieren. Wer es in Papierform haben möchte, sollte dies mit einem von Ihnen vorbereiteten Faxformular mitteilen, in dem nur Stempel und Unterschrift ergänzt werden müssen. Außerdem bieten Sie an, die Online-Version per E-Mail zu versenden. Dies müssen die Empfänger dann auch per E-Mail kundtun. Regelmäßige Rundschreiben an Nichtmandanten sollten aber keine Dauerveranstaltung werden. Sollten Sie nach einem Jahr noch kein Mandat erhalten haben, stellen Sie den Service ein, es sei denn, der Empfänger ist ein wichtiger Multiplikator.

■ Eine weitere Möglichkeit, ein Zeichen der Kompetenz zu vermitteln, ist die **Einladung** zu einem Vortrag (siehe Rn 101 ff.). Auch hier sollte die vorbereitete Faxantwort oder der exponierte Hinweis auf die E-Mail-Adresse zur Anmeldung nicht fehlen.

ee) Rundschreiben an Mandanten

68 Für die Mandantenrundschreiben gelten im Vergleich zur Kaltakquise einige Besonderheiten:

■ Sie kennen Ihre Adressaten bereits und können sie besser ansprechen, weil Sie den Beratungsbedarf besser einschätzen können. Sie können auch verschiedene Mandantengruppen bilden, die Sie über die Entwicklungen in dem jeweils interessierenden Bereich auf dem Laufenden halten können.

■ Die Erstellung eines regelmäßigen Mandantenrundschreibens ist mit einem nicht zu unterschätzenden Aufwand verbunden. Es gibt deshalb viele Kanzleien, die nach einem, spätestens zwei Rundschreiben die weitere Arbeit scheuen und dieses Mittel der Mandantenbindung vernachlässigen. Nehmen Sie sich also nicht zu viel vor und züchten Sie keine überzogene Erwartungshaltung, indem Sie in der kreativen Freiheit der Aufbauphase Ihre Mandanten mit monatlichen Rundschreiben verwöhnen, wozu Sie später nicht mehr imstande sind. Es bietet sich an, mit örtlich entfernten Kollegen, die die gleiche Zielgruppe bedienen, Newsletter auszutauschen. Hier haben sich in der Praxis schon einige fruchtbare Kooperationen gebildet.

■ Bei Mandantenbriefen per E-Mail besteht die Versuchung, sich häufiger mit kleinen Beiträgen zu melden. Das kann dazu führen, dass sich Mandanten gestört fühlen, vor allem, wenn die übertragene Datenmenge im umgekehrten Verhältnis zum Informationsgrad steht.

■ Bei Rundschreiben mit der gelben Post sollten Sie auf gebührenoptimiertes Format und Gewicht achten. Prüfen Sie auch die Möglichkeit der Beauftragung eines privaten Briefkuriers. Statt vier einzelner zusammengetackerter Blätter macht sich ein in der Mitte gefalteter DIN-A3-Bogen weitaus besser. Sollte Ihr Kopierer auf DIN A4 beschränkt sein, machen Sie einen Ausflug in den nächsten Copy-Shop und lassen Sie sich über verschiedene Papierqualitäten beraten. Die geringen Mehrkosten sind eine gute Investition: Wenn Sie sich z.B. für etwas dünneres Papier entscheiden, kann dies die Portokosten merklich senken.

Tipp
Bei Rundschreiben auf Papier lohnt es sich außerdem, diese in doppelter Ausfertigung zu versenden, und zwar für Nachbarn, Freunde, Kollegen etc. Geben Sie Ihrem Mandanten Gelegenheit, stolz auf seinen Anwalt zu sein und dies seiner Umwelt mitzuteilen!

Eine Sonderform der postalischen Kommunikation ist die Versendung von **Weihnachtskarten** und **Geburtstagsgrüßen**, mit denen Sie die persönliche Beziehung zu Ihren Mandanten pflegen können. Hier sollten Sie aber darauf achten, dass Sie nicht unbedingt nach dem Gießkannenprinzip arbeiten. Nicht jeder, der bei Ihnen mit Beratungsschein die Aufwartung gemacht hat, verdient Ihre herzlichen Weihnachtsgrüße. Andererseits: Dem guten Dauermandanten, der Ihre vierstelligen Vergütungsrechnungen anstandslos zahlt, sollten Sie zum Geburtstagskärtchen mindestens noch eine Flasche guten Wein angedeihen lassen. **69**

ff) Kanzleibroschüre

Wie kaum ein zweites Medium ist eine Broschüre geeignet, das **Profil** einer neu gegründeten Praxis nach außen zu transportieren. Voraussetzung ist allerdings, dass eine Kanzlei auch ein entsprechend ausgeprägtes Profil entwickelt hat. Ansonsten besteht die Gefahr, dass für viel Geld heiße Luft in Tüten produziert wird. Das ist auch der Grund, warum viele Kanzleibroschüren trotz gediegener Ausstattung und professioneller Fotos nicht viel mehr dokumentieren als die Orientie- **70** rungslosigkeit und Eitelkeit der Kanzleiführung. Umgekehrt kann man mit überschaubarem Aufwand Broschüren produzieren, die genau den Ton ansprechen, der auf Mandanten wirkt.

Zur optimalen Kanzleibroschüre gibt es keinen Königsweg. Bevor Sie eine Kanzleibroschüre selbst erstellen, versuchen Sie, möglichst viele Broschüren von anderen Kanzleien, aber auch von benachbarten Beraterberufen zu sammeln und lassen Sie diese von einem unbefangenen Nichtjuristen durchlesen. Sie werden erstaunt sein, welche Einsichten sich hierdurch erschließen.

(1) Äußere Aufmachung der Broschüre

71   Wenn Sie sich über die äußere Aufmachung Gedanken machen, werden Sie ziemlich schnell feststellen, dass man hier sehr viel Geld loswerden kann. Damit stellt sich gleichzeitig die Frage, ob es sich lohnt, wie eine etablierte Kanzlei mit Hochglanz und Vierfarbdruck aufzutreten. Entscheidend ist – wie könnte es anders sein – die Zielgruppe. Erfahrungsgemäß werden die wenigsten Kanzleibroschüren an Nichtmandanten verteilt. Vielmehr dienen sie der Intensivierung der Mandantenbeziehung, kraft derer es zu Folgemandaten und Weiterempfehlungen kommt bzw. kommen soll. Aus diesem Grund lassen etablierte Kanzleien sich die Broschüre gerne etwas kosten, denn Sie wissen genau, was sie ihren Mandanten schuldig sind. Da durch diese Verteilung die Streuverluste gering sind, werden oft nur kleine, aber feine Auflagen mit Stückpreisen von bis zu 5 EUR hergestellt.

Ein Kanzleigründer wird diesen Preis regelmäßig nicht zu zahlen bereit sein, weil er sich mangels vorhandener Mandanten an eine Vielzahl von potenziellen Interessenten wenden und entsprechende Streuverluste in Kauf nehmen muss. Zugunsten einer höheren Auflage sollten Sie beim Umfang und bei der Ausstattung etwas bescheidener sein und mit übersichtlicher Schlichtheit überzeugen. Hierzu rate ich dringend, sich der professionellen Hilfe einer Werbeagentur oder eines Grafikers zu bedienen, bei denen Sie zunächst **Angebote einholen** und vergleichen müssen. Je nach Umfang liegen die Kosten bei 500 bis 1.000 EUR. Hinzu kommen Satz- und Druckkosten, sodass Sie mindestens 1.000 EUR als Gesamtkosten einkalkulieren müssen. Das ist viel Geld für eine Broschüre, die bei einer jungen, dynamischen Kanzlei leicht veralten kann.

72   Doch gibt es zwischen der Profi-Broschüre und dem kopierten Flugblatt noch zwei interessante Alternativen:

Sie verzichten auf eine klassische Kanzleibroschüre und lassen für wenige hundert Euro **Präsentationsmappen** mit Ihrem Kanzleinamen bedrucken. Im Innenteil können dann auf DIN A4 kopierte Informationen eingeheftet werden, z.b. ein Vortragsskript oder aktuelle Informationen zu einem Rechtsthema. Auf einer Seite, die besonders gestaltet ist, erfolgt die Kanzleivorstellung in komprimierter Form. Je nach Ausstattung gibt es in diesen Mappen auch noch eine Vorrichtung, in der eine Visitenkarte platziert werden kann.

In Zeiten der Internetdruckereien[24] sind die Druckkosten kein großer Faktor mehr, Sie können 5.000 **Flyer** auf gutem Papier (Hochglanz, DIN A4, Leporellofaltung) für weniger als 300 EUR online bestellen. Investieren Sie daher in eine gut gestaltete Druckvorlage, die die essentiellen Informationen über Ihre Kanzlei beinhaltet. Wenn Sie sichergehen wollen, welches Papier das richtige ist, sollten Sie bei der Onlinedruckerei eine Produktmustermappe bestellen. Die Kosten hierfür werden bei Auftragserteilung meist gutgeschrieben.

(2)   Inhalt der Broschüre

Bei aller Detailverliebtheit in Satz und Ausstattung darf nicht vergessen werden,   73
dass damit auch ein Inhalt transportiert wird. Aus eigener Gewohnheit auf andere schließend, überschätzen Anwälte allzu leicht die Bereitschaft, lange Texte zu lesen. Es ist eine Erholung für die Augen, wenn nicht alles bis auf den letzten Zentimeter vollgetextet ist.

Ob Sie Ihre Broschüre mit einem **Foto** verzieren wollen, ist Geschmackssache, allerdings halte ich Bewerbungsfotos für deplatziert. Auch der lesende Anwalt vor dem Bücherregal ist eine Figur, die in Zeiten des Internets ziemlich verstaubt wirkt. Zu vermeiden ist auch das Bild des Anwaltsfürsten, der hinter seinem Schreibtisch thront. Das alles wirkt meist gekünstelt, sodass man m.E. aus präventiven Gründen Portraitfotos in Kanzleiprospekten grundsätzlich verbieten sollte. Am besten wirken noch Fotos in Alltagssituationen, z.b. im Mandantengespräch.

Im Textteil sollten mit Rücksicht auf die begrenzte Leselust regelmäßig nur das **Leistungsspektrum** und die **Leistungsträger** (also in erster Linie Sie) vorgestellt werden. Insbesondere verbieten sich weitschweifige Ausführungen zur „Kanzleiphilosophie". Wolkige Sätze wie „Der Mandant steht bei uns im Mittelpunkt" sind überflüssig, wenn Sie imstande sind, die Kanzleiphilosophie in ihrer konkreten Wirkung zu beschreiben.

Eine gute Idee ist es auch, eine kleine Serie von Broschüren bzw. Flyern aufzulegen, die sich an verschiedene Zielgruppen wendet.

---

24   Z.B. *www.flyeralarm.de.*

(3) Leistungsspektrum

74 Die wichtigste Aufgabe einer Kanzleibroschüre besteht darin, den Mandanten klarzumachen, wofür die Kanzlei steht. Voraussetzung ist natürlich, dass Sie das auch schon genau wissen. Dann ergibt sich alles andere fast von selbst. Das Fehlen einer **klaren Ausrichtung** zeigt sich fast immer in einem mehr oder weniger geglückten Wortgeklingel, das sich beispielsweise so liest:

> *Beispiel*
> „Die Anwaltskanzlei Piepenbrock[25] besteht seit mehr als zehn Jahren. In dieser Zeit haben wir uns lokal und überregional einen Namen gemacht. Wir sind ein leistungsstarkes und erfahrenes Team von Rechtsanwälten und verfügen über modernste Kanzleitechnik. Unser Anliegen ist die Vertretung Ihrer Interessen und die Durchsetzung Ihres Rechts. Innovation, Flexibilität und Engagement sind unsere Maximen für eine gute Arbeit als Rechtsanwälte. ... Unsere Mandanten dürfen von uns erstklassige Rechtsberatung und Interessenvertretung erwarten. ... Wir gewährleisten eine umfassende, sachgerechte, engagierte und verantwortungsvolle Beratung und Vertretung Ihrer Interessen in nahezu allen Bereichen des Rechts."

Dieses Originalzitat ist beileibe kein Einzelfall. Getreu dem Motto „Unsere Spezialität ist, was Sie wollen" wird mächtig dick aufgetragen. Eine Qualitätswerbung mit „erstklassiger Rechtsberatung" ist wettbewerbsrechtlich nicht unproblematisch, und die Enttäuschung ist vorprogrammiert, wenn man doch nicht alles bearbeiten kann, und schon gar nicht erstklassig (was ja nur menschlich ist). Eine Kanzleibroschüre hat nicht die Aufgabe, sich prahlerisch ins rechte Licht zu setzen.

75 Dadurch legen die Rechtsanwälte nur ein (vielleicht unfreiwilliges) Zeugnis ihres Selbstwertgefühls ab. Es macht auch wenig Sinn, nur die Rechtsgebiete aufzuzählen. Vielmehr fühlt sich ein Mandant angesprochen, wenn man seine Problemlagen direkt anspricht. Im Bereich des Familienrechts wird dies in der Kanzleibroschüre einer Fachanwältin wie folgt dargestellt:

> *Beispiel*
> „Die Philosophie der Kanzlei ist pragmatisch: Familienrecht praktizieren heißt in erster Linie, Zukunft aktiv gestalten. Die Auseinandersetzung mit der Vergangenheit ist dabei Mittel zum Zweck ‚In einem ausführlichen Gespräch zei-

---

25 Name geändert.

gen wir unseren Mandanten die Wege auf, mit denen sie das wirtschaftlich sinnvollste Ergebnis erzielen', erklärt Rechtsanwältin Trenn-Disch,[26] kreative und innovative Regelungen und großes Engagement für eine außergerichtliche Einigung sind für uns selbstverständlich.' Dabei ist die Anwältin in emotional belastenden Situationen nicht nur juristische Interessenvertreterin, sondern auch persönliche Beraterin ...“

Dieses Beispiel zeigt mustergültig, wie man die Menschen dort abholt, wo sie stehen. Die **konkrete Situation**, in der man eine Scheidungsanwältin benötigt, wird in einer Weise angesprochen, dass die Hemmschwelle, mit ihr Kontakt aufzunehmen, denkbar niedrig ist, weil man denkt: „Aha, die versteht mich!“ Es handelt sich um eine Anwältin, bei der ich nicht nur eine Nummer bin, sondern die sich auch um mich persönlich kümmert. In wenigen Worten wird klargemacht, wie die Mandatsbearbeitung abläuft, nämlich ziel- und zukunftsorientiert. Mit einem bloßen Hinweis auf Familienrecht als Tätigkeitsschwerpunkt wäre dieser Effekt kaum zu erreichen.

Tipp
In einer Kanzleibroschüre gilt es dem Mandanten das gute Gefühl zu vermitteln, richtig aufgehoben zu sein. Das funktioniert nur, wenn man sich nicht auf die rationale Ebene beschränkt.

Neben der Beratung als Kernleistung ist die Kanzleibroschüre auch die richtige Stelle, um auf den **Service** hinzuweisen. Viele alteingesessene Kanzleien vergeben Sprechstunden nur während der Bürozeiten, zu denen mit Sätzen wie „Sprechstunden nur nach vorheriger Vereinbarung!“ eingeladen wird. Heben Sie sich von dieser Behördenmentalität ab und schreiben Sie stattdessen: „Damit wir genügend Zeit für Sie haben, bitten wir um vorherige Anmeldung.“ **76**

(4) Leistungsträger

Die Kanzleibroschüre ist natürlich auch der Ort, an dem Sie etwas über sich sagen können. Der Mandant will gerne wissen, mit wem er es zu tun hat. Allerdings gilt es auch hier gewisse Grenzen einzuhalten. Nur weil heute (fast) alles erlaubt ist, muss man nicht auch alles bringen, wie das folgende Beispiel zeigt: **77**

---

26 Name geändert.

> *Beispiel*
> „Willi Wacker,[27] 31 Jahre jung, Gründer der Kanzlei, ist ein Globetrotter, auf-
> geschlossen für neue Ideen und fremde Kulturen. Er hat ein ausgeprägtes Inte-
> resse an Philosophie, Kunst und Fotografie (die Kanzleiräume zeugen davon).
> Seine Arbeitsweise bezeichnet er selbst als kreativ-chaotisch, stets bemüht, ge-
> meinsam mit seinen Mandanten zügig zu einer Problemlösung zu finden. Fach-
> liche Neugier, wissenschaftliches Arbeiten und eine gute Portion Hartnäckig-
> keit zeichnen ihn aus. Seine Lebensphilosophie lautet: „Wer rastet, der rostet"
> – und dem versucht er täglich entgegenzuwirken."

In diesem Text fehlt der Anhaltspunkt, warum ein Mensch auf die Idee kommen
sollte, einen Anwalt zu beauftragen, der sich philosophierend stets „bemüht". Es
geht auch nicht darum, in der Kanzleibroschüre Ihre Hobbies auszupacken,
schließlich wollen Sie von Ihrem Mandanten beauftragt werden und nicht über Phi-
losophie, Kunst und Fotografie plaudern. Außerberufliche Aktivitäten sollten Sie
nur benennen, wenn sie mit Ihrem Beruf zusammenhängen, z.B. macht sich die
Vorstandstätigkeit bei der Verkehrswacht für einen Verkehrsrechtler ganz gut.

78   Was in die **Selbstdarstellung** hinein gehört und was nicht, kann nicht allgemein
gültig beantwortet werden. Entscheidend ist stets die Frage, welche Qualifikationen und Eigenschaften Sie aufzuweisen haben, um Ihre Mandanten davon zu überzeugen, dass Sie der richtige Anwalt sind. Ihr Privatleben sollte allenfalls am Ran-
de erwähnt werden, um zu zeigen, dass Sie in geordneten Verhältnissen leben.
Abschließend soll hier ein Berliner Strafverteidiger zitiert werden, der sich so kurz
vorstellt:

> *Beispiel*
> „Nach Studium in Freiburg, Würzburg und Köln und Referendariat am Kam-
> mergericht Berlin bin ich seit 1992 als Rechtsanwalt in Berlin zugelassen mit
> den Tätigkeitsschwerpunkten Allgemeines Strafrecht sowie Wirtschafts- und
> Steuerstrafrecht. Ich wurde 1960 in Dortmund geboren, bin verheiratet und
> habe eine kleine Tochter."

79   **Fazit:** Die Kanzleibroschüre ist nach meiner Auffassung eines der wichtigsten und
zugleich schwierigsten Werbemittel. Ihre Erstellung verlangt große Sorgfalt und
ein hohes Maß an Einfühlungsvermögen. Lassen Sie sich deshalb Zeit und verzichten Sie auf einen Schnellschuss, der leicht danebengehen kann.

---

27 Der Name wurde geändert. Es handelt sich um einen fertigen Entwurf für eine Kanzleibroschüre,
    die so zum Glück nicht gedruckt wurde.

gg) Mitgliedschaften

Als Berufsanfänger stehen Sie regelmäßig vor dem Problem, dass Sie gerne mit   **80**
einem Spezialgebiet werben möchten, dies aber mangels Berufserfahrung nur in
Form einer Schwerpunktangabe möglich erscheint. Wenn der Fachanwalt noch in
weiter Ferne ist, haben Sie immerhin die Möglichkeit, auf die Mitgliedschaft in
einem Verein oder einer Arbeitsgemeinschaft hinzuweisen. Als Mitglied der Arbeitsgemeinschaft Verkehrsrecht im DAV wird man Ihnen im Zweifel mehr Kompetenz zubilligen, als wenn Sie Verkehrsrecht lediglich als Schwerpunkt angeben.

hh) Praxisschild

Es gehört nicht nur zu den erhebenden Momenten der Gründungsphase, endlich   **81**
das eigene Schild an die Tür zu hängen, sondern auch zu den Berufspflichten des
Anwalts. Meist ist es mit einem Schild aber nicht getan, weil Sie nicht nur am
Hauseingang, sondern auch noch an der Bürotür auf Ihre Kanzlei hinweisen wollen. Wenn Sie anfangen, sich für Schilder zu interessieren, werden Sie sehr schnell
feststellen, dass diese nicht billig sind. 150 bis 300 EUR sind für ein ordentliches
Schild fällig, die gediegene Ausgabe in Messing oder Marmor kann leicht ein Vielfaches kosten. Die preiswerteste und meistens ausreichende Variante ist eine von
hinten bedruckte Plexiglasscheibe oder ein Kunststoffschild, das Sie mit selbstkle-
benden Buchstaben gestalten. Vergleichen Sie auch aufmerksam die **Preise** und
Lieferzeiten, da sich manche Lieferanten bis zu sechs Wochen Zeit lassen. Überlegen Sie sich auch, ob und welche zusätzlichen **Angaben** Sie außer Name und Titel
aufnehmen wollen. Schwerpunktangaben und Öffnungszeiten haben zwar eine positive Signalwirkung, können sich aber auch ändern, wodurch Kosten für ein neues
Schild entstehen (das Überkleben von Angaben sollte nur ein vorübergehender Zustand sein). Geben Sie dem Hersteller Ihres Schildes eine Druckvorlage bzw. bestehen Sie darauf, vorab einen Entwurf zur Freigabe zu erhalten. Den Ärger mit
falschen oder ungenauen Informationen kann man sich so ersparen.

Checkliste: Praxisschild

- Zahl der Schilder ermitteln (Hauseingang/Kanzleitür)
- Wahl des Materials
- Größe (mit Vermieter abklären, ggf. örtliche Gestaltungssatzung beachten)
- Befestigung (an der Wand mit spezieller Vorrichtung/freistehend?)
- Beleuchtung (sinnvoll/erforderlich/finanzierbar?)

- Inhalt: grundsätzlich alles, was auch auf dem Briefkopf stehen darf
- unbedingt erforderlich: Nachname, Beruf („Rechtsanwalt" oder „Anwaltskanzlei")
- optional: Vorname, Zusatzqualifikationen, Schwerpunkte, Mitgliedschaften, Telefonnummer, Logo, Bürozeiten.

ii) Schaukasten

82 Wenn Ihr Vermieter mitspielt und genügend Platz vorhanden ist, können Sie zusätzlich zum Kanzleischild noch einen Schaukasten anbringen, in dem Sie aktuelle Informationen aushängen. Ein Schaukasten kostet je nach Ausführung zwischen 200 und 500 EUR, also so viel wie eine Zeitungsannonce. Sie können sich damit dauerhaft von der Konkurrenz abheben, weil Sie hier zusätzliche Informationen für die Passanten anbieten, z.B. ein Plakat für einen Vortrag, den Sie bald halten, oder den Hinweis auf ein Merkblatt, das kostenlos in Ihrer Kanzlei erhältlich ist. Machen Sie den Schaukasten zu Ihrer „Homepage" aus Stahl und Glas, die aber auch gepflegt sein will. Monate alte Veranstaltungshinweise machen sich ebenso schlecht wie Spinnweben und tote Mücken im Inneren.

jj) Visitenkarten

83 Die Allgegenwart von Visitenkarten gehört zu den Begleiterscheinungen der Computerisierung unserer Gesellschaft. Nicht nur im beruflichen, sondern auch im privaten Bereich ist der Tausch von meist selbst hergestellten Visitenkarten alltäglich geworden. Als Anwalt sollten Sie sich angewöhnen, nie ohne Visitenkarten unter Leute zu gehen (einige Kollegen behaupten sogar, man solle immer ein Vollmachtsformular bei sich tragen, was ich aber für übertrieben halte). Um sich von der Flut tintenstrahlgedruckter Karten mit Riffelkante abzuheben, sollten Sie mit einer **professionell** hergestellten Karte einen entsprechenden Eindruck hinterlassen. Im Werbeetat spielen Visitenkarten kaum eine Rolle, Sie sollten darum nicht am falschen Ende sparen. Unter *www.visitenkarten.com* können Sie auch online Karten bestellen. Sie sollten aber nur übergangsweise verwendet werden.

84 Visitenkarten sind regelmäßig 8 bis 9,5 cm lang und 4,5 bis 5,5 cm hoch. Wenn Sie auffallen wollen, vermeiden Sie besser Übergrößen; stattdessen empfiehlt sich eine aufklappbare Visitenkarte. Die meisten Karten sind im Querformat bedruckt. Auch wenn das Hochformat in einigen Fällen mehr gestalterischen Pfiff hat, hat es den Nachteil, dass es in Visitenkartenarchiven (sog. Rollkästen) nicht gut lesbar ist.

Exzentriker schwören auf Holz oder Kunststoff als unterscheidungskräftiges **Material** einer Visitenkarte. Da Anwälte aber mehr auf Seriosität achten sollten, machen Sie besser keine Experimente und bleiben Sie beim Papier. Auch hier ist die Auswahl fast unermesslich, wobei es Geschmackssache ist, ob Sie glattes oder strukturiertes, mattes oder hochglänzendes Papier bevorzugen. Auf jeden Fall sollten Sie schweres Papier wählen (mindestens 140 g/m²).

Checkliste: Möglicher Inhalt der Visitenkarten **85**

- Name
- Beruf
- Kanzleiname bei Sozietät
- Kanzleianschrift
- Telefon Büro
- Telefax Büro
- E-Mail-Adresse
- Homepage
- Logo
- Telefon privat
- Mobiltelefon[28]
- Mitgliedschaften
- Lageplan der Kanzlei (z.B. auf der Rückseite)
- Fachanwaltstitel, Tätigkeits-, Interessenschwerpunkte.

Ob es für Sie sinnvoll ist, von Anfang an Schwerpunkte auf der Visitenkarte anzu- **86** geben, sollte überdacht werden. Einerseits will man sich so früh wie möglich als Spezialist empfehlen, andererseits kann es leicht vorkommen, dass ein Mandat angetragen wird, das gerade nicht zu den ausgewiesenen Schwerpunkten gehört. Um hier keinen Zweifel aufkommen zu lassen, hat es sich bewährt, eine doppelte Identität aufzubauen: Lassen Sie zwei Karten drucken, einmal neutral und einmal mit Schwerpunktangaben.

Gelegenheiten zum **Verteilen** von Karten gibt es jede Menge. Achten Sie zunächst **87** darauf, dass in Ihrer Kanzlei an mehreren Stellen die Karten zur Mitnahme ausliegen. Überreichen Sie Ihrem Mandanten ruhig bei jedem Treffen eine Karte, damit er sie weitergeben kann. Ein Kollege überreicht regelmäßig zwei Karten mit der auflockernden Bemerkung, die erste Karte könne dann ruhigen Gewissens verlegt werden.

---

28 Mein Tipp: Schreiben Sie die Mobilnummer bei Übergabe der Karte persönlich auf die Karte („Normalerweise mache ich das nicht, aber Ihnen (als meinem wichtigen Mandant) gebe ich auch meine Handynummer").

kk) Werbegeschenke

88 Schon bald nach Ihrer Kanzleigründung werden sich in Ihrem Briefkasten zwischen Bürokatalogen und Verlagswerbung auch Kataloge für Werbemittel finden. Bevor Sie anfangen, die Preise für Kugelschreiber mit denen für Feuerzeuge zu vergleichen, rate ich Ihnen, die Finger davon zu lassen. Ihre Hoffnung, jemand werde wegen eines nett bedruckten Kugelschreibers Ihre Dienste in Anspruch nehmen, sollte nicht zu groß sein. Andererseits hat eine Kanzlei im Rheinland positive Erfahrungen gemacht, indem sie für den Karnevalsumzug Kugelschreiber und Feuerzeuge spendiert hat. Dies ist als regional bedingte Ausnahme zu werten. Deshalb haben auch nur ca. 20 % der Kanzleien sog. Promotionartikel.[29] Die Gegenmeinung hält die sog. Reziprozitätsregel für anwendbar, wonach sich der mit einem Kuli beschenkte (unbewusst) zu einem Gegengeschenk verpflichtet fühlt. Nun ja, es wird so schlichte Gemüter geben, der Typus des „Abgreifers" ist m.E. sehr viel weiter verbreitet.

Etwas anderes mag gelten, wenn es darum geht, bestehenden Mandanten etwas Gutes zu tun. Hier kann es im geringen Umfang tunlich sein, den Mandanten im Anschluss an eine Besprechung zum Essen einzuladen oder sich zum Geburtstag mit einem guten Tropfen in Erinnerung zu rufen. Es sollte sich aber wirklich nur um kleine Aufmerksamkeiten handeln, die in erster Linie für Ihre gewerblichen Mandanten gedacht sein sollten. Bei Privatmandanten ist dies nur zur Feier besonderer Prozesserfolge ratsam.

ll) Zeitungsanzeigen

89 Eine häufige, um nicht zu sagen klassische Form der Anwaltswerbung ist das Schalten von Zeitungsanzeigen. Die relativ hohen Kosten, denen bei einmaliger Schaltung nur ein begrenzter Aufmerksamkeitseffekt gegenübersteht, sollten Sie indes zu einer eingehenden Prüfung veranlassen, ob Anzeigenwerbung Ihrem Marketingziel wirklich dienlich ist. Bedenken Sie stets, dass Ihre Anzeige in einem redaktionellen Kontext steht, der den Leser nicht unerheblich beeinflusst.

In **Tageszeitungen** zu inserieren lohnt nur, wenn Sie Rechtsgebiete mit Breitenwirkung (z.B. Mietrecht oder Arbeitsrecht) anbieten. Die Streuverluste sind sonst zu groß. Außerdem dürfen Sie von einer einmaligen Schaltung keine Wunder erwarten, weil sich kaum jemand die Mühe machen wird, Ihre Anzeige auszuschneiden und für den Fall der Fälle bereitzuhalten. In der Werbebranche geht man davon

---

29 Vgl. *Kilian*, S. 76.

aus, dass man eine Anzeige etwa siebenmal gesehen haben muss, bevor man sie überhaupt wahrnimmt. Insofern bedarf es regelmäßig einer wiederholten Schaltung, um sich beim Leser als Spezialist einzuprägen. Doch selbst dann gibt es keine Erfolgsgarantie, weil Anzeigen der Rechtsanwälte keinen Stammplatz haben, wo sie vermutet und besser wahrgenommen werden. Durch die Mischung mit Anzeigen anderer Branchen erhöht sich die Wahrnehmungsschwelle. Dem können Sie nur entgegenwirken, wenn Sie etwas tiefer in die Tasche greifen und eine sog. Inselanzeige im redaktionellen Teil buchen.

Im Unterschied zur Tageszeitung, die nur einen begrenzten Abonnentenkreis erreicht, werden **Anzeigenblätter** kostenlos an alle Haushalte verteilt. Die vergleichsweise niedrigen Anzeigenpreise haben aber auch zur Folge, dass Ihre Anzeige unter den vielen anderen Anzeigen kaum auffallen wird. Allerdings gibt es viele Haushalte, in denen das Anzeigenblatt neben der Fernsehzeitschrift die einzige gedruckte Informationsquelle darstellt, die entsprechend aufmerksam gelesen wird. Wenn Ihre Zielgruppe aus den sog. kleinen Leuten besteht, liegen Sie hier richtig. Auch eine Dauerpräsenz ist für Kanzleigründer finanzierbar. Statt einer wöchentlichen Kleinanzeige ist es ratsam, in größeren Zeitabständen entsprechend großformatiger aufzutreten.

90

Je nach Ausrichtung der Kanzlei bieten spezielle **Fachzeitschriften** ideale Voraussetzungen, sich einem ausgewählten Publikum zu präsentieren: Wirtschaftsrechtler werben im IHK-Journal, Immobilienrechtler werben in der Zeitschrift des Haus- und Grundbesitzervereins, während Jagdrechtler in der Zeitschrift „Wild und Hund" auf ihre Dienstleistung aufmerksam machen.

Eine Unterart der Anzeigenblätter sind **Zeitschriften für private Kleinanzeigen** wie z.B. „Such und Find", in denen von gut erhaltenen Winterreifen bis zu gebrochenen Herzen so ungefähr alles an den Mann und die Frau gebracht wird. Diese Zeitschriften sollten für Sie als Werbemedium tabu sein, weil dort vorwiegend Schnäppchenjäger angesprochen werden, die meinen, dass bei Ihnen guter Rat billig zu haben ist.

10 Tipps für die Anzeigenschaltung
1. Formulieren Sie wie ein Werbetexter und nicht wie ein Schreibtischtäter. Viele Kollegen geben schon in Anzeigen Kostproben ihres Kanzleistils mit Sätzen wie: „Mit Beschl. v. 29.10.2009 hat mich der Präsident der Rechtsanwaltskammer Köln zur Rechtsanwaltschaft beim Landgericht Köln und Amtsgericht Bergheim zugelassen." Schlichter ausgedrückt kann man es z.B. so fassen: „Kanzleieröffnung in Bergheim Mitte".

91

2. Anders lautenden Gerüchten zum Trotz gibt es kein Gesetz, das Anzeigen-kunden verpflichtet, jeden Quadratzentimeter zuzutexten. Im Gegenteil, we-niger Text garantiert ein Mehr an Aufmerksamkeit. Verwenden Sie nur eine Schrift, die überdies leicht leserlich ist, z.B. Arial, und zwar nicht kursiv gesetzt. Ihr Logo – soweit vorhanden – darf ebenfalls nicht fehlen.

3. Wenn statt Ihres Namens Ihr Tätigkeitsgebiet in der Anzeige ganz oben steht, werben Sie besser als 90 % Ihrer Kollegen. Merke: Nicht Ihr Name reizt den flüchtigen Leser, sondern das Problem, zu dem Sie eine Lösung anbieten.

4. Sprechen Sie den Leser direkt auf seine Probleme an, indem Sie statt Rechtsgebieten vor allem auf Lebenssachverhalte abstellen. Beispiel: Mit dem Schlagwort „Erbrecht" assoziiert der Laie meist nur die streitige Aus-einandersetzung nach dem eingetretenen Erbfall. Wenn hingegen „Beratung bei Vermögensnachfolgefragen" angeboten wird, ist klargestellt, dass damit auch vorsorglicher anwaltlicher Rat umfasst ist.

5. Bei Mehrfachschaltung sollten Sie nicht erfragen, ob es Rabatt gibt, sondern welcher Rabatt Ihnen eingeräumt wird. Auch die Rabattstaffeln in der Anzeigenpreisliste sind kein Grundgesetz, sondern bei größeren Aufträgen verhandelbar. Anzeigenblätter versprechen als Goody manchmal die Er-wähnung im redaktionellen Teil oder Berücksichtigung der Platzierungs-wünsche auch ohne Zuschlag.

6. Wenn Sie keine fertig gestaltete Anzeige aufgeben, verlassen Sie sich nicht blindlings auf das setzerische Talent der Anzeigenredaktion, sondern lassen Sie den Entwurf gegenzeichnen.

7. Außer in Zeitungen werden Ihnen Anzeigen auf Stadtplänen, Lesezirkel-mappen u.Ä. Werbeträgern angeboten. Erfahrungsgemäß sind dies keine ge-eigneten Plätze für Anwaltswerbung.

8. Verlagssonderseiten für Rechtsanwälte sind von den Tageszeitungen als Ge-schäftsfeld entdeckt worden. In der Nachbarschaft der mehrheitlich im To-desanzeigenstil gehaltenen Selbstdarstellungen der Kollegen fallen Sie nicht genügend auf. Gehen Sie besser dahin, wo kein anderer Anwalt wirbt.

9. Eine Eröffnungsanzeige hat allenfalls Sinn in Städten bis 50.000 Einwoh-nern, in denen man schon einen gewissen Bekanntheitsgrad hat. Unbekann-te werden Sie hierdurch kaum ansprechen, vielmehr soll jeder, der Sie kennt, wissen, wo Sie ab jetzt als Anwalt erreichbar sind. Wenn Ihr Bekann-tenkreis einzugrenzen ist, wird ein Direktmailing die preisgünstigere und effektivere Werbung sein.

10. Wenn Sie sich einen Überblick über die Vielzahl der Fachzeitschriften machen wollen, suchen Sie den Bahnhofsbuchhandel einer größeren Stadt auf. Hier ist für jede Zielgruppe etwas dabei.

2. Öffentlichkeitsarbeit (PR)

a) Wie funktioniert Öffentlichkeitsarbeit?

Im Unterschied zur reinen Werbung, in der durch ein Werbemedium die Botschaft an den Empfänger transportiert wird, beruht die Öffentlichkeitsarbeit, die neudeutsch auch als PR (public relations) bezeichnet wird, auf einer Kommunikation, die durch Austausch geprägt ist. Gegenstand der PR ist nicht in erster Linie das Produkt, sondern das **Image der Kanzlei**. Man spricht in diesem Zusammenhang auch von **Vertrauenswerbung**. Weil aber gerade bei der Rechtsberatung das Vertrauen so eng mit der Dienstleistung verbunden ist, kann man nicht von Gegensätzen sprechen, vielmehr sind die Grenzen zwischen Werbung und PR fließend. Die hier vorgenommene Einordnung bestimmter Marketinginstrumente ist deshalb in gewisser Weise willkürlich. Bei der Lektüre anderer Quellen soll Sie das aber nicht stören.

92

Ein Kennzeichen der PR ist ihre **Langfristigkeit**. Es braucht einen langen Atem, um sich ein Image in der Öffentlichkeit aufzubauen. Nicht jeder Vortrag treibt Ihnen scharenweise Mandanten in die Kanzlei und nicht jede Presseberichterstattung wird so aufmerksam gelesen, wie sie es verdient hätte. Dennoch lohnt es sich am Ball zu bleiben, weil nur konsequente PR dauerhaften Erfolg garantiert.

Auf die Anwaltsbranche und ihre Besonderheiten haben sich inzwischen schon einige PR-Agenturen einzustellen versucht. Für Kanzleigründer wird dies i.d.R. schon aus Kostengründen keine Alternative sein, zumal die Qualität recht unterschiedlich sein dürfte. Als Anwalt sind Sie Selbstdarsteller und sollten sich in erster Linie selbst vermarkten. Wenn Sie aber bereit sind, viel Geld für Ihren guten Ruf in der Öffentlichkeit auszugeben (das mag in Einzelfällen durchaus tunlich sein), dann verlangen Sie auf jeden Fall Referenzen. Eine Warnung ist indes angebracht: PR kann süchtig machen. Es gibt Kollegen, die sich als Hansdampf in allen Gassen einen zweifelhaften Ruf erworben haben. Darum freuen Sie sich über öffentliche Wahrnehmung, aber übertreiben Sie nicht, sonst heißt es leicht: „Ach der schon wieder!" Dies vorab, wollen wir uns nun mit den Gelegenheiten zur PR befassen.

b) Eröffnungsfeier

93 Den Grundstein Ihrer Öffentlichkeitsarbeit legen Sie mit Ihrer Kanzleieröffnung, die Sie angemessen feiern sollten. Es mag abergläubisch klingen, aber die Wichtigkeit einer Eröffnungsfeier für den Erfolg einer Kanzlei ist nicht zu unterschätzen. Es reicht nicht aus, den Mut zur Selbstständigkeit zu finden, Sie müssen Ihren Optimismus auch in aller Öffentlichkeit artikulieren. Für Ihre Gäste soll die Eröffnungsfeier ein Erlebnis werden, von dem sie auch anderen berichten werden. Damit Ihre Eröffnungsparty zu einem Erfolg wird, beachten Sie Folgendes:

aa) Gästeliste

94 Machen Sie sich zunächst Gedanken darüber, welche Gäste Sie einladen wollen. Neben Freunden und Verwandten gibt es auch einige Menschen, die man außerdem auf die Gästeliste setzen kann:

- Richter der Gerichte, mit denen Sie voraussichtlich am meisten zu tun haben werden
- in kleineren Gemeinden Vertreter der Verwaltung, z.b. den Gemeindedirektor
- Politiker, sofern hierzu ein Kontakt besteht
- Vertreter von Vereinen und Verbänden, denen man nahesteht
- Ausbilder aus dem Referendariat
- Vertreter der Hausbank, z.b. der Kreditsachbearbeiter
- Unternehmen, die an der Kanzleieinrichtung beteiligt waren
- Kollegen auch, aber nur Kooperationspartner oder persönliche Freunde
- u.U. Pressevertreter, wenn Sie ein besonderes Programm bieten.

bb) Einladungen

95 Wenn der Termin für die Eröffnungsfeier feststeht, sollten Sie ca. drei bis vier Wochen vorher Ihre Gäste einladen, und zwar schriftlich. Dabei ist es eine Geschmacksfrage, ob die Einladung auf offiziellem Kanzleibriefbogen ausgesprochen werden sollte (ich meine nicht). Besser ist eine Einladung auf neutralem oder farbigem Papier. Je nach Zahl der Gäste, kann dies auch handschriftlich erfolgen. Bei einer Sozietätsgründung erfordert es einen geringen Mehraufwand, die Einladung mit einem netten Foto der Gründer zu versehen. Dies ist deswegen nützlich, weil die wenigsten Gäste alle Sozien kennen werden. Ein Foto ist damit schon eine erste Vorstellung.

cc) Vorbereitung

Eine Eröffnungsfeier bedarf auch sorgfältiger Vorbereitung. Neben einer Kleinig-   **96**
keit zu essen sollten Sie ausreichend alkoholische und nicht alkoholische Getränke
bereithalten. Wenn Sie mehr als 20 Gäste erwarten, sollten Sie jemanden organisieren, der die Gläser nachfüllt. Ihre Aufgabe als Gastgeber ist es nämlich nicht, den
Kellner zu spielen, sondern sich mit den Gästen möglichst viel zu unterhalten.

dd) Der große Tag

Legen Sie Ihre Eröffnungsfeier am besten in eine Zeit zwischen spätem Nachmit-   **97**
tag und frühem Abend. Dann werden die Gäste gerne nach Feierabend zu Ihnen
kommen, auch wenn sie am Abend noch etwas anderes vorhaben. Sobald die meisten Gäste da sind, sollten Sie eine kurze Begrüßungsansprache halten. Bei dieser
Gelegenheit könnten Sie einige mehr oder weniger prominente Gäste (z.B. Ihren
Lebenspartner) vorstellen. Ihre Aufgabe ist es auch, unterschiedliche Gäste miteinander bekannt zu machen. Ihre Kanzlei soll sich bei den Gästen als Platz in Erinnerung halten, an dem man sich in angenehmer Atmosphäre unterhalten kann.
Anders als bei Ihrer privaten Geburtstagsfeier sollten Sie es nicht darauf anlegen,
Ihre Trinkfestigkeit unter Beweis zu stellen. Bei aller Lebensfreude und Grün-
dungseuphorie bietet die Kanzlei kein passendes Ambiente für ein ausschweifen-
des Gelage. Sollte die Stimmung der übrig gebliebenen Gäste einen gewissen Pe-
gel überschritten haben, schlagen Sie am besten einen Ortswechsel in eine nahe
gelegene Kneipe vor. So ersparen Sie sich das Schicksal eines jungen Kollegen,
der anlässlich seiner Kanzleieröffnung dort Besuch von der Polizei wegen nächt-
licher Ruhestörung erhielt und so unfreiwillig zum Stadtgespräch einer westfäli-
schen Kleinstadt wurde.

ee) Nachbereitung

Es ist üblich, dass Ihnen zur Kanzleieröffnung Glückwünsche übermittelt oder so-   **98**
gar Geschenke gemacht werden. Versäumen Sie es nicht, sich hierfür recht herzlich
zu bedanken. Dies sollten Sie telefonisch oder auch schriftlich tun.

c) Öffentliche Präsenz in Vereinen

Aktivitäten in Vereinen, Verbänden und der Politik sind uralte Domänen anwalt-   **99**
licher PR. Auch heute wird bisweilen geraten, sich mit der Niederlassung gleichzeitig dem Schützenverein, der Feuerwehr und der Mehrheitsfraktion im Gemeinderat anzuschließen (oder wenigstens der F.D.P.). Dort sollen Sie die wichtigen
Leute kennenlernen, über die Sie dann die lukrativen Mandate erhalten. Bei nähe-

rem Hinsehen handelt es sich aber um eine Rechnung mit vielen Unbekannten. Im Zweifel sind die besten Plätze in Vereinen schon durch ältere Kollegen besetzt. Sie müssen sich erst einmal bewähren und werden zum Schriftführer gewählt. Man freut sich über Ihr Engagement, aber in Rechtsfragen bleibt man doch dem Kollegen treu, der schon seit Urzeiten den halben Verein berät.

Nehmen wir an, Sie werden trotzdem von Ihren Vereins-/Parteifreunden mandatiert, so haben Sie meistens doch nicht das große Los gezogen. Freunde und Bekannte wollen nämlich unbedingt bevorzugt behandelt werden, und zwar zum Sondertarif. Bleibt trotz größten Engagements in der Sache der Erfolg aus, dürfen Sie damit rechnen, dass es an Ihnen kleben bleibt und der Misserfolg schnell die Runde macht. Nicht besser ist es, wenn Sie gut arbeiten. Auch das spricht sich herum und Sie werden mit allerlei Mandaten überhäuft, die aber größtenteils nichts mit Ihrer angestrebten Spezialisierung zu tun haben. Trotz gelegentlicher Zweifel lehnen Sie kein Mandat ab. Sie trinken damit in vollen Zügen das süße Gift von Mandaten, die zwar etwas einbringen, Ihre Kanzlei aber kein Stück nach vorne bringen. Ohne dass Sie es direkt merken, geraten Sie in die Gefahr der Abhängigkeit.

100 Die Beanspruchung durch **ehrenamtliches Engagement** ist nicht zu unterschätzen. Für einen fragwürdigen Erfolg investieren Sie u.U. viel Freizeit, die Sie mit Ihrer Familie oder zur Entwicklung anderer Marketingstrategien lohnender verbringen können. Ich warne deshalb davor, sich allein aus Marketinggründen zu engagieren. Der Schuss kann auch leicht nach hinten losgehen. Ich kenne einen Anwalt, der anfangs sechs Vereinen und einer Partei beigetreten ist. Als er merkte, dass es sich nicht so lohnte, erklärte er siebenmal den Austritt und offenbarte damit, worum es ihm eigentlich ging. Kein Wunder, dass man ihm das übel nahm.

Die Tätigkeit in der Politik oder im Verein bedingt immer ein **ehrliches Interesse für die Sache**. Dann kann man das Angenehme mit dem Nützlichen verbinden. Es nicht auseinanderhalten zu können, ist ein Fehler, den viele junge Anwälte begehen.

d) Vortragstätigkeit

101 In keinem Ratgeber zum anwaltlichen Marketing fehlt der Hinweis auf die Vortragstätigkeit[30] als ideales Marketinginstrument. Der Anwalt empfiehlt sich damit einer interessierten Öffentlichkeit als Spezialist seines Fachs und kann so nicht nur **elegant akquirieren**, sondern außerdem noch **interessante Kontakte zu Multipli-**

---

30 *Trimborn v. Landenberg*, Vortragstätigkeit als Marketinginstrument, AdVoice 3/1998, 19 f.

katoren knüpfen. Die „Face-to-Face-Kontaktsituation" macht Sie für potenzielle Mandanten erlebbar, indem Sie nicht nur verbal mit angenehmer Stimme und lebhaftem Vortrag, sondern auch nonverbal mit Gesten und Mimik einen unmittelbaren Eindruck hinterlassen. Sie sind nicht der Anwalt, der im Telefonbuch steht und dessen Sekretariat man erst überwinden muss. Dies ist darum so wichtig, weil die meisten Entscheidungen aus dem Unterbewusstsein heraus getroffen werden. „Ihr Vortrag hat mir gefallen, deshalb komme ich zu Ihnen", sagen viele meiner Mandanten.

Schön und gut, mögen Sie jetzt denken, doch was habe ich damit zu tun, solange ich mich auf einem Rechtsgebiet noch nicht guten Gewissens Spezialist nennen kann? Als Berufsanfänger mache ich mich doch nur lächerlich. Weit gefehlt: Gerade am Anfang Ihrer Laufbahn haben Sie noch genügend Energien, sich sorgfältig auf einen Vortrag vorzubereiten. Ein Vortrag setzt im Übrigen keine besonderen Spezialkenntnisse voraus, solange er sich an Laien richtet. Außerdem leben gute Vorträge von einer gewissen Oberflächlichkeit, die den Blick auf das große Ganze freihalten. Schließlich soll ein Vortrag den Gang zum Anwalt nicht ersetzen, sondern erst dazu anregen.

Anders als große Kanzleien, die gelegentlich in der Regionalpresse zu kostenlosen Vorträgen in gediegenen Hotels einladen, werden Sie es sich nicht leisten können, einen Saal zu mieten und auf Zuhörer zu hoffen. Es ist daher sinnvoll, Vorträge zunächst nur mit einem Kooperationspartner zu veranstalten. Mögliche **Kooperationspartner** gibt es jede Menge: Vom Altenheim bis zur CDU-Frauenvereinigung, von der IHK bis zur Gewerkschaftsjugend, von der Volkshochschule bis zur Juso-Hochschulgruppe gibt es Vereinigungen und Institutionen, bei denen Sie sich als Vortragsredner empfehlen können. Bevor Sie sich schriftlich an einen möglichen Kooperationspartner wenden, sollten Sie den zuständigen Ansprechpartner vorab telefonisch ermittelt haben und abklären, ob generell Interesse besteht. Falls ja, sollten Sie aber nicht für jedes beliebige Thema zur Verfügung stehen, sondern thematisch den eigenen Schwerpunkten treu bleiben. Sonst geht es Ihnen wie dem Autor dieser Zeilen, der sich als Nicht-Insolvenzrechtler aufgrund einer leichtfertigen Zusage fast eine Woche ausschließlich mit einem Vortragsthema befasst hat, mit dem er vorher und nachher nie mehr in Berührung gekommen ist. **102**

Wenn Sie sich auf ein Thema verständigt haben, stellt sich auch die Frage nach dem **Honorar.** Hier sollte vorsichtig ausgelotet werden, ob und ggf. welchen Preis der Veranstalter zu zahlen bereit ist. Für Sie als Referent ist dies zweischneidig: Zum einen ist man froh, eine Plattform zur Selbstdarstellung gefunden zu haben, die möglicherweise neue Mandate bringt, zum anderen ist man gewohnt, für eine **103** ordentliche Leistung auch ordentliches Geld zu verlangen. Meines Erachtens sollte man im Zweifel eine Vortragsgelegenheit nicht an der Honorarfrage scheitern lassen. So versteht es sich fast von selbst, dass ein gemeinnütziger Verein, der seine Mitglieder zum kostenlosen Vortrag einlädt, üblicherweise kein Honorar zahlt. Ein finanzstarker Veranstalter sollte hingegen bereit sein, für einen zweistündigen Vortrag mindestens 150 EUR zu zahlen. Dies ist auch gerechtfertigt, bedenkt man, welche Vorbereitungszeit investiert werden muss.

104 Vorbereitend müssen Sie ein **Vortragskonzept** erarbeiten. In Zweifelsfällen hinsichtlich der inhaltlichen Gewichtung sollten Sie vorab Rücksprache mit dem Veranstalter nehmen. Nichts verärgert Zuhörer mehr als enttäuschte Erwartungen. Neben Ihrem eigenen Vortragskonzept empfiehlt sich die Erstellung eines Handouts, das die Kernaussagen des Vortrags enthält. So kann jeder schwarz auf weiß nach Hause tragen, was er zuvor gehört hat.[31] Natürlich sind Ihr Name und Ihre Kanzleianschrift dezent im Skript vermerkt. Außerdem können Sie **Bewertungsbögen** verteilen, in denen Sie Ihre Zuhörer um Rückmeldung bitten. Neben der „Manöverkritik", wie gut der Vortragsstil oder der Nutzwert Ihrer Ausführungen war, sollten Sie auch erfragen, welche Vortragsthemen noch interessant sein könnten. Außerdem können Sie um Angabe der Adressdaten (ggf. mit E-Mail-Adresse) bitten, damit Sie für zukünftige Vorträge direkt einladen können. Ein mir bekannter Kollege hat über die Jahre einen Stamm von fast 1.000 Adressen zusammengetragen, die er mit Vortragseinladungen und Newslettern bedenkt.

Sollten Sie noch unsicher sein, können Sie den fertigen Vortrag probeweise vor einem juristischen Laien halten, um letzte Unebenheiten auszubügeln. Mit dem Veranstalter müssen Sie evtl. noch abklären, wie für den Vortrag geworben wird und ob Sie hierbei Unterstützung leisten können, z.B. durch die Formulierung einer Pressemitteilung, die der Veranstalter vorab bei der Regionalpresse verbreitet. Außerdem ist dafür Sorge zu tragen, dass erforderliche Hilfsmittel (Overheadprojektor/Flipchart/Beamer) bereitstehen. Schließlich sollten Sie nicht versäumen, dem Veranstalter einen Spickzettel mit persönlichen Daten zur Vorstellung des Redners zu übergeben – lass andere sagen, wie gut du bist!

105 Am Tag des Vortrags ist übermäßiger Stress zu vermeiden. Ein guter Vortrag wirkt wie aus dem Ärmel geschüttelt, ist es aber in den seltensten Fällen. Wenn Sie noch keine Vortragserfahrung haben, sollten Sie zum Ausgleich wenigstens geistig und

---

31 Es macht sich schön, wenn ein Handout oder die Präsentation grafisch aufgepeppt wird. Wer selbst nicht über das Know-how verfügt, kann sich dies auch einkaufen, z.B. bei *www.images-of-law.de*.

körperlich entspannt sein, um einen lebhaften Vortrag halten zu können. Dazu gehört auch die Ausschmückung der abstrakten Materie mit Beispielsfällen.

Erfahrungsgemäß lässt spätestens nach einer Stunde Redezeit die Aufnahmebereitschaft merklich nach. Aus diesem Grund sollten Sie die **Vortragsdauer** auf maximal 90 Minuten begrenzen und im Übrigen anschließend oder auch zwischendurch Fragen zulassen. Wenn Fragen aus dem Publikum allerdings so konkret werden und sich der Eindruck aufdrängt, dass hier jemand die Erstberatungsgebühr sparen will, verweigern Sie die Beantwortung freundlich, aber bestimmt.

Kurz nach dem Vortrag sollten Sie sich nochmals mit dem Kooperationspartner in Verbindung setzen und fragen, wie der Vortrag aus seiner Sicht angekommen ist. Bei positiver Rückmeldung können Sie gleich eine Fortsetzung oder Wiederholung anbieten. Falls etwas nicht den Vorstellungen entsprechend gelaufen ist, ist dies die Gelegenheit zur offenen Aussprache. Auch sollten Sie sich höflich für die gute Organisation und Werbung bedanken, wenn Sie sich gut aufgehoben fühlten. Ein guter Vortag ist viel zu schade, um nur einmal gehalten zu werden.

e) Veröffentlichungen

aa) Freude am Schreiben

Ein mühsames, aber u.U. lohnendes Unterfangen stellt die Autorentätigkeit dar. **106** Wenn Sie sich hierzu entscheiden, sollten Sie dies nur tun, wenn Sie Freude am Schreiben haben. Die damit verbundene Arbeit entlohnt Ihnen nämlich zunächst kein Mensch,[32] aber je nach Tiefgang schreiben Sie nicht nur für die Leser, sondern auch für sich selbst. Entgegen landläufiger Meinung müssen Sie kein Spezialist sein, bevor Sie sich auf das Schreiben einlassen; Sie werden es automatisch, je mehr Sie durch Ihre Recherche das Thema vorantreiben. Es gilt nur, irgendwann einen Anfang zu machen, von dem aus Sie sich kontinuierlich weiterentwickeln. In den seltensten Fällen wird Ihr Erstlingswerk ein mit Fußnoten gespickter Aufsatz in der NJW sein. Dazu haben Sie als Kanzleigründer im Zweifel auch keine Zeit, wahrscheinlicher ist ein Leserbrief zu einem rechtlichen Thema. Egal welcher literarischen Form Sie sich annehmen, das Schreiben bedarf ständiger Übung und sollte unter Beachtung der Zielgruppe erfolgen.

---

[32] Wenn ein Honorar gezahlt wird, sind in juristischen Zeitschriften ca. 50 EUR je Druckseite üblich, der finanzielle Anreiz ist also gering.

Wenn Sie Lust haben zu schreiben, aber die viele Arbeit nicht alleine erledigen wollen, fragen Sie befreundete Kollegen, ob Sie nicht einmal einen Artikel gemeinsam schreiben können. Das geht i.d.R. schneller und ist vielleicht noch die Grundlage für eine weiter gehende Kooperation.

107 Gerade weil Juristen in einer hoch differenzierten sprachlichen Subkultur leben, ist es sinnvoll, sich etwas **journalistisches Handwerkszeug** zuzulegen.[33] Grundsätzlich ist zwischen Laien und Berufsträgern als den zwei Zielgruppen, für die Sie schreiben können, zu unterscheiden. Sie können sie durch verschiedene Medien erreichen.

bb) Medien für Laien

108 ■ **Leserbriefe** gehören zu den am häufigsten gelesenen Beiträgen in Zeitungen. Mit relativ wenig Aufwand können Sie hier Aufmerksamkeit erreichen. Unter Marketinggesichtspunkten lohnen nur fachbezogene Leserbriefe, mit denen Sie auf die Rechtslage hinweisen. Die einseitige Stellungnahme zu umstrittenen regionalen/politischen Themen ohne juristischen Bezug (z.B. ein geplantes Einkaufscenter) kann u.U. auch eine negative Wirkung haben, weil sich bei den Gegnern ein Negativimage einprägt („Also zu diesem reaktionären Menschen gehe ich schon mal nicht!").

■ **Beiträge für Zeitungen/Zeitschriften**, in denen Sie über neue Urteile oder Gesetzesänderungen informieren, werden gerade von der Fachpresse[34] gerne gedruckt, wenn Sie journalistischen Maßstäben genügen, also vor allem aktuell und leicht verständlich sind. Bestehen Sie darauf, dass zumindest Ihre Berufsbezeichnung und Ihr Kanzleiort genannt werden, damit potenzielle Mandanten mit Ihnen Kontakt aufnehmen können. Manche Zeitschriften drucken sogar Ihre Internetadresse ab.

■ **Wiederkehrende Kolumnen** in der Ratgeberecke garantieren zwar eine dauerhafte Medienpräsenz, bedeuten aber eine nicht zu unterschätzende Arbeitsbelastung. Besonders dankbare Abnehmer hierfür sind Anzeigenblätter.

■ **Das Internet** ist eine interessante Publikationsplattform, auf der der Sie zumindest theoretisch jeden Menschen erreichen können. Hier müssen Sie aber darauf achten, dass Sie nicht viel Energie in Artikel verwenden, die keiner liest. Die Konkurrenz, gerade unter Bloggern, ist groß, und oft geht es nur darum, sich unter Kollegen als König der großen Zahl und des geschliffenen schnellen

---

33 Z.B. mit dem Taschenbuch von *Norbert Franck*, Erfolgreich Schreiben, 1. Aufl. 2006.
34 Eine Übersicht über den Markt der Fachzeitschriften erhalten Sie im Bahnhofsbuchhandel oder unter *www.zeitschriftendatenbank.de*.

Wortes zu profilieren. Soll es mehr sein als ein Hobby, bedarf es objektiv einer von potenziellen Mandanten gut besuchten Adresse, subjektiv müssen Sie noch kürzer und knackiger schreiben als für die Zeitung.

■ **Ratgeberbücher** für juristische Laien haben immer Konjunktur, sodass es mit einem überzeugenden Konzept nicht unmöglich ist, einen Verlag zu finden. Es steckt aber viel Arbeit dahinter, sodass Sie nicht mehr als das Konzept und ein Musterkapitel vorlegen sollten, um erst danach mit dem Schreiben loszulegen.[35] Die zweitbeste Möglichkeit besteht darin, einen Ratgeber auf eigene Kosten drucken zu lassen und selbst zu vermarkten. Durch das inzwischen verbreitete Book-on-demand-Verfahren[36] sind die Herstellungskosten auf wenige hundert Euro zu reduzieren. Die große Investition ist dann aber Ihre Zeit: Neben dem Schreiben des Buchs müssen Sie sich auch noch um dessen Vermarktung kümmern.

cc) Medien für Kollegen

Wenn Sie für Kollegen schreiben, kann dies durch Weiterempfehlung oder Mandatsübertragung ebenfalls günstige Wirkungen haben.[37] Das Talent zu wissenschaftlichen Beiträgen, in denen der Meinungsstand erschöpfend dargestellt und neue Wege aufgezeigt werden, hat nicht jeder, ist aber auch nicht zwingend erforderlich. Es reicht schon aus, wenn man Standardsituationen aus dem Alltag ordentlich aufbereitet, wie dies z.B. in der ZAP (Zeitschrift für die Anwaltspraxis) erfolgt. Trotzdem ist es im Vergleich zum Laienpublikum weitaus schwieriger, sich gegenüber Kollegen als Spezialist zu profilieren.

109

f) Pressearbeit

Ob in der Ratgeberecke oder durch die Berichterstattung über mehr oder weniger spektakuläre Prozesse: Das Thema „Recht" hat in den letzten Jahren auch in den Medien an Bedeutung gewonnen. Einer unaufhaltsamen Amerikanisierungstendenz folgend, sind in zunehmendem Maße Anwälte selbst Gegenstand des Medieninteresses. Von Kanzleifusionen im Wirtschaftsteil der FAZ über Talkshows mit Vertretern der wie auch immer Betroffenen bis hin zu Radau-TV-Formaten wie „Verklag' mich doch!": Rechtsanwälte haben ihre Rolle im Mediengeschäft gefun-

110

---

35 Bevor Sie sich frisch ans Werk machen, sollten Sie **das** Buch zum Thema gelesen haben: *Gorus,* Erfolgreich als Sachbuchautor, 3. Aufl. 2011.

36 Vgl. *www.bod.de.*

37 Mit Kollegen sind hier ausnahmsweise auch die Angehörigen anderer Beraterberufe gemeint, z.B. Steuerberater und Unternehmensberater.

den, im Idealfall zum beiderseitigen Vorteil. Selbst auf regionaler Ebene wird die namentliche Nennung von Rechtsanwälten in Rahmen der Prozessberichterstattung zusehends üblich. Auf Zeitungsfotos von Prozessen sind die ernsten Mienen der Rechtsanwälte neben den gepixelten Gesichtern ihrer Mandanten ein beliebtes Motiv. Neben dem Publizieren von Fachartikeln gibt es deshalb vielerlei Gelegenheit, sich durch Pressearbeit zu positionieren. Es kostet zwar viel Zeit und Geduld, einen guten Draht zur Presse aufzubauen, dafür kostet Sie die redaktionelle Meldung nichts. Sie erzielen gegenüber der Anzeigenwerbung außerdem einen Vorsprung an Aufmerksamkeit und Glaubwürdigkeit.

111 Die erste und wichtigste Frage muss sein, welche **Anlässe** es gibt, die Presse zu informieren. Als Kanzleigründer haben Sie in der Regel nicht so viel mitzuteilen. Viele lokale Blätter haben aber eine Rubrik, die sich „Personalien" oder „Land und Leute" nennt, wo über Persönliches berichtet werden kann. Einzelne Anlässe können sein:

- Erweiterung der Kanzlei
- Ausstellungseröffnung in den Kanzleiräumen
- Teilnahme an einem Kongress als Vortragsredner
- Übernahme eines Lehrauftrags
- Termine von Vortragsveranstaltungen
- Nachfolgende Berichte über Vortragsveranstaltungen
- Stellungnahmen zu laufenden Verfahren.

Letzteres setzt allerdings stets das Einverständnis Ihres Mandanten voraus. Gerade im Bereich der Strafverteidigung oder des Verwaltungsrechts (Beispiel: Genehmigung eines Großvorhabens) kann kluge Pressearbeit das Ergebnis des Verfahrens erheblich beeinflussen. Das Interesse des Mandanten ist aber bei der Prüfung des Ob und Wie immer vorrangig zu prüfen.

112 Werden Sie um ein Interview gebeten, sollten Sie sich auf jeden Fall die Autorisierung vorbehalten, da sich leicht sachliche Fehler einschleichen können, die später nicht mehr ohne weiteres klargestellt werden können. Die Form des Interviews ist nicht nur bei spektakulären Verfahren, sondern auch bei anstehenden Gesetzesänderungen gefragt.

113 Völlig unverfänglich ist es hingegen, neue Gerichtsentscheidungen zu kommentieren, die für die Zukunft Auswirkungen haben. Im großen Maßstab finden sich hierfür gute Beispiele in der F.A.Z. oder der Süddeutschen Zeitung. Im Kleinen funktioniert so etwas auch in der Lokalpresse, was aber mitunter etwas Überzeugungsarbeit voraussetzt. Gegen eventuelle Vorbehalte in der Redaktion, dem

Rechtsanwalt gehe es nur um Publicity, ist mit dem Lesernutzen und Ihrer Kompetenz zu argumentieren.

Erfolgreiche Pressearbeit ist meist das Ergebnis einer langfristig aufgebauten Beziehung zu den Journalisten. Diese funktioniert nur, wenn man einige Grundregeln beherzigt: **114**

Wenn Sie mehr als nur gelegentlich Pressemitteilungen an eine Zeitung versenden wollen, ist es ratsam, sich zunächst einen **Presseverteiler** aufzubauen, in dem Sie nicht nur die Redaktionsadressen, sondern auch Ihre jeweiligen Ansprechpartner aufnehmen. Neben Tageszeitungen sind vor allem Anzeigenblätter dankbare Abnehmer von Presseartikeln, weil dort oft ein Mangel an redaktionellen Beiträgen herrscht. Orientieren Sie sich auch an Ihrer Zielgruppe und überlegen Sie, welche Zeitschriften gelesen werden. Insoweit sei hier der Rat wiederholt, sich im Zeitschriftenhandel einen Überblick über die verschiedenen Publikationen zu verschaffen. Bevor Sie sich viel Arbeit umsonst machen, können Sie auch den Redakteur vorher anrufen und das generelle Interesse an Ihrem Thema abklären. Sie sollten dies bei einer Tageszeitung am besten vormittags erledigen, weil nachmittags das Blatt gemacht wird und alle unter Stress stehen.

Außerdem dürfen Sie je nach Verbreitung einer Zeitung nicht voraussetzen, dass Sie der Einzige sind, der einen Gastbeitrag zu einem juristischen Thema bereithält. Die F.A.Z. etwa bekommt täglich bis zu zehn Vorschläge für Gastbeiträge.[38]

Wie aber gestaltet man eine Mitteilung so, dass sie verwertet wird? Zunächst muss die Pressemitteilung als solche bezeichnet werden, sonst besteht Gefahr, dass sie erst einmal in die Leserbriefablage gerät. An gut sichtbarer Stelle steht dann Ihr Name mit Ihrer Telefonnummer als Ansprechpartner für Rückfragen. Auch bei Verwendung des Kanzleibriefkopfs lohnt es sich, die Telefonnummer gesondert aufzuführen, evtl. unter Angabe Ihrer Handynummer, falls Sie nicht im Büro erreichbar sind. **115**

Der **Anlass** Ihrer Pressemitteilung muss sofort ins Auge springen, weshalb Sie eine kurze und interessante Überschrift wählen sollten. In einer sog. Subline kann dann schon näher erklärt werden, worum es geht. Im Einleitungssatz müssen die fünf W's beantwortet werden (Wer? Was? Wann? Wo? Wie?), alles andere kommt später. Der nachfolgende Text sollte mit möglichst kurzen unkomplizierten Sätzen beginnen, um den Leser zu fangen. Schreiben Sie so einfach, wie Sie es gerne in

---

38 Dies berichtet *Dr. Joachim Jahn* in seinem überaus lesenswerten Artikel „Ein bisschen Charme und Gelassenheit helfen – vom Umgang zwischen Anwälten und Journalisten", AnwBl 2005, 744.

der Zeitung lesen würden, und Sie werden feststellen, wie schwierig das sein kann. Durch direkte Rede können Sie den nüchternen Ton etwas auflockern. Ihre Presseerklärung ist perfekt, wenn sie ohne Änderungen gedruckt wird. Dies ist jedoch selten der Fall, weil oft aus Platzgründen gekürzt werden muss.

An Formalien ist zu beachten, dass Sie einen breiten Rand lassen, wo Anmerkungen notiert werden können. Geben Sie auch an, wie viele Zeichen die Pressemeldung hat. Auch in Zeiten der E-Mail macht es Sinn, die Pressemeldung parallel per Post oder Fax zu schicken, weil damit die Chance steigt, dass Ihr Thema bei der Redaktionskonferenz diskutiert wird.

116   Sie dürfen es übrigens nicht persönlich nehmen, wenn nicht jede Pressemeldung gedruckt wird und nicht jeder Anruf zum Interview führt. Sie machen sich immerhin in der Redaktion einen Namen. Ihre Pressemeldung landet – ordentlichen Inhalt und Aufbau vorausgesetzt – vielleicht nicht im Papierkorb, sondern im Ablageordner „Rechtliche Themen", sodass möglicherweise später darauf zurückgegriffen wird, z.B. wenn die Zeitung eine Telefonaktion veranstaltet, zu der Sie als Experte Rede und Antwort stehen. Ihr positives Image in der Redaktion wird so langfristig auch nach außen transportiert, schließlich sind Journalisten erstrangige Multiplikatoren. Außerdem können Sie dem zuständigen Redakteur anbieten, für Fragen im Rahmen von Recherchen zur Verfügung zu stehen. In der täglichen Praxis des Journalisten tauchen ab und zu juristische Fragen auf, er ist vielleicht dankbar, wenn er mal eben jemanden anrufen kann, der ihm kurz den rechtlichen Hintergrund erläutert. Schon aus diesem Grund ist es sinnvoll, auch bei kürzeren Artikeln eine Kurzbeschreibung des Autors beizufügen.

117   Nachfolgendes Beispiel einer Presseerklärung ist frei erfunden, es soll aber verdeutlichen, dass auch ein Kammerverfahren Gegenstand anwaltlichen Marketings sein kann. Es ist die gern gehörte (und wahre) Geschichte des Unternehmers als Freund des Verbrauchers, der es nur gut meint und deshalb Ärger bekommt.

Beispiel
Pressemitteilung:
Ansprechpartner:
Rechtsanwalt Volker Vorneweg, Achterweg 8, 54321 Wegdorf
Telefon 03456/18999, mobil 0173/900400

Darf ein Anwalt sagen, was er kostet?

Ärger um die Werbung mit Pauschalpreisen

Mit den Worten „Erstberatung pauschal 7,50 EUR" weist der Wegdorfer Rechtsanwalt Volker Vorneweg auf der Rückseite des neuen örtlichen Telefonbuchs auf den Preis einer von ihm angebotenen Dienstleistung hin. Um eine Erstberatung handelt es sich, wenn ein Rechtsanwalt seinem Mandanten einen schriftlichen oder mündlichen Rat erteilt, dem keine weitere Tätigkeit folgt.

Ob diese Werbung rechtens ist, hat nun die Rechtsanwaltskammer Düsseldorf zu überprüfen, die von einem anderen Kollegen eingeschaltet wurde. Der Kollege hielt diese Information für unzulässig, weil damit angeblich gegen anwaltliches Berufsrecht verstoßen werde. Danach ist Rechtsanwälten Werbung zwar grundsätzlich gestattet, sie hat aber nach Form und Inhalt sachlich zu unterrichten.

Rechtsanwalt Vorneweg glaubt nicht, hiergegen verstoßen zu haben. In einer Stellungnahme gegenüber dieser Zeitung sagte er: „Nach meiner Erfahrung besteht bei rechtsuchenden Bürgern ein großer Informationsbedarf, zu erfahren, was der Anwalt kostet. Hier bestehen teilweise erhebliche Fehlvorstellungen. In jeder anderen Branche ist es die normalste Sache der Welt, den Preis einer Leistung zu benennen, und zwar bevor man sie in Anspruch nimmt. Was daran unsachlich oder standeswidrig sein soll, ist unbegreiflich. Durch die Angabe eines Pauschalpreises leiste ich einen Beitrag zur Transparenz, die frühzeitig Klarheit darüber verschafft, was ein erster Rechtsrat bei mir kostet."

Der Jurist, der vornehmlich im Familienrecht tätig ist, betont aber gleichzeitig, dass aufgrund der Gebührenordnung in den meisten Fällen die Preise für anwaltliche Dienstleistungen ziemlich genau festgelegt sind. Nur wenn von der Möglichkeit Gebrauch gemacht wird, das Honorar zu vereinbaren, können sich Unterschiede ergeben. Vorneweg wörtlich: „Es wird aber sicher noch einige Jahre dauern, bevor Preislisten in Wartezimmern selbstverständlich sind."

Länge: 2027 Buchstaben mit Leerzeichen

g) Sponsoring

In einer wegweisenden Entscheidung hat das Bundesverfassungsgericht[39] klargestellt, dass Sponsoring auch von Rechtsanwälten betrieben werden kann. Das ist

118

---

39   1 BVR 721/99 v. 17.4.2000, AnwBl 2000, 449.

gut so, weil das „Marketing der guten Tat" seit Jahren im Trend liegt. Sponsoring funktioniert vereinfacht gesagt so: Der Sponsor gibt Geld, Sachmittel oder Dienstleistungen, um damit Personen, Organisationen bzw. Veranstaltungen im sportlichen, kulturellen, wissenschaftlichen oder sozialen Bereich zu unterstützen. Der Name des Sponsors wird genannt und mit dem Gegenstand des Sponsorings positiv verbunden. Natürlich werden Sie es mit Ihrem begrenzten Etat nicht schaffen, Ihr Kanzleilogo auf dem Helm eines Formel-Eins-Rennfahrers zu positionieren. Dafür gibt es aber viele Ideen für „Low Budget Sponsoring", das für Rechtsanwälte hauptsächlich im Bereich der Kultur und des Sozialen liegen wird und verschiedentlich erfolgreich erprobt wurde.

Beispiele
1. Ein Rechtsanwalt residiert in einem historischen Gebäude, in dessen Eingangsbereich ein klassisches Konzert veranstaltet wird. Mit den anderen gewerblichen Mietern trägt er die Kosten für die Werbung. Der Kanzleiname wird dafür auf dem Plakat und im Programm genannt, außerdem erhält er 20 Freikarten, die er an gute Mandanten verteilt.
2. Eine im Sportrecht tätige Kanzlei sponsert einer Sportlerin die Ausrüstung. Im Gegenzug wirbt die Kanzlei auf der Ausrüstung mit ihrer Internetadresse. Hier stand weniger die Breitenwirkung im Vordergrund als vielmehr der allein durch die Tatsache des Sponsorings durch Rechtsanwälte erzielte Aufmerksamkeitseffekt bei anderen Sportlern.
3. Ein Verein zur Förderung von körperlich und geistig Behinderten sucht Sponsoren für die Finanzierung eines neuen Kleinbusses. Ein im Sozialrecht tätiger Anwalt spendet einen Geldbetrag und erhält eine Werbefläche auf dem Bus. So präsentiert er sich allen Eltern bzw. Betreuern von Behinderten als sozial engagierter Anwalt.
4. Häufig praktiziert ist der Fall, dass eine Kanzlei ihre Räumlichkeiten für eine Kunstausstellung zur Verfügung stellt. Der Künstler kann sich kostenlos darstellen, die Kanzlei kann sich ein kulturelles Image zulegen. Kosten und Aufwand sind hier sehr gering.
5. Ein Verkehrsrechtler hat für 300 EUR auf den Tank eines Rennmotorrades einen Aufkleber platziert. Der Motorsportler empfiehlt alle verunfallten Freunde an die Kanzlei.

119 Sponsoring ist trotz der hier dargestellten Kleinformate vergleichsweise teuer und aufwendig. Es eignet sich besonders, wenn man die Zielgruppe nicht – oder nicht so wirkungsvoll – erreichen kann. Andererseits macht es sicher viel Freude, eine gute Sache auf Betriebskosten zu unterstützen, von der man überzeugt ist. Der Spaßfaktor darf aber nicht so groß sein, dass das Finanzamt nicht mehr mitmacht und die Betriebsbezogenheit der Ausgabe ablehnt. Vor Abschluss eines größeren Sponsoringvertrages sollten Sie daher die Richtlinien der Finanzverwaltung genau überprüfen.

h) Messeauftritt

Die Zahl der Fach- und Verbrauchermessen steigt seit Jahren und lockt Menschenmassen in die Hallen und Zelte.[40] Nun gab es im Saarland eine Kanzlei, die in dem Messebesucher nicht nur den Menschen, sondern auch den potenziellen Mandanten sah und kurzerhand einen Messestand mietete, um auf ihre Kanzlei aufmerksam zu machen. Diese innovativen Kollegen lernten daraufhin die Kammer von ihrer strafenden Seite kennen und zogen gegen das Verbot vor Gericht. Das Saarländische OLG[41] kam ebenso wie der BGH[42] zum Ergebnis, dass Art. 12 GG auch für Rechtsanwälte gilt und man einen Messeauftritt nicht generell verbieten könne. Solange sich den Messebesuchern keine Anwälte mit Flugblättern in den Weg stellen (das wäre marktschreierisch), darf man auch auf einer Messe seine Kanzlei vorstellen. Auf mancher CEBIT wurden schon Stände von Großkanzleien gesichtet. Sie können sich dort oder andernorts ebenfalls tummeln, z.B. bei

- Verbrauchermessen, wenn Sie den „kleinen Mann" ansprechen wollen,

- Gewerbemessen spezieller Wirtschaftszweige (z.B. Handwerkermessen), wenn Sie gewerbliche Mandanten suchen, oder

- Spartenmessen (z.B. Seniorenmessen, Bootsmessen), wenn Sie eine Zielgruppe eines bestimmten Lebensbereichs ansprechen wollen.

Die Kosten für einen Messeauftritt sind allerdings nicht zu unterschätzen. Eine Hamburger Kollegin hatte ein zweitägiger Messeauftritt in einer kleinen Koje 2.500 EUR gekostet, inklusive aller Nebenkosten für Broschüren und Kugelschreiber. Auch wenn im konkreten Fall wichtige Kontakte geknüpft werden konnten, sollten Sie eine Messeteilnahme gut überlegen. Wenn Sie unsicher sind, bleiben Sie erst einmal nur Messebesucher und schauen Sie, ob Sie dort wirklich Ihre Zielgruppe treffen. Manchmal kann es auch völlig ausreichend sein, nur mit Kanzleiprospekten bewaffnet sich bei den Ausstellern bekannt zu machen und diese als Multiplikatoren für sich zu gewinnen.

120

121

---

40 Literaturtipp: *Clausen/Schreiber*, Messen optimal nutzen, 2000.
41 Urt. v. 5.4.2000 – 951/99–233.
42 Urt. v. 3.12.1998 – I ZR 112/96.

V. Distributionspolitik

122 Die Distributionspolitik beschäftigt sich mit dem unmittelbaren „Vertrieb" der anwaltlichen Leistung und der vielschichtigen Frage, in welchem Umfeld Sie mit Ihren Mandanten in Kontakt treten. Wenn Vertrieb hier in Anführungsstrichen steht, hat dies seinen Grund darin, dass es für Anwälte ein ungewohnter Gedanke ist, für ihre Dienstleistungen Verkaufskanäle zu erschließen. Das Warten auf Mandanten in der Hoffnung, dass sich gute Leistung herumspricht, mag lange Zeit gut gegangen sein, heute wäre es tödlich. Aus Sicht des Gründers sind vor allem der Aufbau eines berufsbezogenen Netzwerks, ein stimmiger Kanzleiauftritt und das Internet als Verkaufsinstrumente von Bedeutung.

1. Networking

123 Der Anwalt lebt von guten Beziehungen, die er zum einen zu potenziellen Mandanten und zum anderen zu Kollegen und Multiplikatoren unterhält. Darum müssen Sie **systematisch** ein Kontaktnetz aufbauen. Systematisch heißt nicht, sich beim Sportverein, den Schützen und der Feuerwehr sowie der Mehrheitspartei im Gemeinderat zu tummeln und stets als Letzter die Theke zu verlassen. Nachfolgende Ausführungen beschäftigen sich im Wesentlichen mit Netzwerken, die Anwälte untereinander knüpfen können. Die Funktionsweise lässt sich aber auch auf die unzähligen Netzwerke übertragen, in denen Sie der einzige Anwalt sind.

Netzwerke sind Chancenpoole, mit denen sich Ihre Potenziale vervielfältigen lassen. *Professor Johannes Glückler*, der über die Relevanz von Netzwerken und deren Einfluss auf die Wirtschaft geforscht hat, sieht in der Teilnahme an Netzwerken entscheidende Vorteile: „Netzwerke schaffen Größenersparnisse, Verbund- und Informationsvorteile, Zeitersparnisse, neue Geschäftsgelegenheiten, Empfehlungen, Erwartungssicherheit, Vertrauen, Solidarität und Einfluss."[43] Empirische Studien haben überdies gezeigt, dass kleine und mittlere Unternehmen, die in Netzwerken engagiert sind, geringere Insolvenzrisiken erleiden als die Firmen, die auf sich allein gestellt sind.

---

43 Vgl. Interview im Frankfurter IHK WirtschaftsForum, Ausg. 7./8.2011, S. 50 f.

a) Bedeutung von Netzwerken

■ Akquisition

Netzwerke[44] erleichtern die Akquisition neuer Mandate ungemein, indem Angehö- **124**
rige eines Netzwerks Mandate auffangen und durch entsprechende **Empfehlung**
bzw. Unterbevollmächtigung weiterleiten. Nicht wenige Kanzleien haben ein so
starkes Empfehlungsnetzwerk aufgebaut, dass jede Form herkömmlicher Werbung
überflüssig wurde. Dahinter steckt natürlich jahrelange intensive „Beziehungsarbeit". Wie lohnend diese ist, kann jeder ersehen, der sich schon einmal Gedanken
darüber gemacht hat, wie viel Geld er im Jahr für Anzeigen, Einträge in die Gelben
Seiten etc. ausgibt.

■ Information

Man muss nicht erst das Schlagwort der Informationsgesellschaft bemühen, um zu **125**
der Einsicht zu gelangen, dass Juristen einen immensen Informationsbedarf haben.
Mit den klassischen Medien, die über Verlage angeboten werden, ist dieser Bedarf
trotz zunehmender Online-Angebote kaum zu stillen. Abgesehen davon, dass man
unmöglich alle Literatur verfügbar halten kann und die Suche in Datenbanken
manchmal mehr Verwirrung als Erkenntnis bringt, sind es oft Informationen, die
über das Fachwissen hinausgehen. So geben Netzwerkkontakte beispielsweise
Antworten auf die Fragen nach der Verhandlungspraxis einer Strafkammer, der
Tauglichkeit eines Sachverständigen oder auch nur der Empfehlungswürdigkeit eines Tagungshotels. Daneben gibt es in der Mandatsbearbeitung manchmal Situationen, in denen der **Rat eines Kollegen** oder auch mehrerer gefragt ist, wie der
Fall juristisch wie menschlich zu behandeln ist. Dies ist ein Wissen, das keine
noch so aktuelle Wissensdatenbank vorhalten kann.

■ Service

Der Anwalt, der einem oder mehreren Netzwerken angehört, kann seinem Man- **126**
danten mehr bieten als nur seine Rechtsberatung. Im Rahmen eines anwaltlichen
Netzwerks kann er bei von ihm nicht bearbeiteten Rechtsgebieten statt einer zweitklassigen Beratung eine erstklassige Empfehlung aussprechen. Es verfehlt z.B. seinen Eindruck nicht, wenn Sie für Ihren Mandanten in der Besprechung einen Termin beim Spezialisten vereinbaren. Obwohl der Anwalt ihm in der Sache nicht
helfen konnte, geht er zufrieden nach Hause. Bei der **Vernetzung mit anderen
Professionen** eröffnen sich noch viel mehr Möglichkeiten, Ihrem Mandanten (und

---

44 Sehr zu empfehlen: *Scheler*, Erfolgsfaktor Networking; ein unterhaltsam zu lesendes Taschenbuch,
    das alle Facetten des Networkings unterhaltsam, aber fundiert beleuchtet.

damit auch seiner Kanzlei) ein Plus an Service zu bieten. Das klassische Beispiel ist die Zusammenarbeit mit einem Steuerberater oder einem Wirtschaftsprüfer.

■ Grundregeln

127   Die Funktionen von Netzwerken spielen Hand in Hand, oder kurz gesagt: Netzwerke machen das Leben einfacher. In welchen Netzwerken Sie handeln, ist nur bedingt steuerbar und von Zufällen oder persönlichen Bekanntschaften abhängig. Deshalb sollten Sie jetzt keine Gebrauchsanleitung erwarten, wie Sie garantiert die richtigen Leute kennenlernen und für sich gewinnen. Sie würden enttäuscht sein und wären mit dem furchtbar schlichten und daher so erfolgreichen Buch „Wie man Freunde gewinnt" von *Dale Carnegie* besser bedient. Es geht hier nur darum, aufzuzeigen, wie anwaltliche Netzwerke funktionieren und was beim sog. **networking** zu beachten ist. Bevor Sie nun fleißig in die Szene eintauchen und nach allen möglichen und unmöglichen Partnern Ausschau halten, sollten Sie drei Grundregeln des erfolgreichen networking internalisiert haben:

1. Ohne klare Zielrichtung läuft nichts!

Auf die Gefahr hin, mich zu wiederholen: Grundbedingung jeglicher Aktivitäten ist die strategische Ausrichtung Ihrer Kanzlei! Nur wenn Sie wissen, welche Ziele Sie verfolgen, hat es Sinn, nach geeigneten Partnern zu suchen, mit denen Sie Ihre Ziele verwirklichen wollen. Wer Kaninchen züchten will, geht nicht in den Teckelclub und sucht auch sonst eher die Nähe zu Kaninchenfreunden. Dieser Einsicht folgen bei weitem nicht alle Anwaltsbüros. Ich kenne eine Kanzlei, die seit Jahren Mitglied in einer teuren Korrespondenzgemeinschaft ist, die Mandate aber zu 95 % auf anderen Kanälen austauscht. Außerdem ist zu bedenken, dass sich Strategien ändern können und dementsprechend auch der Verbleib in dem einen oder andern Netzwerk regelmäßig kritisch hinterfragt werden sollte.

2. Ausgewogenheit ist wichtig!

Netzwerke funktionieren nicht als Einbahnstraße, sondern sind im Idealfall von gegenseitiger Hilfsbereitschaft getragen. Die Leistungen bzw. Vorteile der Kooperation sollten sich die Waage halten. Dies gilt insbesondere beim Aufbau von Empfehlungsnetzwerken. Niemand hat auf Dauer Lust, einen Kollegen zu empfehlen, wenn von dort nichts zurückkommt. Die Kooperationspartner sollten sich schon im Anbahnungsverhältnis darüber verständigen, was Sie einander bieten wollen und wie eventuell auftretende Schieflagen, die immer mal vorkommen können, ausgeglichen werden. Kommt beispielsweise auf fünf Empfehlungen des Kollegen nur eine Empfehlung zurück, weil einfach nicht mehr Anfragen vorliegen, die vermittelt werden können, wird die Kooperation nur bestehen können, wenn ein Ausgleich geschaffen wird, z.B. durch die Bereitschaft, für den Kollegen gutachterliche Stellungnahmen auszuarbeiten. Bei institutionellen Netzwerken, für die ein Beitrag gezahlt wird, spielt die Ausgewogenheit nicht die große Rolle wie bei informellen Netzwerken, weil hier viele Leistungen erbracht werden, die kein persönliches Austauschverhältnis bedingen.

3. Die Chemie muss stimmen!

Wie bereits oben angedeutet, ist es für ein Netzwerk wichtig, dass Sie sich darin wohl fühlen und zu den Mitgliedern ein gewisses Vertrauen besteht. Dies ist gerade bei kleinen und informellen Netzwerken wichtig. Je besser Sie mit den anderen harmonieren, umso weniger Energie müssen Sie auf die Überwindung unterschiedlicher Denk- und Kommunikationsweisen aufbringen. Das heißt natürlich nicht, dass Sie gleich mit jedem Mitglied eines Netzwerks bester Freund sein müssen, aber die Chemie sollte einigermaßen stimmen.

4. Pflegen Sie Ihr Netzwerk!

Ein Netzwerk ist ein Lebewesen, das ohne dauernde Nahrungsversorgung eingeht. Der Satz: „Von denen habe ich auch lange nichts mehr gehört", spricht meistens eine Enttäuschung aus, weil ein mit Euphorie begonnener Kontakt verstummt ist. Entweder hat man wirklich kein Interesse mehr aneinander oder – was häufiger der Fall ist – man hat sich im Alltagsgeschäft so verstrickt, dass man gar nicht mehr dazu kommt, einen wichtigen Kontakt zu pflegen. Statt die beleidigte Leberwurst zu spielen, ist es ratsam, zum Hörer zu greifen oder eine Mail zu senden, um den Kontakt wieder aufleben zu lassen. Erfahrene Netzwerker haben in der Woche mindestens zwei Telefonstunden fest reserviert, in denen herumtelefoniert wird, was das Zeug hält. Oft sind es reine „Gut-Wetter-Telefonate", in denen man sich nur zum Essen oder Sport verabredet. Wenn man konkret Hilfe braucht, heißt es dann nicht: „Der meldet sich ja nur, wenn er was von mir will." Ganz wie ein Fischernetz funktioniert ein Netzwerk dann am besten, wenn es von vielen kleinen Knoten (= Verbindungen/Kontakten) gehalten wird. Dabei erweisen sich oft schwache Kontakte als besonders ergiebig. *Heussen* spricht in diesem Zusammenhang davon, dass die meisten Kontakte nicht direkt, sondern – wie beim Billard – über „Vorbande" wirken.[45]

---

45 Vgl. *Heussen*, Akquisition und Mandatsentwicklung, S. 76 f.

b)   Formelle Netzwerke

128   Dem jungen Kollegen bieten sich in fast unübersehbarer Vielfalt Anwaltskooperationen und Anwaltsnetzwerke an.

aa)   Grundtypen

■   **Juristische Vereinigungen**

129   Hierzu zählt allen voran der Deutsche Anwaltverein (**DAV**) mit seinen Mitgliedsvereinen und Arbeitsgemeinschaften.[46] Neben der wichtigen Lobbyarbeit bietet der DAV für das einzelne Mitglied eine Reihe von Vorteilen und Serviceleistungen, auf die in diesem Rahmen nicht eingegangen werden kann. Kurz gesagt, ist der DAV für den Anwalt eine Form von Supermarkt für Netzwerke, an dem insbesondere für mittelständische Kanzleien so gut wie kein Weg vorbeiführt. Daneben hat sich aber eine Vielzahl von Netzwerken entwickelt, die sich vorwiegend an bestimmten Rechtsgebieten profiliert haben. Hierzu gehören beispielsweise die Deutsche Vereinigung für gewerblichen Rechtsschutz und Urheberrecht (**GRUR**) für Urheberrecht und die Deutsche Vereinigung für Erbrecht und Vermögensnachfolge (**DVEV**) für Erbrecht. Noch spezieller sind die „Netzwerkboutiquen", die innerhalb eines Rechtsgebietes spezielle Interessen bzw. Zielgruppen bedienen. Im Bereich des Erbrechts sind dies z.B. die Deutsche Schiedsgerichtsbarkeit für Erbstreitigkeiten e.V. oder der Verein Vorsorgeanwalt e.V.[47]

Außer fachlichen Zusammenschlüssen gibt es auch noch eine Reihe weltanschaulicher und geschlechtsspezifischer Vereinigungen, etwa den Bund Katholischer Rechtsanwälte (BKR) oder den Deutschen Juristinnenbund (DJB).[48]

■   **Korrespondenzgemeinschaften**

130   Die Mitglieder einer Korrespondenzgemeinschaft tauschen untereinander Korrespondenzmandate aus, die aufgrund zu großer Entfernung zwischen Kanzlei- und Gerichtsort nicht selbst wahrgenommen werden. Die Mitglieder verpflichten sich, die fremden Mandate wie eigene zu behandeln. Auch nach dem Fortfall der Lokalisation haben Korrespondenzgemeinschaften ihren Sinn, weil nicht jedes Mandat den Wert hat, dass eine weite Reise lohnt. Außerdem werden über diese Gemein-

---

46   Die ganze Welt des DAV erschließt sich Ihnen unter *www.anwaltverein.de.*
47   Näheres unter *www.dse-erbrecht.de* oder *www.vorsorgeanwalt.de.*
48   Näheres unter *www.bkr-netzwerk.de* oder *www.juristinnenbund.de.*

schaften oft Kontakte zu ausländischen Kanzleien vermittelt. Korrespondenzgemeinschaften sind z.b. die ADVOUNION, ADVOLEX und die CORA.[49]

■ **EWIV**

Etwas enger rücken die Mitglieder einer Europäischen Wirtschaftlichen Interessen-   **131**
gemeinschaft, kurz EWIV genannt, zusammen. Hier handelt es sich um eine supranationale Rechtsform zur Kooperation über die europäischen Binnengrenzen hinweg. Schlagwortartig kann man die EWIV als OHG mit Fremdgeschäftsführung bezeichnen, die Mitglieder haften gesamtschuldnerisch. Die Einzelheiten regeln eine EG-Verordnung bzw. nationale Ausführungsgesetze. Die Organisationsform der EWIV erlaubt kleinen international agierenden Kanzleien, ein Netzwerk zur gemeinsamen Mandatsführung und -akquise aufzubauen, wie es sonst nur Großkanzleien vermögen. Eine der größten EWIV's ist die Consulegis-EWIV mit mehr als 150 Mitgliedskanzleien.

bb) Kriterien bei der Wahl

Allgemeine Empfehlungen, welchem Netzwerk Sie beitreten sollen oder nicht,   **132**
verbieten sich. Die Hauptsache ist, dass Sie sich von vornherein klarmachen, welche Erwartungen die Kooperation erfüllen muss. Je nach Zuschnitt der Kanzlei kann dies sehr unterschiedlich ausfallen. Nachfolgend sollen einige Kriterien erörtert werden, anhand derer man den Nutzen einer Mitgliedschaft für sich messen kann.

Im Einzelfall werden Sie genau prüfen müssen, welche Vereinigung zu Ihnen passt. Bevor man Geld und Engagement in ein Netzwerk steckt, das nicht mit der eigenen Strategie übereinstimmt, sollte man es im Zweifel besser lassen – oder aber selbst die Gründung eines Netzwerkes ins Auge fassen.

■ **Größe**

Die Größe eines Netzwerks allein ist kein Maßstab für dessen Qualität. Eine Viel-   **133**
zahl von Mitgliedern ist aber ein Indikator dafür, dass diese mit dem Angebot des Netzwerks zufrieden sind. Auch können die Konzentration von Know-how, die flächendeckende Präsenz oder einfach nur die Kostenstruktur Aspekte darstellen, die ein großes Netzwerk als vorteilhaft erscheinen lassen. Umgekehrt können auch kleine, aber feine Netzwerke Sinn machen. Hier liegt der Vorteil in einer größeren Vertraulichkeit, die eine engere Bindung der Netzwerker fördert. Überdies lassen sich kleinere Netzwerke besser steuern als große.

---

49   Unter *www.advounion.de, www.advolex.net* und *www.cora-rechtsberatung.de* zu erreichen.

■ **Kosten**

134 Als Existenzgründer werden Sie darauf achten, dass sie nicht einem Netzwerk beitreten, dessen vornehmster Zweck darin besteht, einen Wasserkopf an Verwaltung
zu alimentieren. Es darf nicht verschwiegen werden, dass es eine Reihe unseriöser
Angebote gibt, in denen für stolze Jahresbeiträge von mehreren hundert EUR teilweise nicht viel mehr geboten wird als die Aufnahme in eine Hochglanzbroschüre.
Um sich vor Geschäftemachern zu schützen, lohnt immer eine stichprobenartige
Nachfrage bei zahlenden Mitgliedern, ob sie mit der Leistung zufrieden sind.

■ **Kollektives Marketing**

135 Ein wichtiges Kriterium – das allerdings nicht bei allen Netzwerken im Vordergrund steht – ist die Frage, inwieweit durch die Mitgliedschaft die Partizipation an
einem kollektiven Marketing gewährleistet ist. Neben einem klingenden Namen,
mit dem man seinen Briefkopf dekorieren kann, sollte man sich informieren, wo
und wie das Netzwerk Voraussetzungen zur erfolgreichen Akquisition schafft. Besonderes Augenmerk sollte auf die Homepage des Netzwerks gelegt werden, weil
diese für Rechtsuchende in der Regel die erste Anlaufstelle sein wird. Im Zweifel
ist auch die Frage gestattet, welcher Prozentsatz des Jahresbeitrags in Marketingmaßnahmen investiert wird.

■ **Service**

136 Ein Netzwerk, das Geld kostet, muss auch etwas dafür bieten. Gerade juristische
Vereinigungen werben oft mit einer Vielzahl von Serviceleistungen, angefangen
von einer Mitgliederhotline über die Vermittlung von Mandaten bis hin zu Rah-
menverträgen mit gewerblichen Anbietern oder anderen Netzwerken. Auch wenn
die versprochenen Leistungen tatsächlich erbracht werden, bleibt dem Interessenten die Prüfung nicht erspart, ob für ihn die Serviceleistungen auch wichtig sind.
Der Rahmenvertrag mit einem Mobilfunkanbieter oder einer Versicherung bringt
Ihnen z.B. dann wenig, wenn Sie schon anderweitig gut versorgt sind.

■ **Kommunikationsdichte**

137 Ein Netzwerk lebt davon, dass dessen Mitglieder untereinander kommunizieren.
Der kollegiale Austausch und das Knüpfen persönlicher Verbindungen haben in
manchen Netzwerken einen höheren Stellenwert als die institutionell angebotenen
Serviceleistungen. Tagungen, Fortbildungsveranstaltungen, Mailinglisten im Internet und regelmäßige Rundschreiben sind Plattformen, die den Kontakt der Mitglieder untereinander und auch das Zusammengehörigkeitsgefühl stärken. Besteht das
Netzwerk hingegen nur aus einer jährlich aktualisierten Mitgliederliste, dürfte das
in der Regel zu wenig sein.

c) Informelle Netzwerke

Neben den institutionell gesicherten Netzwerken werden Sie ein persönliches, in-   **138**
formelles Beziehungsgeflecht knüpfen, dessen Grundlage Sie hoffentlich schon im
Kindergarten gelegt haben. Sehr bald werden Sie merken, dass hierunter mehr zu
verstehen ist als der wahllose Austausch von Visitenkarten bei allen Gelegenheiten, wo man sich über den Weg läuft. Anwälte gibt es genug auf der Welt, Sie sollten deshalb ruhig etwas wählerisch sein, wenn es darum geht, professionell nutzbringende Kontakte zu knüpfen. Das soll nicht heißen, dass ab heute für Sie das
Menschsein erst mit dem Fachanwalt beginnt und Sie jede Plauderei mit Kollegen
nur noch unter dem Aspekt der Brauchbarkeit führen sollten. Das ist nicht nur
ziemlich uncool, sondern bringt Sie außerdem in den Ruf, eine Beziehungshyäne
zu sein, der es nur auf das Nehmen, aber nicht auf das Geben ankommt. Lockere
Kollegen begegnen ihresgleichen unbefangen und denken nicht von vornherein, ob
es etwas bzw. was es bringt, sich mit einem Kollegen näher einzulassen (rein beruflich, versteht sich). Andererseits: Es mag noch so schön sein, mit einem guten
Gesellschafter den Abend zu verbringen; wenn er aber damit prahlt, dass er trotz
schweren Katers und zwei Stunden Schlaf als Verteidiger tags drauf nach vierstün-
diger Verhandlung einen Freispruch erreicht habe, weiß ich, wem ich kein Korrespondenzmandat anbieten werde. Idealerweise treffen **persönliche Sympathie und
die Gelegenheit zur wie auch immer gearteten beruflichen Zusammenarbeit**
zusammen. Das eine vom anderen nicht trennen zu können, ist jedoch ein fataler
Fehler, der auch schon vielen voller Elan gegründeten Sozietäten den Garaus gemacht hat.

Regelmäßig beginnt man schon im Studium bzw. Referendariat damit, die Kontak-   **139**
te mit den zukünftigen Kollegen zu pflegen. Die Existenz von Sozialen Netzwerken im Internet und der Austausch von E-Mail-Adressen machen es technisch
leicht, auch in Kontakt zu treten, wenn man schon länger voneinander nichts mehr
gehört hat. Erfahrungsgemäß bestehen aber meist persönliche Hemmungen, sich
mal wieder zu melden. Das unverbindliche „Anmailen" erleichtert den Erstkontakt
im Vergleich zum Telefonieren ungemein. Wenn der Kollege nichts mehr von einem wissen will, bleibt die Mail einfach unbeantwortet, ein verkrampftes „Ach,
das ist ja toll, noch mal was von Dir zu hören" mit dem üblichen gegenseitigen
Vorbeten der bisherigen Karriere entfällt.

Stammtische bieten eine gute Gelegenheit, die Kollegen zwanglos kennenzuler-   **140**
nen. In manchen LG-Bezirken gibt es sogar mehrere Stammtische, weil jede Gruppe ihr eigenes Treffen hat: Junganwälte, Rechtsanwältinnen, Strafverteidiger etc.
Als Neuling wird man meist freundlich aufgenommen und trifft die Kollegen in

entspannter Atmosphäre an. An dieser Stelle ist besonders auf die Stammtische des FORUM Junge Anwaltschaft im DAV hinzuweisen, die in fast jedem LG-Bezirk stattfinden.[50]

141 Wenn Sie Spaß daran haben, mal einen Oberstaatsanwalt betrunken Lambada tanzen zu sehen, gehen Sie zum **Juristenball**. Dort wie bei anderen geselligen Veranstaltungen, die von Verein und Kammer angeboten werden, treffen Sie Kollegen, mit denen man Sektflöten schwenkend den neuesten Klatsch des Sprengels austauschen kann. Ernsthafte Gespräche beginnen erfahrungsgemäß erst nach Mitternacht. Ein Muss sind solche Veranstaltungen aber nicht.

142 **Fortbildungsveranstaltungen** dienen zwar in erster Linie Ihrer Fortbildung – doch nicht nur. Wohl dem Kollegen, der die Pausen nicht nur dazu nutzt, angeblich hochwichtige Anweisungen für die Sekretärin (oder gar den Partner) durch das Handy zu funken. Durch das Gespräch mit fachlich gleichgesinnten Kollegen wurden schon manche Bande geknüpft, die sich später zur Kooperation entwickelten. Insbesondere Fachanwaltskurse, bei denen die Teilnehmer nicht nur einen Tag, sondern drei Wochen zusammen verbringen, sind ausgesprochene Informations- und Kooperationsbörsen.

143 Um neue Kollegen kennenzulernen, muss man sich aber nicht unbedingt an den Mittagsbuffets der feinen Tagungshotels laben, in denen die Seminarveranstalter einkehren. Es gibt Kollegen, bei denen das Netzwerken mit einem professionellen Kontaktmanagement verbunden ist, das sich nicht auf den bloßen Austausch von Visitenkarten, die ungeordnet in einer Schreibtischschublade vergammeln, beschränkt. Neue Kontakte werden systematisch gesammelt, dokumentiert und organisiert. Rechtsanwalt *Wolfgang Ferner*, Strafverteidiger aus Heidelberg, rät, auf die Rückseite von Visitenkarten beiläufig Erfahrenes zu notieren und diese Daten in einer Datenbank zu erfassen und zu kategorisieren. Die Pflege der Kontakte fällt dann umso leichter.[51]

144 *Tipp*
Informelle Netzwerke sind wichtig und durch nichts zu ersetzen. Sie müssen früh geknüpft werden und bedürfen intensiver Pflege, gerade weil die Verbindlichkeit fehlt. Je größer die Bekanntschaft und das damit gewachsene Vertrauen ist, umso größer ist die Hilfsbereitschaft – umgekehrt gilt dies natürlich genauso. Darum: Suchen Sie sich Ihre Szene und machen Sie sich bekannt!

---

50 Weitere Informationen bei den jeweiligen Regionalbeauftragten (*www.davforum.de*).
51 *Ferner*, Zehn Marketingtipps und eine Kommunikationsstrategie, Die Kanzlei 2000, S. 435.

2. Der ganzheitliche Kanzleiauftritt – Corporate Identity

a) Bedeutung

Sie haben inzwischen verstanden, dass Ihr Marketing umso leichter fällt, je unver- **145** wechselbarer das Profil Ihrer Kanzlei ist. Wie Sie dieses Profil schärfen und optimal nach außen transportieren können, fällt unter den von mir so genannten „ganzheitlichen Kanzleiauftritt". Wenn Sie der leicht esoterische Zungenschlag stört, verwenden Sie bei der kollegialen Fachsimpelei besser den Begriff **„Corporate Identity" (CI)**, der im Grunde das Gleiche meint. Wenn ein Kollege Ihnen bei dieser Gelegenheit mit Begriffen wie Corporate Design, Corporate Culture o.Ä. kommt, wissen Sie: Hier sind Marketingfreaks unter sich. Doch ganz egal, wie Sie das Kind nennen, Hauptsache Sie verstehen, worum es hier geht: Die Mandantenzufriedenheit ist ein subjektives Gefühl, das von äußeren Faktoren maßgeblich beeinflusst wird. Da die Qualität der Rechtsberatung als Kernleistung für den Mandanten kaum messbar ist, müssen Sie Wert auf das Kanzleiumfeld legen. In erster Linie muss die Kanzlei ein bestimmtes Image nach außen transportieren. Dieses **Image** wird unterstützt durch Ihr Büro, Ihren Service und nicht zuletzt durch die äußere Wahrnehmbarkeit Ihrer Kanzlei als Marke.

b) Büroumgebung

Da die Standortfrage schon im Kapitel zur Kanzleigründung (§ 3) eingehend be- **146** handelt wurde, möchte ich mich hier auf die **Einrichtung** konzentrieren. Wenn Geld für Sie keine Rolle spielt, dürfen sie dieses Kapitel überschlagen und in den Gelben Seiten einen Innenarchitekten aussuchen. Ansonsten müssen Sie Ihr eigener Innenarchitekt sein, was insoweit keine Schande ist, als 98 % der Kanzleien auf diese Art und Weise eingerichtet sind. Ihre Kanzlei sollte aber zu den 10 % gehören, denen man es nicht auf den ersten Blick ansieht.

Wenn Sie wissen wollen, wie unterschiedlich Kanzleien eingerichtet sein können, erkunden Sie mal einen Tag in einer fremden Stadt Kanzleien, indem Sie sich unter einem Vorwand Zutritt verschaffen. Sagen Sie z.B., Sie wollten sich als Anwalt bewerben und fragen Sie nach dem Chef. Der wird im Zweifel keine Zeit für Sie haben, sodass Sie schnell wieder gehen können (nachdem Sie sich zuvor noch diskret eine Kanzleibroschüre eingesteckt haben). Sie werden so oder auf anderem Weg viele Anregungen gewinnen, wie Sie sich einrichten möchten – oder auch nicht. Da Sie in Ihrem Büro mehr Zeit als zu Hause verbringen werden, dürfen Sie es sich auch etwas gemütlich machen, wobei ich die Betonung auf „etwas" lege, wenn ich an den Kollegen denke, der mir bei einem Kanzleibesuch stolz seine Modellautosammlung und sein Schalkeposter mit Originalautogrammen zeigte. Nichts gegen eine persönliche Note,[52] aber vergessen Sie nie, dass Sie in Ihrem Büro eine seriöse Atmosphäre schaffen müssen. Versetzen Sie sich in die Position des zukünftigen Mandanten und stellen Sie sich vor, Sie wären in Ihrer Kanzlei zu Gast. Wenn Sie nur Schalke-Fans vertreten wollen, liegen Sie mit einem Mannschaftsposter ganz richtig, außerhalb dieses Milieus müssen Sie sich nach einem unverfänglicheren Wandschmuck umsehen.

147 Wenn es der Platz zulässt, sollten Sie eine **Besprechungsecke** oder besser noch einen **Besprechungsraum** einrichten. Und wenn es sich schon nicht vermeiden lässt, dass Sie Ihre Mandanten hinter dem Schreibtisch empfangen, sollte dort Ordnung herrschen. Vor allem dürfen keine anderen Akten sichtbar sein. Zum einen wäre dies ein Verstoß gegen die Geheimhaltungspflicht, zum anderen wollen Sie Ihrem Mandanten das Gefühl vermitteln, dass Sie jetzt nur für ihn und nicht für 20 andere da sind. Achten Sie bei den Sitzgelegenheiten auf eine stabile Ausführung und stellen Sie sich beim Kauf vor, zu Ihnen käme eines Tages ein 150-Kilo-Mandant, der Ihnen ein ebenso dickes Mandat anträgt. Quietschende Stühle schaffen da keine angenehme Atmosphäre. Bei Ihrem Schreibtischstuhl sollten Sie auch nicht sparen, Ihr Rücken wird es Ihnen danken.

148 Der überflüssigste Raum in Ihrer Kanzlei sollte das **Wartezimmer** sein. Wenn es sich nun aber gar nicht vermeiden lässt, dass Ihre Mandanten auf Sie warten müssen, versteht es sich von selbst, ihnen diese Zeit so angenehm wie möglich zu gestalten. Ein Getränk und anständige Lektüre gehören dazu. Wenn Sie sich vom Friseur um die Ecke positiv abheben wollen, verzichten Sie auf die Mappen des Lesezirkels und spendieren Sie wirklich nützliche Zeitschriften, wie z.B. Hefte der Stiftung Warentest oder ein Wirtschaftsmagazin (Wirtschaftswoche, Capital). Je nach Zielgruppe Ihrer Kanzlei können Sie auch branchenspezifische Magazine auslegen. Eine nicht alltägliche Einrichtung unterhält die Kanzlei dreier Kollegen, die sich in Berlin-Kreuzberg in einem Ladenlokal zwischen Szenekneipen und Dönerbuden befindet. Grauer Teppich, Sofas aus den Siebzigern und zwei im Käfig herumhüpfende Zebrafinken sollen die Hemmschwelle für sozial schwache Menschen herabsetzen.[53]

149 Ihre lichtreichen Gedanken müssen auch im rechten Licht scheinen. Wenn Ihre Räume nicht ausreichend Tageslicht erhalten, sorgen Sie für angemessene **Be-**

---

52 In meinem Büro hing z.b. lange Zeit ein ausgestopfter Antilopenkopf, der sich als Konversationsobjekt bestens bewährt hat.
53 Lt. eines Artikes in der FAZ v. 28.7.2004, „Anwälte der Dumpingpreise".

leuchtung. Helle Räume heben die Stimmung, umgekehrt gibt es viele Kollegen, die in einer Beratungshöhle vegetieren und sich wundern, warum die Mandanten mit einer Taschenlampe den Raum betreten.

Andererseits hat die Dunkelheit den Vorteil, dass man den Dreck nicht so sieht. Als Kanzleigründer mit engem Budget sind Sie im Zweifel Ihr eigener Seniorpartner und Ihre Putzfrau in Personalunion. Die erste Rolle spielen Sie natürlich lieber. Dennoch sollten Sie in regelmäßigen Abständen Putztage einlegen. Auf die Gefahr hin spießig zu wirken, kann ich Ihnen auch nicht den Hinweis auf die Einhaltung einer gewissen **Ordnung** ersparen. Das kreative Chaos mag Sie beflügeln, Ihre Mandanten macht es unnötig skeptisch. Was für die toten Gegenstände gilt, betrifft das lebende Inventar in gleichem Maße. Achten Sie bei Ihren Mitarbeitern auf das, was bei Ihnen als selbstverständlich vorauszusetzen ist: ein gepflegtes Äußeres. Dessen Wichtigkeit für die Kanzlei hat sogar schon die Werbung erkannt; in einem Spot für Persil Megaperls schwärmt die treusorgende Ehefrau von den weißen Hemden Ihres Mannes, der – wie könnte es anders sein – Rechtsanwalt ist.

c) Service

Untersuchungen haben gezeigt, dass die häufigsten Beschwerden von Mandanten sich nicht etwa auf die mangelhafte Leistung beziehen, sondern auf Servicemängel. Das ist einerseits schlimm, weil es einmal mehr das Vorurteil der Servicewüste Deutschland bestätigt. Andererseits ist es schön, dass Ihre Kanzlei zu den wenigen Oasen zählen wird. Ich möchte Sie daher stichwortartig auf Serviceaspekte aufmerksam machen, mit denen Sie **sich von der Konkurrenz abheben** können. Ihr Anspruch bei der Umsetzung sollte sich nicht darauf beschränken, den Erwartungen nur zu entsprechen, vielmehr müssen Sie sie übertreffen. Mit den vier folgenden Kardinaltugenden schaffen Sie es, Ihre Mandanten für Ihre Kanzlei zu begeistern. **150**

Alle diese Servicemaßnahmen kosten Sie keinen Cent, weshalb Sie nicht mit der Umsetzung zögern sollten. Das Thema Service hat natürlich noch unendlich viele Facetten, die hier nicht vertieft werden können. Es geht hier nicht darum, ob Sie Ihren Mandanten nur Sprudelwasser oder fünf Sorten Tee anbieten sollen, sondern dass Ihnen Service als Grundhaltung in Fleisch und Blut übergeht.

■ Erreichbarkeit

Wenn Sie Ihren Mandanten sagen wollen, wie lästig sie Ihnen sind, machen Sie es wie eine Dortmunder Kanzlei, auf deren Briefkopf steht: „Telefonate bitte vormittags oder in der Zeit von 13.00 bis 15.00 Uhr." Nachmittags will man im Büro un- **151** gestört sein. Dieser Behördengestus stammt aus einer Zeit, die man gemeinhin die „gute alte" nennt. Als Kind der guten neuen Zeit haben Sie erkannt, dass der Mandant der wichtigste Mensch in Ihrem Berufsleben ist und Sie zumindest **an Werktagen jederzeit** für ihn da sein müssen. Damit muss kein Verlust des Privatlebens einhergehen, denn auch Mandanten respektieren regelmäßig die Privatsphäre (falls nicht, müssen Sie sie dazu erziehen). Bei Ihrer Abwesenheit muss der Anrufbeantworter die absolute Ausnahme sein. Leiten Sie besser die Anrufe auf Ihr Handy weiter, wenn Sie sich keinen Büroservice[54] leisten wollen. Wenn Ihre Mitarbeiterin Anrufe entgegennimmt, sollte Sie eine **Rückrufgarantie** geben können und am besten gleich die Zeit erfragen, wann es dem Anrufer am besten passt. Sonst geht es Ihnen so wie dem Kollegen, der ausrichten ließ, dass er morgen zurückrufen werde. Die Mandantin hat daraufhin das Haus einen ganzen Tag nicht verlassen, und zwar umsonst, weil der Anwalt den Rückruf vergaß. Dem Kollegen bin ich bis heute dankbar, weil seine Unzuverlässigkeit zur Kündigung des Mandats und zu meiner Beauftragung führte.

Außer telefonischer Erreichbarkeit müssen Sie auch im Angebot Ihrer Sprechstunde zeitlich und örtlich **flexibel** sein. Die Zeiten, in denen der Mandant sich für den Anwaltsbesuch einen halben Tag Urlaub genommen hat, sind vorbei, Sie haben sich nach dem Mandanten zu richten und nicht umgekehrt. Darum sind für Sie Besprechungstermine auch abends und am Samstag möglich. Im Unterschied zu etablierten Kollegen ist Ihr Arbeitsplatz nicht nur das Büro, sondern auch die gute Stube des Mandanten, wenn Sie ihn zu Hause besuchen.

■ Verständlichkeit

152 Sie tun Ihrem Mandanten einen Gefallen, wenn Sie ihm den gegnerischen Schriftsatz nicht kommentarlos zur Kenntnisnahme übersenden, sondern erläutern, worum es in der für ihn fremden Welt der Juristerei geht. Das dient letztlich auch dem Vertrauensverhältnis, weil Sie so Unsicherheiten vermeiden können. Es gehört zum mandantenorientierten Service, die Kluft zwischen Fachmann und Laien so gering wie möglich zu halten, was eine anspruchsvolle Aufgabe ist. Auch Großkanzleien haben dieses Problem erkannt und berühmen sich in Kanzleibroschüren eines „verständlichen Sprach- und Textdesigns".

■ Schnelligkeit

153 Mandanten erwarten gerade von jungen Anwälten eine zügige Sachbearbeitung. Sie haben noch nicht so viel zu tun wie der Kollege nebenan, der seit Jahren kurz

---

54   Z.B. *www.ebuero.de.*

vor dem Ertrinken steht. Die Schnelligkeit ist kein Problem, solange Ihre Aktenzahl geringer ist als Ihr Alter in Jahren. Das kann sich zum Glück sehr schnell ändern und dann brauchen Sie die Organisation und die Disziplin, um den täglichen Aktenstapel abzutragen. In einem Seminar zum rationellen Kanzleimanagement zog ein Kollege neidische Blicke auf sich, weil er der Einzige war, der täglich die eingehende Post vollständig abarbeitete. Der Effekt dieser Anstrengung besteht nicht nur in zufriedenen Mandanten, sondern auch in der schnelleren Abrechnung eines zügig abgeschlossenen Mandats.

■ Freundlichkeit

Im Hotel- und Gaststättengewerbe gibt es eine eherne Regel: Der Gast verzeiht alles, nur keine Unfreundlichkeit. Im Anwaltsbüro gilt das Gleiche: Der Mandant erwartet nicht nur rechtliche, sondern auch menschliche Betreuung. Das fängt schon an beim ersten Telefonat, mit dem fast jedes Mandat beginnt. Hier können Sie schon richtig punkten, wenn Sie Ihr Personal auf Freundlichkeit getrimmt haben. Auch wenn es Ihr Budget am Anfang noch nicht zulässt, planen Sie, Ihre Mitarbeiter einmal im Jahr zu einem Telefonseminar zu schicken, um das berühmte Lächeln in der Stimme zu trainieren. Gewiss gibt es viele Mandanten, bei denen es schwer fällt, freundlich und zuvorkommend zu sein, andererseits ist es ein Zeichen von Professionalität, allen Mandanten den gleichen Standard zu bieten. Freundlichkeit heißt aber nicht, dem Mandanten nach dem Mund zu reden. Im Gegenteil, Sie können so unbequeme Wahrheiten viel besser aussprechen.

154

d) Kanzleiimage

Wenn Sie so weit sind und in Ihrer Kanzlei eine Dienstleistung anbieten wollen, die erstklassig und unverwechselbar ist, sind Sie noch lange nicht am Ziel. Es kommt nämlich darauf an, diesem Dienstleistungsprodukt einen Namen zu geben und es ordentlich zu verpacken. Ein Name ist schnell gefunden, im Zweifel ist es nämlich Ihr eigener. Experten reden sich seit Jahren den Mund fusselig und predigen uns Dienstleistern die Notwendigkeit des „**Brandbuilding**". Ihr Name muss zur Marke werden, damit er sich positiv einprägt. Eine Marke vermittelt Vertrauen, Kompetenz und gleich bleibende Qualität. Damit werden subjektive und objektive Elemente vereinigt. So wie die Brille neuerdings Fielmann heißt, sollte es Ihr erklärtes Ziel sein, dass innerhalb Ihrer Zielgruppe ein bestimmtes Rechtsproblem ohne großes Nachdenken mit Ihrem Namen verbunden wird. Geht nicht? Geht doch, wie das Beispiel des Kollegen *Tilp* aus Tübingen eindrucksvoll belegt:

155

*„Grundvoraussetzung für den Erfolg einer Anwaltskanzlei ist deren unver-
wechselbares Profil. ... Zentral ist deswegen die eindeutige Positionierung einer Kanzlei. Das Optimum an Positionierung ist erreicht, wenn von einem Pro-
blembereich gesprochen wird und sofort der Name der entsprechenden Kanzlei
genannt wird. In einer gelungenen Positionierung verschmelzen die anwaltliche
Leistung und die Person. Gelegentlich verbindet sich dieses enge Verhältnis zu
einem Spitznamen in der Branche. Ich nehme selbst nicht ohne Heiterkeit und
Selbstironie zur Kenntnis, wenn in Fachkreisen bereits vom ‚Options-Tilp‘ die
Rede ist. "*[55]

Je profilierter Sie sind, umso schneller werden Sie der „Options-Tilp" Ihres Fachs.
Dann sind Sie eines Tages der „Strafrechts-Dassler" oder die „Erbrechts-Hutter" in
Ihrer Stadt. Den Nachteil, einen vielleicht nicht ganz so wohlklingenden Familien-
namen zu führen, können Sie durch die Wahl eines Fantasiefirmennamens für Ihre
Kanzlei kompensieren. Nach einer Entscheidung des BGH enthält § 9 der Berufs-
ordnung für Rechtsanwälte kein Verbot für Fantasienamen.[56]

156   Von dort ist es nur noch ein kleiner Schritt zu **Franchisesystemen**,[57] die mit bundesweit gleichem Auftritt eine fertige Markenidentität anbieten. Für viele Teilbereiche der Rechtsberatung wird dies interessante Perspektiven eröffnen. Andererseits kenne ich derzeit kein empfehlenswertes Franchisesystem. Der
Großversuch der Eugen Boss Rechtsanwaltsgesellschaft GmbH, die unter dem Namen „Juraxx" meinte, dass Anwalt auch anders geht,[58] endete in der Insolvenz.
Man darf aber auch generelle Vorbehalte äußern, die der frühere Vorsitzende des
FORUM Junge Anwaltschaft im DAV, Rechtsanwalt *Martin Lang*, in Frageform
gekleidet hat:

*„Oft sind Franchisenehmer verkappte ‚Scheinselbstständige‘. Will Ihnen je-
mand vorschreiben, wie lange Sie Ihre Kanzlei geöffnet haben oder verträgt
sich dies nicht mit Ihrem Bild vom freien Anwaltsberuf? Müssen Sie Ihre Zeit
in dem Anwaltsladen im örtlichen Einkaufszentrum auch dann absitzen, wenn
keine Kunden kommen? Anbieter von Franchisemodellen im Anwaltsberuf behaupten oft, dass die berufsrechtlichen Probleme gar keine seien. Stimmt das
wirklich? Wollen Sie konkret selbst in einem anwaltsgerichtlichen Verfahren*

---

55   Beitrag auf dem FORUM Zukunft der Anwaltschaft, 1.–3.10.1998, zit. nach AnwBl Sonderheft zu
     2/2000, S. 54.
56   Urteil des BGH vom 11.3.2004 (AZ: I ZR 62/01).
57   Vgl. hierzu den hoch interessanten Aufsatz von *Martinek, McLaw's* – Franchising in der Anwalt-
     schaft, AnwBl 2001, 3 ff.
58   So der bemüht revolutionäre Werbespruch.

den Testpiloten spielen, ob sich nach einem jahrelangen Verfahren die Auffassung des Franchisegebers durchgesetzt hat? Ihr Franchisepartner startet eine Werbekampagne, die Sie zumindest für unpassend, wenn nicht berufsrechtswidrig halten. Welche Möglichkeiten haben Sie dann? Sie wollen bei florierendem Kanzleibetrieb Ihre Kanzlei personell erweitern. Müssen Sie erst eine Zentrale um Erlaubnis fragen?"[59]

Wer aber nicht so lange warten kann, muss seinen Markenauftritt selbst in die Hand nehmen und von den großen Unternehmen lernen. Die haben neben ihrem Namen fast alle noch ein Logo oder zumindest einen grafisch unterstützten Schriftzug. Es gehört nämlich zum kleinen Einmaleins des Werbekaufmanns, dass sich Bilder besser einprägen als Worte.

Grund genug also, sich nach einem **Logo** umzusehen. Nach Möglichkeit ist ein   157
farbliches Logo zu wählen, das eine gewisse Unterscheidungskraft besitzt. Auch wenn ich mich jetzt bei 70 % der Kollegen unbeliebt mache: Paragraphenzeichen und Waagen (meist in Form von stehenden Apothekerwaagen, wohingegen Justitia eine Hängewaage hält) sind so weit verbreitet, dass Ihnen keine Unterscheidungskraft zukommt. Außerdem wecken sie falsche Assoziationen. Die Waage steht für das Gericht, dessen Inanspruchnahme der Anwalt ja gerade verhindern will. Das Paragraphenzeichen steht nur abstrakt für „Recht" ohne weitere Aussage. Wenn schon das Paragraphenzeichen unvermeidlich ist, dann bitte nur im Zusammenspiel mit anderen Zeichen. So besteht z.B. das Logo eines Münchener Musikrechtlers aus einem Notenschlüssel, dem Paragraphen und dem Dollarzeichen. Die dahinter stehende Aussage erklärt sich von selbst: Du machst Musik, ich kenne das Recht und damit bringe ich Dir Geld. Kleiner Aufwand – große Wirkung. Das schaffen Sie aber nicht, wenn Sie in der Clip-Art-Kiste Ihrer Textverarbeitung stöbern und anfangen zu basteln. Das Ergebnis ist wahrscheinlich ein Microsoft-Strichmännchen, das mit Paragraphen jongliert. Ein ordentliches Logo sollte von einem Grafiker erstellt werden. Lassen sie sich am besten Angebote machen und Muster zeigen, damit Sie wissen, ob Ihnen der Stil des Grafikers zusagt.

Lassen Sie sich das **Urheberrecht** an dem Logo sichern. Einerseits muss der Grafiker darauf vertraglich verzichten, andererseits lohnt eine Eintragung als Marke, um Sie vor Kopien zu schützen. Die Eintragung einer Bild- bzw. einer kombinierten Wort-Bild-Marke erfolgt beim Deutschen Patent- und Markenamt in München.[60]

---

59 *Martin Lang*, Franchisekanzleien – eine Erwiderung, AdVoice 4/2003, 2.
60 Weitere Informationen unter *www.patent-und-markenamt.de*.

> *Tipp*
>
> Sie sollten vor Ihrem Eintragungsantrag aber unbedingt einen im Markenrecht bewanderten Kollegen aufsuchen, der Sie berät! Damit sind natürlich Kosten verbunden, die aber gut investiert sind. Nichts wäre fataler, als munter ein Logo zu verwenden, das sich so oder so ähnlich schon ein anderer geschützt hat. Wenn Sie als Markenverletzer auffliegen, sind Sie dran: Neben dem Unterlassungsanspruch haben Sie schlimmstenfalls den mit dem Logo erwirtschafteten Umsatz als Schadensersatz zu zahlen.

Wenn Sie ein Logo oder einen Schriftzug haben, ist der Wiedererkennungseffekt erst bei durchgängiger Verwendung garantiert. Darum haben alle Visitenkarten, Praxisschilder, Briefbögen etc. aus einem Guss zu sein.

158   Besonderes Augenmerk ist auf die übersichtliche Gestaltung des **Briefkopfs** zu legen, weil der Schriftsatz das einzig körperlich sichtbare Produkt Ihrer Arbeit ist. Die professionelle Gestaltung bei einem Grafiker kostet zwischen 250 und 500 EUR. Dafür können Sie es nicht selbst machen, wenn man Ihre verlorene Arbeitszeit als Opportunitätskosten einstellt und das wahrscheinlich vergleichsweise dürftige Ergebnis bedenkt, mit dem Sie sich wie viele andere Kollegen als Hobbygrafiker und Geizkragen outen. Weil ich die allermeisten Do-it-yourself-Briefbögen für unbrauchbar halte, weigere ich mich, an dieser Stelle auch nur einen Gestaltungstipp zu geben, den Sie dann großzügig auslegen, um irgendeinen Schmu zu produzieren. Die einmalige Investition muss einfach drin sein. Wenn es Sie finanziell überfordert, verzichten Sie vorläufig auf die farbige Gestaltung und lassen sich einen edlen Schwarzweißbriefkopf für ihren PC programmieren. Eleganz können Sie auch an den Tag legen, indem Sie nobles Papier in den Drucker legen, z.B. mit Wasserzeichen oder in Farbe, beispielsweise hellbeige oder sandgelb, keinesfalls aber sollten knallige Farben verwendet werden.

Bevor Sie aber mit Eifer zu Werke gehen, sollten Sie sich vergegenwärtigen, dass Kanzleimarken Vertrauensmarken sind und jede Markenbildung eine solide Substanz voraussetzt. *Hommerich* weist darauf hin, dass kurzfristiges „Branding" mit Briefkopf, Broschüren und Kugelschreiber aus einem Guss keine unmittelbare Akquisitions- und Bindungswirkung entfalten, sondern Kanzleimarken vielmehr als Ergebnis eines sehr sozialen Prozesses entstehen.[61]

---

61   Vgl. *Hommerich*, Markenbildung in der Anwaltschaft, AnwBl 2006, 435.

3. Internet

a) Bedeutung des Internet für Ihre Kanzlei

Zu behaupten, dem Internet gehöre die Zukunft, ist nicht nur banal, sondern auch **159** falsch. Das Internet beherrscht die Gegenwart schon in einem Maße, dass es sträflicher Leichtsinn wäre, dieses Medium zu ignorieren. Wer als Anwalt heute noch keinen Internetauftritt hat, wird – überspitzt gesagt – morgen auch nicht mehr Anwalt sein. Es darf also vorausgesetzt werden, dass Sie mit den Grundzügen des Mediums vertraut sind und die grundsätzliche Einsicht teilen, dass Sie mit Ihrer Kanzlei „irgendwie" ins Netz gehen müssen.

In diesem Rahmen können unmöglich alle Aspekte des Themas „Kanzlei im Internet" behandelt werden. Zur Vertiefung sei hier z.b. das Buch des österreichischen Werbefachmanns *Alios Gmeiner*[62] empfohlen. Er zeigt auf, wie man mit kleinem Budget und überschaubaren Maßnahmen in der Internetkommunikation Großes bewirken kann. Dies alles erfolgt lebensnah mit Interviews und Praxisbeispielen.

Unter dem Gesichtspunkt des Marketings stellt sich für den Kanzleigründer vordringlich die Frage, wie er seine Homepage gestalten soll. Außerdem möchte ich an dieser Stelle ein kleinen Überblick über die Möglichkeiten des Onlinemarketings geben, um schließlich einen kritischen Blick auf die Angebote der Rechtsberatung im Internet als Vertriebsweg für anwaltliche Dienstleistungen zu werfen.

b) Homepage

aa) Wer braucht eine Homepage?

Es gibt Stimmen, die den Internetauftritt in Form einer Kanzleihomepage als **160** „Muss" ansehen. Ob es wirklich für jede Kanzlei ratsam und nötig ist, ein wie auch immer geartetes Internetangebot bereitzuhalten, sei einmal dahingestellt; jedenfalls steigt die Zahl der Kanzleihomepages in Deutschland täglich. Wenn Sie sich mit dem Gedanken tragen, auch eine Homepage anzubieten, überlegen Sie zunächst ganz nüchtern, ob Sie damit Ihre **Zielgruppe** ansprechen können und ob der Aufwand die Mühe lohnt.

---

62 *Gmeiner*, Wirkungsvolle Internetwerbung für Anwalt und Steuerberater, 2010.

Nach *Hoeflmayr*[63] profitiert von einem Internetauftritt besonders, wer

■ eine internetbezogene Mandantschaft ansprechen will, also vorwiegend Firmen und jüngere Privatleute,

■ fachlich hochspezialisiert ist,

■ sich als Informationsquelle für die Medien etablieren will, um so PR zu betreiben,

■ schon eine Kanzleibroschüre hat, die ohne große Mehrkosten ins Netz gestellt werden kann.

Weniger wichtig ist eine Homepage für Rechtsanwälte, deren Mandantschaft keine sonderliche Beziehung zum Internet hat. Trotzdem sollten Sie nicht auf eine Homepage verzichten, egal wie schlicht der Auftritt ist.

161 Der allseits verbreiteten Euphorie steht jedoch vielfach eine ernüchternde Realität gegenüber: Hinter dem oftmals beeindruckenden Design der meisten Kanzleiseiten steht kein adäquates Informationsangebot, von der Aktualität ganz zu schweigen. Die mit viel Begeisterung gestartete Homepage wird nicht gepflegt, weil der erhoffte Akquisitionseffekt sich nicht eingestellt hat. Dies wiederum stellt eine willkommene Entschuldigung dar, die Seite weiter zu vernachlässigen, womit die Kanzlei sich ungewollt ein negatives Image verpasst. Um diesen Teufelskreis zu vermeiden, müssen Sie bereit sein, sich auf erhebliche Investitionen an Zeit und/oder Geld einzulassen. Vor allem müssen Sie in langfristigen Zeiträumen – das sind bei diesem Medium zwei Jahre – denken. Für den Anfang kann es ausreichend sein, eine Visitenkarte mit Bild ins Netz zu stellen.

> *Tipp*
> Verlieren Sie auch beim Projekt „Homepage" nicht Ihr Marketingziel aus den Augen: Sie wollen eine erklärungsbedürftige Dienstleistung verständlich darstellen.

bb) Wie soll meine Homepage heißen?

162 Sie müssen Ihrer Homepage zunächst eine **griffige Adresse** geben. Am elegantesten ist es, einfach Ihren Familiennamen zu verwenden, was jedoch meistens daran scheitert, dass dieser schon anderweitig vergeben worden ist.[64] Die vielen Kanzleihomepages haben die Namenssuche inzwischen zu einem anspruchsvollen Unterfangen gemacht. Was einen „guten" Namen ausmacht, darüber gehen die Meinungen weit auseinander. Im Wesentlichen kommt es nur auf zwei Dinge an: Erstens

---

63 *Hoeflmayr*, Kanzleimarketing für die anwaltliche und steuerberatende Praxis, 3. Aufl. 2008, S. 98.
64 Dies können Sie überprüfen unter *www.denic.de.*

muss der Domainname kurz sein und zweitens muss er Rückschlüsse auf die Tatsache zulassen, dass sich dahinter eine Anwaltskanzlei verbirgt. Die Domainregistrierung erfolgt bei einem Provider, eine Übersicht findet sich bei *www.denic.de;* Marktführer in Deutschland sind Strato *und* 1 & 1.

Sehr verbreitet sind Domains wie *www.ra-IHRNAME.de* oder *www.kanzlei-IHR-NAME.de*, die den Vorteil haben, dass man sie sich einfach merken kann. Auch beschreibende Domainnamen wie *www.erbrechtsanwaeltin.de* sind beliebt, aber heute nur noch selten zu bekommen. Wertende Homepagenamen wie *www.superanwalt.de* oder *www.anwalt-mit-herz.de* (gibt es wirklich!) sind nicht nur aufgrund der wettbewerbsrechtlichen Problematik zu meiden.

cc)   Welchen Inhalt soll meine Homepage haben?

Versorgen Sie Ihre Homepage mit möglichst abwechslungsreicher Kost, und zwar in leicht verdaulichen Mengen. Die theoretisch unbegrenzten Speichermöglichkeiten verführen dazu, Unmengen an Informationen vorzuhalten, die vielleicht noch leidlich interessant sein mögen, aber von keinem gelesen werden. Sie sind als Jurist lange Texte gewohnt, Ihre virtuellen Besucher ermüden bzw. klicken sich weg, wenn sie zum seitenlangen Scrollen aufgefordert werden. Die Masse beeindruckt weniger als die Nützlichkeit, weshalb es sinnvoll ist, statt unverständlicher Leitsätze und gähnend langweiliger Urteilsbegründungen neue Rechtsprechung in ihrer Auswirkung für den Leser auf den Punkt zu bringen. **163**

Sie geben damit Appetithäppchen Ihrer Kompetenz (knowledge-nuggets), die eine erste Orientierung bieten. Bestenfalls zeigen Sie potenziellen Mandanten Probleme auf, von denen sie gar nicht wussten, dass sie sie haben.

Die Gefahr, auf diese Art und Weise den Gang zum Anwalt erspart zu haben, ist äußerst gering. Im Gegenteil, wer **kleine Wissenshäppchen kostenlos** preisgibt, macht erst Lust auf mehr. Statt langer Juraprosa, wie kundenorientiert die Kanzleiphilosophie ist und wie toll Sie sind, sollten Sie sich wirklich auf das Notwendigste an Werbetext beschränken und immer daran denken, wie Sie den Erwartungen potenzieller Mandanten gerecht werden können. Dazu gehört auch die leichte Verfügbarkeit der Daten in Papierform durch Einrichtung einer Druckversion für jeden Ihrer Beiträge.

Wenn Sie z.B. im Verkehrsrecht tätig sind, bietet es sich an, ein Merkblatt für den Verkehrsunfall zum **Download** anzubieten. Als Familienrechtler sollten Sie zumindest die aktuelle Düsseldorfer Tabelle im Angebot haben. Wenn Sie ein wirklich **164** attraktives Angebot auf die Beine gestellt haben (und auch wirklich erst dann!), können Sie überlegen, ob Sie eine Zweiklassengesellschaft begründen wollen und Ihren Mandanten einen privilegierten Zugang verschaffen, wo Sie mehr als nur Basisinformationen anbieten. Grundsätzlich soll der Inhalt der Homepage analog zu einer Kanzleibroschüre gestaltet sein. Nicht zu vergessen sind die Angaben nach § 6 TDG, um der Impressumspflicht zu genügen. Außerdem erheben Sie mit Ihrer Internetpräsenz – wohl meist ohne es zu wollen – personenbezogene Daten, weil beim Betrieb einer Internetseite vom Server die IP-Adressen der Nutzer erfasst werden und den Nutzer identifizierbar machen. Es bedarf also gar nicht erst der bewussten Datensammlung durch Cookies oder Adressdaten für Newsletter, um in den Anwendungsbereich des § 4 Abs. 1 Teledienstdatenschutzgesetz zu kommen, wonach der Diensteanbieter den Nutzer über die Erhebung personenbezogener Daten zu unterrichten hat.[65]

165 Besondere Sorgfalt sollten Sie auf den Aufbau und die Pflege Ihrer Linkliste legen. Viele Kollegen offenbaren hier ihren autistischen Charakter, indem sie ihren Mandanten allen Ernstes zuerst die Homepages der Berufsverbände, der Justizministerien, der Gerichte und andere justizlastigen Adressen zumuten. Aus der Erwartung des Verbrauchers sollten Sie **Service** rund um Ihr Fachgebiet leisten. Der Familienrechtler sollte daher die Links von Beratungsstellen und Frauenhäusern, der Arbeitsrechtler z.B. Jobsuchmaschinen oder Weiterbildungsadressen auflisten. Spezialisierte Kollegen können – nach Fachgebieten aufgeteilt – auf die Seiten von befreundeten Kollegen verweisen. Dies ist praktiziertes Networking! Eine nette Geste kann es sein, wenn man außer Kollegen auch noch Gewerbetreibende empfiehlt, mit deren Leistung man zufrieden ist, z.B. den Weinhändler um die Ecke oder das Lieblingsrestaurant.[66] Dabei muss es sich nicht unbedingt um Mandanten handeln. Die betreffenden Firmen oder Personen sollten jedenfalls vorher um ihre Einwilligung gebeten werden.

dd) Outfit/Kosten

166 Bei der Optik deutscher Anwaltshomepages liegen Glanz und Elend eng beieinander. Sie müssen nicht tief in die Tasche greifen und den besten Webdesigner im Netz beauftragen, damit der Ihnen ein Prunkstück mit einminütiger Ladezeit zaubert. Sie können es notfalls selbst machen, wenn Sie bereit sind, auf Spielereien zu

---

65 Einen Vorschlag für eine Musterdatenschutzerklärung für Webseiten findet sich auf *www.lawblog.de* unter der Kategorie Datenschutz.
66 Es soll Kammern geben, die unjuristische Empfehlungen für berufsrechtswidrig, weil angeblich unsachliche Werbung enthaltend, ansehen. Dies ist m.E. aber nicht haltbar.

verzichten und **Übersichtlichkeit** zur obersten Maxime erheben. Wählen Sie gediegene und wenige Farben. Über Geschmack lässt sich trefflich streiten und manchmal kann es ratsam sein, eigene Vorlieben hintanzustellen und sich des Rates eines Dritten zu vergewissern. Nehmen Sie sich einen halben Tag frei und surfen Sie die Internetauftritte von Kollegen ab. Wenn Ihnen Seiten besonders gut gefallen, besuchen Sie sie später mit einem Bekannten, der nicht Anwalt ist und der Ihrer Zielgruppe in etwa entspricht oder sich gut in diese hineinversetzen kann. Hören Sie sich dann die Kommentare zu den von Ihnen favorisierten Seiten an und prüfen Sie, inwieweit diese mit Ihren Spitzenreitern übereinstimmen.

Die verbreitete Selbstüberschätzung unter Anwälten treibt die merkwürdigsten Blüten, weil jeder, der die Bedienungsanleitung von Microsoft Frontpage oder anderen Gestaltungsprogrammen verstanden hat, sich schon für einen Webdesigner hält. Auch das sog. Neffendesign eines befreundeten oder verwandten Studenten, der nebenher Homepages erstellt, ist meist das Schwarzgeld nicht wert, das dafür gezahlt wird. Ich warne hiervor, Sie machen sich damit genauso lächerlich wie der Lehrer, der nur mit dem BGB bewaffnet vor dem Amtsgericht auftritt und in eigener Sache Rechtsvorträge hält. Statt einen eigenen Brei anzurühren, rate ich deshalb zu Fertigkost, die Sie nach Belieben würzen und verfeinern können. Es gibt verschiedene Anbieter von Musterseiten, die so individualisiert werden können, dass sie richtig teuer aussehen.

Wer eine individuelle Gestaltung der Homepage vom Profi wünscht, kann dies in **167** verschiedenen Kategorien haben:

- bis 500 EUR werden Sie ein „Ein-Mann-Team" beschäftigen, das Ihnen eine nette Visitenkarte im Netz entwerfen kann. Dies sollte aber nicht mehr als eine Übergangslösung für den Anfang sein.
- bis 1.500 EUR erhalten Sie eine solide Seite mit einigen Inhalten (die Sie schreiben sollten!) und sicherem Aufbau mit bis zu 20 Seiten. Oftmals werden Standardlösungen angeboten, die mit individuellem Design veredelt werden.
- bis 4.000 EUR ist für Gründerkanzleien eigentlich die Obergrenze. In dieser Preisklasse sind Sie bereits für kleinere Werbeagenturen interessant, die Ihnen den gesamten Außenauftritt aus einem Guss entwerfen. Gegen Aufpreis erhalten Sie noch ein schickes Flashintro oder eine individuell programmierte Datenbank.

Ganz gleich, wem Sie den Auftrag erteilen, Sie sollten immer bedenken, dass eine Homepage ein unterhaltungsbedürftiges Wesen ist und von regelmäßigen **Aktualisierungen** lebt. Sofern Sie diese nicht selbst ausführen können, sollten Sie darauf achten, dass ein vermeintlich preiswertes Angebot zur Erstellung einer Homepage teuer werden kann, wenn die Wartungskosten enorm hoch sind. Die Stundensätze für Webmaster liegen zwischen 40 und 150 EUR, in Einzelfällen sogar darüber.

ee) Vermarktung

168 Die Vermarktung Ihrer Homepage erfolgt natürlich über die konventionellen Kanäle wie Anzeigen, Briefkopf etc. Daneben muss die Kanzlei auch im Internet bekannt gemacht werden, was ein häufig vernachlässigter Aspekt ist. Oft werden tausende von Euro in die Herstellung gesteckt, aber keine Energien auf die Bekanntmachung – vor allem in Suchmaschinen – verwendet, sodass die Homepage nur von Mandanten und neugierigen Kollegen besucht wird. Es gibt viele Wege, Ihrer Homepage Aufmerksamkeit zu verschaffen. Dazu gehört in erster Linie die Anmeldung der Homepage bei verschiedenen Portalen und **Suchmaschinen**. Die sog. Search-Engine-Optimization, kurz: **SEO**, ist eine eigene Wissenschaft, die das Berufsbild des Suchmaschinenoptimierers hervorgebracht hat. Wer sich einmal mit diesem komplexen Thema beschäftigt hat,[67] weiß, dass es viele Hebel gibt, bei denen man ansetzen kann. So ist insbesondere bei der Programmierung der Homepage darauf zu achten, dass die richtigen Weichen gestellt werden.[68]

Online-Suchportale mit Massenwirkung wie z.B. **Google** leben vom Verkauf hochrangiger Platzierungen, die nach Klickfrequenz abgerechnet werden. Mit den passenden Suchwörtern haben hier schon viele Rechtsuchende ihren passenden Anwalt gefunden. Eine sehr erfolgreiche, aber aufwändige Methode, das Ranking zu verbessern, hat eine süddeutsche Kanzlei gewählt: Sie hat zwei Homepages installiert: eine mit einem kleinen, aber eleganten Kanzleiportrait, die andere ein riesiges Datensilo mit jeder Menge Urteilen, Links und anderen ständig aktualisierten Informationen, die dem Suchalgorithmus von Google schmeicheln.

169 „Linkst du mich, link ich dich" lautet das Motto der Vernetzung auf allen Ebenen. Besondere Bedeutung hat hier die **Präsenz in juristischen Portalen**, von denen einige behaupten, sie würden eines Tages die Kanzleihomepage ablösen. Welches die besten Portale Ihres Rechtsgebiets sind, können Sie nur durch ausführliche Surftouren herausbekommen. Mit Bannerwerbung wird in Deutschland schon mehr Umsatz erzielt als mit Zeitungsbeilagen. Für Rechtsanwälte wird dies i.d.R. kein lohnendes Werbemedium sein, weil es viel zu teuer ist. Wer es dennoch nicht

---

67 Z.B. mit dem bei Amazon vielgelobten Buch von *Schiff*, Geheimnis SEO – Tipps, Tricks und Know-how aus der Praxis eines erfahrenen SEO-Experten, 2012.

68 Darum sind heute Webdesign und Programmierung oft die Aufgabe von mindestens zwei Experten, weil die guten Designer nicht automatisch die guten Programmierer sind.

lassen kann, sollte zumindest auf den Bannertausch verzichten, der die eigene Homepage zur Litfasssäule machen würde.

c) Onlinemarketing durch Blogs, Soziale Netzwerke etc.

Wer als Kanzleigründer erste Schritte im Onlinemarketing macht, kann auch durch **Mailinglisten** interessante Bekanntschaften schließen. In Anbetracht der Tatsache, dass die Empfehlung einer guten Liste an dieser Stelle unausweichlich zu deren Umkippen nach Hypertrophie führen würde, soll hier der allgemeine Hinweis ausreichen, sich in Juristenlisten zu tummeln. Neben dem Informationsaspekt, der hier im Vordergrund steht, kann auch manch lukratives Korrespondenzmandat vermittelt werden. **170**

Neben geschlossenen Mailinglisten gibt es auch die Möglichkeit, sich in **Internetforen** auszutauschen, wo es für fast jedes Problem mehr oder weniger gut organisierte (Selbst-)Hilfegruppen gibt. Eine Gefahr ist freilich die Bekanntschaft mit sog. „Beratungsschnorrern", die viel wissen, aber wenig zahlen wollen. Für den Aufbau eines interprofessionellen Netzwerks sind solche Foren aber gut brauchbar.

Interessante Kontakte ergeben sich auch durch die Einrichtung eines eigenen **Blogs**, ein Internettagebuch, in dem man über neueste Erkenntnisse aus seinem Fachgebiet berichten kann.[69] Sinnvollerweise sollte der Blog in die Homepage eingebunden sein, so dass durch regelmäßige Beiträge das Ranking in Suchmaschinen steigt. Der Aufwand hierfür darf aber nicht unterschätzt werden, „Bloggen" ist ein Hobby mit Suchtpotenzial. Kontraproduktiv wäre es, wenn Sie ihren alltäglichen Frust über Richter, Kollegen und Mandanten in pseudowitzige Beiträge verwandeln, wie es einige Kollegen[70] praktizieren. Besser orientieren Sie sich an dem von Rechtsanwalt *Udo Vetter* betriebenen LawBlog,[71] der durch Aktualität, Themenvielfalt und schlichtes Design Maßstäbe gesetzt hat. Er hat dafür 2011 den Grimme Online Award in der Kategorie „Information" gewonnen. Mandanten kann man auf diesem Weg aber auch nicht gewinnen, wie das Beispiel der Koblenzer Strafverteidigerin *Kerstin Rueber* zeigt. In Ihrem Blog[72] kommentiert und berichtet sie – selbstverständlich ohne Nennung von Namen – über allzu Menschliches aus der **171**

---

69 Siehe z.B. unter *www.jurablogs.de*. Kostenlose Blogs mit Standardformaten kann man z.B. auch bei Google einrichten.
70 Bei Rechtsanwältinnen habe ich derlei noch nicht gesehen.
71 *www.lawblog.de*.
72 *http://strafverfahren.blogspot.de*.

Welt der Strafverteidigung. Das schärft das Profil und erhöht den Bekanntheitsgrad – auch in Justizkreisen.

172　Eine besonders reizvolle Möglichkeit, Kontakte zu sammeln, ist die Teilnahme bei **XING.**[73] In diesem Netzwerk unterhält jeder Teilnehmer eine eigene Kontaktseite, auf der die wichtigsten Daten enthalten sind und auf der man auch ein Bild einstellen kann. Der Clou bei der Sache ist, dass man angezeigt bekommt, über welche Kontakte oder Kontaktketten man andere Teilnehmer dieses Netzwerks kennt. Außerdem gibt es geschlossene Gruppen mit eigenen Mailinglisten. Eine Standardmitgliedschaft ist kostenlos, eine Premium-Mitgliedschaft kostet derzeit 5 EUR im Monat.

Viele Kanzleien sind auch schon mit einem eigenen Profil bei **Facebook**, dem zumindest zahlenmäßig führenden Sozialen Netzwerk, präsent. Die Erfahrungen sind durchaus unterschiedlich. Auch hier gilt, dass man das beste Boot nicht fahren kann, ohne tüchtig zu rudern. Insbesondere im IT-Recht aktive Kollegen nutzen die Plattform intensiv und haben sich teilweise eine regelrechte Fangemeinde erarbeitet, wie das Beispiel von Rechtsanwalt *Thomas Schwenke*[74] zeigt. Er hat auch auf **Twitter** über 3.000 Follower. Das Marketing auf diesem virtuellen Marktplatz birgt aber nicht nur ein großes Potenzial, sondern auch rechtliche Stolperfallen. Hier sei auf die weiterführende Literatur[75] verwiesen.

173　Wer nicht so gerne liest, kann sich in inzwischen auch bei **Youtube** über rechtliche Sachverhalte informieren. Ungekrönter Clip-König des pointierten Rechtsrats im Videokanal dürfte der Kölner Rechtsanwalt *Christian Solmecke*[76] sein. Die über 250 (Stand März 2013) eingestellten Videos, in denen es überwiegend um Internetrecht für Verbraucher geht, erreichen mehr als 130.000 Clicks. Solche Beiträge, die meist nicht länger als vier Minuten dauern, sind bei entsprechend guter Aufmachung ebenso wie Vorträge geeignet, einen persönlichen Eindruck vom Anwalt zu vermitteln. Wer so gut reden kann wie Kollege *Solmecke*, wird auch von Journalisten wahrgenommen – und wird so gefragter Experte für Radiointerviews und Talkshows. Andererseits gibt es auch jede Menge **Kanzleivideos**, die bei Youtube hochgeladen werden, nur weil die Werbeagentur es so wollte. Steife Statements über die Kanzlei, die Tradition und Moderne verbindet, und mit Fahrstuhlmusik

---

73　*www.xing.de.*

74　*http://www.facebook.com/raschwenke.*

75　*Palme*, Die besten Facebook Marketing Tipps, 2012 (enthält auch ein Interview mit einem Rechtsanwalt!); *Schwenke*, Social Media Marketing und Recht, 2012.

76　*http://www.youtube.com/user/kanzleiwbs.*

unterlegte Sequenzen von telefonierenden und tippenden Sekretärinnen werden zu Recht kaum wahrgenommen.

d) Online-Rechtsberatung

Nachdem die wie auch immer geartete Homepage bei fortschrittlichen Kanzleien inzwischen zum Standard zählt, nehmen immer mehr Kollegen eine Rechtsberatung online[77] bzw. per E-Mail auf.[78]   **174**

> *Beispiel: O-Ton einer Kanzleibroschüre*
> „*Ich habe nur eine kurze Frage* – Immer öfter kommt es vor, dass Sie nur die Beantwortung einer kurzen Rechtsfrage wünschen oder nur einen einfachen Rat benötigen. Diesem Bedürfnis haben wir Rechnung getragen und für Sie die anwaltliche Kurzberatung eingeführt. Wir können per E-Mail Ihre einfachen rechtlichen Fragen kostengünstig (je Anfrage 15 EUR) beantworten oder eine erste Einschätzung abgeben."

Das vordergründig attraktive Angebot, das nach dem Willen des marketingbeflissenen Anwalts neue Mandanten anlocken soll, begegnet indes einigen Bedenken. Bevor Sie Ihre virtuelle Filiale im Internet eröffnen, sollten Sie sich deshalb mit den folgenden Aspekten eingehend beschäftigen.

■ Sicherheit

Die Rechtsberatung per E-Mail ohne Verschlüsselung ist grundsätzlich so vertraulich wie ein Beratungsgespräch am vollbesetzten Tresen einer Dorfkneipe. Auf Letzteres würde sich kein Anwalt einlassen, Ersteres ist alltägliche Realität. Um nicht in Konflikt mit der anwaltlichen Verschwiegenheit zu geraten, müssen Sicherheitsstandards vorgehalten werden, z.B. in Form einer pgp(= pretty good privacy)-Software. Weil die nicht jeder potenzielle Mandant hat, verkleinert sich die Zielgruppe schon erheblich.   **175**

■ Marketing

Kaum ein Anbieter von Online-Rechtsberatung hat sich erkennbar Gedanken darüber gemacht, ob die angesprochene Zielgruppe durch dieses innovative Angebot überhaupt erreicht wird. Die oben zitierte Broschüre stammt von einer Kanzlei, die vornehmlich von Strafverteidigung und Ausländerrecht lebt. Weder der gewöhnliche Straftäter noch der meist sprachunkundige Ausländer stehen im Verdacht, sich   **176**

---

77   Vgl. *Fiebig*, Mit einem Klick zum Rechtsrat, BRAK-Magazin 1/2004, S. 4.
78   Die grundsätzliche Zulässigkeit hat der BGH inzwischen anerkannt, vgl. NJW 2003, 819.

verstärkt über das Internet Rechtsrat einzuholen. Dieses Extrembeispiel soll Ihnen nur vor Augen führen, dass Sie sich zu allererst die Frage stellen müssen: „Wer kann sich ernsthaft für mein Angebot interessieren?" Wenn Sie diese Frage bejaht haben, müssen Sie sich weiter die Frage stellen, wie Sie auf dieses Angebot innerhalb und außerhalb des Internet aufmerksam machen können.

Etwas anders sieht es bei einer unter einer Internetplattform organisierten Online-Beratung[79] aus. Hier gibt es die Möglichkeit (mehr oder weniger überzeugend realisiert) sich im Kreis von Kollegen zu präsentieren. Eine regional und fachlich diversifizierte Auswahl an Kollegen lockt erfahrungemäß mehr potenzielle Mandanten an, wenngleich die von den Plattformbetreibern angegebenen Zugriffszahlen nur bedingt überprüfbar sind.[80]

■ Rentabilität

177 Wenn Online-Rechtsberatung mehr als ein Gimmick sein soll, mit dem man die Kollegen beeindrucken will, muss sie rentabel sein. Weniger die Einrichtung als vielmehr die Bewerbung des Angebots bindet erhebliche Ressourcen. Der günstige Preis bedingt umgekehrt eine kurze Bearbeitungszeit durch den Rechtsanwalt. Eine Anfrage für 15 EUR muss in fünf Minuten zu beantworten sein. Außerdem entbindet auch die Online-Rechtsberatung nicht von der Pflicht, eine Akte anzulegen, sodass hier ein Organisationsaufwand hinzukommt. Rechnet man diese Faktoren zusammen, lohnt sich das Geschäft frühestens(!) bei mehrfachen Anfragen täglich. Eigentlich lohnt sich das Geschäft nur, wenn dadurch der Köder für einen dicken Fisch gelegt wird, aber auch diese Hoffnung erfüllt sich selten.

■ Zahlungsmoral

178 In der Fantasie der Online-Rechtsberater spukt ein Fabelwesen, von dem jeder gehört hat, das aber noch keiner gesehen hat: der zahlungskräftige Mandant, der ein gebührenträchtiges Mandat per E-Mail vorstellt und es dann dem Anwalt übergibt, der durch seine kluge schnelle Antwort seine Kompetenz unter Beweis gestellt hat. Leider sieht die Realität anders aus: Online-Rechtsberatungsangebote ziehen Schnorrer und Gebührenpreller magisch an. Abgesehen davon, dass niemand auf die Idee käme, für 15 EUR einen Gebührenprozess zu führen, wäre noch längst nicht sicher, gegen wen man den Prozess führen sollte, weil die Identität des Mandanten mit den Daten in der Fußzeile der E-Mail vielleicht nichts gemein hat.

---

79 Z.B. *www.e-juristen.de, www.anwalt4you.com, www.anwalt.de, www.123recht.net, www.gigarecht.de.*

80 Bei der Informationsgemeinschaft zur Feststellung der Verbreitung von Werbeträgern (*www.ivw.de*) sind derzeit nur die Zahlen von *www.anwalt24.de* veröffentlicht.

■ **Haftung**

Wenn Sie jetzt noch nicht genug haben, hilft nur noch die Keule der Haftungs-   **179**
gefahr: Die Kollegen, die mit dem Angebot „einfache rechtliche Fragen" zu beantworten, werben, setzen voraus, dass ihnen auch wirklich nur solche gestellt werden. Die Tücke liegt aber darin, dass schwierige Probleme oft in scheinbar
harmlose Fragestellungen gekleidet werden und Sie nicht erkennen, worum es
wirklich geht. Oft werden entscheidende Umstände verschwiegen, weil der Mandant sie für unbedeutend hält. Da der Anwalt die Pflicht hat, den Sachverhalt aufzuklären, kann eine kurze Antwort auf die E-Mail teuer werden.

Fazit: Nur wenige etablierte Kanzleien[81] verfügen über die professionelle tech-   **180**
nische und personelle Ausstattung, die vom Massenpublikum wahrgenommen
wird. Kanzleigründer mit wenigen fachlichen Schwerpunkten dürften abgesehen
von obigen Aspekten kaum eine nennenswerte Resonanz auf ihren kleinen Rechts-
rat-Onlineshop erfahren. Die Alternative, sich einem Rechtsratportal[82] anzuschließen, sollte wohlüberlegt sein. Wenn dort teilweise Mandate geringstbietend versteigert werden und Erstberatungen für 30 EUR oder weniger angeboten werden, hat
dies mit Imagepflege oder Geldverdienen nicht viel zu tun.

> *Tipp*   **181**
> Viele Anbieter von Onlinediensten bieten ihrer Kundschaft auch **Telefonbera-
> tung** durch Rechtsanwälte an. Dies kann für Berufsanfänger eine interessante
> Möglichkeit sein, zusätzliche Einkünfte zu generieren.

Ein Arbeitsrechtler berichtete mir, dass er durch telefonische Erstberatung teilweise sehr lukrative Kündigungsschutzmandate vor Arbeitsgerichten in ganz Deutschland akquiriere. Was eigentlich nur für die Gründungsphase gedacht gewesen sei,
habe sich zu einem wesentlichen Marketingmittel entwickelt.

Zusammenfassend ist festzuhalten, dass Online-Rechtsberatung vornehmlich von
gewerblichen Anbietern betrieben wird, deren Geschäftsmodell nicht unbedingt
die optimale Vergütung des Rechtsanwalts vorsieht. Zudem ist festzustellen, dass
Rechtsschutzversicherungen[83] ihren Kunden hauseigene Beratungsdienste – online
und telefonisch – ohne Mehrkosten anbieten. Anwaltlicher Rat wird durch Ver-
tragskanzleien geleistet, die z.T. Berufsanfänger im Dutzend angestellt haben. Wer
sich einmal für einen freien Beruf entschieden hat und dann im Callcenter mit

---

81 Z.B. die Münchner Kanzlei *Prof. Schweizer*, *www.kanzlei-prof-schweizer.de*, die mit Focus und an-
     deren Zeitschriften und Online-Diensten kooperiert.
82 Z.B. *www.123recht.net*, *www.e-juristen.de*, *www.advogarant.de*.
83 Z.B. *www.jurway.de* von der Roland Rechtsschutz AG.

Schichtbetrieb landet, wird dies hoffentlich nicht als Lebensstellung betrachten. Wer sich hingegen dafür entscheidet, auf eigene Faust Online-Rechtsberatung zu betreiben, sollte sich regelmäßig in seinen Kalender eine dreimonatige Wiedervorlage zu der Frage notieren: „Was bringt mir mein Online-Angebot wirklich?"

§ 7 Effizientes Informations- und Wissensmanagement

Dirk Schwohnke

I. Anwaltliches Informations- und Wissensmanagement

Was ist die Basis Ihrer anwaltlichen Tätigkeit? Es sind nicht nur Ihr bestehendes juristisches Wissen und Ihre juristischen Fähigkeiten. Sie müssen auch laufend Fakten und Entwicklungen in der Rechtsprechung und der Juristerei verfolgen und „up-to-date" sein. Bei durchschnittlich 10.000 Urteilen und Beschlüssen pro Tag an sämtlichen Gerichten in Bund und Ländern sowie der Europäischen Union ist es schwer, den notwendigen Überblick zu bewahren. Aber wie gehen Sie das Problem an, einerseits grundsätzlich Zugriff auf diese Fülle an Informationen zu erhalten, andererseits aber nur das für Sie wesentliche Extrakt herauszufiltern? Die Herausforderung liegt dabei in der wachsenden Informationsmenge unterschiedlichen Ursprungs. Bei den bestehenden Möglichkeiten der Informationsbeschaffung, die sich im anwaltlichen Alltag bieten, könnten Sie unproblematisch den ganzen Tag mit Lesen und Archivieren verbringen. Dann wäre aber keine Zeit mehr für Ihre Mandanten und die Aktenbearbeitung. **1**

Unweigerlich stehen Sie vor den Fragen:

- Welchen konkreten Informationsbedarf habe ich?
- Wie gewinne ich hierzu effizient Informationen?
- Welche Recherchemöglichkeiten bieten sich mir?
- Wie leite ich aus diesen Informationen anschließend meine Wissenskultur her?
- Wie verwerte ich beides?
- Wie bewahre ich Informationen und gewonnenes Wissen auf?
- Wie löse ich das Problem, mein erworbenes Wissen nicht nur für mich zu behalten, sondern es aufzuarbeiten und z.B. mit meinen Sozien zu teilen?

Komprimierte und maßgeschneiderte Recherche ist für Sie als Rechtsanwalt ebenso wichtig wie deren geordneter Bestand. Zudem sollte Ihr Wissen Dritten zugänglich sein. Dieses Kapitel soll Ihnen eine Hilfestellung zum Aufbau Ihres eigenen kanzleiinternen **Wissensmanagementsystems**, auch als „KM" – Knowledge Management bezeichnet, bieten. **2**

Anwaltliches Wissensmanagement setzt sich aus verschiedenen Elementen zusammen, die sich unabhängig von ständig neu aufkommenden Medien und Informationsquellen in ihren Grundfesten nicht ändern, nämlich aus

- dem Element des Wissens,
- der Informationsbeschaffung/Recherche und
- der Informationsverarbeitung, bezeichnet als Informationsmanagement.

1. Wissen

a) Juristisches Wissen

3   Die Definition von Wissen entspricht dem allgemeinen Verständnis von Wissen als „Kenntnis von etwas haben". Kenntnis erlangen Sie durch das Wahrnehmen und kognitive Verarbeiten von Informationen. Insbesondere fachspezifische Informationen nehmen Sie ständig in Ihrem Berufsalltag auf. Damit wächst Ihre Kenntnis ebenso wie Ihre Ressource Wissen.

Ein Beispiel: Sie lesen höchstrichterliche Entscheidungen nicht um ihrer selbst willen. Vielmehr studieren Sie sie, um sich mit der Kenntnis der Entscheidung für Ihre Tätigkeit als Rechtsanwalt mit juristischem Rüstzeug zu wappnen. Sie tun dies auch für Anwendungsfälle, die während der Lektüre der Entscheidung vielleicht noch gar nicht präsent sind und die erst in der Zukunft liegen. Die durch die Lektüre der Entscheidung gewonnene Information ist dann die Basis Ihrer Kenntnis und des entstehenden juristischen Wissens.

Im Ergebnis ist juristisches Wissen **Regel- und Anwendungswissen**. Mit diesem Know-how ausgestattet, werden Sie dann Ihren Berufsalltag meistern.

b) Wissen als Anwaltspflicht

4   Unvollständige Informationen und damit unvollständiges Wissen bergen Gefahren. Ein **lückenhaftes Wissen** aufgrund mangelnder Informationen oder gar Fehlinformationen kann Sie leicht regresspflichtig machen. Wieso? Als Anwalt treffen Sie nach dem Willen der höchstrichterlichen Rechtsprechung **Recherche- und Beobachtungspflichten**. Wissen und Informiertheit sind daher Anwaltspflicht!

Sie schulden Ihrem Mandanten grundsätzlich eine umfassende **Beratungspflicht**. Allein deshalb müssen Sie die aktuelle Rechtsprechung kennen und sich hierüber informieren. Dazu verlangte die Rechtsprechung früher vom Rechtsanwalt die lückenlose Kenntnis jedes Gesetzes und jeder höchstrichterlichen Rechtsprechung.[1] Wer jetzt meint, diese Rechtsprechung – aus 1957 – sei antiquiert, irrt gewaltig. Der Bundesgerichtshof hält seine Rechtsprechung dazu eindeutig aufrecht. Noch in 2000 bekräftigte der Bundesgerichtshof die Verpflichtung des Rechtsanwalts zur Lektüre der einschlägigen Literatur.[2] Der Rechtsanwalt hat seine Tätigkeit für den Mandanten in erster Linie an der höchstrichterlichen Rechtsprechung auszurichten, denn diese hat richtungsweisende Bedeutung für die Entwicklung und Anwendung des Rechts. Der Rechtsberater muss daher jede in seinen Tätigkeitsbereich fallende **höchstrichterliche Rechtsprechung** kennen.[3] Zusammengefasst schreibt die Rechtsprechung damit dem Anwalt eine Recherche- und Beobachtungspflicht vor. Um dieser Genüge zu tun, muss der Anwalt die Entwicklung höchstrichterlicher Rechtsprechung anhand amtlicher Sammlungen verfolgen.

Der Anwalt muss sich über die Entwicklung der höchstrichterlichen Rechtsprechung auch anhand der einschlägigen **Fachzeitschriften** unterrichten. Eine Pflicht des Anwalts, darüber hinaus die veröffentlichte Instanzenrechtsprechung und das Schrifttum sowie hierbei insbesondere die Aufsatzliteratur heranzuziehen, besteht grundsätzlich nur in beschränktem Maße. Strengere Anforderungen sind nach Ansicht des Bundesgerichtshofs jedoch zu stellen, wenn ein Rechtsgebiet ersichtlich in der Entwicklung steht und höchstrichterliche Rechtsprechung zu erwarten ist. Dann muss der Anwalt auch „**Spezialzeitschriften**" durchsehen.[4] Der BGH meinte in diesem Fall die Zeitschrift „Agrarrecht". Auch obergerichtliche Entscheidungen bestätigen die Rechtsprechung des Bundesgerichtshofs stets. Das Kammergericht setzt in einer Entscheidung aus 2006 voraus, dass in der NJW veröffentlichte Rechtsprechung des Bundesgerichtshofs zwei Monate danach für Juristen als allgemein bekannt gilt.[5] Das OLG Zweibrücken bekräftigte in einer Entscheidung aus 2005, dass ein Rechtsanwalt die berufliche Verpflichtung hat, mindestens eine allgemeine juristische Fachzeitschrift, wie z.B. die NJW oder MDR, regelmäßig und zeitnah auszuwerten.[6]

Viel Zeit zur Wahrnehmung Ihrer Recherche- und Beobachtungspflichten räumt Ihnen die Rechtsprechung dabei also nicht ein. Der Bundesgerichtshof gewährt

5

---

1   Z.B. BGH MDR 1958, 496; BGH NJW 1982, 1866.
2   BGH, Urt. v. 21.9.2000 – IX ZR 127/99.
3   BGH, Urt. v. 23.9.2010 – IX ZR 26/09, AnwBl 2010, 876.
4   BGH WM 2000, 2431.
5   KG, Urt. v. 13.4.2006 – 1 W 108/06.
6   OLG Zweibrücken, Urt. v. 2.9.2005 – 3 W 168/05.

dem Anwalt gönnerhaft eine Karenzzeit von 14 Tagen bis einem Monat nach Veröffentlichung der Entscheidung.[7] Wohlgemerkt: Das war vor 30 Jahren, als Urteile in Zeitschriften nur per Post auf den Schreibtisch des Anwalts gelangten.

6 Für die Einhaltung der Beobachtungs- und Recherchepflichten des Anwalts gewinnt heutzutage das **Internet** an Bedeutung. Eine „duty to browse" besteht zwar noch nicht. Die Tendenz dürfte aber eindeutig in diese Richtung gehen. Der Bundesgerichtshof bejahte bereits eine regelmäßige Kontrollpflicht der Internetseite *„www.insolvenzbekanntmachungen.de"* für einen ein entsprechendes Mandat bearbeitenden Rechtsanwalt.[8]

Zusammengefasst besteht für Sie als Anwalt die sog. **Notwendigkeit zur Information über die Rechtslage**. Nur so werden Sie den vom Bundesgerichtshof aufgestellten Haftungsregeln gerecht. Bei einer Pflichtverletzung werden die finanziellen Nachteile vielleicht noch durch die Berufshaftpflichtversicherung aufgefangen, der geschädigte Ruf aber bleibt.

c) Wissen als Wettbewerbsvorteil

7 Individuelles Wissen und Fähigkeiten sind Ihr Humankapital. Wissensvorteile führen zwangsläufig durch Qualitätsgewinn zu Wettbewerbsvorteilen. Das ist eine alte Weisheit: „Der Erfolgreichste im Leben ist der, der am besten informiert wird." (*Benjamin Disraeli*, 1804–1881). Wir leben in einer komplexen Wissensgesellschaft. Informationen müssen zur richtigen Zeit am richtigen Ort in der erforderlichen Quantität und Qualität zur Verfügung stehen. Informiert zu sein und damit präsente Wissensressourcen aufzuweisen, die Ihnen zur Lösung Ihrer vielfältigen Aufgaben dienen, ist ohne jeden Zweifel ein äußeres Zeichen von Qualität. Von dieser Kompetenz lebt jeder Rechtsanwalt bzw. jede Kanzlei. Je besser das Knowhow, desto höher die **Kompetenz**.

Informations- und Wissensmanagement gewährleisten außerdem **Zeitersparnis** im kanzleiinternen Arbeitsablauf und damit geldwerte Vorteile. Im Mandantengespräch präsentes Wissen abzurufen und damit zielorientiert zu beraten, ist besser, als die Fallproblematik erst nach mühsamer Suche und Lektüre diverser Fachliteratur/Rechtsprechung lösen zu können. Insbesondere unter Berücksichtigung der voraussichtlich stetig weiter wachsenden Masse an zugelassenen Rechtsanwälten und der zunehmenden Spezialisierung der Anwaltschaft (in 2009 wurde bei-

---

7   BGH NJW 1983, 1665.
8   BGH NJW-RR 2010, 59.

spielsweise die Zahl der von einem Rechtsanwalt nebeneinander zu führenden Fachanwaltsbezeichnungen auf drei erhöht) bedeutet der durch aktives Informationsmanagement gewonnene Wissensvorteil einen nicht zu unterschätzenden **Qualitätsgewinn anwaltlicher Dienstleistung.** Dieser Wettbewerbsvorteil auf dem Anwaltsmarkt kann erhebliche Früchte tragen.

Neben der kanzleiinternen Zeitersparnis dankt Ihnen der Mandant die auf Ihrer Wissensstrategie basierende schnelle Hilfestellung. Schließlich ist durch die Verbreitung moderner Kommunikationsmöglichkeiten auch die Erwartungshaltung in die Arbeitsgeschwindigkeit Ihrer anwaltlichen Dienstleistung deutlich gestiegen. Dem Anwalt werden in immer kürzerer Zeit Antworten abverlangt. Natürlich können Sie nicht die Erfahrung eines gestandenen Kollegen innerhalb weniger Wochen aufholen, aber Sie haben im Zweifel mehr Zeit für die Wissensrecherche im konkreten Mandat und mehr **Routine in der Internetrecherche.** Das ist der Grund, weshalb man gerne mal einen jungen „pfiffigen" Anwalt beauftragt. **8**

Werden Sie diesen Erwartungen gerecht, um im „Haifischbecken" der konkurrierenden Anwaltschaft zu überleben!

2. Informationsmanagement

a) Bedeutung des Informationsmanagements

Es ist heutzutage im laufenden Geschäftsbetrieb einer Anwaltskanzlei nahezu unmöglich, den Überblick über neue Rechtsprechung, neue Gesetzgebung und die Vielfalt obergerichtlicher Entscheidungen zu behalten. Da unterscheiden sich etablierte Kanzleien nicht von Existenzgründern. Das Informationsmanagement soll Ihnen gleichermaßen die Umsetzung anwaltlicher Tätigkeit wie büroorganisatorischer Methoden und Konzepte erleichtern und Ihre Arbeit rationell gestalten helfen. Bei der heutigen Informationsflut ist es unbedingt erforderlich, den Informationsanfall zu organisieren. **Klarheit und Überschaubarkeit** im Informationspool ersparen Ihnen in Ihrer Berufsausübung Zeit. Und Zeitersparnis bedeutet zugleich Kostenersparnis. Mit der Standardisierung wiederkehrender Fragen und Vorgänge arbeiten Sie effizient. Integrieren Sie zudem das Wissen in die Durchführung Ihrer Arbeitsabläufe. **9**

Gleichwohl ist Informationsmanagement eine von Kollegen leider häufig unterschätzte Aufgabe der anwaltlichen Tätigkeit und der dauerhaft notwendigen anwaltlichen Fortbildung. Die mit dem Informationsmanagement verbundenen Kosten werden überwiegend gescheut. Ein anderes Extrem ist das unkritische

Beibehalten veralteter Informationsquellen. Überdies besteht bei zahlreichen Anwaltskollegen mangelnde Bereitschaft zur Wissensteilung. Informationsmanagement ist aber ein „Muss" und keine lästige Nebensache.

10 Sie stehen vor der Aufgabe, den rechten Weg durch einen wahren Informationsdschungel zu finden. Dies kann nur durch die beiden wesentlichen und tragenden Komponenten des Informationsmanagements, und zwar die **selektive Informationsbeschaffung** und die darauf aufbauende **Informationsverarbeitung**, erfolgen. Den umfangreichen Informationsquellen gilt es beizukommen, sie zu selektieren und sodann in den Kanzleiapparat sinnvoll und nutzbringend zu integrieren.

b) Informationsbeschaffung

11 Informationsbeschaffung bedeutet für Sie als Existenzgründer, die notwendigen Instrumentarien anzuschaffen, um einerseits die klassische, bis heute zwingend erforderliche juristische Bibliothek aufzubauen, und andererseits konkrete Zugriffsmöglichkeiten auf elektronische Medien, wie z.B. Datenbanken, einzurichten. In dem sich bietenden Informationsfundus müssen die regelmäßig benötigten Informationen schnellstmöglich präsent sein.

Die Bandbreite an Informationsquellen ist in einer neu gegründeten Kanzlei typischerweise nicht besonders groß. Deswegen sollte das Instrumentarium zur Informationsbeschaffung zunächst sehr eng **an Ihre Bedürfnisse angepasst** werden. Dabei müssen Sie als Existenzgründer überlegen, welche Informationen überhaupt benötigt und verarbeitet werden sollen. Gewiss kommt eine Anwaltskanzlei nicht ohne eine ausreichende Grundausstattung allgemeiner juristischer Standardwerke aus, wie beispielsweise ein Kommentar des Formats des „Zöller" zur Zivilprozessordnung oder des „Palandt" zum Bürgerlichen Gesetzbuch – allein bereits aufgrund der Tatsache, dass die Gerichte überwiegend auch mit diesen Werken arbeiten. Darüber hinaus sind aktuelle Informationen aus regelmäßig erscheinenden Zeitschriften sowie spezielle Informationen zu den schwerpunktmäßig bearbeiteten Rechtsgebieten oder gar dem jeweils konkreten Fall notwendig und zu besorgen. Bei der Beschaffung dieses dann doch schon umfangreichen Instrumentariums ist der Kosten-Nutzen-Faktor entscheidend. Um nutzbringende Informationen zu erhalten, ist es deshalb notwendig, die **Informationsquellen** (siehe Rn 13 ff.) zu kennen, die richtigen aus dem umfangreichen Angebot zu erfassen und sie einzusetzen. Unnütze Ausgaben lassen sich so vermeiden.

c) Informationsverarbeitung

Für das Informationsmanagement ist es unumgänglich, die beschafften und gesam- **12**
melten Informationen nicht nur gedanklich festzuhalten, sondern sie auch klar und
überschaubar abzulegen, d.h. sie zu verarbeiten. Diese dann aufzubauende „**Ablage**" – ob herkömmlich oder elektronisch – ist von unschätzbarem Wert, wenn sie –
rational und systematisch aufgebaut – den schnellen und unmittelbaren Zugriff gewährt. Sie ist ein Pool an Informationen und gestattet vernunftorientiertes und zeit-
sparendes Arbeiten – vorausgesetzt, dass auch allen Mitarbeitern in der Kanzlei
dieses **System** der Ablage bekannt ist und sie in der Lage sind, es sinnvoll zu nutzen. Es wächst dann mit der Zeit ein eigenes komplexes „Nachschlagewerk" heran,
das in dieser Form einzigartig ist. Wenn Sie z.B. nicht nur irgendeine Fallsamm-
lung aufbauen, sondern „Ihrer" Baukammer die eigenen Urteile unter die Nase halten können, wird sich dieser Eifer in Prozesserfolgen messen lassen.

Von elementarer Wichtigkeit ist es, dass Sie Ihr Wissen mit Dritten teilen. Die Kollegen der Kanzlei sind ebenso einzubeziehen wie Mitarbeiter. Ihr Wissen sollte innerhalb der Kanzlei keine Monopolstellung einnehmen. **Erfahrungsaustausch**
statt Bildung von Wissensinseln ist die Basis Ihres Erfolgs.

II. Die Informationsquellen

Ihre Informationsquellen können in zwei elementare Gruppen kategorisiert wer- **13**
den, die in Koexistenz ihre Bedeutsamkeit für den Berufsalltag haben. Zum einen
bedarf es in jeder Anwaltskanzlei der althergebrachten juristischen Bibliothek, be-
stehend aus **Print-Medien**. Darüber hinaus gibt es die **elektronisch** generierten
Instrumentarien. Mittlerweile standardisierte Informationsquelle ist in dieser
Sparte das Internet, aus dem sich zahlreiche Recherche- und Zugriffsmöglichkeiten, wie z.B. auf Datenbanken, ergeben.

Daneben stehen Ihnen noch weitere Informationsquellen zur Verfügung, die allerdings nicht unter einem Oberbegriff fassbar sind. Gemeint ist damit etwa der Austausch **mit Kollegen**, sei es bei Fortbildungsveranstaltungen oder beim „Anwaltsstammtisch" in geselliger Runde.

1. Die Kanzleibibliothek

a) Grundsätzliche Ausstattungskriterien

14 Ihre Kanzleibibliothek sollte im Wesentlichen bestehen aus:

- Gesetzestexten,
- Kommentaren,
- Rechtsprechungssammlungen,
- Handbüchern,
- Formularsammlungen,
- Zeitschriften,
- eigenen Aufzeichnungen,
- ggf. Print-Medien außerhalb der Rechtswissenschaft.

So ausgestattet, bietet die kanzleiinterne Bibliothek Grundinformationen und gewährleistet zugleich ein umfangreiches, weiterführendes Studium. Einen allgemeinen Literaturkanon gibt es für den Rechtsanwalt allerdings nicht, wohl aber unverzichtbare Standardwerke wie z.b. den „Palandt". Allzu gerne hätte ich Ihnen an dieser Stelle einen „Einkaufszettel" an die Hand gegeben. Die an den Bestand Ihrer Bibliothek zu stellenden Anforderungen richten sich jedoch strikt nach Ihrem Tätigkeitsbereich, Ihren besonderen Vorlieben bzw. denen Ihrer Kanzlei und natürlich nach Ihrem Geldbeutel.

15 Hilfestellung bei der **Anschaffung** der Kanzleibibliothek bietet beispielsweise folgender Fragenkatalog bzw. folgende Checkliste:

- Inwieweit kann ich als Berufsanfänger meinen bisherigen Literaturfundus einbringen? Möglicherweise ist die Examensliteratur nutzbar und erspart zusätzliche Aufwendungen. Bedenken Sie, dass Studienliteratur meistens nicht praxistauglich ist. Derartige Werke können Sie daher gleich aus Ihren Überlegungen streichen.
- Welche Erfahrungen habe ich bislang in meiner Ausbildung mit Literaturanschaffungen gemacht und welchen Nutzen kann ich hieraus für die jetzt anstehende Anschaffung ziehen?
- Wie viel Geld habe ich zur Verfügung? Wie viel davon will ich für meine Bibliothek ausgeben? Kann ich dementsprechend schon eine Grenze ziehen und diese in meine Vorüberlegung einbinden?
- Welche Literatur benötige ich, welche auf keinen Fall? Selektieren Sie, indem Sie sich die weiteren Fragen stellen.
- Welche Art der Literatur liegt mir am meisten: Formulare, Praxishandbücher oder letztlich doch rein wissenschaftliche Ausführungen?

- Welche Rechtsgebiete deckt meine Kanzlei ab? Welche Standardwerke gibt es für diese Rechtsgebiete? Welche Werke werden meiner Spezialisierung gerecht?

- Mit welcher Literatur arbeiten die lokalen Gerichte? Beispielsweise nützt die Anschaffung eines „Thomas/Putzo, ZPO" herzlich wenig, wenn Sie wissen, dass die örtlich ansässige Richterschaft mit dem „Zöller, ZPO" arbeitet. Sie würden Gefahr laufen, eine „Mindermeinung" zu vertreten.

- Wie aktuell ist die zur Anschaffung ins Auge gefasste Literatur? Lohnt es sich möglicherweise, Neuerscheinungen abzuwarten? Wie häufig erscheint das Werk? Ist es schnell veraltet und zwingt mich zu stetigen Neuanschaffungen oder aber habe ich eine Anschaffung, die sich einige Jahre trägt? Wie steht es mit Folgekosten, wie mit Pflegekosten (zu den Begrifflichkeiten siehe Rn 17 f.)?

- Welche räumlichen Möglichkeiten stehen zur Unterbringung der Literatur zur Verfügung?

- Wird es überhaupt Ihren Vorlieben gerecht, mit herkömmlicher Literatur zu arbeiten? Sind Sie vielleicht der EDV-affine Typ und legen daher mehr Wert auf elektronische Medien? Dann nehmen Sie Abstand von der Auswahl einer allzu üppigen Papierbibliothek.

- Arbeiten Sie in Ihrer Kanzlei mit einer Kanzlei-Software? Dann achten Sie zunächst darauf, welche Informationsmöglichkeiten Ihnen diese Software bietet. Beispielsweise lassen sich in RA-MICRO eine Vielzahl an vergleichsweise kostengünstigen E-Büchern integrieren. So können Sie Doppelanschaffungen vermeiden.

- Können Sie eventuell schnell und einfach auf externe Literatur zugreifen, z.B. in der nahe gelegenen **Gerichts**- oder **Universitätsbibliothek**? Teure Kommentarkompendien sind dort meist in aktueller Auflage griffbereit und ersparen den Eigenerwerb.

- Welche Literatur benötigt der Anwalt in „eigener Sache", also berufsrechtlich und im Managementbereich?

Gewiss spielt bei der Anschaffung von Literatur auch die **personelle Besetzung** **16** Ihrer Kanzlei eine wesentliche Rolle:

- Wer braucht welche Literatur? Denken Sie dabei nicht nur an sich, sondern auch an Ihre Fachangestellten. So ist die Anschaffung der „Fristentabelle für die Anwaltspraxis" oder der ebenfalls im Deutschen Anwaltverlag erscheinenden „Schwarzwälder Gebührentabelle" sicherlich sowohl für den Anwalt als auch für das Sekretariat sinnvoll.

- Wird die anzuschaffende Literatur gegebenenfalls mehrfach benötigt? Beispielsweise gehören Gesetzestexte in jedes Anwaltsbüro einer Kanzlei und nicht nur in eines.
- Prüfen Sie den Literaturbestand vor Erwerb neuer Literatur, d.h. wer hat oder aber bringt welche Literatur in die Kanzlei ein? So vermeiden Sie unnötigen Doppelbestand.
- Wo deponiere ich die Literatur, damit alle, die sie benötigen, stets Zugriff darauf haben? Richte ich beispielsweise auch eine Bibliothek in allgemein zugänglichen Bereichen der Kanzlei, z.B. im Flur, ein?

17 Derartige Überlegungen müssen Sie vor Anschaffung der Ausstattung unbedingt anstellen. Die Ausstattung einer Bibliothek ist viel zu kostenintensiv, als dass Experimentierfreude aufkommen darf. Unabhängig von den **Anschaffungskosten** kann auch die Nutzung der Bibliothek einen nicht zu unterschätzenden Kostenfaktor ausmachen. Über die Anschaffung hinaus entstehen laufend **Folgekosten**, beispielsweise bedingt durch Nachlieferungen bei Loseblattsammlungen, Fortschreibungen und Ergänzungsbände der Rechtsprechungssammlung, Zeitschrifteneinbände und -bindungen.

Tipp
Beachten Sie vor der Anschaffung Ihrer Bibliothek neben dem Kaufpreis die einhergehenden Folgekosten. Manche Investition können Sie sich im Vorhinein ersparen, da schon die Folgekosten die Anschaffung hinfällig machen. Die Anschaffung einer Loseblattsammlung für 100 EUR mag angehen, aber möglicherweise nicht mehr quartalsweise Belastungen von 35 EUR für Ergänzungslieferungen.

18 Die Bibliothek ist nach ihrer Einrichtung zu pflegen und in den wesentlichen Bestandteilen auf dem **aktuellsten Stand** zu halten. Dadurch entstehen weitere Kosten, die **Pflegekosten**. Eine Kosten-Nutzen-Analyse ist unbedingt empfehlenswert, um spätere Unkosten zu vermeiden. Die Analyse kann an Überlegungen aufgehängt werden, wie häufig ein zur Anschaffung im Raume stehendes Werk im Vergleich zu Alternativprodukten aktualisiert wird und inwieweit eine solche Aktualisierung dem Rechtsgebiet auch gerecht wird.

19 Auch nicht unbedingt naheliegende Kostenfaktoren sind zu berücksichtigen. Kauft eine aus mehreren Anwälten bestehende Kanzlei beispielsweise nur einen Zivilprozessrechtskommentar, der regelmäßig von allen Anwälten genutzt wird, kann diese Anschaffung eine Kostenpotenzierung bedeuten. Gehen nämlich täglich je Anwalt realistische acht Minuten Zeit durch die Suche des Kommentars in den Büros und das Herbeibringen ins eigene verloren, sind das je Anwalt 160 Minuten

Zeit im Monat, 1.920 Minuten bzw. 32 Stunden pro Jahr und damit ca. 3 ganze Arbeitstage pro Jahr. Vielleicht wäre dann die Anschaffung eines weiteren Kommentars wirtschaftlicher gewesen. Im Übrigen ist der Kampf um das einzige Exemplar einer bestimmten Ausgabe ermüdend.

Tipp

Auf der Webseite *www.soldan.de* erhalten Sie einen systematischen Überblick über die aktuell angebotene juristische Fachliteratur in allen Sparten, vergleichbar einer sehr gut ausgestatteten Buchhandlung. Diese virtuelle Buchhandlung steht dabei der herkömmlichen in nichts nach. Es gibt eine Rubrik „Standardwerke Recht", die wichtige Praxiswerke umfasst und darstellt. Ein gelungener Überblick ist damit gegeben. Auch eine Darstellung nach einzelnen Rechtsgebieten ist vorhanden. Bei einigen Büchern wird die Möglichkeit der Leseprobe eingeräumt. Sie können also von Ihrem Arbeitsplatz aus einen guten und schnellen Einblick in die aktuelle Literatur eines von Ihnen ausgewählten Rechtsgebiets erhalten. Auch bieten die spezialisierten Verlage auf ihren Webseiten sehr gute, selektierte Angebotsüberblicke, beispielsweise auf der Seite des Deutschen Anwaltverlags unter *www.anwaltverlag.de*. Nahezu alle Fachliteratur ist eingestellt und recherchierbar auch bei dem Anbieter Schweitzer Fachinformationen unter *www.schweitzer-online.de*.

b) Gesetzestexte

Bei der Aktualisierung dieses Kapitels für die 5. Auflage erfuhr ich in einem Gespräch mit einem Berufskollegen, dass er schon seit langem nicht mehr mit gedruckten Gesetzestexten arbeitet. Die seien überholt. Meines Erachtens sind aber auch heute noch gedruckte Gesetzestexte eine Selbstverständlichkeit Ihrer Kanzleibibliothek und gehören in Ihrer Kanzlei in jedes Anwaltsbüro. Sicherlich gibt es Alternativen, aber im Mandantengespräch und bei Gericht sind die gedruckten Gesetzestexte unverzichtbar, es sei denn, Sie setzen moderne Technik wie Smartphone oder Tablet PC ein. Der Zugriff auf die Gesamtheit des Gesetzesmaterials ist bei **gedruckten** Exemplaren besser gewährleistet, als wenn Sie sich mühsam durch Einzelvorschriften in **elektronisch** generierten Gesetzestexten klicken oder aber den Bildschirm rauf und runter scrollen. Sie finden zwar auch auf diese Weise die Norm, übersehen aber vielleicht die entscheidende Ausnahmevorschrift zwei Paragrafen weiter. Nutzen bietet die gedruckte Gesetzestextsammlung vor allem dann, wenn sie im **Gerichtstermin** zum Einsatz kommt, was mit anderen Gesetzestextsammlungen nur eingeschränkt möglich ist. Viele Kollegen vermeiden zwar grundsätzlich – meist zu Recht – das lästige Mitnehmen der Gesetzestexte. Stellen Sie sich aber beispielsweise die Situation vor, als Pflichtverteidiger in der Verhand-

20

lung mit einer weiteren Anklage konfrontiert zu werden, die Ihres Erachtens Mängel aufweist. Der Richter möchte die weitere Anklage mit zur Verhandlung stellen und gewährt eine kurze Unterbrechung der Verhandlung. Ein Gesetzestext zum Nachschlagen der entscheidenden formell- und materiell-rechtlichen Normen ist dann Gold wert. Da macht es keinen guten Eindruck, sich den Gesetzestext vom Gericht oder vom Staatsanwalt zu borgen.

Achtung
Eigentlich eine Selbstverständlichkeit: Nur mit aktuellen Gesetzestexten ist zu arbeiten. Sie müssen Ihre Sammlung deshalb stets aktualisieren und dem Stand der Gesetzgebung anpassen.

Möglichkeiten dazu bieten sich im Bereich der gedruckten Gesetzestexte vermehrt. Lästig und zeitraubend ist sicherlich das Nachsortieren der Ergänzungslieferungen eines „Schönfelder & Co", dafür ist stetige Aktualität gewährleistet. Mittlerweile erscheint der „Schönfelder" auch mindestens einmal jährlich in einer gebundenen Ausgabe. Die Anschaffung gebundener Ausgaben ist im Gegensatz zu den Loseblattsammlungen u.U. günstiger.

c) Kommentare

21 Kommentare gehören zur zwingend notwendigen Ausstattung der Anwaltsbibliothek in jede Kanzlei. Sie sind traditionell die primäre, unverzichtbare Informationsquelle des Rechtsanwalts, denn sie ersparen ihm Mühen und Zeit bei der Bearbeitung seiner Mandate durch eine übersichtliche Darstellung der Gesetzesmaterie nebst weitergehenden Rechtsprechungs- und Literaturverweisen.

Tipp
Kommentare müssen in Ihrer Kanzlei zu allen durch Sie abgedeckten Rechtsgebieten vorhanden sein. Diese entsprechend Ihrer Tätigkeitsbereiche ausgerichteten Kommentare haben Priorität im Rahmen der Anschaffung der Kanzleibibliothek.

Paradebeispiel und klassisches Grundwerk eines Kommentars ist der „Palandt – Bürgerliches Gesetzbuch". Er darf in der jeweils aktuellen Auflage in keiner auf dem Gebiet des Zivilrechts orientieren Rechtsanwaltskanzlei fehlen. Die Anschaffung eines **Großkommentars**, z.B. des „Münchener Kommentar zum Bürgerlichen Gesetzbuch", ist für den Existenzgründer regelmäßig nicht sinnvoll. Erfahrungsgemäß häufen sich bei Berufsanfängern nicht die Fälle, in denen der Tiefgang eines Großkommentars unabdingbar ist. Darüber hinaus fallen erhebliche Anschaffungskosten an, der Münchener Kommentar zum Bürgerlichen Gesetzbuch erscheint in der 6. Auflage zu einem Preis von ca. 3.200 EUR. Diese Investition erübrigt sich, solange Sie über die Gerichtsbibliothek zwar einen wenig komfortablen, dafür aber preiswerten Zugang zu teurer Literatur haben, falls die entsprechende Recherche einmal unabdingbar ist. Zumeist werden diese Großkommentare auch nicht regelmäßig neu bearbeitet und auf den aktuellen Stand gebracht. Oftmals sind Neuauflagen langfristig angekündigt, erscheinen dann aber doch nicht (in absehbarer Zeit). Außerdem besteht bei Großkommentaren regelmäßig eine Gesamtabnahmeverpflichtung, zumindest von sog. „Paketlösungen".

Tipp   22
Zunehmend an Bedeutung gewinnen die sogenannten **Kompaktkommentare** oder auch **Praxiskommentare**. Hier werden nicht nur Fragen zum jeweiligen Rechtsgebiet wie im herkömmlichen Gesetzeskommentar beantwortet, sondern dem Anwalt werden auch weiterführende Hilfestellungen gegeben. Grundsätzliches und spezifisches Verfahrens-, Prozess- und Gebührenrecht wird ebenso aufgegriffen, wie der Blick über den Tellerrand in wesentliche Nebengebiete gerichtet.

Im Idealfall sind zudem Musterschreiben oder -formulare integriert. Dies erleichtert die anwaltliche Tätigkeit und erspart Folgeanschaffungen.

Erwähnenswert für die zivilrechtlich orientierte Kanzlei ist der „Nomos Kommentar BGB". Dieses Werk besteht aus fünf Bänden: dem Allgemeinen Teil mit EGBGB, dem Schuldrecht, dem Sachenrecht, dem Familienrecht und dem Erbrecht. Es besteht die Möglichkeit, sich die Gesamtausgabe oder auch einzelne Bände zuzulegen. Sie können den Kommentar online vier Wochen gratis testen. Ein ebenfalls positives Beispiel ist der in 7. Auflage im Luchterhand Verlag erschienene „BGB-Kommentar", der auf ca. 3.700 Seiten das BGB fundiert und praxisbezogen ohne Abkürzungen erläutert. Vor allem ist das Preis-Leistungs-Verhältnis dieses Kommentars vielversprechend. Als gedrucktes Werk ist auch der „juris Praxiskommentar BGB" erhältlich. Der Kommentar umfasst alle Bücher des BGB sowie das Internationale Privatrecht. Zahlreiche Hinweise zur Prozesspraxis und die Berücksichtigung aktueller Entwicklung in der Rechtsprechung lassen den Kommentar zu einem guten Ratgeber in der täglichen Praxis werden. Alternativ zur gedruckten Gesamtausgabe mit immerhin ca. 20.000 Seiten wird ein in Relation zum Kaufpreis des gedruckten Werks relativ günstiger 12-Monats-Zugriff auf die Online-Ausgabe des Kommentars angeboten. Ebenso kann der Kommentar als eBook geordert werden.

In jedem Fall ist eine Kommentierung zum Bürgerlichen Gesetzbuch in einer zivilrechtlich orientierten Kanzlei ein „must have". Aber auch Fachausrichtungen werden selbstverständlich kommentiert. Erwähnenswert ist so z.b. die Reihe der „Fachanwaltskommentare". Die Kommentierungen der einschlägigen Vorschriften eines Rechtsgebietes sind komprimiert so stets griffbereit – ohne auf mehrere Gesetzeskommentierungen zugreifen zu müssen, wie z.b. im Verkehrsrecht auf das StVG, die StvO, das StGB und das PflichtVG. Praxisnähe zu realistischen Preisen ist so gewährleistet.

d) Rechtsprechungssammlungen

23 Elementarer Bestandteil der juristischen Tätigkeit ist die Kenntnis bzw. der Überblick des Anwalts über die gefestigte Rechtsprechung der obersten Gerichte. Folglich benötigen Sie Rechtsprechungssammlungen. Diese bieten Ihnen die benötigte Hilfestellung. Gängiges Recherchemittel sind dabei die **juristischen Datenbanken**. Eher musealen Charakter haben die bekannten Sammlungen, wie z.b. BGHZ. Daneben gibt es – auch für den Berufseinsteiger – **komprimierte Rechtsprechungssammlungen**. Im Deutschen Anwaltverlag ist beispielsweise 2012 die erste BGH-Urteilsammlung zum Sachschaden unter dem Titel „BGH-Rechtsprechung zum Kfz-Sachschaden" erschienen. Während Sie in Online-Datenbanken Volltext-Urteile finden, sind die in diesem Buch zitierten Entscheidungen komprimiert auf das Wesentliche. Empfehlenswert ist hier z.b. auch die Entscheidungssammlung „Mietrechtsprechung von A-Z".

> *Tipp*
> Rechtsprechungssammlungen sind notwendiges Rüstzeug Ihrer Tätigkeit. Die Anschaffung in gedruckter Form ist kostenintensiv und museal, jedenfalls seitdem es Online-Datenbanken gibt. Komprimierte und auf Ihren anwaltlichen Alltag zugeschnittene Sammlungen finden Sie hingegen als Handbuch. Nutzbringend sind diese Entscheidungssammlungen, insofern sie Ihnen einen schnellen Überblick verschaffen, wie die Praxis mit den Streitfragen des Anwaltsalltags umgeht. Die Auswahl ist meist repräsentativ, sie vergeuden keine Zeit bei der Lektüre zahlreicher Volltext-Urteile.

e) Handbücher

24 Handbücher werden auf dem juristischen Buchmarkt derart umfangreich angeboten, dass sie sich nahezu für jedes Rechtsgebiet finden lassen. Wesentliches Anliegen von Handbüchern ist es, als **Nachschlagewerk praxisbezogen** auf die anwaltliche Dienstleistung maßgeschneidert zu sein. Sie gewähren Ihnen einen schnellen Überblick über (vielleicht auch mal nicht geläufige) Problemkreise eines speziellen Rechtsgebietes. Oft sind sie in einen materiellen und einen prozessualen Teil gegliedert. Dadurch wird die Mandatsbearbeitung erleichtert, schon allein aufgrund zeitsparender Recherchemöglichkeiten. Wesentlicher Bestandteil dieser Handbücher sind zudem Muster von außergerichtlichen und gerichtlichen Schriftsätzen, die häufige Problemfälle des Rechtsgebietes erfassen. Nicht zuletzt sind die Handbücher auch eine sinnvolle Möglichkeit der guten und schnellen Weiterbildung für den Rechtsanwalt.

Neben dem Angebot an Handbüchern zu speziellen Rechtsgebieten sind die Werke **25** zu erwähnen, die nicht den streng rechtlichen Bereich der anwaltlichen Tätigkeit thematisieren, sich aber gleichwohl mit der anwaltlichen Arbeit auseinandersetzen. So sind **Handbücher zum anwaltlichen Marketing** erhältlich, deren Anschaffung für einen darin nicht bewanderten Berufsanfänger durchaus zu empfehlen ist. Sie müssen ab dem ersten Tag Ihrer Zulassung unternehmerisch denken und entsprechend tätig werden. Gelernt haben Sie das aber weder im Studium noch im Referendariat. Einschlägige Literatur bietet Ihnen hierbei eine unabdingbare Hilfestellung. Empfehlenswert ist für den Berufsanfänger z.B. das 2012 erschienene „Praxishandbuch Anwaltsmarketing" von *Cosack/Hamatschek*. Das Buch gibt Hilfestellung für das dauerhafte Betreiben professionellen Marketings in einer Anwaltskanzlei. Erwähnenswert ist auch das im selben Jahr erschienene Buch von *Busmann* „Chefsache Mandantenakquisition". Die Autorin zeigt Akquisestrategien für Anwälte auf und richtet sich dabei auch an Junganwälte.

Die Anschaffung eines **Handbuchs zur Anwaltssozietät** ist Pflicht, wenn Sie sich **26** zu einem Zusammenschluss mit anderen Anwälten zur gemeinsamen Berufsausübung entschließen. Aus dem Zusammenschluss ergeben sich komplexe Rechtsfragen, beginnend bei den gesellschaftsrechtlichen Gestaltungsmöglichkeiten bis hin zu Erbregelungen. Auskunft gibt dazu z.B. das 2012 erschienene Handbuch „Die Anwaltssozietät", herausgegeben von *Dombek/Ottersbach/Schulze zur Wiesche*.

Als Existenzgründer müssen Sie sich auch mit Mandatsbedingungen, Vergütungsvereinbarungen und Haftungsbeschränkungen im Mandantenvertrag auseinandersetzen, und zwar vom ersten Tag Ihrer Tätigkeit an. Hilfestellung bietet hier das 2012 erschienene Handbuch „Vereinbarungen mit Mandanten" von *Hinne/Klees/Teubel/Winkler*. Schließlich ist auch bei der Verhandlungsführung mit Mandanten Taktik gefragt.

Unbedingt empfehlenswert ist auch das „**Beck'sche Rechtsanwalts-Handbuch**". In diesem stets in Neuauflage erscheinenden Handbuch werden 65 anwaltliche Tätigkeitsschwerpunkte in einem praxistauglichen Überblick inklusive Verfahrensrecht ebenso dargestellt wie die Themen anwaltliches Berufsrecht, Mandatsvertrag, Anwaltshaftung, Steuern, Buchhaltung, notwendige Versicherungen usw. Für den

Berufseinsteiger bietet dieses Handbuch eine sehr komprimierte Übersicht mit einer Vielzahl wichtiger Informationen bis hin zu To-Do-Listen und zahlreichen Checklisten. Selbst das Einarbeiten in unbekannte Rechtsgebiete ist mit diesem Buch möglich – eigentlich ein „must have" für den Berufsanfänger. Das Buch richtet sich deshalb vor allem an den Berufsanfänger und Kanzleigründer.

27   Auch dienen Handbücher, die vornehmlich für Rechtsanwaltsfachangestellte geschrieben wurden, der Erleichterung anwaltlicher Arbeit. In diesen Handbüchern werden nämlich zahlreiche Problemkreise des Anwaltbüros und der anwaltlichen Tätigkeit erörtert, die weder im Studium noch im Referendariat erlernbar sind. Ein hervorragendes Beispiel eines solchen Handbuchs ist das an Auszubildende, Anfänger und Fortgeschrittene des Anwaltsgebührenrechts gerichtete, in fortlaufend aktualisierter Auflage erscheinende Standardwerk von *Enders* – „RVG für Anfänger". Ausgezeichnete Literatur zum **Gebührenrecht** findet der Anwalt beispielsweise im Deutschen Anwaltverlag: Gebührentabellen, Handbücher und Kommentar sind auf die verschiedenen Bedürfnisse und Fragestellungen des Rechtsanwalts zu diesem Thema zugeschnitten. Zwar ist das Gebührenrecht ein wesentlicher Bestandteil anwaltlicher Arbeit, gleichwohl aber wird die anwaltliche Vergütung weder großartig in der Ausbildung gelehrt, noch in der Literatur für den Anwalt überschaubar als Einstieg thematisiert. Gerade Sie als Berufsanfänger sollten sich vor dem ersten Mandantenkontakt einen sicheren Überblick über die Vergütung verschaffen. Hier bietet sich z.B. der von *Schneider/Wolf* herausgegebene, kontinuierlich aktualisierte **„AnwaltKommentar RVG"** (zurzeit 6. Auflage 2012) an. Der praxisnahe Kommentar ist mit Berechnungsbeispielen, Mustern und Checklisten angereichert und ermöglicht Ihnen so einen vereinfachten Einstieg in das Gebührenrecht, eine sehr gute Ergänzung zum *Enders*.

28   Denken Sie bei der Anschaffung von Literatur nicht nur an sich, sondern auch an Ihre Angestellten. Standardwerk **für Ihre Angestellten** sollte das „Handbuch für Rechtsanwaltsfachangestellte" von *Jakoby/Jungbauer/Boiger* sein, welches 2013 bereits in der 20. Auflage erscheint. Das Werk deckt die Kernaufgaben der Tätigkeiten Ihrer Angestellten ab und berücksichtigt dabei auch die Gebiete der anwaltlichen Praxis, die als Hintergrundwissen zur Aufgabenbewältigung vermittelt werden.

29   In diesem Zusammenhang ebenfalls nicht zu vergessen sind diejenigen Handbücher, die sich als **reine Nachschlagewerke** verstehen. Dazu zählen beispielsweise das **„Anwaltsverzeichnis"** sowie das **„Ortsverzeichnis"** (Gerichte und Finanzbehörden), jeweils erschienen im Deutschen Anwaltverlag.

Zum Thema Handbücher soll abschließend die Reihe „Handbuch des Fachanwalts"   **30**
erwähnt werden. Sie bieten eine systematische Darstellung des jeweiligen Rechtsgebiets. Die praxisgerechte Aufarbeitung spricht dabei ebenso den **Fachanwalt**
wie den Berufsanfänger ohne Fachanwaltstitel an.

f) Formularsammlungen

Zur Erleichterung der anwaltlichen Tätigkeit werden Formularsammlungen entwe-   **31**
der zu speziellen Rechtsgebieten oder rechtsgebietübergreifend oder aber auch
nach außergerichtlicher und gerichtlicher Anwaltstätigkeit getrennt angeboten.
Diese Sammlungen enthalten erläuternde Ausführungen mit sich anschließenden
Mustertexte jeglicher Art. Sie sind dem Anwalt daher eine Orientierungshilfe und
erleichtern vor allem dem Berufsanfänger das Diktat. Kombiniert mit einer bei-
gefügten CD-ROM, die die Muster als Textdatei beinhaltet oder aber einer Online-
Zugriffsmöglichkeit nach Erwerb des Handbuchs, wird eine Integration in die
kanzleiinterne Textverarbeitung kinderleicht gemacht. Herausragend aus dem Angebot ist das unbedingt empfehlenswerte Kompendium „**AnwaltFormulare**" in
der 7. Auflage 2012 aus dem Deutschen Anwaltverlag. Hierin findet sich in 59 Kapiteln zu den gängigen Rechtsgebieten eine Vielfalt von Schriftsatzbeispielen nebst
Erläuterungen – (nicht nur) für den Berufseinsteiger eine wahre Fundgrube und Arbeitserleichterung. Neben reinen Musterformularen/-schreiben enthält das Buch
zudem eine kurze Einführung zu einer Vielzahl von Rechtsgebieten und deren
wichtigsten Schwerpunkten in der anwaltlichen Tätigkeit. Umfangreiche und zahlreiche Rechtsgebiete bedienende Formularsammlungen werden auf dem Markt der
juristischen Fachliteratur zahlreich angeboten. Erwähnenswert ist allemal das
„Beck'sches Prozessformularbuch", das dem Zivilrechtler oftmals gute Dienste im
gerichtlichen Verfahren leistet. Eine sehr detaillierte Sammlung an Formularen für
den forensisch tätigen Anwalt bietet die Reihe „**Münchener Prozessformularbuch**" zu diversen Rechtsgebieten wie z.B. dem Arbeitsrecht, Mietrecht. Der Deutsche Anwaltverlag deckt mit seiner Reihe „AnwaltFormulare" eine umfassende
Formularliteratur ab, die praxisnah und praxistauglich einsetzbar ist. Es finden
sich zu diversen Rechtsgebieten Schriftsatzmuster, Vertragsmuster und Erläuterungen; die Bücher werden alle mit einer CD-ROM geliefert.

Ebenfalls sehr empfehlenswert ist „Das Rechtsformularbuch". Das Buch, hrsg. von
Wurm/Wagner/Zartmann, ist 2011 in der 16. Auflage erschienen und stellt Formulare aus den gestaltungsträchtigsten Rechtsgebieten zusammen. „Das Prozessformularbuch" von *Vorwerk* bietet dem Berufseinsteiger rechtssichere und schnelle
Hilfe mit erläuterten Mustern für sämtliche Verfahrensstadien des Prozesses.

32

Tipp

Eines gilt es bei dem Einsatz solcher Formularsammlungen zu bedenken: Formularsammlungen sind immer nur generelle Muster. Sie sollten solche Muster deshalb keineswegs kritiklos für das gerade bearbeitete Mandat übernehmen. Eigene Leistung ist immer gefragt. Nur so kann man dem jeweils individuellen Charakter eines Mandats gerecht werden. Formularsammlungen erleichtern zwar Ihre anwaltliche Tätigkeit, ersetzen sie aber nicht!

Achtung

Maßgeschneiderte Lösungen sind gefragt und dürfen vom Anwalt erwartet werden, Musterverträge aus der Schublade zu ziehen oder ungeprüft aus irgendeiner Formularsammlung zu übernehmen hat dagegen nichts mit Dienstleistung zu tun und ist obendrein gefährlich!

g) Zeitschriften

33

Der juristische Markt an Fachliteratur ist mit einer ausgeprägten Vielfalt von Zeitschriften gesättigt. Die Zeitschriften reichen in ihrem Inhalt von klassischen juristischen Fachzeitschriften (z.B. NJW) bis zu den zwischenzeitlich am Markt positionierten Zeitschriften des Kanzlei- und Büromanagements (z.B. „Anwaltsgebühren spezial (AGS)" oder „Das juristische Büro (JurBüro)"). Welche Zeitschrift ist im Abonnement sinnvoll? Das Thema Zeitschriften kann schon allein wegen der Rechtsprechung des BGH nicht vernachlässigt werden.

34

Es gibt eine vermeintliche „Muss"-Lektüre. So hat der Bundesgerichtshof von einem Rechtsanwalt die Kenntnis eines Urteils erwartet, das vierzehn Tage vor der streitgegenständlichen Falschberatung in der **NJW** abgedruckt war (vgl. Rn 4 ff.). Ob deshalb die Lektüre der NJW tatsächlich ein „Muss" ist, sei dahingestellt. Wenn Sie Zugriff auf juristische Datenbanken haben, kann ein Zeitschriften-**Abonnement** in Frage gestellt werden. Schließlich wird in den **Online-Datenbanken** höchstrichterliche Rechtsprechung meist schon wenige Tage nach Verkündung eingestellt. Der Rechtsanwalt kann über einen Datenbankzugriff damit auf höchstrichterliche Entscheidungen in einer Aktualität und Menge zugreifen, die die in Zeitschriften veröffentlichte übersteigt. Auch die Gerichte verfügen heute standardmäßig über juris und beck-online an den Arbeitsplätzen. Die Anbieter dieser Datenbanken erhalten im Gegenzug vermehrt Entscheidungen der Instanzgerichte, die Sie in Zeitschriften abgedruckt gar nicht oder aber nur erschwert finden. Einschlägige Fachzeitschriften wie z.B. die NJW finden Sie dann auch im Archivbestand der Datenbanken der jeweiligen Verlage. Teilweise stehen die Online-Ausgaben schon vor den Printausgaben zur Verfügung. Sie können sich so auf den aktuellsten Stand der Rechtsprechung bringen, beziehen aber keine Zeitschrift.

Jedenfalls gibt es neben der NJW einige ähnlich gute Produkte, die dem Anwalt **35** einen umfassenden Überblick über Gesetzesänderungen, aktuelle Rechtsprechung und verschiedene Themengebiete gewährleisten. Als Beispiel sei hier die „**Zeitschrift für die Anwaltspraxis (ZAP)**" erwähnt. Sie deckt den gleichen Bereich wie die NJW ab, fasst sich aber in ihren Ausführungen insgesamt kürzer, ohne dabei weniger aussagekräftig zu sein. Interessant an der ZAP ist der regelmäßige Aufsatzteil, der an den Bedürfnissen der anwaltlichen Praxis ausgerichtet ist. Vergleichbar mit den genannten Zeitschriften ist auch die „**Monatsschrift für Deutsches Recht (MDR)**". Das Abonnement enthält den Zugriff auf alle Entscheidungen und Aufsätze seit 1981, die in der MDR veröffentlicht sind. Vielleicht testen Sie die Zeitschriften einmal selbst in einem kostenlosen Probeabonnement, das zumeist von den Verlagen angeboten wird.

> *Tipp*
> Eine **allgemeine juristische Zeitschrift** muss als Abonnement in Ihrer Kanzlei zur Verfügung stehen und zur regelmäßigen Lektüre gehören, allein schon um den Anforderungen der Rechtsprechung zu genügen. Um Kosten einzusparen, kann man auch daran denken, mit einem jungen Kollegen vor Ort ein Abonnement zu teilen. Der eine bezieht beispielsweise die ZAP, der andere die NJW. Nach Lektüre tauscht man die Exemplare untereinander aus. Alternative: die Zeitschriftenlektüre über Online-Datenbanken.

Interessant für den Anwalt sind neben den allgemeinen auch die speziell auf einzelne Rechtsgebiete ausgerichteten **Fachzeitschriften**. So bietet sich beispielsweise für den im Verkehrs-/Versicherungsrecht tätigen Anwalt das Abonnement der „Zeitschrift für Schadensrecht (zfs)" aus dem Deutschen Anwaltverlag an. Als Mitglied der Arbeitsgemeinschaft Verkehrsrecht erhalten Sie diese Zeitschrift im kostenfreien Bezug. In den anderen Arbeitsgemeinschaften des Deutschen Anwaltvereins finden sich regelmäßig vergleichbare Angebote. Als Mitglied der Arbeitsgemeinschaft Arbeitsrecht erhalten Sie z.B. die „AE – Arbeitsrechtliche Entscheidungen", als Mitglied der Arbeitsgemeinschaft Familienrecht die „FF – Forum Familienrecht". In diesen nach Fachgebieten gegliederten Zeitschriften erhält der Anwalt einen Überblick über die für seine Tätigkeit wesentliche Rechtsprechung und Gesetzeslage. Sehr effizient zusammengefasste Informationen zu verschiedenen Rechtsgebieten finden sich beispielsweise auch in den im Institut für Wirtschaftspublizistik (IWW) monatlich erscheinenden Zeitschriften „Versicherung und Recht kompakt", „Erbrecht effektiv", „Arbeitsrecht aktiv", „Familienrecht **36**

kompakt", „Mietrecht kompakt" usw., die Ihnen aktuelle Rechtsprechung, praxis-
bewährte Checklisten oder aber zeitsparende Musterformulierungen an die Hand
geben. Mit einem Abonnement eines IWW-Informationsdienstes können Sie auch
eine App nutzen, mit der Sie auf die Inhalte Ihrer Informationsdienste online und
offline zugreifen können. Ein Newsfeed informiert Sie zudem tagesaktuell zu Ihrem Rechtsgebiet.

37   Dem Anwalt schadet zudem ein Interesse an **Zeitschriften außerhalb der rein
     anwaltlichen Arbeit** nicht. Er sollte die „Sprache" seines Mandanten verstehen
     und sprechen. Dazu ist nicht nur juristisches Fachwissen zwingend notwendig.
     Besser verstehen können Sie als Anwalt Ihre Zielgruppe, wenn Sie sich auch auf
     deren Terrain begeben und sich dazu der dort gängigen Literatur bedienen. Der im
     Unternehmensrecht spezialisierte Rechtsanwalt sollte beispielsweise erwägen,
     Zeitschriften wie die „Wirtschaftswoche" oder das „Handelsblatt" zu abonnieren.
     Auf diesem Wege erlernt er ein besseres Gespür für die aktuelle Marktsituation
     einzelner Fachbranchen und deren finanzielle Strukturen. Für den im Baurecht spe-
     zialisierten Anwalt bietet es sich beispielsweise an, eine Zeitung wie „Das Deut-
     sche Handwerksblatt" zum Kanzleibestand zu zählen. Mit solchen Zeitschriften
     kann er zwar seine rechtlichen Fallkonstrukte nicht lösen, indes aber die Probleme
     seiner Zielgruppe, der Bauunternehmer und Handwerker, aktuell verfolgen. Das
     bringt Verständnis für die Sorgen des Mandanten und hilft damit auch bei der Ak-
     tenbearbeitung. Zudem schafft es Vertrauen Ihres Mandanten in Ihre Tätigkeit.

> *Tipp*
> Fragen Sie einen oder mehrere Mandanten Ihrer Zielgruppe, welche spezi-
> fische(n) Zeitschrift(en) er im Abonnement hat. Sollten Sie sich sodann ent-
> schließen, eine nicht rein juristische Zeitschrift zu abonnieren, fällt die Aus-
> wahl leichter.

38   Welche Zeitschriften für die Kanzlei sinnvoll sind, muss letztlich jeder Rechts-
     anwalt für sich entscheiden und von seiner Ausrichtung abhängig machen. Es sind
     immer auch die **laufenden Kosten** eines **Abonnements** zu beachten, ebenso wie
     die Möglichkeit der späteren Ablage. Was nützt eine informative Zeitschrift, die
     mir aber bei Bedarf ein Nachschlagen nicht oder nur sehr zeitraubend ermöglicht?

39   Übersehen wird schließlich schnell der Fundus an Zeitschriften, die der Anwalt
     kostenlos erhält. Beispielsweise erhält jeder Anwalt regelmäßig die **„BRAK-Mit-
     teilungen"**. In dieser Zeitschrift befinden sich umfangreiche Rechtsprechungs-
     nachweise zu Kernthemen der anwaltlichen Tätigkeit, des Berufs- und Gebühren-
     rechts. Ist der Anwalt Mitglied eines Anwaltvereins, erhält er das **„Anwaltsblatt"**.
     Diese Zeitschrift bietet ebenfalls einen Überblick über aktuelle Rechtsprechung

zum Berufs- und Gebührenrecht wie auch zu Haftpflichtfragen. Beilage ist der „juris PraxisReport extra" mit einer Auswahl an Entscheidungsanmerkungen zum Prozessrecht. Zudem erhält der Anwalt auch regelmäßig Informationen durch den Report seiner **Rechtsanwaltskammer**. Auf den kostenlosen Bezug von Zeitschriften als Mitglied einer Arbeitsgemeinschaft des Deutschen Anwaltvereins wurde bereits näher eingegangen (siehe Rn 36).

Bei der Lektüre von Zeitschriften neigt man leicht zum zeitintensiven Schmökern. **40** Praktizieren Sie stattdessen konzentriertes **Querlesen mit Markierungen** wichtiger Einzelheiten und entsprechenden Randnotizen. Sind mehrere Rechtsanwälte in der Kanzlei tätig, sollte durch eine optimale Arbeitsteilung das Lesen und Hervorheben von Informationen, die für die Kanzlei von Bedeutung sind, erleichtert und Zeit einspart werden.

Während der alltäglichen Berufsausübung bleibt wenig **Zeit zur Lektüre**. Deshalb **41** räumen Sie sich besser in Ihrem Terminplan eine feste wöchentliche Zeit ein, in der Sie sich dann ausschließlich der Lektüre der Fachzeitschriften widmen. Es kann und darf nicht sein, dass der Anwalt meint, mit dem bloßen Abonnement einer Zeitschrift seinen Pflichten Genüge zu tun. Andererseits macht es wenig Sinn, die NJW von vorne bis hinten zu lesen. Die Balance muss jeder selbst finden. Zeitsparend und effektiv kann z.B. auch die Einführung einer bestimmten Lese- und Vermerktechnik sein.

Tipp **42**
Die erscheinenden Zeitschriften werden **reihum an die Anwälte der Kanzlei** verteilt. Bei Lektüre der Zeitschrift markiert der einzelne Anwalt dann diejenigen Stellen, die mit größter Wahrscheinlichkeit auch die anderen Kollegen interessieren werden. Die Markierung kann etwa durch einen Vermerk der Seitenzahl auf der Umschlagseite erfolgen. Erkennt der erste Leser sofort einen für seinen Kollegen spezifischen Beitrag von Interesse, kann er zudem ein Namenskürzel vor den **Vermerk** der Seitenzahl notieren. Zur einfachen Übersicht, wer wann was gelesen hat, ist der Vermerk eines Namenskürzels nebst besonderem Zeichen sowie des Lesedatums sehr empfehlenswert. Wird die Zeitschrift dann an den nächsten Kollegen weitergereicht, kann dieser anhand der angegebenen Seitenzahlen gezielt blättern, ohne die ganze Zeitschrift lesen zu müssen. So lässt sich eine wirtschaftlich sinnvolle Arbeit gestalten. Auch droht nicht Gefahr, eine bereits gelesene Zeitschrift immer wieder auf den Schreibtisch zu bekommen.

h) Eigene Aufzeichnungen

43 Auch Ihre eigenen Aufzeichnungen sollten Sie als Print-Medien betrachten. Ordentlich strukturiert und abgelegt, können sie zu einer unschätzbaren Quelle an Informationen im Berufsalltag werden. **Musterklagen** und **Musterschriftsätze** lassen sich beispielsweise in Abschrift gedruckt gut in separate Heftordner ablegen. Bei Bedarf sind sie dann immer griffbereit und verwendbar. Beispielsweise bietet sich ein solches Vorgehen an, wenn es sich um nicht ganz alltägliche Antragstellungen wie die der Widerklage und Drittwiderklage bei einem Verkehrsunfall handelt. Eine solche Antragstellung exemplarisch abgelegt, ist bei einer neuerlichen ähnlichen Fallbearbeitung eine Arbeitserleichterung und erspart Zeit, da man sich nicht auf die Suche nach einer alten Akte mit vergleichbarem Inhalt machen muss („Wie hieß die Sache denn bloß noch?").

i) Print-Medien außerhalb der Juristerei

44 Neben den rein juristischen Druckwerken erscheinen auch solche, die grundsätzlich mit der Juristerei und dem Anwaltsberuf nicht viel gemein haben, dem Anwalt und seiner Kanzlei aber gleichwohl dienlich sind.

Das örtliche Telefonbuch, die Gelben Seiten oder andere Branchenverzeichnisse in jeweils aktueller Ausgabe dürfen in keiner Kanzlei fehlen. Auch das bundesweit gültige elektronische Telefonbuch der Telekom ist sehr nutzbringend. Jedenfalls können sich aus diesen Telefonbüchern und Verzeichnissen schon vor dem ersten Mandantenkontakt wichtige Informationen ergeben, z.B. über das ausgeübte Handwerk oder den Beruf des potenziellen Mandanten. Diese Informationen können dann im Mandantengespräch sehr hilfreich sein. Im Übrigen ist es aus den genannten Gründen auch vorteilhaft, sich die Telefonbücher der angrenzenden Wohnbezirke zu besorgen oder aber einfach eine Recherche unter *www.dasoertliche.de* zu starten. Hier wird auch eine Rückwärtssuche angeboten, so dass Sie anhand der Telefonnummer Ihres Mandanten herausfinden können, aus welchem Stadtviertel er kommt. Ein Ausdruck aus dem Online-Telefonverzeichnis mit Rufnummer und Adresse erleichtert der Sekretärin die Aktenanlage.

45 Unternehmen wie Banken und Versicherungen, Dienstleistungsbetriebe und Behörden stellen sich mit Anregungen und Themen, mit Empfehlungen und Ratschlägen dar, zeigen ihre Offenheit zum Dialog, offerieren Broschüren und Drucksachen, aus denen fachbezogene Informationen für einen Rechtsanwalt nützlich sein können. Beispielsweise gibt es einen jährlich erscheinenden Ratgeber für Juristen, das so genannte **Juristen-Jahrbuch**, das durch die meisten Sparkassen übergeben wird. Namhafte Krankenversicherungen bieten wiederum Informationsbroschüren zu Themen des Sozialrechts an, die dem Anwalt durchaus sehr nützlich sein können. Ähnlich verhält es sich mit der DATEV, die ihren Mitgliedern jährlich Tabellen und Informationen kompakt gebündelt für den steuerlichen Berater zur Verfügung stellt. Sprechen Sie mit Ihnen im Geschäftsverkehr kooperierende Unternehmen auf deren regelmäßig erscheinende Print-Medien an.

2. Elektronische Informationsquellen

a) Allgemeine Vorüberlegungen – Hardwareausstattung

Elektronische Arbeitsmittel sind in Ihrem Berufsalltag nicht wegzudenken. Unabhängig von der Nutzung für Recherche und Informationsverwaltung kann Ihnen die Kanzlei-EDV auch einen kostenreduzierten und effizienten Arbeitsalltag gewähren. Kosten und Aufwand der EDV-Anlage müssen Sie abwägen und für sich und Ihre Kanzlei eine zugeschnittene Lösung finden. Eine kleine Hilfestellung hierzu möchte ich mit nachstehenden Überlegungen bieten.   **46**

Im Büro können Sie einen typischen Windows-PC oder aber einen Apple mit Parallel-Betriebssystem einsetzen. Zu überlegen ist, ob Sie statt in einen solchen Desktop-PC in einen **Laptop mit Dockingstation** investieren. Im Ergebnis sind Sie damit flexibler als mit einem klassischen Desktop-PC. Insbesondere die Arbeit im „Home-Office" abends oder am Wochenende fällt mit dieser mobilen Variante leichter. Interessant wird die Anschaffung eines Laptops zudem, schaut man sich die Entwicklung des Windows-Betriebssystems an. Windows 8 ermöglicht die komfortable Nutzung von Touch-Screens, so wie sie z.B. von Smartphones bereits bekannt ist. Professionelle Laptops sind bereits mit einer solchen Touch-Technik ausgestattet. Sie ermöglicht mit der entsprechenden Software eine direktere, aber auch bequemere Art der EDV-Arbeit. Dabei ist allein physikalisch die Arbeit an einem Laptop mit **Touch-Screen** simpler als an einem separaten Computer-Bildschirm.

Als Ergänzung bietet sich der Einsatz eines Smartphones oder Tablet PCs an. Überall ist damit komplikationslos der Zugriff auf das Internet gewährleistet. Das geht mit einem Laptop selbstverständlich auch. **Smartphone** und **Tablet PC** sind aber besser zu tragen bzw. zu transportieren. Heute nehmen bereits einige Berufskollegen ihre elektronisch generierte Akte statt der Papierakte, z.B. auf einem iPad und installierter Jurasoft Software „Jura Touch", zu Gerichten und Terminen mit. Dies ist praxistauglich und wird zunehmend Standard. Die vorgenannte Software zeigt im Übrigen den Trend, dem auch wir Anwälte beim Einsatz von EDV folgen.   **47**

Neben der Möglichkeit, Akten und Dokumente mitzuführen, beinhaltet „Jura-Touch" ein Diktiersystem (mit der Funktion „Versenden des Diktats" per E-Mail), juristische Werkzeuge (Unterhaltsberechnungen, Kostenrisikoanalyse usw.), umfasst den Zugriff auf ca. 1.000 praxisrelevante Gesetze, eine integrierte Rechtsprechungsdatenbank bis hin zu einem WEG-Kommentar. Unterwegs können Sie sogar Rechercheangebote der Jurasoft AG nutzen, wie z.b. Einwohnermeldeamtanfragen, Bürgel Auskunft, Creditreform u.ä.

48

Tipp
Die Anschaffung einer EDV-Anlage ist teuer. Entmutigend ist, dass die Anlage, heute gekauft, morgen schon veraltet ist. Dann droht die Funktionsfähigkeit mit aktueller Software zu scheitern. Fragen Sie daher bei Ihrem Hardware-Partner nach der Möglichkeit eines sog. **Austausch-Leasings**. Hierbei schaffen Sie die Geräte auf Leasingbasis an (auch gut für den schmalen Geldbeutel und die AfA) und können einzelne Bestandteile, die veralten, gegen neuere unter Korrektur der monatlichen Leasingrate oder aber als Neuabschluss austauschen lassen. Häufig ist dann die Leasingrate nach dem Austausch günstiger als zuvor – bedingt durch die stetig fallenden Preise in der Elektronikbranche.

49 Zu den wesentlichen elektronischen Informationsquellen zählen:
- Gesetzestexte
- Rechtsprechungssammlungen
- E-Books, Online-Zeitschriften, Newsletter
- Online-Datenbanken
- Internet, Apps
- Mailing-Listen, Blogs sowie
- die eigene Datenbank und
- Software.

b) Gesetzestexte

50 Alternativ zu den gedruckten Gesetzestexten werden diese auch elektronisch generiert angeboten. Elektronisch generierte Texte besitzen vor allem wesentliche Vorteile, wenn sie mit Datenbanken verknüpft sind. Beispielsweise gibt es in juristische **Datenbanken** eingepflegte Gesetzestextsammlungen, wie z.B. „beck-online-module Schönfelder PLUS" oder „Beck'sche Gesetze Digital".

Einfach, schnell und kostenlos gibt es Gesetzestexte **im Internet**, sie sind aber selten in konsolidierter Fassung zu finden und hinsichtlich ihrer Aktualität mit größter Vorsicht zu genießen. Ein Blick lohnt sich indes auf die Seite *www.gesetze-im-in-*

ternet.de, erstellt in einem gemeinsamen Projekt des Bundesministeriums der Justiz mit der Juris GmbH. Hier finden Sie nicht nur Gesetze, sondern auch ansonsten nur schwer zugängliche und im Gebrauch nicht alltägliche Verordnungen, wie z.B. die Verordnung über Qualitätsnormen für Bananen, kurz QNormBanV. Außerdem ist eine Verlinkung zum Bundesanzeiger Verlag – Bundesgesetzblatt online gegeben. Eine höhere Aktualität ist kaum denkbar.

> *Tipp*
> Für alle Fälle sei noch auf zwei gute Internetadressen aufmerksam gemacht: Ist, weshalb auch immer, ein Gesetzestext nicht zur Hand, haben Sie auf der Seite *www.dejure.org* Zugriff auf die wichtigsten Gesetzestexte in stets aktueller Fassung. Diese Seite sollte ein Muss Ihrer „Favoriten-Liste" im Internet-Browser sein ebenso wie die Seite *www.gesetze-im-internet.de*.

Gesetzestexte sind mittlerweile auch als **App** (Anwendungsprogramm für Smartphone und Tablet PC) erhältlich, z.B. die „Deutsche Gesetze App" von ra-micro online. Die App erschließt mit mehr als 1.000 Bundes- und Landesvorschriften die Deutschen Gesetze. Sie wird online aktualisiert. Eine Nutzung ist auch offline möglich. Interessant: Die in Online-Datenbanken enthaltene Rechtsprechung zur Gesetzesvorschrift wird nach Touch auf den Paragrafen übersichtlich dargestellt. So können Sie **unterwegs** mit Smartphone und Tablet PC auf Gesetzestexte zugreifen. Zudem sind wichtige bzw. praxisrelevante Paragrafen mit Fachkommentaren versehen. Der kostenlose Download steht unter *www.deutsche-gesetze.de* zur Verfügung, und zwar für alle gängigen Betriebssysteme. **51**

Gesetzesrecherche unterwegs ist ebenfalls möglich mit der „Jurion Basis" App für das iPhone und das iPad. Alle bundes- und europarechtlichen Vorschriften stehen zur freien Recherche kostenlos zur Verfügung.

c) Rechtsprechungssammlungen

Auf DVD/CD-ROM sind eine Vielzahl von regelmäßig aktualisierten Rechtsprechungssammlungen erhältlich. Teilweise sind diese Sammlungen nach Rechtsgebieten aufgeteilt, so dass sich durchaus auch Urteile unterer Gerichte finden lassen. Auch die klassischen Sammlungen der **BGH-Rechtsprechung** und der **OLG-Rechtsprechung** sind zu erwerben. Ein gutes Beispiel einer solchen Rechtsprechungssammlung ist die „DRsp – Deutsche Rechtsprechung". Auf einer DVD finden Sie über 215.000 Entscheidungen und eine Fundstellendatenbank. Zwei Updates jährlich gewährleisten die Aktualität der Datenbank. Für Sie als sich spezialisierender Berufseinsteiger werden interessante DVD-Rechtsprechungssammlungen **52**

zu ausgewählten Rechtsgebieten angeboten, wie z.B. „juris DVD – Baurecht". Einige Verlage bieten zudem abgespeckte Versionen der Rechtsprechungssammlungen in Form reiner Leitsätze an und damit eine kostengünstige Alternative.

Dem Nutzer dieser Sammlungen bieten sich viele verschiedene Anwendungsmöglichkeiten, vergleichbar denen einer Online-Datenbank. Er kann beispielsweise gezielt nach einer Entscheidung suchen, sich diese ausdrucken oder in seine Textverarbeitung, z.B. als Zitat in einer Klageschrift, integrieren. Zur Fallbearbeitung jeglicher Rechtsgebiete bieten diese Rechtsprechungssammlungen eine umfangreiche Darstellung der Rechtsprechung an. Der Einstieg in ein Rechtsgebiet lässt sich so allerdings nicht realisieren. Der Berufsanfänger sollte in aller Regel bei seiner Erstausstattung Abstand von der Anschaffung fachgebietsübergreifender Rechtsprechungssammlungen nehmen, da sie meistens kostenintensiv sind. Es ist davon auszugehen, dass Online-Datenbanken diese Art der Rechtsprechungssammlungen kurzfristig verdrängen werden.

d)   E-Books, Online-Zeitschriften, Newsletter

53   Umfangreiche Fachliteratur wird mittlerweile auch als **E-Book** angeboten. Ein E-Book ist die elektronische Ausgabe eines gedruckten Buchs, die Ihnen bei Erwerb als digitale Datei zur Verfügung gestellt wird. Lesen können Sie das Buch dann auf Ihrem PC/Laptop oder aber mittels E-Book-Reader auch auf einem Tablet PC, wie einem iPad. Beispielsweise bietet zukunftsorientiert der Deutsche Anwaltverlag seine Buchtitel auch als E-Book an. Sie können entscheiden, ob Sie sich für den Erwerb des Buchtitels in gedruckter oder EDV-generierter Fassung entschließen. Das hängt letztlich ganz von Ihren persönlichen Vorlieben ab. Einmal **auf dem PC/Laptop/Tablet PC installiert**, haben Sie so einen ordentlichen Fundus an Literatur, der Ihre tägliche Arbeit erleichtert. Ist die Installation auf einem mobilen Gerät erfolgt, können Sie **überall auf Ihre Bibliothek zugreifen**. Sie brauchen dann für Ihre Arbeit im Homeoffice keine zentnerschwere Literatur aus der und wieder in die Kanzlei zu transportieren. Auch kann die schnelle Lektüre einer Kommentierung auf dem Gerichtsflur vor dem Verhandlungstermin oder in einer Verfahrensunterbrechung äußerst hilfreich sein. E-Books sind deshalb ein unschätzbarer Vorteil für Ihre anwaltliche Tätigkeit!

54   Die Krux der angebotenen Fachzeitschriften liegt darin, dass sie umfangreiche Informationen zu einem Zeitpunkt anbieten, zu dem der Anwalt sie zumeist gar nicht benötigt. Das ist bereits erwähnt worden. Hintergrund ist die Eigenschaft des juristischen Wissens als Anwendungswissen. Insoweit ist die Notwendigkeit derartiger Medien gegeben. Entsteht seitens des Anwalts dann der Bedarf, auf früher einmal gelesene Informationen in der Fallbearbeitung zurückzugreifen und ist dieses Wissen – wie so häufig – in Vergessenheit geraten, geht die große Sucherei los („Ja, wo hab ich das denn noch gleich gelesen?"). Einen Ausweg aus diesem Dilemma bieten die angebotenen elektronischen **Zeitschriften-Datenbanken**. Sie bieten ganz individuelle Recherchesysteme mit Zugriff auf das Zeitschriften-Archiv an. Beispielsweise haben Sie als Abonnent der NJW zugleich Zugriff auf das beck-on-line-Modul „NJWDirekt". Die Zeitschrift steht ihnen dort mit Suchfunktionen zur Online-Nutzung zur Verfügung.

Neben diesen Datenbanken existieren auch **reine Online-Zeitschriften**. Einen Überblick über das Angebot vorhandener Online-Zeitschriften finden Sie z.B. auf der Seite der Uni Erlangen unter *www.zr2.jura.uni-erlangen.de/bibliothek/zeitschriften.shtml*.

Eine ausschließlich online erscheinende Zeitschrift, die überwiegend den Bereich des Multimedia-Rechts abdeckt, ist z.b. die „JurPC". Sie ist unter der Internetadresse *www.jurpc.de* zu finden.

Ebenfalls als Online-Zeitschrift zu empfehlen ist die „AnwaltsWoche", als Angebot unter *www.wkdis.de/aktuelles/*. Die wöchentliche Online-Zeitschrift können Sie auch als Newsletter abonnieren.

Vergleichbar einer Online-Zeitschrift sind die regelmäßig erscheinenden **Newsletter** einiger Anbieter. Hier erhält der Empfänger per E-Mail Neues mitgeteilt. Oftmals können vertiefende Informationen durch einen mitgeteilten „Link" (Verknüpfung zu einer Webseite) abgerufen werden, zum Beispiel vom Leitsatz eines Urteils zum Volltext. Sie selbst bestimmen, wer Ihnen solche Newsletter zusenden soll. Dazu suchen Sie die Internetseite des Anbieters auf und abonnieren dort den Newsletter-Dienst. Die Auswahl ist nahezu grenzenlos. Empfehlenswert sind die Newsletter von Verlagen, die Literatur speziell für Anwälte anbieten, auch als RSS-Feeds, z.B. des Deutschen Anwaltverlags unter *www.anwaltverlag.de*, des Haufe Verlags unter *www.haufe.de* oder des Otto Schmidt Verlags unter *www.ottoschmidt.de*. Interessante Neuigkeiten erfahren Sie auch durch den Newsletter des Anwaltsuchservices unter *www.anwaltsuchservice.de* oder die jeweiligen Newsletter der Arbeitsgemeinschaften des Deutschen Anwaltvereins. Erwähnenswert ist auch der Newsletter der Juris GmbH – unter *www.juris.de* zu finden. Stöbern Sie im Internet einfach mal auf den Seiten der einzelnen Fachverlage oder Anbieter juristischer Medien und sie werden mit Sicherheit fündig. Selektieren Sie aber auch hier und ordern nicht gleich 40 Newsletter, die dann doch nicht gelesen werden.

55

Zwischenzeitlich werden auch kostenpflichtige **Briefings** angeboten. Der Deutsche Anwaltverlag bietet beispielsweise „Infobriefe" zu unterschiedlichen Rechtsgebieten (wie Unterhaltsrecht, SGB II usw.) an. Aktuelle Themen werden Ihnen dann als pdf-Datei per E-Mail zugeschickt. Über die Dienste der Jurion Gesellschaft unter *www.jurion.de* können Sie Newsdienste zu gängigen Rechtsgebieten oder als „News Flat" zu insgesamt 17 Rechtsgebieten beziehen. So erhalten Sie wöchentlich eine maßgeschneiderte Zusammenfassung der aktuellen Rechtsprechung, Literatur und Gesetzgebung per E-Mail. Eine interessante Alternative, um komprimiert alle wesentlichen Daten der durch Sie bearbeiteten Rechtsgebiete zu erhalten.

e) Online-Datenbanken

56 Online-Datenbanken geben dem Anwalt die Möglichkeit zur Informationsbeschaffung in einer Fülle und Güte, wie er sie selbst aus seiner Bibliothek so aktuell und mit solch geringem Zeitaufwand niemals beziehen kann. Verschiedene Behörden arbeiten mit Zugriffsmöglichkeiten auf Online-Datenbanken – die Gerichte z.b. mit Juris und Beck-Online –, so dass der Informationsstand dieser Behörden Ihnen in der Sachbearbeitung gegebenenfalls einen zusätzlichen Anreiz zum eigenen Einsatz solcher Recherchemittel geben sollte.

> *Tipp*
> Alles, was Sie nicht in Ihrer Kanzlei an Informationen verfügbar haben, können Sie umgehend über Online-Datenbanken ordern. Zur Verfügung gestellt werden Urteile im Volltext ebenso wie erschienene Fachpublikationen. Auch zahlreiche Behörden und die Gerichte arbeiten mit diesen Datenbanken, so dass Sie hier für „Waffengleichheit" sorgen sollten.

57 Beispielhaft zu nennen ist hier „Juris – Das Rechtsportal", zu finden unter *www.juris.de*. Diese juristische Datenbank ist eine der ersten in Deutschland. Sie bietet ein nahezu grenzenloses Angebot mit umfassenden Recherchemöglichkeiten zu allem, was Sie in Ihrer täglichen Praxis als Anwalt benötigen. Die von Juris offerierten Zugriffsmöglichkeiten sind mittlerweile zahlreich. Die Palette reicht von „juris Spectrum" mit einem Zugriff auf über 1 Mio. Gerichtsentscheidungen, Gesetzestexte, eine Bücherdatenbank, Praxisreporte, Zeitschriften und Arbeitshilfen bis hin zum Starterpaket für den Berufsanfänger, dem „juris Starter". Auch bei letzterem Produkt können Sie die gesamte Rechtsprechungsdatenbank nutzen und haben Zugriff auf die Bundesgesetze sowie den juris PraxisKommentar BGB. Für den spezialisierten Anwalt werden Fachmodule angeboten, z.B. „FachModul Baurecht". Die Fachmodule bieten Zugriff auf die Entscheidungen des selektierten Rechtsgebiets, Literaturnachweise und einschlägige Gesetzestexte. Neu ist das Angebot der sog. „AllianzModule", die für das Familienrecht, Erbrecht, Miet- und Wohnungseigentumsrecht ebenso angeboten werden wie für Nischen des Umwelt- und Medizinrechts. Neben dem Zugriff auf die Juris Datenbank sind den speziellen Rechtsgebieten zugehörige Fachzeitschriften und Fachbücher zur Recherche eingestellt.

Wie in nahezu allen Datenbanken sind Cross-Recherchen möglich, bei Juris auf über 25 Mio. eingestellten Dokumente. Dokumentationshilfen vereinfachen Ihnen die Suche. Innerhalb der Produktpalette ist neben einem Festpreisabonnement ebenfalls durch Buchung einer „Plus-Option" ein Zugriff auf alle verfügbaren Inhalte einhergehend mit einer Einzeldokument-Abrechnung möglich. Mitgliedern des Deutschen Anwaltvereins oder der Notarkammer werden gesonderte Angebote unterbreitet – ebenso wie selbstständigen Berufsanfängern, deren Zulassung weniger als drei Jahre zurückliegt. Die Juris-Datenbank ist empfehlenswert. Der Zugriff kostet allerdings je nach Konfiguration schnell an die 450 EUR jährlich für Einstiegsmodule. Sie dürfen also **nicht die Kosten aus den Augen verlieren**, zumal regelmäßig nach der Anzahl der Berufsträger innerhalb der Kanzlei abgerechnet wird. Auch wenn die Kosten relativ intensiv sind, ist die Leistung **für die tägliche Arbeit von größtem Vorteil** und kann viel Arbeitszeit einsparen und großen Gewinn für die aktuelle Aktenbearbeitung bedeuten.

Eine weitere empfehlenswerte Online-Datenbank ist das Gemeinschaftsprodukt des Deutschen Anwaltverlags und der Haufe Gruppe „Deutsches Anwalt Office Premium", zu finden unter der Domain *www.anwaltsoffice.haufe.de*. Neben einer Entscheidungssammlung, die alle Entscheidungen des EuGH, der Bundesgerichte und der obergerichtlichen Instanzen beinhaltet – seit 2000 komplett –, finden Sie praktische Arbeitshilfen wie Muster, Formulare, Rechner, Tabellen und Checklisten. Besonders erwähnenswert sind auch die angebotenen **Online-Fortbildungen**. Mindestens 12 dieser Seminare werden jährlich angeboten, teilweise sogar zur Pflichtfortbildung nach § 15 FAO anerkannt. Die Kosten der Nutzung liegen jährlich bei ca. 700 EUR exkl. Mehrwertsteuer. **58**

Sehr empfehlenswert ist des Weiteren das Portal Beck-Online des C.H. Beck Verlags, zu finden unter *www.beck-online.beck.de*. Der Verlag bietet hier zahlreiche Module an. Das Einsteiger-Produkt **„Forum Junge Anwaltschaft Plus"** oder auch das Modul „Forum Junge Anwaltschaft Premium" bietet dem Berufsanfänger, der Mitglied des Forum Junge Anwaltschaft im DAV ist, einen sehr guten Zugriff auf elementare Bestandteile der Anwaltsarbeit mit zivilrechtlichem Schwerpunkt, wie beispielsweise dem Beck'schen Formularbuch, dem Prozessformularbuch, dem Beck'schen Onlinekommentar BGB oder der Rechtsprechung aus der NJW/NJW- **59**

RR seit 2004. Zusätzlich können Ergänzungsmodule für spezielle Rechtsgebiete gebucht werden. Von erweitertem, empfehlenswerten Umfang, mit Bestandteilen wie z.b. dem Formularbuch Bürgerliches, Handels- und Wirtschaftsrecht, ZPO-Kommentar, ist das für ca. 25 EUR mtl. zusätzlich buchbare „AnwaltDirekt"-Modul. Nennenswert ist zudem das Angebot „NomosOnline Anwalt" für monatlich ca. 40 EUR. Es beinhaltet zahlreiche Literatur über den Großkommentar zum BGB bis hin zu einer insbesondere dem Berufseinsteiger hilfreichen Formularbibliothek. Des Weiteren bietet Beck-Online einen modularen Aufbau nach Rechtsgebieten differenziert und einzeln bestellbar an, zudem Kommentar- und Formularmodule. Auch hier wird eine extreme Dokumententiefe gewährleistet, allerdings nicht ganz günstig. Das Angebot des Verlags ist allein im fachübergreifenden Bereich mit 15 Modulen immens, in den Fachgebieten wiederum maßgeschneidert zusammenstellbar.

Interessant ist auch das Internetangebot der Jurion GmbH unter *www.jurion.de*. Diverse Module zu selektierten Rechtsgebieten werden hier angeboten. Die Module bieten eine verlagsübergreifende Zusammenstellung ausgewählter Werke.

60   Auch die Online-Datenbanken der deutschen Justiz sind qualitativ hochwertig geworden. Sie bieten in den Suchoptionen nahezu den gleichen Komfort, den Software-Produkte auch bieten, stehen indes kostenlos zur Verfügung. Als vorbildliches Beispiel sei die Seite der Nordrhein-Westfälischen Justiz unter **www.justiz.nrw.de** (dort dann Rechtsbibliothek) genannt. Einige der **oberen Gerichte** stellen ihre veröffentlichten Urteile chronologisch auf den eigenen Web-Seiten ein, und diese sind damit kurz nach ihrem Erscheinen kostenlos abrufbar. Auch auf diesem Weg kann der Anwalt einen gezielten Überblick über die Rechtsprechung oberster Gerichte erhalten. Beispielhaft genannt seien die selbst erklärenden Seiten *www.bundesgerichtshof.de*, *www.bundesarbeitsgericht.de*, *www.bundesverfassungsgericht.de* und *www.bundesverwaltungsgericht.de*.

61   Über weitere Datenbankangebote sollten Sie sich informieren, da es diverse Anbieter mit unterschiedlichen **Spezialisierungen** gibt. Entsprechend den eigenen Bedürfnissen können Sie sich dann auf die Suche nach einem geeigneten Anbieter begeben. Weitere Anbieter im kleineren Rahmen sind beispielsweise zu finden unter *www.lexetius.com*. Es handelt sich um eine kostenlose Datenbank für höchstrichterliche Rechtsprechung, die sehr aktuell eingepflegt wird. Unter der Domain *www.drsp.net* wird eine Datenbank für Deutsche Rechtsprechung angeboten. Über 200.000 Entscheidungen deutscher Gerichte sind eingepflegt. Der Deubner Verlag bietet daneben zahlreiche Online Produkte („Rechtsportale") an, wie z.B. Fachinformationen und aktuelle Nachrichten für die Bereiche Mietrecht, Arbeits- und

Sozialversicherungsrecht und Familienrecht. Die Preise liegen bei ca. 25 bis 50 EUR pro Monat. Bis zum 1.1.2010 ergangene Entscheidungen zahlreicher Gerichte finden sich in der Datenbank unter der Domain *www.judicialis.de*. Das erste Viertel der Entscheidungen ist kostenfrei anzuschauen, der Volltext der Entscheidung kann käuflich erworben werden. Speziell für den Strafrechtler ist das Angebot *www.hrr-strafrecht.de* interessant. Neben einer Online Zeitschrift (**HRRS**) ist eine Rechtsprechungsdatenbank verfügbar. HRRS steht für **H**öchst**R**ichterliche **R**echtsprechung im Strafrecht. Das Internetangebot ist bestrebt, seinen Nutzern einen unentgeltlichen Zugang zur höchstrichterlichen Rechtsprechung im Strafrecht zu bieten. Es öffnet sich dabei sowohl der europäischen und internationalen Rechtsprechung als auch dem wissenschaftlichen und praktischen Diskurs über alle Fragen, die für das Strafrecht relevant sind. Um die bereitgestellten Informationen zum Strafrecht übersichtlich und zeitnah zugänglich zu machen, ist *HRR-Strafrecht.de* aus einem aufeinander abgestimmten System von Einzelangeboten (Zeitschrift, Datenbank und Newsletter) aufgebaut.

Tipp　　　　　　　　　　　　　　　　　　　　　　　　　　　62

Das Angebot an juristischen Datenbanken ist sehr groß. Vielfach werden modulare Aufbauten offeriert. Sie können zwischen fachübergreifenden Modulen und speziellen Rechtsgebieten selektieren und so für sich eine **maßgeschneiderte Lösung** wählen. Verschaffen Sie sich mit einem in der Regel kostenlosen Monatsprobeabonnement einen Überblick über das Preis-Leistungs-Gefüge und die Alltagstauglichkeit der Online-Datenbank. Halten Sie nach, wie häufig Ihnen das Onlineportal von Nutzen war, und testen Sie so, wie wichtig es für Sie in Ihrer täglichen Arbeit ist. Vielleicht nehmen Sie einfach ein anspruchsvolles Mandat zum Anlass des **Datenbank-Tests**. Wenn Sie Ihre Aktenstrategie anhand der sich bietenden Möglichkeiten des Datenbank-Zugriffs entwickeln konnten, ist das ein die Datenbank auszeichnendes Prädikat.

Bei der Nutzung einer Online-Datenbank ist eines zu bedenken: Die **Recherche** ist　63 **teuer**. Für Sie als Existenzgründer will diese Recherchemöglichkeit deshalb sehr gut überlegt sein. Ein vermeintlich teurer Zugriff auf eine Online-Datenbank ist letztendlich aber vielleicht **wirtschaftlich** sinnvoller, als ständig aktuelle Kommentare, Gesetzestexte u.Ä. anzuschaffen – erst recht dann, wenn die Datenbank diese Angebote umfasst. Kalkulieren Sie!

Tipp

Einige Online-Datenbanken bieten eine Abrechnung gefundener Trefferdokumente, die nicht ihrem Datenbank-Zugriff zugehörig sind, nach ausgegebenen Zeilen/Dokumentenumfang an. Sie sollten bei dieser Recherchemöglichkeit gut vorbereitet sein, ein „Schuss ins Blaue" wird schnell teuer. Gegebenenfalls handeln Sie die Übernahme der **Kosten** einer solchen Recherche mit Ihrem Mandanten aus. Über den Pauschalsatz nach dem VV RVG ist sie nämlich nicht gedeckt.

Einige **Universitäten** bieten die Möglichkeit an, in ihren Seminarräumen kostenlos gängige Online-Datenbanken zu Recherchezwecken zu nutzen. Auf die Seminarbedingungen ist aber in jedem Falle zu achten. Der Anwalt kann diese Möglichkeit des Informationsgewinns gerade dann in Betracht ziehen, wenn er eigene Kosten scheut und dafür einen erhöhten Zeitaufwand in Kauf nimmt. Einen Referendar für diese Tätigkeit einzusetzen, kann die optimale Lösung darstellen.

f)   Internet, Apps

64   Selbstverständlich bietet das Internet Nutzen bei der Online-Recherche. Scheuen Sie sich auf Ihrer Suche nach rechtsspezifischen Problemen nicht, die allgemeinen Suchmaschinen, wie beispielsweise *www.google.de* oder *www.yahoo.de* zu aktivieren. Mittels des eingegebenen Suchworts werden Sie im Zweifel schneller an die gewünschten Informationen kommen als durch eine umständliche Literaturrecherche. Eine Vielzahl von Informationen findet sich dann oftmals auf Seiten, die Sie vielleicht nicht erwartet oder aber nicht gefunden hätten. Eine wahre Informationsflut bietet sich Ihnen auf diesem Weg, nahezu immer kostenlos.

Tipp
Übernehmen Sie niemals unkritisch aus dem Internet gewonnene Informationen. **Prüfen** Sie immer den Aussagegehalt nach, es sei denn, der Herausgeber der Informationen ist über jeden Zweifel erhaben.

65   Sie können neben der unsortierten Suche aber auch gezielt Informationen im Internet abrufen. Verschiedene **Hochschulfakultäten der Rechtswissenschaften** haben z.B. ganze **Vorlesungsskripte** auf ihren Internetseiten zum Download eingestellt. Der Nutzer kann das Skript auf seinem PC abspeichern und anschließend nach Belieben studieren. Beispielsweise kann sich der Anwalt, der über ein Rechtsgebiet wie z.B. das Internetrecht keine Kenntnisse besitzt, auf diesem Weg ein entsprechendes Skript zu dem Themengebiet[9] beschaffen, um einen ersten Überblick zu gewinnen. Anschließend kann er selbst entscheiden, ob es erforderlich ist, darüber hinaus teure Handbücher anzuschaffen.

---

9   Angebot im Jahr 2012 beispielsweise von der Juristischen Fakultät der Universität Münster, Lehrstuhl *Prof. Dr. Thomas Hoeren*, Skript mit über 550 Seiten, *www.uni-muenster.de/Jura.itm/hoeren/*.

Einige **Verlage** bieten auf ihren Webseiten Datenbanken mit Urteilen an, auf die **66** der Anwalt gezielt nach Eingabe eines Suchbegriffs zurückgreifen, sich diese im Leitsatz oder Volltext ausdrucken und anschauen kann. Ohne Frage ist auch die Präsentation des eigenen Buchbestandes der Verlage mit Leseproben eine Informationsquelle für den Anwalt, die er nutzen sollte. Hinzu kommen die bereits erwähnten Angebote dieser Verlage in Form der Newsletter.

Verschiedene **Webseiten der Juristerei** bieten ganze Formularsammlungen mit **67** Musterschriftsätzen und Musterverträgen an. Diese kann der Anwalt dann auch per Download auf seiner Festplatte platzieren und nutzen. Größtenteils ist der Download kostenfrei. Im Bereich des Internetrechts gibt beispielsweise die Webseite *www.vertragstexte.de* einige Musterverträge unter Copyright-Schutz vor.

Für den Verkehrsjuristen ist die Seite des ehemaligen Richters am OLG *Burhoff* unter der Domain *www.burhoff.de* perfektes Recherchewerkzeug. Dort finden Sie veröffentliche Rechtsprechung zum Verkehrsrecht, Aufsätze, Zeitschriftenartikel, Linkliste, Newsletter und Forum. Dieser Internetauftritt ist mustergültig.

Nicht zu vergessen bei den nicht-juristischen Datenbanken sind diejenigen, die **68** **Wirtschaftsauskünfte** ermöglichen. So ist über Datenbanken das **Handelsregister** auf der Grundlage der Original-Satzbänder der Bundesanzeiger entstanden, worüber nahezu alle Firmennamen und -daten mit Handelsregisternummern abrufbar sind. Ebenso sind Bonitätsauskünfte über Wirtschaftsdatenbanken möglich, wie beispielsweise über die Kreditauskunft Schimmelpfeng Creditmanagement GmbH (*www.intrum.com*) oder Creditreform (*www.creditreform.de*). Sie gewähren den Zugriff auf abrufbare Wirtschaftsauskünfte, und zwar nicht nur auf inländische.

Tipp
Eine umfangreiche Übersicht an Links zu Gerichten, Datenbanken usw. finden Sie unter *www.uni-muenster.de/jura.itm/hoeren*. Ebenfalls eine umfangreiche Link-Liste finden Sie unter der Webseite *www.juralink.de* oder auch *www.jura-cafe.de*. Stöbern Sie auf diesen Seiten und fertigen Sie sich so selbst eine umfangreiche **Linksammlung** über die Favoriten-Liste im Internet-Explorer, die Sie am besten sofort in diverse Kategorien gliedern.

App ist die Kurzform von Applikation. Gemeint sind damit Anwendungsprogram- **69** me für Smartphones und Tablet PCs. Angebote für Rechtsanwälte mehren sich. Als Besitzer eines Apple iPad oder iPhone können Sie beispielsweise im Apple Store nach geeigneten Programmen für Ihre Anwaltstätigkeit stöbern. Zu den unabdingbaren **Helfern im Alltag** gehören nachstehend benannte **Apps**.

Die kostenlose „Jurion Basis" App für das iPhone/iPad bietet den Zugriff auf die Basis-Rechtsinformationen von Jurion. Neben einer Gesetzestext-Recherche für Bundes- und Landesrecht können Entscheidungen aller Bundesgerichte und des EuGH recherchiert werden. Ein Rechtswörterbuch und eine News-Seite sind ebenfalls in das Programm eingepflegt. Mit dieser App sind Sie mobil bereits gut ausgestattet. Die „Deutsche Gesetze App" ermöglicht Ihnen online und offline den Zugriff auf über 1.000 Bundes- und Landesvorschriften. Zudem können Sie in einer Online-Datenbank recherchieren. Das Ganze ist kostenlos. Wenn es um Gebühren geht und Sie z.b. auf dem Gerichtsflur die Sinnhaftigkeit eines Vergleichsschlusses auch unter Kostengesichtspunkten für Ihren Mandanten ermitteln müssen, ist die App „PocketAnwalt" richtig. Neben einem einfachen Gebührenrechner ist auch ein „Profirechner" integriert, der eigene Anwaltsgebühren, gegnerische und Verfahrenskosten schnell und zuverlässig ermittelt. Aktuelle Rechtsprechung ist ebenfalls in diese App regelmäßig eingepflegt. Der Deutsche Anwaltverein bietet die App „DAV Bußgeldrechner" zum kostenlosen Download an. Die App ermittelt das aktuelle Bußgeld für Verkehrsverstöße. Fragen des Berufsrechts, nach Gesetzestexten und Rechtsprechung finden Sie mit der „Berufsrecht Rechtsanwälte"-App kostenlos beantwortet.

g) Mailing-Listen/Foren/Blogs

70 Das Versenden und Empfangen von E-Mails gehört in jeder Rechtsanwaltskanzlei zum Alltag. Mit diesem Kommunikationsmittel bietet sich Ihnen eine weitere Möglichkeit der Informationsbeschaffung. Sie können sich in sog. **Mailing-Listen/** Foren eintragen, auch in solche, die nur für Anwälte bestimmt sind.

Die Mailing-Listen dienen vornehmlich dem Informationsaustausch. Das bedeutet, dass Sie nach Eintragung regelmäßig E-Mails erhalten und so an einem Fachdialog teilnehmen. Ein Teilnehmer stellt wichtige Neuigkeiten ein und sämtliche anderen erhalten diese dann per E-Mail. Einige Listen ermöglichen auch einen unmittelbaren Dialog, indem eine Frage durch einen Teilnehmer aufgeworfen wird, die dann wiederum durch andere Teilnehmer beantwortet werden kann (**Foren**). Es gibt auch Mailing-Listen, in denen Teilnehmer die Suche nach Urteilen oder Aufsätzen in entlegenen Quellen betreiben. Teilweise in Minutenschnelle wird der Text dann durch weitere Teilnehmer als Attachement einer E-Mail oder als Fax zugesandt. Schneller und preiswerter lässt sich die Informationsbeschaffung wohl kaum gestalten.

Einen Überblick über bestehende Mailinglisten gewinnen Sie beispielsweise unter *www.recht.de*. Sie sind zu allen erdenklichen Rechtsgebieten in großer Zahl vorhanden.

Den Foren vergleichbar sind Blogs, d.h. ein auf einer Website geführtes Tagebuch/ Journal. Nennenswert ist der „Jurion Strafrecht Blog" unter *http://blog.strafrecht.jurion.de/allgemein/*. Hier werden aktuelle straf-, OWi- sowie gebührenrechtliche Themen von Rechtsanwalt *Detlef Burhoff*, RiOLG a.D. berichtet.

h) Die eigene Datenbank

Zu empfehlen ist, dass Sie für Ihre Kanzlei eine eigene Datenbank anlegen. In dieser Datenbank können Sie dann solche Aufzeichnungen ablegen, die für die gesamte Kanzlei von Interesse und/oder im anwaltlichen Berufsalltag von wiederkehrender Bedeutung sind. Ein schneller Zugriff auf diesen Wissenspool ist so gegeben. Diese Ablage ist in ihrer Wirkungsweise mit einem Archiv vergleichbar. Wenn sie dann auch wirklich systematisch und den Bedürfnissen angepasst aufgebaut ist, ist sie eine logistische und nutzbringende Dokumentation. Auch in einfachen Strukturen lässt sich die eigene „Datenbank" aufbauen. **71**

> *Tipp*
> Zur Gestaltung einer eigenen „Datenbank im Kleinen" legen Sie einfach eine **Ordnerstruktur auf der Festplatte** des Kanzleiservers ab. Beispielsweise erstellen Sie leere Ordner, bezeichnet nach den bearbeiteten Rechtsgebieten, z.B. Öffentliches Baurecht, Privates Baurecht, Verkehrsunfallrecht, Verkehrsstrafrecht. Diese Ordner werden wiederum mit einer weiteren Struktur aufgefüllt, die dem gewünschten Zugriff dienlich ist, z.B. Ordner Aktuelles, Urteile, Literatur, Aufsätze, Formulare. Wenn Sie dann bei Ihren Recherchen und Arbeiten auf **elektronisch generierte Dokumente** stoßen, die auch weiter gehend für Sie von Interesse sein werden, legen Sie diese einfach in der vorbezeichneten Ordnerstruktur ab. Nichts geht verloren, der Zugriff ist immer gewährleistet, auch für andere Kollegen Ihrer Kanzlei. Ebenfalls abzulegen in einer solchen Ordnerstruktur sind bestimmte Schriftsätze, die Sie als Muster exemplarisch hinterlegen. Dies gilt im Übrigen auch für standarisierte Schreiben wie Vollmachten oder Checklisten.

i) EDV-Programme

Neben der angebotenen Kanzleisoftware, die dem Anwalt heute immer mehr zusätzliche Leistung auch außerhalb der „elektronischen Akte" bietet, sind spezielle **72**

EDV-Programme zur Unterstützung Ihrer Arbeit erhältlich. Diese Programme kann man sicherlich als „tools" bezeichnen, also als Ihre Werkzeuge. Oftmals stehen solche Programme im Internet als Download, vermehrt als App, zur Verfügung. Andere Programme wiederum sind käuflich zu erwerben, bieten aber auch hohen Nutzen. Beispielsweise werden „Erbrechtliche Berechnungen" als CD-ROM angeboten. Mit diesem Programm können Sie die gesetzliche Erbfolge berechnen, die Erbanteile, den Miterbenausgleich, Pflichtteile, Pflichtteilsergänzungsansprüche. Ein vergleichbares Produkt gibt es auch für das Familienrecht. Mit „Familienrechtliche Berechnungen" können sie Unterhalt, Versorgungsausgleich und Zugewinn berechnen. Hiermit ausgerüstet, können Sie sich einige zeitraubende Rechenarbeiten ersparen und integrieren die hereingereichten Mandanteninformationen zudem in einer ansprechenden Art und Weise in Ihre Textverarbeitung. Über die Produktpalette können Sie sich unter anderem auf den Seiten *www.soldan.de* der Soldan Buchhandlung informieren.

3. Weitere Informationsquellen

73 Neben den bisher aufgezeigten Informationsquellen sind **persönliche Kontakte** unerlässliche Erkenntnisquellen.

a) Veranstaltungen

74 Bekanntlich ist aller Anfang schwer. Neben Informationen auf Papier und aus der EDV bietet sich gerade für Sie als Berufsanfänger die Möglichkeit, in Fachveranstaltungen und Weiterbildungskursen nicht nur Ihren Wissensdurst zu stillen, sondern einen guten und schnellen Einblick in ganze Rechtsgebiete zu erhalten. Das Angebot an Fachveranstaltungen für den Rechtsanwalt und seine Mitarbeiter ist vielfältig und reicht von Seminaren des Anwaltmarketings bis hin zu Seminaren zum Weinrecht (gibt es tatsächlich!). Nicht zu unterschätzen ist der bei diesen Veranstaltungen mögliche Erfahrungsaustausch mit Kollegen, der den eigenen Wissenshorizont schnell erweitern kann.

75 Fortbildungsveranstaltungen bietet beispielsweise die **Deutsche Anwaltakademie** (Littenstraße 11, 10179 Berlin, Tel: 030/72 61 53–0, *www.anwaltakademie.de*) an, die die Fort- und Weiterbildung der Anwaltschaft in den Vordergrund ihrer Tätigkeit stellt. Das umfangreiche Seminarprogramm können Sie kostenlos ordern und sich so einen Überblick über aktuelle Veranstaltungen verschaffen. Wichtiger Anbieter ist auch das **Deutsche Anwaltsinstitut e.V.** (Universitätsstraße 140, 44799 Bochum, Tel.: 02 34/97 06 40, *www.anwaltsinstitut.de*). Abonnieren Sie den Veranstaltungskalender und informieren Sie sich so über das laufende Angebot.

Ebenfalls sehr gute Seminare bieten die **Rechtsanwaltskammern** an. Vorteil ist, dass diese Seminare meistens kostengünstig sind. Einen Überblick über die Rechtsanwaltskammern erhalten Sie übrigens unter der Domain *www.brak.de*. Bei diesen Seminaren werden beispielsweise im Kammerbezirk des OLG Hamm häufig auch Richter des OLG als Referenten gewonnen. Dadurch wird schnell ein sehr guter Einblick in die lokale Rechtsprechung zu einem speziellen Themengebiet gewährleistet. Überwiegend sind die auf Fortbildungsveranstaltungen ausgehändigten Seminarunterlagen nützliche Arbeitshilfen in der täglichen Praxis.

Eines gilt aber sicherlich für den Besuch der Seminare: Es will eine wohl überlegte Investition sein, denn es handelt sich eben nicht immer um kostengünstige Seminare. Grundsätzlich ist der Besuch von Seminaren kostenintensiv. Kosten von ca. 200 EUR sollten auf jeden Fall einkalkuliert werden. Erhebliche **Vergünstigungen** werden meistens **Berufsanfängern** eingeräumt oder lassen sich bei der Anwaltakademie für Junganwälte durch die Mitgliedschaft im FORUM Junge Anwaltschaft im Deutschen Anwaltverein (siehe Rn 79) erzielen. Meistens ist der Besuch dieser Veranstaltungen, da sie auf die anwaltliche Praxis zugeschnitten sind, sehr ertragreich. Selbst der Einstieg in bis dahin vernachlässigte Rechtsgebiete lässt sich auf diesem Wege leicht meistern. Neben dem Vortrag sind die Pausen das Wichtigste: Hier lernen Sie Kollegen kennen, mit denen Sie auch konkrete Fälle besprechen, Literaturtipps erfragen und die Visitenkarte tauschen können, um später vielleicht noch einmal Kontakt aufzunehmen. Zumeist erhalten Sie umfangreiches Lehrmaterial ausgehändigt. Dies hilft, das Seminar nachzuarbeiten und bietet im Berufsalltag praxisorientierten Zugriff auf Problemstellungen. **76**

Um den „Hier-rein-da-raus"-Effekt zu vermeiden, können Sie vor Ihren Kollegen aus der Kanzlei über den vermittelten Unterrichtsinhalt ein Referat halten, vorausgesetzt, es handelt sich um Stoff von allgemeinem Interesse für die Anwälte der Kanzlei. **77**

Tipp
Tragen Sie sich, gleich nachdem Sie eine Fortbildungsveranstaltung besucht haben, einen Wiedervorlagetermin für die Seminarunterlagen ein. Bei der entsprechenden **Wiedervorlage** studieren Sie die Unterlagen erneut. Das gewonnene Wissen wird so aufgearbeitet und geht nicht verloren.

Doch auch Besuche von Veranstaltungen anderer Fachrichtungen, also **nicht juristischer Art**, fördern die Kontaktpflege und können vielleicht sogar den Mandantenstamm erweitern. Auf **Messen** und **Fachmärkten** von Branchen, die auch für den Juristen interessant sein können, bieten Unternehmen für ihre Fachbereiche Neuerungen und Weiterentwicklungen an, deren Angebote durchaus einen Innova- **78** tionsschub für den Rechtsanwalt oder für seine Kanzlei bewirken können und aus denen Informationen zur Verarbeitung in der Kanzlei herauszufiltern sind. Der Interessierte – und das sollten für diesen Bereich schon Sie als Berufsanfänger sein – kann sich auf diese Weise schnell einen Überblick verschaffen und die konkurrierenden Produkte testen, um zeitintensivere Vorführungen in den eigenen Kanzleiräumlichkeiten zunächst überflüssig zu machen.

Für einen Informationsgewinn kommen darüber hinaus solche Veranstaltungen in Betracht, die die Mandanten-Zielgruppe des Anwalts betreffen und von dieser rege besucht werden. Der beispielsweise im Architektenrecht tätige Anwalt muss sich zwangsläufig in seinem beruflichen Alltag mit bautechnischen Problemen befassen (z.B. Statik) und sie für eine optimale Mandantenbetreuung verstehen. Es spricht folglich nichts dagegen, wenn dieser Anwalt Veranstaltungen für Architekten aufsucht, die sich gerade mit den bautechnischen Problemen im Grundsätzlichen auseinandersetzen. Auch wenn einige Dinge des Vortrags „böhmische Dörfer" bleiben werden, so ist doch das Wissen des Anwalts in jedem Falle potenziert und ein weiterer Schritt in Richtung Mandantenverständnis getan. Ganz nebenbei ergeben Besuche solcher Veranstaltungen ein gutes Aushängeschild der Kanzlei und lassen eine hohe Kompetenz gegenüber potenziellen Mandanten versprechen, die dann hoffentlich durch den Anwalt gehalten werden kann. Was hält Sie also beispielsweise als im Baurecht tätigen Anwalt davon ab, einmal eine entsprechende **Fachmesse** zu besuchen? Hier erhalten Sie einen Einblick in möglicherweise bislang verborgene Besonderheiten der Baubranche. Zumindest hilft der Besuch aber, die „Sprache" Ihrer Mandanten besser zu verstehen und vielleicht sogar selbst sprechen zu können.

b)   Arbeitsgemeinschaften des Deutschen Anwaltvereins

79   Sehr wertvoll und fast schon ein Muss zum Informationsgewinn im Rahmen der eigenen Spezialisierung ist die Mitgliedschaft in einer oder mehreren vom Deutschen Anwaltverein angebotenen **Arbeitsgemeinschaften** (ARGE). Beispielsweise gibt es Arbeitsgemeinschaften für im Verkehrsrecht, Mietrecht, Baurecht oder Verwaltungsrecht spezialisierte Anwälte. Weitere Informationen und Verlinkungen erhalten Sie unter der Domain *www.dav.de*. Zielsetzung der Arbeitsgemeinschaften ist die Interessenvertretung der ihr angehörigen Mitglieder nach außen, Fortbildung und ein reger Erfahrungsaustausch untereinander. Neben regelmäßig erscheinenden **Mitgliederzeitschriften** mit Rechtsprechungsübersichten u.Ä. finden üblicherweise auch jährliche **Mitgliedertreffen** und **Fortbildungsveranstaltungen** statt. Diese Veranstaltungen können zu günstigen Teilnehmergebühren wahrgenommen werden und bieten aktiven Meinungsaustausch sowie eine Weiterbildung in Themen der eigenen schwerpunktmäßigen Anwaltstätigkeit. Die Mitgliedschaft drückt unterschiedlich auf das Portemonnaie, ist allerdings teilweise für Junganwälte bzw. Mitglieder des **FORUM Junge Anwaltschaft** vergünstigt. Beiträge um 50 EUR für die Mitgliedschaft sind anzusetzen.

c) Der Anwaltsstammtisch

Ohne jede Frage fördert ein kommunikativ gedeihliches Verhalten den Wissensgewinn. Dies gilt für Sie als Jurist umso mehr, wenn Sie mit Kollegen kommunizieren. Damit ist nicht nur das Gespräch mit den Kollegen der eigenen Kanzlei gemeint. Auch die Gespräche auf Gerichtsfluren oder aber beim lokalen Anwaltsstammtisch sind förderlich. Derartiger **Erfahrungsaustausch** dient der Kontaktpflege und eröffnet Einblicke in örtliche Gegebenheiten und Entwicklungen, die Ihnen ansonsten vielleicht verborgen geblieben wären, an sich aber von Interesse sind. Im Übrigen helfen solche zwischenmenschlichen Beziehungen oft bei Problemlösungen und erleichtern sie. Der Berufseinsteiger sollte sich deshalb zunächst bei älteren Kollegen nach solchen Veranstaltungen erkundigen. Sollten diese Stammtische lokal noch nicht im Programm sein, können Sie sie selbst initiieren. Grundsätzlich bietet sich aber auch die Teilnahme an den durch das FORUM Junge Anwaltschaft im DAV regelmäßig geplanten Stammtischen an, organisiert durch die Regionalbeauftragten. Ein Besuch ist zu empfehlen, auch wenn man zunächst noch kein Mitglied des FORUM ist. Über die Mitgliedschaft im „FORUM" können Sie Informationen unter „**FORUM Junge Anwaltschaft**", Littenstr. 11 in 10179 Berlin, Tel. 030/72 61 52–0 erhalten oder im Internet unter *www.davforum.de*.

80

> *Achtung*
> Bedenken Sie stets: Auch in geselliger Runde gilt die **anwaltliche Verschwiegenheitspflicht**. Da gibt es kein Wenn und Aber. Über Fälle dürfen Sie sprechen, nie über Namen!

d) Behördliche Auskünfte

Auch behördliche Auskünfte dienen dem Zuwachs an Informationen. Allerdings sind diese Auskünfte stets aktenbezogen. Sie sind daher nicht grundsätzlich einzuholen und in die Kanzlei einzubringen, sondern erst dann, wenn Bedarf besteht. Beispielsweise kann die **Einwohnermeldeamtsanfrage** zur Ermittlung der Identität des Schuldners vonnöten sein. Regelmäßig erhält der Anwalt eine schnelle Antwort in solchen Dingen, wenn er die anfallenden Gebühren dafür gleich mit zum Ausgleich bringt, beispielsweise durch Beifügung eines Verrechnungsschecks. Die

81

Höhe ist unterschiedlich und kann durch einem schnellen Anruf beim jeweiligen Amt erfragt werden.

Tipp
Unter der Internetadresse **www.ewoma.de** gibt es einen Dienst, der gegen einen Pauschalpreis für Sie die Einwohnermeldeamtsanfrage durchführt. Sie ist zwar etwas teurer als die selbst getätigte Anfrage, doch sie lohnt sich allemal: Es entfällt die aufwendige Suche nach dem zuständigen Einwohnermeldeamt, Sie sparen Zeit und eliminieren Fehlerquellen.

Beim Einwohnermeldeamt wie auch bei anderen Behörden (z.b. Grundbuch- oder Katasteramt) müssen Sie regelmäßig ein berechtigtes Interesse nachweisen, um Informationen zu erhalten. Meist genügt die anwaltliche Versicherung, dass ein solches vorliegt. Um überflüssigen Schriftwechsel zu vermeiden, lohnt häufig ein kurzer Anruf. Das Datenschutzinteresse ist oft unterschiedlich ausgeprägt.

Bei Privatpersonen kann ohne Nachweis eine Auskunft aus dem **Schuldnerregister** beim Amtsgericht eingeholt werden. Diese Auskunft ist kostenlos.

82 Wer die Seite noch nicht kennt, sollte sie unbedingt in seinen „Favoriten" aufnehmen: *www.insolvenzbekanntmachungen.de*. Hier veröffentlichen sämtliche **Insolvenzgerichte** der Bundesrepublik die Bekanntmachungen, die vorzunehmen sind, wenn ein Insolvenzverfahren bei Gericht beantragt worden ist. Je nach Aktenlage haben Sie nach neuerer höchstrichterlicher Rechtsprechung die anwaltliche Pflicht, sich hier über den Stand eines Verfahrens in Kenntnis zu setzen, um nicht nach der Insolvenzordnung laufende Fristen zu versäumen und damit den Regress begründet zu haben.

III. Das kanzleiinterne Informationsmanagement

1. Das Ziel: Rationelle Informationsgewinnung

83 Das Informationsmanagement eines Rechtsanwalts muss seine überwiegenden Schwerpunkte auf die beiden Faktoren der Informationsbeschaffung und der Informationsverarbeitung legen. Sie sind gut beraten, wenn Sie für sich und Ihre Kanzlei ein entsprechendes System entwickeln und es konsequent weiterverfolgen. Im Idealfall verknüpft dieses System alle vorgenannten Informationsquellen miteinander und lässt sie zu einem **organisierten Fundus** zusammenwachsen – immer orientiert an der Zielvorgabe der eigenen Bedürfnisse und an denen der Kanzlei.

Erstes Ziel Ihres Informationsmanagements ist die Suche nach Möglichkeiten, aus der Flut der Informationsquellen und der damit einhergehenden Fülle an Informationen eine **rationelle Informationsgewinnung** für die Kanzlei zu gestalten. „Rationell" bedeutet dabei, eine wenig(er) zeitaufwendige Zugriffsmöglichkeit auf neue und abgelegte Informationen zu betreiben. Dies setzt ein sinnvolles Zusammenspiel des Systems der Informationsbeschaffung voraus.

2. Selektion der Informationsvielfalt

Zunächst müssen Sie aus der Vielzahl der Informationskanäle diejenigen herausfiltern, die für Sie und die Kanzlei individuell in Betracht kommen. Hilfreich bei der Selektion sind vor allem die Gesamtverzeichnisse der Verlage, Werbebeilagen in den Zeitschriften, Prospektbroschüren und Ähnliches, mit dem der Anwalt nahezu überhäuft wird. Einige Verlage haben zusätzlich spezielle Verzeichnisse für Anwaltsliteratur, die auf Nachfrage zugesandt werden. **84**

> *Tipp*
> Ein guter Überblick über den aktuellen Bestand der einzelnen Verlage zu den jeweiligen Rechtsgebieten bietet sich auf den Seiten der Soldan GmbH unter der Domain *www.soldan.de.* Dort können Sie auch einen individuellen **E-Mail-Newsletter** bzw. Infobrief abonnieren, der Sie monatlich über die Neuerscheinungen Ihres bevorzugten Rechtsgebietes auf dem Laufenden hält.

Print-Medien lassen sich zudem anhand von **Rezensionen** filtern. Diese Rezensionen finden Sie in den gängigen Zeitschriften wie z.B. NJW und MDR. Besonders zu erwähnen ist in diesem Zusammenhang die quartalsweise erscheinende Übersicht der aktuellen Literaturneuerscheinungen, die der ZAP beiliegt und von Rechtsanwalt *Dr. Egon Schneider* verfasst ist. **85**

> *Tipp*
> Große Internetbuchhandlungen bieten die Möglichkeit, Leserrezensionen zu hinterlegen. Es lohnt sich, auf Verdacht dort nachzusehen, selbst wenn ein juristisches Fachbuch nicht so viele Leserrezensionen hervorruft wie ein belletristischer Bestseller.

Sie sollten sich nicht davor scheuen, sich die anhand der getroffenen Vorauswahl selektierten Werke zunächst **zur Ansicht** mit Rücksendeoption in die Kanzlei zu bestellen und in aller Ruhe durchzusehen. Den zeitraubenden Gang in die spezialisierte Buchhandlung ersparen Sie sich auf diese Weise. **86**

87   Vor dem Abonnieren einer Zeitschrift können Sie sich von allen vergleichbaren, in die nähere Auswahl fallenden Zeitschriften kostenlose **Probeexemplare** zusenden lassen. Es empfiehlt sich im Übrigen, mehrere Ausgaben der Zeitschriften zur Ansicht kommen zu lassen. So ist eine Kontrolle der Kontinuität und der Qualität möglich. In Sozietäten macht es Sinn, eine „Wunschliste" anzulegen, nach der bei der monatlichen Kanzleibesprechung entschieden wird, welche Bücher gekauft oder zur Ansicht bestellt werden

3.   Die Informationsablage

88   Die gewonnenen Informationen nützen wenig, wenn sie keine sinnvolle Ablage finden. Deshalb muss Ziel der Bemühungen sein, die anfallenden Informationen kostenfreundlich, organisatorisch durchdacht und räumlich zweckmäßig abzulegen.

89   Zunächst müssen die gewonnenen Informationen erfasst werden. Dazu bietet sich die Erstellung eines **Bibliotheksverzeichnisses** an. Es kann als Textdatei auf dem Kanzlei-Server abgelegt werden und ist stets aktuell zu halten. Ein Aufbau nach Rechtsgebieten ist hierbei beispielsweise zu erwägen; innerhalb der einzelnen Rechtsgebiete bietet sich dann die alphabetische Reihung entweder nach Titeln oder Autoren an. Um auch die Aktualität der gesammelten Buchwerke im Blick zu halten, sollten zudem Auflage und Erscheinungsjahr mit aufgeführt werden.

90   DVDs/CD-ROMs, die für alle Kanzleimitglieder von Interesse sind, sollten auf dem Netzwerkserver installiert und mit den Workstations der einzelnen Arbeitsplätze verknüpft werden. Voraussetzung dafür ist der Erwerb entsprechender Nutzungsrechte. DVDs/CD-ROMs, die nur die Rechtsgebiete eines einzelnen Anwalts betreffen, sind auch nur auf dessen Einzelplatz zu installieren. Um den Erwerb kostenträchtiger **Mehrplatzlizenzen** zu vermeiden, ist auch die Lösung denkbar, dass ein separater PC-Arbeitsplatz eingerichtet wird, der der ausschließlichen DVD-/CD-ROM-Recherche dient. Auf dieser Workstation sind dann sämtliche DVDs/CD-ROMs installiert und werden auch dort aufbewahrt. Um Zugriff zu erhalten, muss dieser Arbeitsplatz aufgesucht werden. So spart man sich die Kosten für eine Mehrplatzlösung, wenngleich mit zeitlich höherem Einsatz. Eine Struktur des EDV-Systems muss insoweit auch für den Informationsanfall durchdacht sein, um technische und finanzielle Ressourcen nicht ausschöpfen zu müssen.

91   Sie kennen diese Situation: Zu dem gerade bearbeiteten Mandat erinnern Sie sich, eine gleich gelagerte Problematik bereits gelesen zu haben. Die entsprechende Textstelle würde die Arbeit erleichtern, wüssten Sie doch bloß noch, wo sie zu finden ist. Zur Vorsorge eines solchen Dilemmas gibt es kein Patentrezept. Es bietet sich gleichwohl an, wichtige Urteile und Zeitschriftenartikel zu kopieren und in nach Rechtsgebieten sortierten Heftordnern abzuheften. Die Ordner sind dann allen Anwälten zugänglich, beispielsweise in einem **Ordner-Karussell**. Mit einem solchen System wird gewährleistet, durch kurze Lektüre des Ordners einen aktuellen Stand über wichtige Entwicklungen in einem speziellen Rechtsgebiet zu erhalten, wie ihn ein Buch oder ein alleiniger Artikel nicht leisten kann. Auch wird beispielsweise ermöglicht, dass im Fall der Urlaubsvertretung des Kollegen aus der Kanzlei der Vertreter sich schnell über wesentliche Neuerungen in der Rechtsprechung in einem ansonsten nicht so vertrauten Rechtsgebiet einen Überblick verschaffen kann. Kehrseite dieses System sind die anfallenden Kosten. Hier sollte man nicht die Möglichkeiten der Technik außer Acht lassen. Scanner erleichtern heutzutage die Ablage: Scannen Sie den Artikel ein und hinterlegen diesen beispielsweise als Acrobat Reader-Datei (*.pdf) und schon haben Sie auch hier eine Erweiterung Ihrer elektronischen eigenen Datenbank. Moderne Druckstationen enthalten diese Scanfunktion inklusive Software-Lizenz vorkonfiguriert. Das PDF-Dokument befindet sich so unmittelbar an der richtigen Stelle im Netzwerk.

In vielen Kanzleien ist zu beobachten, dass keine **Ordnung bei der Wahl der Literaturstandorte** herrscht. Nach Bedarf wird ein Buch ins Büro geholt und nicht wieder zurückgestellt – ein wenig probates Mittel zur Zeitersparnis. Ist die Literatur nur einmal angeschafft, sollte sie auch nur im Büro des Sachbearbeiters dieses Rechtsgebiets vorzufinden sein. Fachübergreifende Literatur ist wiederum separat aufzubewahren. Es bietet sich beispielsweise an, Zeitschriften in Regalen des Flures unterzubringen, zu denen alle Mitarbeiter Zugriff haben. Damit ist nicht nur eine klare Ordnung gegeben. Ferner bietet sich so auch dem Mandanten ein Einblick in die Kompetenz der Kanzlei und zu guter Letzt benötigen Sie keinen zusätzlichen Raum für die Bibliothek. Konditionieren Sie sich selbst.

92

Erarbeitete Musterexemplare eigener Schriftsätze bzw. deren Essenzen können ausgedruckt in Ordnern hinterlegt werden. Gleichzeitig bietet es sich aber auch an, solche Schriftsätze in der eigenen EDV zu erfassen (vgl. Rn 71). Darüber hinaus ist es sinnvoll, je nach verwandter Textverarbeitung ein **Textbaustein-System** zu erarbeiten. Wichtige und immer wiederkehrende Schriftsätze (z.B. das Rohkonzept einer Deckungsanfrage bei der Rechtsschutzversicherung, das Gesuch um Akteneinsicht) werden dort gut sortiert hinterlegt. Das erspart eigene Arbeitsleistung oder aber die des Sekretariats.

93

IV. Fazit

94 Sicherlich ließen sich die aufgezeigten Möglichkeiten des Informationsmanagements und der Wissensgewinnung noch ergänzen, beispielsweise durch die Darstellung weiterer Informationsquellen. Eine abschließende Darstellung war aber nicht die Zielsetzung. Vielmehr sollten Ihnen die Ausführungen einen Überblick über die sich bietenden Möglichkeiten geben und zugleich Anregung sein, die Bedeutung des Informationsmanagements nicht zu unterschätzen.

Ihre „junge Kanzlei" kann keine komplexe und bis ins letzte Detail ausgeweitete Bibliothek von heute auf morgen aufbauen. Die Bibliothek kann Sie aber schon zu Beginn davor bewahren, unnötige Kosten und Zeit zu investieren. Unnötige Kosten entstehen beispielsweise durch Fehlabonnements oder Fehlkäufe. Wichtige Arbeitszeit wird beispielsweise durch aufwendige Recherchen oder Unordnung vergeudet. Zur Gründung und Optimierung des Kanzleibetriebes ist eine effektive Büroorganisation in ihrer komplexen Gesamtheit notwendig. Dabei stellt die **(Wissens-)Bibliothek** als solche wiederum nur einen Baustein dar, allerdings einen Wesentlichen, der das gesamte Arbeitsumfeld effizienter gestaltet.

Für den Berufsanfänger ist es schwierig, zielsicher die Anschaffung der notwendigen Arbeitsmittel zu bewerkstelligen. Auch wenn anfangs nur bescheidene Mittel zur Verfügung stehen, sollte an einer **ordentlichen Ausstattung** der kanzleieigenen Bibliothek jedoch nicht gespart werden. Auf der Soll-Seite steht dann schnell ein Betrag von gut über 7.500 EUR. Meines Erachtens ist damit das Ende der Fahnenstange einer ordentlichen Erstausstattung bei weitem nicht erreicht. Dabei darf aber die Haben-Seite nicht außer Acht gelassen werden. Hier sind dann wichtige Faktoren wie beispielsweise Zeitersparnis in der Aktenbearbeitung und damit Freistellung von Arbeitsressourcen, Kompetenz der Kanzlei durch vorhandenes Knowhow, Fortbildung der Rechtsanwälte u.Ä. zu verzeichnen. Sparen Sie nicht am falschen Ende!

95 Wie schon ausgeführt, gibt es keine ultimative Bibliothekserstausstattung für Sie als Existenzgründer. Zu gern hätte ich sie Ihnen ansonsten genannt. Vor allem sei nochmals darauf hingewiesen, dass heute alle vorhandenen Medien immer mehr ineinander greifen. Wichtig ist, dass Sie hierbei nicht den Überblick verlieren. Was nützt das Abonnement einer Online-Datenbank, wenn schon die dritte Datenbank-CD geordert ist? Arbeiten Sie kostenoptimiert und bewahren Sie den Überblick über Ihren Bestand und die Möglichkeiten des Informationsdschungels. Ich möchte abschließend dennoch meine favorisierte **„Grundausstattung"** für die anwaltliche Bibliothek als möglichen Einkaufszettel für Sie auflisten:

■ wesentliche Gesetzestexte, in wohl bekannter gedruckter Form;

■ Kommentare in den durch Sie bearbeiteten Rechtsgebieten, neben den Standardwerken wie „Palandt" vor allem Anwaltkommentare als Praxislösung;

■ Handbücher in den durch Sie bearbeiteten Rechtsgebieten, die mit einer CD-ROM mit Mustertexten ausgestattet sind;

■ eine allgemeine juristische Zeitschrift im Abonnement, am besten mit Zugriff auf ein Online-Archiv zur Recherche;

■ eine für das durch Sie bearbeitete Rechtsgebiet herausgegebene Fachzeitschrift.

Nicht mit weiteren größeren Ausgaben verbunden und mit Sicherheit zur Informationsbeschaffung empfehlenswert sind die **persönliche Kontaktfreudigkeit** sowie der vernünftige Einsatz der sich bietenden **Informationsquellen des Internets**.

Vergessen Sie nie, dass die professionelle Vermittlung juristischen Wissens den **96** Kern Ihrer Berufstätigkeit bildet. Ihr Beruf ist daher bereits eine Art des Wissensmanagements. Setzen Sie dies auch kanzleiintern um. Anonymisieren Sie Dokumente, bringen Sie diese in ein einheitliches Format und erstellen Sie eine thematische Gliederung mit Zugriffsmöglichkeiten für alle Mitarbeiter – die Kronjuwelen Ihres eigenen Wissensmanagements sind begründet. Filtern Sie wiederum externe Informationen aus und reduzieren Sie die sich bietende Stofffülle auf ein erträgliches Minimum. So schaffen Sie Stück für Stück eine Wissensstrategie, die Ihnen den Alltag erleichtert und auch für den Mandanten nutzbringend ist.

§ 8 RVG & Co. – Einnahmequellen des Anwalts

Norbert Schneider/Peter Heyers

I. Einnahmequelle RVG

1. Grundlagen des Vergütungsanspruchs

Haben Sie die ersten Mandate übernommen, stellt sich für Sie die Frage, welche **1** Vergütung Sie für Ihre Tätigkeit dem Auftraggeber in Rechnung stellen können und was Sie bei der Abrechnung beachten müssen. Dazu müssen Sie sich mit dem **Rechtsanwaltsvergütungsgesetz** (RVG)[1] befassen.

Der Anwaltsvertrag ist i.d.R. ein Dienstvertrag, der eine Geschäftsbesorgung zum **2** Gegenstand hat (§ 675 BGB). Die Vergütungspflicht des Auftraggebers ergibt sich folglich aus § 612 BGB. Darin ist jedoch nicht die Höhe der jeweiligen Vergütung geregelt. Diese ergibt sich vielmehr erst aus dem RVG (§ 1 Abs. 1 S. 1 RVG). Das RVG wiederum nimmt zum Teil Bezug auf andere Kostengesetze, insbesondere auf das GKG, das FamGKG, das GNotKG (bis zum 30.6.2013: die KostO) und die §§ 3 ff. ZPO. Die Berechnung der Anwaltsvergütung hat sich damit von den Vorschriften des BGB vollkommen losgelöst und stellt zum Teil eine „Wissenschaft für sich" dar. Eine Flut von täglich veröffentlichten Gebühren-, Streitwert- und Kostenentscheidungen macht die Materie nicht einfacher.

Leider ist häufig zu beobachten, dass viele Kollegen gerade dieses für sie so wich- **3** tige Rechtsgebiet vernachlässigen, es oft sogar ihren Hilfskräften eigenverantwortlich und ohne jegliche Kontrolle überlassen. Durch diese mangelnde Kenntnis des berufseigenen Vergütungsrechts werden viele Gebühren „verschenkt". Dies betrifft nicht nur die Fälle, in denen im Nachhinein falsch abgerechnet wird, sondern auch die Fälle, in denen der Anwalt während der Bearbeitung des Mandats gar nicht bemerkt, welche Gestaltungs- und Verdienstmöglichkeiten ihm der jeweilige Fall bietet.

---

1 Gesetz v. 5.5.2004, BGBl I S. 718, 788, BGBl III 368–3; zuletzt geändert durch 2. KostRMoG 2013 (bei Druckreiflegung noch nicht im BGBl verkündet).

4   Darüber hinaus ergeben sich hinsichtlich der Kosten auch Nebenpflichten aus dem Anwaltsvertrag. So kann der Anwalt zur Belehrung über die entstehenden Kosten verpflichtet sein.[2] Eine unterlassene Streitwertbeschwerde kann zu einer Schadensersatzverpflichtung gegenüber dem Mandanten führen.[3]

Diesen Fehler, das RVG zu vernachlässigen, sollten Sie vermeiden und sich unbedingt von vornherein mit den Grundzügen des **Vergütungsrechts** und auch des **Streitwertrechts** vertraut machen. Schließlich geht es um Ihr Geld.

> *Tipp*
> Nur derjenige, der sich auch im Vergütungsrecht auskennt, kann seine Arbeitskraft, seine Kosten etc. kalkulieren. Erst dann, wenn Sie in der Lage sind, die gesetzlichen Gebühren zu berechnen, können Sie beurteilen, wann gegebenenfalls eine Vergütungsvereinbarung vonnöten ist (siehe Rn 64 ff.).

5   Abgesehen davon, müssen Sie Ihren Auftraggeber auch stets über das **Kostenrisiko** des geplanten Vorgehens informieren. Auch dies ist nur möglich, wenn Sie die entsprechenden Kenntnisse im Vergütungsrecht haben. Hierzu zählen auch die Grundzüge der Kostenerstattung (siehe Rn 116 ff.). Es hilft dem Mandanten nichts, wenn Sie für ihn ein Bußgeld in Höhe von 20 EUR abwehren und er dann das Zehnfache an Anwaltsvergütung zahlen muss, weil weder eine Kostenerstattung in Betracht kommt, noch der Rechtsschutzversicherer einen solchen Bagatellfall übernimmt. Der Mandant würde Ihnen zu Recht vorwerfen, Sie hätten ihn nicht richtig beraten.

2. Anwendungsbereich (§ 1 RVG)

6   Die **Vergütung** – also **Gebühren** und **Auslagen** – des Rechtsanwalts für seine Berufstätigkeit bemisst sich nach dem RVG (§ 1 Abs. 1 S. 1 RVG). Das RVG regelt aber nicht die Grundlage der Vergütung, sondern setzt einen Vergütungsanspruch voraus. Dieser besteht in der Regel aufgrund eines Anwaltsvertrages, kann sich jedoch auch aus Geschäftsführung ohne Auftrag oder in den Fällen der §§ 39, 40, 41, 52 Abs. 1 S. 1, 53 RVG aus einer Beiordnung oder Bestellung ergeben.

---

2 Siehe zuletzt AGS Duisburg AGS 2013, 5.
3 Siehe OLG Hamm AGS 2012, 439 = BRAK-Mitt 2011, 196 = RVGreport 2011, 478.

Daneben regelt das RVG auch die „Vergütungs"-Ansprüche des Anwalts gegen die **Staatskasse**, wenn er im Wege der **Prozess-/Verfahrenskostenhilfe**, nach § 11a ArbGG beigeordnet oder wenn er gerichtlich bestellt worden ist (§ 12 RVG). Auch die **Beratungshilfe-**„Vergütung" ist im RVG geregelt (Teil 2 Abschnitt 5 VV). Tatsächlich handelt es sich in diesen Fällen nicht um eine Vergütung im eigentlichen Sinne, sondern um einen **Entschädigungsanspruch**. Das RVG ist kraft ausdrücklicher Bezugnahme jedoch auch auf diese Ansprüche gegen die Staatskasse entsprechend anwendbar (§§ 44 ff. RVG), wobei im Einzelfall allerdings Besonderheiten zu beachten sind.

Keine Anwendung findet das RVG, wenn der Rechtsanwalt als Vormund, Betreuer, **7** Pfleger, Verfahrenspfleger, Testamentsvollstrecker, Insolvenzverwalter, Sachverwalter, Mitglied des Gläubigerausschusses, Nachlassverwalter, Zwangsverwalter, Treuhänder, Schiedsrichter oder in ähnlicher Stellung tätig wird (§ 1 Abs. 2 S. 1 RVG). Für solche Tätigkeiten erhält der Anwalt seine Vergütung entweder nach speziellen Vergütungsordnungen wie z.b. nach dem Gesetz über die Vergütung von Berufsvormündern (BVormVG) oder nach den §§ 11 ff. der Insolvenzrechtlichen Vergütungsverordnung (InsVV), oder nach den §§ 1836, 1987, 2221 BGB.[4]

3. Das Gebührensystem

Grundlage des anwaltlichen Gebührensystems ist die Vorschrift des **§ 15 RVG** **8** i.V.m. den §§ 16 bis 19 RVG. Dieses System müssen Sie verinnerlichen. Anderenfalls werden Sie zwangsläufig zu falschen Abrechnungen gelangen und Gebühren verschenken.

a) Einteilung in „Angelegenheiten"

Die anwaltlichen Tätigkeiten werden in **Angelegenheiten** eingeteilt. Das hat zur **9** Folge:

■ In jeder eigenen Angelegenheit kann der Anwalt Gebühren und Auslagen gesondert verdienen.

■ Innerhalb derselben Angelegenheit erhält der Anwalt dagegen jede Gebühr grundsätzlich nur einmal (§ 15 Abs. 2 RVG). Hiervon gibt es allerdings Ausnahmen.

---

4 Siehe hierzu AnwK-RVG/*Onderka*, 6. Aufl. 2012, § 1 Rn 92 ff.

Liegen **mehrere Angelegenheiten** vor, ist dies für den Anwalt grundsätzlich günstiger, da er dann jeweils eigene Gebühren erhält und er vor allem die Postentgeltpauschale der Nr. 7002 VV mehrmals abrechnen kann. Besonders deutlich wird dies bei Wertgebühren (siehe Rn 19):

> *Beispiel:*
> Zwei 1,0-Gebühren aus 4.000 EUR liegen mit (2 × 252 EUR =) 504 EUR deutlich über einer 1,0-Gebühr aus 8.000 EUR mit nur 456 EUR.

Auch bei Betragsrahmengebühren (siehe Rn 20) verhält es sich so: Bei zwei Angelegenheiten stehen dem Anwalt zwei Gebühren zu, die in aller Regel höher liegen als eine gemeinsame Gebühr, selbst wenn diese gem. § 14 Abs. 1 RVG entsprechend höher anzusetzen wäre.

10　Die Einteilung in verschiedene Angelegenheiten ist in zweierlei Hinsicht zu beachten:

Zum einen können trotz eines einheitlichen Auftrags mehrere nebeneinander laufende verschiedene Gebührenangelegenheiten gegeben sein (**horizontale Aufteilung**). So sind z.B. die Regulierung eines Verkehrsunfallschadens mit dem Haftpflichtversicherer des Unfallgegners sowie die Regulierung mit dem eigenen Kaskoversicherer jeweils eigene Gebührenangelegenheiten, sodass der Anwalt in jeder Sache seine Vergütung gesondert abrechnen kann.[5]

Wann ein Auftrag mehrere Angelegenheiten umfasst und wann nur eine einzige Angelegenheit gegeben ist, kann im Einzelfall schwierig zu beurteilen sein: In gerichtlichen Verfahren bestimmt in aller Regel der prozessuale Rahmen den Umfang der Angelegenheit. Mehrere parallele Verfahren bilden auch mehrere Angelegenheiten. Werden mehrere Gegenstände in demselben Verfahren geltend gemacht (z.B. Klagenhäufung; Klage und Widerklage; Verbundverfahren), handelt es sich dagegen um eine Angelegenheit.[6]

Mehrere Angelegenheiten können in gerichtlichen Verfahren auch durch **Trennung** (§ 145 ZPO) eines bis dahin einheitlichen Verfahrens in zwei Rechtsstreite entstehen. Umgekehrt kann aus zwei verschiedenen Verfahren infolge **Verbindung** eine einzige Angelegenheit werden. In diesen Fällen hat der Anwalt die Wahl, ob

---

[5]　LG Limburg AGS 2006, 267 = NZV 2006, 605 = RVGreport 2006, 220; AG Erfurt zfs 1999, 31; *N. Schneider*, AGS 2003, 292.

[6]　Zur Widerklage: AG Düsseldorf AGS 2010, 321; zur Klagenhäufung: LG Berlin AGS 2013, 112; AG Wetzlar AGS 2013, 116.

er seine Gebühren aus den getrennten Verfahren oder aus dem gemeinsamen Verfahren berechnet.[7]

Bei außergerichtlichen Angelegenheiten sind drei Kriterien maßgebend. Der Tätigkeit des Anwalts muss

11

■ ein **einheitlicher Auftrag** zugrunde liegen,

■ sie muss sich im **gleichen Rahmen** halten und

■ zwischen den einzelnen Handlungen und/oder Gegenständen der anwaltlichen Tätigkeit muss ein **innerer Zusammenhang** bestehen.[8]

Mehrere Angelegenheiten sind aber auch dann gegeben, wenn die anwaltliche Tätigkeit verschiedene Stadien durchläuft (**vertikale Aufteilung**). So bilden Beratung (§ 34 Abs. 1 RVG), außergerichtliche Vertretung (Nr. 2300 VV), Mahnverfahren (Nrn. 3305 ff. VV), Rechtsstreit (Nrn. 3100 ff. VV), Rechtsmittelverfahren (Nrn. 3200 ff. VV), Zwangsvollstreckung (Nrn. 3309 ff. VV) etc. jeweils gesonderte Gebührenangelegenheiten, in denen der Anwalt seine Gebühren und Auslagen gesondert erhält. In diesen nacheinander folgenden Angelegenheiten wird allerdings häufig bestimmt, dass die Betriebsgebühr einer vorangegangenen Angelegenheit (Ratsgebühr, Geschäftsgebühr, Mahnverfahrensgebühr u.a.) auf die entsprechende Betriebsgebühr der nachfolgenden Angelegenheit anzurechnen ist (so z.B. in § 34 Abs. 2 RVG, Vorbem. 3 Abs. 4 VV; Anm. zu Nr. 3305 VV).

12

b)   Pauschcharakter der Gebühren

Innerhalb derselben Angelegenheit kann eine Gebühr grundsätzlich nur einmal anfallen. Dies folgt aus dem sog. **Pauschcharakter** der Gebühren. Nach § 15 Abs. 1 RVG entgelten die Gebühren, soweit das Gesetz nichts anderes bestimmt, die gesamte Tätigkeit des Rechtsanwalts vom Auftrag bis zur Erledigung der Angelegenheit. Ausnahmen dieses Grundsatzes enthalten die Gebühren nach Teil 4 bis 6 VV insoweit, als dort für jeden Termin eine gesonderte Gebühr anfällt (Ausnahme wiederum Anm. zu Nr. 4102 VV – eine Gebühr je drei Termine).

13

Aufgrund des Pauschcharakters der Gebühren kommt es für die Verwirklichung des Gebührentatbestandes niemals darauf an, wie **umfangreich** die **Tätigkeit** des Anwalts war. So erhalten Sie die Terminsgebühr der Nr. 3104 VV in demselben Verfahren unabhängig davon, ob und wie lange verhandelt worden ist; ja sogar

14

---

7   Zur Berechnung siehe ausführlich AnwK-RVG/*N. Schneider*, 6. Aufl. 2012, § 15 Rn 166 ff., 174 ff.
8   Siehe hierzu im Einzelnen AnwK-RVG/*N. Schneider*, 6. Aufl. 2012, § 15 Rn 22 ff., jeweils mit alphabetischer Darstellung der einzelnen Fallgruppen.

dann, wenn Sie an mehreren Verhandlungs- und Beweisaufnahmeterminen im selben Rechtsstreit haben teilnehmen müssen, bleibt es – vorbehaltlich der Nr. 1010 VV – bei einer einzigen Gebühr. Der tatsächliche Arbeitsaufwand ist grundsätzlich unerheblich (sog. **Mischkalkulation der Gebühren**). Dies kann im Einzelfall dazu führen, dass Sie trotz erheblichen Zeitaufwands nur eine minimale Gebühr verdienen; andererseits können Sie auch mit minimalem Aufwand eine relativ hohe Gebühr erhalten. Gerade Letzteres sollte Sie jedoch nicht verleiten, wegen des geringen Aufwands Gebühren nachzulassen. Denken Sie daran, dass Sie mit einem solchen Mandat andere unlukrative Fälle kompensieren müssen.

15 Allerdings kann die Höhe der Gebühr vom Umfang der Tätigkeit abhängen, so kann der geringere Umfang einer Tätigkeit bei vielen Verfahrensgebühren nach Teil 3 VV (etwa im Falle einer vorzeitigen Erledigung; Nrn. 3101 Nr. 1, 3201 Nr. 1, 3306 VV u.a.) oder bei der Terminsgebühr im Falle eines Versäumnisurteils (Nr. 3105 VV) zu einer Ermäßigung führen.

Insbesondere in den Fällen, in denen Betragsrahmengebühren (siehe Rn 20, 34 ff.) oder Satzrahmengebühren (siehe Rn 34 ff.) vorgesehen sind, spielt der Umfang der anwaltlichen Tätigkeit bei der Höhe der Gebühr eine Rolle.

4. Die verschiedenen Gebührenarten

a) Überblick

16 Die Gebühren, die der Anwalt – vorbehaltlich einer Vergütungsvereinbarung – verdienen kann, sind im **Vergütungsverzeichnis** (Anlage 1 zum RVG – § 2 Abs. 2 S. 1 RVG) abschließend geregelt.

Das Vergütungsverzeichnis ist in insgesamt sieben Teile aufgegliedert. Je nach Umfang sind diese Teile wieder in einzelne Abschnitte und Unterabschnitte aufgeteilt. Hier finden sich dann die jeweiligen Gebührentatbestände, zu denen bei Wertgebühren ein Gebührensatz oder ein Satzrahmen ausgewiesen ist. Soweit sich die Gebühren nicht nach dem Wert richten, finden sich Festgebühren oder Betragsrahmen.

Ergänzend zu den **Gebührentatbeständen** in den einzelnen Nummern des Vergütungsverzeichnisses finden sich **Anmerkungen** (Anm.), die weitere Regelungen, insbesondere zum Anwendungs- und Abgeltungsbereich des jeweiligen Gebührentatbestands, enthalten.

Daneben enthalten die einzelnen Teile und Abschnitte oder Unterabschnitte **Vorbemerkungen** (Vorbem.), die wiederum generelle Regelungen enthalten, so z.B. Anrechnungsvorschriften oder auch nähere Erläuterungen zum Anwendungs- und Abgeltungsbereich der einzelnen Gebührentatbestände.

Die einzelnen Gebührentatbestände sind mit **vierstelligen Nummern** durchnummeriert. **17**

Die **erste Ziffer** der jeweiligen Nummer deckt sich jeweils mit dem Teil des Vergütungsverzeichnisses.

Die **zweite Ziffer** gibt den jeweiligen Abschnitt an.

Beispiel:

Das Vergütungsverzeichnis ist systematisch in sieben Teile aufgeteilt: **18**

Teil 1 des Vergütungsverzeichnisses befasst sich mit allgemeinen Gebühren (Einigungsgebühr, Aussöhnungsgebühr, Erledigungsgebühr, Erhöhung bei mehreren Auftraggebern sowie der Hebegebühr und jetzt auch neu mit der Zusatzgebühr bei besonders umfangreichen Beweisaufnahmen).

In **Teil 2** werden außergerichtliche Tätigkeiten geregelt (Prüfung der Erfolgsaussicht eines Rechtsmittels, Herstellung des Einvernehmens nach dem EuRAG, außergerichtliche Vertretung und Tätigkeiten in der Beratungshilfe).

Der umfangreichste Teil des Vergütungsverzeichnisses, **Teil 3**, befasst sich mit den Gebühren in Zivilsachen (einschließlich Familiensachen und Verfahren der freiwilligen Gerichtsbarkeit), Verfahren der öffentlich-rechtlichen Gerichtsbarkeiten, Verfahren nach dem Strafvollzugsgesetz, auch i.V.m. § 92 JGG, und ähnlichen Verfahren, einschließlich Zwangsvollstreckung, Insolvenzverfahren etc. sowie der sonstigen Tätigkeiten, wie Terminsvertretung, Verkehrsanwalt oder Einzeltätigkeiten.

In **Teil 4** sind die Gebühren in Strafsachen geregelt.

Für Bußgeldsachen erhält **Teil 5** eigenständige Regelungen.

In **Teil 6** sind sonstige Verfahren geregelt. Es handelt sich hierbei um Verfahren nach dem IRG und vor dem IStGH sowie um Disziplinarverfahren, berufsgerichtliche Verfahren wegen der Verletzung einer Berufspflicht, gerichtliche Verfahren bei Freiheitsentziehung, Verfahren in Unterbringungssachen sowie Verfahren nach der WBO.

Abgeschlossen wird das Vergütungsverzeichnis durch **Teil 7**, in dem die Auslagentatbestände geregelt sind.

b) Die einzelnen Gebührenarten

Hinsichtlich der Gestaltung der Gebühren kennt das RVG verschiedene Möglichkeiten:

■ Wertgebühren

19 Als Grundsatz sieht das RVG in § 2 Abs. 1 vor, dass sich die Gebühren nach dem Wert berechnen, den der Gegenstand Ihrer Tätigkeit hat (Gegenstandswert). In diesem Fall ist zunächst der Gegenstandswert (siehe Rn 26 ff.) zu ermitteln und dann anhand der Tabelle des § 13 Abs. 1 S. 3 RVG (Anlage 2 zum RVG) oder bei Wertgebühren von über 4.000 EUR nach der Tabelle des § 49 RVG (Prozess-/Verfahrenskostenhilfe; gerichtlich bestellter Anwalt o.Ä.) der jeweilige Gebührenbetrag abzulesen. Bei den Wertgebühren können **Gebühren nach festen Sätzen** anfallen (z.B. Nr. 3100 VV: 1,3; Nr. 3305 VV: 1,0) oder **Gebühren mit Satzrahmen** (z.B. Nr. 2100 VV: 0,5 bis 1,0; Nr. 2300 VV 0,5 bis 2,5). Bei den Satzrahmengebühren steht dem Anwalt ein Spielraum zur Verfügung, aus dem er die im konkreten Fall angemessene Gebühr nach § 14 Abs. 1 RVG selbst bestimmt (siehe Rn 34 ff.). Hilfreich sind hier **Gebührentabellen**, die zu den jeweiligen Gegenstandswerten die entsprechenden Beträge nach sämtlich vorkommenden Gebührensätzen ausweisen.

■ Betragsrahmengebühren

20 Neben den Wertgebühren finden sich auch Betragsrahmengebühren, insbesondere in Straf- und Bußgeldsachen (Teil 4 und 5 VV) sowie in sozialrechtlichen Verfahren, in denen das GKG nicht anzuwenden ist (§ 3 Abs. 1 S. 1 RVG). Diese Gebühren sind streitwertunabhängig. Vorgegeben ist hier lediglich ein Mindest- und ein Höchstbetrag. Aus diesem vorgegebenen Rahmen bestimmt der Anwalt nach den Kriterien des § 14 Abs. 1 RVG die im konkreten Fall angemessene Gebühr (siehe Rn 34 ff.).

■ Festgebühren

21 Festgebühren, also Gebühren, deren Höhe aufwands- und wertunabhängig feststeht, kommen nur bei der Beratungshilfe (Nrn. 2500 ff. VV; siehe Rn 92) und beim Pflichtverteidiger (siehe Rn 105) vor.

■ **Pauschgebühr**

Zusätzlich zu den Betragsrahmen- oder Festgebühren können in Straf- und Bußgeldsachen sowie in Verfahren nach Teil 6 VV Pauschgebühren bewilligt werden,
und zwar sowohl für den gerichtlich bestellten oder beigeordneten Anwalt (§ 51
RVG) als auch für den Wahlanwalt (§ 42 RVG).   **22**

■ **Vergütung nach BGB**

In einigen Fällen (§ 34 Abs. 1 S. 1 RVG – Mediation, Beratung und Gutachten) ver-   **23**
weist das RVG – sofern keine abweichende Gebührenvereinbarung getroffen worden ist – auf die Vorschriften des bürgerlichen Rechts, also die §§ 675, 612, 632
BGB. Auch hier bestimmt der Anwalt die Höhe seiner Vergütung nach § 14 Abs. 1
RVG (§ 34 Abs. 1 S. 3, 2. Hs. RVG).

■ **Vergütung nach der StBVV**

Aufgrund der Verweisung in § 35 RVG gelten für die dort genannten steuerlichen   **24**
Hilfeleistungen anstelle der RVG-Gebühren bestimmte Gebührenvorschriften der
Steuerberatervergütungsverordnung (StBVV).

■ **Vereinbarte Vergütung**

Möglich ist auch eine Gebühren- oder eine Vergütungsvereinbarung, die unter den   **25**
Voraussetzungen der §§ 3a ff. RVG mit dem Auftraggeber getroffen werden kann.
Im Falle des § 34 Abs. 1 RVG fordert das RVG sogar selbst den Abschluss einer
Gebührenvereinbarung.

5. Der Gegenstandswert

Soweit Sie Wertgebühren (§§ 2 Abs. 1, 13 RVG) erhalten, müssen Sie zuvor den   **26**
Gegenstandswert der anwaltlichen Tätigkeit ermitteln. Dieser wiederum ergibt
sich aus den **§§ 22 ff. RVG.** Danach ist – sofern das RVG keine besonderen Vorschriften enthält (§§ 23 Abs. 2, 23a ff. RVG) – zunächst auf die **Vorschriften des
GKG (ggf. i.V.m. den Vorschriften der ZPO), des FamGKG** oder des **GNotKG**
(bis zum 31.7.2013: der KostO) abzustellen, wenn es sich um ein **gerichtliches
Verfahren** handelt (§ 23 Abs. 1 S. 1, 2 RVG) oder um eine **außergerichtliche Tätigkeit, die auch Gegenstand eines gerichtlichen Verfahrens sein könnte** (§ 23
Abs. 1 S. 3 RVG). Zum Teil finden sich in Spezialgesetzen noch besondere Wertvorschriften.

Ist ein Fall des § 23 Abs. 1 RVG nicht gegeben und regelt das RVG den Gegenstand   **27**
nicht selbst (§§ 23 Abs. 2, 23a ff. RVG), dann sind **bestimmte Vorschriften des**

GNotKG (bis zum 31.7.2013 der KostO) entsprechend heranzuziehen (§ 23 Abs. 3 S. 1 RVG).

Sind auch diese Vorschriften nicht ergiebig, ist der Gegenstand nach **billigem Ermessen** zu bestimmen (§ 23 Abs. 3 S. 2 RVG).

Fehlen Anhaltspunkte für ein Ermessen oder handelt es sich um nicht vermögensrechtliche Streitigkeiten, so gilt ein **Auffangwert** von 5.000 EUR (bis zum 31.7.2013: 4.000 EUR).

28   Der Gegenstandswert darf **höchstens 30 Mio. EUR** betragen, soweit durch Gesetz nichts anderes bestimmt ist (§ 23 Abs. 1 RVG i.V.m. § 39 Abs. 2 GKG, § 33 Abs. 2 FamGKG; § 22 Abs. 2 S. 1 RVG). Wird der Anwalt in derselben Angelegenheit von **mehreren Personen** wegen verschiedener Gegenstände beauftragt, so beträgt der Gegenstandswert je Person höchstens 30 Mio. EUR, insgesamt jedoch nicht mehr als 100 Mio. EUR (§ 22 Abs. 2 S. 2 RVG).

29   In den meisten Fällen wird sich der Gegenstandswert aus der entsprechenden Anwendung der **GKG-** oder **FamGKG-Vorschriften** ergeben. Ist ein solcher Wert gerichtlich festgesetzt, so ist er für die Anwaltsgebühren bindend (§ 32 Abs. 1 RVG). Dem Anwalt steht insoweit ein eigenes Beschwerderecht (sechs Monate ab Beendigung des Verfahrens) gegen die Festsetzung zu (vgl. § 32 Abs. 2 S. 1 RVG i.V.m. § 68 Abs. 1 GKG, § 59 Abs. 1 FamGKG; § 83 Abs. 1 S. 3 GNotKG, § 31 Abs. 3 KostO). Berechnen sich die Gerichtsgebühren in einem gerichtlichen Verfahren nicht nach dem Gegenstandswert oder fehlt es an einem solchen Wert, steht dem Anwalt nach § 33 Abs. 1 RVG ein eigenes Antragsrecht auf Festsetzung des Gegenstandswertes zu. Auch hier kann er in eigenem Namen Beschwerde erheben (§ 33 Abs. 3 S. 1 RVG). Diese Beschwerde muss allerdings innerhalb von **zwei Wochen** eingelegt werden (§ 33 Abs. 3 S. 3 RVG).

30   In der unzutreffenden Annahme des Gegenstandswertes liegen häufig Fehler der anwaltlichen Vergütungsabrechnung. Die Berechnung des Gegenstandswertes ist für Sie ebenso wichtig wie die richtige Berechnung Ihrer Vergütung. Fehler werden hier häufig schon deshalb gemacht, weil sich Anwälte nicht über **Inhalt** und **Umfang des Auftrags** im Klaren sind. So wird häufig übersehen, dass mehrere im Verlauf des Rechtsstreits anhängige Gegenstände zu addieren sind (§ 39 Abs. 1 GKG; § 33 Abs. 1, 22 Abs. 1 RVG).

> *Beispiel*
> Der Anwalt klagt für seinen Mandanten die Mieten für Januar und Februar ein. Später wird die Klage hinsichtlich der Januar-Miete zurückgenommen und anschließend die März-Miete eingeklagt. Auch wenn nie mehr als zwei Mieten

zugleich rechtshängig waren, sind alle drei Mieten für die Berechnung des Gegenstandswertes heranzuziehen.[9]

Weitere häufige Fehlerquellen: Eine werterhöhende streitige Hilfsaufrechnung (§ 45 Abs. 3 und 4 GKG, § 39 Abs. 3 u. 4 FamGKG) wird übersehen; es wird vergessen, Klage und Widerklage zu addieren (§ 45 Abs. 1 GKG, § 39 Abs. 1 FamGKG); es wird übersehen, dass fällige Unterhaltsbeträge dem Jahreswert der zukünftigen Beträge hinzuzurechnen sind (§ 51 Abs. 2 FamGKG).

31

Tipp
Vermeiden Sie diese Fehler und nehmen Sie sich die Zeit, den Wert Ihrer Tätigkeit genau zu ermitteln. Verlassen Sie sich auch nicht vorschnell auf die gerichtlichen Wertfestsetzungen. Überprüfen Sie diese kritisch und machen Sie von den Ihnen nach §§ 32 Abs. 2 und 33 Abs. 3 RVG eingeräumten Beschwerderechten im Zweifelsfall Gebrauch. Dabei ist zu beachten, dass eine Erhöhungsbeschwerde nur im eigenen Namen des Anwalts zulässig ist, nicht aber auch im Namen der Partei.

Achtung
Nach § 49b Abs. 5 BRAO müssen Sie den Mandanten vor Übernahme des Mandats darauf hinweisen, wenn sich die Gebühren nach dem Gegenstandswert berechnen. Die Verpflichtung besteht nur zum Hinweis darauf, dass nach dem Gegenstandswert abzurechnen ist. Der Anwalt muss grundsätzlich nicht ungefragt über die Höhe des Gegenstandswerts Auskunft erteilen.

32

Unterbleibt der Hinweis, macht sich der Anwalt ggf. schadensersatzpflichtig.[10] Dabei trifft den Auftraggeber die Darlegungs- und Beweislast sowohl dafür, dass der Hinweis unterblieben ist, als auch für den ihm daraus entstandenen Vertrauensschaden.[11]

---

9 OLG Koblenz AGS 2007, 151 = WuM 2006, 45 = DWW 2006, 72 = AGS 2007, 151 = MietRB 2006, 268 = GuT 2006, 88; OLG Hamm OLGR 2007, 324; KG AGS 2008, 188; OLG Celle AGS 2008, 466 = OLGR 2008, 630 = NJW-Spezial 2008, 668.

10 BGH AGS 2007, 386 = WM 2007, 1390 = NJW 2007, 2332 = BRAK-Mitt 2007, 175 = ZGS 2007, 315 = FamRZ 2007, 1322 = MDR 2007, 1046 = AnwBl. 2007, 628 = zfs 2007, 465 = VersR 2007, 1377 = JurBüro 2007, 478 = DB 2007, 1639 = RVGprof. 2007, 133 = NJW-Spezial 2007, 382 = RVGreport 2007, 316 = VRR 2007, 397 = ZFE 2007, 402 = ZERB 2007, 416.

11 BGH AGS 2008, 9 m. Anm. *Schons*.

33   Nur in besonderen Fällen muss der Anwalt ungefragt auf die Höhe der Vergütung hinweisen, z.b. wenn die Gebühren ersichtlich außer Verhältnis zu erstreben Erfolg stehen.[12]

6. Rahmengebühren (§ 14 RVG)

34   In mehreren Fällen – insbesondere in Straf- und Bußgeldsachen (Teil 4 und 5 VV) sowie bei der außergerichtlichen Vertretung (Nrn. 2300 ff. VV) – sieht das RVG vor, dass dem Anwalt Rahmengebühren zustehen. Das Gesetz legt in diesen Fällen also nur die untere und die obere Grenze fest. Es kann sich handeln um

- **Satzrahmengebühren**, also um Wertgebühren mit Mindest- und Höchstsatz, oder
- **Betragsrahmengebühren**, also um Gebühren, die einen Mindest- und einen Höchstbetrag vorsehen.

35   Im Gegensatz zu den Wertgebühren (siehe Rn 19) bestimmt der Anwalt innerhalb des vorgegebenen Rahmens selbst, wie hoch er seine Gebühr bemisst (§ 315 BGB). Die Bestimmung der Gebühr im Einzelfall darf er aber nicht wahllos ausüben. Er muss sein billiges Ermessen an den **Bemessungskriterien** des § 14 Abs. 1 S. 1 u. 2 **RVG** ausrichten. Danach hat er die Gebühr im Einzelfall unter Berücksichtigung aller Umstände, insbesondere

- des Umfangs der anwaltlichen Tätigkeit,
- der Schwierigkeit der anwaltlichen Tätigkeit,
- der Bedeutung der Angelegenheit,
- der Vermögensverhältnisse des Auftraggebers,
- der Einkommensverhältnisse des Auftraggebers und
- des besonderen Haftungsrisikos des Anwalts

nach billigem Ermessen zu bestimmen.[13]

36   An eine einmal getroffene Bestimmung bleibt der Anwalt nach § 315 BGB gebunden (Ausnahme: Nach Abrechnung wird die Angelegenheit fortgesetzt oder der Anwalt hat sich eine endgültige Bestimmung vorbehalten).

37   Sie müssen also anhand der vorstehend erwähnten sechs Kriterien abwägen, welche Gebühr im konkreten Fall angemessen ist. Auszugehen ist bei der **Abwägung**

---

12   Siehe dazu zuletzt LG Duisburg AGS 2013, 5.

13   Zu den einzelnen Bemessungskriterien gibt es eine umfangreiche Rechtsprechung, die am besten in der Kommentarliteratur nachzulesen ist, vgl. z.B. AnwK-RVG/*Onderka*, 6. Aufl. 2012, § 14 Rn 23 ff.

i.d.R. zunächst von der **Mittelgebühr** und erst dann ist zu prüfen, inwieweit die nach § 14 Abs. 1 und 2 RVG maßgeblichen Kriterien eine Gebühr oberhalb oder unterhalb der Mittelgebühr rechtfertigen. Die Mittelgebühr errechnet sich, indem man den Mindestbetrag (bzw. Mindestsatz) und den Höchstbetrag (bzw. Höchstsatz) addiert und die Summe sodann durch 2 dividiert.

Auch wenn grundsätzlich von einer Mittelgebühr auszugehen ist, sollten Sie sich nicht gedankenlos auf diese Gebühr beschränken.   **38**

> *Tipp*
> Gerade in dem Ermessensspielraum des § 14 Abs. 1 RVG liegt die Möglichkeit für Sie, Ihre Vergütung dem Arbeits- und Schwierigkeitsgrad Ihrer Tätigkeit anzupassen. Sie haben es hier ausnahmsweise selbst in der Hand, die Höhe der Vergütung mitzugestalten.

Daher ist es häufig nicht nachzuvollziehen, dass vorschnell lediglich eine Mittelgebühr abgerechnet wird. Die Mittelgebühr gilt zwar für alle **durchschnittlichen Fälle**, also die sog. Normalfälle, in denen die zu berücksichtigenden Umstände jeweils durchschnittlich sind. Viele Fälle aber haben ihre Besonderheiten und Schwierigkeiten, die eine höhere als die Mittelgebühr rechtfertigen. Stellen Sie diese Merkmale entsprechend heraus, so ist es in aller Regel nicht schwierig, eine höhere Vergütung darzulegen und auch durchzusetzen.

Der Auftraggeber ist an Ihre Gebührenbestimmung grundsätzlich gebunden. Nur dann, wenn die Bestimmung unbillig ist (§ 315 Abs. 3 BGB), kann sie herabgesetzt werden. Solange Sie sich jedoch im Rahmen der Billigkeit bewegen, ist der Mandant zahlungspflichtig, auch dann, wenn sich mit guten Gründen ebenso eine geringere Vergütung hätte begründen lassen. Die Rechtsprechung gewährt dem Anwalt hier einen **Toleranzbereich** von 20 %.[14] Solange die abgerechnete Gebühr um nicht mehr als 20 % von der billigen Gebühr abweicht, bleibt sie verbindlich. Ist die Vergütung von einem Dritten zu ersetzen, so trägt dieser sogar die Darlegungs- und Beweislast dafür, dass die Vergütung unbillig ist (§ 14 Abs. 1 S. 4 RVG).   **39**

Im **Vergütungsprozess** muss über die Höhe der Gebühr ein Gutachten des Vorstands der Rechtsanwaltskammer eingeholt werden, wenn Streit über die Höhe der angemessenen Gebühr besteht (§ 14 Abs. 2 RVG). Das Gericht darf im Streitfall ohne Einholung eines Gutachtens nicht von Ihrer Gebührenbestimmung abweichen. Allerdings ist das Gericht an das Gutachten nicht gebunden.   **40**

---

14   AnwK-RVG/*Onderka*, 6. Aufl. 2012, § 14 Rn 77.

7. Hebegebühren (Nr. 1009 VV)

41 Wickelt der Anwalt Zahlungen über sein Konto ab oder leitet er Schecks oder Kostbarkeiten weiter, so kann er hierfür Hebegebühren nach Nr. 1009 VV berechnen. In der Praxis ist leider zu beobachten, dass diese Gebühren in aller Regel nicht geltend gemacht werden. Begründet wird dies häufig damit, dass die Berechnung zu viel Aufwand verursache und dass der Mandant für eine solche Berechnung kein Verständnis habe. Beides ist unzutreffend.[15]

> *Tipp*
> Jede Buchung verursacht für den Anwalt Bankgebühren und Personalkosten. Es ist daher nicht verständlich, wieso er auf diese Gebühren verzichten soll. Auch der Mandant muss einsehen, dass die **Abwicklung des Zahlungsverkehrs** nicht unentgeltlich erfolgen kann.

Ein Mandant, der hierfür kein Verständnis hat, wird auch im Übrigen Schwierigkeiten bereiten.[16] Auch der Einwand, es sei angesichts der geringen Hebegebühren zu aufwendig, diese jeweils abzurechnen, greift nicht. Bei einem Fremdgeldumsatz von 250.000 EUR, der in einer Allgemeinkanzlei bei Verkehrsunfallmandaten und Forderungsbeitreibungen schnell zusammenkommt, ergeben sich schon Hebegebühren in Höhe von 2.000 bis 2.500 EUR zuzüglich Auslagen nach Nr. 7002 VV in Höhe von etwa weiteren 300 EUR. Wollen Sie darauf wirklich ohne weiteres verzichten?

42 Beachten Sie, dass die Hebegebühren nur von den **Auszahlungen** zu berechnen sind, nicht von Zahlungseingängen. Jeder Auszahlungsvorgang ist eine eigene Angelegenheit i.S.d. § 15 RVG und daher gesondert einschließlich einer Postentgeltpauschale nach Nr. 7002 VV[17] abzurechnen. So erhält der Anwalt mehrere Hebegebühren, wenn ein Betrag einheitlich eingeht, aber in verschiedenen Teilbeträgen auszuzahlen ist. Umgekehrt fällt nur eine Hebegebühr an, wenn mehrere Zahlungen eingehen, aber in einer Summe ausgezahlt werden.[18]

---

15 Siehe hierzu ausführlich *Madert*, Zur angeblich unverstandenen Hebegebühr, AGS 1995, 130.
16 *Madert*, a.a.O.
17 AnwK-RVG/*N. Schneider*, 6. Aufl. 2012, Nr. 1009 VV Rn 55.
18 Siehe hierzu AnwK-RVG/*N. Schneider*, 6. Aufl. 2012, Nr. 1009 VV Rn 24 ff. sowie die ausführlichen Berechnungsbeispiele in *N. Schneider*, Fälle und Lösungen, § 36.

8. Mehrere Auftraggeber

Werden Sie für mehrere Auftraggeber tätig, so ist besondere Aufmerksamkeit geboten. Zunächst müssen Sie sich fragen, ob ein **gemeinsamer Auftrag** zugrunde liegt. Ist das nicht der Fall, sind die Aufträge mit jedem Auftraggeber gesondert abzurechnen. Liegt ein gemeinsamer Auftrag zugrunde, so kann der Anwalt nur einmal abrechnen (§ 7 Abs. 1 RVG). Der Mehraufwand der anwaltlichen Tätigkeit wird dann durch eine Gebührenerhöhung nach Nr. 1008 VV oder eine Wertaddition nach § 39 Abs. 1 GKG; § 33 Abs. 1 FamGKG; § 22 Abs. 1 RVG vergütet. **43**

Wird nach dem Gegenstandswert abgerechnet, so ist zu differenzieren: **44**

- Liegen dem Auftrag **verschiedene Gegenstände** zugrunde (z.B. Unterhaltsansprüche von Ehegatte und Kind), so gelten die § 23 Abs. 1 RVG i.V.m. § 39 Abs. 1 GKG, § 33 Abs. 1 FamGKG; § 22 Abs. 1 RVG. Die Werte der Gegenstände der einzelnen Aufträge sind zu addieren, sodass der Anwalt bei Wertgebühren nach einem höheren Gegenstandswert abrechnen kann.

- Liegt der anwaltlichen Tätigkeit **derselbe Gegenstand** zugrunde (z.B. Vertretung von Gesamtschuldnern oder Gesamtgläubigern wegen derselben Forderung), dann kommt eine Addition der Streitwerte wegen wirtschaftlicher Identität nicht in Betracht. In diesem Fall erhöht sich dafür die jeweilige Betriebsgebühr nach Nr. 1008 VV um jeweils 0,3 je weiterer Auftraggeber. Insgesamt darf die Erhöhung jedoch 2,0 nicht überschreiten, was bei dem achten Auftraggeber erreicht wird.

- Bei Betragsrahmengebühren ist der Rahmen um 30 % – höchstens um 200 % – zu erhöhen. Auf eine gemeinschaftliche Beteiligung kommt es hier nicht an.

- Bei Festgebühren wird der Festbetrag um 30 % – höchstens um 200 % – angehoben. Auch hier kommt es nicht auf eine gemeinschaftliche Beteiligung am Streitgegenstand an.

Nach dem ausdrücklichen Wortlaut der Nr. 1008 VV werden nur Geschäfts- und Verfahrensgebühren erhöht. Dazu zählen auch die sog. „Schwellengebühren", also die Begrenzungen der Geschäftsgebühr nach Anm. zu Nr. 2300 und 2302 VV. Nicht erhöht werden andere Gebühren wie z.B. eine Grundgebühr. Strittig ist, ob auch die Ratsgebühr (Nr. 2501 VV) zu erhöhen ist.[19] Das wird man wohl ebenso annehmen müssen wie die Erhöhung der Gebühr für die Prüfung der Erfolgsaussicht eines Rechtsmittels (Nr. 2100 VV).[20] **45**

---

19 Siehe AnwK-RVG/*Fölsch*, 6. Aufl. 2012, Nr. 2501 VV Rn 11 m. Nachweisen zum Streitstand.
20 Siehe AnwK-RVG/*N. Schneider*, 6. Aufl. 2012, Nr. 2100 VV Rn 28 ff.

46 Bei mehreren Auftraggebern müssen Sie auch bei der **Abrechnung** aufpassen: Jeder Auftraggeber schuldet nur diejenigen Gebühren, die er schulden würde, wenn er alleine den Auftrag erteilt hätte (§ 7 Abs. 2 RVG). Das müssen Sie auch in der Rechnung (§ 10 RVG) zum Ausdruck bringen.[21]

9. Die Auslagen

47 Neben den Gebühren erhalten Sie auch Ihre Auslagen erstattet. Allgemeine Geschäftskosten werden dagegen bereits durch die Gebühren abgegolten und sind nicht gesondert zu vergüten (Vorbem. 7 Abs. 1 S. 1 VV). Als besondere Auslagen kennt das RVG:

■ Dokumentenpauschalen (Nr. 7000 VV),

■ Entgelte für Post- und Telekommunikationsdienstleistungen (Nr. 7001, 7002 VV),

■ Reisekosten (Nr. 7003 bis 7006 VV),

■ Haftpflichtversicherungsprämie (Nr. 7007 VV),

■ Umsatzsteuer (Nr. 7008 VV).

Daneben können weitere Auslagen nach den §§ 675, 670 BGB ersetzt verlangt werden (Vorbem. 7 Abs. 1 S. 2 VV).

a) Dokumentenpauschalen

48 Für **Abschriften und Ablichtungen** erhalten Sie gem. Nr. 7000 VV neben den Gebühren eine Dokumentenpauschale, und zwar für Abschriften und Ablichtungen

■ aus Behörden- und Gerichtsakten (Nr. 1a),

■ zur Zustellung oder Mitteilung an Gegner oder Beteiligte und Verfahrensbevollmächtigte aufgrund einer Rechtsvorschrift oder nach Aufforderung durch das Gericht, die Behörde oder die sonst das Verfahren führende Stelle, soweit hierfür mehr als 100 Ablichtungen zu fertigen waren (Nr. 1b),

■ zur notwendigen Unterrichtung des Auftraggebers, soweit hierfür mehr als 100 Ablichtungen zu fertigen waren (Nr. 1c)

■ für sonstige Abschriften und Ablichtungen, wenn sie im Einverständnis mit dem Auftraggeber zusätzlich gefertigt werden (Nr. 1d).[22]

---

21 LG Mannheim AGS 2012, 324 = AnwBl 2013, 149 = NJW-Spezial 2012, 444 = ErbR 2012, 244 = RVGreport 2012, 414.
22 Siehe im Einzelnen AnwK-RVG/*N. Schneider*, 6. Aufl. 2012, Nr. 7000 VV.

Die Übermittlung per Telefax steht der Herstellung einer Ablichtung gleich (Anm. S. 2 zu Nr. 7008 VV).

Darüber hinaus erhalten Sie auch für die **Überlassung von elektronisch gespei-**   **49**
cherten Dateien an Stelle der in Nr. 1 genannten Abschriften und Ablichtungen
eine Dokumentenpauschale (Nr. 7000 Nr. 2).

Die **Höhe der Dokumentenpauschale** beträgt bei einfarbigen Kopien für die ers-   **50**
ten 50 Seiten 0,50 EUR je Seite und für die darüber hinausgehenden Ablichtungen
0,15 EUR je weitere Seite. Bei mehrfarbigen Kopien erhält der Anwalt für die ersten 50 Seiten 1,00 EUR je Seite und darüber hinaus 0,30 EUR je weitere Seite. Für
die Überlassung von elektronisch gespeicherten Dateien erhalten Sie jeweils
1,50 EUR, allerdings nicht mehr als 5,00 EUR, soweit diese in einem Arbeitsgang
gefertigt werden.

> *Tipp*   **51**
> Achten Sie darauf, dass Kopien, die Sie anfertigen, von vornherein in der Akte
> erfasst werden. Auch wenn es manchmal aufwendig ist, dies festzuhalten, soll-
> ten Sie keine Dokumentenpauschalen verschenken. Lassen Sie sich auch nicht
> vom Mandanten vorhalten, eine Kopie mit 0,50 EUR sei zu teuer. Berechnen
> Sie einmal, wie viele Kopien Sie abrechnen müssen, bis erst einmal die Lea-
> singrate Ihres Kopierers, die Kosten für Toner, Papier und Bedienungspersonal
> gedeckt sind!

b) Post- und Telekommunikationsentgelte

Die Kosten für Post- und Telekommunikationsentgelte (Nrn. 7001, 7002 VV) sind   **52**
neben den Anwaltsgebühren immer gesondert zu vergüten. Hierzu zählen insbesondere die Portokosten, auch für besondere Versendungsarten (wie z.B. Einschreiben, förmliche Zustellungen, Päckchen und Pakete), sowie die Gebühren für
Orts- und Ferngespräche, Online-Verbindungen (E-Mail, Internet etc.) sowie für
Fernschreiben, Telefax und Telegrammsendungen.[23]

Sie haben die **Wahl**, ob Sie die entsprechenden Entgelte **konkret** abrechnen. Dies   **53**
ist in aller Regel mit erheblichem Aufwand verbunden und rentiert sich daher
nicht, es sei denn, Sie haben ein EDV-Programm, das diese Kostenpositionen automatisch erfasst. Stattdessen bietet Nr. 7002 VV die Möglichkeit, **Pauschalen** anzusetzen, und zwar in Höhe von 20 % der jeweils anfallenden gesetzlichen Gebühren,
höchstens jedoch 20 EUR. Die Pauschale berechnet sich nach den gesetzlichen Ge-

---

23   Siehe ausführlich AnwK/RVG/*N. Schneider*, 6. Aufl. 2012, Nr. 7002 VV Rn 6 ff.

bühren, im Falle von Prozess- oder Verfahrenskostenhilfe nach den ermäßigten Prozess- und Verfahrenskostenhilfegebühren. Im Falle der Beratungshilfe berechnet sich die Pauschale nach den Beratungshilfegebühren.

54   Beachten Sie, dass Sie die Postentgeltpauschale in jeder Angelegenheit gesondert erhalten! So entsteht z.b. im Mahnverfahren und im anschließenden streitigen Verfahren die Postentgeltpauschale jeweils gesondert.[24] Dies wird in der Praxis häufig übersehen und führt in der Summe zu nicht unerheblichen Beträgen, die verschenkt werden.

c)   Reisekosten

55   Auslagen für Geschäftsreisen des Anwalts werden nach Nrn. 7003 bis 7006 VV vergütet. Eine **Geschäftsreise** liegt vor, wenn der Anwalt das Gebiet der politischen Gemeinde verlässt (Vorbem. 7 Abs. 2 VV). Bei Ortsverschiedenheit von Wohnsitz und Kanzlei ist maßgebend, von wo aus der Anwalt losfährt.[25] Auf die Entfernung kommt es dabei nicht an. So fallen selbst bei großen Entfernungen innerhalb derselben Stadt keine Reisekosten an; dagegen können bei kürzester Entfernung Reisekosten anfallen, wenn dabei die Grenzen der politischen Gemeinde überschritten werden. Die Reisekosten sind unterteilt in:

- Fahrtkosten für das eigene Kraftfahrzeug (Nr. 7003 VV),
- Fahrtkosten bei Benutzung eines anderen Verkehrsmittels (Nr. 7004 VV),
- Tage- und Abwesenheitsgelder (Nr. 7005 VV) und
- Sonstige Aufwendungen anlässlich der Geschäftsreise (Nr. 7006 VV).

56   An **Fahrtkosten** erhält der Anwalt bei der Benutzung eines eigenen Kraftfahrzeugs 0,30 EUR für jeden gefahrenen Kilometer. Bei der Benutzung anderer Verkehrsmittel erhält er die tatsächlichen Aufwendungen (Nr. 7003 VV), soweit sie angemessen sind (Nr. 7004 VV). Flugreisen sind nur angemessen, wenn dadurch erhebliche Zeit gespart wird.[26] Wenn Sie eine Bahncard benutzen, dürfen Sie nach der Rechtsprechung nur die tatsächlichen Kosten abrechnen, nicht anteilig auch die Kosten der Bahncard.[27]

---

24 BGH AGS 2004, 343 m. Anm. *N. Schneider*; LG Essen BRAGOreport 2002, 39 = JurBüro 2002, 246. Siehe im Übrigen zu der Frage, wann mehrere Pauschalen anfallen und wann nur eine Pauschale zu erheben ist, AnwK-RVG/*N. Schneider*, Nr. 7002 VV Rn 31 ff.

25 OLG Düsseldorf AGS 2012, 167 = zfs 2012, 287 = NJW-RR 2012, 764 = JurBüro 2012, 299 = Rpfleger 2012, 412 = RVGreport 2012, 189.

26 Nachw. zur Rspr. bei AnwK-RVG/*N. Schneider*, 6. Aufl. 2012, Nrn. 7003–7006 VV Rn 14 ff.

27 AnwK-RVG/*N. Schneider*, 6. Aufl. 2012, Nr. 7003–7006 VV Rn 22 ff. m. Nachw. zur Rspr.; a.A., auch Umlage der Kosten der Bahncard: OLG Frankfurt/M. NZV 2006, 663.

Als **Tage- und Abwesenheitsgelder** erhält der Anwalt bei einer Abwesenheit von   57
nicht mehr als vier Stunden 25 EUR, von vier bis acht Stunden 40 EUR und bei
mehr als acht Stunden 70 EUR (Nr. 7005 VV). Bei Auslandsreisen kann er zu den
vorgenannten Beträgen einen Zuschlag in Höhe von 50 % berechnen. Darüber hinaus sind Übernachtungskosten in Höhe der tatsächlichen Aufwendungen zu erstatten, soweit sie angemessen sind (Nr. 7006 VV).

In Hinblick darauf, dass die Reisekostenregelung in den Nrn. 7003 bis 7006   58
VV nur unzulänglich ist und insbesondere den Zeitverlust nicht angemessen ent-
schädigt, empfiehlt es sich, bei längeren Reisen i.d.r. eine Vergütungsvereinbarung zu treffen (siehe Rn 64 ff.). Der Mandant wird hierfür in aller Regel Verständnis haben; anderenfalls würde er die Reise selbst auf sich nehmen, um einen
Anwalt vor Ort zu beauftragen.

d) Haftpflichtversicherungsprämie

Einen erst durch das RVG zum 1.7.2004 eingeführten Auslagentatbestand enthält   59
Nr. 7007 VV. Sofern das Haftungsrisiko höher liegt als 30 Mio. EUR, kann der Anwalt denjenigen Teil seiner Haftpflichtversicherungsprämie ersetzt verlangen, der
die Haftung von über 30 Mio. EUR abdeckt. Ist es nicht möglich, diesen Anteil aus
der Rechnung des Versicherers zu ermitteln, so ist die Prämie **anteilig** abzurechnen.

e) Umsatzsteuer

Die auf seine Vergütung anfallende und abzuführende Umsatzsteuer kann der An-   60
walt dem Mandanten ebenfalls in Rechnung stellen (Nr. 7008 VV).

f) Auslagen außerhalb des RVG

Soweit kein Fall der Nrn. 7000 ff. VV gegeben ist und es sich nicht um allgemeine   61
Geschäftskosten (z.B. Büromiete, Unterhaltungskosten für EDV-Anlage, Kopierer,
Kosten für Zeitschriften und Fachliteratur) handelt, können Sie auch Auslagen
nach den §§ 675, 670 BGB ersetzt verlangen (Vorbem. 7 Abs. 1 S. 2 VV). Dies gilt
insbesondere für **vorgelegte Gerichts- und Gerichtsvollzieherkosten** sowie für
Kosten von **Meldeamts- und Registeranfragen** oder **Aktenversendungspauschalen**.

Bei Verauslagung solcher Kosten sollten Sie zurückhaltend sein. Zum einen über-   62
nehmen Sie, wenn Sie solche Beträge vorlegen (mitunter Gerichtskosten in erheblicher Höhe), das Insolvenzrisiko, wenn der Mandant später nicht zahlen kann.

Zum anderen verursachen Sie in Ihrer eigenen Buchführung unnötigen Aufwand, wenn Sie diese Gelder über Ihr Konto laufen lassen.

Achtung
Es ist daher dringend zu empfehlen, solche Kosten nicht zu verauslagen, sondern die entsprechenden Rechnungen dem Mandanten zuzusenden, damit dieser sie unmittelbar überweist.

Dieses Vorgehen ist insoweit auch vorteilhafter, als der Mandant dann selbst verantwortlich ist, wenn das Verfahren wegen Nichteinzahlung der Gebühren nicht weiter betrieben wird. Im Übrigen ist der Mandant vor Beginn eines Verfahrens in aller Regel zahlungsbereiter als etwa nach einem verlorenen Prozess.

63 *Tipp*
Beachten Sie, dass auch auf Kosten für Aktenversendungspauschalen, Meldeamtsanfragen etc. Umsatzsteuer zu erheben ist.[28]

10. Vergütungsvereinbarungen

64 Anstatt Ihre anwaltliche Tätigkeit nach der gesetzlichen Vergütung abzurechnen, können Sie auch eine Vergütungsvereinbarung mit dem Auftraggeber abschließen. Das folgt aus dem Grundsatz der Vertragsfreiheit. Sie dürfen allerdings grundsätzlich **keine geringere als die gesetzliche Vergütung** vereinbaren (§ 49b Abs. 1 S. 1 BRAO). Eine Ausnahme sieht lediglich § 4 Abs. 2 S. 1 RVG vor, wonach Pauschal- oder Zeitvergütungen bei außergerichtlicher Tätigkeit zulässig sind. Ein Verstoß gegen dieses Verbot wird bereits dann angenommen, wenn nach der Vereinbarung, z.B Stundensatzvereinbarung, die Möglichkeit besteht, dass die gesetzliche Vergütung unterschritten wird.[29]

65 Dringend müssen Sie beachten, dass Sie sich grundsätzlich **kein Erfolgshonorar** versprechen lassen[30] oder einen **Anteil am erstrittenen Betrag**.[31] Gerade Anfängern wird häufig angedient, nur für eine geringe Vergütung tätig zu werden und bei Erfolg eine entsprechend hohe Beteiligung zu erhalten. Lassen Sie sich hiermit nicht ködern, auch wenn Ihnen ein lukrativer Gewinn in Aussicht gestellt wird. Erfolgsabhängige Vergütungen sind nach § 49b Abs. 2 BRAO grundsätzlich unzuläs-

---

28 BGH AGS 2011, 262 = MDR 2011, 758 = zfs 2011, 402 = AnwBl 2011, 583 = JurBüro 2011, 412 = Rpfleger 2011, 563 = NZV 2011, 438 = NJW 2011, 3041 = RVGreport 2011, 215.
29 AG München AGS 2011, 530.
30 *N. Schneider*, Die Vergütungsvereinbarung, Rn 323 ff.; zuletzt OLG Düsseldorf AGS 2006, 480.
31 *N. Schneider*, Die Vergütungsvereinbarung, Rn 386 ff.

sig. Nur im Einzelfall darf unter den engen Voraussetzungen des § 4a RVG eine erfolgsabhängige Vergütung vereinbart werden.

Bei der Abfassung einer Vergütungsvereinbarung ist **§ 3a Abs. 1 RVG** zu beachten. **66** Die Anforderungen an eine wirksame Vergütungsvereinbarung liegen zum Teil sehr hoch und werden streng gehandhabt. Insbesondere muss die Vergütungsvereinbarung in Textform gehalten sein (§ 3a Abs. 1 S. 1 RVG). Sie muss zudem als Vergütungsvereinbarung oder ähnlich bezeichnet sein; sie darf nicht in einer Vollmacht enthalten sein und muss von anderen Vereinbarungen deutlich abgesetzt sein, wie etwa einer Haftungsbeschränkung (§ 3a Abs. 1 S. 2 RVG). Der Verstoß hiergegen führt zur Unwirksamkeit der vereinbarten Vergütung, so dass nur die gesetzliche Vergütung geschuldet ist (§ 4b S. 1 RVG).

Über die **Zweckmäßigkeit** einer Vergütungsvereinbarung müssen Sie sich im kon- **67** kreten Fall jeweils selbst klar werden. Generelle Richtlinien oder Erwägungen lassen sich kaum aufstellen. Eine falsche Bescheidenheit ist hier sicherlich fehl am Platze. Sie sollten sich nicht unter Wert verkaufen. Der Mandant wird insbesondere bei Beratungsmandaten, Vertragsentwürfen o.Ä. einer Vergütungsvereinbarung Verständnis entgegenbringen, zumal auch er dann von vornherein weiß, was er zu zahlen haben wird. Empfehlenswert ist es, dem Mandanten zu erklären, aus welchem Grund eine Vereinbarung erforderlich ist und dass eine ordnungsgemäße Bearbeitung zu den gesetzlichen Gebühren nicht möglich ist, zumal er dann auch sicher sein kann, dass Sie für ihn ordentlich arbeiten und die Sache wegen der geringen Gebühren nicht nur oberflächlich abhandeln.

Achtung **68**
Wird eine Vergütungsvereinbarung abgeschlossen, müssen Sie den Auftraggeber darauf hinweisen, dass vereinbarte Vergütungen nur bis zur Höhe der gesetzlichen Vergütung erstattet werden (§ 3a Abs. 1 S. 3 RVG). Der Verstoß hiergegen führt zwar nicht zur Unwirksamkeit der Vereinbarung, kann aber Schadensersatzansprüche auslösen (Vertrauensschaden).

In welcher **Art** Sie die Vergütungsvereinbarung abschließen, bleibt Ihnen überlas- **69** sen. Hier bieten sich vielfältige Möglichkeiten:
- Pauschalbetrag;
- nach Abschnitten gestaffelte Pauschalen;
- ein Vielfaches der gesetzlichen Gebühren;
- ein prozentualer Aufschlag auf die gesetzlichen Gebühren;[32]

---

32 *N. Schneider*, Die Vergütungsvereinbarung, Rn 888.

- eine Zusatzgebühr;[33]
- ein zusätzlicher Festbetrag;[34]
- die Festlegung eines höheren Gegenstandswertes;[35]
- die Vereinbarung mehrerer Angelegenheiten, obwohl nach dem RVG nur eine einzige Angelegenheit gegeben wäre;[36]
- Zeithonorare;[37]
- die Festlegung auf den Höchstbetrag oder Höchstsatz bei einem Gebühren- oder Satzrahmen.[38]

70   Häufig werden **Stundensätze** vereinbart. Stundensätze von 150 EUR bis 200 EUR netto dürften auch für den Berufsanfänger als Minimum anzusetzen sein. Erkundigen Sie sich gegebenenfalls bei Ihrer Kammer, welche Beträge empfohlen werden.

71   Eine Vergütungsvereinbarung ist aber nicht nur für höhere Gebühren möglich, sondern auch für höhere **Auslagen**. Auch dann sind die §§ 3a ff. RVG zu beachten.[39] Eine Vergütungsvereinbarung kann auch ausschließlich für Auslagen geschlossen werden; hinsichtlich der Gebühren bleibt es dann bei der gesetzlichen Regelung. Eine solche **isolierte Auslagenvereinbarung** bietet sich insbesondere bei umfangreichen Mandaten an, wenn also erhebliche Kopierkosten oder hohe Porti und Telefongebühren anfallen. Eine pauschale Vereinbarung enthebt Sie der Verpflichtung, hier jede Position einzeln nachzuweisen. Auch bei weiten Reisen sollten Sie eine Vereinbarung treffen. Denken Sie daran, dass die Pauschalen nach Nrn. 7003 ff. VV Ihren Verdienstausfall nicht annähernd decken.

11. Die Fälligkeit

72   Die Fälligkeit der anwaltlichen Vergütung ist in **§ 8 Abs. 1 RVG** geregelt. Diese Vorschrift geht der des § 271 BGB vor. Vor Eintritt der Fälligkeit können Sie Ihre Vergütung nicht verlangen. Sie haben lediglich das Recht auf einen angemessenen Vorschuss nach § 9 RVG (siehe Rn 85 ff.).

---

33   BGH AnwBl 1978, 227.
34   BGH NJW 1980, 1851.
35   OLG Hamm AnwBl 1986, 452; LG Düsseldorf JurBüro 1991, 530.
36   OLG Düsseldorf OLGR 1993, 160 = KostRsp BRAGO § 3 Nr. 28 m. Anm. *Herget.*
37   LG München I NJW 1975, 937 = AnwBl 1975, 63; OLG Frankfurt OLGR 1993, 307; LG Düsseldorf AGS 1993, 38.
38   *N. Schneider*, Die Vergütungsvereinbarung, Rn 817.
39   *N. Schneider*, Die Vergütungsvereinbarung, Rn 1069 ff.

Die Fälligkeit der Vergütung müssen Sie **für jede Angelegenheit gesondert** feststellen. So können Teilvergütungen fällig werden, bevor der Auftrag insgesamt erledigt ist. Sind Sie z.b. zunächst mit dem Mahnverfahren beauftragt und geht die Sache anschließend nach Widerspruch in das streitige Verfahren über, wird die Vergütung für das Mahnverfahren fällig, da die entsprechende Tätigkeit eine eigene Angelegenheit darstellt und mit Abschluss des Mahnverfahrens beendet ist.

73

§ 8 Abs. 1 RVG enthält mehrere Fälligkeitstatbestände, die häufig zeitgleich nebeneinander verwirklicht werden. Grundsätzlich gilt nach § 8 Abs. 1 S. 1 RVG für **alle Vergütungen**, dass diese fällig werden, wenn der Auftrag erledigt oder die Angelegenheit beendet ist. In gerichtlichen Verfahren wird die Vergütung darüber hinaus auch dann fällig, wenn eine Kostenentscheidung ergangen oder der Rechtszug beendigt ist oder wenn das Verfahren länger als drei Monate ruht (§ 8 Abs. 1 S. 2 RVG). Treffen mehrere Fälligkeitstatbestände zusammen, so ist der zuerst verwirklichte maßgebend.

74

Die wichtigste **Folge** der Fälligkeit für Sie ist, dass Sie ab ihrem Eintritt Ihre Vergütung abrechnen, fordern, festsetzen und einklagen können. Die Kehrseite der Fälligkeit ist, dass damit zum Jahresende die Verjährung zu laufen beginnt, was vielfach, insbesondere bei Teilfälligkeiten, übersehen wird (siehe Rn 76 ff.).

75

12. Die Verjährung

Die Verjährung der anwaltlichen Vergütung ist nicht unmittelbar im RVG geregelt, sondern ergibt sich aus § 195 BGB. Die Verjährungsfrist beläuft sich auf **drei Jahre** und beginnt mit dem Schluss des Jahres, in dem der Anspruch entstanden ist (§ 199 Abs. 1 Nr. 1 BGB).

76

Der Ablauf der Verjährungsfrist ist gemäß § 10 Abs. 1 S. 1 RVG von der **Mitteilung der Berechnung** der Vergütung nicht abhängig. Die Verjährung beginnt daher auch dann mit der Fälligkeit, wenn noch keine oder keine ordnungsgemäße Rechnung erteilt worden ist. Die Forderung kann somit auch verjähren, ohne dass jemals eine Abrechnung erteilt worden ist und ohne dass die Vergütung damit überhaupt jemals geltend gemacht werden konnte (siehe Rn 83).

77

Der Ablauf der Verjährung kann nach § 204 BGB **gehemmt** werden. Neben allgemeinen Möglichkeiten wird der Verjährungsablauf auch durch die Einreichung eines **Vergütungsfestsetzungsantrags** nach § 11 RVG (siehe Rn 90 f.) bei Gericht gehemmt. Der Festsetzungsantrag steht einer Klageerhebung gleich (§ 11 Abs. 7 RVG). Insoweit genügt es, dass der Festsetzungsantrag bei Gericht eingeht; einer Zustellung bedarf es nicht. Nimmt der Anwalt den Festsetzungsantrag zurück,

78

wird der Antrag rechtskräftig als unzulässig abgewiesen oder wird die Festsetzung nach § 11 Abs. 5 RVG wegen nicht gebührenrechtlicher Einwände abgelehnt, so muss der Anwalt erneut eine verjährungshindernde Maßnahme treffen; anderenfalls endet die Hemmung der Verjährung nach Ablauf von sechs Monaten (§ 204 Abs. 2 BGB).

79 Erkennt der Mandant die Vergütungsforderung an, wird die Verjährung nicht nur gehemmt, sondern beginnt von neuem (§ 212 Abs. 1 Nr. 1 BGB). Zu beachten ist allerdings, dass die Rechtsprechung an den Neubeginn des Verjährungsablaufs durch Anerkenntnis hohe Anforderungen stellt.[40] Auf bloße Zahlungszusagen des Mandanten sollten Sie sich daher ohne Weiteres nicht verlassen.

80 Umstritten ist, ob es für den Neubeginn oder die Hemmung der Verjährung erforderlich ist, dass der Anwalt seinem Auftraggeber zuvor eine **ordnungsgemäße Abrechnung** erteilt hat, oder ob es ausreicht, dass der Berechnung nach Ablauf der Verjährungsfrist noch eine Berechnung nachgereicht wird.[41] Sie sollten sich auf diese Streitfrage erst gar nicht einlassen, sondern dafür sorgen, dass dem Auftraggeber rechtzeitig eine ordnungsgemäße Abrechnung zugeht.

81 In § 8 Abs. 2 RVG ist seit dem 1.7.2004 zusätzlich eine Regelung bzgl. der Hemmung der Verjährung des Vergütungsanspruchs für Tätigkeiten in einem gerichtlichen Verfahren aufgenommen worden. Über Sinn und Zweck dieser Vorschrift mag man streiten. Ein sorgfältig arbeitender Anwalt rechnet seine Vergütung nach Fälligkeit ab, sodass er nicht in die Gefahr gerät, dass Teile seiner Vergütung nach rechtskräftigem Abschluss des Verfahrens verjährt sein können.

82 *Tipp*
Die einfachste Methode, der Verjährung zu entgehen, ist es, jede Angelegenheit sofort mit dem Mandanten abzurechnen, wenn die Fälligkeit eingetreten ist. Lassen Sie sich nicht vertrösten oder auf eine demnächstige Erstattung durch den Gegner verweisen. Sie haben Ihre Arbeit geleistet und dafür Ihre Vergütung auch verdient.

13. Die Abrechnung

83 Besonderes Augenmerk müssen Sie auf die ordnungsgemäße Abrechnung Ihrer Vergütung legen. Die Voraussetzungen des **§ 10 RVG** müssen Sie bei der Abfas-

---

40 Siehe eindrucksvoll den Fall AG Brake AnwBl 2001, 248/LG Oldenburg AnwBl 2001, 248.
41 Siehe AnwK-RVG/*N. Schneider*, 6. Aufl. 2012, § 8 Rn 118.

sung der Kostennote unbedingt beachten. Entspricht die Kostenrechnung nicht diesen Voraussetzungen, ist die Vergütung nicht einforderbar und damit auch nicht klagbar (Naturalobligation). Im Rechtsstreit würden Sie schon alleine deshalb unterliegen, weil die Abrechnung nicht ordnungsgemäß ist, selbst wenn Ihnen die Vergütung materiell-rechtlich zusteht. Nicht einmal eine Aufrechnung mit Vergütungsansprüchen ist möglich, solange hierüber keine ordnungsgemäße Abrechnung erteilt worden ist,[42] ebensowenig ein Zurückbehaltungsrecht an Handakten.[43]

Abgesehen davon, macht es kein gutes Bild, wenn Sie nicht in der Lage sind, in Ihren eigenen Angelegenheiten ordnungsgemäß abzurechnen. Diese Blöße sollte sich auch ein Berufsanfänger nicht geben. Umgekehrt hat die ordnungsgemäße Form der Abrechnung keinen Einfluss auf die Fälligkeit und damit auch keinen Einfluss auf die Verjährung. Es kann daher sein, dass die Vergütung verjährt, bevor sie mangels ordnungsgemäßer Abrechnung jemals klagbar war.

Checkliste: Ordnungsgemäße Rechnungsstellung nach § 10 RVG

- Der Auftraggeber als **Rechnungsadressat** muss zutreffend und eindeutig bezeichnet sein. Bei mehreren Auftraggebern muss jedem Auftraggeber eine eigene Rechnung über den auf ihn nach § 7 Abs. 2 RVG entfallenden Anteil erteilt werden.[44]

- Die abgerechnete **Angelegenheit** muss **konkret bezeichnet** sein. Grundsätzlich wird die Angabe der Parteien genügen. Sofern mehrere Sachen zwischen denselben Parteien in Bearbeitung sind, muss die Sache weiter konkretisiert werden.

- Die **angewandten Gebührentatbestände** müssen durch eine „kurze Bezeichnung" konkretisiert sein (z.B. Geschäftsgebühr, Verfahrensgebühr, Termingebühr o.Ä.).

- Die jeweiligen **Gebührenbeträge** müssen einzeln ausgewiesen sein.

- Zumindest bei Satzrahmengebühren ist auch der **angewandte Gebührensatz** anzugeben.[45]

84

---

42 BGH AnwBl 1985, 257; OLG Köln OLGReport 1997, 23.
43 LG Mannheim AGS 2012, 324 = AnwBl 2013, 149 = NJW-Spezial 2012, 444 = ErbR 2012, 244 = RVGreport 2012, 414.
44 LG Mannheim AGS 2012, 324 = AnwBl 2013, 149 = NJW-Spezial 2012, 444 = ErbR 2012, 244 = RVGreport 2012, 414.
45 LG Freiburg AGS 2012, 222.

- Die **angewandten Gebührenvorschriften** müssen nach Nummern des Vergütungsverzeichnisses zitiert werden. Der Klarheit halber sollten auch Hilfsvorschriften wie Nr. 1008 VV mit zitiert werden.

- Berechnet sich eine Gebühr nach dem **Gegenstandswert**, so muss auch dieser angeführt werden. Nicht erforderlich ist es, die entsprechenden Wertvorschriften zu zitieren. Gleichwohl empfiehlt sich dies bei abgelegenen Wertvorschriften.

- **Auslagen** müssen ebenfalls bezeichnet werden. Bei pauschaler Abrechnung von Postentgelten genügt der Hinweis auf die Pauschale (Nr. 7002 VV). Im Übrigen müssen die Auslagen benannt werden; eine detaillierte Aufstellung ist allerdings nur auf Nachfrage des Mandanten erforderlich. Bei Entgelten für Post- und Telekommunikationsdienstleistungen genügt die Angabe des Gesamtbetrages (§ 10 Abs. 2 S. 3 RVG).

- **Vorschüsse, Zahlungen Dritter und anzurechnende Beträge** (z.B. nach Anm. zu Nr. 3305 VV; Vorbem. 3 Abs. 4 VV) müssen ausgewiesen und gutgeschrieben werden.

- Schließlich muss die Kostenrechnung vom abrechnenden Anwalt **eigenhändig unterschrieben** sein. Ein Faksimilestempel reicht nicht aus. In Ausnahmefällen kann die Unterschrift in einem Anschreiben oder einem Begleitschreiben ausreichen. Verlassen sollten Sie sich hierauf jedoch nicht.

- Keine Wirksamkeitsvoraussetzung, aber dennoch zu beachten ist, dass die **Steuernummer** auf der Rechnung anzuführen und der **Leistungszeitraum** anzugeben ist (§§ 14 Abs. 1a, 27 Abs. 3 UStG).[46]

14. Vorschuss

85 Vor Eintritt der Fälligkeit nach § 8 Abs. 1 RVG können Sie Ihre Vergütung nicht verlangen; Sie sind lediglich berechtigt, nach § 9 RVG Vorschüsse einzufordern. Die Vorschussanforderung bedarf keiner besonderen Form; insbesondere brauchen die Anforderungen des § 10 RVG nicht eingehalten zu werden.[47] Der Vorschuss darf bis zur Höhe der voraussichtlich anfallenden Gebühren und Auslagen geltend gemacht werden. Es empfiehlt sich daher, schon aus Gründen der Nachvollziehbarkeit den Vorschuss nicht als Pauschalbetrag anzufordern, sondern ebenfalls **in**

---

46 Siehe hierzu ausführlich *J. Schneider*, Neue und höhere Anforderungen an die Rechnungsstellung, AGS 2004, 39; *ders.*, Steueränderungsgesetz 2003, AGS 2004, 86; *Hansens*, Neue Formerfordernisse für anwaltliche Kostenberechnungen – Praktische Auswirkungen des Steueränderungsgesetzes 2003, RVGreport 2004, 43; *Otto*, Anwaltsrechnungen, BRAK-Magazin 2004, 12.

47 Völlig abwegig daher AG München AGS 2006, 588 m. abl. Anm. *N. Schneider*.

Form einer Rechnung, die die voraussichtlichen Gebühren ausweist. Dies erleichtert sowohl dem Mandanten als auch Ihnen den Überblick, welche weiteren Kosten ggf. noch anfallen können. Da auch der Vorschuss der Umsatzsteuer unterliegt, sollte diese unbedingt schon bei der Vorschussberechnung gesondert ausgewiesen und angefordert werden (Nr. 7008 VV).

Ob und zu welchem **Zeitpunkt** Sie einen **Vorschuss** anfordern sollten, lässt sich   **86**
nicht allgemein sagen. Dies wird letztlich immer von der Person des Mandanten und den konkreten Umständen abhängen. Eine Zurückhaltung ist hier jedoch sicherlich fehl am Platz.

> *Tipp*
> Der weitere Ablauf des Mandatsverhältnisses lässt sich nie vorhersehen, sodass schon zur eigenen Absicherung und zur Deckung der eigenen Kosten grundsätzlich ein angemessener Vorschuss eingefordert werden sollte.

Erfahrungsgemäß sinkt mit den Erfolgsaussichten gleichzeitig auch die Zahlungsbereitschaft des Mandanten. Schon dies spricht dafür, zeitig einen Vorschuss anzufordern. Die Mandanten haben in aller Regel Verständnis dafür, dass auch der Anwalt laufende Kosten und Verpflichtungen hat und daher auf Vorschüsse angewiesen ist. Mandanten, die hierfür kein Verständnis aufbringen, werden erfahrungsgemäß auch im weiteren Verlauf des Mandates Schwierigkeiten bereiten. Andererseits stößt eine Vorschussanforderung beim Mandanten sicherlich auf höhere Akzeptanz, wenn er sieht, dass Sie auch für ihn tätig geworden sind. Daher empfiehlt es sich z.B. in gerichtlichen Verfahren – sofern nicht besondere Gründe bestehen (z.B. Bedenken an der Solvenz des Mandanten, erheblicher Arbeitsaufwand, Termindruck) –, den Vorschuss zusammen mit dem ersten Schriftsatzentwurf von Klage oder Klageerwiderung zu übersenden. Der Mandant sieht dann, was er bezahlt. Letztlich kann hier jedoch keine verbindliche Empfehlung gegeben werden. Die Handhabung müssen Sie jeweils für Ihren konkreten Fall selbst entscheiden.

Auch wenn der Auftraggeber **rechtsschutzversichert** ist, sollten Sie von Ihrem   **87**
Recht auf Vorschuss Gebrauch machen. Zwar besteht hier kein Insolvenzrisiko. Sie wissen jedoch nicht, ob der Versicherungsschutz im Verlauf der Angelegenheit entfällt, etwa weil der Mandant mit seiner Prämienzahlung in Rückstand gerät oder später das Mandat kündigt und den Rechtsschutzversicherer anweist, keine Zahlungen mehr zu leisten. In Verkehrsstrafsachen, in denen eine Vorsatzverurteilung in Betracht kommt, muss beim Rechtsschutzversicherer unbedingt ein voller Vorschuss liquidiert werden. Mit rechtskräftiger Verurteilung entfällt nämlich der

Versicherungsschutz. Wenn Sie dann Ihre Gebühren bereits erhalten haben, kann sich der Rechtsschutzversicherer nur noch an den Mandanten wenden.[48]

88 Bei **Prozess-/Verfahrenskostenhilfemandaten** haben Sie ebenfalls ein Recht auf Vorschuss (§ 47 RVG). Voraussetzung ist hier allerdings, dass der Gebührentatbestand bereits verwirklicht ist. Auch von diesem Vorschussrecht sollten Sie Gebrauch machen.

15. Die Durchsetzung der Vergütung

89 Zahlt der Mandant nicht und müssen Sie Ihre Gebühren beitreiben, ist darauf zu achten, dass Sie dem Auftraggeber zuvor eine ordnungsgemäße Abrechnung nach § 10 RVG erteilt haben müssen. Fehlt diese, können Sie Ihren Vergütungsanspruch nicht durchsetzen, eine Klage würde abgewiesen (siehe Rn 83 ff.).

90 Neben den allgemeinen Möglichkeiten (Mahnverfahren und Klage) gewährt **§ 11 RVG** einen einfachen, schnellen und kostengünstigen Weg, den Vergütungsanspruch tituliert zu erhalten. Voraussetzung ist allerdings, dass die gesetzliche Vergütung in einem **gerichtlichen Verfahren** entstanden ist. Die Festsetzung von außergerichtlichen Gebühren ist nicht möglich. Rahmengebühren können festgesetzt werden, wenn Sie sich auf die Mindestgebühr beschränken oder eine schriftliche Zustimmungserklärung des Auftraggebers zu Ihrer Gebührenbestimmung vorlegen können (§ 11 Abs. 8 RVG). Die Zustimmungserklärung kann allerdings nicht im Voraus erklärt werden.[49] Solange der Auftraggeber keine oder nur gebührenrechtliche Einwendungen erhebt, können diese im Vergütungsfestsetzungsverfahren nach § 11 RVG endgültig entschieden werden, sodass es eines langwierigen Rechtsstreits nicht bedarf. Sie erhalten dann über Ihre Vergütung einen Festsetzungsbeschluss, aus dem Sie die Zwangsvollstreckung betreiben können (§ 11 Abs. 2 S. 3 RVG).

Lediglich dann, wenn der Auftraggeber Einwände erhebt, die ihren Grund nicht im Gebührenrecht haben, scheidet das Vergütungsfestsetzungsverfahren aus; der Anwalt ist dann auf den Rechtsweg zu verweisen (§ 11 Abs. 5 RVG).

91 Sollten Sie Ihre Vergütung einklagen müssen, ist besonderes Augenmerk auf den **Gerichtsstand** zu legen. Werden Gebühren aus einem gerichtlichen Verfahren eingeklagt, steht Ihnen auch der Gerichtsstand des Hauptprozesses (§ 34 ZPO) zur

---

48 AnwK-RVG/*N. Schneider*, 6. Aufl., Vorbem. 4 Rn 128.
49 LG Cottbus AGS 2013, 18; LG Zweibrücken AGS 2010, 238 = JurBüro 2010, 140 = RVGreport 2010, 180.

Verfügung. Der Gerichtsstand am Sitz der Kanzlei als Erfüllungsort (§ 29 ZPO) ist dagegen nicht eröffnet.[50] Auch dies spricht für eine rechtzeitige Vorschussanforderung, da Gerichtsstand einer Rückzahlungsklage Ihr Kanzleisitz ist.

16. Beratungshilfe

Häufig werden auch Beratungshilfemandate an den Anwalt herangetragen. Solche **92** Mandate gelten als unlukrativ, da der Anwalt nach Nrn. 2501 ff. VV nur geringe Festgebühren erhält. Die Gebühren in Höhe von 35 EUR für eine Beratung und 85 EUR für eine außergerichtliche Vertretung sind sicherlich nicht kostendeckend. Selbst wenn es zum Abschluss einer Einigung kommt (150 EUR nach Nr. 2508 VV), liegen die Gebühren mit insgesamt 235 EUR noch in einem äußerst geringen Bereich. Sie sollten sich jedoch davor hüten, solche Mandate auszuschlagen – abgesehen davon, dass Sie grundsätzlich zur Übernahme verpflichtet sind (§ 49a BRAO). Nicht selten entwickeln sich hieraus gerichtliche Verfahren, die dann über die Prozess-/Verfahrenskostenhilfe oder sogar den Kostenerstattungsanspruch gegen den Prozessgegner doch noch lukrativ werden.

Die **Festsetzung** der Vergütung richtet sich nach § 55 Abs. 4 RVG. **93**

Erforderlich ist die **Fälligkeit der Vergütung** (§ 8 Abs. 1 RVG). Im Gegensatz zur Prozesskostenhilfe kann bei der Beratungshilfe vor Fälligkeit des Anspruchs **kein Vorschuss** verlangt werden (§ 47 Abs. 2 RVG).

Für den Festsetzungsantrag besteht Formularzwang nach Anlage 2 der BerHVV. Der Antrag ist bei dem nach § 4 Abs. 1 BerHG zuständigen Amtsgericht einzureichen und der Anfall der angemeldeten Gebühren und Auslagen glaubhaft zu machen (§ 55 Abs. 5 S. 1 RVG i.V.m. § 104 Abs. 2 ZPO). Die Vergütung wird, soweit sie berechtigt ist, vom Urkundsbeamten der Geschäftsstelle festgesetzt (§ 55 Abs. 4 RVG).

Gegen die Festsetzung ist die **Erinnerung** nach § 56 Abs. 1 S. 1, 3 RVG gegeben, **94** über die das nach § 4 Abs. 1 BerHG zuständige Amtsgericht entscheidet (§ 56 Abs. 1 S. 3 RVG). Der Urkundsbeamte kann der Erinnerung abhelfen; anderenfalls legt er sie dem Richter vor, der darüber entscheidet. Das gilt auch dann, wenn der Urkundsbeamte nur teilweise abhilft. Eine Verwerfungskompetenz hat der Urkundsbeamte nicht.

---

50   BGH AGS 2004, 9 = AnwBl 2004, 115 m. Anm. *N. Schneider.*

95   Die Entscheidung über die Erinnerung kann nach § 56 Abs. 2 i.V.m. § 33 Abs. 3 S. 1 RVG mit der **Beschwerde** angegriffen werden, wenn der Wert des Beschwerdegegenstands 200 EUR übersteigt – was angesichts der geringen Gebühren aber kaum der Fall sein dürfte – oder wenn das Gericht in seiner Entscheidung über die Erinnerung die Beschwerde zugelassen hat (§ 56 Abs. 2 i.V.m. § 33 Abs. 3 S. 2 RVG). Über die Beschwerde entscheidet das Landgericht, und zwar auch in Beratungshilfeangelegenheiten, die im gerichtlichen Verfahren Familiensachen wären. Die Beschwerde muss **innerhalb von zwei Wochen** eingelegt werden (§ 56 Abs. 2 i.V.m. § 33 Abs. 3 S. 3 RVG).

96   Gegen die Beschwerdeentscheidung des LG ist die **weitere Beschwerde** zum OLG gegeben, wenn das LG diese wegen grundsätzlicher Bedeutung in seinem Beschluss zugelassen hat (§§ 56 Abs. 2 S. 1, 33 Abs. 4 RVG). Auch die weitere Beschwerde muss innerhalb von **zwei Wochen** eingelegt werden (§ 56 Abs. 2 i.V.m. § 33 Abs. 6 S. 3 RVG).

Eine **Rechtsbeschwerde** ist nicht vorgesehen.

17.   Prozess-/Verfahrenskostenhilfe

97   Haben Sie für Ihren Mandanten Prozess-/Verfahrenskostenhilfe erwirkt und sind Sie beigeordnet worden, so erhalten Sie grundsätzlich dieselben Gebühren wie ein Wahlanwalt (§ 45 Abs. 1 RVG). Erst ab einem Gegenstandswert von über 4.000 EUR verringern sich die Prozess-/Verfahrenskostenhilfe-Gebühren gegenüber den gleichartigen Gebühren eines Wahlanwalts; ab einem Gegenstandswert von über 30.000 EUR erhöhen sich die Gebühren gar nicht mehr (§ 49 RVG).

98   Obsiegt Ihre Partei, können Sie allerdings Ihre weiter gehende Vergütung bis zur Höhe der gesetzlichen Gebühren beim Gegner geltend machen; Ihnen steht insoweit nach § 126 ZPO ein eigenes Beitreibungsrecht zu. Der Beitreibungsanspruch des Anwalts nach § 126 ZPO geht dem Erstattungsanspruch der Staatskasse vor, sodass Sie selbst bei einem Teilunterliegen der Partei noch zu Ihrer vollen gesetzlichen Vergütung gelangen können.

99   Auch wenn die Prozess-/Verfahrenskostenhilfevergütung bei höheren Gegenstandswerten hinter der gesetzlichen Vergütung zurückbleibt, dürfen Sie nicht verkennen, dass die **Staatskasse** Ihnen ein **sicherer Schuldner** ist und Sie mit Ihren Gebühren daher fest rechnen können. Ihnen steht sogar ein Recht auf Vorschuss gegen die Staatskasse zu, soweit Gebühren bereits entstanden, aber noch nicht fällig sind (§ 47 RVG).

Abgesehen davon, können Sie bei einer Ratenzahlungspflicht des Mandanten die **100** Differenz zwischen der PKH-Vergütung und der Wahlanwaltsvergütung gegen den Mandanten festsetzen lassen (§ 50 RVG). Die Staatskasse zieht diese weitere Vergütung vom Mandanten für Sie mit den Raten ein und zahlt sie dann am Schluss an Sie aus. Diese Möglichkeit der weiteren Vergütung nach § 50 RVG wird häufig übersehen.

Die **Festsetzung der Vergütung** erfolgt auf Antrag im Verfahren nach § 55 RVG. **101** Zuständig ist das Gericht des ersten Rechtszugs (§ 55 Abs. 1 S. 1 RVG) oder das Rechtsmittelgericht (§ 55 Abs. 2 RVG). Der Antrag hat die Erklärung zu enthalten, ob und welche Zahlungen und Vorschüsse der Anwalt bis zum Tag der Antragstellung erhalten hat (§ 55 Abs. 5 S. 1 RVG). Darüber hinaus hat der Anwalt auch Zahlungen auf anzurechnende Gebühren mitzuteilen, und zwar unter Angabe der Zahlung, des Gebührensatzes und des zugrunde gelegten Wertes (§ 55 Abs. 5 S. 3 RVG). Nachträgliche Zahlungen sind unverzüglich anzuzeigen (§ 55 Abs. 5 S. 4 RVG).

Gegen die Festsetzung ist die **Erinnerung** nach § 56 Abs. 1 S. 1, 3 RVG gegeben, **102** über die der Richter entscheidet, sofern der Festsetzungsbeamte nicht abhilft (§ 56 Abs. 1 S. 3 RVG). Das gilt auch dann, wenn der Urkundsbeamte nur teilweise abhilft. Eine Verwerfungskompetenz hat der Urkundsbeamte nicht.

Die Entscheidung über die Erinnerung kann nach § 56 Abs. 2 i.V.m. § 33 Abs. 3 **103** S. 1 RVG mit der **Beschwerde** angegriffen werden, wenn der Wert des Beschwerdegegenstands 200 EUR übersteigt oder wenn das Gericht in seiner Entscheidung über die Erinnerung die Beschwerde zugelassen hat (§ 56 Abs. 2 i.V.m. § 33 Abs. 3 S. 2 RVG). Über die Beschwerde entscheidet das nächst höhere Gericht. Die Beschwerde muss **innerhalb von zwei Wochen** eingelegt werden (§ 56 Abs. 2 i.V.m. § 33 Abs. 3 S. 3 RVG).

Gegen die Beschwerdeentscheidung ist die **weitere Beschwerde** zum OLG gegeben, **104** wenn das LG Beschwerdegericht entschieden hat und die weitere Beschwerde wegen grundsätzlicher Bedeutung in seinem Beschluss zugelassen hat (§§ 56 Abs. 2 S. 1, 33 Abs. 4 RVG). Auch die weitere Beschwerde muss innerhalb von **zwei Wochen** eingelegt werden (§ 56 Abs. 2 i.V.m. § 33 Abs. 6 S. 3 RVG).

Eine **Rechtsbeschwerde** ist nicht vorgesehen.

18. Pflichtverteidiger

105 Werden Sie als Pflichtverteidiger bestellt, richtet sich Ihre Vergütung in Strafsachen nach Teil 4 VV und in Bußgeldsachen nach Teil 5 VV. Anstelle der Wahlanwaltsgebühren erhalten Sie aus der Staatskasse Festgebühren. In besonders umfangreichen Sachen kann eine Pauschgebühr bewilligt werden (§ 51 RVG).

Neben den Gebühren erhält der Pflichtverteidiger auch seine Auslagen aus der Staatskasse (§ 46 RVG). Auch Vorschüsse können eingefordert werden (§ 47 RVG).

106 Die Festsetzung richtet sich nach § 55 ff. RVG.

19. Abrechnungsgrundsätze in Verkehrsunfallsachen

107 Um die vielfältigen und häufigen Meinungsverschiedenheiten zu unterbinden, die bei einer außergerichtlichen Unfallschadenregulierung regelmäßig zwischen den Versicherern und den Anwälten über Art und Höhe der zu ersetzenden Gebühren auftreten, hatten der Deutsche Anwaltverein (DAV) und der Gesamtverband der Deutschen Versicherungswirtschaft (GdV) **„Verhaltens- und Abrechnungsgrundsätze bei der Regulierung von Kraftfahrzeug-Haftpflichtschäden"** entwickelt und darin auch eine Vereinbarung über die **außergerichtlichen Regulierungskosten** getroffen.

Diese Regulierungsempfehlungen gelten nicht mehr für die Gebühren nach dem RVG. Dennoch haben einzelne Versicherer erklärt, in modifizierter Form nach diesen bisherigen Grundsätzen, also nach **Pauschgebühren**, abzurechnen.[51] Auf der Homepage des DAV können Sie sich über die jeweiligen Versicherer, die auf diese Weise abrechnen, informieren.

Zu beachten ist, dass diese Abrechnungsgrundsätze dem Anwalt keinen eigenen unmittelbaren Anspruch gegen den Versicherer verschaffen, sondern lediglich den nach materiellem Recht gegebenen Anspruch des geschädigten Mandanten aus den §§ 823 ff. BGB, §§ 7, 18 StVG auf Ersatz der von ihm aufgewandten Anwaltskosten modifizieren.

108 Die Abrechnung nach diesen Regelungen ist grundsätzlich nur möglich, wenn der gesamte Schaden einschließlich der Kosten **ohne gerichtliche** Entscheidung regu-

---

51   Siehe AGS 2004, 373, 417 u. 461.

liert wird. Anderenfalls bleibt es bei der Abrechnung nach den gesetzlichen Gebühren.

Abgerechnet wird hier nach dem **Erledigungswert**. Maßgebend ist also nur, welche Beträge von dem Haftpflichtversicherer anerkannt oder gezahlt worden sind.   **109**

Lässt sich der Anwalt auf die Abrechnung des Versicherers ein, so sind damit grundsätzlich sämtliche Kostenersatzansprüche des Geschädigten abgegolten. Dem Anwalt können aber gegen den Auftraggeber u.u. weiter gehende Ansprüche zustehen, insbesondere dann, wenn der regulierte Schaden hinter der geforderten Ersatzsumme zurückbleibt. Das wird häufig übersehen.[52]   **110**

20. Die Vergütung für Aktenauszüge aus Unfallakten

Im Rahmen der Unfallschadenregulierung werden Sie häufig vom eigenen oder auch vom gegnerischen Versicherer gebeten werden, einen Auszug aus gerichtlichen oder behördlichen Straf- oder Ermittlungsakten zur Verfügung zu stellen. Über die Gebührenhöhe, die dem Anwalt für die Fertigung eines solchen Ermittlungsaktenauszugs zusteht, haben der DAV und der HUK-Verband ein Gebührenabkommen geschlossen, das sog. **Honorar für Akteneinsicht und Aktenauszüge aus Unfallstrafakten für Versicherungsgesellschaften**.   **111**

Danach erhalten Sie für die Anfertigung eines ersten Aktenauszugs einschließlich der Einsichtnahme in die Unfallakte, der Herstellung des Aktenauszugs und der Versendung an den Versicherer nach Nr. 1 des Abkommens ein **Pauschalhonorar** einschließlich Auslagen in Höhe von 26 EUR und für eine spätere Ergänzung weitere 13 EUR. Zusätzlich erhalten Sie für jede kopierte Seite nach Nr. 1b des Abkommens zusätzlich die Dokumentenpauschale der Nr. 7000 VV.

21. Rechtsschutzversicherung

Der Umgang mit den Rechtsschutzversicherern gehört mit zur täglichen Praxis. Wichtig ist es daher, dass Sie sich auch mit dieser Materie, mit den ARB – Allgemeine Bedingungen für die Rechtsschutzversicherung,[53] vertraut machen. Empfehlenswert sind insoweit *Buschbell/Hering*, Handbuch Rechtsschutzversicherung,   **112**

---

52 Siehe ausführlich *N. Schneider*, RVGreport 2005, 321; OLG Düsseldorf AGS 2005, 372 = RVGreport 2005, 348 = NJW-RR 2005, 1115.
53 Achtung: Es gibt mehrere Fassungen (1975, 1994, 2000 und 2008). Sie müssen im konkreten Fall stets prüfen, welche Bedingungen für Ihren Mandanten gelten.

5. Aufl. 2011, und *Klaus Schneider*, Rechtsschutzversicherung für Anfänger, 1. Aufl. 2011.

113 Der Versicherer ist ein solventer und pünktlicher Schuldner, sodass es im eigenen Interesse liegt, dass der Mandant Versicherungsschutz erhält. Abgesehen davon fallen dem Mandanten Entscheidungen leichter, wenn er weiß, dass ihn kein Kostenrisiko trifft. Insbesondere dann, wenn hinsichtlich der Anwaltskosten keine Kostenerstattung in Betracht kommt, wie z.B. im erstinstanzlichen Arbeitsgerichtsverfahren (§ 12a Abs. 1 S. 1 ArbGG), ist die Rechtsschutzversicherung ein wichtiger Faktor. Das Gleiche gilt in Straf- und Bußgeldsachen, in denen mit einer Verurteilung zu rechnen ist.

114 Nach wohl h.M. ist das Einholen einer **Deckungsschutzanfrage** eine eigene Angelegenheit und daher vom Mandanten gesondert zu vergüten.[54] Die Praxis verfährt jedoch anders und stellt die Deckungsschutzanfrage dem Mandanten nicht in Rechnung. Wenn sich allerdings eine Auseinandersetzung mit dem Rechtsschutzversicherer abzeichnet, sollten Sie sich mit ihm überlegen, ob Sie insoweit weiterhin unentgeltlich tätig werden. Schließlich tragen Sie auch das Haftungsrisiko, wenn Sie Fehler bei der Deckungsschutzanfrage begehen.

115 Häufig ist in den Rechtsschutzversicherungsverträgen eine Selbstbeteiligung des Mandanten vereinbart. Hier sollten Sie sich über die Möglichkeit des Quotenvorrechts informieren.[55] In vielen Fällen lässt sich die Selbstbeteiligung durch das Quotenvorrecht vermeiden.

22. Die Kostenerstattung

116 Der Frage der Kostenerstattung kommt in der Praxis ebenfalls besondere Bedeutung zu. Hat der Mandant seinen Prozess gewonnen, will er auch seine Kosten erstattet erhalten. Bis auf wenige Ausnahmen enthalten alle Prozessordnungen entsprechende Erstattungsregeln (z.B. §§ 91, 788 ZPO, § 464b S. 3 StPO). In manchen Verfahren ist die Erstattung von Anwaltskosten allerdings von Billigkeitserwägungen abhängig und wird nur ausnahmsweise angeordnet, so in aller Regel in Familiensachen der freiwilligen Gerichtsbarkeit (§§ 81 ff. FamFG), oder ist völlig ausgeschlossen, so in erstinstanzlichen Arbeitsgerichtsverfahren (§ 12a Abs. 1 S. 1 ArbGG). Hier müssen Sie den Mandanten sogar ausdrücklich auf die fehlende

---

54 Siehe ausführlich LG Berlin BRAGOreport 2001, 43 m. Anm. *Hansens*.
55 Siehe hierzu *N. Schneider*, AnwBl 2012, 572.

Kostenerstattung hinweisen (§ 12a Abs. 1 S. 2 ArbGG). Anderenfalls machen Sie sich schadensersatzpflichtig und können Ihre Vergütung ggf. nicht liquidieren.

Ist eine Kostenerstattung ausgesprochen, müssen Sie in dem entsprechenden Fest-   **117** setzungsverfahren den Erstattungsanspruch für den Mandanten festsetzen lassen. Diese Tätigkeit gehört noch zur Angelegenheit und löst keine gesonderte Vergütung aus (§ 19 Abs. 1 S. 2 Nr. 14 RVG).

Die Anwaltsgebühren werden grundsätzlich erstattet (§ 91 Abs. 2 ZPO[56]). Mit den   **118** Auslagen des Anwalts und der Partei verhält es sich schon schwieriger. Die Rechtsprechung hat sich hier zum Teil zu einer „Erbsenzählerei" entwickelt. Man denke hier nur an die umfangreiche Rechtsprechung zur Erstattung von Schreibauslagen oder von Reisekosten. Wer sich hier auskennt, kann in der Regel für den Mandanten einiges erreichen. So wird häufig übersehen, dass der Partei die Fahrtkosten zum Termin und eine Entschädigung für Zeitversäumnis zu erstatten sind,[57] ggf. auch Verdienstausfall; eingeholte Privatgutachten können zu erstatten sein, u.U. Detektivkosten oder auch die Kosten einer Strafanzeige.

Tipp
Bei alledem sollten Sie jedoch immer berücksichtigen: Ihre Gebühren und Auslagen entstehen unabhängig davon, ob diese auch zu erstatten sind. Begnügen Sie sich nicht nur mit der Kostenerstattung. Nur in Ausnahmefällen sind die Gebühren auf den Erstattungsbetrag begrenzt, nämlich dann, wenn besonders hohe oder ungewöhnliche Kosten entstehen und Sie den Mandanten darauf hätten hinweisen müssen, dass eine Erstattung nicht in Betracht kommen wird, so z.B. bei der Verkehrsanwaltsgebühr nach Anm. zu Nr. 3400 VV.[58]

II.   Einnahmequellen außerhalb des RVG

1.   Einführung

Nach der Legaldefinition in § 1 Abs. 1 S. 1 RVG umfasst der Begriff „Vergütung"   **119** die Gebühren und Auslagen. **Gebühren** sind das Entgelt für die **anwaltliche Tätigkeit**.[59] Als Anwalt können Sie aber auch weitere Einnahmen haben, die sich

---

56   Ausgenommen in Familiensachen der freiwilligen Gerichtsbarkeit. Hier wird nicht auf § 91 Abs. 2 ZPO verwiesen. Die Notwendigkeit des Anwalts muss daher im Einzelfall festgestellt werden.
57   OLG Koblenz AGS 2010, 102 = JurBüro 2010, 210 = FamRZ 2010, 1104 = NJW-Spezial 2010, 187.
58   BGH JurBüro 1991, 1647.
59   AnwK-RVG/*Volpert*, 6. Aufl. 2012, § 1 Rn 83.

nicht nach dem RVG bestimmen. Solche Tätigkeiten sind in § 1 Abs. 2 RVG genannt. Dass das RVG dort nicht gilt, liegt daran, dass es sich teilweise um Ehrenämter handelt, die an sich von allen Staatsbürgern übernommen werden sollten, und dann auch unentgeltlich. Die **Tätigkeiten in § 1 Abs. 2** sind auch dann **keine anwaltlichen Tätigkeiten**, wenn sie von einem Anwalt erbracht werden. Für die Ausübung sind rechtliche Kenntnisse in der Regel nicht gefordert. Dies können z.B. einfache Betreuungssachen sein. Andere Aufgaben werden nach besonderen Vergütungsordnungen festgesetzt, sodass der Rechtsanwalt, wenn er z.B. als Insolvenzverwalter tätig wird, auch nach dieser besonderen Vorschrift vergütet wird.

120   Für diese „sonstigen Einnahmequellen" des Anwalts ist typisch, dass er in diesen Bereichen **nichtanwaltliche Konkurrenz** hat. Eine Betreuung, schiedsrichterliche oder mediatorische Tätigkeit oder Insolvenzverwaltung erfordert nicht in jedem Fall anwaltliche Kenntnisse. Allerdings ist festzustellen, dass die Ausbildung des Rechtsanwalts und die typischen Anforderungen an seinen Berufsstand wie Unabhängigkeit, Verschwiegenheit und strikte Mandantenorientierung ihn für diese Tätigkeiten prädestinieren. Werden Rechtskenntnisse bei diesen Tätigkeiten erforderlich, erfolgt die Abrechnung nach dem RVG: Durch die Verweisung auf § 1835 Abs. 3 BGB in § 1 Abs. 2 S. 3 RVG werden daher spezifisch anwaltliche Tätigkeiten, die im Zusammenhang mit den in § 1 Abs. 2 S. 1 RVG genannten Aufgaben durchgeführt werden, nach dem RVG liquidiert.[60]

121   Darüber hinaus ist die Aufzählung in § 1 Abs. 2 S. 1 RVG auch nicht abschließend („in ähnlicher Stellung"). Das bedeutet, dass auch andere Tätigkeiten nicht nach dem RVG abgerechnet werden.[61] Hierzu gehört z.B. die alleinige Ausarbeitung eines Finanzplans ohne rechtlichen Hintergrund, der im Zweifel nach banküblichen Konditionen zu vergüten ist. Hierbei sollte jedoch bedacht werden, dass es sich um gewerbliche Tätigkeit handeln könnte, die dem Rechtsanwalt hinsichtlich der Gewerbesteuer Probleme bereiten kann.

2.   Der Anwalt als Vermittler von Prozessfinanzierungen

122   Wegen des Kostenrisikos werden Forderungen häufig nicht gerichtlich geltend gemacht. Hier setzen die Prozessfinanzierer an und finanzieren diese Prozesse in Gänze. Als Gegenleistung erwarten sie einen Prozentsatz vom Prozessertrag. Die Erfolgsbeteiligungen schwanken je nach finanzierender Gesellschaft zwischen 20 % und 40 % und werden durch den Streitwert ebenfalls mitbestimmt. Geht der

---

60   AnwK-RVG/*Volpert*, 6. Aufl. 2012, § 1 Rn 92.
61   AnwK-RVG/*Volpert*, 6. Aufl. 2012, § 1 Rn 225.

Prozess verloren, geht auch der Prozessfinanzierer leer aus. Der Anwalt, der seinen Mandanten an einen Prozessfinanzierer vermittelt und die dafür erforderliche Korrespondenz führt, bekommt hierfür in der Regel eine vertraglich vereinbarte Korrespondenzgebühr auf dem Niveau einer 1,0-RVG-Gebühr. Darüber hinaus findet noch eine Vor- und Fachprüfung beim Prozessfinanzierer statt. In das Vertragsverhältnis zwischen Anwalt und Mandant wird jedoch nicht eingegriffen.

3. Der Anwalt als Kanzleiabwickler

a) Aufgaben und Bestellung

Ein Kanzleiabwickler wird zum Schutz der Mandanten und der Wahrung der Rechtspflege bestellt. Dies kommt beim Tod eines Anwalts oder auch in den Fällen vor, in denen der Anwalt seinen Beruf aus gesundheitlichen Gründen nicht mehr ausüben kann oder wegen persönlichen Fehlverhaltens nicht mehr ausüben darf.   **123**

Die Bestellung zum Kanzleiabwickler erfolgt **durch die Rechtsanwaltskammer**. Der bestellte Kanzleiabwickler tritt so z.b. als Verfahrensbevollmächtigter an die Stelle des verstorbenen oder aus der Rechtsanwaltschaft ausgeschiedenen Rechtsanwalts.[62] Die Übernahme der vertraglichen Pflichten des verstorbenen Rechtsanwalts, wie z.b. die Kündigung von Mieträumen und Arbeitsverhältnissen, ist jedoch nicht Aufgabe des Abwicklers, sondern die der Erben bzw. des Insolvenzverwalters über den Nachlass des verstorbenen Kollegen.[63] Der bisherige Anwalt bzw. dessen Erben können zwar vorher einen Abwickler bestimmen, jedoch wird die Bestellung meistens durch die Rechtsanwaltskammer durchgeführt. Daher ist die Kontaktaufnahme mit der Kammer eine Möglichkeit, als Kanzleiabwickler tätig zu werden. Die Rechtsanwaltskammern haben teilweise Probleme, Abwickler zu finden. Deshalb werden auch Berufsanfänger mit der Abwicklung betraut, wenn sich niemand anderes findet. Für Kanzleigründer kann dies ein Weg sein, erst einmal tätig zu werden, sich bekannt zu machen und evtl. im Rahmen der Abwicklung den Mandantenstamm sowie ggf. die gesamte „Organisation" zu übernehmen. Dies wissen die Kammern und versuchen daher, die Vergütung z.T. niedrig anzusetzen.

> *Achtung*
> Bei der Tätigkeit als Kanzleiabwickler darf nicht das große Risiko übersehen werden, dass oftmals Kanzleien abzuwickeln sind, die chaotisch und ohne einen Ansatz von Organisation geführt wurden. In solchen Fällen kann (eigent-

---

62 BayObLG BRAK-Mitt 2005, 40.
63 *Schwärzer*, BRAK-Mitt 2008, 108.

> lich) nur von einer Abwicklung abgeraten werden, da gute Mandate in derartigen Kanzleien kaum aufzufinden sein werden. Die Gefahr, dass die eigene Kanzlei unter der Abwicklung leidet, ist nicht zu unterschätzen.

124   Für Praxen nach dem RBerG für Rentenberater u.a. nach § 1 RBerG ist in § 1a RBerG eine ausdrückliche Regelung vorgesehen. Es spricht nichts dagegen, dass ein Rechtsanwalt eine solche Abwicklung vornimmt. Zuständig hierfür ist jedoch der Präsident des Amts- oder Landgerichts.

b)   Vergütung

125   Der Anwalt wird in eigener Verantwortung, jedoch im Interesse, für Rechnung und auf Kosten des Ausgeschiedenen tätig (§ 55 Abs. 3 BRAO). Die Vergütung des Kanzleiabwicklers ergibt sich aus § 55 Abs. 3 S. 1 i.V.m. § 53 Abs. 10 S. 4 bis 7 BRAO. Daraus folgt, dass der ehemalige Anwalt bzw. dessen Erben eine „angemessene Vergütung" zu zahlen haben, die durch Vorschusszahlung gesichert werden kann. Erst wenn sich eine gütliche Einigung über eine Vergütung nicht erzielen lässt, hat die zuständige Rechtsanwaltskammer die Vergütung festzusetzen, § 55 Abs. 3 i.V.m. § 53 Abs. 10 BRAO. Die **„angemessene" Vergütung** ist ein unbestimmter Rechtsbegriff. Nach Ansicht des BGH unterliegt die Festsetzung durch die Rechtsanwaltskammer der gerichtlichen Nachprüfung.[64] Bei der Vergütungsfestsetzung ist der Arbeitseinsatz des Kanzleiabwicklers für den Abwicklungszeitraum entscheidend, wobei auch regionale Besonderheiten Berücksichtigung finden.[65] Teilweise richtet sich die Vergütung nach dem Gehalt eines angestellten Anwalts,[66] manche Kammern bewilligen eine Vergütung nach Stundenaufwand.

126   Beim sog. **Pauschalmodell** liegt die Vergütung bei rund 2.500 EUR für die ersten drei Monate, bei ca. 1.500 EUR vom vierten bis sechsten Monat und in der darauf folgenden Zeit schließlich bei rund 750 EUR pro Monat.[67]

Reicht der Abwicklungszeitraum nicht aus, muss eine erneute Vergütungsfestsetzung bei der Rechtsanwaltskammer beantragt werden. Dabei dürfen Kosten wie Personallöhne, Mieten und Aktenverwahrung nicht in die Vergütung einberechnet werden.[68] Diese Kosten wären vielmehr nach § 53 Abs. 9 S. 2 BRAO i.V.m. § 670

---

64   BGH NJW 1993, 1334, s.a. *Schwärzer*, BRAKMagazin 2/2007, 6.
65   BRAK-Mitt 2002, 1.
66   BayAGH I – 26/ 03, BRAK-Mitt 2004, 236 und BayAGH BRAK-Mitt 2004, 134.
67   *Simonsen/Leverenz*, BRAK-Mitt 1996, 18.
68   *Schwärzer*, BRAK 2008, 110.

BGB zu erstatten. In jedem Fall ist zu raten, die Frage der Vergütung vorab mit der Kammer zu besprechen, um unliebsame Überraschungen zu vermeiden.

III. Der Anwalt und sein Zweitberuf

1. Kriterium der Vereinbarkeit

Seit der Entscheidung des BVerfG[69] ist es dem Anwalt möglich, einen Zweitberuf **127** auszuüben. Der Zweitberuf ist nur dann nicht mit der anwaltlichen Tätigkeit vereinbar, wenn dadurch die **Funktionsfähigkeit der Rechtspflege** gestört wird.[70] Damit ist sogar eine gewerbliche „unjuristische" Tätigkeit erlaubt, die mit dem Anwaltsberuf keine Berührungspunkte hat.[71] Beachtet werden sollte bei der Aufnahme der Zweittätigkeit jedoch immer, wie die Art der Zweittätigkeit auf die Mandanten wirkt. Der Zweitberuf darf eine tatsächliche und rechtliche Ausübung des Anwaltsberufs nicht verhindern. Der Anwaltsberuf muss in nennenswertem – jedenfalls mehr als gelegentlichem – Umfang ausgeübt werden.[72] Folglich gilt eine Tätigkeit als unvereinbar, die räumlich zu weit vom Kanzleisitz entfernt ausgeübt wird, sodass die faktische Ausübung des Anwaltsberufs quasi entfällt. Gestattet der Arbeitgeber bzw. Dienstherr dem Anwalt die Aufnahme der zweitberuflichen Tätigkeit in nicht eindeutiger Weise[73] bzw. mit der Gefahr, dass diese Erlaubnis jederzeit widerrufen werden kann,[74] so fehlt es an der rechtlichen Ausübungsmöglichkeit.

Tipp
Bevor Sie unbedacht mit der Aufnahme einer Nebentätigkeit Ihre Zulassung aufs Spiel setzen, sollten Sie die Kammer fragen.

Die Ausübung eines Zweitberufs, bei der sich eine **deutliche Interessenkollision** **128** abzeichnet, ist nicht zulässig.[75] Hierzu wurden schon so manche Fälle streitig entschieden:

---

69 BVerfG NJW 1995, 951.
70 BGH BRAK-Mitt 1998, 154.
71 BGH BRAK-Mitt 1993, 171.
72 BGHZ 71, 138, 140.
73 BGH BRAK-Mitt 1991, 101.
74 BGH ehrengerichtliche Entscheidungen XII 34 f.
75 *Hartung*, in: Beck'sches Rechtsanwalts-Handbuch, 9. Aufl. 2007, N 1 Rn 20.

■   **Unvereinbare Zweitberufe:**

Eine deutliche Interessenkollision ist bejaht worden beim Versicherungsmakler[76] oder auch anderen Maklern.[77] Darüber hinaus lässt sich die angestellte Tätigkeit im Bereich von juristischen Personen des öffentlichen Rechts mit der Tätigkeit als Anwalt nicht vereinbaren.[78] Damit scheidet die Tätigkeit als Geschäftsführer einer Berufsgenossenschaft,[79] einer Handwerkskammer[80] oder Kreishandwerkerschaft[81] aus. Eine weitere Unvereinbarkeit liegt bei einer Dauertätigkeit im öffentlichen Dienst vor, da bereits eine Abhängigkeit vom Staat besteht (vgl. § 47 BRAO).

Es verbietet sich aber eine starre Betrachtung, da Art und Bedeutung der Anstellungskörperschaft entscheidend sind.[82] Dies gilt beispielsweise für den wissenschaftlichen Bereich, da aufgrund der Wissenschaftsfreiheit nach Art. 5 Abs. 3 S. 1 GG eine Unabhängigkeit vom Staat vorliegt. Daher ist eine Tätigkeit z.B. als wissenschaftlicher Mitarbeiter mit der Tätigkeit als Anwalt rechtlich vereinbar (vgl. § 47 Abs. 2 BRAO).[83]

Auch im Zweitberuf darf der Anwalt seinen Erstberuf nie vergessen: Das Verbot der Vertretung widerstreitender Interessen bei der nichtanwaltlichen Tätigkeit ist zu beachten. Man darf z.B. nicht nebenbei bei einem Unternehmen arbeiten, das in der anwaltlichen Vertretung auf der Gegenseite steht bzw. irgendwann mal dort stehen könnte.

■   **Vereinbare Zweitberufe:**

Eine Vereinbarkeit ist von der Rechtsprechung bejaht worden beim Taxiunternehmer,[84] Berater einer Industrie- und Handelskammer,[85] Geschäftsführer eines Arbeitnehmerverbandes[86] oder der Genossenschaftstreuhand.[87] Darüber hinaus wird bei der Tätigkeit als geschäftsführender Gesellschafter bzw. persönlich haftender Gesellschafter von Kapitalgesellschaften bzw. als Geschäftsführer einer Landes-

---

76   BGH NJW-RR, 1998, 571.
77   BGHZ 72, 282; BGH NJW 2008, 517.
78   BVerfG NJW 1993, 317, 320.
79   BGH AnwBl 1983, 478.
80   BGH NJW-RR 1999, 571.
81   BGH, Beschl. v. 8.2.2010, AnwZ (B) 9/09.
82   BVerfG NJW 1993, 317.
83   *Eller*, Rechtsanwalt in Nebentätigkeit, advonet.info 4/2002, S. 10.
84   BGH BRAK-Mitt 1993, 171.
85   AGH Baden-Württemberg, BRAK-Mitt 1996, 164.
86   BGH BRAK-Mitt 1996, 77.
87   BGH AnwBl 1995, 622.

ärztekammer keine Interessenkollision gesehen.[88] Dabei darf die Tätigkeit der jeweiligen Gesellschaft nicht zu Interessenkollisionen führen.[89]

2. Der Anwalt als Dozent und Lehrbeauftragter

Als Anwalt sind Sie nicht nur „Rechtsgelehrter", sondern auch Praktiker, der sein Wissen täglich umsetzt. Ihre Fähigkeit, Sachverhalte rechtlich einzuordnen und dem Mandanten zu erklären, qualifiziert Sie zudem als Referent für diverse Bildungsträger. Mangelnde Berufserfahrung können Sie ausgleichen durch intensive Vorbereitung auf Ihre Aufgabe. Nicht zuletzt vor dem Hintergrund der eigenen Fortbildung und Vertiefung eines Themas kann Lehrtätigkeit mehr sein als nur ein Dozentenjob.

129

a) Potenzielle Auftraggeber

Mit etwas Glück und Fantasie lassen sich Dozentenstellen akquirieren. Inzwischen haben aber viele Juristen diesen Bereich für sich entdeckt, so dass es zunehmend schwerer wird, als Dozent unter Vertrag genommen zu werden. Hier ist Ihre **Initiative** gefragt, sich bei den entsprechenden Stellen und Entscheidungsträgern vorzustellen. Anders als bei einem vollwertigen Anstellungsverhältnis läuft die Bewerbung weniger formal; anstelle eines ausgetüftelten Bewerbungsschreibens sollten Sie zum Telefonhörer greifen und sich bei Interesse bald persönlich vorstellen.

130

Ein Bedarf an Juristen besteht z.b. in einigen Bereichen der Meisterausbildung oder in der Fortbildung für Fachwirte. Träger dieser Maßnahmen sind die Handwerkskammern sowie Industrie- und Handelskammern. Aber auch Arbeitsagenturen, Volkshochschulen oder private Bildungsträger suchen regelmäßig neue Dozenten. Darüber hinaus kommen Berufsakademien, Verwaltungs- und Wirtschaftsakademien, Fortbildungsinstitute der Industrieverbände,[90] Arbeitgeberverbände in Betracht. Diese sind dann in der Regel auch über die ganze Republik verteilt.

---

88 BGH NJW 2000, 3004.
89 *Knötel*, NJW 2005, 6.
90 Einfach in Internetsuchmaschinen unter dem Stichwort „Dozenten suchen" Anbieter recherchieren.

b)   Bezahlung

131   Die Bezahlung schwankt zum Teil erheblich. An Fachhochschulen wird z.B. für einen Lehrauftrag für Diplom-Wirtschaftsjuristen ein Stundensatz von nicht mehr als ca. 23 EUR gezahlt. Auch wenn man dafür die schöne Bezeichnung „Lehrbeauftragter an der Fachhochschule X" erhält, sollte man eine solche Dozentenstelle nicht mit erster Priorität anstreben. Das Gleiche gilt für Volkshochschulkurse. Da zu einer ordentlichen Dozententätigkeit eine ordentliche Vorbereitung gehört, muss diese immer mit kalkuliert werden. Daher gilt folgende Faustregel: Nur eine geringe Vorbereitung rechtfertigt eine geringe Vergütung. Man kann es aber auch positiv darstellen: Das höchste Dozentenhonorar muss für schwierige Rechtsgebiete gezahlt werden.

132   Damit wird deutlich, dass Rechtsgebiete, die kaum bearbeitet werden, nicht als Inhalt für eine Dozententätigkeit geeignet sind. Der **Vorbereitungsaufwand** dafür ist zu groß. Bei den jeweiligen Industrie- und Handelskammern werden für Fortbildungen ca. 35 EUR je Unterrichtsstunde (45 Minuten) gezahlt. Bei den Verwaltungs- und Wirtschaftsakademien wird i.d.R. für die Unterrichtsstunde ein Honorar von 45 EUR gezahlt. Dann findet man sich in Universitätsstädten in bester Gesellschaft mit seinen ehemaligen Professoren. Die höchste Vergütung erzielt man jedoch, wenn man ein Thema immer wieder und dann auch noch bei unterschiedlichen Bildungsträgern vorträgt. Die Vorbereitung tendiert gegen Null, wodurch sich ein vertretbares Einkommen generieren lässt. Hier kann an einem Samstagvormittag schnell mal der Betrag von 350 EUR zusammenkommen. Dafür müssen keine Mitarbeiterin und weitere Fixkosten kalkuliert werden. Seminarunterlagen bzw. Skripten lassen sich in Zeiten der EDV schnell abändern. Damit wird deutlich, dass eine Spezialisierung in einem bestimmten Rechtsgebiet am ertragreichsten ist, was jedoch regelmäßig nur mittels mehrerer Bildungsträger realisierbar ist.

c)   Synergieeffekte

133   Für den Anwalt, der sich gerade selbstständig macht, ist die Dozententätigkeit mehr als eine gute Einnahmequelle. Ist der Anwalt als Dozent gut, kann er sich darüber einen **potenziellen Mandantenkreis** aufbauen. Dies wird ihm aber nur gelingen, wenn er in seinem Rechtsgebiet souverän agiert. Damit verbietet es sich, aus Geldnot jeden Dozentenjob anzunehmen. Auch wenn der Jurist sich in vieles zügig einarbeiten kann, reicht dies nicht für die Vortragstätigkeit aus. Hier gilt es Qualität zu zeigen, denn der Vortrag muss den potenziellen Mandanten Kompetenz zeigen. Ansonsten werden sie den Anwalt später nicht mandatieren. Befinden sich viele potenzielle Mandanten in einem solchen Vortrag, kann auch eine Dozententätigkeit angenommen werden, die geringer bezahlt wird. Sind aber potenzielle Mandanten nicht erkennbar, sollten Sie einen solchen Auftrag ablehnen. Wenn die Ablehnung geschickt begründet wird, wie z.b. mit unzureichender Kompetenz in dem fraglichen Rechtsgebiet, so wird der Bildungsträger dies respektieren. Hat man gleichzeitig seine Rechtsgebiete als Kompetenzen dem Bildungsträger mitgeteilt, zeigt die Erfahrung, dass dann ggf. der Anwalt in diesem Bereich später als Dozent angefragt wird.

> *Tipp*   **134**
> Des Weiteren sollten Sie nicht außer Acht lassen, dass Sie sich durch Ihre Dozententätigkeit **selbst fortbilden**. Viele Anwaltskammern erkennen die Dozententätigkeit in der Fachanwaltsfortbildung auch als regelmäßige Fortbildung für Fachanwälte an. Dadurch werden aus Fortbildungskosten Fortbildungseinkünfte.

d)   Risiken und Nebenwirkungen

Bei einer Dozententätigkeit sollten Sie Ihre **Kernkompetenzen** beachten. Darüber   **135** hinaus besteht eine Rentenversicherungspflicht für nebenberufliche Dozenten, die die Dozententätigkeit nicht in geringfügigem Umfang betreiben, wenn die Honorare/Einnahmen regelmäßig 325 EUR im Monat übersteigen (§ 2 SBG VI i.V.m. § 8 Abs. 3 SGB IV).[91] Sollten Sie lediglich geringe Erträge generieren, ist die „Übungsleiterpauschale" nach § 3 Nr. 26 und 26a EStG ein angenehmer Steuerfreibetrag, der jedoch auch bei größeren Dozenteneinkommen Anwendung finden müsste.

Zeichnet es sich ab, dass die Dozententätigkeit mehr **Zeit** als die Anwaltstätigkeit   **136** einnimmt, sollten Sie sich überlegen, in welche Richtung Sie Ihre Berufstätigkeit entwickeln wollen. Haben Sie Spaß an der Dozententätigkeit gefunden, sollten Sie überlegen, ob Sie ausschließlich als Dozent arbeiten wollen. Ansonsten verlieren Sie ggf. Ihre Prozesserfahrung. Wenn Sie weiter als Anwalt und Dozent tätig sein wollen, sollten Sie einige der weniger attraktiven Dozentenverträge für die Zukunft lösen.

Ein weiteres Problem ist die zu geringe **Bezahlung**, die auf zu langer Vorbereitungszeit, insbesondere für die Erstellung von Unterlagen, und langen Anfahrtswegen beruht. Auch die Abnahme von Prüfungen muss mit eingerechnet werden.   **137**

---

91 Anfrageverfahren nach § 7a SGB IV bei: Deutsche Rentenversicherung – Bund, Jungfernstieg 7, 20354 Hamburg.

Daher sollten Sie immer wieder nachrechnen, ob sich der Stundensatz mit jeder Vor-/Nachbereitung und auch Fahrzeit lohnt. Teilweise finden auch noch Dozentenbesprechungen statt, die dann in die Kalkulation einfließen müssen, da sie i.d.R. nicht gesondert vergütet werden.

138 Sie müssen sich auch gut überlegen, ob Sie sich wirklich vor 20 bis 200 Personen stellen wollen, um Fachwissen zu präsentieren. Wer schüchtern und zurückhaltend ist, sollte eher mit einer **kleinen Gruppe** anfangen. Noch besser ist es, wenn Sie dieser Gruppe mit Ihrem Fachwissen überlegen sind. Ansonsten könnte die Tätigkeit in einem Fiasko enden. Eine Fortbildung hierzu wird als „Train the Trainer" bezeichnet und hilft bei fehlender Erfahrung.

139 Sie sollten auch die **Konkurrenz der Bildungsträger** vor Ort ermitteln und überlegen, ob die Tätigkeit für einen Wettbewerber zum Verlust eines bisherigen Dozentenauftrags beim anderen Bildungsträger führen kann. Im Zweifel sollte man den bisherigen Bildungsträger fragen.

3. Der Anwalt als Prüfer, Gutachter und Korrekturassistent

140 Die Prüfungstätigkeit wird völlig unterschiedlich vergütet. Im Bereich der Fortbildung bei den genannten Bildungsträgern werden für Klausuren teils ab 5 EUR aufwärts gezahlt. Hier hängt das Einkommen dann von der Schnelligkeit des Anwalts und der Qualität der Klausuren ab. Die Teilnahme bei mündlichen Prüfungen, die mitunter den ganzen Tag dauern können, wird teilweise nur mit ca. 60 EUR vergütet. Dies hängt aber auch vom Bildungsträger ab. Häufig ist es als Dozent jedoch erforderlich, an der Prüfung mitzuwirken. Eine Anfrage, lediglich als Prüfer zu wirken, sollte daher genau hinterfragt werden, da die Bezahlung häufig zu gering ist, als dass Sie dafür Ihr Büro verlassen sollten. Einzig Marketingaspekte oder altruistische Motive sollten Sie veranlassen, ein schlecht bezahltes Ehrenamt anzunehmen.

141 Das Gleiche gilt für Prüfertätigkeit im Rahmen der Juristenausbildung. Hier zahlen die Justizprüfungsämter ebenfalls nur Beträge, die nicht der Rede wert sind. Unter dem Aspekt „Erträge" sollte man diese Tätigkeit daher nicht übernehmen. Es entspricht dem anwaltlichen Berufsverständnis, auch ehrenamtliche Tätigkeiten zu übernehmen, die keinen messbaren Nutzen haben.

4. Der Anwalt als Fachautor

Da der Anwalt täglich an der Schnittstelle zwischen Recht und Praxis agiert, kennt **142** er nicht nur das Recht, sondern auch die typischen Fragestellungen, die sich in bestimmten Lebensbereichen ergeben. Wer komplexe Themen so verständlich abzuhandeln vermag, dass Sie der Mandant (oder noch besser: der Richter) versteht, sollte auch als Autor von Fachartikeln und Büchern qualifiziert sein.

Aber auch hier gilt: **Konzentration auf die Kernkompetenz.** Ein Anwalt, der im Bereich Familienrecht veröffentlichen will oder soll, in diesen Rechtsgebieten aber bisher weder theoretische noch praktische Kenntnisse erworben hat, wird nur unter größten Mühen und mit erheblichem Zeitaufwand Sinnvolles verfassen können. Daher müssen auch hier das präsente Wissen und damit die eigenen Rechtsgebiete die Veröffentlichungsthematik bestimmen.

Bei einem **Buchverlag** hängt die Höhe des **Autorenhonorars** von den verkauften **143** Büchern ab. Es kann also sein, dass Sie sehr viel Zeit in die Abfassung des Manuskripts hineinstecken, das Buch aber nicht den reißenden Absatz findet und Sie diese Zeit vielleicht besser für die Mandatsbearbeitung genutzt hätten, die Sie auch entsprechend abrechnen können. Nur selten besteht die Chance, über die Mitarbeit an einem erfolgreichen Buch mehr zu verdienen als an der Abwicklung eines Verkehrsunfalls. Sie sollten es sich daher von vornherein gut überlegen, ob Sie schreiben wollen. Das Thema des Buchs, ggf. die Person des Herausgebers, die Mitautoren und schließlich der Verlag sind die maßgeblichen Faktoren.

> *Tipp*
> Stimmen diese Eckpfeiler, dann kann Ihre Autorentätigkeit finanziell erfolgreich werden und, als weiterer positiver Effekt, auch eine Werbewirkung für Ihre Kanzlei und auch für Sie als Fachautor entfalten. Eines sollte aber für Sie selbstverständlich sein: Schreiben muss Ihnen Spaß machen!

In der Regel zahlen juristische Fachverlage für „Erstlingswerke" ca. 8 bis 10 % vom Nettoladenverkaufspreis (= Ladenverkaufspreis abzüglich 7 % Umsatzsteuer). Hat der Autor ein erfolgreiches Buch geschrieben, kann er versuchen, für die folgende Auflage ein höheres Honorar auszuhandeln, das wohl bis zu 12 % vom Nettoladenverkaufspreis betragen kann.

Beiträge in **Fach- und Publikumszeitschriften** werden je nach Auflage und Bekanntheitsgrad honoriert. Dabei kann man sich an der Faustregel orientieren, dass – je nach Spezialisierungsgrad – 50 bis 60 EUR je Druckseite vergütet werden.

Der Autor sollte dann auch nicht vergessen, seine Beiträge bei der VG Wort[92] anzumelden. Diese übernimmt dann für ihn die Zweitverwertungsrechte und schüttet nach einem komplizierten Verteilungsschlüssel Erträge an die Autoren aus.

5. Der Anwalt als Betreuer

a) Aufgabe

144 Erwachsene, die aufgrund einer psychischen Krankheit oder einer körperlichen, geistigen oder seelischen Behinderung ihre Angelegenheiten ganz oder teilweise nicht besorgen können, benötigen Hilfe durch einen Betreuer. Dies ist im Betreuungsgesetz geregelt. Um Berufsbetreuer zu werden, ist die Kontaktaufnahme mit dem Vormundschaftsgericht erforderlich, da von hier aus die Betreuungen zentral vergeben werden. Es ist aber auch möglich, dass die Familie eines potenziell Betreuten oder der potenziell Betreute den Anwalt vorschlägt. Wichtig ist dann jedoch, dass der Anwalt als **Berufsbetreuer** aktiv wird und nicht in Form eines Ehrenamtes. Die Motivation, einen Anwalt mit der Betreuung zu befassen, fußt auf dessen fachlicher Kompetenz und muss auch dementsprechend vergütet werden.

In der Regel ist die Persönlichkeit des Betreuten problematisch, was Einfühlungsvermögen, Geduld und großes persönliches Engagement erfordert. Der Anwalt, der einem Umgang mit schwierigen Menschen eher ablehnend gegenübersteht, sollte daher deren Betreuung eher nicht anstreben.

145 Der Anwalt, der sich dem Vormundschaftsgericht als Betreuer vorstellen möchte, sollte sich diesbezüglich qualifizieren, indem er eine **entsprechende Fortbildung** besucht. Die persönliche Vorstellung bei dem Richter, der die Betreuungen bearbeitet, ist außerordentlich wichtig, da dieser über die Vergabe der Betreuungen entscheidet. Hierbei kann der Anwalt auch gleich feststellen, in welcher Art und Weise die Betreuungen durch das Vormundschaftsgericht geregelt und wie die Vergütungen beim anwaltlichen Betreuer gehandhabt werden.

> *Achtung*
> Es kann nur davor gewarnt werden, Betreuungen anzunehmen, die unterhalb der Mindestvergütung liegen. Der Arbeitsaufwand ist enorm und wäre dann nicht einmal mehr kostendeckend zu bewältigen.

---

92 *www.vgwort.de.*

b) Vergütung

Anwälte bekommen nur dann eine angemessene Vergütung, wenn sie **berufsmäßig** betreuen, was dann auch in dem vom Vormundschaftsgericht erlassenen Bestellungsbeschluss festgestellt werden muss. Die Höhe der Stundensätze folgt der Vermögenslage des Betreuten, ist aber nur als Indiz für die Schwierigkeit der Betreuung heranzuziehen.[93]

146

Ist der **Betreute mittellos**, richtet sich die Vergütung nach § 1836a BGB i.V.m. Vormünder- und Betreuervergütungsgesetz (VBVG). Der Anwalt bekommt dann aus der **Staatskasse** pro Stunde zwischen 27 und 44 EUR zzgl. USt. für seine Tätigkeit, die überwiegend nicht rechtlich schwierig ist, sondern in der tatsächlichen und praktischen Hilfe besteht. Dabei ist die aufgewandte Zeit nach § 5 VBVG, begrenzt durch die erforderliche Zeit,[94] die vergütungsfähige Zeit. Führt der Anwalt einen Rechtsstreit für den Betreuten mit Anwaltszwang, hat er i.d.r. Prozesskostenhilfe zu beantragen, die üblicherweise auch gewährt wird.

147

Ein **Betreuter**, der **nicht vermögenslos** ist, gilt nach dem Betreuungsgesetz als vermögend. Nach § 1836 Abs. 2 S. 2 BGB bestimmt sich die Höhe der Vergütung nach

148

- der Fachkenntnis des Betreuers, die für die Betreuung nutzbar ist,
- dem Umfang und
- der Schwierigkeit der Betreuungstätigkeit.

Das bedeutet also, dass die Ausbildung des Betreuers, das Aktiv-Vermögen und dessen Zusammensetzung sowie die Lebenssituation und die Einkünfte des Betreuten die Vergütung des betreuenden Anwalts bestimmen. Bei den Entscheidungen der Amts- und Landgerichte haben sich als angemessene Vergütung Stundensätze von 40 bis 50 EUR durchgesetzt. Es gibt jedoch obergerichtliche Entscheidungen, die bei besonderen Betreuungslagen auch Stundensätze von rund 140 EUR zugebilligt haben,[95] was allerdings nur für Betreuungsstunden galt, die Anwaltskompetenz erforderten.[96] Der Vergütungsanspruch des Betreuers richtet sich bei einem vermögenden Betreuten gegen ihn selbst und nicht gegen die Staatskasse.

---

93   AnwK-RVG/*Volpert*, 6. Aufl. 2012, § 1 Rn 112.
94   *Zimmermann*, FamRZ 1998, 521.
95   OLG Schleswig FamRZ 1995, 46.
96   OLG Schleswig FamRZ 1998, 186.

6. Der Anwalt als Pfleger

a) Aufgabe

149 Anders als bei der Betreuung, die grundsätzlich aufgrund der krankheitsbedingten Hilflosigkeit des Betreuten auf Dauer und personenbezogen eingerichtet wird, werden Pflegschaften nur **vorübergehend zur Wahrnehmung einer bestimmten Aufgabe** angeordnet. Der Anlass für die Ernennung eines Pflegers beruht auf der tatsächlichen oder rechtlichen Verhinderung desjenigen, für den man tätig wird.

150 Die häufigsten Fälle betreffen die **Verfahrenspflegschaften**, insbesondere in Betreuungsverfahren gem. § 276 FamFG, Unterbringungsverfahren gem. § 317 FamFG und Freiheitsentziehungssachen gem. § 419 FamFG. Sofern Minderjährige an genehmigungsbedürftigen Rechtsgeschäften mitwirken sollen, muss gem. § 1909 BGB eine Ergänzungspflegschaft eingerichtet werden, wenn die Eltern in einem Teilbereich die elterliche Sorge nicht ausüben können, z.b. bei Grundstücksgeschäften.

151 Eine Abwesenheitspflegschaft für Personen mit unbekanntem Aufenthalt gem. § 1911 BGB oder eine Nachlasspflegschaft für unbekannte Erben gem. § 1961 BGB wird meist von Rechtsanwälten wahrgenommen; es handelt sich quasi um eine Betreuung ohne Betreuten. Wie bei Betreuungen gilt auch hier, dass man sich bei den zuständigen Rechtspflegern und Richtern am Amtsgericht persönlich vorstellen sollte, um eine Chance zur Einsetzung als Pfleger zu erhalten.

b) Vergütung

152 Die Vergütung entspricht grundsätzlich der des Betreuers nach dem Vormünder- und Betreuervergütungsgesetz (VBVG), insoweit kann auf die vorstehenden Ausführungen (siehe Rn 144 ff.) verwiesen werden. Manchmal gibt es auch Erhöhungen, die gem. § 1915 Abs. 1 S. 2 BGB bei besonders anspruchsvollen Pflegschaften zugestanden werden. Im Bereich der Nachlasspflegschaft wird der Nachlasspfleger teilweise so bezahlt wie ein Testamentsvollstrecker.

> *Tipp*
> Grundsätzlich ist aber zu beachten, dass man meist nicht auf ausreichende Stundensätze kommt. Dennoch können Pflegschaften ein guter Türöffner sein, um sich bei verschiedenen Stellen bekannt zu machen. Auch kann der Pfleger, insbesondere der Abwesenheits- und Nachlasspfleger, in seiner Eigenschaft u.U. lukrative Prozesse führen, die dann nach RVG abgerechnet werden.

7. Der Anwalt als Referent und Geschäftsführer

Eine Vollzeittätigkeit als Geschäftsführer von Unternehmerverbänden oder Interes- **153**
senvereinigungen gibt die Möglichkeit, feste und **regelmäßige Einkünfte** zu erzielen. Der Nachteil ist aber, dass der Anwalt nicht mehr für den Arbeitgeber anwaltlich tätig werden kann, da ihm die Berufsausübung nach § 45 Abs. 1 Nr. 4 BRAO
versagt oder ein Tätigkeitsverbot nach § 46 BRAO auferlegt ist. Will das Unternehmen den Anwalt anstellen, um ihn auch als solchen auftreten zu lassen, gibt es
eine andere Lösung:

Der Anwalt wird auf Basis einer pauschalen Vergütungsvereinbarung mit der Dau-
erberatung betraut und für die kaufmännische Geschäftsführung wird eine andere
Person engagiert. Damit kann der Anwalt den Unternehmensverband bzw. die Inte-
ressenvereinigung anwaltlich vertreten und trotzdem ein festes, wenn auch geringeres Einkommen generieren. Wer die Lösung über die anwaltliche Vertretung mittels eines angestellten Anwalts des Anwalts oder dessen Sozius sucht, verstößt
gegen § 45 Abs. 3 BRAO bzw. gegen § 46 Abs. 3 BRAO.

8. Der Anwalt als Coach, Gründungsberater und Business-Angel

a) Aufgabe

Verfügt der Anwalt über eine betriebswirtschaftliche Kompetenz, erworben durch **154**
kaufmännische Ausbildung, Studium oder praktische Tätigkeit als wirklich selbstständiger Anwalt oder als Partner einer größeren Kanzlei, dessen Aufgabengebiet
das Management und die Führung der Kanzlei ist, so kann er sie auch nutzbringend
vermarkten. Er hat damit wesentlich mehr Kompetenz als sog. **Unternehmensberater**, die nicht zwingend eine Ausbildung oder ein Hochschulstudium absolviert haben.

Wird der Anwalt z.B. als **Business-Angel** mit Unternehmensanteilen bezahlt, kön- **155**
nen sich daraus Probleme ergeben. Die Versteuerung nach dem sog. Stuttgarter
Verfahren[97] ist äußert schwierig und wohl auch noch nicht abschließend geklärt.
Darüber hinaus wäre es eine Erfolgsvergütung, die für den Anwalt standesrechtlich
problematisch ist. Ferner sollte überlegt werden, ob das Start-Up-Unternehmen
dann nicht doch noch in die Insolvenz gerät und damit unter dem Strich überhaupt
keine Vergütung gezahlt würde. Der Coach und Berater sollte daher eine Honorar-

---

97 *www.steuernetz.de*, Stichwort „Stuttgarter Verfahren"; *www.seefelder.de/recht/serien/stuttgarter-
verfahren.htm*.

vereinbarung abschließen und Rechtsrat erteilen, wobei es unschädlich ist, diese Tätigkeit als Gründungsberatung zu bezeichnen.

b) Vergütung

156   In der Existenzgründungsberatung sind je nach Qualifizierung und Verhandlungsgeschick Honorare von 60 EUR die Stunde aufwärts zu realisieren. Dabei ist jedoch zu beachten, dass diese Mandantengruppen nur sehr schwer über die örtlichen einschlägigen Existenzgründungsinitiativen zu gewinnen sind. In der Regel verfügen diese potenziellen Mandanten auch nur über ein begrenztes Budget und scheuen sich, kostenpflichtige Beratung zu nutzen.

Hat der Anwalt Kenntnisse in moderner Personalführung, Arbeitspsychologie, Verhandlungsmanagement oder Organisationserfahrung, kann er **als Coach** insbesondere junge Unternehmer in Kompetenzbereichen, die diesen fehlen, betreuen. Je nach Verhandlungsgeschick und Coachingbereich können hierfür Vergütungen von deutlich mehr als 100 EUR erzielt werden.

157   Dem Anwalt muss aber bewusst sein, dass er noch **Rechtsberatung** ausübt, auch wenn es sich um Beratung im Wirtschaftsrecht handelt. Führt seine betriebswirtschaftliche Beratung zu rechtlich determinierten Vertragsgestaltungen oder Geschäftsabläufen, dann stellt die wirtschaftliche Beratungstätigkeit nur die Basis für die rechtliche Beratung dar. Führt der Anwalt jedoch eine reine – zulässige – Wirtschaftsberatung durch, dann unterliegt er mit diesen Einnahmen der Gewerbesteuerpflicht, da es dann keine Rechtsberatung ist. Dies kann für Sozietäten zu Gewerbesteuerpflichtigkeit führen.

9. Der Anwalt in der Ausbildung

a) Referendarausbilder

158   In einigen Bundesländern werden Anwälte als Arbeitsgemeinschaftsleiter beschäftigt. Diese werden i.d.R. von den Rechtsanwaltskammern vorgeschlagen und auch gesucht. Da das Land Niedersachsen beispielsweise dem **AG-Leiter** für eine 45-Minuten-Stunde 20 EUR, für das Erstellen und Einsammeln 50 EUR und pro korrigierte Klausur 12 EUR zahlt,[98] finden sich kaum Anwälte, die diese Aufgabe übernehmen. Daher zahlen einige Rechtsanwaltskammern Zuschüsse, die regional unterschiedlich ausfallen. So zahlt die RAK Oldenburg z.B. folgende Zuschüsse an

---

98   Nds. Rpfl. 2008, 391.

AG-Leiter: für eine 45-Minuten-Unterrichtseinheit 30 EUR, für das Erstellen und Einsammeln von Klausuren 65 EUR und die Korrektur 15 EUR. Auch Zuschüsse machen damit die Tätigkeit nicht wirklich lukrativ, da es sich bei Referendaren um anspruchsvolle Juristen handelt und die Arbeitsgemeinschaft intensiv vorbereitet werden muss. Eine solche Tätigkeit ist daher nur den Kollegen anzuraten, die diese Kurse schon aus anderen Gründen vorbereitet haben und die Ausbildung von Referendaren als Standespflicht ansehen. Abschließend kann man die gezahlte Vergütung nur als Schmerzensgeld bezeichnen.

b) ReNo-Ausbildung in Berufsschulen

Durch die geringe Vergütung ist hier eine Tätigkeit nur anzuraten, wenn die Vorbereitungszeit bereits als Synergieeffekt aus anderen (Dozenten-)Tätigkeiten genutzt werden kann. In Niedersachsen gibt es die Möglichkeit, dass die jeweilige Berufsschule, die einen bestehenden besonderen Bedarf an einem **Anwalt als Lehrkraft** hat, diesen über die Landesschulbehörde beschäftigen kann. Diese nebenamtlichen Honorarkräfte werden jedoch nur mit maximal drei Wochenstunden zu einer Vergütung von 25,48 EUR, und wenn sonst keine anderen Lehrkräfte hierfür zur Verfügung stehen, eingesetzt. Es kann jedoch Sinn machen, bei der zuständigen Berufsschule einmal nachzufragen. Vielleicht ist es auch hilfreich, den Ausbildersprechtag der Berufsschule hierfür zu nutzen.

159

c) Referent bei Repetitorien

Als die anspruchsvollste und zugleich lukrativste Ausbildertätigkeit kann eine solche im Rahmen von Repetitorien zum ersten und zweiten Staatsexamen gesehen werden. Diese Tätigkeiten sind sowohl in Anstellungsverhältnissen, freien Mitarbeiterverhältnissen, eigener Selbstständigkeit oder auch in Franchise-Verhältnissen möglich. Dementsprechend sind die Einkommensmöglichkeiten unterschiedlich hoch. Wer ein selbstständiges Repetitorium aufbaut, kann mit unternehmerischem Geschick äußerst gut davon leben, geht aber auch ein wirtschaftliches Risiko ein. Eine freie Mitarbeit ist zwar nicht besonders gut vergütet, hat dafür aber nicht den Nachteil, selbst den Vertrieb für die Repetitorentätigkeit durchführen zu müssen. In größeren Universitätsstädten ist auch ein Coaching bzw. Einzelrepetitorium realisierbar. Insgesamt gilt, dass die Vorbereitung jeweils in die Kalkulation einfließen muss. Beim Einzelcoaching kann pro Coachingstunde ein Satz von 50 EUR als marktgerecht angesehen werden.

160

10. Der Anwalt als wissenschaftlicher Mitarbeiter

161 Die Arbeit als wissenschaftlicher Mitarbeiter kann lediglich als Vorbereitung für eine sich anschließende Selbstständigkeit empfohlen werden. Eine überwiegende Tätigkeit als Anwalt verträgt sich nicht mit der Tätigkeit als wissenschaftlicher Mitarbeiter.[99] Das liegt daran, dass in der Universität vom Mitarbeiter mit einer halben oder dreiviertel Stelle immer mehr Arbeit gefordert wird, als dies im Vertrag festgelegt ist. Die Vergütung eines wissenschaftlichen Mitarbeiters liegt i.d.R. bei BAT 2 a. Ist man jedoch an einem Lehrstuhl angestellt, an den Rechtsfragen bzw. Mandate herangetragen werden, kann man mit etwas Glück sehr lukrative Mandate finden. Dies wird jedoch die Ausnahme bleiben. Abschließend wird man feststellen müssen, dass man wegen der unterschiedlichen Arbeitsweise zwischen beiden Berufen auch zerrieben werden kann, wenn man versucht, den beiden Aufgaben zu 100 Prozent gerecht zu werden.

11. Der Anwalt als Insolvenzverwalter

162 Die Beratung von Gläubigern, von Geschäftsführern und Vorständen einer in die Insolvenz geratenen Gesellschaft kann nach der gesetzlichen Vergütung gemäß dem RVG abgerechnet werden. Eine besondere Vergütung ist jedoch für den (vorläufigen) Insolvenzverwalter vorgesehen. Für ihn gilt die **Insolvenzrechtliche Vergütungsverordnung (InsVV)**.

a) Aufgabe

163 Der Insolvenzverwalter muss die Insolvenzmasse in Besitz nehmen und die Massegegenstände in einer Liste aufzeichnen (§ 151 InsO). Anschließend ist ein Inventar, geordnet nach Aktiva und Passiva nebst Sonderrechten, zu errichten. Das Inventar ist zu bewerten, um den Wert der Gesellschaft zu errechnen. Darüber hinaus hat der Insolvenzverwalter die Buchführung und Rechnungslegung durchzuführen. Das bedeutet, dass er ein Insolvenzkassenbuch und eine nach handelsrechtlichen Grundsätzen ordnungsgemäße Buchhaltung sicherzustellen hat. Darüber hinaus hat er die steuerlichen Pflichten des insolventen Unternehmens zu erfüllen. Diese bestehen darin, Steuererklärungen abzugeben und die ggf. anfallenden Steuern abzuführen. Gegenüber dem Insolvenzgericht ist zu berichten.

---

99   Vgl. dazu *Eller*, Rechtsanwalt in Nebentätigkeit, advonet.info 4/2002, S. 10.

b) Vergütung

164 Die Insolvenzordnung (InsO) sieht vor, den Insolvenzverwalter für seine Geschäftsführungstätigkeit zu vergüten (§ 63 Abs. 1 S. 1 InsO). Er erhält auch seine angemessenen Auslagen wie Reisekosten, Porto- und Telefonkosten erstattet (§ 63 Abs. 1 S. 1 InsO). Seine allgemeinen Kosten für seinen Kanzleibetrieb bekommt er nicht ersetzt. Eine Ausnahme ist jedoch dann gegeben, wenn er im Einzelfall weitere Hilfskräfte einstellen muss.[100] Hat der Insolvenzverwalter für die Masse Prozesse zu führen, so kann er diese zu Lasten der Masse nach dem RVG berechnen.[101] Besondere Schwierigkeiten der Insolvenzverwaltung, wie z.B. die Führung eines Unternehmens oder die Vermietung von Objekten, führen zu einer Erhöhung der Verwaltervergütung (§ 3 InsVV).

165 Die Höhe der Vergütung bestimmt sich nach § 2 InsVV und geht von der Teilungsmasse als Bemessungsgrundlage aus. Bei der **Bemessungsgrundlage** werden die Aussonderungsrechte nicht und die Absonderungsrechte nur dann mit berechnet, wenn sich aus deren Verwertung ein Masseüberschuss ergibt. Liegt die Nutzung besonderer Sachkunde vor, die üblicherweise im Insolvenz-, Steuer- oder auch Arbeitsrecht liegen kann, so kann der Insolvenzverwalter für diese isolierte Tätigkeit nach dem RVG vergütet werden.

12. Der Anwalt als Testamentsvollstrecker

a) Aufgabe

166 Mit der Einsetzung eines Testamentsvollstreckers hat der Erblasser die Möglichkeit, eine Person seines Vertrauens für die Abwicklung und Verteilung des Nachlasses zu bestimmen. Der Anwalt wird dann zum Testamentsvollstrecker, wenn er testamentarisch durch den Erblasser selbst (§ 2197 Abs. 1 BGB) oder von einem Dritten (§ 2198 Abs. 1 S. 1 BGB) eingesetzt wird oder wenn er vom Nachlassgericht gem. § 2200 Abs. 1 BGB bestimmt wird. Der Testamentsvollstrecker übt ein privates Amt aus, wenn er den letzten Willen des Erblassers umsetzt. Dabei ist er jedoch an die gesetzlichen Bestimmungen gebunden.

---

100 Vgl. *Hess,* Insolvenzordnung, Band 2, InsVV, § 4 Rn 6 ff.; *Hess*/Weis/Wienberg, InsO, Kommentar, 2. Aufl. 2001, § 5 InsVV Rn 1.
101 AnwK-RVG/*Volpert,* 6. Aufl. 2012, § 1 Rn 175.

167   Die Deutsche Vereinigung für Erbrecht und Vermögensnachfolge e.V. (**DVEV**)[102] bietet wie die Deutsche Anwaltakademie[103] spezielle Fortbildungsseminare an. Bei erfolgreichem Abschluss des Testamentsvollstreckerkurses bietet die DVEV die Aufnahme in eine Testamentsvollstreckerliste an, die an die Nachlassgerichte versandt und im Internet veröffentlicht wird. Für Sie als Berufsanfänger wird eine Testamentsvollstreckung am ehesten zu erreichen sein, indem Sie mit dem Nachlassgericht Kontakt aufnehmen und die Bereitschaft zur Übernahme einer Testamentsvollstreckung signalisieren. Meist wird man dann probeweise mit einer kleineren Vollstreckung betraut, bevor man einen „dicken" Nachlass abwickeln darf.

b)   Vergütung

168   Dem Testamentsvollstrecker schuldet der Erbe für die Führung seines Amtes den Ersatz seiner Verwendungen aus §§ 2218 Abs. 1, 670 BGB und eine angemessene Vergütung gem. § 2221 BGB, wenn nicht der Erblasser bestimmt hat, dass diese Aufgabe unentgeltlich zu erfüllen ist. Da das RVG und auch eine andere gesetzliche Gebühr nicht angewandt werden können (vgl. § 1 Abs. 2 RVG),[104] ist die Bestimmung der **„angemessenen Vergütung"** nicht leicht. Wenn der Erblasser eine Vergütung bestimmt hat, ist diese maßgebend; der Anwalt kann sie akzeptieren[105] oder er muss das Amt des Testamentsvollstreckers ablehnen. Liegt eine Bestimmung des Erblassers nicht vor, sollte mit allen Erben und sonst Begünstigten eine vertragliche Lösung gefunden werden. Sollte es auch hier keine Einigung und damit eine Bestimmung der Vergütung geben, ist der Testamentsvollstrecker befugt, die angemessene Vergütung selbst festzusetzen und sie der Erbmasse zu entnehmen.[106] Entsteht Streit hierüber, hat das Prozessgericht über die angemessene Vergütung zu befinden.[107]

169   Die angemessene Vergütung wird i.d.R. in Form eines Prozentsatzes des Bruttowerts des Nachlasses gerechnet, der der Testamentsvollstreckung unterliegt;[108] in der Praxis wird dieser Prozentsatz mit Hilfe verschiedener Tabellen bestimmt.[109]

---

102   *www.DVEV.de.*
103   *www.anwaltakademie.de.*
104   OLG Köln NJW-RR 1995, 202.
105   LG München I, Urt. v. 2.2.2007 – 20 O 16805/06, Beck RS 2007, 19725; NJW Spezial 2008, 8.
106   BGH NJW 1957, 947.
107   BGH WM 1972, 101.
108   Palandt/*Weidlich*, 72. Aufl. 2013, § 2221 Rn 4.
109   OLG Karlsruhe ZEV 2007, 529.

Dann ist die Vergütung von den Phasen der Testamentsvollstreckung abhängig. Diese Abschnitte setzen sich zusammen aus:

- **Konstituierung des Nachlasses:** In diesem Zeitraum wird der Nachlass ermittelt, in Besitz genommen und in das Nachlassverzeichnis aufgenommen. Es werden Verbindlichkeiten getilgt, die Kosten der Beisetzung und die Erbschaftsteuer ausgeglichen. Vom Nachlasswert wird die sog. **Konstituierungsgebühr** degressiv gestaffelt mittels eines bestimmten Prozentsatzes zwischen 7,5 und 1 % der Erbmasse.[110]

- **Auseinandersetzung des Nachlasses:** Muss der Anwalt den Nachlass auseinandersetzen, wird dies im Regelfall durch eine Erhöhung der Konstituierungsgebühr honoriert, wenn nach der Rheinischen Tabelle abgerechnet wird.[111]

- **Dauerverwaltung des Nachlasses:** Ist das Vermögen auf Dauer zu verwalten, kommt die **Verwaltungsgebühr** hinzu. Dies folgt aus einer entsprechenden Anwendung von §§ 315, 316 BGB.[112] Diese einzelfallabhängige Jahresgebühr bestimmt sich entweder zwischen 2 bis 4 % der Jahreseinkünfte aus der Erbmasse oder zwischen 1/3 bis 1/2 % des Nachlassbruttowerts.[113]

13. Der Anwalt als Nachlassverwalter

a) Aufgabe

Die Nachlassverwaltung wird auf Antrag des Erben vom Nachlassgericht angeordnet (§ 1981 Abs. 1 BGB) oder wenn ein Nachlassgläubiger glaubhaft machen kann, dass die Erben die Befriedigung von Nachlassgläubigern gefährden (§ 1981 Abs. 2 BGB). Der Rechtspfleger entscheidet bei der Bestellung eines Nachlassverwalters nach dessen Qualifikation. Bei dem Nachlassverwalter handelt es sich um ein **amtlich bestelltes öffentliches Organ**, welches fremdes Vermögen verwaltet, um die Belange aller Beteiligten wahrzunehmen. Er hat sein Amt unabhängig und eigenverantwortlich zu führen und unterliegt bei reinen Zweckmäßigkeitsfragen auch keiner gerichtlichen Weisung.[114] Der Nachlassverwalter muss ein Nachlassverzeichnis erstellen, dies beim Nachlassgericht einreichen, ggf. die Nachlassverbind-

170

---

110 Möhring'sche Tabelle bei *Möhring/Beisswingert/Klingelhöfer*, S. 224.
111 Palandt/*Weidlich*, 72. Aufl. 2013, § 2221 Rn 7.
112 BGH NJW 1963, 1615.
113 *Hägele/Winkler*, Der Testamentsvollstrecker, Rn 595.
114 BGHZ 49, 1 (4).

lichkeiten berichtigen und auch prüfen, ob eine Nachlassinsolvenz durchzuführen ist.

b) Vergütung

171 Auf den Nachlassverwalter ist das RVG nicht anwendbar (vgl. § 1 Abs. 2 RVG). Nach § 1987 BGB kann er für die Führung seines Amtes eine angemessene Vergütung verlangen. Da diese Norm die Vergütung lediglich als angemessen voraussetzt, ist § 1836 Abs. 2 BGB heranzuziehen, auf den gem. § 1915 BGB verwiesen wird.[115] Es wird nach Zeitaufwand und angemessen auf Einzelfallerfordernis und Beruf des Verwalters abgestellt. Das bedeutet einen Einkommensspielraum zwischen 15 EUR bei unterdurchschnittlicher Schwierigkeit und Rechtsanwaltsvergütung für Tätigkeiten, die eine anwaltliche Kompetenz erfordern.[116] Durch die in § 3 VBVG eingeführten Stundensätze ist der Nachlasspfleger nicht gebunden.[117]

c) Gewerbesteuerpflicht

172 Der Bundesfinanzhof hat eine Gewerbesteuerpflicht nicht mehr angenommen, wenn ein Rechtsanwalt als Nachlassverwalter entgeltlich tätig wird.[118]

14. Der Anwalt als Zwangsverwalter

a) Aufgabe

173 Bei der Zwangsverwaltung wird der Gläubiger aus den laufenden Erträgen des Grundstücks oder einer Immobilie befriedigt, d.h., dass dieser Vermögenswert nicht im Zwangswege veräußert wird, sondern dem Gläubiger die erwirtschafteten Erträge aus dem Vermögenswert zufließen. Das Vollstreckungsgericht bestellt einen Zwangsverwalter, der dann beauftragt ist, Immobilie bzw. Grundstück zu verwalten und zu nutzen, und zwar so, als ob er der Schuldner wäre. Der Anwalt hat als Zwangsverwalter dann die **Bestandserhaltung** des Grundstücks oder der Immobilien zu gewährleisten und alle Handlungen vorzunehmen, die eine ordnungsgemäße Nutzung erfordern (§ 152 Abs. 1 Hs. 1 ZVG). Hierzu gehören Erhaltung, Unterhaltung, Renovierung, Versicherung, aber auch ertragreiche Vermietung oder Verpachtung. Und hierüber hat er jährlich Rechnung zu legen. Die Einnahmen hat

---

115   Palandt/*Edenhofer*, BGB, 71. Aufl. 2012, § 1987 Rn 2.
116   OLG Düsseldorf FamRZ 2008, 76.
117   KG FamRZ 2006, 559.
118   BFH, Urt. v. 15.12.2010 – VIII R 50/09.

der Zwangsverwalter aufgrund des gerichtlich festgestellten Teilungsplans an die Gläubiger auszukehren.

b) Vergütung

Auch für Zwangsverwalter richtet sich die Vergütung nicht nach dem RVG (vgl. **174** § 1 Abs. 2 RVG). Für sie gilt die **Verordnung über die Geschäftsführung und die Vergütung des Zwangsverwalters (ZwVerwVO).**[119] Als Grundregel bestimmt § 17 ZwVwV, dass der Zwangsverwalter für seine Geschäftsführung angemessen zu vergüten ist.[120] Im Regelfall erhält der Verwalter zwischen 5 und 15 % der Mieteinnahmen oder eine Stundenvergütung zwischen 35 und 90 EUR (§ 19 I ZwVwV). Übt ein Rechtsanwalt die Zwangsverwaltung aus, so ist das RVG dann anzuwenden, wenn ein Nicht-Anwalt vernünftigerweise einen Anwalt hinzugezogen hätte.[121] Im Großen und Ganzen ergibt sich jedoch auch hier wieder die Abgrenzungsproblematik zu Tätigkeiten, die eine anwaltliche Kompetenz erfordern oder nicht. Im Ergebnis wird hier genau die gleiche Diskussion geführt wie bei der Testamentsvollstreckung. Zur Vergütung wird allgemein § 1835 Abs. 2 BGB entsprechend angewendet, der auf die einschlägigen Gebührenordnungen (RVG) verweist.[122]

15. Der Anwalt als Schiedsrichter

a) Aufgaben

In neueren Rechtsgebieten wie Online- und EDV-Recht, bei der Gründungsbera- **175** tung und für jüngere Mandantenkreise kann der Junganwalt aufgrund seiner materiellen Fachkompetenz den Parteien eine markt- und branchengerechtere Schiedstätigkeit anbieten. Der ältere Anwalt wird von keiner Partei akzeptiert, wenn er sich weder im Rechtsgebiet noch in den üblichen Branchenusancen auskennt. Daher sollten die materiellen Kenntnisse entscheidend für eine Schiedstätigkeit sein,[123] was im Gesellschafts-, Erb- oder Familienrecht häufig zu einem älteren Anwalt führen wird.

---

119 Sonderrecht-juris.de/Sonderrecht/zwVwV/inhalt.html.
120 *Haarmeyer/Wutzke/Förster/Hintzen*, Zwangsverwaltung, § 23 Rn 3 ZwVerwVO.
121 OLG Köln JurBüro 1981, 54.
122 LG München II DRpfl 1968, 294 m. Anm. *Schumann*.
123 Aus einem hohen Alter folgt nicht automatisch Weisheit.

176   Für gegenwärtige und zukünftige Rechtsstreitigkeiten kann eine Schiedsvereinbarung abgeschlossen werden (§ 1029 Abs. 1 ZPO). Damit ist die Möglichkeit gegeben, **außerhalb der ordentlichen Gerichtsbarkeit** eine i.d.R. kostengünstigere,
sachkundigere, kürzere und nicht öffentliche Entscheidung eines Rechtsstreits her-
beizuführen. Schiedsgerichte bestehen z.T. als feste Organisationen[124] mit eigener
Verfahrensordnung oder sie werden im Streitfall als sog. Ad-hoc-Schiedsgerichte
aktiv. Wird der Schiedsrichter auf Vorschlag einer Partei oder eines Dritten bestimmt, hat der Anwalt zu prüfen, ob er aus rechtlichen oder auch tatsächlichen
Gründen in seiner Unparteilichkeit oder Unabhängigkeit gefährdet ist (§ 1036
Abs. 1 ZPO). Das Verfahren orientiert sich an der Schiedsordnung der institutionellen Schiedsstelle oder der vereinbarten Musterschiedsordnung.

Kompetente Rechtsanwälte könnten dann auch schiedsrichterliche Aufgaben übernehmen. Die RAK Oldenburg hat bereits 2006 einen Schiedshof als anerkannte
Gütestelle eingerichtet,[125] sodass das Ergebnis dieses Verfahrens eine vollstreck-
bare Entscheidung darstellt. Hier kann die Anwalt- und deren Mandantschaft auf
diesem Weg **schneller und leichter Entscheidungen** erhalten als über den klassischen Gerichtsweg.

b)   Vergütung

177   Die Vergütung des Anwalts ergibt sich aus dem sog. **Schiedsrichtervertrag**. Dies
ist die rechtliche Beziehung zwischen den Parteien und dem Schiedsrichter, der
schriftlich abgeschlossen werden sollte,[126] und zwar möglichst gleichzeitig mit
der Schiedsvereinbarung. Ansonsten besteht die Gefahr, dass die andere Seite das
Schiedsverfahren mittels Verhandlungen über das Schiedsrichterhonorar blockiert.

178   Hier gibt es eine in der Praxis verbreitete **Mustervereinbarung**, die vom DAV im
Einvernehmen mit dem Deutschen Richterbund 2006 veröffentlich wurde. Danach
erhält der Schiedsrichter grundsätzlich die gleiche Vergütung wie ein Prozess-

---

124   International Chamber of Commerce (ICC), 38, Cours Albert 1er, 75008 Paris, Deutsche Gruppe:
Kolumbastr. 5, 50677 Köln; Schiedsgericht der Wirtschaftskammer Österreich, Wien: Wiener
Hauptstr. 63, P.O. Box 190, A-1045 Wien; Schiedsgericht der Züricher Handelskammer, Bleichen-
weg 5 (Börse), CH-8022 Zürich; Schiedsgericht der Handelskammer Stockholm, P.O. Box 16050,
S-10322 Stockholm; Schiedsgericht des London Court of International Arbitration (LCIA), Fleet
Arbitration Centre, Huton House, 6th Floor, 161–166 Fleet Street, GB London EC4A 2DY; Deutsche Institution für Schiedsgerichtsbarkeit e.V., Schedestr. 13, D-53113 Bonn.
125   *www.rak-oldenburg.de/index.php/fuer-anwaelte/schlichtung.*
126   Muster siehe bei *www.rak-oldenburg.de* oder *www.dgri.de.*

anwalt, wobei der Vorsitzende bzw. der Einzelschiedsrichter eine Erhöhung auf 2,0-Gebühren je Gebührentatbestand erhält.[127]

Als Alternative bietet sich eine Anknüpfung an das RVG über § 612 BGB an; was jedoch strittig ist.[128] Die Haftung des Schiedsrichters sollte auch geregelt sein. Mit der Berufshaftpflicht des Rechtsanwalts ist zwar auch die schiedsrichterliche Tätigkeit mitversichert, je nach Umfang des Verfahrens können aber leicht die Obergrenzen überschritten werden.

16. Der Anwalt als Treuhänder

a) Aufgaben

Da eine Vielzahl von Aufgaben als Treuhand bezeichnet werden, existiert keine allgemein anerkannte Bezeichnung.[129] Eine Treuhandtätigkeit kann die Verwaltung eines größeren Vermögens in Form von Immobilien, Aktien oder auch einer Unternehmung direkt sein. Die Vergütung des Treuhänders i.S.d. § 292 InsO ergibt sich aus § 13 InsVV.[130]   **179**

Als **treuhänderische Tätigkeit** wird beispielsweise angesehen   **180**

■ die Vollabtretung von Rechten zum Einzug (z.b. Durchsetzung des Mietzinses bei treuhänderisch verwalteten Immobilien)

■ die Sicherungsübertragung im Rahmen der Verwahrung von Source-Codes für Software-Vertragspartner für den Fall der Insolvenz oder

■ die Übertragung von Vollrechten zu Verwertungszwecken, die bei der Auflösung eines Unternehmens denkbar ist.

Dies kann den Interessen des Treuhänders dienen (sog. **eigennützige Treuhand**)[131] oder auf die Interessen des Treugebers abgestellt sein. Letzteres wird als **fremdnützige Treuhand** bezeichnet und ist bei der Verwaltungstreuhand gegeben, die das Hauptaufgabenfeld der anwaltlichen Treuhand darstellt. Da es einen typischen Treuhandvertrag nicht gibt, müssen Treugeber und Treuhänder im Einzelfall vereinbaren, wie die Treuhand auszuüben ist.   **181**

---

127 Vgl. *http://anwaltverein.de/downloads/praxis/mustervertrag/SchiedsrichterverguetungDAV-DRiB.pdf.*
128 AnwK-RVG/*Volpert*, 6. Aufl. 21012, § 1 Rn 213.
129 *Gernhuber*, Die fiduziarische Treuhand, JuS 1988, 355.
130 AnwK-RVG/*Volpert*, 6. Aufl. 2012, § 1 Rn 216.
131 Wie die Sicherungsübereignung.

b) Vergütung

182   Wenn sich aus dem Treuhandvertrag keine Vergütung ergibt oder sonst wie vereinbart wurde, ist § 1835 Abs. 3 BGB analog anwendbar. Das bedeutet im Ergebnis,
dass bei der Treuhand die originär anwaltliche Tätigkeit nach dem RVG abzurechnen ist. Bei den anderen Aufgaben, die eine anwaltliche Kompetenz nicht erfordern, die also auch ein nicht-anwaltlicher Treuhänder verrichten kann, wird nach
den allgemeinen Sätzen zu vergüten sein, die auch für den Betreuer gelten (vgl.
oben Rn 144 ff.).

17. Der Anwalt als Mediator

a) Aufgabe

183   Mediation[132] ist als Konfliktbearbeitungsmethode ein anwaltliches Betätigungs-
feld, das nicht auf die gerichtliche Entscheidung des Streites durch einen Dritten
abstellt. Vielmehr erarbeiten die Parteien unter Mitwirkung des Mediators eine
Konfliktlösung, die den unterschiedlichen Interessen der jeweiligen Parteien möglichst nahe kommt. Die Mediation kommt auf unterschiedlichen Beratungsfeldern
zum Einsatz, hierzu gehören Familienkonflikte, Umweltmediation, Arbeitsbereich,
Wirtschaftsbereich, Verwaltungsbereich und Bauwesen.

Für Anwälte liegt die Tätigkeit einmal im Bereich der **parteilichen Mandanten-
beratung/-vertretung** und andererseits als **Anwaltsmediator** in der unabhängigen
neutralen Leitung des Mediationsverfahrens.[133]

b) Vergütung

184   Bei der parteilichen Mandantenberatung findet das RVG aufgrund **§ 34 RVG** ab
1.7.2006 Anwendung. Bei der Anwaltsmediation hat es sich eingebürgert, nach
Zeit abzurechnen, da diese Kostenstruktur auch dem Mediationsverfahren dient[134]
und die Abrechnung nach RVG in vielen Fällen nicht passend erscheint, weil der
Mediator nach einstündiger erfolgloser Mediation über eine Millionenforderung
wohl kaum eine 1,3-Geschäftsgebühr abrechnen darf. Das Problem der angemessenen Vergütung hat der Gesetzgeber nicht wirklich durch § 34 RVG gelöst, sondern

---

132   Siehe auch die informative Internet-Seite *www.dgm-web.de* der Deutschen Gesellschaft für Mediation (DGM).
133   *Kubitza*, Mediation als Chance für Junganwältinnen und -anwälte?, AdVoice 3/2000, 8.
134   *Schartz/Thomas*, DStR 2009, 2338.

lediglich festgestellt, dass Mediationstätigkeit anwaltliche Tätigkeit ist; die besonderen Umstände des anwaltlichen Mediationsverfahrens hat er jedoch nicht geregelt. Damit steht fest, dass anwaltliche Mediation Rechtsberatung ist, aber nicht wie diese abgerechnet wird. Daher bleibt es mit der tatsächlichen Abrechnung wie in der Vergangenheit.

Es werden je nach Qualifikation und Mediationsbereich für den Anwaltsmediator **185** Honorarforderungen zwischen 150 und 350 EUR als übliche Vergütung im Rahmen einer **Vergütungsvereinbarung** angesehen. Die in Hamburg bei der Handelskammer angesiedelte Mediationsstelle,[135] getragen von der Handelskammer Hamburg, der Hanseatischen Rechtsanwaltskammer Hamburg und dem Hamburger Institut für Mediation e.V., hat für die Mediatoren eine Honorarverordnung erarbeitet, die Stundensätze zwischen 100 und 226 EUR vorsieht. Bei dieser für den norddeutschen Raum aktiven Mediationsstelle können sich qualifizierte Anwaltsmediatoren in eine Liste eintragen lassen. Diese Anwälte müssen mindestens 30 Jahre alt sein, wobei die kritische Frage erlaubt sein sollte, ob Kompetenz in der Mediation erst ab dem Alter von 30 Jahren vorliegt.

18. Anwalt und „Schwarzgeld"

Aufgrund der Tatsache, dass „Steuern sparen" gemeinhin als Kavaliersdelikt gilt, **186** sollte sich der Anwalt vor diesen Einnahmen hüten. Der erste Grund, der gegen die Annahme von Schwarzgeld spricht, liegt darin, dass die Mandanten in die Versuchung geraten könnten, ihr Wissen als Druckmittel gegen den Anwalt zu nutzen. Der andere Grund ist der, dass die Betriebsprüfer durch ihre Routine in der Lage sind, die Rechnungen ans Tageslicht zu befördern, die steuerrechtlich „kritisch" sind.

Teilweise werden Sie jedoch Mandanten haben, die unbedingt „schwarz" bezahlen wollen, wobei dann ausdrücklich auf die Quittung verzichtet oder diese vor Ihren Augen vernichtet wird. Sie müssen sie von diesem Tun nicht abhalten.

> *Achtung*
> Sie müssen jedoch die vereinnahmten Gelder, wie es sich gehört, ordnungsgemäß in der Akte verbuchen und somit am Ende auch versteuern.

Ihr Mandant glaubt dann zwar, sie mit Schwarzgeld bezahlt zu haben, aber er ist nicht in der Lage, dieses Wissen zu seinen Gunsten auszunutzen. Sie haben diese

---

135 *www.handelskammer.de/Hamburg.* Suche der Mediationsordnung über das Stichwort „Mediation".

Beträge ordentlich verbucht und versteuert und somit Ihre eigenen Steuerpflichten erfüllt, ohne einen Mandanten und Ertrag abgewiesen zu haben.

19. Anwalt und Geldwäsche

187 Ein besonderes Risiko für die Einkünfte des Rechtsanwalts – und nicht nur des Strafverteidigers – stellen die Regeln zur Geldwäsche (§ 261 StGB und Geldwäschegesetz) dar.[136] Nicht von der Hand zu weisen ist, dass das Verteidigungsverhältnis gestört sein kann, wenn gegen den Verteidiger – während des gegen seinen Mandanten geführten Verfahrens – wegen des Verdachts, Honorargelder in Kenntnis ihrer inkriminierten Herkunft angenommen zu haben, ermittelt wird, und gegen ihn strafprozessuale Maßnahmen ergriffen werden. Derartige Maßnahmen sind jedoch auch einem Verteidiger, der – im Ergebnis – fälschlich in Verdacht geraten ist, zuzumuten. Denn sie sind nur aufgrund eines bestehenden Anfangsverdachts zulässig.

Durch die Entscheidung des Bundesverfassungsgerichtes vom 30.3.2004 ist inzwischen klargestellt, dass der Rechtsanwalt wieder darauf vertrauen darf, dass die vom Mandanten gezahlte Vergütung nicht auf rechtswidrig erhaltenem Vermögen beruht, solange er keine positive Kenntnis davon hat. Damit ist die Annahme von Anwaltshonoraren nicht per se eine Straftat. Die Verteidigerposition ist diesbezüglich zur Wahrnehmung der freiheitlichen Bürgerrechte gestärkt worden.

---

136   *Roxin*, in: Beck/sches Rechtsanwaltshandbuch, 10. Aufl. 2011, § 52 Rn 41, mit Checkliste.

§ 9 In Kosten steckt Gewinn

Ralph Namislo

Neben den Einnahmen bestimmen natürlich auch die Ausgaben Ihren wirtschaftlichen Erfolg als Anwalt. Ihre Ausgaben bekommen Sie in den Griff, wenn Sie sich zunächst einmal einen systematischen Überblick über deren Entstehung verschaffen. Erst danach können Ausgaben überprüft und gesenkt werden. **1**

I. Das Kosten-ABC

■ Abschreibungen

Schon bei der Einrichtung des Büros rückt der Gesichtspunkt der Abschreibungen in den Vordergrund. Entscheidend ist die sofortige Abschreibung **geringwertiger Wirtschaftsgüter** (vgl. § 10 Rn 83). Dies sind solche mit einem Kaufpreis bis 410 EUR netto. Das bedeutet, dass Gegenstände, die in einem Geschäft bis zum Preis von 487,90 EUR brutto gekauft werden, im gleichen Wirtschaftsjahr steuerlich in vollem Umfang als Betriebsausgabe abgesetzt werden können. Bei **höherwertigen Gegenständen** muss eine Abschreibung nach der so genannten **AfA-Tabelle** vorgenommen werden (vgl. § 10 Rn 81 ff.). Hierbei bestimmt die Dauer der Abschreibung in Jahren den steuerlichen Vorteil. Für Ausgaben von 150 EUR bis 1.000 EUR kann eine Poolabschreibung mit gegebenenfalls verkürzter Abschreibedauer in Betracht kommen. Die Bestimmung der anzusetzenden Abschreibungsdauer für wertige Gegenstände ist im Einzelfall schwierig und besser dem Steuerberater zu überlassen, es sei denn, es liegen vertiefte eigene Kenntnisse vor. Denn hierzu gehört ein erhebliches Maß an praktischer Erfahrung im betrieblichen Steueralltag. **2**

Zu erwähnen sind noch Sonderabschreibungen für die Existenzgründung. Hier können Sie **Ansparabschreibungen** für Ausgaben vornehmen, die erst in den nächsten Jahren anfallen werden. Diese Aufwendungen können Sie aber schon teilweise im laufenden Steuerjahr steuermindernd geltend machen (vgl. § 10 Rn 90 ff.). Beachten Sie aber, dass derartige Ansparabschreibungen dann auch für den Erwerb von Wirtschaftsgütern in den Folgejahren verwandt werden müssen. Das bedeutet, dass in den Folgejahren z.B. ein Geschäftswagen oder aber eine Rechneranlage angeschafft werden muss. Ihre möglichen Anschaffungen in den kommenden Jahren können Sie als junger Anwalt aber nur selten sicher vorhersehen. Kommt es nicht rechtzeitig zur Anschaffung von neuen Wirtschaftsgütern, so müssen die einmal gebildeten Abschreibungen als entstandene Gewinne nebst da- **3** rauf angefallenen Zinsen nachträglich versteuert werden. Wegen dieser Gewinne müssen dann regelmäßig noch zusätzlich Abgaben an das Anwaltsversorgungswerk nachentrichtet werden. Da diesen zusätzlichen Abgaben im Zeitpunkt der Auflösung der Abschreibungen keine realen zusätzlichen Einnahmen gegenüberstehen, wird in einem solchen Fall Ihre **Liquidität** rasch gefährdet.

Wer dann als Alleinverdiener eine Familie zu ernähren hat, sieht sich ohne hinreichenden Spargroschen schnell finanziellen Engpässen ausgesetzt. Viele steuerliche Berater klären Existenzgründer darüber nicht hinreichend auf.

Der schnelle Steuerspareffekt der Ansparabschreibung muss deshalb immer auch auf seine finanziellen Risiken in den Folgejahren überprüft werden. Deshalb sind Ansparabschreibungen nur eines von vielen Mitteln, um eine Steuerplanung durchzuführen.

■ Aushilfen

4   Ihr größtes Problem als Berufsanfänger ist die Besetzung des Büros. Hier können Aushilfen Abhilfe schaffen, wenn sie flexibel und mit dem Bürobetrieb vertraut sind. In Betracht kommen Aushilfen insbesondere für unvorhersehbare Krankheitsfälle sowie für Urlaubsvertretungen. Für eine Aushilfe müssen Sie – regional unterschiedlich – mit einem Stundenlohn von wenigstens 10 EUR brutto rechnen. Hierbei kommt es stark auf die regionalen Ausprägungen an. Das bedeutet, dass eine über eine Zeitarbeitsfirma eingestellte gute Aushilfskraft auch 40 EUR pro Stunde ohne Umsatzsteuer kosten kann.

Erhält die Aushilfe monatlich nicht mehr als 450 EUR ausbezahlt und liegt bei dieser keine weitere Aushilfstätigkeit vor, so kann die Tätigkeit als **Minijob** bei der Deutschen Rentenversicherung, **Knappschaft**-Bahn-See, Minijob-Zentrale, 45115 Essen, geführt werden.

Erhält die Aushilfe brutto mehr als 450 EUR, aber weniger als 850 EUR ausbezahlt, so handelt es sich um einen Lohn in der so genannten Gleitzone. Hier können für den Arbeitnehmer niedrigere Sozialabgaben anfallen. Für Ihre Abgabenlast als Arbeitgeber ändert sich freilich nichts. Ob dem Arbeitnehmer tatsächlich dazu geraten werden kann, die geringeren Sozialversicherungsbeiträge nicht aufzustocken, kann pauschal nicht beantwortet werden. Dies hängt zu sehr von der persönlichen Situation ab. Sie sollten den Arbeitnehmer aber hierzu beraten oder aber beraten lassen, um nicht zu Beginn eines Arbeitsverhältnisses Missverständnisse aufkommen zu lassen.

Für eine Aushilfe, die halbtags tätig ist und einen Büroberuf erlernt hat, sind jedoch zumindest 900 EUR brutto monatlich zu kalkulieren. Diese Aushilfen müssen bei der von ihnen jeweils benannten gesetzlichen Krankenkasse angemeldet werden.

Wenn Sie nicht gerade intensiv mit der Personalverwaltung vertraut sind, so lassen   5
sie diese Aufgabe von Ihrem Steuerberater erledigen. Denn Anmeldungen haben elektronisch zu erfolgen. Für einzelne Arbeitnehmer erscheint der technische Aufwand für elektronische Meldungen unverhältnismäßig hoch zu sein. Beim Steuerberater kostet die Meldung einschließlich der Verdienstbescheinigungen monatlich ab 13 EUR netto. Zu derartigen Konditionen können Sie den erheblichen Arbeitsaufwand der Erstellung der Verdienstbescheinigungen, die zwingend elektronischen Meldungen zur Sozialversicherung, die Anmeldung der anfallenden Lohnsteuer beim Finanzamt und die Lohnbuchhaltung aber kaum selbst erbringen.

Alternativ nutzen viele als Einzelanwalt tätige Kollegen die Möglichkeit der **An-**   6
rufumleitung zu einem Büroservice. Erfahrungsgemäß ist ein neuer Mandant bei seinem ersten Kontakt viel eher dazu bereit, sein Anliegen einem Ansprechpartner am Telefon vorzutragen, anstatt eine Nachricht auf dem Anrufbeantworter zu hinterlassen. Vermutlich ruft er nämlich dann einfach bei der Konkurrenz an. Abgerechnet wird bei einem Büroservice entweder nach der Anrufdauer oder aber nach der Anrufhäufigkeit. Trotz der oft guten Qualität der Anbieter ist der anrufende Mandant häufig unsicher, ob er sein Anliegen einer völlig unbekannten Person anvertrauen kann. Bei der Auswahl eines Büroservicebetriebes sind deshalb ein gewisser Aufwand und eine genaue Überprüfung des Anbieters notwendig. Ist ein Büroserviceanbieter für den Berufsanfänger nicht finanzierbar, so hilft nur ein Anrufbeantworter. Bei der Gestaltung der entsprechenden Ansage auf dem Anrufbeantworter ist ein hohes Maß an Fingerspitzengefühl erforderlich. Verfügen Sie über keine gute Telefonstimme und fällt es Ihnen schwer, eine möglichst professionelle Ansage zu gestalten, bedürfen sie der Hilfe eines Profis. Die einmaligen Kosten der Gestaltung sind mit jedem neuen Mandanten, der auf Band spricht, gut angelegtes Geld. Erkundigen Sie sich insoweit bei ortsansässigen Bürodienstleistern. Auch Nachfragen in sozialen Netzwerken führen oft zu guten Adressen.

■ Bankkonten

Sie sind verpflichtet, ein Bankkonto zu führen. Steuerliche Vorteile von Mehrkon-   7
tenmodellen gibt es nicht mehr. Ob sie eine Kontoverbindung auf dem Briefkopf haben, will vor dem Hintergrund vieler Missbrauchsversuche in der Vergangenheit wohl abgewogen sein.

Es kann sich als Serviceleistung für ausländische Mandanten empfehlen, ein Konto bei einer privaten Geschäftsbank, z.B. bei der Postbank (*www.postbank.de*) auf dem Briefkopf zu haben. Wenn Sie sich hierzu entschließen, dann geben Sie dort die internationale Bankleitzahl IBAN an, die Sie auf jedem Kontoauszug vermerkt finden. Ab 2014 ist die Angabe der IBAN ohnehin zwingend.

Wer durch online geführte Konten geringere Aufwendungen für den Zahlungsverkehr erwartet, wird oft enttäuscht werden. Denn im Zeitalter der Onlinemanipulation setzen online geführte Konten moderne Hardware, aktuelle Bankensoftware und stets aktualisierte und lauffähige Programme zum Erhalt der Datensicherheit wie Virenscanner und Firewalls voraus. Da also der technische Aufwand erheblich ist und die für die Datensicherheit erforderlichen Aufwendungen vor allem einen Zeitverlust bedeuten, sind geringere Kontoführungsgebühren für das **Onlinebanking** schnell anderweitig aufgebraucht. Hinzu kommt, dass nicht absehbar ist, wie weit die Sicherheit des Onlinebankings noch schwinden wird. Dies lässt den künftigen Umfang der notwendigen Investitionen in die Datensicherheit kaum kalkulierbar erscheinen. Derzeit kann noch keine Software zuverlässig vor Onlinemanipulationen schützen.

Eine gewisse Abhilfe kann die Einrichtung eines Onlinebankingprogramms wie z.B. Starmoney schaffen, womit Onlineangriffe durch Nutzerfehler verringert werden können. Sparen Sie aber bei der Anschaffung eines Onlinebankingprogramms nicht an der falschen Stelle. Denn Umstellungen wie etwa die für das Jahr 2014 erfordern Aufwendungen bei den Herstellern, die von günstigen Programmanbietern nicht nachvollziehbar geleistet werden können. Teuer wird ein Onlinebankingprogramm nämlich dann, wenn es wegen fehlender Weiterentwicklung durch ein anderes ersetzt werden muss. Probieren sie es deshalb z.B. mit Starmoney Business 6.0. Dieses Programm bietet Supportleistungen und kann online über die Internetseiten von Banken oft rabattiert erworben werden.

Die technischen Unzulänglichkeiten des Onlinebankings führen dazu, dass Onlineüberweisungen ab einer Höhe von 1.000 EUR riskant erscheinen. Mangels hinreichend ausgestalteter Bankenhaftung kann bei größeren Überweisungssummen ohne weiteres die Existenz des jungen Anwaltsbüros gefährdet werden. Diesem Risiko kann auf technischem Wege nur eingeschränkt begegnet werden. Die Vorteile des Onlinebankings liegen ab einem gewissen Volumen des Zahlungsverkehrs in der Vereinfachung der Arbeitsabläufe.

Am Anfang kann das gute alte Geschäftskonto bei der örtlichen Sparkasse oder aber einer Genossenschaftsbank ausreichen. Die entsprechende Kontoeröffnung wird im Rahmen einer eventuellen Existenzgründungsfinanzierung ohnehin oft angezeigt sein. Im Übrigen sei beispielhaft die Einrichtung eines Geschäftskontos bei der Postbank empfohlen.

Für eine gewinnbringende Umbuchung größerer Guthabenbeträge bieten sich verzinste **Tagesgeldkonten** von Geschäftsbanken an, die dem Einlagensicherungsfonds des Bundesverbandes Deutscher Banken angehören und teilweise auch über einige Filialen verfügen. Beispielhaft seien die Santander Consumer Bank AG (*www.santander.de*) und die ING-DiBa AG (*www.ing-diba.de*) genannt. Damit können in einem gewissen Rahmen zusätzliche Zinsgewinne realisiert werden, wenn regelmäßig Umbuchungen ab einer Größenordnung von 5.000 EUR vorgenommen werden.

■ Bürobedarf

Es ist ein Irrtum zu glauben, dass Bürobedarf grundsätzlich im Großhandel oder in anderen Geschäften zu kaufen sei. Sie dürfen den zeitlichen Einsatz nicht vergessen, der wertvolle Arbeitszeit bindet. Auch das Losschicken von Personal in entsprechende Geschäfte rechnet sich aufgrund der Lohnkosten nicht. Aus diesem Grunde haben sich eine Vielzahl von **Versandhäusern** speziell für Bürobedarf etabliert.[1] Sogar für den anwaltlichen Bedarf gibt es Versandhäuser.[2] Die Bestellung von Bürobedarf über das **Internet** ist dabei der Regelfall. Im Einzelfall mag es sich lohnen, mit einem örtlichen Händler individuelle Nachlässe auszuhandeln. Wegen des starken Verdrängungswettbewerbes kann an dieser Stelle keine aktuelle Empfehlung zu einem besonders günstigen Versandhaus oder aber Einzelhändlern abgegeben werden. Erkundigen Sie sich deshalb über aktuelle Angebote bei Ihren Kollegen. Ein solches Gespräch am Anwaltsstammtisch lohnt sich immer. Zunehmend erwerben Kollegen auch Büromaschinen, Büromöbel und auch ganze Büroausstattungen bei Ebay (*www.ebay.de*). Die entsprechenden Risiken dürften nahezu jedem Kollegen geläufig sein, da auf kaum einem Anwaltsschreibtisch ein Fall des Internetbetrugs fehlt. Da zunehmend kleinere Händler für Büromaterial und Büromöbel aufgeben müssen, empfiehlt es sich, die daraus resultierenden Restposten sehr genau zu registrieren. Bei örtlichen Geschäftsauflösungen werden regelmäßig sehr gut erhaltene gebrauchte Büromöbel, Arbeitsleuchten und Büromaterialien zu günstigen Konditionen abgegeben.

Denken Sie daran, dass Sie einen hohen Papierverbrauch haben. Stellen Sie deshalb sicher, dass Ihr Papier umweltschonend nach europäischen Maßstäben hergestellt wurde. Sie sollten nach Möglichkeit chlorfrei gebleichtes **Papier** benutzen.

8

9

10

---

1 Z.B. *www.viking.de*; *www.office-discount.de*.
2 Z.B. *www.SoldanShop*; *www.renoservice.de*; *www.advodiscount.de*.

Dies ist solches mit dem Vermerk „TCF" oder „tcf". Weniger geeignet ist bereits Papier mit dem Vermerk „ECF" oder aber „ecf". Bei europäischen Markenherstellern ist das Risiko, extrem umweltschädigend hergestelltes Papier zu erwerben, geringer als bei Papieren unbekannter Herkunft. Bei genauen Preisvergleichen stellt sich zudem heraus, dass Papier von europäischen Markenherstellern oft nur unwesentlich teurer als problematisches Papier unbekannter Herkunft ist. Wer z.B. 30.000 Blatt Kopierpapier kauft, erhält erhebliche Rabatte. Bei dieser Menge wird chlorfreies Papier europäischer Markenhersteller in Sonderaktionen oftmals für weniger als 3 EUR netto pro 500 Blatt einschließlich Versandkosten abgegeben. Recyclingpapier ist bei Anwälten oft tabubehaftet. Im Hinblick auf schlechtere Laufeigenschaften im Druck bestehen gegen dieses auch objektiv begründete Bedenken. Warum aber die deutschen Gerichte und Staatsanwaltschaften weitgehend auf Recyclingpapier und die deutsche Anwaltschaft auf Normalpapier drucken, ist nicht recht nachzuvollziehen. Sie sollten in diesem Punkte einfach einmal mutiger als Ihre eingesessenen Kollegen sein.

■ Bonitätsauskünfte

11 In Anbetracht der verbreiteten schlechten Zahlungsmoral kann es sich empfehlen, einen Zugang zu einer **Schuldnerauskunft** wie *creditreform* oder aber *Bürgel* über das Internet vorzuhalten. Hierzu sollten Sie mit den örtlichen Büros einen Vertrag zu günstigen Bedingungen aushandeln. Empfehlenswert kann es auch sein, hierzu über Dritte zu vergünstigten Konditionen Bonitätsauskünfte zu erhalten. Erkundigen sie sich bei Vereinen und Verbänden. Allerdings leistet hierfür auch die Onlineausgabe des **Bundesanzeigers** unter *www.bundesanzeiger.de* wertvolle Dienste. Denn dort können Sie alle veröffentlichten Bilanzen von Kapitalgesellschaften einsehen. Mit einem gewissen Gespür für die dort veröffentlichten Zahlen wissen Sie genau, mit wem Sie es zu tun haben. Man darf auch vermuten, dass sehr spät veröffentlichte Bilanzen Rückschlüsse auf das übrige Geschäftsgebaren der jeweiligen Gesellschaft erlauben.

■ Drucker

12 Setzen Sie auf Laserdrucker und Laserfaxgeräte. Platzsparend sind dabei hochwertige Kombinationsgeräte. Kombinationsgeräte können aber nur in Verbindung mit einem zuverlässigen Service angeschafft werden. Ansonsten wird das Ausfallrisiko unkontrollierbar. Im betrieblichen Alltag arbeiten Laserdrucker und Laserfaxgeräte zuverlässiger als ältere Geräte mit Tintenstrahltechnik. Die Tintenstrahltechnik ist für den anwaltlichen Bedarf ungeeignet. Sie arbeitet langsam und hat hohe Verbrauchskosten. Der Wechsel der Tintenpatronen ist zeitaufwendig und schmutzig.

Bedenken Sie ihre Abhängigkeit von einem funktionierenden Drucker. Meiden Sie deshalb Billigangebote und ziehen Sie einen zuverlässigen und einfach in Stand zu setzenden Drucker vor. Für die Anschaffung eines Druckers ist deshalb nicht der Kaufpreis, sondern die **Zuverlässigkeit** entscheidend. Und damit sind fast alle für den Homeoffice-Bereich konzipierten Geräte nicht in die engere Wahl zu ziehen. Im Büroalltag erweist sich schnell, dass ein Drucker jedenfalls 20 Seiten pro Minute ausdrucken sollte, um umfangreichere Schriftsätze in angemessener Zeit zu verarbeiten. Wertvolle Arbeitszeit darf nicht mit dem Warten auf umfangreiche Ausdrucke verbracht werden. Achten Sie bei der Auswahl eines Druckers nicht nur auf die Höhe der Kosten für die Tonerkartuschen. Die Höhe dieser Kosten kann sich ändern. Oftmals kann bei gezielter Suche im Internet auch ein Originaltoner zu einem günstigen Preis gefunden werden. Widerstehen Sie aber jeder Versuchung, wiederbefüllte Toner oder aber solche zu kaufen, die nachgeahmt wurden. Fast ausnahmslos sinkt dadurch die Druckqualität. Auch Defekte am Drucker können auftreten. Kosten fallen für einen Drucker nämlich vor allem dann an, wenn dieser repariert werden muss. Bevorzugen Sie deshalb beim Druckerkauf einen lokalen Anbieter, der das Gerät preisgünstig und zügig in Ihrem Büro reparieren kann, günstige Originalkartuschen liefert und eventuell einen pauschalen Servicevertrag mit geeigneten Konditionen anbietet.

■ **Gebrauchtes**

Die Neuanschaffung im Büro betrifft insbesondere Bürogeräte und Rechner. Hier   13
lohnt sich die Anschaffung von gebrauchten Geräten oft nicht, da neue Geräte mit vergleichbarer Leistung kaum teurer und gebrauchte Geräte technisch veraltet sind. Wer ein knappes Budget hat, kauft aber besser ein werkstattgeprüftes und erstklassiges Kombinationsgerät mit geringer Abnutzung als eine Homeoffice-Lösung. Anders ist die Situation bei Büroeinrichtungen. Gut erhaltene Büromöbel, Leuchten, Bilder, Teeküchen und Einrichtungen für ein Wartezimmer lassen sich ohne weiteres auch gebraucht erwerben. In Betracht kommen hierfür neben den bereits beschriebenen **Büroauflösungen** (vgl. Rn 9) die Bestände von spezialisierten Insolvenzverwertern. Deren Adressen erfährt man über Insolvenzverwalter, die einem das nächstgelegene Insolvenzgericht benennen kann. Oft können Sie hierbei sehr günstig einkaufen. Vergleichen Sie derartige Angebote aber immer mit denen günstiger Anbieter neuer Büromöbel wie z.B. DELTA-V (*www.delta-v.de*). Verbreitet wird in Kanzleien auf die Bürolösungen von IKEA unter *www.ikea.de* gesetzt. Hochwertige Büromöbel von IKEA haben eine vernünftige Qualität. Ob Sie sich damit von Ihrer Konkurrenz absetzen können, müssen Sie für sich selbst entscheiden. Büromöbel, die bei Ebay gekauft oder aber ersteigert wurden, haben oft den Nachteil, dass Sie diese nicht testen können und deshalb die Qualität nur

schwer einschätzen können. Deshalb sollten Büromöbel möglichst nicht blind und wenn dann nur mit Umtauschmöglichkeit gekauft werden.

■ **Gehälter**

Nur wenige wissen, wie sich das Gehalt eines Angestellten tatsächlich zusammensetzt.

14 **a) Ausbildungsverträge:** Wegen der geburtenschwachen Jahrgänge und der unattraktiven Ausgestaltung der Ausbildung verliert die Ausbildung zur/m Rechtsanwaltsfachangestellten an Bedeutung. Die erste Schwierigkeit besteht darin, einen geeigneten Bewerber für eine Ausbildung zu finden. Hierfür ist die Kontaktaufnahme mit örtlichen Schulen hilfreich. Auch Ausbildungsmessen und Kontakte zu örtlichen Ausbildungsberatern der Agentur für Arbeit helfen weiter. Oftmals scheitern Bewerber aber an mangelnden Grundvoraussetzungen, vor allem an hinreichenden Deutschkenntnissen. Ein junger Rechtsanwalt kann hier nicht als Reparaturwerkstatt einer mangelhaften Schulausbildung dienen. Dies kostet zu viel Zeit. Sollten Sie dennoch einen geeigneten Ausbildungsplatzbewerber finden, so haben noch immer die Rechtsanwaltskammern maßgeblichen Einfluss auf die Ausgestaltung der Ausbildung. So ist regelmäßig eine Ausbildungsvergütung ab 450 EUR brutto monatlich anzusetzen. Anderenfalls mag die Rechtsanwaltskammer den Ausbildungsvertrag nicht registrieren. Die **Ausbildungsdauer von drei Jahren** stellt für einen jungen Rechtsanwalt einen unübersichtlich langen Zeitraum dar. Verlängert sich die praktische Ausbildungszeit nach nichtbestandener Abschlussprüfung, so können schnell vier Jahre praktische Ausbildungszeit zustande kommen. In einem kleinen Anwaltsbüro ist das ein belastender Zustand. Können Sie sich dennoch für ein Ausbildungsverhältnis entscheiden, gilt für die Abwicklung Nachfolgendes: Ihr/e Auszubildende/r teilt Ihnen die Steuer-Identifikationsnummer und das Geburtsdatum mit. Dies reicht für die elektronische Anmeldung bevorzugt über Ihren Steuerberater aus.

Wird Ihr Auszubildender krank, so haben Sie zwar die Ausbildungsvergütung für sechs Wochen nach näherer Maßgabe des Entgeltfortzahlungsgesetztes fortzuzahlen. Sie können sich aber auf Antrag auf Vordrucken der Krankenkasse die Entgeltfortzahlung **unter Vorlage der Arbeitsunfähigkeitsbescheinigung** des Auszubildenden im vereinbarten Umfang (z.B. zu 60 %) erstatten lassen. Dies wird häufig übersehen. Für Ihre Aufwendungen bei einer Mutterschaft der Auszubildenden gilt Ähnliches. Lohnsteuern werden für einen Auszubildenden mit geringfügiger Vergütung nicht abgeführt, sofern kein anderweitiges, die Steuerpflicht begründendes Arbeitsverhältnis besteht. Hierüber sollten Sie sich schon im Rahmen des Abschlusses des Ausbildungsvertrages schriftlich vom Auszubildenden in Kenntnis setzen lassen.

Beispiel: Arbeitgebergesamtbelastung für eine/n Auszubildende/n

Vertragliche Ausbildungsvergütung zahlbar an den Auszubildenden z.b.	450,00 EUR
Krankenversicherungsbeitrag z.b. 15,9 %, Arbeitgeberanteil	71,55 EUR
Pflegeversicherung z.b. 2,15 %,	9,68 EUR
Rentenversicherung z.b. 19,0 %, Arbeitgeberanteil	85,50 EUR
Arbeitslosenversicherung z.b. 3,0 %, Arbeitgeberanteil	13,50 EUR
Umlage U 1 z.b. 1,7 % bei 60 % Erstattung der Entgeltfortzahlung, Arbeitgeberanteil	7,65 EUR
Umlage U 2 z.b. 0,2 % bei 100 % Erstattung Mutterschaftskosten, Arbeitgeberanteil	0,90 EUR
Summe der Gesamtbelastung des Ausbildungsbetriebes	638,78 EUR

b) Verdienste geringfügig Beschäftigter: Beträgt der regelmäßige Arbeitslohn al- **15** ler geringfügigen Beschäftigungen einer Aushilfe bis zu 450 EUR monatlich oder wird von dieser neben einer geringfügigen Tätigkeit nur eine versicherungspflichti- ge Haupttätigkeit ausgeübt, so kann eine geringfügige Entlohnung vorgenommen werden. Die pauschalierten Abgaben sind elektronisch der Deutschen Rentenver- sicherung Knappschaft-Bahn-See, Minijob-Zentrale, 45115 Essen (*www.minijob- zentrale.de*) zu melden und nur an diese abzuführen. Aushilfen zahlen auf diese Weise auch lediglich pauschalierte Lohnsteuern. Hierzu das folgende Beispiel nach den derzeitigen variablen Pauschalsätzen von insgesamt 30,67 % des verein- barten Nettolohnes der Aushilfe.

Beispiel: Berechnung der Arbeitgeber-Gesamtbelastung

vereinbarter Aushilfslohn netto	450,00 EUR
pauschalierte Krankenversicherung 13 %	58,50 EUR
pauschalierte Rentenversicherung 15 %	67,50 EUR
Einheitliche Pauschalsteuer 2,0 %	9,00 EUR
Umlage U 1 0,6 %; Umlage U 2 0,07 %	3,02 EUR
Arbeitgebergesamtbelastung	588,02 EUR

c) Verdienste oberhalb der Geringfügigkeitsgrenze sowie innerhalb der Gleit- 16 zone: Bei Verdiensten oberhalb der Geringfügigkeitsgrenze und unterhalb von 850 EUR kommt die sog. Gleitzone zur Anwendung. Auszubildende sind von die- ser Regelung ausgenommen. Für den Arbeitnehmer werden dabei die Sozialver- sicherungsbeiträge nicht nach dem tatsächlichen Verdienst, sondern nach einem reduzierten Entgelt berechnet. Die wirtschaftliche Gesamtbelastung des Arbeitgebers bleibt davon unberührt. Oberhalb eines Bruttolohnes der Gleitzone werden die Lohnnebenkosten zwischen Arbeitgeber und Arbeitnehmern weitestgehend aufgeteilt. Sie dürfen davon ausgehen, dass bei einem Angestelltengehalt von 1.800 EUR brutto eine betriebliche Gesamtbelastung von mehr als 1.800 EUR entsteht.

Hierzu das folgende Beispiel nach den derzeitigen variablen Sätzen der Sozialversicherungsbeiträge.

Beispiel: Berechnung der Arbeitgeber-Gesamtbelastung

Arbeitsvertraglicher Bruttolohn:	1.800,00 EUR
hälftiger Arbeitgeberanteil Krankenversicherungsbeitrag z.b. 15,9 %	111,75 EUR
hälftiger Arbeitgeberanteil Pflegeversicherung 2,15 %	12,75 EUR
hälftiger Arbeitgeberanteil Rentenversicherung 19,0 %	149,25 EUR
hälftiger Arbeitgeberanteil Arbeitslosenversicherung z.b. 3,0 %	21,00 EUR
Umlage 1 z.b. 1,7 % bei 60 % Erstattung der Entgeltfortzahlung	25,50 EUR
Umlage 2 z.b. 0,2 % bei 100 % Erstattung Mutterschaftskosten	1,50 EUR
Arbeitgebergesamtbelastung	2.121,75 EUR

Für Ihre Angestellten müssen Sie weiter vom Bruttolohn einbehaltene Lohnsteuer abführen. Diese wird in kleineren Betrieben vom Finanzamt quartalsweise eingezogen. Überlassen Sie die Abrechnung der Lohnsteuer nach Möglichkeit einem Steuerberater, wenn Sie nicht über ausgeprägte eigene berufliche Erfahrungen im Personalwesen verfügen.

■ Handy

17 Als Anwalt sollten Sie sich ein Smartphone zulegen. Nur so können Sie bei unvorhergesehenen Verspätungen zu Gerichtsterminen das Erforderliche veranlassen, um nicht Gefahr zu laufen, mit den Kosten der Säumnis belastet zu werden. Die Nutzung eines **Smartphones** rechnet sich schon dann, wenn nur einmal in Jahren auf diese Weise die Kosten der Säumnis eines Gerichtstermins vermieden werden konnten. Bei stundenlangen Wartezeiten können Sie Mails lesen und schreiben und im Idealfall im Internet recherchieren. Des Weiteren sind zunehmend mehr Mandanten nur noch über Mobiltelefone zu erreichen. Hier rechnet es sich, diese selbst über ein Mobiltelefon anzurufen – aber bitte nicht aus dem fahrenden Auto heraus. Denn Ihr Mandant wünscht die volle Aufmerksamkeit, die Sie im fahrenden Auto nicht leisten können. Es besteht dann vielmehr erhöhte Unfallgefahr und damit ein enormes Schadensrisiko. Mit einer „Diktier-App" können sie auch unterwegs Schreiben und Schriftsätze konzipieren und per Mail zum Diktat übersenden.

■ Hardware

Viel zu wenig bekannt ist, dass die Stabilität des Betriebs einer Rechneranlage von   **18**
qualitativ hochwertigen Einzelteilen und deren Zusammenspiel abhängt. Je anspruchsvoller die Aufgaben am Rechner werden, umso höher sind die Anforderungen an hochwertige und mit aktuellen Hilfsprogrammen, den sog. Treibern, ver-
sehene Rechnerkomponenten. Rechnerleistungen mit einer Taktfrequenz von
mindestens 3.000 MHz sowie einem RAM Speicher von zumindest 2 MB sind
dringend zu empfehlen. Wird z.b. Spracherkennung eingesetzt, so müssen alle
Rechnerkomponenten intensiv aufeinander abgestimmt und **die aktuellsten Trei-
ber** installiert sein. Auch für die Stabilität des Betriebs eines Anwaltsprogramms
im Netzwerk ist die Einrichtung der Hardwarekomponenten eine entscheidende
Grundlage.

Investieren Sie hier an der richtigen Stelle und lassen Sie Ihre Rechner ausschließlich mit stabilen Teilen von hochwertiger Qualität und den neuesten Treibern aus-
rüsten. Nur diese sichern im Arbeitsalltag zuverlässige Ergebnisse. Sparen Sie
nicht am falschen Ende und widerstehen Sie den Angeboten aus dem Supermarkt.
Seriöse kleinere Händler sind in der Lage, zu guten Konditionen auf Ihre Bedürfnisse abgestimmte Qualitätsbausteine zusammenzustellen, und fühlen sich auch
für den zwingend erforderlichen Service vor Ort verantwortlich. Oftmals ist dieser
Service auch der Inhalt eines Garantieversprechens. Solche Angebote erscheinen
immer interessant. Der Aufbau eines Netzwerks von Rechnern im Anwaltsbüro ist
ohne Technikereinsatz ein reines Glücksspiel. Hier können Sie viel Zeit und Geld
sparen, wenn Sie sich nicht selbst an die Arbeit begeben. Eine Ausnahme kann nur
gelten, wenn Sie über routinierte eigene Erfahrungen verfügen. Ein Laptop ist für
den Dauereinsatz wenig geeignet. Sogenannte „All-in-one-Lösungen" sind nur für
den Heimarbeitsplatz geeignet, da sie sich regelmäßig nicht aufrüsten oder aber an
den Kanzleibetrieb anpassen lassen. Sie sind zudem selten kurzfristig und häufig
auch gar nicht zu reparieren.

■ Internet

Die Internetnutzung ist im Anwaltsbüro selbstverständlich. Sie bietet Ihnen unter   **19**
Kostengesichtspunkten eine Reihe von Vorteilen. Per E-Mail können Sie mit
Stammmandanten zügig umfangreiche Verträge und Anfragen unabhängig von
festgelegten Besprechungsterminen abarbeiten. Bei Nutzung externer Rechner
können Sie auf dem gleichen Wege von außerhalb aktiv in die Bearbeitung des
Mandats eingreifen. Dies ist besonders wichtig für überörtlich tätige Sozietäten.
Über die Internetseiten der Bundes- und Landesministerien und renommierter
staatlicher Stellen sowie bei Gewerkschaften und spezialisierten Kollegen können

Sie nahezu jedes Gesetz und jede Verordnung und die meisten Tarifverträge in aktueller Fassung in Minutenschnelle auf dem eigenen Rechner speichern. Das Forschen nach entlegenen Vorschriften mit entsprechenden Suchanfragen und eventuellen eigenen Recherchebemühungen in Bibliotheken erübrigt sich damit, was einen enormen Zeitvorteil mit sich bringt. Die schnelle Nutzung von Datenbanken wie Juris oder aber Beck-Online kommt noch hinzu.

Überdies lassen sich im Internet für nahezu jede Investition **Preisvergleiche** anstellen. Meist reicht es hierfür aus, den Begriff des Investitionsgegenstandes in eine allgemeine Suchmaschine wie *www.google.de* oder aber bei *www.ebay.de* einzugeben. Als Preissuchmaschinen seien noch *www.guenstiger.de* und *www.idealo.de* genannt. Sie sind dabei nicht mehr von Ladenöffnungszeiten abhängig und müssen keine zeitaufwendigen Preisvergleiche im Präsenzhandel vornehmen.

20   Letztlich können Sie sich eine **Homepage** einrichten bzw. einrichten lassen. Sie sollten sich eine solche einrichten lassen, wenn Sie nicht über vertiefte eigene Kenntnisse bei der Erstellung einer Homepage verfügen. Eine gut gestaltete Homepage kann eine kostengünstige Möglichkeit des Kanzleiauftritts sein. Sie bietet im Gegensatz zu einer Kanzleibroschüre die Möglichkeit laufender Aktualisierungen. Verfügen Sie über besondere Rechtskenntnisse, so stimmen Sie Ihren Internetauftritt darauf ab und beauftragen Sie einen Internet-Dienstleister mit der Anmeldung Ihrer Internetseite bei allen relevanten Suchmaschinen. Auf diesem Weg können rasch Mandanten in besonderen Tätigkeitsfeldern gewonnen werden. Gestalten Sie möglichst mit guter Unterstützung **Präsenzen bei Facebook** oder aber bei **Xing**. Dann können Sie zu geringen Kosten Kontakte knüpfen, Produkte und Dienstleistungen suchen und bewerten. Die Mandantensuche in sozialen Netzwerken ist noch unterentwickelt. Prüfen Sie diese Chance unbedingt für sich selbst.

■ Jahresabschluss

21   Den Jahresabschluss sollten Sie nur dann selbst erstellen, wenn Sie entsprechende Übung in der betrieblichen Steuerpraxis haben. Anderenfalls ist dies ein klarer Fall für Ihren Steuerberater (vgl. § 10 Rn 141 ff.). Ähnlich wie der Konkurrenzdruck unter Anwälten nimmt auch der von zugelassenen Steuerberatern stetig zu. Nutzen Sie dies für sich aus. Verhandeln Sie nachdrücklich das Honorar mit Ihrem Steuerberater. Hier können Sie leicht drei- bis vierstellige Beträge jährlich einsparen, ohne Abstriche bei der Qualität befürchten zu müssen. Denn gerade kleine Steuerbüros können sich noch persönlich um Ihre Angelegenheiten kümmern. In größeren Büros erfolgt eine weitgehend anonymisierte Bearbeitung Ihrer Angelegenheiten.

Literatur

Aktuelle Fachzeitschriften sollten Sie nur noch bedingt vorhalten. Hier reicht der **22** Einsatz von internetgestützten Literatur- und Rechtsprechungsdatenbanken wie z.b. LexisNexis oder Beck-Online aus. Ob deren noch immer kostspielige Nutzung allerdings erforderlich ist, muss jeder für sich entscheiden. Fragen Sie doch einmal im Kollegenkreis herum, mit wem Sie sich die Nutzung eines entsprechenden Datenbankanschlusses teilen können. Daneben hat nahezu jedes deutsche Obergericht inzwischen die wesentlichen Entscheidungen der vergangenen Jahre ins Internet eingestellt, sodass das regelmäßige Studium der hier veröffentlichten Entscheidungen und der Ausdruck einschlägiger Entscheidungen auch dem Informationsbedürfnis entsprechen sollten.

Hinsichtlich teurer Fachliteratur sollten Sie bevorzugt diverse **Praktikerwerke** vorhalten. Versuchen Sie auch hier, über Junganwaltskooperationen und die Zusammenarbeit mit örtlichen Kollegen wenig verbreitete Fachliteratur gemeinsam zu nutzen.

Mandatskauf

Es lohnt sich, gezielt ältere Kollegen auf Ihren Ruhestand anzusprechen und Kon- **23** takt zu den Rechtsanwaltskammern hinsichtlich ausscheidender Kollegen aufzunehmen. Entsprechende Gelegenheiten werden auch auf den Seiten der Rechtsanwaltskammern und unter *www.nexxt-change.org* offeriert. Rechtsanwälte, die sich verändern wollen, sind dankbar für eine Übernahme der ihnen verbliebenen Mandate oder aber des Kanzleibetriebes. Erwerben kann man hier allerdings nur die gewisse Hoffnung, dass die bisherigen Mandanten auch den Nachfolger aufsuchen werden. Diese Hoffnung ist in den Rechtsgebieten des Familienrechts, des Sozialrechts, des Strafrechts und im Betreuungsrecht aber grundsätzlich nicht angebracht. Zudem ist die Bearbeitung übernommener Allgemeinmandate arbeitsintensiv und wenig gewinnbringend. Einer weitreichenden Verbreitung der Übernahme von Mandantenstämmen, Kanzleianteilen oder aber einer Anwaltskanzlei stehen vor allem überzogene Preisvorstellungen der Übergeber entgegen. Fälschlich erwecken auch Rechtsanwaltskammern die Vorstellung, dass ein Mandatskauf ein Wirtschaftsgut sei. Da wird dann ein Multiplikator von 0,7 des durchschnittlichen Umsatzes dreier vorangegangener Jahre als Kaufpreis empfohlen. Sie haben aber keinen Einblick, ob die vom Übergeber ermittelten Umsätze auch den Tatsachen entsprechen. Bewertungsfehler bei der Erfassung anwaltlicher Honorare und von inkompetenten Buchführungshelfern verursachte Unschärfen bei der Abgrenzung von Honoraren zu Fremdgeldern sind verbreitet.

In einer Allgemeinkanzlei gibt es aber regelmäßig mehr durchlaufende Fremdgelder als Honorareinnahmen. Deshalb ist das Risiko unzutreffender Umsatzangaben in Bilanzen hoch und von Ihnen kaum steuerbar. Das bedeutet, dass Sie eventuell ahnungslos für Umsätze zahlen, die es nie gegeben hat. Ihre Ahnungslosigkeit wird aber wahrscheinlich Jahre später ein Steuerprüfer aufdecken. Ob Sie dann den Übergeber noch verantwortlich machen können, sei einmal dahingestellt. Kommen Sie für sich zu dem Ergebnis, dass die Ihnen vorgelegten Umsatzzahlen belastbar sind, so bleibt die Frage, wie denn ein **immaterieller Wert** zu ermitteln ist. Zunächst einmal kann von einem immateriellen Wert eines Mandantenstammes nur ausgegangen werden, wenn mit diesem in der Vergangenheit ein anwaltsüblicher Verdienst erzielt werden konnte. Das ist aber bei den meisten Allgemeinanwälten, die aus dem Anwaltsberuf ausscheiden, nicht der Fall. Mithin kann ein Mandatskauf die eigene Tätigkeit meist nur ergänzen. Zahlen sollten Sie deshalb bevorzugt nur für bereits abgerechnete Honorare und eventuelle Außenstände. Offene Posten können aber nach gängigen Bewertungsmaßstäben der gewerblichen Wirtschaft meist nur mit 3 % des Nennwertes angesetzt werden. Gerade offene Posten eines Rechtsanwaltes bestehen im Hinblick auf die eigene Inkassotätigkeit vor allem aus Fruchtlosigkeitsbescheinigungen der Gerichtsvollzieher. Diese scheinen keinen nennenswerten wirtschaftlichen Wert zu haben. Zahlen Sie beim Kanzleikauf deshalb im Zweifel nur etwas für eine wertige Büroausstattung.

24 Übernehmen Sie einen Sozietätsanteil oder aber eine ganze Anwaltskanzlei, so sind die damit verbundenen Fortführungsrisiken oft kaum beherrschbar. Sie stehen für langjährig geführte Arbeitsverhältnisse, Mietverhältnisse und Steuerschulden des Übergebers gerade. Sie übernehmen die Bankverbindlichkeiten des Betriebes und ein gänzlich unbekanntes Haftungsrisiko aus laufenden und abgeschlossenen Mandaten des Übergebers. Der Kanzleibetrieb ist oft heruntergewirtschaftet und überteuert. Das Personal ist selten an berufsübliche Leistungen gewöhnt. Auf der anderen Seite bietet ein Kanzleikauf die Chance, innerhalb von wenigen Monaten ein vernünftiges Einkommen aus einer selbstständigen Tätigkeit zu generieren. Wer Führungsqualitäten hat und das **Übernahmerisiko** zu beschränken weiß, dem kann zur Übernahme nur geraten werden. Ergänzende Informationen zu den persönlichen Anforderungen an den Übergeber und den Übernehmer bietet die Broschüre „Unternehmensnachfolge – Die optimale Planung" unter *www.bmwi.de*.

Etwas anderes gilt grundsätzlich für den Mandatskauf ab einer durchschnittlichen Umsatzgröße von mehr als 200.000 EUR jährlich. Hier wird man sich sehr wohl mit einem immateriellen Wert der Mandate auseinandersetzen müssen. Hat aber ein Kanzleibetrieb einen Kostensatz von 50 % und können nicht sehr viele übernommene Mandanten an die Kanzlei gebunden werden, so ist ein Scheitern des

Übernehmers innerhalb von etwa zwei Jahren vorprogrammiert. Also sollte ein Übernehmer immer auch einen Plan B haben und sich nicht alleine auf die Fortführung des übernommenen Mandantenstammes konzentrieren. Ist er nämlich selbst dazu in der Lage, Umsätze zu generieren, so kann er diese ohne großen Druck mit Umsätzen aus übernommenen Mandaten aufstocken. Diese Zwischenlösung dürfte deshalb sinnvoll sein, um das immense Risiko eines Kanzleikaufes zu begrenzen.

■ **Mietvertrag**

Gründlicher Prüfung bedarf der Abschluss Ihres Büroraummietvertrags. Ihre bisherigen Erfahrungen aus privaten Mietverhältnissen lassen sich hier regelmäßig nicht übertragen. Einen **Büroraummietvertrag** schließen Geschäftsleute untereinander ab. Auf der einen Seite steht Ihr gewerblicher Vermieter, auf der anderen Seite stehen Sie. Sie haben regelmäßig eine gleichstarke Stellung bei den Vertragsverhandlungen wie Ihr Vermieter. Sie können über alle Punkte in Ruhe verhandeln. Dies gilt hinsichtlich Kündigungsfristen und vor allem hinsichtlich der Miethöhe. Nehmen Sie sich die Zeit und verhandeln Sie ein tragfähiges Ergebnis. Ist eine anfängliche Mietbelastung zu hoch, kann auch die Vereinbarung eines Staffelmietzinses in Betracht kommen. Wenn Sie bereits Büroräume gemietet haben oder aber als Nachmieter in einen bestehenden Mietvertrag eintreten, so überprüfen Sie, ob die Miete noch angemessen ist. In vielen Orten sind die Büroraummieten in den letzten Jahren wegen erheblichen Leerstandes nämlich um etwa 20 % gesunken.

25

Prüfen Sie auch immer gründlich, ob sich wegen örtlich gesunkener Büroraummieten ein Umzug lohnen kann oder die gezahlte Miete mit dem Vermieter nachverhandelt werden sollte. Beachten Sie dabei, dass ein **Kanzleiumzug** nicht nur viele organisatorische Probleme mit sich bringt. Auch Ihr Mandantenstamm muss den Umzug nachvollziehen können. Hier muss der Umzug sorgfältig vorbereitet werden und in sämtlichen einschlägigen Verzeichnissen auch die neue Anschrift erscheinen. Stellen Sie also sicher, dass Sie auch nach dem Kanzleiumzug in ein vielleicht günstiger gelegenes Büro von Ihrer Mandantschaft gefunden werden.

26

Alternativ zum Büroraummietvertrag kann eine **Bürogemeinschaft** mit anderen Kollegen eingegangen werden. Hier können Synergieeffekte entstehen, wenn sich die Kollegen gegenseitig vertreten und gemeinsame Büroeinrichtungen nutzen.

27

In Ballungszentren können weiter komplett eingerichtete **Büros mit Sekretariatsservice** zu annehmbaren Konditionen angemietet werden. Das kann für Einzelanwälte bei einer nur mittelfristig angelegten Tätigkeit sinnvoll sein.

■ **Nebenkosten des Mietverhältnisses**

28 Nebenkosten sind bei Büroräumen deutlich niedriger als bei einer privaten Wohnung. Schließlich kochen, waschen, duschen und bügeln Sie regelmäßig zu Hause. Folglich fallen als erwähnenswerte Nebenkosten vor allem Strom, Wasser und allgemeine Umlagen an. Dabei ist eine vorgebliche Ersparnis von Stromkosten durch einen Anbieterwechsel schnell durch allfällige Preiserhöhungen aufgezehrt. Sinnvoller ist es, auch im Büro ein **Energiebewusstsein** zu entwickeln:

Akkubetriebene Bürogeräte wie schnurlose Telefone sollten konsequent nur dann in der Ladeschale liegen, wenn die Akkus fast leer sind. Moderne Computer verbrauchen viel Strom. Deshalb empfiehlt es sich, solche mit dem GEFA-Label für Group for Energy Efficient Appliances zu erwerben. Näheres unter *www.energielabel.de* und *www.energiesparende-geraete.de*. Sie können davon ausgehen, dass eine hohe Rechnerleistung auch mit einem erhöhten Stromverbrauch einhergeht. Geben Sie deshalb nicht ohne Weiteres einer höheren Rechnerleistung den Vorzug. Vergleichen Sie bei Neuanschaffungen vor allem den **Stand-by-Verbrauch** der Hardware. Ältere Röhrenmonitore sind wegen des hohen Stromverbrauchs zu vermeiden. Stellen Sie bei einem Flachbildschirm eine kurze Stand-by-Zeit ein und verzichten Sie ganz auf einen Bildschirmschoner. Schalten Sie Laserdrucker nur ein, wenn diese auch gebraucht werden. Ein Kopierer sollte so eingestellt sein, dass er nach fünf Minuten fehlender Nutzung in eine Stromsparfunktion umschaltet. Bei Arbeitspausen von mehr als 30 Minuten sollte der PC abgeschaltet und der Netzausschalter auf der Steckdosenleiste betätigt werden.

29 Kaffeemaschinen sollten nur bei Bedarf bedient werden. Hier bieten sich Kaffeepad-Maschinen an, die bei fehlender Nutzung vom Stromnetz getrennt werden. Stellen Sie einen Kühlschrank, wo möglich, im kühlsten Raum Ihrer Kanzlei auf. Stellen Sie Warmwasserbereiter in der Teeküche nur im Falle der Benutzung an. Verzichten Sie auf elektrische Warmwasserbereiter in den Bürotoiletten. Setzen Sie ausschließlich **energiesparende Leuchtmittel**, also Energiesparlampen, Leuchtstoffanlagen und LEDs ein. Heizkosten lassen sich dadurch sparen, dass die Raumtemperatur in Büroräumen 19°–20°C und in Bürofluren 15°–16°C beträgt. Am Wochenende und über Feiertage ist die Temperatur abzusenken. Man darf dies eben nur nicht vergessen. Im Winter sollten die Türen geschlossen bleiben, da sonst Kaltluft eindringt. Heizkörper sind keine Ablageflächen, die Plätze davor keine Stellflächen. Beim Lüften am besten die Heizung abdrehen und die Fenster weit öffnen. Alle zwei Stunden sollte ein Luftaustausch erfolgen. In der Heizperiode sollte auf dauerhaft gekippte Fenster ganz verzichtet werden. Ansatzpunkte für energie- und damit kostensparende Maßnahmen im Büro gibt es also bei genauerem Hinschauen genug – allerdings muss man sie auch umsetzen.

■ Pkw

Ein großer Kostenfaktor ist regelmäßig das Geschäftsfahrzeug. Zunächst müssen **30** Sie die Frage beantworten, ob sich die **Anschaffung** eines Geschäftsfahrzeuges für Sie überhaupt lohnt. Sind Sie Anwalt in einer Großstadt und sind alle umliegenden Gerichte unproblematisch mit dem öffentlichen Personennahverkehr erreichbar, kann gegebenenfalls auf ein Geschäftsfahrzeug verzichtet werden. Sie können dann von Fall zu Fall auch auswärtige Gerichtstermine mittels eines günstig angemieteten Fahrzeuges wahrnehmen. Im Übrigen reicht dann die Vorhaltung einer Monatsfahrkarte für den öffentlichen Personennahverkehr. Haben Sie jedoch Wohnung und Kanzlei in einer Großstadt mit etwa 100.000 Einwohnern am Sitz eines Landgerichts, ist die Frage des Geschäftsfahrzeugs differenziert zu beantworten. Sie nutzen dann Ihr Fahrzeug der unteren Mittelklasse, um Fahrten zwischen Wohnung und Kanzlei sowie zu den umliegenden Gerichten zu absolvieren. Meist steht ein entsprechender öffentlicher Personennahverkehr nicht innerhalb angemessener Beförderungszeiten zur Verfügung. Hier kann sich die Anschaffung eines Geschäftsfahrzeugs lohnen, da der zeitliche Aufwand für die Nutzung des öffentlichen Personennahverkehrs in keinem Verhältnis zur vertanen anwaltlichen Arbeitszeit steht. Haben Sie jedoch den Sitz Ihrer Kanzlei am Sitz eines Amtsgerichts in einer Kreisstadt und wohnen Sie außerhalb dieser Kreisstadt, kommen Sie an der Anschaffung eines Geschäftsfahrzeugs nicht vorbei. Dabei müssen Sie sich vergegenwärtigen, dass Sie Ihre konzentrierte Arbeitskraft erhalten müssen. Dies ist gewährleistet, wenn das Geschäftsfahrzeug über ansprechenden Fahrkomfort verfügt und eine unangestrengte Fahrweise erlaubt. Müssen Sie also auf dem Land viele Gerichtstermine wahrnehmen, ist zu einem komfortablen Fahrzeug zu raten.

Sie müssen sich jedoch über die **Kosten** eines Fahrzeugs im Klaren sein. Setzen **31** Sie für den jährlichen Wertverlust eines Fahrzeugs der unteren Mittelklasse zumindest 1.500 EUR an. Für Steuern und Versicherung fallen regelmäßig weitere 500 EUR an. Für Reparaturen und Verschleißteile sind wiederum 1.000 EUR zu kalkulieren. Vorsichtig angesetzt müssen Sie überdies mit jährlichen Benzinkosten in Höhe von 2.500 EUR rechnen. Die vorstehenden Beispiele zeigen, dass auch die Nutzung eines Fahrzeugs der unteren Mittelklasse Folgekosten in Höhe von zumindest 5.500 EUR jährlich zeitigt. Für ein Fahrzeug der oberen Mittelklasse dürfen Sie regelmäßig von Beträgen ab 6.500 EUR ausgehen. Für den Großstadtanwalt bedeutet dies, dass der Verzicht auf ein Geschäftsfahrzeug eine Einsparung von mehreren Tausend Euro pro Jahr bedeutet.

Nachdem inzwischen Kraftfahrzeuge erst in einem Zeitraum von sechs Jahren **32** nach der Erstzulassung abgeschrieben werden können, kann es sich lohnen, ein

Gebrauchtfahrzeug als Geschäftswagen zu erwerben. Zunehmend bieten Hersteller eine dreijährige Neuwagengarantie auf ihre Fahrzeuge an, die im Zeitpunkt des Erwerbs des Gebrauchten eventuell noch nicht abgelaufen ist. Des Weiteren erfreuen sich Gebrauchtwagengarantien von bis zu zwei Jahren Dauer steigender Beliebtheit. Immerhin beträgt nun die Gewährleistungsfrist des Autohändlers für privat erworbene Fahrzeuge des Anwaltes mindestens ein Jahr. Vor diesem Hintergrund ist der Erwerb eines gebrauchten Fahrzeuges grundsätzlich sicherer geworden. Nachdem viele Fahrzeuge bereits nach drei Jahren Nutzungsdauer zum halben Neupreis zu erwerben sind, sollten Sie sich nach solchen Fahrzeugen umschauen. Moderne Fahrzeuge sind inzwischen regelmäßig recht zuverlässig geworden. Ob Sie Fahrzeugkosten durch die Anschaffung eines Fahrzeugs mit Dieselmotor oder aber alternativen Antrieben einsparen können, ist nur im Einzelfall zu beantworten. Wer nicht viel Geld für ein Geschäftsfahrzeug ausgeben kann, sollte auch die Anschaffung eines älteren und hubraumstärkeren Fahrzeuges mit einer Umrüstungsmöglichkeit auf Autogas durchrechnen. Wer einen guten Einbaubetrieb und ein geeignetes Fahrzeug findet, kann hier beträchtlich sparen. Ansonsten hilft nur eine intensive Beschäftigung mit dem Thema weiter. Einen nahezu unerschöpflichen Fundus bei der Auswahl bietet hierbei die Seite *www.motortalk.de*. Ein vertiefter Einstieg in die Materie rechnet sich und ist ein leidenschaftlich diskutiertes Lieblingsthema auf dem Anwaltsstammtisch.

■ Rechnungen

33   Der erste Grundsatz beim Umgang mit Rechnungen lautet: Sammeln Sie Belege! Hieran scheitern bereits viele Kollegen. Nur bei einer so genannten **Kleinbetragsrechnung** bis zu einer Höhe von 100 EUR sind Ihre Angabe als Käufer der Sache sowie die Vorlage einer auf einem DIN-A4-Blatt gefertigten Rechnung beim Finanzamt entbehrlich. Anderenfalls muss eine Rechnung mit Ihrem Namen, Ihrer Adresse sowie mit Datum, ausgewiesener Umsatzsteuer nach Umsatzsteuersatz und Umsatzsteuerbetrag, einer Rechnungsnummer, einer Steuernummer sowie der Unterschrift des Verkäufers vorgelegt werden. Die Erfahrung zeigt, dass hiergegen tagtäglich verstoßen wird. Dabei verschenken Sie bares Geld, wenn unzulängliche Rechnungen in einer späteren Betriebsprüfung zu steuerlichen Nachteilen führen.

■ Software

34   Vor allen Überlegungen zum Einsatz eines speziellen Anwaltsprogramms sind erst einmal Planungen hinsichtlich des richtigen Betriebssystems anzustellen. Da das Betriebssystem Linux mit zu vielen anwaltlichen Einzelanwendungen nicht harmoniert, lassen sie am besten die Finger davon. Es sei denn, Sie wissen ganz genau, was Sie sich damit auch künftig antun. Der Standard für Rechtsanwälte ist nun einmal Microsoft Windows und regelmäßig die dazugehörigen Office-Anwendungen. Setzen Sie nur Betriebssysteme ein, die vom Hersteller noch auf längere Zeit „unterstützt" werden. Sonst haben Sie bei künftigen Anforderungen keine Gewähr für die Anpassung Ihres Betriebssystems. Das Betriebssystem Windows 8 hat sich bisher bei professionellen Anwendungen noch nicht ganz durchgesetzt. Nach alledem kommen derzeit als **Betriebssystem** noch Windows XP Professionell und vor allem Windows 7 in Betracht. Das Betriebssystem sollte idealerweise gleich mit der Hardware gekauft werden. Spätere Zukäufe von Lizenzen kommen kaum günstiger. „Lizenzen" für Betriebssysteme, die über Ebay versteigert werden, können für den nachträglichen Erwerb nur dann in Betracht kommen, wenn diese als „neu" und von einem Händler ungeöffnet und mit Rechnung verkauft werden. Diese sind dann natürlich entsprechend teuer, bieten aber Schutz vor Onlinebetrügern. Ohne fehlerfreie Einrichtung der Betriebssysteme und gegebenenfalls des Netzwerks auf neuer Hardware fangen Sie besser erst gar nicht mit der Installation von Software für den anwaltlichen Bedarf an. Sie haben sonst wegen häufiger Fehlermeldungen und Rechnerabstürze wenig Freude damit. Verfügen Sie über neue Hardwarekomponenten für Spracherkennungsprogramme, so müssen Sie entscheiden, ob Sie sich mit echten Spracherkennungsprogrammen befassen wollen. Denn die Vorteile von digitalen Diktiersystemen ohne Spracherkennung halten sich gegenüber den inzwischen antiquarischen analogen Systemen in engen Grenzen. Sinnvoll sind digitale Diktierlösungen nämlich erst ab einem Diktatvolumen, das von jungen Anwaltsbüros kaum einmal erreicht wird.

Als auch künftig fortentwickeltes **Spracherkennungssystem** mit juristischer Wortschatzerweiterung existiert mit hinreichender Marktbreite nur noch Dragon Naturallyspeaking Legal 11. Informationen hierzu finden Sie unter *www.nuance.com*. Spracherkannte Diktate fallen öfters durch sinnentstellende Fehler auf und sind ohne eine gewisse technische Begeisterung nicht zu haben. Ohne zeitintensive sprachliche Einrichtung durch den Nutzer kann die Spracherkennungsrate der Systeme oft nicht überzeugen. Sie ersetzen auch nicht die Tätigkeit einer Schreibkraft, da diese die Routinediktate selbstständig erledigen kann. Da Spracherkennungssysteme grundsätzlich hohe Hardwareanforderungen haben, sind mit Ihnen erhebliche einmalige und laufende Investitionen verbunden. Insgesamt haben sich diese Systeme trotz des seit über 15 Jahren bestehenden Angebots nicht durchgesetzt. Aufgrund der fehlenden Verbreitung werden die notwendigen Investitionen in die Fortentwicklung dieser Programme wohl noch weitere Jahre auf sich warten lassen. Spracherkennungssysteme können also Ihre Tätigkeit unterstützen. Deutliche Einsparungen sollten Sie aber kurzfristig nicht erwarten.

35

36 Damit kommen wir zum Einsatz von Software für anwaltliche Zwecke. Zum einen ist die Arbeitserleichterung durch spezielle **Anwaltsprogramme** nicht von der Hand zu weisen. Zum anderen ist die Festlegung auf ein entsprechendes System später kaum zu korrigieren und ein Anbieterwechsel mit hohen Folgekosten verbunden. Hier können Sie nur dann Kosten sparen, wenn Sie nachhaltig und sehr zeitaufwendig im eigenen Büro die einzelnen Programmversionen im Kanzleialltag ausprobiert haben. Diese Testphase umfasst vor allem auch die Anbindung an den eventuell vorhandenen Briefbogen sowie die allgemeine Betriebssicherheit im häufigen Netzwerkbetrieb. Die Anschaffung eines günstigen Rechtsanwaltsprogramms kann sich deshalb nur lohnen, wenn es Ihren Anforderungen genügt. Ziehen Sie deshalb ausschließlich Programme in die engere Auswahl, die regelmäßig vom Hersteller gepflegt werden und dabei möglichst geringe monatliche Kosten verursachen. Denn diese Programme sind oft nur so gut wie der angebotene **Support**. Läuft dieser über eine teure Servicenummer, so laufen unverhoffte Betriebskosten auf. Steht überhaupt keine regelmäßig besetzte Hotline zur Verfügung, kann vom Kanzleieinsatz nur dringend abgeraten werden. Besteht außer einer telefonischen Hotline keine Möglichkeit, durch den Hersteller schwere technische Probleme vor Ort lösen zu lassen, darf nicht auf einen langfristigen Programmeinsatz in der Kanzlei gehofft werden. Abhilfe bietet aber eine Fernwartung. Diese setzt allerdings einen Internetanschluss im Netzwerk voraus. Der ist im Hinblick auf den Schutz der Mandantendaten sensibel. Mit den Möglichkeiten der Fernwartung gehen also immer Sicherheitsprobleme einher. Also kommen noch die Kosten für leistungsfähige Virenscanner und eine Firewall sowie die entsprechenden Aufwendungen für die Installationen der ständigen Updates hinzu. Die Kosten eines Anwaltsprogramms berechnen sich also nicht in erster Linie nach dem Anschaffungspreis. Entscheidend sind die **Betriebssicherheit**, ein günstiger, schneller und zuverlässiger Support und eine langfristige Entwicklung des Programms. Damit scheidet die Anschaffung nahezu aller preisgünstigen Lösungen aus.

37 Deshalb verbleibt realistisch betrachtet nur die Möglichkeit der Anschaffung eines professionellen Vollprogramms mit hohen, aber kalkulierbaren künftigen **Folgekosten**. Als Beispiel sei Advoware genannt *(www.advo-ware.de)*; des Weiteren der Marktführer RA-MICRO *(www.ra-micro.de)*. In unserer überörtlichen Kanzlei verfügen wir über Anwendererfahrungen mit beiden Programmen. Auch wenn die Gesamtkosten eines Rechtsanwaltsprogramms nicht nur von den Anschaffungskosten und den laufenden Pflegekosten abhängen, so verursacht natürlich Advoware nur einen Bruchteil der Kosten von RA-MICRO. Die jährliche Gesamtersparnis im Netzwerkbetrieb summiert sich schnell auf einen Betrag in Höhe der Aufwendungen für einen Familienurlaub in der Vorsaison auf Mallorca. Auf der anderen Seite bietet Advoware nach unseren Anwendererfahrungen aber nicht den gleichen Funktionsumfang und nicht die gleiche Bedienerfreundlichkeit wie RA-MICRO. Zudem ist beim Service mit Einschränkungen zu rechnen. Wer sich ein realistisches Bild über den Betrieb des Programms Advoware machen will, sollte sich unter *www.advo-ware.de* im Supportforum informieren.

Im anwaltlichen Alltag dominieren klar die Bausteine eines Anwaltsprogramms **38** für die **Aktenverwaltung**, die **Honorarabrechnung** und die **Zwangsvollstreckung**. Alle anderen Bausteine von Anwaltsprogrammen wie Aktenbuchhaltung und Finanzbuchhaltung werden gerade in jungen Kanzleien selten genutzt. Die Konzentration auf ein Anwaltsprogramm, das die vorgenannten wichtigsten Punkte abdeckt, kann deshalb zur Einsparung von Kosten sinnvoll sein. Freilich stecken bei kundiger Anwendung in der Aktenbuchhaltung die Möglichkeiten zur vollständigen Kontrolle durchlaufender Fremdgelder und zur jederzeitigen Ermittlung lohnender Mandate. Eine eigene Finanzbuchhaltung kann erhebliche Kosten einsparen, setzt aber viel Erfahrung auf diesem Gebiet voraus.

Das Dilemma um hinreichend funktionsfähige Anwaltssoftware hat meist wirtschaftliche Gründe. Kleinere Anbieter haben kaum geringere Kosten zu tragen als größere Softwarehäuser. Viele kleine Anbieter haben nur eine dreistellige Kundenzahl. Für größere Programmumgestaltungen zur umfänglichen Nutzung der Vorteile neuerer Betriebssysteme fehlen manchen Anbietern dann oft die Mittel. So kommt es, dass viele Bausteine auch renommierter Anbieter bis heute noch nicht einmal durchgängig die Möglichkeiten der unter Windows laufenden Betriebssysteme ausnutzen. Auch der Aufwand zum Betrieb einer eigenen Hotline und zum Vertrieb eines Anwaltsprogramms kann von kleineren Anbietern kaum erbracht werden.

Als Alternative zu Anwaltsprogrammen verbleibt nur die Möglichkeit der eigenen Programmierung von Makros und Textbausteinen. Auch diese unterstützen die anwaltliche Tätigkeit. Hiervon sollten Sie jedoch nur Gebrauch machen, wenn Sie über einschlägige Erfahrungen verfügen.

■ Telekommunikation

Den Regelfall stellt heute die Wahl einer **Flatrate** für Internet und Telefonie eines **39** namhaften Anbieters dar, der einen zuverlässigen Zugang gewährleistet. Für den professionellen Bereich erscheint bis heute der analoge Telefonanschluss gegenüber der reinen Internettelefonie vorzugswürdig zu sein. Die Internettelefonie kämpft noch immer anbieterunabhängig mit der Übertragungsqualität und der Zuverlässigkeit der Telefoniedienstleistungen. Ebenso erscheint im professionellen

Bereich die Nutzung einer separaten Telefonanlage eines namhaften Anbieters gegenüber rein softwaregestützen Telefonielösungen vorzugswürdig zu sein. Denn eine Telefonanlage kann eine Vielzahl von Jahren unauffällig ihren Dienst tun. Dies ist bei softwaregestützten Telefonielösungen oft anders. Deren Preisvorteil ist schnell aufgezehrt, wenn Techniker gerufen werden müssen und der Kanzleibetrieb aufgrund fehlender telefonischer Erreichbarkeit zum Erliegen kommt.

40 In der Außenwirkung auf Ihren Mandanten ist besonders die **Pausenmelodie** während der Verbindungspausen zu erwähnen. In modernen Telefonanlagen kann dazu die Einspielung einer beliebigen Datei erfolgen. Diese Pausenmelodie ist ein markantes Erkennungszeichen des Anwaltsbüros. Bei der Auswahl dieser Melodie sollten Sie deshalb besondere Sorgfalt walten lassen. Wählen Sie einen Musiktitel, der ebenso zu Ihnen wie zu Ihren Anrufern passt. Handelt es sich aber um einen aktuellen Musiktitel, so wird eine Anmeldung bei der GEMA fällig. Somit kommt *Wolfgang Amadeus Mozart* bei den Pausenmelodien doch wieder eine führende Rolle zu. Da der **Telefondienst** für junge Anwaltsbüros einen im Verhältnis zu langjährig bestehenden Büros besonders hohen und zeitintensiven Einsatz fordert, versuchen viele junge Kollegen, dem zu entkommen. Die fehlende telefonische Erreichbarkeit spart zwar viel Zeit und Geld, sie kostet aber auch die Sympathie der Mandanten. Schaffen sie zumindest eine partielle persönliche Erreichbarkeit zu festen Tagesstunden. Kaum ein Mandant möchte sich nämlich nur per Mail an sie wenden. Bis heute ist die Leistung eines Rechtsanwalts fast ausschließlich eine höchstpersönliche. Und die findet nun einmal bis heute bevorzugt im persönlichen Gespräch statt. Dem müssen sie sich stellen.

41 Derzeit fallen für einen Flatrate-Anschluss für DSL und Telefonie mit längerfristigem Vertrag noch immer Gebühren von 30 EUR monatlich an. Noch immer selten genutzt wird hingegen **Skype**. Zwar glänzt das System mit der Möglichkeit der Bildtelefonie. Die Übertragungsqualität und die Stabilität des Systems sind aber nach wie vor verbesserungswürdig. Es sind allerdings Verbesserungen gegenüber früheren Versionen erkennbar. Deshalb sind Mandantenbesprechungen über Skype eine Option, die Sie zunehmend für sich gewinnen sollten. Denn mit der Verwendung von Skype können Aufwendungen für persönliche Besprechungen eingespart werden.

42 Begehen Sie jedoch nicht den Fehler und **mieten** Sie sich eine teure Telefonanlage. Eine für alle Fälle des jungen anwaltlichen Büros ausreichende Telefonanlage ist durchaus für 500 EUR erhältlich. Bei diesen Preisen kann eine gemietete Telefonanlage nicht rentabel sein. Auch bei einer Büroübernahme sollten Sie die Fortführung eines 10-Jahres-Mietvertrages für eine große Telefonanlage unbedingt vermeiden. Hier werden noch immer Mietpreise verlangt, die in keinem Verhältnis zu Ihrem Gebührenvolumen stehen.

Die Anbieter von Telefonanlagen und Telefonen stehen in einem ausgeprägten Verdrängungswettbewerb. Dies führt zu ständigen „Sonderangeboten". Sie sind von einer zuverlässigen Telekommunikationsanlage abhängig. Bei der Installation und der technischen Betreuung von Telefonanlagen ist überdies der Profi gefragt. Vermeiden Sie also jedes technische Experiment. Es kommen deshalb auch nur Telekommunikationseinrichtungen von **marktführenden Herstellern** wie Siemens und der Deutschen Telekom, die meist baugleich sind, in Betracht. Es gibt sie werkstattgeprüft und kaum gebraucht zu Schleuderpreisen bei Ebay. Sie stammen dann meist aus Rückläufern des Internethandels. **43**

Die Wahl des **Telekommunikationsanbieters** wird von verschiedenen Überlegungen bestimmt. Zum einen kann der herrschende Wettbewerb mit sehr günstigen Preisen ausgenutzt werden. Die komplette Anmeldung des eigenen Anschlusses bei einem weniger namhaften Telefonanbieter birgt jedoch auch Risiken. Sollte dieser insolvent werden, kann die telefonische Erreichbarkeit nicht immer garantiert werden. Fast in jedem Anwaltsbüro interessant sind die Flatrates für nahezu unbegrenzte Festnetztelefonate und Internet über DSL. Weitere Informationen erhalten Sie unter *www.telekom.de/aktuell* und *www.kabeldeutschland.de*. **44**

Bei der Nutzung eines modernen **Telefaxgerätes** ist eine höchstmögliche Geschwindigkeit bei der Datenübertragung gewährleistet. Auch damit kann Arbeitszeit eingespart werden. Sehr empfehlenswert ist auch die Einrichtung des Telefaxempfangs auf einem Bürorechner. Damit können empfangene Telefaxe nur noch bei Bedarf ausgedruckt und überdies in beliebiger Anzahl reproduziert werden. Dies vermeidet ärgerliche Druckkosten für den Ausdruck allfälliger Werbebotschaften. Des Weiteren können keine Telefaxe mehr durch Papierstaus und andere mechanische Defekte verloren gehen. **45**

■ Versicherungen

Zwingend vorgeschrieben ist die **Berufshaftpflichtversicherung** (§ 51 BRAO). Hier kann es sich lohnen, die Versicherungsprämien der einzelnen Anbieter zu vergleichen. Denn bei den wenigen großen Versicherern am Markt dürfte im Schadensfall eine ähnlich gute Regulierung zu erwarten sein. Sowohl bei der Allianz wie auch bei der R+V Versicherung kann bei hartnäckiger Nachfrage auch gelegentlich der eine oder andere individuelle Rabatt auf die Prämien ausgehandelt werden. Offiziell wird dies zwar von den Versicherern immer wieder dementiert. Verpackt in eine flexible Handhabung angebotener Prämienrabatte z.B. für Sozie- **46** täten durch den Versicherungsaußendienst erscheint der mehr oder weniger individuelle Prämienrabatt dann aber schon mal „durch die Hintertür" möglich. Trotzdem muss ein Berufsanfänger nach dem üblichen Anfängerrabatt von 50 % für das erste Versicherungsjahr für die gesetzlich vorgeschriebene Mindestversicherungssumme von 250.000 EUR mit einem jährlichen Beitrag in Höhe von wenigstens 650 EUR rechnen. Es mag zwar Angebote freier Versicherungsmakler geben, die noch darunter liegen. Hierbei ist jedoch zu fragen, wie dort die Abwicklung späterer Schäden vorgenommen wird. Man muss immer bedenken, ob ein solcher „Versicherer" auch noch in späteren Jahren am Markt vertreten ist. Denn anwaltliche Haftpflichtschäden sind oft erst Jahre nach der Mandatsbearbeitung zu regulieren.

47   Für den selbstständigen Anwalt unverzichtbar ist neben der persönlichen Krankenversicherung vor allem eine **Krankentagegeldversicherung**. Diese darf nicht mit einer Krankenhaustagegeldversicherung verwechselt werden. Eine **Krankenhaustagegeldversicherung** zahlt nur für die Tage eines Krankenhausaufenthalts. Nach der akuten Versorgung der Krankheit besteht also kein Leistungsanspruch mehr. Die Krankentagegeldversicherung deckt dagegen das viel weiter gehende Risiko längerer Arbeitsunfähigkeiten ab. Bedenken Sie dabei bitte, dass der selbstständig tätige Anwalt keinen Anspruch auf eine Entgeltfortzahlung hat, seine Bürokosten jedoch weiterhin anfallen. Ratsam ist eine Absicherung jedenfalls ab der dritten Woche einer ärztlich festgestellten Arbeitsunfähigkeit. Eine erhöhte Leistung kann nach der sechsten Woche der Arbeitsunfähigkeit vorgesehen werden. Sie können mit einem eher geringen Krankentagegeld anfangen und später eine höhere Leistung wählen. Denn im Leistungsfall sind die Zahlungen des Krankenversicherers auf die von Ihnen nachzuweisenden Einahmen aus der selbstständigen Tätigkeit begrenzt. Und diese fallen zu Beginn Ihrer Tätigkeit nicht hoch aus.

48   Weiterhin empfehlen sich hinreichende Versicherungen für den Fall der **Berufsunfähigkeit** und des **Unfalls**. Für die Absicherung von Angehörigen erscheint eine darin aufgenommene **Risikolebensversicherung** sinnvoll.

49   Eine große Hilfe bei der **Auswahl** des individuell angemessenen Versicherungsschutzes bietet der Bund der Versicherten unter der Internetadresse *www.Bundder-Versicherten.de*. Neben zahllosen Tipps bietet er auch eigene Produkte zu Preisen an, die teilweise deutlich unter denen der Versicherungswirtschaft liegen. Zur Preisfindung des eigenen Versicherungsschutzes sind diese Angebote in jedem Falle genauestens zu überprüfen. Leider kann der Bund der Versicherten mit seinen eigenen Angeboten nicht für jeden einen maßgeschneiderten Versicherungsschutz anbieten. Deshalb wird kaum jemand nur über den Bund der Versicherten seinen vollständigen Versicherungsschutz finden. So bleiben auch die Angebote der Ver-

sicherungswirtschaft zu überprüfen. Für die Ermittlung der leistungsfähigen Anbieter der Versicherungswirtschaft bietet neben dem Bund der Versicherten auch die Zeitschrift „Finanztest" aktuelle Übersichten. Hieraus lassen sich erste Anhaltspunkt für die Wahl eines leistungsfähigen Versicherers gewinnen. Man sollte sich jedoch auch nicht scheuen, einen zugelassenen Versicherungsberater zu beauftragen. Die finanziellen Auswirkungen eines unüberlegten Versicherungsabschlusses übersteigen dessen Honorar um ein Vielfaches.

Für das eigene **Büro** sollten kombinierte Versicherungen gegen Betriebsausfall, **50** Sturm-, Wasser- und Feuerschäden sowie Diebstahl abgeschlossen werden. Auch hierzu sind am Markt verschiedene leistungsfähige Anbieter anzutreffen. Sie sollten sich deshalb unbedingt mehrere Angebote vorlegen lassen und die Leistungen sorgfältig vergleichen.

Eine **betriebliche Haftpflichtversicherung** schützt den Anwalt davor, dass der **51** Mandant Schadensersatzansprüche wegen einer Verletzung im Büro stellt. Ob man eine solche Versicherung benötigt, muss jeder für sich selbst entscheiden. Hier kommt es zunächst auf die Lage des Büros an. Sind die Kanzleiräume verwinkelt oder aber die Beleuchtungsverhältnisse im Wartebereich nicht optimal? Sind im Büro Teppichböden oder aber glatte Parkett- oder Laminatböden ausgelegt? Geht von der Büroausstattung irgendeine Gefahr aus? Sind innerhalb des Büros etwa Treppenstufen zu überwinden? Alle diese Fragen wollen abgewogen werden, ehe man sich zum Abschluss einer betrieblichen Haftpflichtversicherung entschließt. Gelegentlich werden betriebliche Haftpflichtversicherungen auch in Kombination mit anderen Versicherungen des Büros oder auch der Berufshaftpflichtversicherung des Anwalts zu Paketpreisen angeboten. Ein Paketpreis ist jedoch grundsätzlich noch nicht gleichbedeutend mit einem günstigen Versicherungsangebot. Auch die Bestandteile eines Paketpreises bedürfen deshalb der nachhaltigen Leistungskontrolle.

II.   Strukturelle Kanzleikosten überprüfen und senken

1.   Bürobetrieb

Ihre Ideen zur Kosteneinsparung und rationellen Organisation des Büros können **52** nur greifen, wenn sie planvoll umgesetzt werden. Dafür brauchen Sie zunächst einmal die notwendigen Kosteninformationen. Ihre Kontoauszüge reichen hierzu nicht aus, denn aus den Umsatzzahlen allein lässt sich noch kein hinreichendes Planungsmaterial gewinnen. Angesetzt werden muss vielmehr bei den einzelnen

Leistungserbringern und den Abfragern der anwaltlichen Leistungen, den **Mandanten**. Es ist also ratsam regelmäßige Kontrollen durchzuführen:

■ Halten Sie zunächst die übliche Tätigkeit Ihrer Mitarbeiter genau fest. Nur so können Sie Leerläufe aufdecken und Organisationsmängel abstellen.

■ Lassen Sie den jeweiligen Aufwand der Mandatsbearbeitung durch Kanzleikräfte auf großen, separat zu führenden Bögen in den Handakten über einen Monat genau festhalten. Lassen Sie dabei alle Tätigkeiten, die fünf Minuten übersteigen, zur einzelnen Akte notieren.

■ Nach einem Monat sehen Sie alle Akten durch, in denen Eintragungen vorgenommen wurden.

Erst danach wird Ihnen bewusst, mit welchen Akten Ihr Büro dauernd befasst ist. Wundern Sie sich nicht, wenn dies vor allem die Zwangsvollstreckungsangelegenheiten sind. Erkennen Sie also die Zeitfresser Ihres Büros und überprüfen Sie, ob bei diesen Akten ein angemessenes Honorar geleistet wird. Versuchen Sie, bei Zeitfressern höhere Honorare auszuhandeln! Sie werden aber auch Ihre lukrativen Mandate finden, denen Sie besondere Aufmerksamkeit zu widmen haben.

53 Diese Kontrollen führen weiter zur allgemeinen **Überprüfung** Ihres Büroablaufes nach den folgenden Gesichtspunkten:

■ Wer verursacht meine Bürokosten und kann ich das ändern?

■ Ist mein Büro ausgelastet oder gibt es Einsparmöglichkeiten?

■ Müssen umsatzträchtigere Mandate akquiriert werden?

■ Müssen verlustbringende Mandate abgegeben werden?

2.   Anwaltsleistung

a)   Arbeitszeiterfassung

54 Genauso wichtig zu wissen ist jedoch, womit Sie Ihre Zeit verbringen. Nur so kann Ihre Leistungserbringung optimiert werden. Erstellen Sie regelmäßig eine Checkliste nach dem folgenden Muster, um **Ihre eigene Arbeitszeit** über einen Zeitraum von etwa einem Monat zu erfassen.

Checkliste: Arbeitszeiterfassung Rechtsanwaltstätigkeit

Datum:
15.5.2013

Dauer	Mandant	mündlich	schriftlich	Sachgebiet
0,1 h	…	x		Zivilrecht
0,2 h	…	x		ArbR
0,3 h	…	x		Strafrecht
0,4 h	…		x	FamR
1,0 h	…		x	FamR
…				
Summe: … h				

Für diese Liste kommt es nicht auf ein kleinliches Nachhalten an. Notieren Sie aber Vorgänge ab fünf Minuten Dauer wie z.b. längere Telefonate, Besprechungen und Aktenbearbeitungen.

Wichtig ist die **genaue Zuordnung** zu den einzelnen Angelegenheiten. Durch regelmäßige Wiederholung der Listenerstellung können angestrebte Änderungen in der Ausrichtung Ihrer Tätigkeit hinsichtlich des eingetretenen Erfolgs überprüft werden. Zwar erscheint es erst einmal aufwändig zu sein, eine solche Checkliste zu erstellen. Es lohnt sich aber, den gewissen Mehraufwand zu leisten. Denn nur so können Sie erkennen, wie Sie Ihre Leistungserbringung optimieren können. Auch kann es sehr hilfreich sein, Unterbrechungen z.b. durch Mitarbeiter oder Telefonate zusätzlich zu dokumentieren. Möglicherweise werden Sie anschließend Ihr Zeitmanagement überarbeiten. **55**

b) Mandanten

Nach der Sichtung der Liste müssen Sie darüber nachdenken, ob Sie sich den einen oder anderen Mandanten noch leisten können. Versuchen Sie konsequent, Honorare nachzuverhandeln, die Ihren geleisteten Aufwand nicht wiedergeben. Gelingt dies nicht, müssen Sie die entsprechenden Mandanten behutsam an einen anderen Kollegen weiterempfehlen, von dem Sie wissen, dass er die Angelegenheiten bearbeiten wird. **56**

Schließlich müssen Sie feststellen, wie Sie **gewinnbringende Mandanten** enger an sich binden können. Geben Sie dabei nicht eher auf, bis Sie alle nachfolgenden Fragen mit „Ja" beantworten können.
- Sind Sie für gewinnbringende Mandanten gut erreichbar?
- Sind Sie in der Lage, deren Angelegenheiten zügig einer möglichst erfolgreichen Lösung zuzuführen?

- Können Sie aufgrund von Kontakten zu Vereinen, zu Multiplikatoren oder zu Journalisten noch weitere als gewinnbringend erkannte Mandanten erreichen?
- Werden Sie von gewinnbringenden Mandanten weiterempfohlen?
- Sprechen Sie z.b. beim erfolgreichen Abschluss einer Angelegenheit einen gewinnbringenden Mandanten auf eine konkrete Weiterempfehlung an?
- Haben Sie Ihre gewinnbringenden Mandanten befragt, wie diese auf Sie aufmerksam wurden?
- Haben Sie ihre gewinnbringenden Mandanten schon einmal befragt, wie diese Ihre Leistung empfanden oder ob sich daran vielleicht sogar etwas verbessern ließe?
- Haben Sie Ihre gewinnbringenden Mandanten schon einmal zum Essen eingeladen?
- Haben Sie mit diesen vielleicht schon einmal einen besonderen Anlass in ihren Kanzleiräumen gefeiert?
- Haben Sie Einladungen gewinnbringender Mandanten angenommen und diesen schon einmal gelegentlich außerhalb der Juristerei einen sinnvollen und kostenfreien Rat gegeben?
- Wissen Sie genau, was Ihre gewinnbringenden Mandanten beruflich tun?
- Haben Sie Anteil an besonderen Vorkommnissen in deren Betrieben oder gar in deren Familien und können Sie dort sinnvoll helfen?

57 Überprüfen Sie weiter, ob Ihr Wunsch, auf einzelnen Rechtsgebieten tätig zu sein, der Realität entspricht. Denn die Liste belegt, mit welchen Mandanten und in welchen Tätigkeitsgebieten man nicht nach dem eigenen Wertigkeitsempfinden, sondern tatsächlich befasst war. Eventuell müssen Sie also an der Außendarstellung der Kanzlei arbeiten, um tatsächlich vorhandene Tätigkeitsschwerpunkte besser herauszustellen.

c) Selbstkritik

58 Setzen Sie sich mit den gewonnenen Erkenntnissen selbstkritisch auseinander. Das kann nur mit Disziplin und gründlicher Arbeit an der eigenen Arbeitshaltung gelingen. Die Zeiterfassung nach der Checkliste belegt Ihre produktive tägliche Arbeitszeit. Sie können so eventuell auch einen zu geringen produktiven Anteil Ihrer anwaltlichen Leistung feststellen. Nur der produktive Teil Ihrer Tätigkeit bewirkt Umsätze. Beträgt der produktive Zeitanteil Ihrer anwaltlichen Arbeitsleistung aber weniger als die Hälfte des zeitlichen Gesamtaufwands, so müssen Sie versuchen, dies zu beheben.

Entlasten Sie sich deshalb **von unnötigen nichtanwaltlichen Aufgaben.** Ihr Vermieter sieht es gerne, wenn Sie den Hausmeister spielen; er bezahlt Sie aber nicht und Sie sind für diese Aufgabe überqualifiziert. Bastelarbeiten an alten Bürogeräten und Computern machen Spaß, kosten aber Ihre wertvolle Arbeitszeit. Eine zweistündige Mittagspause ist schön, aber abends müssen Sie dann unkonzentriert länger arbeiten. Der Plausch mit Kollegen, Mitarbeitern und Mandanten hebt die Lebensfreude, bringt aber keine Mandate und keinen Umsatz. Wimmeln Sie unangekündigte Werbetelefonate sofort ab und legen Sie auf. Führen Sie Telefonate aktiv und im Stehen und – fassen Sie sich kurz. Überlassen Sie Reinigungsarbeiten einer Putzfrau und delegieren Sie Routineaufgaben an das Personal. Lassen Sie sich die täglichen Werbebriefe nur selektiert vorlegen. Kontrollieren Sie größere Materialbestellungen, schreiben Sie diese aber nicht selbst. Es macht Spaß, in den vielen bunten Katalogen zu blättern, die Sie täglich bekommen. Das kostet aber Arbeitszeit. Wenn sie müde, krank oder abgelenkt sind, dann gehen Sie in den Park, nach Hause oder zum Sport, aber nicht ins Büro. Denn Ihre Arbeitshaltung bestimmt den aufzuwendenden zeitlichen Einsatz. Da Sie den überlebensnotwendigen Umsatz innerhalb eines gewissen Zeitraumes erzielen müssen, gilt die alte Formel „**Zeit ist Geld**".

Durch Ihre Arbeitshaltung bedingte eklatante **Umsatzbremsen** sind: **59**

- fehlendes Engagement bei der Aushandlung der Honorare und beim Preisvergleich für anzuschaffende Gegenstände des anwaltlichen Bedarfs;
- Unkenntnis wesentlicher Abläufe der Anwaltstätigkeit wegen mangelhafter Vorbereitung auf diese Tätigkeit;
- umständliche Arbeitsweise und fehlender Blick für das Wesentliche sowie mangelhafte persönliche Organisation;
- fehlende Belastbarkeit aus körperlichen oder aus familiären Gründen; Anfälligkeit für gesundheitliche Beschwerden; mangelnde Selbstkritik;
- durch die Persönlichkeit unerfüllbares Kanzleiprofil; Auseinanderfallen von Anspruch und Wirklichkeit des Kanzleiprofils.

Schon an der Überwindung der vorstehend skizzierten selbstgeschaffenen Umsatzbelastungen scheitern die meisten wirtschaftlich schlecht gestellten jungen Kollegen. Scheitern dann auch noch Versuche, gewinnbringende Mandanten an sich zu binden, so kann die eigene umsatzbremsende Arbeitshaltung die unvermeidlich entstehenden Kosten der anwaltlichen Tätigkeit nicht mehr auffangen. Ihre anwaltliche Leistung ist dann für die Kostenstruktur des eigenen Büros schlicht zu teuer.

Als Ergebnis ist festzuhalten, dass nur Ihre Flexibilität bei der Arbeitshaltung nach **60** der Auswertung der vorbezeichneten Zeiterfassung Gewinnzuwächse für Ihre

Kanzlei ermöglicht. Es hilft also nichts – Sie müssen auch an sich selbst als Kostenfaktor gründlich arbeiten, um alle Einsparpotenziale systematisch zu erschließen. Hierbei kann es nützlich sein, auf entsprechende Erfahrungen anderer junger Kollegen zurückzugreifen und sich mit diesen zu besprechen.

Läuft aber die Geschäftsentwicklung trotz rationeller Kanzleiführung und überzeugenden anwaltlichen Leistungsprofils nicht wunschgemäß, so müssen **Beratungsangebote** in Anspruch genommen und Gespräche mit anderen Kollegen zur kostensparenden kooperativen Zusammenarbeit oder zur Übernahme von Mandantenstämmen gesucht werden. Gerade Gespräche mit älteren Kollegen können dabei hilfreich sein, da auch die Übernahme von Mandantenstämmen von ausscheidenden Kollegen eine viel zu selten genutzte Option der Optimierung der eigenen Tätigkeit ist. Hierbei kommt es jedoch auf die notwendigen Kontakte und auch auf Ihr entsprechendes Fingerspitzengefühl an. Es bleibt also dabei, dass der **kollegiale Kontakt** ein unverzichtbarer Bestandteil zur Festigung Ihrer eigenen Existenz ist. Sie finden diesen nicht nur auf Gerichtsfluren und auf Anwaltsstammtischen. Auch ein Engagement im örtlichen Anwaltsverein, die Teilnahme an den angebotenen diversen lokalen Anwaltsausflügen und örtlichen Fortbildungsveranstaltungen waren im wirtschaftlichen Ergebnis noch immer jeden zeitlichen Einsatz wert. Dennoch dürfen Sie natürlich nicht den Zeitpunkt für die Inanspruchnahme einer professionellen Beratung verpassen. Neben den Rechtsanwaltskammern, deren Beratungsqualität höchst unterschiedlich ist, gibt es zunehmend private Kanzleiberater, die ihre Dienste anbieten.

§ 10 Buchführung und Steuern im Anwaltsbüro

Dr. Jürgen Mertes

I. Einführung

Das nun folgende Kapitel führt Sie in eine Welt, die sich geheimnisvoll gibt und **1**
als schrecklich gilt: die Welt der **Buchführung und Steuern**. Das Attribut „geheimnisvoll" haftet ihr an, weil mit Fachworten gearbeitet wird, deren Sinn sich nicht sofort ergibt. Schrecklich mutet sie an, weil Steuernzahlen allgemein als grausam empfunden wird. Aber: Solange es in irgendeiner Form menschliches Zusammenleben in Organisationen gibt, solange gibt es auch Steuern. So schreibt schon *Matthäus* in Kapitel 22 seines Evangeliums in Vers 21: „So gebt dem Kaiser, was des Kaisers ist." – Dies scheint mir der erste schriftliche Appell zur Abgabe wahrheitsgemäßer Steuererklärungen und zur fristgerechten Bezahlung festgesetzter Steuern zu sein. Und über zu hohe Steuern stöhnt nicht nur die Jetztzeit, stand doch im Corpex Iuris Hungarici Dectretum II im Jahre 1751 etwas über „ … miseram … contribuentem plebem gravantes exactiones …" (die das arme zahlende Volk bedrückenden Steuern …).

Die ganze Problematik ist aber, wie sich im Folgenden zeigen wird, bei weitem **2**
nicht so schwierig, aufregend und ärgerlich, wie es beim ersten Hinschauen scheinen mag. Die heute gebräuchliche Form kaufmännischer Buchhaltung hat sich über Jahrhunderte entwickelt. Das erste Buchhaltungserläuterungsbuch wurde von dem venezianischen Priester *Luca Pacioli* verfasst und ist 1494 in Venedig in lateinischer Sprache erschienen. Dieses in dem damalig mächtigsten Wirtschaftsraum des Mittelmeeres entwickelte System ist heute kaum verändert im Dritten Buch des HGB (dem sog. Bilanzrichtlinie-Gesetz) teilweise europäisch harmonisiert niedergelegt und wird sich in der Handhabungstechnik auch in Zukunft, wenn die EU das Recht weiter harmonisieren und internationalen Standards anpassen wird, vermutlich nicht wesentlich verändern. Bei den Inhalten jedoch gibt es sicherlich große Unterschiede. Insbesondere durch das sog. „BilMoG" (Bilanzrechtsmodernisierungsgesetz vom 25. Mai 2009) als Artikelgesetz zur Umsetzung europäischer Vorgaben wurden signifikante Änderungen vorgenommen, die im Kern zu einer Deregulierung und Kostensenkung zugunsten kleiner und mittlerer Unternehmen beitragen soll. Den „jungen" Anwalt oder die „junge" Anwältin, treffen diese Änderungen in der Praxis jedoch nur kaum, so dass an dieser Stelle auf eine Vertiefung verzichtet werden kann.

3 **Buchhaltung** – oder als Oberbegriff „betriebliches Rechnungswesen" – soll erreichen, dass abgebildet werden

■ als **Bestandsgröße** ein möglichst wahrheitsgemäßes Bild des Vermögens eines Kaufmannes zu einem Stichtag, dem sog. Bilanzstichtag, – auf der Aktivseite die Verwendung des Vermögens (Maschinen, Kundenforderungen, Geldbestände), auf der Passivseite die Herkunft des Vermögens (Eigenkapital und Fremdkapital [Bankschulden, Lieferantenschulden und sonstige Schulden]), und

■ als **Flussgröße** das Ergebnis der Tätigkeit einer Periode – in der Regel eines Jahres – (um wie viel hat sich das Vermögen zum vorherigen Bilanzstichtag verändert?).

4 Um dieses Ziel zu erreichen, ist jeder Geschäftsvorfall eines Unternehmens, der sich auf die Vermögenssphäre auswirkt, aufzuzeichnen. Daher ist der erste Kernsatz, der für angehende Buchhalter wichtig ist: **Jeder Geschäftsvorfall ist aufzuzeichnen.**

5 Ein Rechtsanwalt ist kein Kaufmann. Deswegen ist er zur Führung von Büchern im Sinne des HGB gesetzlich nicht verpflichtet; ihm steht es allerdings frei. **Aber**: Der Rechtsanwalt ist zur Zahlung von Einkommensteuern verpflichtet und muss hierzu sein zu versteuerndes Einkommen ermitteln. Das aus anwaltlicher Tätigkeit stammende Einkommen wird üblicherweise nach **§ 4 Abs. 3 Einkommensteuergesetz** (EStG) ermittelt; er lautet (auszugsweise):

§ 4 Abs. 3 S. 1 EStG

Steuerpflichtige, die nicht aufgrund gesetzlicher Vorschriften verpflichtet sind, Bücher zu führen und regelmäßig Abschlüsse zu machen, und die auch keine Bücher führen und keine Abschlüsse machen, können als Gewinn den Überschuss der Betriebseinnahmen über die Betriebsausgaben ansetzen. (. . .)

6 Deswegen wird das, was Rechtsanwälte erstellen, üblicherweise als **Einnahmen-Überschuss-Rechnung** bezeichnet. Steuerberater sprechen im Fachjargon auch gerne mal von der sog. „Vier-Drei-Rechnung" im Hinblick auf die gesetzliche Norm des § 4 Abs. 3 EStG.

7 Das, was wir als Buchhaltung im Anwaltsbüro bezeichnen, ist (oder soll es zumindest sein) eine vollständige Aufzeichnung aller betrieblich veranlassten Einnahmen und Ausgaben, also in der Regel nur zahlungswirksamer Vorgänge. Die **Abgrenzung** zum bilanzierenden Kaufmann ist:

■ Der Kaufmann bucht erfolgswirksam dann, wenn er seinem Kunden eine Rechnung schreibt. Aufwandswirksam bucht er, wenn die Rechnung des Lieferanten eintrifft.

■ Der Einnahmen-Überschuss-Rechner bucht erfolgswirksam dann, wenn das Honorar eingeht, unabhängig davon, wann die Rechnung geschrieben wurde. Aufwandswirksam bucht er, wenn er seinen Lieferanten bezahlt.

Was, wie und wo wir aufzeichnen, werden wir uns in den kommenden Abschnitten erarbeiten. Bevor wir jedoch damit beginnen, sind einige Vorbereitungsschritte notwendig. **8**

II. Vorbereitungsschritte

1. Trennung der Sphären

§ 4 Abs. 3 EStG (siehe Rn 5) spricht von „Betriebseinnahmen" und „Betriebsausga- **9** ben". Daraus folgt, dass Sie nicht verpflichtet sind, Ihre **nicht betrieblich** veranlassten Einnahmen und Ausgaben aufzuzeichnen. Sie sollten es daher auch nicht tun. Um sich nun das Leben leichter zu machen, empfiehlt es sich, diese beiden Sphären streng voneinander zu trennen.

Diese Trennung sollte zum einen beim Bankkonto vollzogen werden, indem neben **10** dem privaten Konto zumindest ein **gesondertes Bankkonto für die Anwaltspraxis** geführt wird. Zum anderen empfiehlt sich auch bei den Bargeldbeständen eine Trennung derart, dass es eine **Bürokasse** gibt, aus der die Büroausgaben getätigt werden. Ihr privates Portemonnaie sollte privat bleiben.

Wenn Sie diese Trennung erfolgreich umgesetzt haben, sollten Sie als nächstes im **11** Büro das **Eigengeld vom Fremdgeld trennen**: Relativ bald nach Beginn Ihrer beruflichen Tätigkeit kommen Sie in den Besitz anderer Leute Geld. Separieren Sie es, indem Sie **Anderkonten** führen.

Tipp
Jedes deutsche Kreditinstitut führt für Sie auf Antrag gegen mäßige Gebühren Rechtsanwalt-Anderkonten, die besonderen Geschäftsbedingungen unterliegen. Sie kommen damit erst gar nicht in Versuchung, eigene Ausgaben mit anderer Leute Geld zu bestreiten. Und die Überziehung eines Girokontos, auf dem Fremdgeld vorhanden sein müsste, ist bereits die Veruntreuung.

2. Sammlung von Belegen

Da Sie sowieso schon einiges umorganisieren müssen, können Sie sich gleich da- **12** mit anfreunden, Ablagemöglichkeiten für die Belege zu schaffen, die Sie verbuchen müssen: Gewöhnen Sie sich von Anfang an daran, Kontoauszüge der Bank,

Kopien der Überweisungsträger, Rechnungen Ihrer Lieferanten wie auch Kassenbelege **sofort** (und ich meine wirklich: sofort) an einer dafür bestimmten Stelle, am besten in einem bzw. zwei **Belegordnern**, zeitlich geordnet aufsteigend abzulegen. Nur dieses Vorgehen garantiert Ihnen, dass alles nachher zum Buchen auch da ist.

13 Zudem sollten Sie von allen Honorarrechnungen, die Sie ausstellen, und von allen Fremdgeld- und/oder Auslagenabrechnungen mit Mandaten eine zusätzliche Kopie (neben der Kopie in der Handakte) in Ihren Buchhaltungsunterlagen abheften. Buchhaltungsunterlagen müssen länger aufbewahrt werden als Handakten. Zudem ersparen Sie sich damit im Fall eines Falles den Zugriff des Betriebsprüfers auf Ihre Handakten.

14 Denn der erste (Ihnen ja schon bekannte) Lehrsatz für angehende Buchhalter ist, dass eine **Buchhaltung lückenlos** zu sein hat. § 146 Abs. 1 S. 1 der Abgabenordnung (die AO ist das Verwaltungsverfahrensgesetz der Steuerverwaltung) verlangt, dass die Buchungen und die sonstigen Aufzeichnungen

- **vollständig**
- **richtig**
- **zeitgerecht**
- **geordnet**

zu erstellen und aufzubewahren sind.

15 Der wichtigste Lehrsatz aber für den Buchhalter lautet: **Keine Buchung ohne Beleg!** Wenn Sie den Beleg aber verschusselt oder (in der Hosentasche steckend) bis zur Unleserlichkeit mitgewaschen haben, können Sie ihn nicht buchen. Das wäre ein steuerlich herber Verlust für Sie. Deswegen also:

- **ordentlich sammeln,**
- **ordentlich ablegen und**
- **ordentlich buchen.**

16 In der AO, genau in § 146 Abs. 3 S. 1, steht auch, dass Sie die Aufzeichnungen in einer lebenden Sprache vorzunehmen haben, also bitte nicht in Latein und nicht in Esperanto. Falls Sie der deutschen Sprache nicht den Vorzug geben sollten, müssen Sie allerdings bei einer späteren Betriebsprüfung unter Umständen dem Beamten des Finanzamtes einen beeideten Dolmetscher kostenlos zur Verfügung stellen.

17 Nachdem Sie Ihr Belegwesen geordnet und systematisiert haben, können Sie nun zur eigentlichen Buchhaltung schreiten, indem Sie **buchen** (also in ein Buch eintragen). Das kann man mit verschiedenen Systemen tun.

3. Auswahl des Buchhaltungssystems

a) Journalbuchführung

Das derzeit älteste, aber zum Teil immer noch vorzufindende System in der An- **18**
waltsbuchführung ist das, was der Name schon sagt: ein gebundenes Buch. Es besteht aus großen Bögen, in denen in vielen Spalten die Einnahmen und Ausgaben
zeitlich geordnet untereinander und zudem nebeneinander einmal die Eintragung
in der Spalte für Bank (oder Kasse) – **Geldkonto** – und einmal die Eintragung in
der entsprechenden Spalte der Einnahmen- oder Ausgabenart – dem **Sachkonto** –
vorgenommen wird. Diese beiden Eintragungen sind dann die Buchung. Beide großen Fachhandlungen für die Anwaltspraxis, Hans Soldan GmbH, Essen, und Dres-
ke & Krüger, Hannover, haben solche Bücher im Angebot.

Eine der tragenden Säulen der Buchhaltung ist gerade beschrieben worden (siehe **19**
Rn 18): **Alles wird zweimal gebucht** (entweder von Hand oder vom System), weil
mit jeder Buchung zwei Dinge geklärt werden: **Mittelherkunft und Mittelver-
wendung**. Wie dies konkret geschieht, werden wir weiter unten klären (siehe
Rn 36 ff.). Bei Computerprogrammen geschieht dies fast vollautomatisch. Bei der
Handbuchführung müssen Sie es selbst tun.

Der Vorteil einer Journalbuchführung ist zum einen der überschaubare Preis (ein **20**
Buch kostet ca. 110 EUR) und zum anderen, dass sie selbst relativ **überschaubar**
ist. Zudem gewinnen Sie beim Handbuchen ein Gefühl für Zahlen. Es gibt für die
Sacheinnahmen ein oder zwei Spalten und für die Sachausgaben rd. zehn Spalten
nebeneinander. Beide Fachhandlungen haben auch einzelne Bögen im Angebot,
die in der Ausbildung der Lehrlinge in den Schulen benutzt werden. Diese kann
man zum Üben benutzen (10 Bögen im Paket rd. 35 EUR).

Der Nachteil ist allerdings, dass ein nicht unerheblicher Rechenaufwand erforder- **21**
lich ist, nämlich zum einen bei allen Buchungen, die etwas mit Mehrwertsteuer
(richtig heißt es eigentlich „Umsatzsteuer", wobei der Begriff der Mehrwertsteuer
landläufig verwendet wird) zu tun haben, und zum anderen beim Abstimmen, bei
dem dann die Spalten aufgerechnet werden müssen. Diesen **Rechenaufwand** benötigt man bei EDV-Systembuchhaltungen nicht. Außerdem müssen Sie ständig an
die zweite Eintragung denken. Das vergisst man manchmal in der Hektik, was
dann später einen erheblichen Abstimmungsbedarf bedeutet. Im Übrigen ist eine
Handbuchhaltung dann nicht empfehlenswert, wenn man eine Handschrift hat, die
sich frühassyrischen Keilschriften nähert, weil dies mit dem Gebot der lebenden
Sprache nicht unbedingt in Einklang zu bringen ist. Im Übrigen sind Ihnen bei der
Untergliederung der Einnahmen und Ausgaben nach besonderen Gesichtspunkten

(z.B. Erfassung der Honorare nach Spezialgebieten oder nach Sozius) äußerst enge Grenzen gesetzt.

b) Buchhaltungsprogramme für den PC

22   Auf dem Markt sind schon seit einigen Jahren bezahlbare Buchhaltungsprogramme, die für eine **vollkaufmännische Buchhaltung** ebenso geeignet sind wie für eine **Einnahmen-Ausgaben-Rechnung.** Marktführer ist wohl das Programm „Lexware buchhalter", das für 119,90 EUR in der Basis-Version von allen Buchhandlungen oder auch online verkauft wird. Bei diesem Programm muss man sich allerdings gleich bei der Einrichtung entscheiden, ob man bilanziert oder die Einnahmen-Überschuss-Rechnung wählt. Das Programm verträgt sich sehr gut mit den Anwaltsprogrammmodulen der Serie „soft use" aus dem Haufe-Verlag (der hinter Lexware steht).

23   Von der Sage Software GmbH gibt es ein vergleichbares Softwarepaket unter der Bezeichnung „GS-Buchhalter". Das Programm wird derzeit für 224,91 EUR angeboten und findet sich ebenfalls in der anwaltlichen Praxis häufiger im Einsatz.

24   Deutlich aufwendiger in der Handhabung, dafür aber auch mit vielfältigen Auswertungsmöglichkeiten ausgestattet sind die Programme aus dem Hause Agenda. Die Preise richten sich nach dem Umfang der gewünschten Module und beginnen für die Basisvariante der Finanzbuchführung bei 20 EUR monatlich. Allerdings sollte man bei der Nutzung derartiger Software schon über gewisse Grundkenntnisse der Buchführung verfügen.

25   Daneben gibt es noch eine Unzahl von Programmanbietern. Bitte bedenken Sie aber beim Kauf, dass Ihr Programmanbieter sinnvollerweise auch dann noch auf dem Markt sein sollte, wenn der Gesetzgeber wieder einmal die Systematik der Umsatzsteuer oder des Betriebsausgabenabzugs ändert. Das tut dieser nämlich gerne. Zwei Dinge sollten sich für Sie von selbst verbieten, nämlich der Einsatz eines Programms, für das Sie keine offizielle Lizenz erworben haben, und/oder der Einsatz von Shareware.

26   Wenn Sie ein Programm kaufen, verlangen Sie den Nachweis, dass es von einem Wirtschaftsprüfer auf die Einhaltung der behördlichen Vorschriften für Buchhaltungsprogramme (GoS = Grundsätze ordnungsgemäßer Speicherbuchführung) geprüft worden ist.

c) Anwaltsprogramme

Alle auf dem Markt befindlichen Anwaltskomplettprogramme haben natürlich 27
auch einen Buchhaltungsteil, der äußerst komfortabel ist, weil er auf die Stammdaten zurückgreift, die für alle Programmmodule nur einmal erfasst werden.

Zudem haben sie einen weiteren unschätzbaren Vorteil: In der Anwendung können 28
Sie für die Beitreibung auch die Forderungen des Mandanten verwalten; eingehende Zahlungen können komfortabel nach allen gängigen Methoden (§§ 366, 367
BGB) verrechnet werden. Und Sie können offene Honorarforderungen erfassen
und halbautomatisch mahnen.

Sie haben allerdings auch Nachteile: Zum einen den nicht unerheblichen Anschaf- 29
fungspreis, der sich erst bei einer nicht geringen Zahl von verwalteten Akten und
einem dabei nicht unerheblichen Anteil von Beitreibungssachen amortisiert. Und
zum anderen sind diese Programme entgegen allen anders lautenden Beteuerungen
der Hersteller nicht selbsterklärend. Sie brauchen viel Zeit, bis Sie alles verstanden
haben. Und Sie müssen die nicht gerade billigen **Schulungen** der Hersteller in Anspruch nehmen. Zudem bedürfen diese Programme der regelmäßigen Aktualisierung, da der Gesetzgeber ständig etwas ändert, und diese **Aktualisierungen** kosten
Geld (Lizenzgebühren) und wiederum Zeit, weil diese dauernd eingespielt werden
müssen.

d) Fernbuchhaltung

Nur der Vollständigkeit halber sei erwähnt, dass es auch die Möglichkeit gibt, die 30
Buchhaltung einschließlich der Führung der Mandantenkonten derart außer Haus
zu geben, dass nach einem vorgeschriebenen Muster Belege ausgefüllt zum Ver-
arbeiter geschickt werden. Diese Lösung ist die schlechteste aller möglichen; daher
wird sie nicht weiter erklärt.

e) Außer-Haus-Lösungen

Die für Sie bequemste, aber an Erkenntnismöglichkeiten ärmste und auch nicht bil- 31
lige Lösung ist die: Sie geben Ihre Buchhaltung außer Haus. Hierfür gibt es Angehörige der steuerberatenden Berufe (zu denen im Übrigen auch Rechtsanwälte gehören), die die Buchhaltung gegen Entgelt für Sie erledigen.

> *Tipp*
> Die Beauftragung eines Steuerberaters hat – wie meist alles im Leben – Vor-
> und Nachteile. Nachteilig ist, dass Sie neben den höheren Kosten bei der exter-

nen Lösung faktisch nie gezwungen werden, sich intensiv mit dem Steuerrecht zu beschäftigen; die Kenntnisse im Steuerrecht sind aber in vielen anwaltlichen Tätigkeitsgebieten unerlässlich (wie wollen Sie z.b. den Unterhaltsanspruch für Ihre Mandantin beziffern, wenn Sie Bilanz und Gewinn- und Verlustrechnung des als Kaufmann tätigen Ehemannes nicht lesen können?).

Und zum anderen können Sie die Auswertungen, die Ihnen der Steuerberater schickt, meist nur eingeschränkt lesen, wenn Sie sich nicht selbst bereits im Vorfeld mit den entsprechenden Grundlagen beschäftigt haben (ich sage dies aus leidiger beruflicher Erfahrung), so dass Sie Ihr Jahresergebnis erst dann zur Kenntnis nehmen, wenn Sie auf ultimativen Druck Ihrer Bank oder Ihres Finanzamtes Monate später den Abschluss erstellen lassen. Dann aber ist es für ein Gegensteuern schon viel zu spät. Allerdings kann ein guter Steuerberater auch eine wertvolle Unterstützung bei der wirtschaftlichen Kanzleiführung sein. Denn wenn der Steuerberater sich regelmäßig mit Ihnen zusammensetzt und die Auswertungen bespricht, ergibt sich selbstredend ebenfalls ein nicht unerheblicher **Lerneffekt**. Diese Zielsetzung sollte aber im Vorfeld genauestens mit dem Steuerberater fixiert werden, damit es andernfalls nicht zu der Variante der reinen Auslagerung der Buchhaltung ohne Lerneffekt kommt.

32   Allerdings ist die Lösung, wie bereits gesagt, in der Regel nicht ganz billig. Das nach der Steuerberatervergütungsverordnung (StBVV) zu zahlende Honorar richtet sich nach dem Jahresumsatz. Eine Mittelgebühr für eine Monatsbuchhaltung einschließlich Umsatzsteuervoranmeldung beträgt bei einem Jahresumsatz von 50.000 EUR bereits 74,80 EUR (netto) zuzüglich Auslagenpauschale. Die Erstellung des Jahresabschlusses wird dann noch gesondert berechnet.

Ein denkbarer und mittlerweile immer häufiger vorzufindender Mittelweg ist die **Kombination** aus externer Beauftragung eines Steuerberaters und eigenständiger Verbuchung der Geschäftsvorfälle mittels vom Steuerberater bereitgestellter Buchhaltungssoftware. Die meisten Steuerberater nutzen die Softwareumgebung der DATEV eG, einer Genossenschaft der steuerberatenden Berufe, der rund 80 % aller Berufsträger angehören. Soweit der Steuerberater der DATEV eG angehört, wird er die Buchhaltung in der Regel über die Software „Kanzlei Rechnungswesen" abwickeln – ein sehr effizientes, wenn auch nicht immer ganz einfach zu bedienendes Programm. Eine abgespeckte Variante dieses Programms gibt es unter dem Namen „Rechnungswesen Compact" der DATEV eG, die über den Steuerberater bezogen werden kann und derzeit Lizenzgebühren von ca. 129 EUR pro Jahr verursacht. Man kann dann über diesen Weg die Buchhaltung selbst durchführen, entsprechend lernen und die Daten gleichzeitig dem Steuerberater zu Auswertungszwecken bzw. für die Erstellung der Einnahmen-Überschuss-Rechnung und der Steuererklärung zur Verfügung stellen. Dies erspart einerseits die Kosten für den Steuerberater im Hinblick auf die laufende Buchführung und führt andererseits dazu, dass man selbst gezwungen ist, sich mit der Buchführung zu beschäftigen bei gleichzeitig gegebenem unmittelbaren Draht zu einem kompetenten Ansprechpartner in Form des Steuerberaters.

Der Vollständigkeit halber soll an dieser Stelle nicht unerwähnt bleiben, dass die Verlagerung der Buchführungsarbeit nicht nur auf Angehörige der steuerberatenden Berufe (Steuerberater, Wirtschaftsprüfer und Rechtsanwälte) möglich ist, sondern auch auf sog. Buchführungshelfer. Hierbei handelt es sich meist um Steuerfachangestellte oder Bilanzbuchhalter, die sich in den engen Grenzen des Steuerberatungsgesetzes mit dem Dienstleistungsangebot der Führung der laufenden Buchhaltung selbstständig gemacht haben und die Leistungen in der Regel spürbar günstiger anbieten (können) als klassische Steuerberater. Man kann mit Sicherheit nicht pauschal sagen, dass die Leistungen der Buchführungshelfer im Bereich der laufenden Buchhaltung schlechter sind als die der klassischen Steuerberater. Allerdings zeigt die Erfahrung aus der eigenen Kanzlei, dass die Qualitätsunterschiede zwischen den einzelnen Buchführungshelfern erheblich schwanken und die Auswahl sehr sorgfältig – am besten auf Basis von Empfehlungen – erfolgen sollte.

f) GDPdU

Seit geraumer Zeit sagt § 146 Abgabenordnung aus, dass die Finanzverwaltung **33** elektronische Buchhaltungen und ähnliche Systeme (Fakturierprogramme, Warenwirtschaftssysteme) auch elektronisch prüfen darf. Deswegen hat das Bundesfinanzministerium mit Schreiben vom 16.7.2001 die „Grundsätze zum Datenzugriff und zur Prüfbarkeit digitaler Unterlagen" bekannt gemacht, die nun bereits seit einigen Jahren durchgehend von allen Betriebsprüfern angewendet werden. Zu gut Deutsch: Haben Sie ein Nur-Buchhaltungsprogramm, müssen Sie die Datensätze daraus dem Prüfer zur Verfügung stellen. Deswegen muss Ihr Programm eine GDPdU-Schnittstelle haben. Sonst werfen Sie es weg!

Ist ein komplexeres Programm im Einsatz, bei dem auch Belege (z.B. Honorar- **34** rechnungen) elektronisch erzeugt werden, müssen auch diese Dateien dem Prüfer via GDPdU-Schnittstelle übermittelt werden.

Und geben Sie Ihre Buchhaltung weg, dann versichern Sie sich, dass der von Ihnen **35** Beauftragte in seinem Programm eine solche Schnittstelle hat. Lassen Sie sich regelmäßig von ihm eine CD mit einer GDPdU-Datei brennen. Am besten immer dann, wenn ein Jahr endgültig abgeschlossen ist und die Steuerbescheide vorliegen.

III. Die Erstellung der Buchhaltung

36 Nachdem Sie sich für ein System entschieden, dieses eingerichtet und sich eine ruhige Ecke gesucht haben, beginnen Sie mit der Buchhaltung. Dazu ist etwas Buchhaltungstechnik erforderlich, die sich relativ leicht lernen lässt.

1. Der Buchungssatz

37 Bei einer Einnahmen-Ausgaben-Rechnung bucht man immer vom Geldkonto her: also vom Kassenbuch oder vom Kontoauszug der Bank. Im Journal buchen Sie auf der gleichen Seite (linke Seite der Spalte Einnahme; rechte Seite der Spalte Ausgabe). Damit dies nicht zu verwirrend ist, sind die Journale zweifarbig gedruckt: Einnahmen in die blauen Felder, Ausgaben in die roten.

38 In der kaufmännischen Buchhaltung und in EDV-Systemen bucht man jeden Vorfall auf zwei Seiten:
- einmal links (**Soll-Spalte**),
- einmal rechts (**Haben-Spalte**).

Das ist für den Anfänger verwirrend, führt aber dazu, dass (für Juristen verwirrend) die Bilanz links und rechts immer die gleiche Summe hat und dass man die Buchhaltung sehr schnell auf Vollständigkeit und Richtigkeit verproben kann. Die Summe aller Soll-Buchungen und die Summe aller Haben-Buchungen müssen immer gleich groß sein. Die Zuordnung und die Verprobung nimmt Ihnen ein Buchhaltungsprogramm ab: Sie müssen sich bei dem ersten von Ihnen angesprochenen Konto für die Seite (Soll oder Haben) entscheiden, beim Gegenkonto macht das Programm dies automatisch.

39 Bei den Geldkonten, an denen wir uns orientieren, werden Geldeingänge im Soll und Geldausgänge im Haben gebucht. Und zwar deswegen, weil diese Buchungen abgeleitet werden aus dem System der Bilanz. Ein Geldeingang erhöht Ihr Vermögen (= Aktivseite der Bilanz), ein Geldausgang Ihre Schulden (= Passivseite der Bilanz).

40 Nach der bereits dargestellten Systematik (siehe Rn 38) erfolgt nun die Gegenbuchung auf den Sachkonten (Aufwands- und Ertragskonten) seitenverkehrt: Die Betriebseinnahme (z.B. das Honorar) wird auf dem entsprechenden Konto („Honorare") im Haben gebucht, die Betriebsausgabe auf dem Aufwandskonto im Soll.

Aus den beiden anzusprechenden Konten wird ein **Buchungssatz** gebildet, bei   **41**
dem das im Soll zu buchende Konto als erstes angesprochen wird. Der Satz lautet:
„**Per Soll an Haben**", im Beispiel eines auf dem Bankkonto eingegangenen Hono-
rars „per Bank an Honorare". Diese Buchungssatz-Systematik liegt den Abfrage-
masken in Buchhaltungsprogrammen zugrunde. Bis man die Buchungssatz-Systematik verinnerlicht hat, sollte man immer vom Bankkonto ausgehen, weil es dort
am leichtesten erlernbar ist, was links und rechts zu buchen ist, so dass man dann
nur entscheiden muss, auf welches Sachkonto gegengebucht wird.

2. Das Sachkonto

Die Wahl des Sachkontos fällt nur zu Anfang schwer: Im Journal gibt es die bereits   **42**
erwähnten 10 Spalten zur Auswahl, die sich durch ihre Überschriften selbst erklären. In den Buchhaltungsprogrammen stehen mehrere Konten zur Auswahl, die in
einem Kontenrahmen niedergelegt sind. Diese bauen fast alle auf dem Standard-
kontenrahmen SKR 03 oder SKR 04 der DATEV eG auf. Seit dem Deutschen Anwaltstag im Mai 2001 gibt es einen speziellen **Kontenrahmen für Rechtsanwälte**,
der gemeinsam von der DATEV eG und dem Deutschen Anwaltverein erarbeitet
wurde. Der Kontenrahmen ist bei der DATEV eG in den regionalen Info-Zentren
oder über einen bei der DATEV eG angeschlossenen Steuerberater erhältlich. Alle
im Folgenden genannten Beispiele bauen darauf auf.

Versuchen Sie von Anfang an, möglichst genau und möglichst zutreffend zu kon-   **43**
tieren bzw. zu verbuchen. Dies kostet zwar Zeit, aber nach einiger Gewöhnung
kann man dann die Konten, die anzusprechen sind, fast auswendig. Ihre Auswertung zum Jahresende gewinnt an Aussagekraft. Sie haben dann eher die Möglichkeit zu überlegen, ob Sie an Ihrer Ausgabenpolitik etwas ändern können oder wollen. Außerdem haben Sie auch die Möglichkeit, Ihre Ausgaben in ihrem
Prozentanteil mit den regelmäßig veröffentlichten Zahlen aus der Statistik zu vergleichen. Sowohl das Anwaltsblatt als auch die Mitteilungen der Bundesrechtsanwaltskammer enthalten Veröffentlichungen über die durchschnittlichen Prozent-
anteile bestimmter Kosten bezogen auf den Umsatz. Auch Steuerberater können
bei Bedarf über die Statistikauswertungen der DATEV eG (sog. Branchenauswer-
tungen) entsprechende Vergleichszahlen zur Verfügung stellen.

Im Journal haben Sie eine knapp bemessene Textspalte, in den Buchhaltungspro-   **44**
grammen im Allgemeinen eine Textspalte mit 30 Anschlägen. Nutzen Sie diese
und bilden Sie einen prägnanten Buchungstext. In aller Regel schreibt man den
Zahlungsempfänger (oder den Einzahler) und den Zahlungsgrund (Rechnungs-

nummer o.Ä.), also z.B. „Landsberg, Re Nr. 1130 025, Beratung Schenkungsteuer".

45

Achtung

Denken Sie bitte daran: Die Buchhaltung soll so aussagekräftig sein, dass zum einen Sie selbst (viele Jahre) später problemlos noch den Geschäftsvorfall rekonstruieren können und zum anderen ein Betriebsprüfer, der irgendwann einmal bei Ihnen auftaucht und dann drei Jahre rückwirkend die Unterlagen prüft, sich ohne große Mühe und ohne viele Rückfragen einen Überblick verschaffen kann.

3. Betriebseinnahmen und Betriebsausgaben

a) Betriebseinnahmen

46 **Betriebseinnahmen** sind alle Einnahmen, die Sie aufgrund einer auf Dauer gerichteten Teilnahme am Erwerbsleben erzielen. Davon zu unterscheiden sind die Einnahmen, die Sie aus privater Vermögensumschichtung erzielen. Die Grenze zwischen beiden ist fließend und wird ständig wechselnd in der Rechtsprechung zum gewerblichen Grundstückshandel (einem Dauerbrenner in der steuerrechtlichen Judikatur) gezogen. Verkaufen Sie die von Ihrer Großmutter geerbte Perlenkette mit 24 echten Perlen im Stück, ist dies private – und damit steuerfreie – Vermögensumschichtung. Trennen Sie die Kette auf, ziehen jede Perle einzeln auf ein Silberkettchen und verkaufen dann die 24 Perlen einzeln, ist dies gewerblich. Gleiches gilt für Haus- und Grundbesitz: Der Verkauf des ganzen ererbten Mehrfamilienhauses ist private Vermögensumschichtung; die Umwandlung nach §§ 3, 8 WEG mit anschließendem Verkauf führt ab der dritten Wohnung zum gewerblichen Grundstückshandel, und zwar mit – steuerrechtlich zulässiger – unechter Rückwirkung auf die erste Wohnung, d.h. alle Verkäufe unterliegen dann der Besteuerung.

47 Nicht zu den Betriebseinnahmen gehören dagegen die Einzahlungen auf die Bankkonten, die Sie aus Ihrer Privatsphäre getätigt haben (sog. Privateinlagen). Dementsprechend gehören auch Auszahlungen vom Geschäftskonto in die Privatsphäre, u.a. zur Bestreitung Ihres Lebensunterhalts (sog. Privatentnahmen) nicht zu den Betriebsausgaben.

48 Ebenso wenig gehören zu den Betriebseinnahmen Einzahlungen auf dem Geschäftskonto aus Kreditaufnahmen. Deshalb gehören Auszahlungen, die der Tilgung des Kredites dienen, auch nicht zu den Betriebsausgaben. Die Zinsen allerdings, die Sie für den Kredit bezahlen, sind Betriebsausgaben, sofern die Kreditaufnahme betrieblich veranlasst war.

b) Sonderproblem: Abgrenzung „freiberuflich" und „gewerblich"

Zu den Betriebseinnahmen zählt alles, was durch Ihre berufliche Tätigkeit erwirtschaftet wird, also in erster Linie Ihr **Honorar**. Dazu rechnen aber auch solche Einnahmen, die aus Randtätigkeiten (z.B. Repetitor) oder sogar berufsfremden Erwerbstätigkeiten (z.B. Makler) stammen. Problematisch sind **Aufwandsentschädigungen** bei Ausübung von **Ehrenämtern**. Soweit diese staatlich sind und die Aufwandsentschädigung aufgrund eines Bundes- oder Landesgesetzes gezahlt wird, sind sie steuerfreie Einnahmen (§ 3 Nr. 12 EStG). Aufwandsentschädigungen, die beispielsweise Kammern zahlen, sind bis zur Höhe von 2.100 EUR nach § 3 Nr. 26 EStG steuerfrei, wenn es sich um Nebeneinnahmen aus der Tätigkeit als Übungsleiter, Ausbilder, Betreuer oder Vergleichbarem handelt. Darüber hinaus kann alternativ für anderweitige Nebeneinnahmen von juristischen Personen des öffentlichen Rechts ein Freibetrag nach § 3 Nr. 26a EStG in Höhe von 500 EUR in Anspruch genommen werden. **49**

Der sehr umfassende Betriebseinnahmenbegriff bedeutet konkret, dass auch **50**
- Ihr Honorar aus der Dozententätigkeit an der Volkshochschule,
- Ihre Testamentsvollstreckervergütung,
- die Vergütungen für Pflegschaften oder für Repetitortätigkeiten,
- ggf. auch ein Honorar für eine Maklertätigkeit

zu den Betriebseinnahmen gehören.

Hier tritt nun ein besonderes Problem auf: Als Rechtsanwalt gehören Sie einer im Einkommensteuergesetz besonders definierten Gruppe, nämlich der in § 18 EStG definierten Gruppe der **Freiberufler** an. Diese Gruppe ist in vielfacher Hinsicht privilegiert: zum einen dadurch, dass sie – egal wie hoch Umsatz und Gewinn sind – nie verpflichtet ist, Bücher im Sinne des Dritten Buches des HGB zu führen und eine Bilanz aufzustellen, und zum anderen dadurch, dass auf den Gewinn keine Gewerbesteuer anfällt. **51**

Übersteigt der Anteil der Einnahmen aus nicht freiberuflicher – und damit gewerblicher – Tätigkeit eine nicht sehr hohe Grenze, nämlich 1,25 % vom Ganzen, werden, sofern Sie in einer GbR tätig sind, nun alle Einnahmen, also auch die freiberuflichen aus anwaltlicher Kerntätigkeit, als gewerbliche Einkünfte behandelt (sog. **Abfärbe- oder Infektionstheorie des Bundesfinanzhofes**). Dies hätte dann zur bitteren Konsequenz, dass auf den ganzen Gewinn Gewerbesteuer anfällt, die – je **52** nach Gemeinde unterschiedlich hoch – zwischen 10 % und 18 % vom Gewinn erhoben wird. Allerdings erfolgt ausgehend von § 35 EStG teilweise eine Anrechnung der Gewerbesteuerzahlungen auf die Einkommensteuer, so dass das „Gespenst der Gewerbesteuer" etwas an Schrecken verloren hat, nichtsdestotrotz in der Regel dennoch eine effektiv höhere Gesamtsteuerbelastung verbleibt. Der Vollständigkeit halber sei angemerkt, dass die vorgenannte Grenze von 1,25 % keine gesetzliche, sondern eine von der Rechtsprechung definierte Grenze darstellt, die in der jüngeren Vergangenheit von einzelnen Finanzgerichten auch schon mal großzügiger ausgelegt wurde. Für die praktische Tätigkeit sollte man aber weiterhin aus Sicherheitsgründen den Wert von 1,25 % beachten.

53 Nachdem in der Vergangenheit die Tätigkeit von Steuerberatern als Treuhänder in Bauherrenmodellen als „gewerblich" qualifiziert und damit der Gewerbesteuer unterworfen wurde (und damit im Übrigen nicht mehr durch die normale Berufshaftpflicht abgedeckt war), hat der Bundesfinanzhof (XI R 56/00, BStBl II 2002, 202 ff.) die Tätigkeit eines Rechtsanwalts als Insolvenzverwalter (aufgrund der sog. Vervielfältigungstheorie) als gewerblich eingestuft. Es ist für die Zukunft zu befürchten, dass alle Tätigkeiten, die nicht nach dem RVG abgerechnet werden, ein ähnliches Schicksal erfahren werden und dass in all den Fällen, in denen eine größere Zahl von nichtanwaltlichen Mitarbeitern eingesetzt wird und damit der Gewinn steigt (vervielfältigt wird), die Finanzverwaltung Ähnliches versuchen wird.

54 Kommen Sie in die Gefahr, dass Sie die Grenze überschreiten, ist Gestaltungsfantasie gefragt. Das Steuerrecht unterliegt dem Primat der zivilrechtlichen Gestaltung bis zu der Grenze, dass Sie eine zivilrechtliche Form nur gewählt haben, um Steuern zu sparen (sog. **Missbrauch von Gestaltungsmöglichkeiten nach § 42 AO**). Aber es hindert Sie z.B. niemand (außer vielleicht das anwaltliche Berufsrecht), als Anwalt in einer Sozietät und als Makler als Einzelkämpfer zu arbeiten, so dass zwei unterschiedliche Rechtssubjekte auftreten und damit diese auch unterschiedlicher Besteuerung unterworfen werden.

c) Betriebsausgaben

55 Bei den Betriebsausgaben scheint es einfacher zu sein: Alles das, was Sie für Ihre berufliche Tätigkeit glauben ausgeben zu müssen, ist **Betriebsausgabe** – auch die unangemessen hohe! Versuche der Finanzverwaltung in früherer Zeit, Angemessenheitsprüfungen anzustellen und dann den Betriebsausgabenabzug zu untersagen, sind glücklicherweise in nahezu allen Fällen mit Hilfe der Finanzgerichte gescheitert.

Das Gesetz definiert Betriebsausgaben in § 4 Abs. 4 EStG wie folgt: **56**

§ 4 Abs. 4 EStG

Betriebsausgaben sind die Aufwendungen, die durch den Betrieb veranlasst sind.

Diese – für das Steuerrecht unüblich kurze – Definition ist aber missverständlich: Immer, wenn ich mich beruflich stark ärgere, muss ich abends gut essen gehen; dennoch ist die Ausgabe im Restaurant nach Auffassung leider aller Kommentatoren nicht betrieblich veranlasst. Das **Veranlassungsprinzip** im Steuerrecht ist enger zu sehen als die Kausalitätsproblematik im Schadensersatzrecht.

Sie sollten daher versuchen, das Problem mit dem Verstand zu lösen. Dient eine **57** Ausgabe dazu, mir meine berufliche Tätigkeit als Anwalt zu ermöglichen oder zu erleichtern oder zu verbessern? Oder würde ich die Ausgabe auch machen, wenn ich nicht Anwalt wäre?

Die sog. Anwaltsjournale (siehe Rn 18) haben zwischen 10 und 14 Spalten für Be- **58** triebsausgaben. Die Überschriften sind leicht verständlich und selbst erklärend. Die EDV-Buchhaltungsprogramme sind in diesem Bereich erheblich ausführlicher gegliedert. Sie können (falls Sie wollen) hierbei problemlos 999 verschiedene Ausgabenarten unterscheiden (auf den Sachkonten buchen).

Normalerweise sind die Ausgaben in Gruppen gegliedert, wobei dies sich an dem **59** Gliederungsschema des § 275 HGB orientiert. Auf den Anwaltsbereich bezogen sind dies die Posten:
- Personalaufwand
- Hierzu gehören die Löhne und Gehälter für meine Angestellten, der Arbeitgeberanteil zur Sozialversicherung u.Ä., **nicht jedoch** das „Gehalt", das ich mir selbst zahle!
- Abschreibungen (siehe Rn 88 ff.)
- Sonstiger betrieblicher Aufwand
- Zinsen für Kredite.

Die Position „sonstige betriebliche Aufwendungen" wird dabei weiter untergliedert in: **60**
- Raumkosten
- Versicherungen, Beiträge und Abgaben
- Kfz-Kosten
- Werbe- und Reisekosten
- Porto
- Telefon, Telefax, Internet
- Büromaterial

- Bücher, Zeitschriften
- Rechts- und Steuerberatung, Jahresabschlusserstellung
- Mieten für Einrichtungen, Mietleasing
- Nebenkosten des Geldverkehrs (Kontoführung u.Ä.)
- Sonstiger Betriebsbedarf.

61 Soweit ich das übersehen kann, gibt es eigentlich keine Ausgabe, die sich nicht in dem Gliederungsschema unterbringen lässt, mit der – bei Ihnen hoffentlich (und wahrscheinlich) nie auftretenden – Ausnahme des von Ihnen zu zahlenden Eigenanteils bei Schadensersatzzahlungen aufgrund eines Fehlers.

62 Im Anhang (siehe Rn 204) finden Sie ein kleines **Betriebsausgaben-ABC**, das Ihnen hoffentlich weiterhilft (für Ergänzungsvorschläge bin ich dankbar). Etwas ausführlicher, wissenschaftlich fundiert und mit Fundstellen aus der Rechtsprechung des Bundesfinanzhofes und der Finanzgerichte versehen, finden Sie ein solches auch bei *Meyer*, Die Besteuerung der Anwaltskanzlei, 3. Aufl. 2007, und bei *Kögler/Block/Pauly*, Die Besteuerung von Rechtsanwälten und Anwaltsgesellschaften, 3. Aufl. 2009.

4. Abgrenzung „betrieblich" und „privat"

63 Bitte beachten Sie einen wichtigen Praxishinweis vorab: Versuchen Sie nicht, Privatausgaben in Betriebsausgaben „umzuqualifizieren". Betriebsprüfer vom Finanzamt sind nicht blöde – ganz im Gegenteil! Und der Versuch, Bewirtungsaufwendungen am Tag des Geburtstags Ihres Kindes als betrieblich veranlasst darzustellen, scheitert schon daran, dass der Prüfer das Geburtsdatum des Kindes aus der Steuerakte kennt, spätestens aber dann, wenn auf der Computerquittung der „Kinderteller Pinocchio" aufgeführt ist. Ich könnte an dieser Stelle eine Vielzahl von misslungenen Versuchen aufführen. Deswegen: Versuchen Sie es erst gar nicht! Es geht häufig schief und lohnt fast nie.

64 Trotz aller – hoffentlich meiner Empfehlung folgenden – sauberen Abgrenzung zwischen privatem und betrieblichem Bereich werden Sie schnell an Punkte kommen, bei denen sich die Frage stellt, wo nun genau die Grenze zwischen „betrieblich" und „privat" verläuft. Dies exakt zu beantworten, ist manchmal schwierig.

65 Auch auf die Gefahr hin, dass ich mich wiederhole: Die Frage, die Sie sich in diesem Fall stellen und auch beantworten müssen, ist: „Wurde die Ausgabe getätigt, weil ich als Anwalt tätig bin oder weil ich ein Mensch bin?" Sie sind zwar aufgrund Ihrer Anwaltszulassung Pflichtmitglied im berufsständischen Versorgungswerk. Das aber deckt Ihr Alterseinkommen ab. Und alt werden Sie als Mensch (auch ohne Anwaltszulassung). Also sind die **Beiträge zum Altersversorgungswerk** private Vorsorgeaufwendungen.

Anders sieht es bei den **Kammerbeiträgen** aus: In dem Augenblick, in dem Sie **66** auf die Zulassung verzichten, sind Sie die Beiträge los. Damit sind diese beruflich veranlasst, also Betriebsausgabe.

Schwierig wird es bei den Ausgaben, die beides berühren: Sie **praktizieren in Ih 67 rer Wohnung**. Damit ist die Miete, sind die Nebenkosten (Strom, Heizung, Wasser) aufzuteilen. An die Nachprüfbarkeit und Nachvollziehbarkeit der Aufteilung stellt die Finanzverwaltung hohe Anforderungen. Sie sollten zur eigenen Sicherheit Ihre Überlegungen dazu und Ihre Berechnungsschlüssel schriftlich dokumentieren.

Dort, wo ein Nachmessen oder Nachzählen nicht möglich ist (z.B. beim sowohl **68** privat als auch beruflich genutzten Telefonanschluss), muss **geschätzt** werden. Hier ist Streit mit dem Finanzamt vorprogrammiert. Meine Empfehlung lautet auch hier: Trennen Sie deutlich; legen Sie sich ggf. einen zweiten Telefonanschluss zu.

Ärgerlich sind unzutreffende, aber von den Finanzgerichten häufig abgesegnete **69** Abgrenzungen der Finanzverwaltung: Auch wenn Sie beweisen können, dass Sie zu Hause eine Tageszeitung haben, erkennen viele Finanzämter das **Zeitungsgeld** für die Zeitungen im Wartezimmer nicht als Betriebsausgabe an. Problematisch sind ebenso **Lexika-CDs** und all das, was man auch privat nutzen könnte. Dementsprechend streng sind die Kriterien für andere Positionen: Berufskleidung gibt es mit Ausnahme der **Robe** nicht. Aber trösten Sie sich, anderen geht es ähnlich schlecht: Selbst die schwarze Samthose einer Cellistin der Bamberger Symphoniker fand keine Gnade beim Finanzgericht.

5. Durchlaufende Posten

Im Rahmen der Buchhaltung stellen Sie dann ganz schnell fest, dass es Einzahlun **70** gen und Auszahlungen gibt, die keine Betriebseinnahmen oder Betriebsausgaben sind. Sie merken, dass hier verschiedene Vokabeln verwendet werden, die teilweise unterschiedliche, aber auch teilweise identische Inhalte haben. Es sind die Begriffe der „**Schmalenbach'schen Treppe**".

Schmalenbach'sche Treppe

71   Auch wenn der hier vorhandene begrenzte Platz nicht reicht, um die Begriffe verständlich zu erklären, erkennen Sie doch eines sofort: dass es hier einen in der Umgangssprache häufig benutzten Begriff nicht gibt, nämlich „Unkosten". Benutzen Sie ihn bitte deshalb nie! Anderenfalls bitte ich Sie zu bestreiten, dass Sie jemals irgendetwas von mir gelesen oder gehört haben.

72   Einzahlungen, die keine Einnahmen sind, sind Geldeingänge, die Ihnen wirtschaftlich (und im Sinne des Ertragssteuerrechts auch steuerlich) nicht zuzurechnen sind. Bei den Auszahlungen gilt Entsprechendes. § 4 Abs. 3 S. 2 EStG beschreibt diese wie folgt:

§ 4 Abs. 3 S. 2 EStG

Hierbei (bei der Ermittlung des zu versteuernden Überschusses, Erg. d. Verf.) scheiden Betriebseinnahmen und Betriebsausgaben aus, die im Namen und für Rechnung eines anderen vereinnahmt und verausgabt werden (durchlaufende Posten).

73   **Durchlaufende Posten** sind für Sie aus mehreren Gründen unangenehm: Zum einen müssen Sie darauf achten, diese möglichst zeitnah und möglichst vollständig mit dem Mandanten abzurechnen. Es ist Ihr Geld, mit dem Sie den Gerichtsvollzieher bezahlen. Und es sind ganz erhebliche Beträge, die Sie da vorfinanzieren. Die Abrechnung mit dem Mandanten zwingt Sie dann, wenn Sie kein anwaltsspezifisches Programm haben, die Beträge nicht nur in der Buchhaltung, sondern auch noch in der Handakte zu vermerken (durch einen Eintrag oder eine Fotokopie). Außerdem führen die durchlaufenden Posten zu einer Vielzahl von Bankbuchungen und damit Bankgebühren für Geldbewegungen, von denen Sie wirtschaftlich nichts haben. Und schließlich lockt die Versuchung, alle Einzahlungen (insbesondere im Bereich der Barzahlungen) dem Bereich „Durchlaufende Posten" zuzuordnen, obwohl viele davon Betriebseinnahmen sind, dafür aber im Gegenzug alle Auszahlungen aus dem Bereich „Durchlaufende Posten" als Betriebsausgaben zu „gestalten". Die Zahl der Kollegen, die dieser Versuchung erliegen, ist leider nicht klein. Und die Finanzverwaltung, die das Problem kennt, rächt sich mit empfindlichen Strafen wegen Steuerhinterziehung.

> *Achtung*   **74**
> Immer wieder erhalten Sie Angebote von Mandanten, das Ganze könne doch auch ohne schriftliche Rechnung, ohne Quittung und damit ohne Mehrwertsteuer abgewickelt werden. Tun Sie es nicht! Auch wenn die Gefahr gering ist, dass dies entdeckt und ein Steuerstrafverfahren eingeleitet wird – Sie haben ein viel schlimmeres Übel am Hals: nämlich einen Mandanten, der Sie erpressen kann. Und das ist so ziemlich das Schlimmste, was einem Anwalt passieren kann.

Bei der Abgrenzung zwischen **Eigengeld** und **Fremdgeld** in Ihrer Praxis treten **75** ebenfalls Probleme auf, die Sie nach folgendem Leitsatz lösen können: Immer dann, wenn Sie die Auszahlung als Betriebsausgabe gebucht haben, ist die damit korrespondierende Einzahlung Betriebseinnahme. Ein Beispiel: Der Fotokopierer wird mit seinen Betriebskosten als Betriebsausgabe gebucht. Dementsprechend ist die Erstattung der Fotokopierkosten auch Betriebseinnahme. Die Gerichtsvollziehernachnahme, die Ihr Büro bezahlt hat, verbuchen Sie nicht als Betriebsausgabe, daher ist dann die Erstattung durch den Mandanten auch keine Betriebseinnahme.

6. Privatentnahmen und Privateinlagen

Dass Sie Ihren privaten Lebensunterhalt von irgendetwas bestreiten müssen, weiß **76** der Betriebsprüfer. Deswegen sind regelmäßige Entnahmen vom Praxiskonto sinnvoll. Tätigen Sie überhaupt keine Privatentnahmen, stellt sich, sofern Sie keinen Ehepartner mit einem ordentlichen regelmäßigen Einkommen haben, die Frage, wovon Sie leben. Und diese Frage müssen Sie dann überzeugend beantworten können und belegen.

Haben Sie regelmäßig hohe Privateinlagen auf dem Konto, ist das misslich, weil **77** das die Anordnung der Betriebsprüfung vorprogrammiert. Hier wird Ihnen die Frage gestellt: „Wo kommt es her?". Auch hier müssen Sie die Frage dann schnell und überzeugend beantworten und belegen. Ansonsten schätzt man unter Umständen die Beträge Ihrem Umsatz zu.

IV. Die Gewinnermittlung im engeren Sinne

1. Verprobung, cash flow

Wenn Sie nun Ihre Buchhaltung vollständig erarbeitet, alle Belege verarbeitet, die **78** sich aus der Buchhaltung ergebenden Salden mit den tatsächlichen Salden überprüft (z.B. Bestand des Bankkontos laut Ihrer Buchhaltung und laut Kontoauszug des Kreditinstituts) und hoffentlich Übereinstimmung festgestellt haben, dann erstellen Sie die **Gewinnermittlung zum Ende der Abrechnungsperiode.** Dies ist bei Freiberuflern zwingend das Kalenderjahr. Ein abweichendes Wirtschaftsjahr ist dort nicht zulässig.

79   Als Erstes ergibt sich aus den verbuchten Betriebseinnahmen und den Betriebsausgaben eine Zahl, die wichtig ist, nämlich (hoffentlich) die Zunahme von Zahlungsmitteln in der Rechnungsperiode. Diese Zahl bezeichnet man als „**cash flow**". Sie ist wichtig für die Beurteilung Ihrer Schuldentilgungsfähigkeit. Banken teilen die Verschuldung Ihres Unternehmens (Summe aller Kredite und Kontoüberziehungen am Bilanzstichtag) durch den cash flow des Jahres. Ist die sich ergebende Zahl größer als drei, ist dies kritisch.

80   Der Zahlungsmittelüberschuss wird nun um weitere Positionen ergänzt, um das der Besteuerung zu unterwerfende Einkommen zu ermitteln. Es sind dies die Privatanteile, die Absetzungen für Abnutzungen und die nicht abziehbaren Betriebsausgaben.

2.   Absetzungen für Abnutzungen (AfA)

81   Schaffen Sie sich für Ihre berufliche Tätigkeit Geräte an, geht sowohl das Steuerrecht als auch die Betriebswirtschaftslehre davon aus, dass Sie bei einem Anschaffungspreis von 50 EUR und mehr den wirtschaftlichen Wert dieses Wirtschaftsgutes in einer Abrechnungsperiode nicht verbrauchen. Sie müssen daher die Anschaffungskosten zwar als Auszahlung auf den Finanzkonten verbuchen, dürfen aber die Gegenbuchung nicht bei den Betriebsausgaben vornehmen.

82   Diese Anschaffungskosten sind über die betriebsübliche Nutzungszeit gleichmäßig zu verteilen. Damit Sie nicht darüber nachdenken müssen, wie lang diese Zeit ist, hat der Gesetzgeber hierfür Tabellen erarbeitet (sog. „AfA-Tabellen"). Die derzeit geltende Tabelle ist unter anderem auf der Internetseite des Bundesministeriums der Finanzen (*http://www.bundesfinanzministerium.de*) veröffentlicht und kann auch in vielen juristischen Verlagen käuflich erworben werden. Die wichtigsten Positionen aus dieser Tabelle sind im Anhang zu diesem Kapitel abgedruckt. Die **Verteilung auf die Jahre der Nutzung in der Gewinnermittlung** wird **betriebswirtschaftlich** als „**Abschreibung**" bezeichnet (man schreibt nämlich von den in der Buchhaltung erfassten, auf der Aktivseite der Bilanz ausgewiesenen Anschaffungs- und Herstellungskosten den Jahresteilbetrag ab). Im **Steuerrecht** nennt sich das „**Absetzung für Abnutzung**" (kurz: **AfA**), weil man die Beträge von der Bemessungsgrundlage absetzt.

Bei den Wirtschaftsgütern, deren Anschaffungspreis (netto) zwischen 50 und **83** 1.000 EUR liegt, spricht man von **geringwertigen Wirtschaftsgütern (GWG)**. Hier gelten seit dem Jahr 2008 neue steuerliche Sonderregelungen, die offen gestanden aus wirtschaftlichen Gesichtspunkten nur schwer nachzuvollziehen sind. Im Einzelnen: Liegt der Anschaffungspreis (netto) in einem Korridor zwischen 50 und 150 EUR, ist das Wirtschaftsgut sofort voll abzuschreiben (§ 6 Abs. 2a EStG). Liegen die Anschaffungskosten über 150 EUR, aber unter 1.000 EUR, dann greift der sog. „GWG-Sammelpool". Hierbei handelt es sich um eine besondere „Spielart" des Gesetzgebers, um über die Hintertür das Steueraufkommen zu erhöhen. Was heißt das im Klartext? Erwerben Sie ein selbstständig nutzbares Wirtschaftsgut in dem vorgenannten betragsmäßigen Korridor, müssen Sie dieses grundsätzlich auf einem GWG-Sammelpoolkonto erfassen. Alle auf diesem Konto erfassten Wirtschaftsgüter werden dann einheitlich über einen Zeitkorridor von fünf Jahren abgeschrieben (§ 6 Abs. 2a EStG). Das gilt selbst dann, wenn das Wirtschaftsgut gar keine fünf Jahre genutzt werden kann oder vielleicht vorher schon wieder verkauft wurde. Damit erreicht der Gesetzgeber im Vergleich zu früheren Regelungen eine stärkere Streckung von Betriebsausgaben über den Zeitlauf.

Um die Verwirrung dann komplett zu machen, hat der Gesetzgeber mit Wirkung zum 1.1.2010 die frühere GWG-Regelung wieder als Alternative zur vorstehenden Sammelpool-Regelung im Gesetz aufgenommen (§ 6 Abs. 2 EStG). Was heißt das konkret? Konkret bedeutet das, dass Sie statt der Anwendung des Sammelpools Wirtschaftsgüter bis zu 410 EUR (netto) alternativ auch unmittelbar im Wirtschaftsjahr der Anschaffung in voller Höhe abschreiben und damit als Betriebsausgabe geltend machen können.

Die Varianten „150–1.000 EUR" oder „410 EUR" können nicht nebeneinander ausgeübt werden, d.h. man muss sich für eine Alternative verbindlich entscheiden. Der Vorteil der klassischen 410 EUR-Regel liegt darin, dass im Jahr der Anschaffung direkt höhere Aufwendungen geltend gemacht werden können, die die Steuerlast drücken. Demgegenüber sorgt die Sammelpool-Regelung für eine gleichmäßigere Verteilung der Aufwendungen. Was mithin besser ist, lässt sich nicht pauschal beantworten. In der Praxis greift man aber meist zur klassischen Variante, getreu dem Motto: „Lieber heute statt morgen Steuern sparen!"

Lassen Sie uns hier einen Begriff klären, der ebenso häufig benutzt wird wie das **84** Wort „Unkosten" (vgl. Rn 71) und der ebenso leidig ist: Als Freiberufler bekommen Sie oft, meistens spät abendlich die zwar freundlich vorgetragene, aber bitter ernst gemeinte Aufforderung, nicht nur Ihre Zeche im Vereinslokal nach dem Training zu bezahlen, sondern auch die Ihrer Kameradinnen und Kameraden, da Sie es ja von der Steuer absetzen könnten.

Achtung
Aber: Sie können überhaupt nichts von der Steuer absetzen, sondern höchstens etwas von der **Bemessungsgrundlage!** Und da die Einkommensteuer bei einem Berufsanfänger selten mehr als 14 % der Bemessungsgrundlage beträgt, verbleiben dann bei Ihnen immer noch 86 % des Zahlbetrages. Zudem ist es Steuerverkürzung, einer solchen Aufforderung Folge zu leisten.

85 Wenn Sie Anschaffungen tätigen und Abschreibungen geltend machen, stoßen Sie bei genauer Lektüre des Gesetzes darauf, dass nun die erste Nebenbuchhaltung zu erstellen ist, nämlich das **Anlagenverzeichnis** (auch **Anlagenbuchhaltung** genannt). Sie müssen die Anschaffungskosten der Anlagengüter und die Abschreibungen darauf pro Wirtschaftsgut getrennt über die Jahre aufzeichnen, bis das Wirtschaftsgut aus Ihrem Unternehmen ausscheidet. Das macht man entweder auf im guten Papierfachhandel erhältlichen speziellen Karteikarten oder mit Hilfe eines EDV-Programms (z.B. unter Einsatz des weit verbreiteten Excel-Programms). Oder man kauft sich dafür ein gesondertes Programm. Bessere (und damit auch teurere) Buchhaltungsprogramme beinhalten solches.

86 Die Wirtschaftsgüter des Anlagevermögens, die Ihnen bereits zu Beginn Ihrer Berufstätigkeit gehörten (z.B. der in der Referendarzeit gekaufte Computer, der Ihnen von Ihren Eltern zum Abitur geschenkte Pkw), können Sie wie folgt auch weiterhin abschreiben: Ermitteln Sie den Wert jedes einzelnen Wirtschaftsgutes anhand objektiver Kriterien (Computer: Anschaffungspreis abzüglich 1/4 dessen pro Jahr der Nutzung; Auto: vgl. Schwacke-Liste) und bringen Sie dieses Wirtschaftsgut in Ihr (steuerlich gewillkürtes) Betriebsvermögen ein.

Beispiel
Der Buchungssatz lautet beispielsweise (bei Benutzung eines Buchhaltungsprogramms):
- „Per 0320 Pkw an 1890 Privateinlagen" oder
- „Per 0320 Pkw an 0880 variables Kapital".

87 Dann können Sie auch guten Gewissens jährlich die entsprechenden Abschreibungen buchen.

Beispiel
Der Buchungssatz der Abschreibung lautet dann:
- „Per 4830 Abschreibungen an 0320 Pkw".

Es gibt verschiedene **Formen der Abschreibungen**, wobei das Steuerrecht nur   **88**
zwei Grundformen zulässt:

■ die **lineare Abschreibung** gleich bleibender Beträge über die Nutzungsdauer und

■ die **degressive Abschreibung**: Ein gleich bleibender (höherer als bei der linearen Abschreibung, maximal 25 % betragender) Prozentsatz wird abgeschrieben, aber nicht von den Anschaffungskosten, sondern vom Restbuchwert des Wirtschaftsgutes zu Beginn der jeweiligen Periode. Damit sind die Abschreibungsbeträge zu Beginn der Abschreibungsphase höhere als bei der linearen Methode, fallen dann aber über die Jahre – sie sind degressiv. Aber Vorsicht: Die degressive Abschreibung gilt nur für bewegliche Wirtschaftsgüter und auch nur dann, wenn die Anschaffung des Wirtschaftsgutes nach dem 31. Dezember 2008 und vor dem 1. Januar 2011 stattgefunden hat. Für Wirtschaftsgüter, die diese Voraussetzungen nicht erfüllen, kann nur die lineare Abschreibung in Anspruch genommen werden.

Für alle Anschaffungen, die mithin heute getätigt werden, greift daher ausschließlich nur noch die lineare Abschreibungsmethode.

Aufgrund der Tatsache, dass bei der degressiven Variante die Abschreibungen zu   **89**
einem späteren Zeitpunkt unter den Wert der linearen Abschreibung fallen, dürfen Sie dann, wenn bei der degressiven Abschreibung die Beträge unter den Betrag sinken, der sich bei einer linearen Abschreibung ergeben hätte, von der degressiven Abschreibung zur linearen **wechseln**. Allerdings ist dann nur der Restbuchwert noch über die Jahre der Nutzung zu verteilen.

Neben diesen planmäßigen Abschreibungen (man unterstellt zu Ihren Gunsten, Sie   **90**
hätten einen Plan darüber, was Sie da betreiben) gibt es **außerplanmäßige Abschreibungen** (müssen Sie ein Wirtschaftsgut verschrotten, wird es auf 0 EUR abgeschrieben; aber Achtung, das gilt nicht für Wirtschaftsgüter aus dem GWG-Sammelpool!) und **Sonderabschreibungen** aufgrund steuerlicher Vorschriften, insbesondere die Sonderabschreibungen für kleine und mittlere Unternehmen nach § 7g EStG, der (da in der Praxis häufig genutzt) hier wie folgt komplett wiedergegeben wird:

§ 7g EStG   **91**

Investitionsabzugsbeträge und Sonderabschreibungen zur Förderung kleiner und mittlerer Betriebe

(1) [1]Steuerpflichtige können für die künftige Anschaffung oder Herstellung eines abnutzbaren beweglichen Wirtschaftsguts des Anlagevermögens bis zu 40 Prozent der voraussichtlichen Anschaffungs- oder Herstellungskosten gewinnmindernd abziehen (Investiti-

onsabzugsbetrag). [2]Der Investitionsabzugsbetrag kann nur in Anspruch genommen werden, wenn

1. der Betrieb am Schluss des Wirtschaftsjahres, in dem der Abzug vorgenommen wird, die folgenden Größenmerkmale nicht überschreitet:

   a) bei Gewerbebetrieben oder der selbstständigen Arbeit dienenden Betrieben, die ihren Gewinn nach § 4 Abs. 1 oder § 5 ermitteln, ein Betriebsvermögen von 235 000 EUR;

   b) bei Betrieben der Land- und Forstwirtschaft einen Wirtschaftswert oder einen Ersatzwirtschaftswert von 125 000 EUR oder

   c) bei Betrieben im Sinne der Buchstaben a und b, die ihren Gewinn nach § 4 Abs. 3 ermitteln, ohne Berücksichtigung des Investitionsabzugsbetrages einen Gewinn von 100 000 EUR;

2. der Steuerpflichtige beabsichtigt, das begünstigte Wirtschaftsgut voraussichtlich

   a) in den dem Wirtschaftsjahr des Abzugs folgenden drei Wirtschaftsjahren anzuschaffen oder herzustellen;

   b) mindestens bis zum Ende des dem Wirtschaftsjahr der Anschaffung oder Herstellung folgenden Wirtschaftsjahres in einer inländischen Betriebsstätte des Betriebs ausschließlich oder fast ausschließlich betrieblich zu nutzen und

3. der Steuerpflichtige das begünstigte Wirtschaftsgut in den beim Finanzamt einzureichenden Unterlagen seiner Funktion nach benennt und die Höhe der voraussichtlichen Anschaffungs- oder Herstellungskosten angibt.

[3]Abzugsbeträge können auch dann in Anspruch genommen werden, wenn dadurch ein Verlust entsteht oder sich erhöht. [4]Die Summe der Beträge, die im Wirtschaftsjahr des Abzugs und in den drei vorangegangenen Wirtschaftsjahren nach Satz 1 insgesamt abgezogen und nicht nach Absatz 2 hinzugerechnet oder nach Absatz 3 oder 4 rückgängig gemacht wurden, darf je Betrieb 200 000 EUR nicht übersteigen.

(2) [1]Im Wirtschaftsjahr der Anschaffung oder Herstellung des begünstigten Wirtschaftsguts ist der für dieses Wirtschaftsgut in Anspruch genommene Investitionsabzugsbetrag in Höhe von 40 Prozent der Anschaffungs- oder Herstellungskosten gewinnerhöhend hinzuzurechnen; die Hinzurechnung darf den nach Absatz 1 abgezogenen Betrag nicht übersteigen. [2]Die Anschaffungs- oder Herstellungskosten des Wirtschaftsguts können in dem in Satz 1 genannten Wirtschaftsjahr um bis zu 40 Prozent, höchstens jedoch um die Hinzurechnung nach Satz 1, gewinnmindernd herabgesetzt werden; die Bemessungsgrundlage für die Absetzungen für Abnutzung, erhöhten Absetzungen und Sonderabschreibungen sowie die Anschaffungs- oder Herstellungskosten im Sinne von § 6 Abs. 2 und 2a verringern sich entsprechend.

(3) [1]Soweit der Investitionsabzugsbetrag nicht bis zum Ende des dritten auf das Wirtschaftsjahr des Abzugs folgenden Wirtschaftsjahres nach Absatz 2 hinzugerechnet wurde, ist der Abzug nach Absatz 1 rückgängig zu machen. [2]Wurde der Gewinn des maßgebenden Wirtschaftsjahres bereits einer Steuerfestsetzung oder einer gesonderten Feststellung zugrunde gelegt, ist der entsprechende Steuer- oder Feststellungsbescheid insoweit zu ändern. [3]Das gilt auch dann, wenn der Steuer- oder Feststellungsbescheid bestandskräftig geworden ist; die Festsetzungsfrist endet insoweit nicht, bevor die Fest-

setzungsfrist für den Veranlagungszeitraum abgelaufen ist, in dem das dritte auf das Wirtschaftsjahr des Abzugs folgende Wirtschaftsjahr endet.

(4) [1]Wird in den Fällen des Absatzes 2 das Wirtschaftsgut nicht bis zum Ende des dem Wirtschaftsjahr der Anschaffung oder Herstellung folgenden Wirtschaftsjahres in einer inländischen Betriebsstätte des Betriebs ausschließlich oder fast ausschließlich betrieblich genutzt, sind der Abzug nach Absatz 1 sowie die Herabsetzung der Anschaffungs- oder Herstellungskosten, die Verringerung der Bemessungsgrundlage und die Hinzurechnung nach Absatz 2 rückgängig zu machen. [2]Wurden die Gewinne der maßgebenden Wirtschaftsjahre bereits Steuerfestsetzungen oder gesonderten Feststellungen zugrunde gelegt, sind die entsprechenden Steuer- oder Feststellungsbescheide insoweit zu ändern. [3]Das gilt auch dann, wenn die Steuer- oder Feststellungsbescheide bestandskräftig geworden sind; die Festsetzungsfristen enden insoweit nicht, bevor die Festsetzungsfrist für den Veranlagungszeitraum abgelaufen ist, in dem die Voraussetzungen des Absatzes 1 Satz 2 Nr. 2 Buchstabe b erstmals nicht mehr vorliegen. [4]§ 233a Abs. 2a der Abgabenordnung ist nicht anzuwenden.

(5) Bei abnutzbaren beweglichen Wirtschaftsgütern des Anlagevermögens können unter den Voraussetzungen des Absatzes 6 im Jahr der Anschaffung oder Herstellung und in den vier folgenden Jahren neben den Absetzungen für Abnutzung nach § 7 Abs. 1 oder Abs. 2 [2] Sonderabschreibungen bis zu insgesamt 20 Prozent der Anschaffungs- oder Herstellungskosten in Anspruch genommen werden.

(6) Die Sonderabschreibungen nach Absatz 5 können nur in Anspruch genommen werden, wenn

1. der Betrieb zum Schluss des Wirtschaftsjahres, das der Anschaffung oder Herstellung vorangeht, die Größenmerkmale des Absatzes 1 Satz 2 Nr. 1 nicht überschreitet, und

2. das Wirtschaftsgut im Jahr der Anschaffung oder Herstellung und im darauf folgenden Wirtschaftsjahr in einer inländischen Betriebsstätte des Betriebs des Steuerpflichtigen ausschließlich oder fast ausschließlich betrieblich genutzt wird; Absatz 4 gilt entsprechend.

(7) Bei Personengesellschaften und Gemeinschaften sind die Absätze 1 bis 6 mit der Maßgabe anzuwenden, dass an die Stelle des Steuerpflichtigen die Gesellschaft oder die Gemeinschaft tritt.

3. Privatanteile

Auch wenn Sie Ihre Sphären – wie empfohlen (siehe Rn 9 ff.) – sauber trennen, ist es unvermeidbar, dass Sie Dinge, die über Ihr Unternehmen (Ihre Anwaltspraxis) finanziert sind, auch privat nutzen. Die Finanzverwaltung (bzw. das Gesetz) verlangt daher, dass Sie den Geldwert dieser Nutzungen ermitteln und Ihrem Einkommen hinzurechnen. Im Allgemeinen sind dies die folgenden zwei Positionen.

92

a) Telefonkosten

93 Man unterstellt Ihnen, dass Sie auch vom **Praxistelefon** und insbesondere vom **Handy** zwischendurch privat telefonieren. Hiergegen könnten Sie nur den Entlastungsbeweis durch einen lückenlosen Gesprächsnachweis führen, kommen dabei aber in Konflikt mit der Wahrung der Verschwiegenheitspflicht. In Bezug auf das Auto wird hiervon noch die Rede sein. M. E. lohnt die Auseinandersetzung mit der Finanzverwaltung an dieser Stelle nicht, so dass Sie den üblichen Satz von 10 bis 20 % der Gesprächskosten (nicht der Grundgebühren) nehmen sollten. Die Wahl, welchen Satz Sie anwenden, sollte von der Größe der Familie abhängen.

94 In Zukunft wird mit an Sicherheit grenzender Wahrscheinlichkeit die Finanzverwaltung auch einen Prozentsatz der Kosten des **Internetzugangs** bzw. der Kosten, die beim Surfen oder Chatten entstehen, als Privatanteil behandeln. Sofern Sie zusätzlich einen privaten Internetzugang nachweisen können, würde ich es auf einen Streit ankommen lassen; ansonsten würde ich 10 % akzeptieren.

b) Kfz-Kosten

95 Keine Unterstellung, sondern Lebenserfahrung ist, dass Sie den vom Kanzleikonto bezahlten und über die Kanzlei laufend unterhaltenen Pkw auch privat nutzen. Nur wenn Sie nachweisen, dass in Ihrem Hausstand für jeden Erwachsenen, der eine Fahrerlaubnis besitzt, noch ein privates Kfz vorhanden ist und das betriebliche Fahrzeug auch nur betrieblich genutzt wird, können Sie dieser Diskussion entgehen. Auch der Versuch, zu behaupten, der Mercedes CLS werde allein für die Kanzlei genutzt, privat fahre man einen 20 Jahre alten VW, wird erst dann von Erfolg gekrönt sein, wenn das letztgenannte „Fahrzeug" einen erheblichen Liebhaberwert haben wird und Sie über ein Fahrtenbuch beim CLS den entsprechenden Beweis der rein betrieblichen Nutzung antreten können (siehe Rn 97 f.).

96 Nachdem es in der Vergangenheit erhebliche Auseinandersetzungen zwischen Steuerpflichtigen und Finanzverwaltung gegeben hat, ist mit dem Jahressteuergesetz 1996 eine pauschalisierende Regelung getroffen worden, die zwar zu beklagen sein dürfte, aber immerhin Rechtssicherheit bietet.

aa) Alternative 1: Fahrtenbuch

97 Sie ermitteln aus Ihrer Buchhaltung sämtliche Kfz-Kosten (Abschreibung, Kfz-Steuer, Kfz-Versicherung, Kfz-Betriebskosten einschließlich Reparaturen) und teilen diese durch die Gesamtkilometerleistung des abgeschlossenen Jahres. Damit haben Sie die tatsächlichen Kosten pro gefahrenen Kilometer.

Sie haben über das ganze Jahr hinweg ein Fahrtenbuch nach den strengen **Kriterien der Finanzverwaltung** geführt. Diese lauten: **98**

- Tag und Uhrzeit des Fahrtbeginns
- gefahrene Kilometer (besser Anfangs- und Endstand des Kilometer-Zählers und gefahrene Kilometer) und die Aufteilung der gefahrenen Kilometer in beruflich und privat
- Fahrtziel (Ort, Straße, Haus-Nr.)
- Fahrtzweck (besuchte Person, Anlass des Besuches).

Die Summe der privat gefahrenen Kilometer wird dann mit den Kosten pro Kilometer multipliziert und als „Nutzungsentgelt" gewinnerhöhend zugerechnet.

Abgesehen davon, dass ein solches Buch schwer zu führen ist (es kostet viel Zeit),   **99** und abgesehen davon, dass Ihnen damit jede Verteidigungsmöglichkeit im Bußgeldverfahren wegen Rotlichtverstoßes genommen wird, ist damit die Wahrung der Berufsverschwiegenheit nicht mehr möglich. Damit Sie diesem Konflikt entgehen und dennoch von der Fahrtenbuchregelung profitieren können, hat seinerzeit die Bundesjustizministerin mit dem Bundesfinanzministerium einen ganz, ganz tollen und irrsinnig praktischen Kompromiss entwickelt: Sie führen **zwei Fahrtenbücher**. Im ersten Fahrtenbuch tragen Sie die ersten beiden Punkte der Liste (siehe Rn 98) ein und zusätzlich anstelle der Zielangaben eine Kennziffer oder fortlaufende Ziffer; und im zweiten Fahrtenbuch tragen Sie dann die Kennziffer oder fortlaufende Ziffer und die letzten beiden Punkte der Liste (siehe Rn 98) ein. Die Vorlage des zweiten Buchs darf dann von der Finanzverwaltung nur in begründeten Zweifelsfällen verlangt werden. Wenn Sie diesen Problemen entgehen wollen, wählen Sie – wie die meisten Ihrer Kollegen – die 2. Alternative.

bb)   Alternative 2: 1%-Regelung des § 6 Abs. 1 Nr. 4 S. 2 EStG

Die bedeutend praktischere und im Übrigen nach meiner Berufspraxis steuerlich   **100** günstigere Regelung, wenn das Kfz neu bis 23.000 EUR gekostet hat oder sehr reparaturanfällig ist, ist die als Regelfall in § 6 Abs. 1 Nr. 4 S. 2 EStG vorgesehene **1%-Regelung**: Pro Monat der Nutzung des Fahrzeuges auch zu privaten Zwecken wird Ihnen 1% des Bruttolistenneupreises einschließlich aller Extras als „Nutzungsentgelt" zugerechnet.

> *Tipp*
> Damit Sie erst gar nicht in die Versuchung kommen, die Modalität falsch zu behandeln, finden Sie im Anhang (siehe Rn 206 f.) ein Berechnungsschema „Tabelle zur Berechnung der privaten Nutzungsanteile", das sie als Vorlage nutzen können.

101 Es kommt dabei überhaupt nicht darauf an, wann und zu welchem Preis Sie den Wagen gekauft haben. Es gilt ausschließlich der offizielle Listenpreis der Hersteller am Tage der Erstzulassung. Das Finanzamt kennt diese. Also schummeln Sie besser nicht!

102 Nachdem ursprünglich mit dem Jahressteuergesetz 1996 die 1 %-Regelung ohne Ausnahme gelten sollte, hat es sich der Gesetzgeber später mal wieder anders überlegt und durch das Gesetz zur Eindämmung missbräuchlicher Steuergestaltungen vom 28.4.2006 (BGBl I S. 1095) festgelegt, dass die 1 %-Regelung nur dann angewendet werden darf, wenn das Kfz zu mehr als 50 % betrieblich genutzt wird. Dies haben Sie nachzuweisen – und wie führen Sie diesen Nachweis? Eigentlich durch ein Fahrtenbuch. Auf besonderen Wunsch des Bundestages ist hier aber eine Vereinfachungsregel geschaffen worden [BMF-Schreiben – S2177 – vom 7.7.2006 (zu finden unter *http://www.bundesfinanzministerium.de*)]; danach reicht es aus, wenn Sie in einem repräsentativen Zeitraum – in der Regel drei Monate – vereinfachte Aufzeichnungen z.B. im Terminkalender führen, aus denen sich der berufliche Anteil errechnen lässt. Sie müssen zusätzlich zu Beginn und Ende des Zeitraums den Kilometerstand laut Tacho aufzeichnen.

c) Raumkosten

103 Sollten Sie Wohnung und Praxis im eigenen Haus oder in einer gemieteten Wohnung zusammen haben, müssen Sie dann, wenn Sie die Kosten über die Praxis vollständig verbucht haben, nun den privaten Nutzungsanteil errechnen und hinzurechnen. Wenn Sie alles über Privatkonten bezahlt haben, können Sie nun den beruflichen Anteil herausrechnen und den Gewinn mindern.

> *Achtung*
> Wichtig ist allerdings, dass es sich bei dem beruflich genutzten Teil um einen vom übrigen Wohnraum getrennten Bereich handelt, d.h. soweit es sich nur um eine Arbeitsecke im Wohnzimmer handelt, wird die teilweise Geltendmachung der Raumkosten als Betriebsausgabe seitens der Finanzverwaltung in der Regel nicht anerkannt, da ein Arbeitszimmer im eigentlichen Sinne nicht gegeben ist.

Bei Anwälten, bei denen sich das häusliche **Arbeitszimmer im Eigenheim** befindet, ist allerdings besondere Aufmerksamkeit gefordert und es muss nachgerechnet werden. Denn unter bestimmten Voraussetzungen wird das häusliche Arbeitszimmer bei ihnen bereits automatisch zum Betriebsvermögen. Problem: Wird Jahrzehnte später die selbstständige Tätigkeit eingestellt, muss eine Entnahme in Höhe des dann gültigen Werts des häuslichen Arbeitszimmers versteuert werden. Das kann natürlich bei steigenden Immobilienpreisen unter Umständen teuer werden. Ein betrieblich genutzter Raum im Eigenheim des Selbstständigen rechnet dann automatisch zu dessen Betriebsvermögen, wenn der Marktwert der betrieblich genutzten Fläche mehr als 20 % des Gesamtwerts oder mehr als 20.500 EUR beträgt. Der Vollständigkeit halber sei an dieser Stelle auch noch darauf hingewiesen, dass eine Abzugsbeschränkung der Aufwendungen auf maximal 1.250 EUR greifen kann, wenn das Arbeitszimmer nicht den Mittelpunkt der gesamten beruflichen Tätigkeit ausmacht. Das dürfte jedoch in der Regel nicht der Fall sein, so dass dann auch keine Abzugsbeschränkung der Höhe nach besteht.

Streitig ist nun häufig, wie Sie die Prozentsätze ermitteln. Die Finanzverwaltung **104** und ein Teil der auf dem Markt befindlichen Programme zur Einkommensteuerberechnung gehen von der Gesamtwohnfläche des Hauses bzw. der Wohnung aus, zu der der berufliche Teil in Verhältnis gesetzt wird. Alternativ könnte man auch überlegen, die Hauptnutzflächen (nur die Zimmergrößen und ggf. die halbe Fläche der Küche) zu ermitteln und eine Verhältniszahl zu bilden, da Sie bei einer gemischten Nutzung auch Küche, WC und Korridor (zumindest teilweise) gemeinsam nutzen.

Der zweite Streitpunkt sind die Stromkosten, weil Sie ja die Waschmaschine nicht **105** beruflich nutzen. Hier empfiehlt es sich, bei der Ermittlung der Bewirtschaftungskosten nur die Hälfte der Stromkosten anzusetzen.

4. Nicht abziehbarer Betriebsaufwand

Neben den Hinzurechnungen zu Ihrem Gewinn aufgrund privater Nutzung gibt es **106** noch weitere, in §§ 4 Abs. 5, 12 EStG definierte Betriebsausgaben und Ausgaben, die den Gewinn nicht mindern dürfen, also dem betriebswirtschaftlich korrekt ermittelten Gewinn für die Besteuerung hinzugerechnet werden müssen:

a) Bewirtungskosten

Von den gebuchten Betriebsausgaben, die Sie für die Bewirtung von Mandanten, **107** Geschäftsfreunden etc. getätigt haben, sind 30 % nicht abziehbar, und zwar 30 % vom Nettoaufwand (ausschließlich Mehrwertsteuer). Nach Auffassung der Finanzverwaltung sollen Sie diese Beträge bei dem Ausgabenkonto (4650 Bewirtung) kürzen und als Privatentnahme (1800 Privatentnahmen) buchen. Ich halte das für falsch, weil es ein unkorrektes Bild ergibt, denn Sie haben ja die Ausgabe getätigt, und empfehle daher, diese 30 % auf ein separates Konto (4654 nicht abziehbarer Bewirtungsaufwand) zu buchen.

b) Geldstrafen und Bußgelder

108 Geldstrafen und Bußgelder sind natürlich nicht als Betriebsausgabe absetzbar, so dass Sie diese, sofern Sie sie vom Praxiskonto überweisen, gleich auf Privatentnahmen buchen sollten.

c) Fahrten zwischen Wohnung und Arbeitsstätte

109 Um Sie als Selbstständigen einem normalen Arbeitnehmer gleichzustellen, sind die Kosten für Fahrten zwischen Wohnung und Arbeitsstätte nur bedingt (in der Höhe wie bei Arbeitnehmern) absetzbar. Daher müssen Sie eine komplizierte Berechnung durchführen, die sich wiederum am Listenneupreis des Kfz orientiert. Pro Entfernungskilometer (einfache Strecke) und Monat sind **0,03 % vom Listenneupreis des Kfz** anzusetzen. Ist dieser Betrag höher als die dem Arbeitnehmer zustehende Entfernungspauschale, ist die Differenz dem Gewinn hinzuzurechnen.

110 Ein – leicht abgewandeltes – Berechnungsbeispiel aus dem Erlass des Bundesfinanzministeriums macht dies vielleicht verständlicher:

> *Beispiel*
>
> Bruttokaufpreis des Kfz einschließlich aller Extras: 25.000 EUR
> Einfache Entfernung Wohnung – Kanzlei: 22 km

25.000 EUR × 0,03 % × 22 km × 12 Monate =	1.980,00 EUR
./. 178 Arbeitstage × 0,30 EUR für 22 km	- 1.174,80 EUR
Differenz =	805,20 EUR
Gewinnerhöhung	805,20 EUR

111 Bei der vorstehenden Berechnung zeigt sich deutlich, dass es ganz wesentlich darauf ankommt, wie viele Arbeitstage pro Jahr angesetzt werden. Bei einem normalen Arbeitnehmer geht man im Schnitt von 220 Arbeitstagen pro Jahr aus (d.h. im Bundesfinanzministerium arbeitet man offensichtlich erheblich weniger als in der freien Wirtschaft, wie man an dem Beispiel sieht). Rechnet man aber mit 5,5 oder 6 Arbeitstagen pro Woche (bei Selbstständigen häufig) und keine Krankheitstage, kommt man auf (52 Wochen × 6 Arbeitstage pro Woche ./. 30 Urlaubs- und Feiertage =) 277 Arbeitstage. Damit sieht das Beispiel schon anders aus:

Beispiel

Bruttokaufpreis des Kfz einschließlich aller Extras: 25.000 EUR
Einfache Entfernung Wohnung – Kanzlei: 22 km

25.000 EUR × 0,03 % × 22 km × 12 Monate =	1.980,00 EUR
./. 277 Arbeitstage × 0,30 EUR für 22 km	- 1.828,20 EUR
Differenz =	151,80 EUR
Gewinnerhöhung	151,80 EUR

Ergibt sich bei dieser Berechnung ein Minusbetrag, erfolgt allerdings keine Gewinnminderung.

Tipp
Auch zu der vorstehenden Berechnung finden Sie im Anhang (siehe Rn 208) eine Tabelle zum Kopieren und Selberrechnen.

d) Zinsen auf Überentnahmen

Insbesondere für Berufsanfänger ärgerlich ist die seit 1999 geltende Regelung des **112**
§ 4 Abs. 4a EStG: Haben Sie in einem Jahr mehr aus Ihrem Unternehmen entnommen, als die Summe von Einlagen und Gewinn ausmacht, und ist auch dadurch eine Kreditaufnahme notwendig geworden, sind die auf diesen Kreditteil entfallenden Zinsen dann nicht absetzbar bzw. werden Ihrem Gewinn hinzugerechnet, wenn sie einen erheblichen „Freibetrag" überschreiten.

Auch diese Berechnung ist bei genauer Beachtung des fast unverständlichen Gesetzeswortlauts schwierig, so dass im Anhang (siehe Rn 208) eine Tabelle zum Nachrechnen im Bedarfsfalle abgedruckt ist.

Tipp **113**
Die Regelung gilt nicht, wenn Sie für Investitionen einen Kredit aufgenommen haben. Deswegen sollten Sie jede ernsthafte Investition dann über einen Kredit finanzieren, um sich Entnahmepotenzial im Unternehmen auch in schlechteren Zeiten zu erhalten, wenn Sie nicht über beliebig viel Eigenkapital verfügen (also immer!).

5. Die Einnahmen-Überschuss-Rechnung im eigentlichen Sinn

Wenn Sie mit dem **Journal** arbeiten, müssen Sie die Endsummen der Spalten so- **114**
wie die sich aus den Berechnungen der vorigen Abschnitte ergebenden Beträge in ein Schema übernehmen, in die eigentliche Einnahmen-Überschuss-Rechnung.

115 Je besser und je tiefer Sie das Ganze gliedern, desto mehr freut sich Ihre Bank, der Sie den Abschluss vorlegen müssen, wenn Sie Bankkredit in Anspruch nehmen (oder nehmen wollen). Außerdem erleichtert es Ihnen den Vergleich Ihrer Zahlen mit denen der bereits erwähnten Kostenstatistiken. Eine **ausführlich gegliederte Vorlage** finden Sie im Anhang (siehe Rn 209).

116 Sofern Sie mit einem **Programm** arbeiten, nimmt Ihnen diese Arbeit das Programm ab. Sie müssen nur die entsprechende Auswertung abrufen. Ab dem zweiten Jahr Ihrer Tätigkeit sollten Sie den Abruf machen, der auch die Angabe von Vorjahreszahlen enthält.

117 Seit dem Jahr 2005 ist zudem eine Einnahmen-Überschuss-Rechnung auf amtlichem Vordruck des Bundesfinanzministeriums vorgeschrieben, sofern die Summe der Betriebseinnahmen größer als 17.500 EUR ist. Liegen die Einnahmen darunter, reicht die formlose Gewinnermittlung. Den Vordruck können Sie sich ebenfalls auf der Webseite *http://www.bundesfinanzministerium.de* herunterladen.

V. Umsatzsteuer

118 Schon an vielen Stellen dieses Beitrages haben wir die Umsatzsteuer (landläufig auch Mehrwertsteuer genannt) angesprochen, so dass jetzt die Zeit ist, sich mit ihr zu beschäftigen.

1. Das Besteuerungssubjekt

119 Die Umsatzsteuer in der in Europa üblichen Erhebungsform der Mehrwertsteuer (im Gegensatz zu der früher üblichen Allphasenbruttoumsatzsteuer) ist eine reine **Endverbrauchersteuer.** Nur der Endverbraucher zahlt sie letztlich. Das wird an einem Beispiel deutlich:

> *Beispiel*
>
> | | | |
> |---|---|---|
> | Ich berechne meinem Mandanten: | 1.000 EUR zzgl. 19 % USt = | 190 EUR |
> | In dem Mandat hat ein Kollege | | |
> | mitgewirkt, der mir berechnet: | 500 EUR zzgl. 19 % USt = | 95 EUR |
> | In der Erklärung gegenüber dem | | |
> | Finanzamt gebe ich an: | | |
> | ■ vereinnahmte Umsatzsteuer (genannt **Mehrwertsteuer**) | | 190 EUR |
> | ■ gezahlte Umsatzsteuer (genannt **Vorsteuer**) | | - 95 EUR |
> | ■ verbleibt abzuführen (genannt **Zahllast**) | | = 95 EUR |

Meine Zahllast entspricht daher 19 % des Wertes, der in meinem Unternehmen geschaffen wurde, also des in einem stufenförmigen Produktionsprozess in der Stufe geschaffenen Mehrwertes.

Da ich die Umsatzsteuer von meinem Kunden erhalte und dagegen die an meine Lieferanten gezahlte Umsatzsteuer mit den eingenommenen Beträgen verrechne, ist dies für mein Unternehmen quasi ein „durchlaufender Posten", also **ergebnisneutral.**

Der Umsatzsteuer unterworfen ist der Verbrauch von Gütern oder Dienstleistungen im **Erhebungsgebiet** (Staatsgebiet abzüglich Büsingen und Insel Helgoland), und zwar lückenlos. Das Entgelt für die Abgabe von Gütern und/oder Dienstleistungen ist die Bemessungsgrundlage der Umsatzsteuer. Eine Ausnahme davon bestimmt das Umsatzsteuergesetz in § 4; in ihm sind die Ausnahmen abschließend geregelt. Der Ausnahmekatalog aber interessiert den Rechtsanwalt im Allgemeinen nicht, ist sein Beruf darin doch nicht enthalten. **120**

Besteht die Gegenleistung nicht in Geld, sondern in einem geldwerten Vorteil (insbesondere beim Tausch), ist dieser Wert der Besteuerung zu unterwerfen. Entwerfen Sie für Ihren Webmaster allgemeine Geschäftsbedingungen und betreut er dafür Ihre Homepage, ist der üblicherweise dafür zu zahlende Preis anzusetzen. **121**

Grundsätzlich soll der gesamte Verbrauch von Gütern und/oder Dienstleistungen im Erhebungsgebiet besteuert werden. Hinzu tritt, dass die Umsatzsteuer eine in der EU harmonisierte Steuer ist, die sich auf dem Wege zur Steuer der Europäischen Union befindet, so dass derzeit bereits bei grenzüberschreitenden Sachverhalten innerhalb der Gemeinschaft die Steuer anzuwenden ist. **122**

Wie schon gesagt, soll die Steuer den Verbrauch im Erhebungsgebiet treffen, d.h., dass im Erhebungsgebiet ausgeführte Leistungen der Besteuerung unterliegen. Es kommt daher entscheidend auf den Leistungsort an. Der ist bei Rechtsanwälten nach der bis zum 31.12.2009 geltenden Grundnorm in der Regel der Sitz der Kanzlei. Mit dem Inkrafttreten des sog. „MwSt-Paketes" zum 1.1.2010 wurde die Bestimmung des Ortes der Leistung grundlegend (EU-einheitlich) reformiert. Hier gilt es nun zu unterscheiden, an wen die (Rechtsberatungs-)Leistung erbracht wurde – an einen Unternehmer oder an eine Privatperson. Handelt es sich um ein Unternehmen, gilt seit 2010 die Grundregel des „Empfängerortprinzips", d.h. bei einer Rechtsberatung gegenüber einem ausländischen Unternehmer gilt diese Leistung als nicht in Deutschland erbracht und ist damit nicht steuerbar. Die Rechnungsstellung hat daher ohne Ausweis deutscher Umsatzsteuer zu erfolgen. Unter Umständen ist dann aber zu klären, inwieweit eine Umsatzsteuerpflicht im auslän- **123** dischen Staat greift. In der Regel ist es aber (insbesondere innerhalb der EU) so, dass das sog. „Reverse-Charge-Verfahren" greift, d.h., dass der ausländische Unternehmer die Umsatzsteuer für Sie im ausländischen Staat anmelden und abführen muss, jedoch in gleicher Höhe hieraus in der Regel die Vorsteuer geltend macht und es sich somit auch für den Leistungsempfänger um ein Nullsummenspiel handelt – reine Bürokratie! Für Leistungen an Privatpersonen gilt grundsätzlich weiterhin das „Sitzortprinzip". Um Sie allerdings nun international konkurrenzfähiger zu machen, fingiert § 3a UStG den Ort der Leistung bei Beratungen nämlich derart, dass als **Ort der Leistung** der Wohnort des Mandanten gilt, wenn dieser Privatperson ist und *außerhalb* der EU wohnt. Handelt es sich um eine Privatperson innerhalb der EU, dann gilt als Leistungsort der Sitz der Kanzlei; somit ist die Leistung in Deutschland steuerbar und steuerpflichtig.

124   *Achtung*

Im Klartext: Eine Rechtsberatung an einen ausländischen Unternehmer sowie an eine Privatperson außerhalb der EU gilt als nicht innerhalb des Erhebungsgebietes erbracht, so dass auf das Honorar keine Umsatzsteuer zu berechnen und zu erheben ist. Wenn Sie es dennoch tun: Pech für den Mandanten und doch kein Glück für Sie, denn die falsch ausgewiesene Umsatzsteuer ist an das Finanzamt abzuführen.

125   Eines sollten Sie bei Leistungen an Unternehmer im EU-Ausland unbedingt beachten: Beschaffen Sie sich beim Bundeszentralamt für Steuern, Außenstelle Saarlouis (Tel.: 0 68 31/4 56–0, Fax: 0 68 31/4 56–120 oder 4 56–146) eine sog. Umsatzsteuer-Identifikationsnummer – kurz **USt-ID** – (erfolgt gebührenfrei innerhalb weniger Tage). Diese Nummer sowie die USt-ID des Leistungsempfängers müssen unbedingt auf der Rechnung angegeben sein. Erschwerend kommt bei grenzüberschreitenden Beratungsleistungen noch hinzu, dass Sie ab dem 1.1.2010 eine sog. „Zusammenfassende Meldung" (einmal pro Quartal) beim Bundeszentralamt für Steuern einreichen müssen. In dieser Erklärung müssen Sie alle Unternehmen angeben, an die Sie Leistungen erbracht haben. Hierdurch wird den EU-Staaten eine Kontrollmöglichkeit der innergemeinschaftlichen Leistungen ermöglicht.

126   Die Umsatzsteuer ist eine der vielen Steuern, die der Steuerpflichtige selbst zu berechnen und auf elektronischem Vordruck Bemessungsgrundlage und Berechnungsergebnis dem Finanzamt mitzuteilen hat. Und wenn er dies – hoffentlich innerhalb der gesetzlich definierten Fristen – getan hat, muss er die von ihm errechnete Steuer auch gleich unaufgefordert an das Finanzamt überweisen. Die notwendige Software zur Anmeldung der Umsatzsteuer erhält man übrigens kostenlos im Internet auf dem sog. „Elster-Portal" (*www.elster.de/*).

2. Der Steuersatz

Der **Regelsteuersatz** der Umsatzsteuer beträgt **derzeit 19 %.** Da es sich um eine **127** europäisch harmonisierte Steuer handelt und immer der lahmste Esel das Tempo der Kolonne bestimmt, werden Sie in Ihrer Berufstätigkeit noch einige Steuersatzänderungen erleben, die viele Probleme mit sich bringen.

Neben dem Regelsteuersatz gibt es noch einen **ermäßigten Steuersatz** von **7 %. 128** Dieser gilt bei Grundnahrungsmitteln (ohne Bier) und bei vielen, aber nicht allen Kulturgütern (Bücher ermäßigt, CDs nicht; Kupferstiche ermäßigt, Siebdrucke nicht). Dies ist wichtig für Sie, wenn Sie publizieren: Das Entgelt für die Überlassung von Copyright unterliegt dem ermäßigten Steuersatz.

3. Erhebungsformen

Die Umsatzsteuer gibt es in zwei Erhebungsformen: **129**

■ nach vereinbarten Entgelten (Regelfall) und

■ nach vereinnahmten Entgelten (Ausnahmefall).

Im Regelfall entsteht die Umsatzsteuer mit Ablauf des Voranmeldungszeitraums, **130** in dem die Leistung erbracht wurde. Sie ist dann bis zum 10. des Folgemonats zu berechnen, zu verbuchen und an das Finanzamt abzuführen. Die Leistungserbringung fällt in der Praxis zeitlich meist immer mit der Stellung der Rechnung zusammen. Diese Regelung ist aber immer dann bitter, wenn die Kunden eine schlechte Zahlungsmoral haben. Deswegen gibt es eine Ausnahme: Auf Antrag gestattet Ihnen das Finanzamt, nach vereinnahmten Entgelten vorzugehen, was heißt, dass dann, wenn Ihr Mandant tatsächlich zahlt, die Umsatzsteuer zu berechnen und abzuführen ist; das führt allerdings auch dazu, dass bei einer Mandantenzahlung, ohne dass Sie eine Rechnung geschrieben haben, so vorzugehen ist.

Ihrem Antrag, nach vereinnahmten Entgelten zu versteuern, muss das Finanzamt **131** stattgeben; hierauf haben Sie nach § 20 Abs. 1 UStG einen Rechtsanspruch (im Gegensatz zum Kaufmann). Dennoch müssen Sie den Antrag stellen. In einigen Bundesländern ist das in dem Fragebogen, den Sie nach Ihrer Existenzgründung beim Finanzamt abgeben mussten, bereits zum Ankreuzen vorgesehen. Ansonsten reicht ein formloses Schreiben. **Stellen Sie den Antrag!**

Diese wunderbare Regelung gilt übrigens nicht bei der **Vorsteuer.** Dort können Sie **132** sofort bei Rechnungseingang den Vorsteuerabzug geltend machen, auch wenn Sie erst erheblich später bezahlen.

133　Ein Problem gibt es allerdings bei der Versteuerung nach vereinnahmten Entgelten, wenn Sie mit einem handelsüblichen Buchhaltungsprogramm arbeiten, bei dem Sie dies in den Stammdaten entsprechend angegeben haben. Diese Programme haben eine Umsatzsteuerautomatik; sie rechnen aus allen Beträgen Umsatzsteuer und Vorsteuer heraus, so dass man es nicht selbst tun muss. Wird nun ein Geldeingang gebucht und als Sachkonto entweder ein Forderungskonto oder ein Erlöskonto angegeben, wird die Umsatzsteuer herausgerechnet und verbucht. Das ist auch richtig so, führt aber bei zusammengesetzten Zahlungseingängen zu Problemen: Ihr Mandant überweist 1.190 EUR Honorar brutto und 110 EUR Erstattung verauslagter Gerichtskosten. Um nun zu verhindern, dass dann auch aus der Erstattung die Umsatzsteuer herausgerechnet wird, müssen Sie die Zahlung von 1.300 EUR in die beiden Teilbeträge aufteilen und getrennt verbuchen und beim Verbuchen der Erstattung die Umsatzsteuerautomatik Ihres Programms unterdrücken.

4.　Erhebungszeiträume

134　Die Umsatzsteuer ist eine Massensteuer und derzeit die größte Einnahmequelle des Bundes. Aus diesem Grund will der Bundesfinanzminister das Geld schnell in Raten haben. Die Umsatzsteuer ist daher vom Grundsatz **vierteljährlich** zu berechnen und zu bezahlen.

135　Betrug im vergangenen Jahr die Zahllast (vereinnahmte USt ./. gezahlte Vorsteuer = Zahllast) mehr als 7.500 EUR, ist der Voranmeldezeitraum der Kalendermonat. Betrug dagegen die Zahllast im vergangenen Jahr weniger als 1.000 EUR, müssen Sie überhaupt keine Voranmeldung abgeben. Da reicht dann die Jahreserklärung.

136　Da der Gesetzgeber Ihnen (wie allen Existenzgründern) nicht glaubt, ist seit dem 1.1.2002 bei **neu gegründeten** Unternehmen für die **ersten beiden Jahre** grundsätzlich die **Voranmeldung monatlich** abzugeben (§ 18 Abs. 2 UStG i.d.F. des Steuerverkürzungsbekämpfungsgesetzes).

137　Sie erinnern sich: Man muss die Buchhaltung zeitnah aufstellen (siehe Rn 14). Das hat u.a. den Hintergrund, dass die Voranmeldung innerhalb von zehn Tagen nach Abschluss der Periode (Quartal oder Monat) erstellt und beim Finanzamt eingereicht sein muss (vgl. Rn 130). Diese kurze Frist ist auch bei gut organisierten Buchhaltungen kaum einzuhalten. Daher hat das Gesetz in **§ 46 Umsatzsteuer-Durchführungsverordnung (UStDV)** die Möglichkeit geschaffen, die Abgabe- und Zahlungsfrist um einen Monat zu verlängern (**Dauerfristverlängerung**). Dies geschieht mittels eines – natürlich auf amtlichem Vordruck online (siehe Rn 126) –

zu stellenden Antrages, der bei Quartalszahlern nur einmal zu stellen ist und dann für die Zukunft wirkt.

Tipp
Da Sie die ersten zwei Jahre Monatszahler sind und dies später hoffentlich auch wieder werden (vgl. Rn 135), müssen Sie den Antrag allerdings einmal jährlich stellen bis zum 10. Februar eines Jahres und zugleich 1/11 der Zahllast des vergangenen Jahres als Sondervorauszahlung entrichten. Sofern Sie den Antrag noch nicht gestellt haben, tun Sie es – **am besten sofort!**

5. Anforderung an die Belege

Damit im Sinne des Umsatzsteuergesetzes Belege Berücksichtigung finden können (also Ihr gewerblicher Mandant Ihre Rechnung zum Vorsteuerabzug benutzen kann oder Sie eine Rechnung eines Lieferanten nutzen können), hat das Gesetz in § 14 UStG einige erhebliche Anforderungen an die Belege gestellt und diese ab dem 1.1.2004 noch erheblich verschärft. § 14 Abs. 1 des Umsatzsteuergesetzes (UStG) bestimmt, dass **Rechnungen auszustellen sind, die folgende Angaben enthalten müssen:**   **138**

1. den vollständigen Namen und die Anschrift des leistenden Unternehmers,
2. den vollständigen Namen und die Anschrift des Leistungsempfängers,
3. die Steuernummer oder die USt-Identifikationsnummer des Leistenden,
4. das Datum der Rechnungserstellung sowie eine Rechnungsnummer, die nur einmal von Ihnen vergeben werden darf,
5. die Menge und die handelsübliche Bezeichnung des Gegenstandes der Lieferung oder die Art und den Umfang der sonstigen Leistung,
6. den Zeitpunkt der Lieferung oder der sonstigen Leistung,
7. das Entgelt für die Lieferung oder sonstige Leistung (§ 10) und
8. die auf das Entgelt (Nummer 7) entfallende Steuer sowohl im Prozentsatz (Steuersatz) als auch in absoluten Zahlen (Steuerbetrag), der **gesondert auszuweisen** ist, **oder** einen **Hinweis auf die Steuerbefreiung**.

In der Ziffer 4 dieses Paragraphen liegt noch eine besondere Tücke versteckt: Stimmen tatsächliche Leistung und geschriebene Leistung nicht überein (Sie berechnen Ihrem gewerblich tätigen Mandanten eine Firmenberatung, tatsächlich aber betreuen Sie seine Scheidung, dort kann er die Vorsteuer nicht abziehen), dann fliegt dem Mandanten der Vorsteuerabzug um die Ohren, wenn es entdeckt wird. Noch problematischer ist es, wenn Scheinrechnungen gestellt werden: Der Empfänger kann gar nichts geltend machen; Sie aber müssen die ausgewiesene Umsatzsteuer dennoch an das Finanzamt abführen.   **139**

140 Beachten Sie daher stets nicht nur die Formerfordernisse des § 10 RVG, sondern auch diese Bestimmungen des § 14 UStG. Sofern Sie nicht ein Programm zur Erstellung benutzen, legen Sie sich eine Dokumentenvorlage in Word oder Excel an, die alle erforderlichen Bestandteile dieser zwei Paragraphen enthält.

6. Jahreserklärung

141 Neben den vierteljährlichen oder monatlichen Voranmeldungen ist zusätzlich **bis zum 31. Mai des Folgejahres** eine Jahreserklärung abzugeben. Diese sollte im Allgemeinen mit der Summe der Voranmeldungen übereinstimmen, ansonsten besteht Erklärungsbedarf gegenüber dem Finanzamt.

142 Aus den folgenden Positionen ergeben sich jedoch häufig Abweichungen: Sie erinnern sich, dass die Umsatzsteuer den gesamten privaten Verbrauch von Gütern und/ oder Dienstleistungen treffen soll. Nun haben Sie aber aus Ihrem Unternehmen Dienstleistung entnommen, wo Sie zwar, als die Kosten entstanden sind, die Vorsteuer geltend gemacht haben, aber sich natürlich nicht eine Rechnung mit Umsatzsteuer geschrieben haben; diese (einkommensteuerrechtlich genannten) Privatanteile/(umsatzsteuerrechtlich genannten) Entnahmen von sonstigen Leistungen sind nach § 3 Abs. 9a UStG der Umsatzsteuer zu unterwerfen. Bei dem Privatanteil „Telefon" (siehe Rn 93) und „Internet" (siehe Rn 94) ist das ganz einfach: Summe x 19 %.

143 Etwas komplizierter wird es beim Auto:
- Ermitteln Sie die Privatanteile anhand des Fahrtenbuches (siehe Rn 97 ff.), müssen Sie auf die prozentual ermittelten Teile der Kosten, die mit Vorsteuer belastet waren, die Umsatzsteuer berechnen.
- Nutzen Sie die 1 %-Regelung (siehe Rn 100 ff.), wird auf 80 % des Betrages nur Umsatzsteuer berechnet, da in dem Betrag ja auch der Anteil für Kfz-Steuern und Kfz-Versicherung berücksichtigt ist, der ja nicht mit Vorsteuer belastet ist.

144 Sofern Sie nicht abziehbare Betriebsausgaben (vgl. Rn 106 ff.) hatten, die mit Vorsteuer belastet waren, müssen Sie insoweit auch die Vorsteuer in der Jahreserklärung korrigieren (d.h. entsprechend kürzen).

145 Eine weitere Abweichung zwischen Summe der Voranmeldungen und Jahreserklärung kann sich durch nachträgliche Verrechnungsbuchungen ergeben: Sie haben von einem Mandanten, für den Sie einen Prozess führen, relativ zu Anfang einen Honorarvorschuss erhalten, bei dem Sie vorschriftsmäßig die Umsatzsteuer herausgerechnet und gebucht haben. Im Laufe der Zeit entstehen erhebliche Auslagen (durchlaufende Posten), die Sie nun auf einmal nicht mehr erstattet bekommen, weil der Mandant z.B. insolvent geworden ist. Dann dürfen Sie die Honorarbuchung einschließlich der darin enthaltenen Umsatzsteuer rückwirkend derart ändern, dass Sie so viel, wie Sie an ungedeckten durchlaufenden Posten haben, aus dem Bruttohonorar herausbuchen und in die Einzahlungen bei den „Durchlaufenden Posten" einbuchen. Dadurch mindert sich die vereinnahmte Mehrwertsteuer.

Nach Fertigstellung aller dieser Umbuchungen und Verrechnungen ermitteln Sie die endgültige Umsatzsteuer im Vordruck und geben darunter an, was Sie bisher für den Zeitraum an Voranmeldungen abgegeben haben. Wenn sich daraus eine **Nachzahlung** ergibt, ist diese **innerhalb eines Monats** unaufgefordert an das Finanzamt zu überweisen. **146**

Die Erklärung ist im Übrigen bis zum 31. Mai eines Jahres für das Vorjahr beim Finanzamt einzureichen. Nur der Eingang beim Finanzamt ist fristwahrend. Bei Fristversäumnis gibt es Verspätungszuschläge. Ansonsten hilft Ihnen nur ein kleiner Trick, der weiter unten erläutert ist (siehe Rn 182). **147**

VI. Einkommensteuer

Nachdem wir sachkundig miteinander den Gewinn aus der Berufstätigkeit ermittelt haben und die Umsatzsteuer in der beruflichen Tätigkeit gebührend berücksichtigt wurde, ist es nun an der Zeit, sich mit der zweiten Steuer zu beschäftigen, die Sie ständig begleitet, die Einkommensteuer. Diese trifft Sie aber auch ohne Anwaltszulassung; der Mensch (als solcher) ist ihr unterworfen. **148**

1. Steuerpflicht

Jeder, der seinen Wohnsitz (oder in Ermangelung eines solchen) seinen gewöhnlichen Aufenthalt an mehr als 180 Tagen im Jahr in der Bundesrepublik hat, ist mit seinem Einkommen der Einkommensteuer unterworfen (**unbeschränkte Steuerpflicht**). Dies gilt für sein gesamtes Welteinkommen! Eine Ausnahme gibt es nur, wenn das Einkommen (oder zumindest Teile davon) aus einem Staat stammt, mit dem die Bundesrepublik ein Doppelbesteuerungsabkommen abgeschlossen hat, das dem anderen Staat das Besteuerungsrecht zuweist. **149**

Daneben besteuert die Bundesrepublik auch das hier erzielte Einkommen, egal, wo der Steuerpflichtige wohnt, sofern es nicht bereits der unbeschränkten Steuerpflicht unterliegt (**beschränkte Steuerpflicht**). **150**

151 Was zu dem der Steuer zu unterwerfenden Einkommen gehört, regelt das Gesetz, und zwar das Einkommensteuergesetz (EStG), das regelmäßig und gerne – ungefähr im Halbjahresrhythmus – geändert wird. Grundsätzlich ist all das, was aus einer Teilnahme am allgemeinen Erwerbsleben herrührt, der Besteuerung zu unterwerfen.

2. Die sieben Einkunftsarten des § 2 EStG

a) Übersicht über die Einkunftsarten

152 In § 2 EStG regelt das Gesetz zuerst einmal die sieben verschiedenen Einkunftsarten und die Ermittlung des daraus stammenden Gewinns bzw. Überschusses der Einnahmen über die Ausgaben bzw. Werbungskosten. Er lautet (auszugsweise):

§ 2 EStG

Umfang der Besteuerung; Begriffsbestimmungen

(1) Der Einkommensteuer unterliegen
1. Einkünfte aus Land- und Forstwirtschaft,
2. Einkünfte aus Gewerbebetrieb,
3. Einkünfte aus selbstständiger Arbeit,
4. Einkünfte aus nichtselbstständiger Arbeit,
5. Einkünfte aus Kapitalvermögen,
6. Einkünfte aus Vermietung und Verpachtung,
7. sonstige Einkünfte im Sinne des § 22,

die der Steuerpflichtige während seiner unbeschränkten Einkommensteuerpflicht oder als inländische Einkünfte während seiner beschränkten Einkommensteuerpflicht erzielt. Zu welcher Einkunftsart die Einkünfte im einzelnen Fall gehören, bestimmt sich nach den §§ 13 bis 24.

(2) Einkünfte sind
1. bei Land- und Forstwirtschaft, Gewerbebetrieb und selbstständiger Arbeit der Gewinn (§§ 4 bis 7k),
2. bei den anderen Einkunftsarten der Überschuss der Einnahmen über die Werbungskosten (§§ 8 bis 9a).

Bei Einkünften aus Kapitalvermögen tritt § 20 Abs. 9 vorbehaltlich der Regelung in § 32d Abs. 2 an die Stelle der §§ 9 und 9a.

(3)–(7) ...

153 In den §§ 4 bis 9a EStG ist dann allgemein geregelt, wie die Einkünfte zu ermitteln sind.

b) Einkünfte aus Land- und Forstwirtschaft (§§ 2 Abs. 1 Nr. 1, 13 EStG)

Die erste, nur der Vollständigkeit halber aufgezählte Einkunftsart ist die aus „Landwirtschaft und Forsten". Es ist eine Gewinneinkunft, d.h. das Gesetz verlangt die Ermittlung durch eine Gewinn-und-Verlust-Rechung. Da es aber schon immer den Bauern schlecht ging – egal, wie gut es ihnen ging –, hat der Gesetzgeber eine Vielzahl von Erleichterungen für Landwirte geschaffen, die hier zu erörtern nicht der Platz ist.

154

c) Einkünfte aus Gewerbebetrieb (§§ 2 Abs. 1 Nr. 2, 15–17 EStG)

Die zweite Einkunftsart ist die aus „Gewerbebetrieb", d.h. aus selbstständiger Tätigkeit jeder Art, es sei denn, es ist eine freiberufliche. Der Gewerbetreibende hat den Gewinn aus dem Betriebsvermögensvergleich zu ermitteln: Das Eigenkapital der Bilanz am Jahresende wird um Privateinlagen und Privatentnahmen bereinigt und dann mit dem bereinigten Eigenkapital zum Jahresanfang verglichen. Der Differenzbetrag unterliegt dann der Besteuerung. Gewerbetreibende bis zu einer bestimmten Größe (maximal 50.000 EUR Gewinn oder maximal 500.000 EUR Umsatz) dürfen nach § 142 AO ebenfalls eine Einnahmen-Überschuss-Rechnung erstellen, es sei denn, ein anderes Gesetz zwingt sie zur Bilanzierung.

155

d) Einkünfte aus selbstständiger Tätigkeit (§§ 2 Abs. 1 Nr. 3, 18 EStG)

Die dritte Einkunftsart sind „selbstständige Einkünfte" (**S-Einkünfte**), sie ist für freiberuflich tätige Rechtsanwälte maßgeblich. Dies ist die Einkunftsart der Hochschulabsolventen, bei denen der Gewinn nicht beliebig durch Investitionen und/oder Personaleinstellungen gesteigert (vervielfältigt) werden kann, sondern durch die geistige Leistung des Inhabers beeinflusst wird.

156

§ 18 EStG

Selbstständige Arbeit

(1) Einkünfte aus selbstständiger Arbeit sind
1. Einkünfte aus freiberuflicher Tätigkeit. Zu der freiberuflichen Tätigkeit gehören die selbstständig ausgeübte wissenschaftliche, künstlerische, schriftstellerische, unterrichtende oder erzieherische Tätigkeit, die selbstständige Berufstätigkeit der Ärzte, Zahnärzte, Tierärzte, Rechtsanwälte, Notare, Patentanwälte, Vermessungsingenieure, Ingenieure, Architekten, Handelschemiker, Wirtschaftsprüfer, Steuerberater, beratenden Volks- und Betriebswirte, vereidigten Buchprüfer (vereidigten Bücherrevisoren), Steuerbevollmächtigten, Heilpraktiker, Dentisten, Krankengymnasten, Journalisten, Bildberichterstatter, Dolmetscher, Übersetzer, Lotsen und ähnlicher Berufe. Ein An-

gehöriger eines freien Berufs im Sinne der Sätze 1 und 2 ist auch dann freiberuflich tätig, wenn er sich der Mithilfe fachlich vorgebildeter Arbeitskräfte bedient; Voraussetzung ist, dass er aufgrund eigener Fachkenntnisse leitend und eigenverantwortlich tätig wird. Eine Vertretung im Fall vorübergehender Verhinderung steht der Annahme einer leitenden und eigenverantwortlichen Tätigkeit nicht entgegen;

2. Einkünfte der Einnehmer einer staatlichen Lotterie, wenn sie nicht Einkünfte aus Gewerbebetrieb sind;

3. Einkünfte aus sonstiger selbstständiger Arbeit, z.B. Vergütungen für die Vollstreckung von Testamenten, für Vermögensverwaltung und für die Tätigkeit als Aufsichtsratsmitglied.

(2) Einkünfte nach Absatz 1 sind auch dann steuerpflichtig, wenn es sich nur um eine vorübergehende Tätigkeit handelt.

(3) Zu den Einkünften aus selbstständiger Arbeit gehört auch der Gewinn, der bei der Veräußerung des Vermögens oder eines selbstständigen Teils des Vermögens oder eines Anteils am Vermögen erzielt wird, das der selbstständigen Arbeit dient. § 16 Abs. 1 Nr. 1 Satz 2 und Abs. 2 bis 4 gilt entsprechend.

157 Bereits anfangs ist darauf hingewiesen worden, dass es immer wieder zu **Abgrenzungsproblemen** kam und kommt und dass die Umklassifizierung von selbstständigen Einkünften in Gewerbeeinkünfte nicht nur die Bilanzierungspflicht, sondern auch die Gewerbesteuerpflicht mit sich bringt. Sie sollten daher streng darauf achten, dass dann, wenn die Umqualifizierung droht oder Sie eine – heute berufsrechtlich zulässige – gewerbliche Tätigkeit ausüben, ein zweites Unternehmen existiert, das die gewerbliche Tätigkeit ausübt. Dies muss jedoch richtig existieren, also mit eigenem Telefon, eigenem Fax, eigener Buchhaltung. Als Gestaltungsüberlegung ist z.B. daran zu denken, mit seinem Lebensabschnittspartner bzw. Ehegatten eine Gesellschaft bürgerlichen Rechts dafür zu gründen.

e) Einkünfte aus nichtselbstständiger Tätigkeit (§§ 2 Abs. 1 Nr. 4, 19 EStG)

158 Die vierte große Einkommensart ist die aus nichtselbstständiger Tätigkeit. Merkmal ist die Einbindung in eine Organisation und die fremdgeregelte Berufsausübung. Hier können nur Werbungskosten, also die Kosten, die der Erhaltung und Stärkung des Arbeitseinkommens objektiv dienen, geltend gemacht werden. Zudem ist bei den „N-Einkünften" der Lohnsteuerabzug durch den Arbeitgeber vorgeschrieben. Bei der Ermittlung wird grundsätzlich ein Werbungskostenpauschbetrag von 1.000 EUR angesetzt, es sei denn, der Steuerpflichtige weist einen höheren Betrag nach.

Bei Berufsanfängern tritt bei dieser Einkunftsart häufig folgendes Problem auf: **159**
Der Junganwalt erzielt aus anwaltlicher Tätigkeit selbstständige Einkünfte und aus
einer weiteren Tätigkeit (z.B. Korrekturassistent an der Uni) nichtselbstständige
Einkünfte. Nun taucht die Frage auf, ob die Kosten für die NJW u.v.m. als Werbungskosten bei den N-Einkünften oder als Betriebsausgabe bei den S-Einkünften
geltend gemacht werden. Der sinnvolle Weg ist, dies alles bei den S-Einkünften als
Betriebsausgabe anzusetzen, dann allerdings bei der Gewinnermittlung eine Hinzurechnung von 1.000 EUR vorzunehmen bzw. die Betriebsausgaben um diesen
Betrag zu kürzen.

Wenn Sie so verfahren, wird das Finanzamt der Zuordnung nicht widersprechen.
Anderenfalls müssen Sie jede Ausgabe genau zuordnen – was mühselig ist – oder
die Kosten in dem Verhältnis, in dem die Einnahmen zueinander stehen, auf die
beiden Einkunftsarten verteilen. Bei beiden Wegen verlieren Sie aber bei den Werbungskosten den Vorsteuerabzug.

f) Die restlichen Einkunftsarten

Weiter gibt es nun **160**

- die Einkunftsart „Kapitalvermögen" (§§ 2 Abs. 1 Nr. 5, 20 EStG), deren Name
  bereits alles über den Inhalt sagt,
- die Einkunftsart „Vermietung und Verpachtung" (§§ 2 Abs. 1 Nr. 6, 21 EStG),
  die auch zutreffend beschrieben ist, und
- die Einkunftsart „Sonstige Einkünfte" (§§ 2 Abs. 1 Nr. 7, 22 EStG).

„V" (so heißt der Vordruck, auf dem Vermietungseinkünfte zu erklären sind) gehört auch zu den „Werbungskosteneinkünften", für die das zu den N-Einkünften
bereits Gesagte entsprechend gilt (vgl. Rn 158). Bei den Kapitaleinkünften gibt es
seit dem 1.1.2009 die Besonderheit, dass diese einem eigenständigen linearen Tarif
von 25 % plus 5,5 % und etwaig Kirchensteuer unterliegen (landläufig als „Abgel-
tungsteuer" bezeichnet). Im Gegenzug zu dieser Begünstigung im Bereich des
Steuersatzes sind Werbungskosten nicht mehr absetzbar. Allerdings ist auch diese
Sonderregelung für Kapitaleinkünfte mit einer Vielzahl von Ausnahmen gespickt,
die an dieser Stelle nicht im Detail erläutert werden können. Hier darf beispielhaft
auf die Veröffentlichung *Mertes/Griesel/Wollersheim*, Handbuch der steueropti-
mierten Kapitalanlage, 1. Aufl. 2012, verwiesen werden.

Die Einkunftsart „Sonstige Einkünfte" ist ein Sammelbecken, in das Rentenein-   **161**
künfte, Abgeordnetendiäten u.v.m. gehören, u.a. auch Einkünfte aus strafbaren
Handlungen (angehende Strafverteidiger sollten immer daran denken: Al Capone

ist ausschließlich wegen Steuerhinterziehung verurteilt worden; die Mandanten sind rechtzeitig auf die Steuerpflicht hinzuweisen). Bei dieser Einkunftsart gibt es weder einen Betriebsausgabenabzug noch Werbungskosten.

3. Summe der Einkünfte

162 Nachdem für jede einzelne Einkunftsart das Ergebnis nach den entsprechenden Vorschriften ermittelt wurde, werden die sieben Einkunftsarten zusammengerechnet (Summe der Einkünfte). Dabei werden negative Einkünfte mit positiven Einkünften verrechnet. Allerdings bleiben negative Einkünfte aus Verlustzuweisungsmodellen seit 1999 außen vor. Für den Berufsanfänger dürfte dies alles nicht wichtig sein.

Achtung
Wichtig ist für den Berufsanfänger aber durchaus, dass ein Anlaufverlust in der Rechtsanwaltspraxis mit dem positiven Einkommen aus Referendartätigkeit verrechnet wird oder mit dem positiven Einkommen eines Ehepartners, der einen einträglicheren Beruf hat.

163 Diese so gebildete Summe heißt steuerrechtlich „**Summe der Einkünfte**". Von ihr werden hier nicht interessierende Freibeträge abgezogen; dadurch bildet sich der „**Gesamtbetrag der Einkünfte**". Von diesem werden die Sonderausgaben und die außergewöhnlichen Belastungen abgezogen.

4. Sonderausgaben

164 Bei den Sonderausgaben unterscheidet man zwischen beschränkt abzugsfähigen und unbeschränkt abzugsfähigen Sonderausgaben.

165 **Beschränkt abzugsfähig**, nämlich beschränkt auf einen Höchstbetrag, sind die Aufwendungen, die der Steuerpflichtige zur Gegenwarts- und Zukunftssicherung tätigt, also

- Beiträge zur Rentenversicherung
- Lebensversicherungsprämien
- Krankenkassenbeiträge für die eigene Krankenversicherung (bis 2009) (siehe Rn 169)
- Arbeitslosenversicherung u.Ä.

Unbeschränkt abzugsfähig sind die   166

- gezahlte Kirchensteuer
- Spenden für mildtätige, gemeinnützige und kirchliche Zwecke (wobei die Spenden wiederum betragsmäßig auf 20 % des Einkommens beschränkt sind)
- Parteibeiträge
- und einiges mehr, was man aus dem Erklärungsvordruck auf Seite 3 genau erkennen kann.

Wichtig anzumerken ist an dieser Stelle, dass die vorgenannten Regelungen sich mit Wirkung zum 1.1.2010 teilweise geändert haben. Denn während die Beiträge zur Kranken- und Pflegeversicherung bis einschließlich dem Veranlagungszeitraum 2009 nur beschränkt abzugsfähig waren, sind diese seit 2010 unbegrenzt zum Abzug zugelassen. Zur Gegenfinanzierung sind alle sog. sonstigen Vorsorgeaufwendungen wie beispielsweise die Lebensversicherungsprämie nur bis zu einem Betrag von maximal 2.800 EUR zum Abzug zugelassen, sofern dieser Betrag nicht bereits durch die Krankenversicherungsbeiträge ausgeschöpft wurde (hierzu gehören aber nicht die Beiträge zum Versorgungswerk, die weiterhin begrenzt abzugsfähig bleiben!). Im Ergebnis laufen damit nahezu alle sonstigen Vorsorgeaufwendungen außerhalb der Krankenversicherungsbeiträge leer, da die Grenze von 2.800 EUR in der Regel immer überschritten wird.

Für die Kosten der haushaltsnahen Dienstleistung, wozu beispielsweise die Lohn-   167
kosten eines Handwerkers für die Wohnungsrenovierung zählen, gibt es eine Steuerermäßigung von maximal 1.200 EUR (20 % der Lohnkosten). Auch erwähnenswert sind die **sog. „erwerbsbedingten Kinderbetreuungskosten"**: Wenn Sie alleinerziehend sind oder beide Ehepartner berufstätig, können Sie 2/3 der Aufwendungen für die Kinderbetreuung, die durch die Berufstätigkeit bedingt sind, jedoch maximal 4.000 EUR pro Jahr wie Werbungskosten abziehen. Diese Regelung galt bis einschließlich 2011. Seit dem Veranlagungszeitraum 2012 bedarf es keines Nachweises bestimmter Voraussetzungen (alleinerziehend, erwerbstätig etc.) mehr. Alle Eltern können 2/3 der Betreuungskosten pro Kind und maximal 4.000 EUR pro Jahr einheitlich als Sonderausgabe zum Ansatz bringen.

Außergewöhnliche Belastungen sind solche, die einem Steuerpflichtigen zwangs-   168
läufig erwachsen (er kann sich aus rechtlichen, tatsächlichen oder sittlichen Gründen nicht entziehen) und die ihn im Gegensatz zu der Mehrzahl der Steuerpflichtigen treffen. Hierzu zählen insbesondere Krankheitskosten, Kosten für den Unterhalt bedürftiger naher Angehöriger, Scheidungskosten u.a. mehr. Bei den außergewöhnlichen Belastungen gibt es solche, die nur absetzbar sind, wenn sie einen bestimmten Prozentsatz des Einkommens überstiegen haben (der Prozentsatz

hängt vom Familienstand und der Kinderzahl ab), und unbeschränkt abzugsfähige bzw. allgemeine Pauschbeträge (beispielsweise im Falle einer bestehenden Behinderung). Wie dies aufzuteilen ist, können Sie dem Steuererklärungsvordruck entnehmen.

5. Einkommen und Freibeträge, Steuertarif

169 Hat man vom Gesamtbetrag der Einkünfte die Sonderausgaben und die außergewöhnlichen Belastungen abgezogen, ergibt sich das **Einkommen**.

170 Vom Einkommen wiederum zieht man den **Grundfreibetrag** für den Steuerpflichtigen in Höhe von 7.834 EUR (Veranlagungszeitraum 2009) bzw. 8.004 EUR (Veranlagungszeitraum 2010, 2011 und 2012; ab 2013: 8.130 EUR) und ggf. noch den oder die Kinder- und Betreuungsfreibeträge von 7.008 EUR pro Kind (bei Zusammenveranlagung) ab und erhält damit das **„zu versteuernde Einkommen"**.

171 Dieses ist nun einer progressiven Besteuerung nach der in § 32a EStG niedergelegten Formel unterworfen: Je höher das zu versteuernde Einkommen ist, desto höher ist der Prozentsatz, der angewendet wird. Dabei tauchen nun drei Begriffe auf, die relativ schwer zu erklären sind.

172 Der erste Begriff ist der **Eingangssteuersatz**. Auf das Einkommen, das den Grundfreibetrag übersteigt, wird Steuer in Höhe eines Prozentsatzes abgezogen, am Eingang der Besteuerung beträgt er derzeit 14 %, in der Spitze (= **Spitzensteuersatz**) 42 % (bzw. 45 % unter Berücksichtigung der sog. „Reichensteuer") (siehe Rn 174).

173 Da nun der Steuerpflichtige ein Einkommen hat, bei dem die ersten 8.004 EUR mit 0 %, die danach folgenden Beträge mit einem immer weiter steigenden Prozentsatz besteuert werden, ergibt sich zum Schluss ein Durchschnitt, der sog. **Durchschnittssteuersatz**. Diesen muss man kennen, um ausrechnen zu können, wie viel Steuern man im Jahr ungefähr bezahlen muss.

174 Als dritter Begriff ist nun der **Grenzsteuersatz** wichtig. Das ist der höchste beim Steuerpflichtigen angewandte Satz, also der Satz für die obere Grenze des Einkommens. Diesen Satz benötigt man, um auszurechnen, wie hoch die Steuerersparnis ist, tätigt man noch Betriebsausgaben oder Spenden. Denn wenn ich etwas mehr ausgebe, schneide ich immer an der oberen Grenze des zu versteuernden Einkommens ab. Ab 2005 beträgt der Grenzsteuersatz 42 %. Seit 2007 gilt zusätzlich die sog. Reichensteuer. Ab einem zu versteuernden Einkommen von 250.401 EUR (Ledige) bzw. 500.802 EUR (Verheiratete) steigt der Grenzsteuersatz auf 45 %, d.h. von jedem zusätzlich zu versteuernden EUR sind 0,45 EUR als Steuer abzuführen. Ich wünsche Ihnen, dass Sie sich diesem „Luxusproblem" der Reichensteuer alsbald widmen dürfen.

Um Sie nun nicht völlig zu verwirren, sehen Sie zur Veranschaulichung eine Übersicht mit den Prozentsätzen „Durchschnittssteuersatz" und „Grenzsteuersatz". Die hier besonders markierten Punkte 47.000 zu versteuerndes Einkommen sind bewusst gewählt **175**

Übersicht: Durchschnittssteuersätze und Grenzsteuersätze

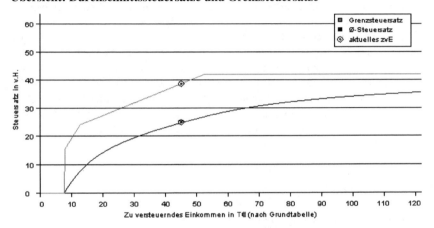

47.000 EUR zu versteuerndes Einkommen war der Durchschnitt bei allen Rechtsanwälten in Deutschland im Jahr 2002. Aktuellere Zahlen belegen leider keine signifikante Steigerung dieses Wertes. Bei einem solchen Einkommen hat man einen Durchschnittssteuersatz von 24,99 % und einen Grenzsteuersatz von 39,46 %. **176**

Auf die Möglichkeit von (linearen sowie früher degressiven) Abschreibungen auf Wirtschaftsgüter und die Sonderabschreibungen für kleine und mittlere Betriebe wurde bereits eingegangen (siehe Rn 83 und 90). Nun müssen Sie bedenken, dass Sie Anlagevermögen nur einmal abschreiben können. Wählen Sie in der Zeit, in der Ihr Grenzsteuersatz 25 % ist (zu versteuerndes Einkommen von ca. 15.200 EUR), beispielsweise die klassische GWG-Abschreibung von 410 EUR bei einem Wirtschaftsgut mit Anschaffungskosten in Höhe von ebenfalls 410 EUR, sparen Sie bei 410 EUR Abschreibungen im Erstjahr an Einkommensteuer 102,50 EUR. Verteilen Sie dagegen die Abschreibungen linear über den GWG-Sammelpool auf fünf Jahre gleichmäßig, haben Sie im Beispielsfall jährlich 82 EUR, also im ersten Jahr eine Steuerersparnis von 20,50 EUR, aber für den hoffentlich eintretenden Fall eines stetig steigenden Einkommens allein bei einer Stei- **177** gerung von 10.000 EUR pro Jahr, im zweiten Jahr bereits eine Steuerersparnis von 25,06 EUR, im dritten Jahr von 29,61 EUR usw. Steuergestaltung u.a. durch die Nutzung von Abschreibungen ist also dann wichtig, wenn ich höhere Grenzsteuersätze habe.

178 Durch die strenge Periodenabgrenzung und die relativ starke Steigerung des Steuersatzes im oberen Teil kann das Problem auftreten, dass ich durch die Verschiebung einer Einnahme oder Ausgabe endgültig Steuern sparen kann. Hierzu gibt es bei dem Einnahmen-Überschuss-Rechner ganz legale Möglichkeiten neben den bereits erwähnten Abschreibungen. So ist es beispielsweise zulässig und möglich, in Jahren, von denen ich weiß, dass meine Einnahmen wegrennen, dies aber leider nur temporär ist, Betriebsausgaben, die ich sowieso habe, zum Jahresende vorzuziehen, indem ich z.b. Kammer- und Vereinsbeiträge für das kommende Jahr im Dezember bezahle, mich mit Büromaterial und Briefmarken oder Ähnlichem für das nächste Halbjahr im Voraus eindecke. Oder ich bitte den Mandanten, das am Jahresende fällige hohe Honorar in zwei Teilbeträgen per Scheck zu bezahlen, von dem ich den ersten noch im Dezember und den zweiten erst nach dem 10. Januar gutschreiben lasse.

6. Steuererklärung

179 Auch die Angaben, die zur Festsetzung der Einkommensteuer notwendig sind, müssen auf einem amtlich vorgeschriebenen Vordruck erklärt werden. Dabei sind abzugeben für die natürliche Person oder das Ehepaar der **Mantelbogen**, auf dem die Personenstandsangaben, Kontoverbindungen etc. sowie die Sonderausgaben und die außergewöhnlichen Belastungen anzugeben sind, für die Kinder ist dann – je Kind – eine Anlage „Kind" auszufüllen. Daneben ist für jede Einkunftsart eine weitere Anlage auszufüllen.

180 Nach diesen Angaben errechnet das Finanzamt die Steuer und setzt sie mit gesondertem Bescheid fest. Die Steuer ist dann innerhalb eines Monats nach Bekanntgabe des Bescheides zu bezahlen. Dabei wird dann zugleich festgesetzt, wie hoch zukünftig die Vorauszahlungen sein werden, die Sie zu leisten haben. Ist eine Nachzahlung hoch, kommt das Ganze dann doppelt auf Sie zu, nämlich die Nachzahlung für das vergangene Jahr und in gleicher Höhe die Vorauszahlung für das laufende Jahr.

181 Stellen Sie nun anhand Ihrer gut geführten Buchhaltung fest, dass Ihr zu versteuerndes Einkommen deutlich unter dem liegt, was bei der Festsetzung der Vorauszahlungen zugrunde gelegt wurde, so können Sie eine **Anpassung der Vorauszahlungen** beantragen. Die Gründe dafür sind dann darzulegen.

Auch die Einkommensteuererklärung ist bis zum **31. Mai** eines Jahres abzugeben. **182**
Hier tritt nun eine Besonderheit auf: Auch Rechtsanwältinnen und Rechtsanwälte sind – das mag überraschend klingen – Angehörige der steuerberatenden Berufe. Und für die Steuerpflichtigen, die durch Angehörige der steuerberatenden Berufe vertreten werden, ist die Abgabefrist auf den **31. Dezember** verlängert.

Tipp
Drücken Sie auf dem Mantelbogen auf Seite 1 unten rechts in das dafür vorgesehene Feld Ihren Kanzleistempel, verlängert sich die Abgabefrist um sieben Monate, ohne dass das Finanzamt Verspätungszuschläge festsetzen kann. Allerdings kann es dennoch sein, dass das Finanzamt in der Zukunft eine frühere Abgabe verlangt, was jedoch nicht die Regel ist.

7. Betriebsprüfung

An verschiedenen Stellen wurde schon angedeutet, dass es die Einrichtung „Betriebsprüfung" bei den Finanzämtern gibt. Die Chance, dass es Sie in den nächsten **183** sieben bis zehn Jahren treffen wird, wird immer größer. Wenn Sie all das, was in diesem Buch und insbesondere in diesem Abschnitt steht, beachtet haben, brauchen Sie sich keinerlei Gedanken zu machen. Wenn die Anordnung der Betriebsprüfung kommt, dann sollten Sie

- nachdenken, ob es wirklich kein Schwarzgeld oder fingierte Betriebsausgaben gegeben hat (ansonsten sofort Berater aufsuchen),
- einen ordentlichen Arbeitsplatz für den Prüfer in der Praxis bereitstellen,
- die Belege zusammenstellen und aufbauen, die GDPdU-Dateien auf CD brennen und den Belegen hinzufügen,
- die (bis dahin hoffentlich vorhandenen) Mitarbeiterinnen und Mitarbeiter entsprechend einweisen (Auskünfte erteilt nur der Chef).

Wenn Sie sich unsicher sind: Sowohl im Haufe SteuerOffice als auch in der NWB **184** gibt es brauchbare Checklisten. Ansonsten fragen Sie (echte) Fachleute. Die z.B. in Berufskreisen kursierende Behauptung, Ihre Handakten etc. stünden dem Prüfer nicht zur Einsicht zur Verfügung, ist beispielsweise völlig falsch, es sei denn, Sie folgen meinem Hinweis, alle Honorarabrechnungen, Fremdgeldabrechnungen mit Mandanten etc. gesondert in der Buchhaltung abzulegen. Auch in Ihren Terminkalender darf er schauen, wenn er an der beruflichen Veranlassung von Bewirtungsaufwendungen zweifelt.

VII. Besonderheiten bei Sozietäten und Partnerschaftsgesellschaften

185   Sozietäten sind Gesellschaften bürgerlichen Rechts (GbR), Partnerschaftsgesellschaften sind der OHG nachgebildet. Sie sind daher weder natürliche noch juristische Person. Im Sinne des Umsatzsteuerrechts allerdings sind sie Unternehmer. Damit gibt die GbR oder die Partnerschaftsgesellschaft eine Umsatzsteuererklärung ab. Allerdings kann sie weder eine Einkommensteuererklärung abgeben, da sie keine natürliche Person ist, noch eine Körperschaftsteuererklärung, da sie auch keine juristische Person ist; juristische Personen zahlen nämlich anstelle der Einkommensteuer Körperschaftsteuer.

186   Leider bleibt damit das anwaltliche Einkommen, das aus einer solchen Partnerschaft stammt, nicht steuerfrei. Deswegen hat das Gesetz das Verfahren der **„gesonderten und einheitlichen Gewinnfeststellung"** vorgeschrieben: In einem vom normalen Verfahren gesonderten Verfahren wird der Gewinn für alle Beteiligten einheitlich festgestellt.

187   Anstelle des Mantelbogens gibt die Sozietät oder die Partnerschaftsgesellschaft daher die „Erklärung zur gesonderten und einheitlichen Feststellung" mit der Anlage FB, die die persönlichen Angaben der Feststellungsbeteiligten enthält, sowie pro Einkunftsart die entsprechende Anlage, die auch bei der Einkommensteuererklärung benutzt wird, sowie zu dieser jeweils die Anlage FE 1 auf der der Gewinn der Einkunftsart auf die Feststellungsbeteiligten verteilt wird, ab.

188   Daneben bleibt jeder Sozius oder Partner natürlich verpflichtet, eine Einkommensteuererklärung abzugeben. Bei dieser ist dann in der Anlage „Selbstständige Einkünfte" nur der Gewinnanteil einzutragen, der in der „Erklärung zur ..." auf ihn verteilt wurde.

VIII. Besonderheiten bei Rechtsanwaltsgesellschaften mbH (oder AG)

189   Zwei Besonderheiten ergeben sich, übt man die Berufstätigkeit in der Form der Rechtsanwalts-GmbH oder Rechtsanwalts-AG aus. Der erste Unterschied ist: GmbH und AG sind kraft gesetzlicher Definition Kaufleute.

190   Damit sind alle Einkünfte der GmbH Gewerbeeinkünfte, so dass die oben geschilderten Abgrenzungsprobleme (vgl. Rn 49 ff.) nicht vorhanden sind, aber im Gegenzug sowohl Bilanzierungspflicht besteht als auch Gewerbesteuer auf den Gewinn entsteht.

Der Rechtsanwalt ist dabei Angestellter (s)einer GmbH; er erzielt Einkünfte aus 191 nichtselbstständiger Tätigkeit, also mit Lohnsteuerabzug und dem Problem, dass eine extreme Förmelei notwendig ist, sofern er an der GmbH beteiligt ist: Alles, was seine Bezüge, Nebenleistungen (z.B. Kfz-Gestellung), Arbeitszeiten etc. betrifft, bedarf einer ausdrücklichen schriftlichen, von der Gesellschafterversammlung genehmigten vertraglichen Vereinbarung, soll es vom Finanzamt anerkannt werden.

Es treten daher viele Probleme auf. Wenn Sie einen solchen Schritt planen, müssen 192 Sie sich auf jeden Fall vorher sachkundig machen und/oder beraten lassen.

IX. Der Rechtsanwalt als Arbeitgeber

Sofern Sie Arbeitnehmer beschäftigen – und das ist auch der Freund, der stunden- 193 weise den „Schönfelder" einsortiert –, unterliegen Sie besonderen Pflichten.

Das fängt damit an, dass Sie 194

■ Ihrem zuständigen Finanzamt dies melden,

■ sich bei der örtlichen Bundesagentur für Arbeit eine Betriebsnummer zuteilen lassen und

■ auch Mitglied der Verwaltungsberufsgenossenschaft werden, der sie darüber eine Mitteilung machen müssen.

Der Beginn der Arbeitsaufnahme ist dann dem zuständigen Träger der gesetzlichen 195 Sozialversicherung auf Vordruck zu melden, und zwar bei geringfügig Beschäftigten (400-EUR-Kräfte bis 2012; seit 2013 450-EUR-Kräfte) sofort und bei normalen Angestellten innerhalb von sechs Wochen nach Arbeitsbeginn. Bei den geringfügig Beschäftigten können Sie dies im Internet unter *http://www.bundesknappschaft.de* oder *http://www.minijobzentrale.de* tun.

Von dem Entgelt, das Sie zahlen, haben Sie die darauf entfallende Lohnsteuer und 196 Sozialversicherung abzuziehen, diese Beträge sowohl dem Finanzamt als auch der Sozialversicherung zu melden (und zwar bis zum 10. des Folgemonats bezüglich der Lohnsteuer, während für die Sozialabgaben als Fälligkeit bereits der drittletzte Bankarbeitstag des Monats gilt, in dem die Tätigkeit, mit der das Arbeitsentgelt erzielt wird, ausgeübt worden ist) und auch innerhalb des gleichen Zeitraumes zu zahlen. Bei den geringfügig Beschäftigten fällt für alles ein Pauschalsatz von 30 % an, der der Bundesknappschaft zu melden und dorthin zu bezahlen ist.

197   Zudem sind gesonderte Aufzeichnungen zu führen, und zwar **Lohnkonten**. Pro Arbeitnehmer ist ein Blatt zu führen. Sofern Sie kein EDV-Programm verwenden, nutzen Sie dazu die im Bürofachhandel erhältlichen Vordrucke.

198   Sowohl das Finanzamt als auch die Träger der gesetzlichen Sozialversicherung kommen regelmäßig zur Prüfung; alle vier Jahre erscheint ein Prüfer bei Ihnen.

199   Wenn Sie nicht intensiv im Arbeits- und Sozialversicherungsrecht tätig sind oder jemanden beschäftigen, der sich mit Lohnabrechnungen auskennt, empfiehlt es sich, dies außer Haus zu geben. In fast allen größeren Städten der Bundesrepublik gibt es hierauf spezialisierte Unternehmen. Auch die Angehörigen der steuerberatenden Berufe sind auf diesem Gebiet tätig. Rechnen Sie im Schnitt mit einem Honorar von 10 bis 20 EUR pro Monat und abzurechnenden Arbeitnehmer.

X.   Aufbewahrungspflichten

200   Alles, was Sie nun mühselig erstellt, erarbeitet, gesammelt und aufgezeichnet haben, müssen Sie auch aufbewahren. Und zwar zehn Jahre lang. Die Frist beginnt am letzten Tag des Jahres zu laufen, in dem Sie die letzte Aufzeichnung in der Buchhaltung gemacht haben. Das heißt praktisch: Die Abschreibungen des Jahres 2009 buchen Sie im Sommer 2010, wenn die Bank auf den Jahresabschluss drängt. Am 31.12.2010 beginnt damit die Zehnjahresfrist, so dass Sie ihre Buchhaltungsunterlagen des Jahres 2009 Silvester 2020 verbrennen können.

201   Den Abschluss selbst sollten Sie de facto ewig aufbewahren, um etwaig auftauchenden Unstimmigkeiten auch noch Jahre nach der Aufbewahrungspflicht nachgehen zu können. Sinnvollerweise dann auch die darauf aufbauenden Steuererklärungen.

202   Zu Beginn bat ich Sie, alle Buchhaltungsbelege separat aufzubewahren und von Honorarrechnungen etc. eine separate Kopie zu machen (vgl. Rn 12). Wenn Sie das nicht tun und bestimmte Fragen nur anhand von Handakten beantwortet werden können, werden Ihre Handakten notwendige Bestandteile Ihrer Buchhaltung, unterliegen also dieser langen Aufbewahrungsfrist. Ansonsten könnten Sie die Handakten fünf Jahre nach Abschluss des Mandats (und zwar taggenau) vernichten.

XI. Schlusswort

Aus den Reaktionen auf die 1. bis 4. Auflage ist bekannt, dass es nach dem Lesen **203** dieses Teils nicht zu Verzweiflungstaten gekommen ist. Nichtsdestotrotz ist mir bewusst, dass die vorliegenden Ausführungen nur ein erster Einstieg in die buchhalterische und steuerliche Materie sein können. Seien Sie aber gewiss, dass das alles kein Hexenwerk ist und Sie nach einer gewissen Einarbeitungsphase und entsprechender Praxiserfahrung die Regularien gut meistern werden. Sollten Sie dennoch Fragen, Anregungen oder Kritik äußern wollen, können Sie mir gerne schreiben. Die Kontaktdaten finden Sie unter *www.gkm-group.de*. Abschließend danken möchte ich meiner Mitarbeiterin *Emilia Bartel*, die mit Ruhe und Muße die fachliche Gegenkontrolle vorgenommen hat.

XII. Anhang

1. Kleines Betriebsausgaben-ABC

Legende: BA = Betriebsausgabe; SA = Sonderausgabe; Pr = Privat, **204**
WK = Werbungskosten

A

Alimente, gezahlte	Pr
Anwaltsverein, Mitgliedsbeitrag	BA
Arbeitslosenversicherung der Mitarbeiter	BA
B	
Berufshaftpflichtversicherung	BA
Bücher: Kaufpreis dann, wenn Titelangabe auf Rechnung	BA
Büromaterial	BA
Bußgeldbescheid, eigener	BA, aber Abzugsverbot
C	
Computer: Abschreibung auf den Kaufpreis	BA
Courierdienste	BA
Creditreform-Beiträge	BA
D	
Darlehenszinsen auf Praxiskredite	BA, siehe aber Rn 112
Disketten	BA
E	
Einbruchs- und Diebstahlversicherungen für Büro	BA
Energiekosten für Büro	BA
F	
Fax: Anschaffung und Betrieb	BA

Finanzamt: Zinsen und Gebühren	BA
Flat Rate	BA
Formulare	BA
Fortbildung	BA, aber Tourismusproblem
Freundin/Freund: Kosten des Erhalts	Pr
G	
Gebührenteilung mit Kollegen	BA
Gehälter	BA
Gerichtsvollzieher-Nachnahmen im Allgemeinen	– durchlaufende Posten –
Gerichtsvollzieher-Nachnahmen im Besonderen	BA
Geschäftshaftpflichtversicherung	BA
Geschenke	BA, aber nur bis 35 EUR
H	
Handy	BA
Hausmeister: Trinkgelder	BA
Heizungskosten Büro	BA
Hundesteuer und -haftpflichtversicherung	Pr
I	
Internet	BA
J	
Justizkasse, Einzahlungen	wie Gerichtsvollzieher
K	
Kaffee	BA
Kammerbeiträge	BA
Kfz-Kosten: Kanzlei-Wagen	BA
Kfz-Kosten: Wagen des Ehegatten	Pr
Kirchensteuer, eigene	SA
Kopierer	BA
Krankenversicherung, eigene	SA
Krankenversicherung der Angestellten	BA
Kreditkosten	BA *siehe* Darlehen
L	
Lehrbücher für Azubis und Referendare	BA
Lehrbücher für die eigenen Kinder	Pr
Lohnsteuer der Angestellten	BA
M	
Mahnbescheidsvordrucke	BA
Miete fürs Büro	BA
Miete für die Wohnung	Pr
N	
Nachnahmen der Gerichtsvollzieher	*siehe* Gerichtsvollzieher

O

Ölwechsel	*siehe* Kfz-Kosten

P

Parteispenden (soweit nicht schwarzgezahlt)	SA
Porto	BA
Putzfrau, soweit für Büro	BA
Putzfrau zu Hause	evtl. SA

Q

Quellensteuer	

R

RA-Versorgungswerk, eigene Beiträge	SA
RA-Versorgungswerk für angestellte Anwälte	BA
Referendare, Honorare an	BA
Rente an scheidenden Sozius bei Praxisüberlassung	BA
Rentenversicherung der Ang.	BA
Restaurantrechnungen	BA, aber Rn 107

S

Sozialversicherungsbeiträge für Mitarbeiter	BA
Schreibservice	BA
Schulgeld für die eigenen Kinder	SA Pr
Steuern, im Allgemeinen	Pr
Steuerberatung, soweit Jahresabschluss und USt-Erklärung	BA
Steuerberatung, soweit ESt	Pr, soweit nicht unmittelbar den WK, BA zuzuordnen (derzeit strittig)

T

Taxi	
DSL-Anschluss	BA, aber Rn 93
Telefon	BA, siehe aber Rn 93

U

Umsatzsteuer, an das Finanzamt abgeführt	BA
Unfallversicherung, eigene und die der Kinder	SA
Unfallversicherung, Mitarbeiter und Besucher	BA
Unterhalt an Ex-Frau/Ex-Mann	Pr, aber Realsplitting!

V

Versicherungen allgemein	BA oder SA oder Pr

W

Wartung der Büromaschinen	BA

Z

Zinsen auf Kredite	*siehe* Darlehen

2. Amtliche AfA-Tabellen (Auszug)

205 BMF-Schreiben vom 15.12.2000 (BStBl 2000 Teil I, S. 1532 ff.): Die Spalten 1 bis 4 sind vom Bundesfinanzministerium, die Spalten 5 und 6 vom Verfasser. Die Nutzungsdauer (ND) in Jahren in Spalte 3 gilt für Wirtschaftsgüter, die nach dem 1.7.1997, aber vor dem 1.1.2001 angeschafft wurden, die in Spalte 4 für die Wirtschaftsgüter, die nach dem 1.1.2001 angeschafft wurden. Die Prozentsätze der Spalten 5 und 6 beziehen sich auf die Nutzungsdauer der nach dem 1.1.2001 angeschafften Wirtschaftsgüter. Bei den degressiven Prozentsätzen wird nochmals explizit darauf hingewiesen, dass diese nur Anwendung finden bei Wirtschaftsgütern, die nach dem 31.12.2008 und vor dem 1.1.2011 angeschafft wurden.

Lfd. Nr.	Wirtschaftsgut	ND ab 7.97	ND ab 1.01	%-Satz linear	%-Satz degressiv
1	2	3	4	5	6
4.2.1	Personen-Pkw und Kombi	5	6	16,66	25
4.2.2	Motorräder u. -roller, Fahrrad	5	7	14,28	25
6.5	Klimageräte mobil	8	11	9,09	22,72
6.13.1	Fernsprechnebenstellenanlagen	8	10	10	25
6.13.2.2	Mobilfunkendgeräte	4	5	20	25
6.13.2.3	Textendeinrichtungen (Fax u.a.)	5	6	16,66	25
6.14.1	Frankiermaschinen	5	8	12,50	25
6.14.3.2	Personalcomputer, Laptops	4	3	33,33	
6.14.4	Foto- und Video-Einrichtungen	5	7	14,28	25
6.14.5	Präsentationseinrichtungen (Overhead, Beamer)	5	8	12,50	25
6.14.6	Aktenvernichter	5	8	12,50	25
6.15	Büromöbel	10	13	7,69	19,23
6.19.2	Tresore	20	23	4,34	10,87

3. Tabelle: Berechnung der privaten Nutzungsanteile Kfz (ab 2007)

Teil A: 1 %-Regelung gemäß § 6 Abs. 1 Nr. 4 S. 2 EStG (vgl. Rn 100 f.)   **206**

Text:	Neupreis nach Katalog	+	Sonderausstattung	=	Gesamtpreis
Bruttoberträge: •		+	•	=	•

	Gesamt	: 100	= 1 %	x Monate	Gesamtpreis
	•	: 100 =	•	x 12	•
davon	0,8		0,2		**Kontrollsumme**
	•		•		•
darauf MWSt.	19 %				
zu buchen	•		•		

Teil B: Beschränkung des Betriebsausgabenabzuges (0,03 %-Regelung)   **207**

	Beispiel	Ihre Berechnung
1) Gesamtpreis in EUR	35.000,00	
2) davon 0,03 %	10,50	
3) einfache Entfernung in km	22,50	
4) Monate	12,00	
5) Betrag in EUR 2) *3) *4)	2.835,00	
6) Arbeitstage	220,00	
7) einfache Entfernung in km	22,50	
8) Pauschalsätze in EUR	0,30	
9) Summe 6) *7) *8)	1.485,00	
10) Endbetrag 5) - 9)	**1.350,00**	

= nichtabziehbarer Betriebsaufwand
wenn größer 0; Negativbeträge sind nicht anzusetzen

4. Tabelle: Berechnung der Zinsausgabenkürzung wegen Überentnahme gem. § 4 Abs. 4a EStG[1]

208

	Beispiel:	**Ihre Berechnung**
Anfangskapital	-12.800,00	
+ Einlagen	18.000,00	
+ Gewinn	0,00	
= Summe Zugänge	5.200,00	
Entnahmen	35.000,00	
+ Verlust	25.000,00	
= Summe Abgänge	60.000,00	
Summe Abgänge	60.000,00	
Summe Zugänge	5.200,00	
Überentnahme:	54.800,00	
gesetzlicher Zinssatz	6%	6 %
Überentn. X ges. Zinssatz	7.488,00	
davon unschädlich	2.050,00	
Kürzung des Zinsaufwandes	5.438,00	

---

1 Vgl. Rn 112 f.

5. Tabelle: Einnahmen-Überschuss-Rechnung

Elke Mustermann
Rechtsanwältin

209

Gewinnermittlung gem. § 4 Abs. 3 EStG
für das Jahr: ☐

Nr.	Text	Vorspalte €	Hauptspalte €	%	Vorjahr €
1.	Erlöse (RA-Honorare netto)		☐	☐	☐
2.	Erlöse aus Anlagenverkäufen		☐		☐
3.	Privatanteile				
3.1	Anteil Telefonnutzung	☐			☐
3.2	Anteile Kfz.-Nutzung	☐			☐
3.3	Sonstige Privatanteile	☐	☐	☐	☐
4.	Umsatzsteuer				
4.1	Vereinnahmte Umsatzsteuer	☐			☐
4.2	USt-Erstattung	☐			☐
4.3	Umsatzsteuer auf Privatanteile	☐	☐	☐	☐
A.	**Zwischensumme Betriebseinnahmen**		☐		☐
5.	Aufwendungen für Praxisbedarf				
5.1	Freie Mitarbeiter	☐			☐
5.2	Terminsvertreter	☐	☐	☐	☐
6.	Personalkosten				
6.1	Löhne + Gehälter	☐			☐
6.2	Gesetzliche Sozialaufwendungen	☐	☐	☐	☐
7.	Raumkosten				
7.1	Miete	☐			☐
7.2	Gas, Strom, Wasser	☐			☐
7.3	Instandhaltung	☐			☐
7.4	Sonstige Raumkosten	☐	☐	☐	☐
8.	Versicherungen, Beiträge		☐	☐	☐
9.	Besondere Aufwendungen		☐	☐	☐
10.	Fahrzeugkosten				
10.1	Kfz.-Steuer	☐			☐
10.2	Kfz.-Versicherung	☐			☐
10.3	Kfz.-Betriebskosten	☐			☐
10.4	Kfz.-Reparaturen	☐			☐
10.5	Sonstige Kfz.-Kosten	☐	☐	☐	☐
	Übertrag auf Blatt 2		☐		☐

Mertes 579

Übertrag von Blatt 1

11.   Werbekosten, Bewirtungen

12.   Reisekosten, Fortbildung

13.   Leasing und Instandhaltung

14.   AfA Absetzungen für Abn. (Abschreibungen)
14.1 planmäßige Abschreibungen
14.2 Sonderabschreibungen aufgr.steuerr.V.
14.3 Sofortabschreibung GWG

15.   Verschiedene Kosten
15.1 Porto
15.2 Telefon
15.3 Bücher, Zeitschriften
15.4 Büromaterial
15.5 Buchführung, Steuerberatung
15.6 Mieten f. Einr., Leasing
15.7 Nebenkosten Geldverkehr
15.8 Sonst. Betriebsbedarf

16.   Umsatzsteuer
16.1 gezahlte Vorsteuer
16.2 Umsatzsteuer-Vorauszahlungen
16.3 Umsatzsteuer-Nachzahlungen Vorj.

17.   Zinsen

B.   **Zwischensumme Betriebsausgaben**

C.   **Ergebnis**

18.   Hinzurechnungen aufgrund steuerl.Vorschriften
18.1 Nicht abziehbare BA
18.2 Kürzung Zinsaufwand
18.3 30 % Bewirtungskosten

D.   **Steuerliches Ergebnis**

Ort / Datum: **Unterschrift:**

§ 11 Der Mandantenversteher – vom Umgang mit Mandanten

Dirk Schwohnke

I. Anwalt und Mandant – zwei Welten?

„Anwalt zu sein ist eigentlich der schönste Beruf der Welt – nur die Mandanten stören." Diese Aussage eines berufserfahrenen Kollegen lässt ahnen, wie vielschichtig und ambivalent die Beziehungen sind, die täglich zwischen Mandanten und Anwälten angebahnt und gepflegt werden. **1**

Es ist immer wieder interessant, wenn zwei „Welten" aufeinandertreffen, die für die Dauer (mindestens) eines Mandats miteinander verbunden sind. Auf der einen Seite betritt der Mandant die Kanzlei in der Hoffnung, dass ihm effektiv, schnell, unkompliziert und – selbstverständlich – möglichst preiswert geholfen wird. Auf der anderen Seite erwartet ihn der Anwalt in der Hoffnung, einen über eine Erstberatung hinausgehenden Auftrag zu erhalten, der ihm ebenso hohe Gebühren bei überschaubaren Mühen verspricht wie zudem eine langfristige Mandantenbindung. Die Erfahrung lehrt jedoch, dass die wenigsten Mandate beiden Erwartungen gleichermaßen gerecht werden. Wir erleben es in der Praxis täglich: Eine Scheidung ist nicht wie gewünscht in zwei Wochen zu bewerkstelligen, die angeblich so „eindeutige Schlamperei" der Handwerker muss aufwendig bewiesen werden und es kommt vor, dass das Vergütungsgesetz für das Verfassen eines zweiseitigen Briefs ein Honorar von 800 EUR vorsieht. Der Anwalt kann sich wiederum nur schwer damit anfreunden, dass er auf das Wort „Drittschadensliquidation" fragende Blicke erntet, sein Schriftsatz dem Mandanten zu weich war und die überreichte (Vorschuss-)Rechnung als Zumutung empfunden wird.

Vergessen Sie nie, dass Ihr Mandant nicht nur mit einem rein juristischen Problem zu Ihnen kommt. Hinter diesem Problem stehen regelmäßig auch seine Sorgen, vielschichtige Ängste und Wut oder gar Zorn auf den Verursacher der Misere. Seien Sie sich dessen stets bewusst. Sehen Sie in Ihrem Mandanten nicht nur irgendeinen juristischen Sachverhalt vor sich sitzen, sondern immer auch den ganzen Menschen. Dies hilft Ihnen bei der anwaltlichen Beratung und der Fallbearbeitung. Verinnerlichen Sie dies, dann ist der Weg zum Ziel, „Mandantenversteher" zu werden, bereits betreten. **2**

Kurzum: Es besteht **Kommunikationsbedarf**. Wie wichtig hier der richtige Umgang miteinander ist, zeigt allein die Existenz des von der Bundesrechtsanwaltskammer herausgegebenen Leitfadens für Mandanten und potentielle Mandanten. Die Broschüre „Auf gute Zusammenarbeit" kann ab 10 Stück Mindestabnahme zu einem Preis von 0,75 EUR exklusive Mehrwertsteuer bestellt werden und soll der richtigen Vorbereitung – vom Ablauf der Beratung bis zu den Kosten der Beratung – dienen.

Ihr Alltag besteht darin, mit Menschen in Krisensituationen richtig umzugehen. Das ist allerdings leichter gesagt als getan, da Sie sich auf vermintem Gelände bewegen, wo ein falsches Wort alles zerstören kann. Dieses Kapitel handelt von der **richtigen Beziehungspflege**. Schließlich sollen Ihre mühsam akquirierten Mandanten nicht nur für dieses eine Mandat bei Ihnen bleiben, sondern auch wiederkommen und Sie weiterempfehlen. Auch soll Ihr Mandant von heute nicht Ihr Feind von morgen werden.

II. Die „Mandant-Anwalt-Beziehung"

3   Betrachten wir zunächst die „Mandant-Anwalt-Beziehung" näher. Sie konzentriert sich grundsätzlich auf drei wesentliche Kommunikationsebenen:

- die informelle Ebene,
- die juristische Ebene und
- die emotionale Ebene.

Was jeweils unter den einzelnen Ebenen zu verstehen ist und wie wichtig die Differenzierung der Ebenen ist, erfahren Sie im Folgenden.

1. Die informelle Ebene

4   Wesentlich in der Mandant-Anwalt-Beziehung ist die Informationsebene, die über die reine, immanent **wichtige Sachverhaltserfassung** hinausgeht. Um im Interesse des Mandanten tätig zu sein, sind Sie auch auf **persönliche Informationen** angewiesen und damit sind nicht bloß die Kontaktdaten des Mandanten gemeint. Beispielsweise benötigen Sie zur Prüfung eines möglichen Anspruchs auf Prozesskostenhilfe Informationen über die wirtschaftliche Situation des Mandanten; Kenntnis der Konfliktbereitschaft erleichtert Ihnen die Risikoabwägung der möglichen Vorgehensweisen. Das mag bei einer Verkehrsunfallstreitigkeit nicht von großer Bedeutung sein, in Familienstreitigkeiten ist wiederum ohne dieses Hintergrundwissen eine ordnungsgemäße Mandatsbearbeitung nicht zu leisten. Erst wenn Sie wissen, mit wem Sie es zu tun haben, können Sie einschätzen, was Sie ihm Gutes tun können und welcher Weg dafür der bestmögliche ist.

2. Die juristische Ebene

Die juristische Ebene dominieren Sie als Anwalt. Sie bestimmen, was vorgetragen **5** wird und welche rechtlichen Mittel zum Erreichen des durch den Mandanten geforderten Ergebnisses bzw. Mandatserfolgs eingesetzt werden. Hier scheint der Mandant außerhalb seiner Zielvorgabe nur eine sekundäre Rolle zu spielen, obwohl er eigentlich die Hauptperson sein sollte. Arbeiten Sie nicht mit dem Selbstverständnis, Ihr juristisches Handwerk sei Teil einer Geheimwissenschaft und müsse so auch dargestellt werden. Es ist Aufgabe des Anwalts, über die **Rechtslage aufzuklären.** Integrieren Sie den Mandanten in die Mandatsabwicklung. Schaffen Sie Transparenz in Ihrer Aktenbearbeitung, ohne dass es für Sie hinderlich und zu zeitaufwendig wird oder Ihren Mandanten überfordert. Gerade weil die juristische Ebene über Erfolg oder Misserfolg der Mandatsbearbeitung entscheidet, bedarf es einer intensiven Kommunikation, um das Vertrauen des Laien in Ihre Tätigkeit zu gewinnen. Kommentarlos übersandte Schriftsätze dienen diesem Ziel ebenso wenig wie Entscheidungen, die Sie über den Kopf Ihres Mandanten hinweg treffen. Letzteres sollten Sie ohnehin tunlichst vermeiden.

3. Die emotionale Ebene

Mandanten befinden sich regelmäßig in Situationen, die außerhalb ihres typischen **6** Alltags liegen und oftmals belastend wirken, bevor sie Sie aufsuchen. Automatisch entwickelt sich deshalb in der Mandant-Anwalt-Beziehung eine emotionale Ebene, auf der der Mandant auch persönliche Zuwendung erwartet. Einfühlsames Verständnis, ehrliches Engagement und vertrauenswürdiges Auftreten helfen, diese Beziehungsebene erfolgreich zu gestalten. Zwischen den Extremen der völligen Identifikation und der absoluten Distanz zum Mandanten (beides ist keineswegs angebracht) **die goldene Mitte** zu finden, kann im Einzelfall schwierig sein. Umso wichtiger ist es, sich dieses Spagats bewusst zu sein.

III. Entwicklung der Mandant-Anwalt-Beziehung

Jede der soeben beschriebenen Ebenen prägt die Beziehung zwischen Anwalt und **7** Mandant nachhaltig. Deshalb sind sie gleichermaßen wichtig. Anschaulicher wird die abstrakte Teilung der Kommunikationsebenen, wenn man die einzelnen Entwicklungsstufen dieser Beziehung genauer betrachtet. Die Mandant-Anwalt-Beziehung durchläuft von der Annahme bis zum Abschluss des Mandats verschiedene Stadien. Ist die Beziehungsarbeit erfolgreich, mündet sie in einer dauerhaften Bindung bzw. Weiterempfehlung. Es lohnt sich also, hier zu investieren.

Schwohnke 583

1. Die telefonische Mandatsannahme

8 Der Informationsfluss setzt mit der Annahme des Mandats ein. Besitzt die Kanzlei ein Sekretariat, erledigt dieses üblicherweise den ersten Kontakt mit dem potenziellen Mandanten. Der Rechtsuchende ruft in der Regel zunächst in der Kanzlei an und erhofft sich nicht durch persönliches Erscheinen einen unmittelbaren Termin. Im günstigsten Fall erfragen und notieren die Mitarbeiter des Sekretariats neben den Kontaktdaten des Anrufers sein Anliegen in rudimentären Zügen, nehmen eine Zuordnung in die durch die Kanzlei bearbeiteten Rechtsgebiete vor und weisen den Anrufer einem der spezialisierten Anwälte zu. Anschließend wird ein Besprechungstermin vergeben. In diesem Termin haben Sie dann den ersten Kontakt mit dem Mandanten – so der Normalfall.

9 Es geht aber auch anders: In dem Wissen, dass der erste Eindruck zählt, lasse ich – wenn es eben möglich ist – den neuen Mandanten durchstellen, um persönlich den Besprechungstermin zu vereinbaren. Nach meiner Erfahrung sind die meisten potenziellen Mandanten hiervon positiv überrascht. Der Mandant fühlt sich ernst genommen, wenn der Anwalt sich unmittelbar Zeit für ihn nimmt und vielleicht sogar bereits eine ungefähre Orientierung geben konnte. Ein erster Schritt in Richtung Mandantenbindung ist damit getan. Dies gilt umso mehr, als die **Erreichbarkeit des Rechtsanwalts** bei Mandantenumfragen stets eines der wesentlichsten Kriterien für den Mandanten darstellt. Ihr Vorteil bei dieser Praxis liegt darin, dass Sie einen Überblick über das Mandat gewinnen und vielleicht schon etwas steuern können, indem Sie beispielsweise nach einem definitiv unverschuldeten Verkehrsunfall einen guten Sachverständigen empfehlen. Außerdem gewinnen Sie einen ersten Eindruck von dem Mandanten als Mensch und können abschätzen, was Sie im Beratungsgespräch erwartet. Des Weiteren bleiben Sie bei der eigenverantwortlichen Vergabe der Besprechungstermine Herr über Ihren Terminkalender.

Tipp
Die Gefahr, einem „Beratungsschnorrer" aufzusitzen, ist demgegenüber zu vernachlässigen. Verlassen Sie sich auf Ihr Fingerspitzengefühl, welches Sie sukzessive entwickeln werden (müssen!). Vermeiden Sie aber auf jeden Fall, bei der telefonischen Absprache eines Besprechungstermins einem potenziell neuen Mandanten Rechtsauskünfte zu geben. Schließlich möchten Sie den Fall nicht bereits (kostenlos) am Telefon erledigen oder sich gar in die Haftungsfalle begeben, weil Sie den Sachverhalt nicht gründlich aufgeklärt haben. Weisen Sie daher den Anrufer darauf hin, erst im persönlichen Gespräch Näheres zu erörtern und **keinen telefonischen „Schnellschuss als Ferndiagnose"** abgeben zu wollen.

2. Der Besprechungstermin

Der Besprechungstermin ist regelmäßig der **erste persönliche Kontakt** zwischen   **10**
dem Mandanten und Ihnen. Der Grundstein der weiteren Beziehung wird im Zuge
dieses Termins gelegt, bekanntlich zählt der erste Eindruck und nicht vergessen,
weil wichtig: **Sie erhalten niemals die zweite Chance eines ersten Eindrucks.**

a) Grundlegendes zur Kontaktphase

Was also ist beim ersten Treffen zu beachten? Der Mandant erwartet selbstver-   **11**
ständlich ein korrektes und sicheres Auftreten, was nicht mit gepflegter Arroganz
zu verwechseln ist. Fragen Sie sich einfach, welches Auftreten Sie selbst von
Dienstleistenden (beispielsweise vom Hausarzt) erwarten, und Sie wissen, was zu
tun ist: Sie sollten **höflich**, **entgegenkommend** und **aufmerksam im Dialog** mit
dem Mandanten sein. Vor allem sollten Sie ihn nie länger als nötig warten lassen.
Lange Wartezeiten sind alles andere als eine gute Visitenkarte.

Apropos Zeit: Die **Zeit**, die Sie sich im Beratungsgespräch nehmen, stellt für den   **12**
Mandanten einen ganz wesentlichen Beurteilungsfaktor Ihrer Dienstleistung dar.
Dies bestätigen regelmäßige Mandantenumfragen. Wirken Sie eilig und gehetzt,
wird der Mandant kaum Vertrauen zu Ihnen fassen. Er fühlt sich behandelt wie
eine „weitere Aktennummer". Auch wenn es manchmal weh tut: Besser, Sie ertra-
gen das vermeintliche „Geschwätz" des Mandanten, als ihn ins knappe Verhör zu
nehmen, was Ihren Mandanten nur verunsichert und blockiert. Ein **ausgiebiges
Erstgespräch** verhindert Missverständnisse und Informationslücken in der anschließenden Mandatsbearbeitung, so dass es Ihnen letztlich Zeit spart. Oftmals
lassen sich zudem durch ein ausgiebiges Erstgespräch weitere persönliche zeitraubende Besprechungstermine vermeiden.

> *Tipp*
> Kalkulieren Sie für das erste Beratungsgespräch immer ausreichend Zeit ein.
> 30 Minuten sind das absolute Minimum!

Eine **gute Vorbereitung** auf das Erstgespräch schafft Vertrauen. Ist beispielsweise   **13**
absehbar, dass Sie im Erstgespräch umfangreiche Unterlagen (Verträge, Versicherungsbedingungen o.Ä.) sichten müssen, lassen Sie sich diese schon zuvor vom
Mandanten hereinreichen. Sie können sich so einen ersten groben Überblick verschaffen. Im Erstgespräch fällt Ihnen dann die rechtliche Beurteilung leichter. Zudem ersparen Sie dem Mandanten, Ihnen gelangweilt bei der Lektüre der Unterlagen zuzuschauen.

14 Der Mandant nimmt den Besprechungstermin anders wahr als Sie. Für ihn sind Gespräche über Rechtsprobleme nicht alltäglich. Wünsche und Erwartungen in Bezug auf sein rechtliches Anliegen hat der Mandant sich lange vor dem Besprechungstermin zusammengelegt. Die Interaktion ist vor allem aus Sicht des Mandanten in hohem Maße von psychologischen Aspekten geprägt. Sie müssen auf die Erwartungen eingehen und entsprechend reagieren, um den Mandanten nicht zu verunsichern. Wenn Sie es schaffen, im ersten Besprechungstermin **aktives Vertrauen** aufzubauen, läuft alles andere fast von selbst.

15 Aus **Mandantensicht** sind in der Mandant-Anwalt-Beziehung nachstehende Anforderungsprofile besonders wesentlich:
- Der Anwalt sollte fachliche Kompetenz aufweisen.
- Der Anwalt sollte ehrlich und seriös sein.
- Der Anwalt sollte Einfühlungsvermögen besitzen.
- Der Anwalt sollte nicht arrogant sein.
- Der Anwalt sollte sich motiviert und engagiert des betreuten Falles annehmen.
- Der Anwalt sollte sich Zeit für den Mandanten nehmen.
- Der Anwalt sollte dem Mandanten alle Alternativen und Lösungsansätze des Falles aufzeigen.
- Der Anwalt sollte eine klare, deutliche Sprache sprechen und juristische Fachtermini möglichst vermeiden.

Wenn Sie nun nach Lektüre dieser Aufzählung meinen, diese enthielte doch keine neuen Erkenntnisse, sondern ausschließlich Selbstverständlichkeiten, sind Sie sicherlich bereits auf dem richtigen Weg zum Mandantenversteher. Leider bietet die tägliche Praxis wohl viele Negativbeispiele. Vielleicht ertappen auch Sie sich im Berufsalltag einmal, Selbstverständlichkeiten (warum auch immer) „über Bord" geworfen zu haben. Das wäre dann der Anfang vom Ende. Rufen Sie sich diese Aufzählung gelegentlich in Erinnerung, um den zahlreichen Erwartungen Ihrer Mandanten zu genügen und den eigenen Maßstab hochzuhalten.

Verinnerlichen Sie, was Sie für Ihren Mandanten übernehmen: eine **Beraterfunktion**. Sind Sie sich dessen bewusst und handeln danach, ist der rote Faden der Mandant-Anwalt-Beziehung bereits in der ersten Kontaktphase geschnürt.

b) Informationsfluss durch Gesprächsstil

aa) Gesprächsführung

16 Sie haben grundsätzlich zwei Möglichkeiten, das Beratungsgespräch zu führen. Zum einen können Sie **den Mandanten aktiv durch das Gespräch leiten**, indem allein Sie viel reden, den Mandanten unterbrechen oder ihn gar korrigieren. Der Mandant wird zum Statisten, wenn Sie schon früh den Eindruck gewinnen, die Fallproblematik erkannt zu haben, und sich nicht noch mit vermeintlich überflüssigem Sachverhalt auseinandersetzen wollen. Das Gespräch und dessen Beratungscharakter sind zwar schnell beendet, doch damit ist Ihnen nicht gedient. Ihre Hast wirkt nicht nur bevormundend. Sie ist außerdem gefährlich, wenn Sie möglicherweise den Fall aufgrund mangelhafter Informationen fehlerhaft bearbeiten.

Der Gefahr, dass Ihr Mandant Sie beispielsweise nicht über ein rechtlich relevantes Gespräch mit der Gegenseite informiert, weil Sie ihm zuvor das Wort abgeschnitten haben und er meint, dann käme es darauf wohl nicht mehr an, können Sie entgehen, indem Sie einen anderen Gesprächsstil wählen. Lassen Sie **den Mandanten erst einmal (aus-)reden** und den Sachverhalt schildern. Fertigen Sie sich derweil **Notizen**. Danach stellen Sie gezielte Fragen zum tatsächlichen Geschehen und animieren den Mandanten so, den Sachverhalt geordneter, zielgerichteter und historisch sortiert „vorzutragen" – soweit notwendig.

> *Tipp*
> Damit Sie nicht den Faden verlieren, **orientieren Sie sich am besten an der Fallhistorie** und arbeiten Punkt für Punkt den Sachverhaltsverlauf ab. Erst anschließend beginnen Sie, den Fall rechtlich zu würdigen. Auf diese Weise geht keine Information verloren und Sie haben genügend Zeit nachzudenken und sich ein Bild zu machen. Allerdings sollten Sie sich immer vor redseligen Mandanten in Acht nehmen und diese nicht noch beflügeln.

Die Erfahrung zeigt, dass verschiedene Mandanten ihrem Anwalt nicht jedes Detail eines Sachverhalts erzählen. Die Gründe dafür sind vielfältig – von der eigenen Scham bis hin zur selbst erkorenen Hoffnung der besseren Ausgangsposition eigener Ansprüche. Erfährt der Anwalt erst im Gerichtstermin von wesentlichen Sachverhaltdetails, ist es meist zu spät, noch entsprechend reagieren zu können. Sie müssen sich daher durch die Gesprächsführung bemühen, von dem Mandanten alsbald die „ganze Wahrheit" zu erfahren. Kommt Ihnen der geschilderte Sachverhalt komisch, gar suspekt vor (Beispiel aus eigener Erfahrung (Ermittlungsverfahren wegen §§ 120, 113 StGB): „Ich habe nur auf der Bank gesessen und gar nichts getan und bin einfach von Polizeibeamten abgeführt worden. Das ist doch willkürliche Staatsgewalt, oder?"), haken Sie nach.

17

> *Tipp*
> Weisen Sie den Mandanten darauf hin, dass Sie nur dann gut und interessengerecht arbeiten können, wenn Ihnen **sämtliche Sachverhaltdetails** bekannt sind.

Für die richtige Gesprächsführung gibt es keine Patentlösung. Es gibt jedoch einige **Techniken**, mit deren Hilfe es Ihnen gelingen wird, im Gespräch die Oberhand zu behalten.

bb) Aktives Zuhören

18 Aktives, d.h. teilnehmendes Zuhören bedingt ein uneingeschränktes **Interesse** an den Äußerungen des Gesprächspartners. Außer einer intelligenten Miene sollten Sie folgende Voraussetzungen schaffen:

- Sorgen Sie für angenehme Rahmenbedingungen, z.b. ein ruhiges, wohltemperiertes Besprechungszimmer. Bieten Sie dem Mandanten bei absehbar längerer Gesprächsdauer ein Getränk wie Kaffee oder Wasser an.
- Schließen Sie mögliche Störungen durch Telefon oder Personal aus. Derartiges unterbricht den Gesprächsfluss. Der Mandant fühlt sich im Zweifel nur als einer von vielen. Zudem ist es berufsrechtlich bedenklich, wenn Sie in Gegenwart des Mandanten mit einem weiteren Mandanten ein Telefonat führen, indem Sie zwangsläufig auch Namen und Sachverhaltdetails nennen. Privatgespräche in Gegenwart des Mandanten verbieten sich gänzlich.
- Seien Sie geduldig und nehmen Sie sich Zeit – auch wenn es schwer fällt.
- Lassen Sie den Mandanten zunächst ausreden und knüpfen Sie Ihre Fragen an seine Ausführungen an. Unterbrechen Sie den Mandanten nie in dessen Redefluss.
- Orientieren Sie sich selbst an der Sachverhaltshistorie und geben Sie so dem Mandanten die Chronologie als Leitfaden seiner Erzählungen auf.
- Verkneifen Sie sich Gestiken wie z.B. spontanes heftiges Kopfschütteln, Seufzer, Lacher. Auch verbale Ausrutscher (z.B. „Tja, dumm gelaufen!") sind unangebracht – selbst bei beifallheischenden Kommentaren des Mandanten.
- Betonen Sie bei Verständnisproblemen Ihr Unverständnis und nicht z.B. das mangelnde Sprachvermögen Ihres Mandanten.
- Wiederholen Sie den Sachverhalt des Mandanten in eigenen Worten, um jegliches Verständigungsproblem zu vermeiden. Drängen sich Ihnen Sachverhaltslücken auf, haken Sie behutsam nach, um den gesamten Verlauf zu ergründen.
- Bleiben Sie bei all dem gleichwohl hartnäckig und fragen Sie konsequent weiter, scheint Ihnen der geschilderte Sachverhalt lückenhaft oder unvollständig wiedergegeben.

cc) Fachvokabular

19 „Pacta sunt servanda." – „Sie haben einen Anspruch aus der kodifizierten culpa in contrahendo." Mit diesem „Fachchinesisch" kann der Mandant nichts anfangen.

Benutzen Sie juristische Fachtermini nur dann, wenn sie unausweichlich sind, und übersetzen Sie Ihr Fachwissen. Ansonsten verschonen Sie den Mandanten besser mit einer Sprache, die ihn nur noch mehr verunsichert und die er nicht verstehen kann. Im Mandantengespräch schrecken Fachbegriffe und juristische Redewendungen ab, die unter Juristen der effizienten und präzisen Verständigung dienen. Eine gute Ausdrucksweise ist nicht nur Stilfrage, sondern Grundlage einer **verständlichen Beratung**. Berücksichtigen Sie dies, können Sie auch vermeiden, auf das „Wörterbuch für Ihren Anwaltsbesuch", das die Bundesrechtsanwaltskammer in Zusammenarbeit mit dem Langenscheidt-Verlag herausgibt, zurückgreifen zu müssen. Mit der Übergabe dieses derzeit 2 EUR (exkl. MwSt) kostenden Buchs an Ihre Mandanten können Sie gleichwohl signalisieren, dass Ihnen die Kompliziertheit der Rechtssprache sehr wohl bewusst ist und Sie sich trotzdem um größtmögliche Verständlichkeit sorgen. Setzen Sie sich von vornherein zum Ziel, auch die Sprache Ihrer Mandanten sprechen zu können, dann benötigen Sie derartige Präsente/Hilfsmittel nicht.

Eine weit verbreitete Sprachkrankheit der Juristen ist zudem die „**Substantivitis**" 20 oder auch die „Passivitis". Leider findet sich diese Juristenbegabung auch in den schriftlichen Ausführungen wieder. Gerade Menschen, die nicht so sehr in der Schriftsprache zu Hause sind, können nur wenig anfangen mit Sätzen wie „Der Vertrieb bestimmter von Ihnen produzierter Warengruppen unterliegt der Genehmigung der zuständigen Aufsichtsbehörden. Erst nach Erteilung derselben kann er erfolgen." Sagen bzw. schreiben Sie besser: „Der Vertrieb bestimmter von Ihnen produzierter Warengruppen darf erfolgen, sobald die zuständigen Aufsichtsbehörden ihn genehmigt haben."

Tipp
- Sprechen und schreiben Sie im Aktiv.
- Sprechen und schreiben Sie einfache, kurze Sätze in den an Ihre Mandanten gerichteten Schreiben.
- Gliedern Sie Ihre Ausführungen.
- Sprechen Sie verständlich mit Vergleichen und Beispielen.
- Sprechen und schreiben Sie deutsch (so verlangt es im Übrigen auch § 184 GVG), so bleiben Sie allgemeinverständlich.
- Fordern Sie Ihren Mandanten auf, nachzufragen, wenn er Verständnisschwierigkeiten hat.

Dann können Sie sich eines Tages über ein Kompliment freuen, das mir zuteil wurde: „Herr Rechtsanwalt, mit Ihnen kann man ja sprechen wie mit einem normalen Menschen!".

Schwohnke 589

dd) Arbeiten mit Checklisten

21 Gerade Berufsanfängern fällt es schwer, jederzeit den „roten Faden" im Mandantengespräch zu wahren. Scheuen Sie sich daher nicht, mit sog. „Checklisten" zu arbeiten, um nichts zu vergessen. Sie vermitteln immer noch einen sicheren Eindruck und gewinnen das Vertrauen des Mandanten, indem Sie sich diverser erstellter Checklisten für einzelne Rechtsgebiete bedienen. Dadurch laufen Sie, ob als Berufsanfänger oder gestandener Kollege, nicht Gefahr zu vergessen, den Mandanten Wesentliches zu fragen. Die Checkliste dient aber nicht nur dem **strukturierten Mandantengespräch**, Sie können mittels dieser Liste auch selbst „zurückrudern", droht das Gespräch auszuufern.

Beachten Sie bei der Arbeit mit der Checkliste unbedingt, die Checkliste nur als Nebensächlichkeit zu behandeln. Konzentrieren Sie sich zu sehr auf diese Liste, entsteht beim Mandanten schnell der Eindruck, in Ihrer Kanzlei liefe alles nach „Schema F" ab und seine Probleme würden wie die vieler anderer regelrecht „abgehakt". Die Checkliste kann immer nur **Hilfsmittel** des Anwalts bei der **Sachverhaltserfassung** sein, nicht mehr und nicht weniger.

22 Hier ein Beispiel einer solchen Checkliste in Kurzfassung zum besseren Verständnis und vielleicht auch für die eigene Bibliothek:

■ **Checkliste: Arbeitgeberseitige Kündigung**
1. Daten Arbeitnehmer
   - ■ Name, Adresse, Geburtsdatum, Familienstand, Zahl der unterhaltsberechtigten Personen
   - ■ Beschäftigt seit:
   - ■ Befristung Arbeitsverhältnis?/Probezeit?/Verlängerung Probezeit?
   - ■ Ausbildungsverhältnis?
   - ■ Schwerbehinderung nach SGB IX? Gleichstellung?
   - ■ Ausgebildet zum:
   - ■ Tätig als:
   - ■ Durchschnittliche monatliche Vergütung:
   - ■ Weihnachtsgeld/Urlaubsgeld/Provisionen/Tantiemen:
   - ■ Wochenarbeitszeit:
   - ■ Betriebsratsmitglied?
2. Daten Arbeitgeber
   - ■ Firmenname, Gesellschaftsform, Inhaber/Vertretungsverhältnis bei juristischen Personen, Adresse
   - ■ Zahl der Mitarbeiter nach KSchG
   - ■ Betriebsrat vorhanden?/Anhörung des Betriebsrates?

3. Schriftlicher Arbeitsvertrag vorhanden?
4. Geltung eines Tarifvertrags?
5. (schriftliche) Abmahnung(en) vorangegangen?
6. Kündigung
   ■ Schriftlich ausgesprochen?
   ■ Kündigungsausspruch vom ... zum ... durch wen?
   ■ Kündigungszugang beim Arbeitnehmer am:
   ■ Nachweis des Kündigungszugangs wie:
   ■ Besondere Kündigungsfristen aus Tarifvertrag/Arbeitsvertrag angegeben und berücksichtigt:
7. Kündigungsgrund
   ■ Betriebsbedingt/Verhaltensbedingt/Personenbedingt?
   ■ Außerordentliche Kündigung? Wichtiger Grund:

ee) Körpersprache

Die nonverbale Kommunikation ist auch im Umgang mit Mandanten ein wesentlicher Faktor. Missverständnisse in der Mandant-Anwalt-Beziehung sind vorprogrammiert, wenn die Körpersprache der Beteiligten zu Fehlinterpretationen einlädt. Sie sollten daher im Beratungsgespräch den Mandanten in seiner **Gestik** genau beobachten und zugleich selbst eine offene **Mimik** zeigen, um nicht hölzern zu wirken.

23

Dabei gibt es wesentliche Verhaltenskriterien, die Sie während des Gesprächs konsequent einhalten sollten:

■ Verhalten Sie sich in Ihrer Körperhaltung spiegelbildlich zum gesprochenen Wort, indem Sie z.B. eine Bejahung durch Kopfnicken verstärken.

■ Wenden Sie Ihrem Gesprächspartner Oberkörper und Gesicht zu. Sitzen Sie ruhig. Ein Besprechungstisch im eigenen Büro schafft mehr Vertrauen in die Gesprächssituation als bittstellergleich vor Ihrem Schreibtisch sitzende Mandanten.

■ Halten Sie während des Gesprächs Blickkontakt zum Gegenüber. Häufiger Augenkontakt und Blickrichtung zum Zuhörer vermitteln Wertschätzung und Anteilnahme. Schauen Sie dabei ruhig und interessiert, starren Sie ihn aber nicht an. Blicken Sie deshalb hin und wieder zu anderen Punkten im Raum.

■ Blicken Sie nie nach unten, zur Decke oder aber einfach in den Raum – oder gar aus dem Fenster. Das signalisiert Desinteresse am Gespräch.

■ Schauen Sie nicht – häufig – auf die Uhr. Der Mandant könnte daraus schlussfolgern, dass er Sie langweilt oder Sie in Zeitdruck sind.

- Achten Sie bei Ihren Gesten auf ein angemessenes Ausmaß, wildes Armrudern ist zweitklassigen Verteidigern beim Plädoyer vorbehalten.
- Lenken Sie sich nicht ab, indem Sie z.b. mit Stiften spielen oder herummalen.
- Begleiten Sie den Mandanten nach dem Gespräch zur Tür und verabschieden Sie sich mit Handschlag und den Wünschen für einen guten Heimweg oder einem anderen Satz, der zeigt, dass Ihnen an seinem Wohl liegt, z.b.: „Ich wünsche Ihnen jetzt viel Kraft." Ein einfaches „Auf Wiedersehen" ist manchmal zu wenig.

c) Die juristisch-emotionale Phase des Gesprächs

aa) Einfühlsames Verhalten

24 Neben dem Erfassen des Sachverhalts und dem notwendigen Informationsfluss sind Ihre juristische Analyse und das Erläutern der möglichen Vorgehensweisen Hauptbestandteil des ersten Besprechungstermins. Sie sind schließlich in Ihrer Beraterfunktion tätig. Sie müssen sehr konzentriert sein, sonst driftet das Gespräch vom Thema ab. Es bietet sich im Übrigen an, Stichworte zum Fall aufzuschreiben und als Zwischenergebnis festzuhalten, von dem aus man weiter berät. Das hilft auch Ihrer eigenen Aktenführung und ist einfachste Gedächtnisstütze.

25 Auch wenn es Ihr Job ist, sollten Sie nicht nur der juristische „Subsumator" sein. Der Mandant bewegt sich nicht auf der juristischen Ebene, sondern vielmehr auf der emotionalen. Er fühlt sich schlecht behandelt, wenn Sie ihm juristisch dominant gegenübertreten.

> *Tipp*
> Hüten Sie sich also davor, allzu belehrend oder gar überheblich zu wirken, vor allem, wenn der Mandant sich bereits ungeschickt verhalten hat.

Ein abschreckendes Beispiel: „Hätten Sie die Einrede fristgemäß erhoben, dann säßen Sie jetzt nicht hier. Aber Sie haben sich da ja mit Ihrem Handeln selbst Tor und Tür verbaut. Viel zu retten ist jetzt nicht mehr."

Einige Mandanten, meist Privatleute, steigern sich sehr in ihr Anliegen hinein. Das ist auch verständlich, befinden sie sich doch häufig in einer Krisensituation. Im Unterschied hierzu denken Geschäftsleute eher pragmatisch, zumal es an der persönlichen Betroffenheit oft fehlt. Unabhängig von der Bewertung der Erfolgsaussichten des Falles sollten Sie bereits im Erstgespräch diese Unterscheidung berücksichtigen. Art und Umfang der Beratung müssen an den Erkenntnissen und Fähigkeiten des Mandanten, auch der Distanz zu seinen eigenen Belangen, ausgerichtet sein.

bb) Schlechte Erfolgsaussichten – Was tun?

Auch wenn der Bote einer schlechten Nachricht heute nicht mehr mittelalterlichen Gepflogenheiten entsprechend seiner Zunge entledigt wird, ist die Vermittlung trüber Aussichten keine leichte Aufgabe. Natürlich können Sie dem Mandanten schlichtweg mitteilen: „Das können Sie getrost vergessen, weil . . . Also zahlen Sie – besser gestern als heute." Sie sollten jedoch davon ausgehen, dass Ihr Gegenüber im Zweifel soviel direkte Wahrheit nicht erträgt. Keiner möchte eine Niederlage so deutlich erfahren. Auch wenn keine Schönrederei gewünscht ist, können Sie sich derartige Ausführungen nicht erlauben. Sie sollten Ihrem Mandanten daher Ihre Erkenntnisse nicht ungefiltert weitergeben. Verabreichen Sie sie besser in homöopathischen Dosen. Bestenfalls wächst dann in Ihrem Mandanten die Erkenntnis heran, dass er seine eigene Position doch zu einseitig gesehen hat und der Gegner einem Erfolg entgegensteuert. **26**

Sie müssen dem Mandanten in verständlichen Worten erklären, weshalb beispielsweise der vermeintliche eigene Anspruch doch nicht besteht oder aber auf eine gegnerische Forderung hin besser zu zahlen ist, als mit Passivität zu glänzen. Wenn Sie langsam und mit Blickkontakt sprechen, vermitteln Sie dem Mandanten Ihr Bedauern, keine besseren Nachrichten für ihn zu haben. Auch wenn das Mitgefühl sich allein schon aus beruflicher Distanz auf ein möglichst geringes Maß beschränken sollte, dürfen Sie die persönliche Situation des Mandanten nie aus den Augen verlieren. Je nach Situation sollten bzw. müssen Sie nach sinnvollen Lösungswegen auch in vielleicht aussichtslosen Angelegenheiten suchen. Schlechte Erfolgsaussichten schließen den Beratungsbedarf ja nicht aus, sondern lassen ihn erst entstehen! Beispiel: Wenn der gegnerische Anspruch berechtigt ist, kann der Anwalt dennoch Anerkennung und Gebühren verdienen, wenn er unbeirrt einen Vergleich oder eine günstige Ratenzahlungsvereinbarung aushandelt.

Natürlich sollen Sie ein Mandat nicht schnellstmöglich als aussichtslos erachten, auch wenn nur wenige Ansätze für eine erfolgreiche Tätigkeit vorliegen. **Hüten** Sie sich andererseits **vor Unehrlichkeit**! Basteln Sie gegenüber dem Mandanten aus einer wenig aussichtsreichen Position keinen hundertprozentig gewonnenen Fall. Weisen Sie den Mandanten in solchen Fällen, wie eben geschildert, vorsichtig, aber deutlich auf die Rechtslage hin. Ein nachhaltiger Anfängerfehler ist es, nicht ehrlich im Umgang mit dem Mandanten zu sein. Nehmen Sie sich vor Versprechungen in Acht, die Sie nicht halten können. Ihre am sicher verlorenen Pro- **27**

Schwohnke 593

zess verdienten Gebühren zahlen Sie teuer mit negativer Publizität. Eine ehrliche Absage ist zwar im ersten Moment hart, baut aber viel Vertrauen in die anwaltliche Beratung auf, vor allem, wenn der Mandant weiß, dass der Anwalt mehr Gebühren verdienen würde, käme es zu einer über die Beratung hinausgehenden Mandatsbearbeitung. Auf Letzteres können Sie den Mandanten ruhig hinweisen.

Haben Sie einen unbelehrbaren Mandanten vor sich, der Ihnen in Ihrer rechtlichen Würdigung nicht vertraut und ausschließlich seine Rechtsposition als die richtige einstuft, müssen Sie sich entscheiden. Entweder schicken Sie den Mandanten weg, der dann sicherlich einen anderen Kollegen aufsuchen wird. Oder Sie nehmen sich des Mandats an, sollten aber im Eigeninteresse bei Mandatsbearbeitung schriftlich Ihre Negativprognose bzw. das **Risiko der Angelegenheit fixieren** und dem Mandanten dies übermitteln. Im Zweifel holen Sie sich das Einverständnis Ihres Mandanten, bevor ein Schriftsatz eingereicht wird (z.B.: „Wie bereits im Erstgespräch vom ... gemeinsam erörtert, weise ich hiermit nochmals auf die vagen Erfolgsaussichten des Verfahrens hin. Hierzu im Einzelnen: ... In Kenntnis dessen baten Sie um Klageerhebung. Ich bitte höflich um Ihr ausdrückliches Einverständnis in Bezug auf die Ausführungen des anliegenden Klageentwurfs.").

cc)   Gute Erfolgsaussichten der Mandatsabwicklung

28   Vorstehende Ausführungen sollten aber im Umkehrschluss nicht verheißen, in Fällen einschätzbarer positiver Erfolgsaussichten in Euphorie zu verfallen.

Das Sprichwort „Zwei Juristen, drei Meinungen" spiegelt wider, dass grundsätzlich in der Juristerei keine zu hundert Prozent sicheren Aussagen möglich sind bzw. sein sollen. Immer kann sich ein Fall gänzlich anders entwickeln, als ursprünglich gedacht. Deshalb sollten Sie auch in den Fällen positiver Erfolgsaussichten dem Mandanten das Für und Wider schildern.

> *Tipp*
> Halten Sie in Ihrer Fallprognose „best case" und „worst case" fest. Erläutern Sie dem Mandanten daran die unterschiedlichen Sichtweisen des Falls und die bestehenden Möglichkeiten Ihres Tätigwerdens.

Auf diesem Wege droht zudem keine Gefahr, sich bei klaren Sachverhalten vollmundigen Prognosen hinzugeben. Ein Restrisiko besteht nämlich immer, wie wir alle wissen. Das kann man dem Mandanten durchaus auch sprichwörtlich vermitteln, beispielsweise beginnend mit den altbekannten Worten „Vor Gericht und auf hoher See ...". Oder: „Ich kann nicht für die Weisheit des Richters garantieren."

dd) Das Ziel des Mandanten und der Mandatsbearbeitung

Als Ergebnis der Beratung müssen das realistisch zu erreichende Ziel bzw. die **29** Zielvorgabe der Angelegenheit sowie der sich anknüpfende Mandatsumfang feststehen. Um das zu erreichen, ist Aufklärungsarbeit nötig, indem Sie z.b. den Verfahrensablauf erklären und über Risiken einzelner Handlungsmöglichkeiten aufklären. So erlebe ich immer wieder, dass die Mandanten von einer Zahlung des Schadensersatzes durch den gegnerischen Haftpflichtversicherer innerhalb von drei bis vier Tagen nach Mandatserteilung ausgehen. Realistisch ist das natürlich nicht. Missverständnisse und falsche Erwartungshaltungen lassen sich nur durch Transparenz vermeiden. Führen Sie den Mandanten.

Im ersten Gespräch muss auch die **Vergütungsfrage** offen angesprochen werden, **30** z.b.: welche Gebühren werden voraussichtlich entstehen, welches Kostenrisiko besteht, wer ist Kostenschuldner? Allein schon der regelmäßig nach §49 Abs.5 BRAO notwendig zu erteilende Hinweis auf den Gegenstandswert als Bemessungsgrundlage der Vergütung erfordert in letzter Konsequenz ein Gespräch über die Vergütungsfrage. Schließlich geht es hier um Ihr ureigenstes Interesse: mit Ihrer Arbeit Geld zu verdienen. Letzteres zu realisieren wird im Zweifel nicht komplikationslos verlaufen, wenn Sie dem Mandanten nach Abschluss Ihrer Tätigkeit erstmals die Vergütungsfrage in Form einer Rechnung antragen. Auch wenn der Mandant **rechtsschutzversichert** ist, kann Bedarf zur Erörterung der Anwaltsvergütung bestehen – zumeist allein wegen der im Regelfall bestehenden Selbstbeteiligung. Sie sollten den Anlass für die Erörterung der Gebührenfrage erkennen können und aufgreifen. Beispielsweise wird durch den Warenverkäufer der Vertragsrücktritt oftmals an die Bedingung geknüpft, nicht auch die Anwaltsvergütung tragen zu müssen. Sind die Voraussetzungen für den Vertragsrücktritt wackelig, scheint eine vergleichsweise Lösung dergestalt sinnvoll. Die Rechtsschutzversicherung wird diese Erledigung indes wahrscheinlich unter dem Hinweis auf das Verhältnis von Obsiegen und Unterliegen nicht mittragen.

Tipp
Schaffen Sie Kostentransparenz – bereits im Erstgespräch!

d) Checkliste: Der erste persönliche Kontakt mit dem Mandanten

Hier noch einmal ergänzend und zusammenfassend die „big points": **31**

■ Konnten Sie sich nach der telefonischen Mandatsannahme schon einen ersten Überblick über das rechtliche Problem des Mandanten verschaffen?

- Haben Sie/Ihr Sekretariat beim ersten telefonischen Kontakt Name, Adresse, Telefonnummer und Rechtsschutzversicherung des Mandanten erfragt? Wenn nicht, erledigen Sie dies im ersten persönlichen Kontakt. (Unbedingt abfragen, das kann Berufsanfängern im Eifer des Gefechts sonst durchgehen! Wen vertritt man dann bloß ...?)
- Haben Sie genügend Zeit für den Besprechungstermin eingeplant und ausreichend „Luft nach hinten"?
- Haben Sie sich auf den Mandanten vorbereitet, z.b. geprüft, ob dieser Sie zuvor schon aufgesucht hat, empfohlen wurde, evtl. eine Interessenkollision vorliegt usw.?
- Liegen von Ihnen evtl. angeforderte Unterlagen des Mandanten vor? Sollte der Mandant solche zuvor hereingegeben haben?
- Sind erforderliche Materialien (Papier, Stifte, Vollmachten, Mandatsvereinbarung, Vergütungsvereinbarung, Kanzleiinformationen zur Mitgabe etc.) in ausreichender Menge im Besprechungszimmer vorhanden?
- Haben Sie Kleidung und Gedanken geordnet?
- Beachten Sie im Termin die Techniken der Gesprächsführung: Zuhören, kein „Fachchinesisch" (man spricht deutsch), Gestik, Mimik!
- Wenn Sie damit arbeiten: Liegt eine Checkliste bereit, die Sie entsprechend dem Fachgebiet vorbereitet haben?
- Konnten Sie alle wesentlichen Sachverhaltdetails abfragen?
- Bleiben Sie ehrlich in Ihrer juristischen Wertung. Lassen Sie sich nicht blind vor den Karren des Mandanten spannen. Machen Sie keine Versprechungen, die nicht zu halten sind.
- Ist das Ziel des Mandats ausreichend klar definiert? (beispielsweise im Vertragsrecht Rücktritt, Minderung oder nochmalige Nacherfüllung?)
- Ist die Gebührenfrage geklärt? Wenn nicht, schaffen Sie Transparenz!

3. Der weitere Kontakt mit dem Mandanten im Zuge des Mandats

32 Sie haben den ersten Besprechungstermin beendet, das Mandat ist angenommen und angelegt. Wie soll es nun weitergehen?

Der beim Erstkontakt vielleicht noch allein durch den Berufsstatus des Anwalts gewährte Vertrauensvorschuss verfällt schnell, wenn Sie danach die Dinge schleifen lassen. Umgekehrt baut sich immer mehr Vertrauen auf, wird der Mandant durch Sie und Ihre Dienstleistung positiv überrascht. Auch hier kommen wieder die drei Kommunikationsebenen zum Tragen, wenn Ihr Mandant mehr sein soll als eine Akte.

a) Die informelle Ebene

Halten Sie die Kommunikation mit dem Mandanten am Leben. Dazu zählt bei-   **33**
spielsweise das **Übersenden des mandatsbezogenen Schriftverkehrs**. Das ist ab-
soluter Standard und zugleich eine anwaltliche Standespflicht (§ 11 BORA). Jedenfalls müssen Sie die von Ihnen gefertigten Schriftsätze ebenso wie die der
Gegenseite mindestens mit der Bitte um Kenntnisnahme in Abschrift oder Kopie
an Ihre Mandanten übersenden.

Überzeugen und überraschen können Sie mit solchen standardisierten Übersen-
dungszetteln aber nicht. Schicken Sie lieber an Ihre Mandanten **gut verständliche
Schriftsätze** als Begleitschreiben. Das fördert die tadellose Kommunikation. Beispielsweise übersenden einige Kollegen die Schriftsätze des gerichtlichen Verfahrens ohne weitere Erläuterungen lediglich zur Kenntnisnahme an ihre Mandanten.
Da kein Anwalt in diesen gerichtlichen Schriftsätzen um juristische Ausführungen
herumkommt, sieht sich der Mandant plötzlich doch noch mit der Fachsprache der
Juristerei konfrontiert. Zwangsläufig tauchen damit Fragen auf. Der Mandant wird
versuchen, zwecks Klärung erneut Kontakt mit dem Anwalt aufzunehmen. Über-
zeugendere Arbeit leisten Sie, wenn Sie dem Mandanten **im Begleitschreiben** den
**anliegenden Schriftsatz kurz, aber prägnant und in verständlicher Sprache er-
läutern**. Das erfordert letztlich weniger (zeitliche) Mühe, als sich telefonisch oder
sogar in einem weiteren Besprechungstermin mit dem Mandanten ausschließlich
mit der Erläuterung der Schriftsätze auseinanderzusetzen. Die kurze in das Diktat
investierte Zeit ist daher gut angelegt. Um Missverständnissen vorzubeugen: Weitere Besprechungstermine dürfen keineswegs als lästig oder überflüssig erachtet
werden, sofern sie vom Mandanten gewünscht werden. Es sind gute Gelegenheiten, nicht nur über das Mandat, sondern vielleicht auch über andere Beratungswün-
sche zu sprechen oder Beratungsbedarf zu wecken. Ärgerlich sind hingegen Termine, die aufgrund anwaltlicher Säumnis oder Flüchtigkeit vermeidbar gewesen
wären und beide Seiten nur Zeit kosten.

Wünscht der Mandant einen weiteren Besprechungstermin oder möchte er mit Ih-   **34**
nen telefonieren, müssen Sie gut erreichbar sein. Wie bereits oben erwähnt, ist die
Frage der Erreichbarkeit für den Mandanten eines der allerwichtigsten Kriterien
für die Wahl seines Rechtsanwalts. **Aufklärung und Transparenz durch Kontakt**
mit dem Mandanten sind in der weiteren Mandatsbearbeitung gefragt. Sie sind
Dienstleistender, also verstehen Sie sich auch als solcher. Bevorzugt der Mandant
dabei die Kommunikation per E-Mail, sollten Sie diesen Kommunikationsweg nutzen, wenn Ihr Mandant damit einverstanden ist. Mag der Mandant lieber Fax oder
Postzustellung, passen Sie sich diesem Kommunikationsweg an.

Schwohnke 597

Wie weit Ihre **Erreichbarkeit** geht, steht natürlich allein in Ihrem Belieben. Entscheiden Sie selbst, ob Sie durch die Bekanntgabe Ihrer Mobiltelefonnummer jederzeit erreichbar sein wollen. Das wird erfahrungsgemäß nur in wirklichen Notfällen in Anspruch genommen.

35 Im Zuge der schriftlichen Kommunikation mit dem Mandanten bietet es sich immer an, Gesagtes schriftlich aufzugreifen. Auch dies dient der Transparenz und weiteren Aufklärung. Nicht jeder Mandant verinnerlicht unmittelbar Ihre Ausführungen. Sie sollten dem Mandanten beispielsweise Ihre Hinweise auf Risiken der Angelegenheit im Verlauf des Erstgesprächs in einem ersten Schreiben nochmals mitteilen. Fassen Sie weitere Gespräche mit dem Mandanten im Zweifel in einem an ihn gerichteten Schriftsatz zusammen oder übersenden Sie beispielsweise Ihre Gesprächsnotizen zur Kenntnisnahme. Dies dient im Übrigen neben dem Kommunikationsfluss Ihrer **Absicherung** für den „worst case" des hoffentlich nie eintretenden eigenen Haftungsfalls. Im Übrigen vereinfacht es Ihnen Ihre Aktenbearbeitung. Sie können sich anhand dieser Schriftsätze deutlich schneller wieder in den Sachverhalt und dessen rechtliche Problematik einlesen.

b) Die juristische Ebene

36 Setzen Sie sich immer zum Ziel, unabhängig vom Streitwert oder anderen persönlichen Motivationen, Ihre juristische Dienstleistung bestmöglich zu erbringen. Das muss für Sie eine ganz deutliche Selbstverständlichkeit sein. Schludern Sie beispielsweise nicht bei der Bußgeldsache von 20 EUR, weil Sie dieser keine so große Bedeutung meinen beizumessen. Vielleicht wird der Mandant beim nächsten Mal einen „ordentlichen Streitwert" in einer Zivilrechtssache einfahren. Er wird sich bestenfalls an Ihr Engagement in der vermeintlich kleineren Angelegenheit erinnern. Aber auch ohne diesen Hintergedanken, der Ihnen als Berufsanfänger vielleicht noch kommen mag, sollte **Qualität** Ihr Markenzeichen werden. Bevor Sie ein Mandat halbherzig bearbeiten, verzichten Sie besser auf dessen Annahme.

c) Die emotionale Ebene

37 Der Mandant – und nicht der Anwalt – steht im Mittelpunkt der Mandatsbearbeitung. Persönliche Ansprache ist auch während der Bearbeitung des Mandats und nicht erst vor oder nach dessen Abschluss ein unerlässlicher Faktor für ein gutes Verhältnis zum Mandanten. Die inzwischen gängige Marketingorientierung unter Anwälten darf sich nicht nur auf die Akquise beziehen. Der Mandant muss sich von Beginn bis Ende des Mandats als Mensch wahrgenommen und respektiert fühlen. Beziehungsaufbau, beispielsweise durch ein gemeinsames Arbeitsessen, steht

auch dem Junganwalt gut an. Sie müssen selbst entscheiden, welche Maßstäbe Sie für die konkrete Mandatsbearbeitung ansetzen wollen. Den Nutzen des Mandats und die Bedeutsamkeit des Mandanten sollten Sie in diese Überlegung durchaus mit einbeziehen. Wichtig ist in jedem Fall Ihr Wille zur **Bereitschaft, Kontakte aufzunehmen und** diese sodann mit entsprechender Begeisterung zu **pflegen.** Letzteres kann beispielsweise Ihrer eigenen Kontrolle unterliegen: Notieren Sie sich nach dem letzten Treffen ein ca. drei Monate später liegendes Datum zur nächsten Kontaktaufnahme mit dem Ihnen wichtigen Mandanten in Ihren Kalender. Selbst wenn kein Anlass besteht, werden solche Anrufe gern entgegengenommen. Verwechseln Sie Mandantenpflege aber nicht mit Aufdringlichkeit, die immer unangebracht ist.

Wenn Sie die Interessen und Gewohnheiten Ihres Mandanten kennen, können Sie   **38** ihn auch außerhalb des Mandats überraschen, z.b. indem Sie bei Ihrer **Presselektüre** für den Mandanten relevante Informationen zusammentragen und an ihn **weiterleiten.** Das kann beispielsweise ohne großartiges Anschreiben geschehen, indem Sie den Zeitungsartikel mit der handschriftlichen Bemerkung „Dachte, es könnte Sie interessieren. Es grüßt Ihr . . ." per Fax an Ihren Mandanten senden. Geben Sie dem Mandanten, wenn es sich anbietet, auch ruhig Ihre fachlichen Publikationen mit.

Eine weitere Möglichkeit aktiven Marketings während der Mandatsbearbeitung ist es, wenn Sie dem Mandanten Zusatznutzen in Form der **Zusammenarbeit mit anderen Dienstleistern anbieten** können. So sollten Sie beispielsweise als im Verkehrsrecht tätiger Anwalt dem Mandanten sofort Kfz-Sachverständige benennen können. Der im Erbrecht tätige Anwalt sollte einen Steuerberater zur gemeinsamen Erarbeitung einer sinnvollen Nachfolgeregelung hinzuziehen können. Letztlich kann dies auch das eigene Geschäft beleben.

Auch das **aktive Beschwerdemanagement** ist eine Säule der Mandant-Anwalt-   **39** Beziehung. Bei Kritik an Ihrer Dienstleistung können auch Anwälte emotional reagieren. Weil Sie aber weder den Kopf in den Sand stecken noch sich beleidigt fühlen dürfen, müssen Sie darauf wie ein Profi reagieren: Seien Sie selbstkritisch. Nehmen Sie berechtigte Kritik an. Bedanken Sie sich beim Mandanten für die Offenheit. Geloben Sie Besserung und geben Sie von nun an dem Mandanten das Gefühl, dass Sie ihn erstklassig bedienen. Beseitigen Sie unverzüglich die Kritikpunkte. Weisen Sie indes unberechtigte Kritik höflich aber bestimmt zurück. Kritik an Ihrer Rechtsberatung sollte erst gar nicht entstehen dürfen. Ist der Fall verloren und sollen daran Sie schuld sein, nehmen Sie einfach Bezug auf Ihren (hoffentlich auch schriftlich) erteilten Hinweis des Risikos. Dies sollte dann jedem Mandanten eingängiges Argument sein. Im Übrigen wird es immer die Mandanten geben, denen Sie nie alles recht machen können. Selbst der gewonnene Prozess mit schwieriger Ausgangssituation ist noch Anlass genug, zu nörgeln. Diese „Kritik", die nur Ausdruck von Querulantentum ist, sollte an Ihnen abprallen, möchten Sie weiter mit Freude am Beruf arbeiten.

Erwarten Sie grundsätzlich keine Dankbarkeit für Ihre Leistungen. Wird Ihnen Dank zuteil, ist dies bestes Marketing. Der Mandant ist zufrieden, wird wiederkommen und Sie weiterempfehlen.

40 *Tipp*

Festzuhalten bleibt, dass die emotionale Ebene wesentlich durch Sie geprägt wird bzw. geprägt werden kann. Wenn Sie im stetig steigenden Wettbewerb bestehen wollen, müssen Sie diesen Aspekt im täglichen Umgang berücksichtigen.

4. Der gemeinsame Gerichtstermin

41 Es hätte nicht sollen sein, aber es kommt vor: Nach Scheitern der außergerichtlichen Lösung ziehen Sie vor Gericht und der Gerichtstermin mit dem Mandanten steht bevor. Worauf ist zu achten?

a) Launen und Tugenden bei Gericht

42 Ihr Mandant bewegt sich bei Gericht und in Gerichtsverhandlungen auf unsicherem Terrain, Sie müssen ihn deshalb führen. Das dürfen Sie wörtlich nehmen: Treffen Sie sich am besten zu einer vereinbarten Uhrzeit (ca. 10 Minuten vor dem Verhandlungstermin) mit Ihrem Mandanten vor dem Gerichtsgebäude. Wenn Sie den Mandanten ortskundig zum Gerichtssaal führen, macht sich das besser, als wenn er mit der Ladung in der Hand in endlosen Gerichtsfluren umherirrt, um Sie schließlich mit einem Kollegen feixend anzutreffen. Bekanntlich ergeben sich kurz vorher immer noch Fragen. Sie stellen zu können, ist für den Mandanten wichtig, und ihre Beantwortung schafft weiteres **Vertrauen**. Einem Anwalt, der erst nach seinem Mandanten den Gerichtssaal betritt („Ich weiß nicht, wo mein Anwalt bleibt, Herr Vorsitzender") oder aber sekundengenau zum Termin erscheint, dürfte das kaum gelingen.

43 Für Geschäftsleute sind Gerichtstermine häufig lästig, weil im Zweifel kein Geld verdient wird und zugleich die Arbeit im Büro liegen bleibt. Da bietet es sich z.B. an, den gerichtlichen Antrag auf Entbindung des persönlichen Erscheinens des Geschäftsführers einer Firma aufgrund dessen Führungsposition im Unternehmen zu stellen. Stattdessen wird der qualifizierte Sachbearbeiter, der zudem mit der Angelegenheit bestens vertraut ist, als **Parteivertreter** benannt (§ 141 ZPO). Meist wird seitens der Gerichte diesen Anträgen stattgegeben. Ihr Mandant wird es dankend annehmen.

Andererseits kann für manch einen Mandanten der Gerichtstermin die lang ersehnte „Abrechnung" mit dem Gegenüber sein. Emotional angeheizt, beabsichtigt er, tabula rasa zu machen. Dass dies seiner Sache im Zweifel eher schadet, verkennt der Mandant.

So oder so: Ist ein Gerichtstermin anberaumt, müssen Sie den Mandanten auf den Termin hinweisen. Die Teilnahme an dem Termin im zivilrechtlichen Verfahren steht ihm vollkommen frei, soweit er nicht durch persönliche Ladungen zum unbedingten Erscheinen verpflichtet ist. Erörtern Sie mit Ihrem Mandanten, inwieweit sein **Erscheinen taktisch sinnvoll** ist.

Wenn das Erscheinen angeordnet ist oder der Mandant sich entscheidet, anwesend **44** zu sein, müssen Sie ihn auf den Termin vorbereiten. So können Sie die häufig hohe emotionale Beteiligung der Mandanten am Verfahren kanalisieren, wie sie beispielsweise bei einer Scheidung oder im Strafverfahren gegeben ist. Sie müssen auf jeden Fall auf die Gefühlssituation des Mandanten und wohlmöglich auch die seiner Angehörigen achten, die den Gerichtstermin als Zuhörer wahrnehmen. Sie sollten Ihren Mandanten „im Griff" haben. In der Verhandlung selbst ist es zu spät, den Mandanten zu belehren. Zuvor muss **Klarheit über den Ablauf und das Verhalten** bestehen.

In Sozietäten sollte der sachbearbeitende Rechtsanwalt den **Termin selbst wahr-** **45** **nehmen**. Der Mandant rechnet bei dem gerade aus seiner Sicht gegebenen Höhepunkt der Mandatsbearbeitung mit „seinem" Anwalt und reagiert enttäuscht auf einen anderen Kollegen, der aufgrund einer vagen Personenbeschreibung gar erst noch den richtigen Mandanten ausfindig machen muss. Wenn dann noch der den Termin wahrnehmende Kollege im Termin erstmals die Akte studiert und Fragen des Gerichts nach dem Sachverhalt direkt an den Mandanten weiterleitet („Ich bin nicht Sachbearbeiter"), ist der Gipfel der Peinlichkeit gegenüber dem Mandanten erreicht. Bleibt Ihr Terminsverlegungsantrag im Falle einer Terminskollision erfolglos und können Sie daher selbst den Gerichtstermin nicht wahrnehmen, bereiten Sie Ihren Mandanten auf den den Termin wahrnehmenden Kollegen frühzeitig vor, z.B. durch ein kurzes gemeinsames Gespräch in Ihrer Kanzlei in Gegenwart auch des Kollegen. Dies ist für alle Beteiligten in solchen Fällen der bestmögliche Weg.

b) Umgang mit gut bekannten Kollegen bei Gericht

46 Bei der gemeinsamen Terminwahrnehmung ist es unausweichlich, auch einmal einem gut bekannten Kollegen zu begegnen, der vielleicht sogar die Gegenseite vertritt. Wie sollen Sie sich im Beisein Ihres Mandanten gegenüber diesem Kollegen verhalten?

Das freundschaftliche Verhältnis braucht natürlich nicht verschwiegen zu werden, beispielsweise durch eine oskarverdächtige Leistung im Rahmen eines Schaukampfes. Andererseits sollte Ihr Mandant auch nicht vermuten müssen, eine heimliche Absprache der Anwälte sei getroffen worden, beispielsweise um Gebühren zu pushen. Schließen Sie deshalb Ihren Mandanten bei Unterhaltungen vor dem Gerichtssaal keinesfalls aus, um den Eindruck von Heimlichtuerei zu vermeiden.

c) Güteverhandlung/Vergleichsabschlüsse

47 § 278 Abs. 2 ZPO verlangt die Durchführung einer Güteverhandlung vor Beginn der mündlichen Verhandlung. Ein richterlicher Vergleichsvorschlag ist typische Prozesshandlung. Die Tatsache, dass es hierzu kommt, und das Für und Wider eines Vergleichs sollten Sie mit dem Mandanten daher bereits weit vor dem Gerichtstermin erörtert haben.

Wird während des gemeinsam wahrgenommenen Gerichtstermins ein Vergleichsvorschlag unterbreitet und/oder sollten Sie diese Art des Verfahrensausgangs bislang mit dem Mandanten noch nicht diskutiert haben, beantragen Sie am besten die Unterbrechung der Verhandlung. Sie können dann mit dem Mandanten die Lage in aller Ruhe erörtern. Dies bietet sich vor allem an, da ein Vergleichsabschluss auf Widerruf im Falle der Anwesenheit der Partei grundsätzlich nicht möglich ist. Der Vergleich ist deshalb in all seinen Konsequenzen während der **Verhandlungsunterbrechung** zu diskutieren. Schließlich wird der Mandant an den Vergleich gebunden sein und muss damit leben. Findet der Mandant den Vergleich nicht akzeptabel und/oder hält ihn für einen letztlich kostenintensiven Weg, der aus seiner Sicht mit ein wenig mehr außergerichtlichem Engagement hätte vermieden werden können, wird er zwangsläufig den Anwalt für das aus seiner Sicht schlechte Abschneiden verantwortlich machen. Sie dürfen auch nie aus Bequemlichkeit oder gar aus eigenen wirtschaftlichen Interessen heraus Ihrem Mandanten einen gerichtlich angebotenen Vergleich nahelegen. Ist der Vergleich mit Haken und Ösen versehen, setzen Sie lieber auf ein Urteil. Drängen Sie den Mandanten keinesfalls in einen Vergleich. Wenn Sie mit dem Mandanten einen Vergleich erörtern, weisen Sie ihn auch auf die **Kostenfolgen** einhergehend mit der anfallenden Vergleichsgebühr hin. Was nützt ein Vergleich über die Hälfte der Klageforderung, wenn die Kosten des Rechtsstreits und des Vergleichs diesen Betrag bereits konsumieren?

d) Checkliste: Vorbereitung und Wahrnehmung des Gerichtstermins

■ Sie müssen Ihrem Mandanten den Gerichtstermin und die Ladung bekannt geben und ihn für den Fall der persönlichen Ladung auf die Folgen des Nichterscheinens eindringlich hinweisen.

48

■ Sprechen Sie mit Ihrem Mandanten darüber, inwieweit Sie seine Teilnahme am Gerichtstermin für wichtig halten, sollte er nicht geladen sein.

■ Nehmen Sie Ihrem Mandanten die Angst vor dem Gerichtstermin, indem Sie das Verfahren bzw. den Verfahrensgang und die Beteiligten in kurzen Grundzügen erklären.

■ Verinnerlichen Sie Ihrem Mandanten nochmals die wesentlichen Argumente des eigenen Vortrags schlagwortartig.

■ Verinnerlichen Sie im Strafverfahren Ihrem Mandanten nochmals die Taktik der avisierten Verteidigung.

■ Zeigen Sie absehbare Fragen des Gerichtes auf und raten Sie dem Mandanten, wie er darauf reagieren soll.

■ Erklären Sie, weshalb der wesentliche Teil der Mandatsbearbeitung und des Parteivorbringens schon durch das schriftliche Vorverfahren abgedeckt ist (im Zivilverfahren).

■ Zeigen Sie gegenüber Ihrem Mandanten Kompetenz, indem Sie ihm vorhersehbare Verfahrensschritte bereits vor dem Termin als wahrscheinlich prognostizieren und deren tatsächliches Eintreten Sie dann für sich als Erfolg verbuchen können.

■ Raten Sie Ihrem Mandanten, dass er Sie als seinen ersten Ansprechpartner während des Gerichtstermins ansehen sollte und nicht den Gegner, dessen Prozessbevollmächtigten, die Zeugen, den Vertreter der Staatsanwaltschaft oder das Gericht.

■ Machen Sie Ihrem Mandanten die Überflüssigkeit beleidigender Äußerungen in Bezug auf den Gegner klar und drängen Sie auf ausschließlich sachbezogene Äußerungen.

■ Schlagen Sie dem Mandanten ein Treffen wenige Minuten vor Beginn des Termins am Eingang des Gerichtsgebäudes oder aber zumindest vor dem Gerichtssaal vor.

- Schicken Sie zum Gerichtstermin keinen Vertreter aus Ihrer Sozietät, sondern nehmen Sie als alleiniger Sachbearbeiter die Angelegenheit selbst wahr. Ist dies nicht möglich, machen Sie vorher Mandant und Vertreter bekannt.

- Vermitteln Sie nicht den Eindruck von Heimlichtuerei, indem Sie mit dem gegnerischen Kollegen ohne Einbeziehung des Mandanten vor dem Gerichtssaal kommunizieren.

- Wägen Sie einen vorgeschlagenen Vergleich genauestens mit Ihrem Mandanten ab. Beantragen Sie dazu ggf. eine Verhandlungsunterbrechung. Drängen Sie den Mandanten nicht in einen Vergleich.

5. Nach dem Fall ist vor dem Fall – Mandantenpflege als Umgangsform

49 Nach Abschluss des Mandats lohnt es sich, mit dem Mandanten weiteren Kontakt zu halten und zu pflegen: Zum einen wird er eher wiederkommen, darüber hinaus wird er Sie empfehlen. Die Mandantenpflege „after work" ist nötig, weil die Bindungslosigkeit in unserer Gesellschaft auch vor der Anwalt-Mandant-Beziehung keinen Halt macht. Mandanten melden sich nicht ab. Treue kommt nicht von allein, und es macht keinen Sinn zu fragen, weshalb Menschen den Anwalt wechseln. Das ist heute die normalste Sache der Welt. Fragen Sie sich umgekehrt, wie Sie den grundsätzlich „untreuen" Mandanten zur Loyalität „erziehen" können. Darum soll es im Folgenden gehen.

Sie müssen sich zunächst entscheiden, wen Sie an sich binden wollen. Vermutlich ist nicht jeder Ihrer gegenwärtigen „Kunden" dieser Mühe würdig. Beispielsweise sollten Sie dem säumigen Zahler statt eines Newsletters besser einen Mahnbescheid schicken.

Wer treue Mandanten sucht, sollte sich selbst auch treu sein. Einen ehemaligen Mandanten plötzlich in einer Angelegenheit zu betreuen, in deren Rechtsgebiet Sie schwerpunktmäßig nicht tätig sind, ist keine Mandantenpflege. Empfehlen Sie in solchen Fällen besser einen spezialisierten Kollegen. Es kann zwar sein, dass Sie damit den Mandanten an diesen Kollegen verlieren. Jedoch wird das sicherlich auch eintreten, wenn die Angelegenheit angenommen wird und mangels ausreichender Fachkenntnisse mit Pauken und Trompeten verloren geht. Im Übrigen schätzen die Mandanten die Offenheit und Ehrlichkeit, die durch die **Weiterempfehlung** zum Ausdruck gebracht wird. Auch das ist anwaltliche Kompetenz und zugleich persönliche Stärke.

Zur regelmäßigen kostengünstigen Mandantenpflege des Berufsanfängers können **50** beispielsweise **Mandantenbefragungen** nach Abschluss des Mandats gehören. Der Mandant erhält einen Fragebogen, den er ausgefüllt anonym auf Ihre Kosten zurücksenden kann. Erfragt werden vornehmlich Details zur aktiven Mandantenbetreuung während der vorangegangenen Mandatsbearbeitung, beispielsweise der eingeschätzte Erfolg der Dienstleistung, die Freundlichkeit des Anwalts, die Freundlichkeit des Personals. Wickeln Sie die Mandantenbefragungen ohne jegliche Scheu vor Kritik ab. Schließlich gehört, wie bereits erwähnt, Kritikmanagement zur Ihrer Arbeit. Nur so ist eine Objektivität gewährleistet, die einer sukzessiven Wertverbesserung der anwaltlichen Dienstleistung nützt. Denn aus dem Verlust von Mandanten müssen Sie lernen. Schließlich ist es um ein Mehrfaches teurer, neue Mandanten zu akquirieren als bestehende zu binden.

Denken Sie zur Mandantenpflege beispielsweise auch an **Newsletter** über aktuelle Rechtssituationen oder **Informationsveranstaltungen** zur Aufklärung des Mandanten.

Grundsätzlich ist es keine Mandantenpflege, in einer neuen Angelegenheit ein **51** Mandat gegen einen ehemaligen Mandanten anzunehmen. Sie sollten genau abwägen, was Sie sich hiervon versprechen. Berücksichtigen Sie dabei, dass Ihr ehemaliger Mandant Sie danach nie wieder mandatieren wird.

IV. Situationen mit Mandanten

Wie jeder Mensch ist auch jeder Fall anders und stellt Sie – egal, wie lange Sie **52** den Beruf ausüben – vor neue Herausforderungen. Dennoch gibt es einige Standardsituationen, die ich Ihnen nun in Gestalt einiger Archetypen vorstellen will:

1. Der Besserwisser/der Hobbyjurist

Normalerweise sucht der Mandant Sie auf, um sich von Ihnen beraten zu lassen. **53** Entsprechend ist die Frage Standard, wie denn die Chancen (am besten in Prozentzahlen ausgedrückt) stehen. Anders aber der Mandant, der meint, die Antwort schon zu kennen. Schließlich hat er bereits selbst anhand seines Exemplars des BGB von 1972 die Prüfung vorgenommen. Ein neues Phänomen ist auch der infolge online recherchierter Problematiken und Lösungen rechtskundige Mandant. Internetforen bieten dem juristischen Laien die Möglichkeit der ersten „sachkundigen" Einarbeitung in die Streitigkeit. Eigentlich sucht der insoweit vorbereitete Mandant nur noch die Bestätigung seiner Position. Deren gerichtliche Durchsetzung (außergerichtlich hat er die Sache bereits allein durchgefochten) ist die einzige Dienstleistung, die von Ihnen erwartet wird. Wie reagieren Sie, wenn die rechtliche Würdigung des Mandanten eindeutig fehlgeht?

Es kann nur gelten, sich wie immer in der rechtlichen Beratung zu verhalten: aufrichtig und ehrlich und sich nicht in unhaltbare Zusagen oder Versprechungen stürzen! Sie müssen versuchen, dem Mandanten die Möglichkeiten in der Angelegenheit ganz deutlich herauszuarbeiten und verständlich darzulegen. Erliegt er in seiner eigenen Einschätzung einem Irrtum und zeigt er keinen Funken Einsicht, sollte das Mandat im beiderseitigen Interesse abgelehnt werden. Agieren Sie nicht getreu dem Motto: „Das kriegen wir schon hin". Dann sind unzweifelhaft Komplikationen in der Mandatsbearbeitung vorprogrammiert. Tun Sie es sich nicht an, mit Ihren Ausführungen noch Argumente für ein späteres Haftpflichtverfahren gegen sich selbst zu sammeln.

2. Der erfahrene Mandant

54 Der erfahrene Mandant hatte schon Kontakt mit Anwälten. Die anwaltliche Dienstleistung ist ihm vertraut. Er hat den „alten Anwalt" beispielsweise aufgrund mangelnder Spezialisierung oder aber aufgrund nicht erfüllter Erwartungen gewechselt. Seine Vorstellung über die anwaltliche Tätigkeit und damit seine Erwartungshaltung gegenüber Ihnen gibt er bestenfalls ohne Umschweife im Erstgespräch bekannt.

In diesen Fällen bedarf es nicht etwa besonderer Maßnahmen oder gar Ihrer Sorge, etwas ganz Unübliches leisten zu wollen. Verhalten Sie sich wie immer und versuchen Sie, den Mandanten mit der eigenen Dienstleistung zu verblüffen. Auch wenn der Mandant diese Dienstleistung möglicherweise so schon von seinem bisherigen Anwalt kennt, ist es das notwendige Engagement, und auch nur das kann verlangt werden. Die Möglichkeiten für diese sicherlich nicht allzu leichte Aufgabe legen Sie beispielsweise schon durch Ihre Kanzleiausrichtung und die damit einhergehende Spezialisierung fest.

3. Der unerfahrene Mandant

55 Dem unerfahrenen Mandanten ist der Umgang mit Anwälten fremd, seine Erwartungshaltung ist daher kaum vorherzusehen. Dies ist kein Freibrief, negative Vorurteile zu pflegen, sondern auch hier gilt es den Mandanten in jeder Hinsicht positiv zu überraschen. Wenn Sie den Mandanten behutsam auf die tatsächliche anwaltliche Dienstleistung vorbereiten und ihm die weitere Mandatsbearbeitung erläutern, wird sich die mögliche Enttäuschung in Grenzen halten. Jeder versteht dann, dass es nur Fernsehhelden à la Edel & Starck oder Danni Lowinski möglich ist, für einen gestohlenen Sack Kohle drei Tage Recherche zu betreiben und die Kanzlei währenddessen zu schließen – nicht aber einem wirtschaftlich arbeitenden Anwalt. Auf Letzteres sei hingewiesen, da einige Mandanten eine schlichtweg unrealistische Erwartungshaltung gegenüber der anwaltlichen Dienstleistung haben oder sie beispielsweise mit detektivischer verwechseln.

Oft ist die mangelnde Erfahrung im Umgang mit Anwälten oder gar die Sorge einer drohenden gerichtlichen Auseinandersetzung Ursache von Bedenken und Ängsten eines Mandanten. Auch hat er keine Vorstellung, was ihn in der Sache erwartet und welche Kosten auf ihn zukommen könnten. Schlimmstenfalls malt er sich ein emotionales und kostenträchtiges Horrorszenario aus, legt der Anwalt erst einmal mit seinen Schriftsätzen los. Diese Ängste gilt es dann erst einmal zu nehmen. Neben der Kostentransparenz kann schon ein Hinweis genügen, dass anwaltliche Dienstleistung keineswegs nur in forensischer Aktivität besteht und Sie nicht mit Kanonen auf Spatzen schießen.

4. Pragmatiker

Wirtschaftlich denkende Mandanten sehen in Ihnen vor allem den Berater und **56** nicht den forensisch Tätigen. Deshalb honorieren Sie die Beratungsdienstleistung ganz besonders, wenn Sie ihnen eine monetär pragmatische Lösung vorschlagen und durchsetzen. Orientieren Sie sich an den erfragten Zielvorgaben des Mandanten. Welche Mittel und Wege gibt es dorthin? Gibt es Alternativen? Gibt es die Möglichkeit, ein „gentlemen's agreement" zu treffen? Wesentlich ist, dass die von Ihnen vorgeschlagene Lösung wirtschaftlich sinnvoll ist, in Relation zum (auch zeitlichen) Gesamtaufwand steht und dem zukünftigen Verhältnis der streitenden Parteien gerecht wird. Letzteres ist häufig bei gewerblichen Mandanten, die mit der Gegenseite in geschäftlichem Kontakt stehen, sehr wichtig. Was nützt ein gewonnener Fall, infolge dessen dem Mandanten künftige finanzstarke Auftragsverhältnisse verloren gehen?

5. Schwierige Mandanten

Schwierige Situationen können durch schwierige Mandanten bedingt sein. Schwie- **57** rige Mandanten können allein aufgrund ihres **Status** andere Juristen, Ingenieure, Lehrer, Beamte, Verwandte und Bekannte sowie Mandanten sein, die in derselben Angelegenheit den Anwalt wechseln. In diesen Fällen müssen Sie damit rechnen, dass das Erstgespräch und das gesamte Mandat alles andere als üblich verlaufen.

Schwohnke 607

In der Regel liegt die Problematik darin, dass der Mandant aufgrund seiner besonderen persönlichen Involvierung in die Sache oder auch aufgrund des nahen Kontakts zum Anwalt von ihm einen entsprechenden – aber ungewöhnlichen – persönlichen Aufwand erwartet. Möglich ist auch, dass der Mandant sich aufgrund seines Bildungsstandes nicht von seinem eigenen Fachwissen trennen kann und deshalb die Sache dem juristischen Fachmann nicht völlig übergeben will.

Zu den schwierigen Situationen zählt auch der Umgang mit Querdenkern und **Nörglern.** Im Laufe des Berufslebens entwickelt der Anwalt (hoffentlich) zunehmend Gespür für den notorischen Nörgler, sucht dieser ihn zur Beratung und Mandatsübertragung auf. Solche Mandanten sind selbst dann mit anwaltlicher Dienstleistung nicht zufrieden, wenn diese einwandfrei und tadellos erbracht wurde. Oftmals erkennen sie auch nicht die Relation zwischen anwaltlicher Tätigkeit und anwaltlicher Vergütung. Die Zahlungsmoral ist nicht nur schleppend, sondern geradezu verkümmert ausgeprägt. Achten Sie darum auf Alarmzeichen, die sich in Aussagen zeigen wie „Mein früherer Anwalt hat das ja alles falsch gemacht" oder „Mein Nachbar hat doch ganz klar den Beamten vom Ordnungsamt bestochen, sonst dürfte der nicht immer so falsch vor seinem Grundstück parken" oder „Sie müssen auch noch unbedingt in Ihr Schreiben aufnehmen, dass ...". Auch solche Situationen gilt es zu meistern.

58 Patentlösungen gibt es dafür nicht. Da sich der Anwalt auch der rechtlichen Interessen des schwierigen Mandanten annimmt, sollte er nicht zuletzt die Wahrung der eigenen Interessen im Blick behalten und sich nicht scheuen, schnell einen angemessenen Vorschuss anzufordern. Schminken Sie sich im Zweifel ab, solche Mandanten zufriedenstellen zu wollen. Liefern Sie wie immer Ihre bestmögliche Leistung ab und zeigen Sie sich gegenüber unberechtigten Beschwerden, die die Sachbearbeitung betreffen, unbeeindruckt. Finden Sie sich mit der Tatsache ab, dass es Mandate gibt, bei denen allenfalls die Kasse stimmt. Halten Sie sich hier eine wichtige Kommunikationsgrundlage vor Augen, prägnant zusammengefasst in der Aussage *J. F. Kennedys*: „Verhandle nie aus Furcht und fürchte nie eine Verhandlung".

6. Mandatsbearbeitung gratis?

59 Nicht immer entspricht die Zahlungsmoral der Mandanten Ihren Vorstellungen. Das wird aber unter Umständen noch im Negativen übertroffen. Bedauerlicherweise gibt es nämlich „nette" Mandanten, die Ihre anwaltliche Dienstleistung kostenlos in vollem Umfang nutzen wollen. Die Zahlungswilligkeit tendiert hier gegen Null. Sitzen die **zahlungsunwilligen Mandanten** erst einmal in der Beratung, ver-

sprechen sie sofortige und schnellste Zahlung. Das wäre alles „überhaupt kein Problem" für sie. Ist die Rechnung dann letztlich geschrieben, wird die Zahlung plötzlich doch „unerwartet" zum Problem. In einem solchen Fall ist für Sie der „worst case" allerdings schon eingetreten. Sie werden vergeblich Nerven und Zeit aufwenden, um Ihrem Geld hinterherzulaufen. Unschön ist es auch, gerichtlich gegen den ehemaligen Mandanten vorzugehen, da dies ebenfalls mit erheblichem Nerven- und Zeitaufwand verbunden ist. In derartigen Fällen liegt es an Ihnen, sich entsprechend zu verhalten. Wägen Sie das Für und Wider ab. Vielleicht ist der Verzicht auf die Forderungsbeitreibung einer geringen Vergütung letztlich Ihr Gewinn. Geraten Sie dabei aber nie in die Gefahr, stadtbekannter „Pro bono"-Anwalt zu werden.

Ein prophylaktisches Patentrezept gibt es wie immer im Leben auch hier nicht. Beispielsweise kann die Frage nach Namen und vollständiger Adresse schon bei einem als zahlungsunwillig scheinenden Anrufer ausreichen. Aus Angst vor einer Verbindlichkeit blockt er ab und beendet Telefonat oder Besuch. Eine entsprechende Frage nach der Identität sollte bei einem redlichen Interesse an anwaltlicher Dienstleistung nicht Anlass zu einer solchen Reaktion geben. Auch die Vergabe eines der Dringlichkeit angemessenen Besprechungstermins kann den kostenlos Rechtsuchenden von seinem Vorhaben abbringen. Fingerspitzengefühl, vielleicht aus Erfahrung gewonnen, ist hier gefragt.

Tipp
Denken Sie im eigenen Interesse an die wichtige Regelung des § 9 RVG: Der Rechtsanwalt kann von seinem Auftraggeber für die entstandenen und die voraussichtlich entstehenden Gebühren und Auslagen einen angemessenen Vorschuss fordern.

7. Der Anwalt als Privatsekretär

Die Erwartungen einiger Mandanten an Ihren Arbeitseinsatz sind lebensfremd. **60**
Stellen Sie sich beispielsweise vor, ein Vermieter möchte nach Rüge durch den Mieter von Ihnen seine Nebenkostenabrechnung geprüft haben. Dazu legt er Ihnen gleich zwei dicke Ordner mit all seinen Unterlagen vor und kommentiert dies: „Ich habe mal alles mitgebracht. Da können Sie sich dann nach unserem Termin das Notwendige raussuchen." Immer wieder gibt es Mandanten, die den Anwalt mit einem Concierge verwechseln, wenn diese z.B. erwarten, dass Sie nach einem Verkehrsunfall einen Mietwagen besorgen. Einige Mandanten verwechseln Erreichbarkeit mit einem 24-Stunden-Service. Sind Sie einmal – wenn auch plausibel durch Ihr Sekretariat kommuniziert – nicht erreichbar, werden Sie bereits kritisiert („Sie

sind ja schwerer zu erreichen als der Papst.‟). Bemerkenswert ist auch, wenn der Mandant, z.b. ein Bekannter, Ihre Handynummer hat und Sie am Sonntagabend um 19.00 Uhr per SMS mit „wichtigen Falldetails" kontaktiert und die Antwort bis 19.05 Uhr erwartet.

Die Kette an solchen Beispielen könnte endlos fortgeführt werden. Im Ergebnis erliegt der Mandant in diesen Fällen regelmäßig dem Irrtum, Sie seien sein Privatsekretär. Besonders der Berufsanfänger leidet hierunter, weil er im Zweifel bei dem Mandanten nicht den Status eines alteingesessenen Anwalts genießt, der sowieso nur noch die „dicken Fälle" hat. Aber auch der erfahrene Kollege kann schnell zum Privatsekretär werden, hat er eine **falsche Erwartungshaltung** beim Mandanten hervorgerufen.

61 Sie müssen sich für Ihre Mandanten nicht verbiegen. Leisten Sie gute juristische Arbeit, ist das Soll erfüllt. Korrigieren Sie unrealistische Erwartungshaltungen neben dem Mandat und dessen Fallbearbeitung und „erziehen" Sie sich so Ihre Mandanten. Auch insoweit gilt es mit Fingerspitzengefühl vorzugehen. Gehen Sie z.B. mit dem Mandanten gemeinsam dessen Unterlagen durch. Er hat den schnelleren Überblick und so auch den besseren Zugriff.

V. Dos und Don'ts im Umgang mit Mandanten

62 Durch Ihr Verhalten können Sie den Umgang mit Mandanten ebenso erleichtern wie erschweren. Abschließend seien daher einige Sitten und Unsitten exemplarisch aufgezeigt, die den Anwaltsalltag bestimmen.

1. Verschwiegenheit

63 Als Anwalt sind Sie nach § 2 BORA und nach § 43a Abs. 2 BRAO zur Verschwiegenheit verpflichtet. Diese Verpflichtung setzt sich auch nach Beendigung des Mandats fort. Sie sollten sich in allen Lebenslagen daran halten. Unter Anwälten und in der Familie sind weder Namen noch Einzelheiten auszuplaudern. Hier würden sonst fortlaufend Straftaten (§ 203 StGB) begangen, die u.U. den Entzug der Zulassung rechtfertigen würden. Doch selbst wenn es dazu nicht kommt: Ein geschwätziger Anwalt ruiniert seinen Ruf.

2. Widerstreitende Interessen

64 Nach dem Gesetz sind Sie gehindert, widerstreitende Interessen zu vertreten. Wo Interessengegensätze liegen, ist auf den ersten Blick indes nicht immer zu erkennen, wie folgender Fall zeigt: Fahrer und Beifahrer (häufig Eheleute) eines verunfallten Fahrzeuges suchen den Anwalt auf. Schadensersatz und Schmerzensgeld sollen beim gegnerischen Fahrzeugführer, dem gegnerischen Fahrzeughalter und dessen Haftpflichtversicherung geltend gemacht werden. Ein Mitverschulden des das eigene Fahrzeug führenden Mandanten ist nicht auszuschließen. Hier liegt eine Interessenkollision vor, wenn auch das Mandat des Beifahrers (Schmerzensgeldanspruch) angenommen wird. Schließlich kann der Beifahrer gegen den „eigenen" Fahrer aufgrund dessen Mitverschuldens einen Anspruch auf Schmerzensgeld durchsetzen. Ist das Mandat angenommen, liegt ein Verstoß gegen § 3 BORA sowie gegen § 43a Abs. 4 BRAO vor. Auch in solchen Fällen gibt es probate Mittel, sich gegen berufsrechtliche Verstöße zu schützen und die Mandate gleichwohl zu bearbeiten. Arbeiten Sie sich in diese elementaren Themen des Anwaltdaseins ein!

Schlimmstenfalls begehen Sie durch Mandatsannahme und Mandatsbearbeitung einen strafbewehrten Parteiverrat i.s.v. § 356 StGB. Das Vergehen wird mit Freiheitsstrafe sanktioniert. Ich empfehle Ihnen, sich die Kommentierung zu § 356 StGB in einer stillen Stunde zu Gemüte zu führen. Sollten Sie hoffentlich rechtzeitig Zweifel haben, tragen Sie den Fall vor Bearbeitung Ihrer Rechtsanwaltskammer vor und bitten Sie um Freizeichnung.

3. Fremdgelder

Der Umgang mit Fremdgeldern ist eine besondere Form des Umgangs mit dem Mandanten. Nach § 4 Abs. 2 BORA sowie § 43a Abs. 5 BRAO sind Fremdgelder unverzüglich an den Berechtigten weiterzuleiten oder aber, wenn dies nicht möglich ist, auf ein Anderkonto einzuzahlen und zu verwalten. Sollten Sie noch mit eigenen Gebühren verrechnen wollen, sind diese sofort abzurechnen. Die Auskehrung darf nicht mit dem Hinweis verweigert werden, man sei noch nicht dazu gekommen, die Rechnung fertig zu machen. Eigene Forderungen dürfen nicht mit Geldern verrechnet werden, die zweckgebunden zur Auszahlung an andere als den Mandanten bestimmt sind (wie z.B. Sachverständigengebühren bei Regulierung eines Verkehrsunfalls). **65**

4. Urlaub des Anwalts

Es soll vorkommen, dass auch Anwälte urlaubsreif werden. Wenn die letzte Fristsache vom Schreibtisch abgearbeitet ist, stellt sich die Frage, wie während der Urlaubsabwesenheit mit den laufenden und neuen Mandaten verfahren wird. **66**

Es ist nahe liegend, dass während der Abwesenheit anfallender Beratungsbedarf ein erhebliches Problem im Umgang mit Mandanten darstellt. Berufsrechtlich sind Sie gehalten, einen **Vertreter** ab einer Abwesenheitsdauer von einer Woche zu stellen (§ 53 Abs. 1 BRAO). Aufgrund dieser Regelung hält sich die Problematik in Grenzen. Um den Erwartungen der Mandanten gerecht zu werden, d.h. um prompte Hilfe gewährleisten zu können, soll daher am besten für die gesamte Dauer der Abwesenheit ein Vertreter bestellt und dieser auf mögliche Tücken und Fallen einzelner Mandate hingewiesen sein. Damit tun Sie nicht nur Ihrem Vertreter einen riesigen Gefallen, auch der Mandant fühlt sich verstanden und in seinen Problemen ernst genommen.

5. Kumpanei

67 Kumpanei mit dem Mandanten und saubere anwaltliche Dienstleistung passen nicht zusammen. Sie sollten im weiteren persönlichen Kontakt mit Mandanten (z.B. bei öffentlichen Veranstaltungen) Zurückhaltung üben. Zu schnell werden Erwartungshaltungen geweckt, die nicht mit anwaltlicher, honorarpflichtiger Dienstleistung in Einklang gebracht werden können. Sie selbst würden sich unter Zugzwang setzen, der eine erhebliche Mehrbelastung mit sich bringt. Gemeinsame Arbeitsessen sind in Ordnung, einen bierseligen Kneipenbummel sollten Sie nur mit Freunden unternehmen. Schließlich sind Anwalt und Mandant eine vertragliche Beziehung eingegangen, aus der gegenseitige Pflichten erwachsen. Entsteht später Streit mit dem Mandanten, zahlt sich eine sachliche und auf gebotener Distanz gehaltene Mandatsbearbeitung aus. Im Übrigen laufen Sie dann auch nicht Gefahr, eine für Ihre Arbeit notwendige **Objektivität** zu verlieren. Aus diesem Grund lehne ich die Übernahme von Mandaten aus dem Freundes- und Familienkreis generell ab und verweise lieber auf meine Sozien. Auch die Vergütungsfrage ist damit einfacher diskutiert.

6. Zurückweisung des Mandats

68 Es kann aufgrund der widerstreitenden Interessen für Sie unter Umständen notwendig sein, ein Mandat nicht anzunehmen. In diesem Fall müssen Sie darauf achten, dass nach § 44 BRAO die Zurückweisung des Mandats unverzüglich gegenüber dem potenziellen Mandanten zu erklären ist. Tun Sie dies nicht, haben Sie den Schaden zu ersetzen, der aus einer schuldhaften Verzögerung der Erklärung entsteht.

7. Berufliche Distanz

Auf die Notwendigkeit beruflicher Distanz wurde schon mehrfach hingewiesen, er- **69**
gänzend möchte ich noch zwei weitere Positionen anführen, in denen Sie unbedingt Zurückhaltung und Abstand wahren sollten.

Sie sind nicht Söldner Ihres Mandanten. Führen Sie nicht für den Mandanten einen
wie auch immer gearteten Kleinkrieg außerhalb der eigentlichen Streitigkeit. Lassen Sie sich nicht vor den Karren von unjuristischem Geplänkel und Gedankengut
spannen. Seien Sie sich Ihres Status als Rechtsanwalt und Organ der Rechtspflege
bewusst.

Es soll Fälle geben, in denen sich Anwälte untereinander nicht gerade freundlich
gesinnt sind. Beziehen Sie derartige persönliche Abneigungen nicht in die Mandatsbearbeitung mit ein. Sie sollen für Ihren Mandanten gute Arbeit leisten und
nicht Ihre persönliche Genugtuung verfolgen.

VI. Fazit

„Anwalt und Mandant – zwei Welten?" lautete die Eingangsfrage dieses Kapitels, **70**
die sich bei jedem neuen Mandat stellt. Sofern Sie nicht nur auf die Vertretung von
Kollegen spezialisiert sind, werden Sie feststellen, dass es immer zwei Welten
sind, die mal näher, mal weiter voneinander entfernt liegen. Ein völliges gegensei-
tiges Verständnis wird es in dieser Experten-Laien-Beziehung kaum geben. Darauf
hinzuarbeiten ist aber eine Aufgabe, die sowohl unternehmerisch als auch persönlich hohen Gewinn verspricht.

§ 12 Der Anwalt und der Rest der Welt

Andreas Schwartmann

I. Einleitung

Als ob der richtige Umgang mit Mandanten, Akten und der gut ausgesuchten **1** Kanzleisoftware für den frischgebackenen Anwalt, der sich nach Erledigung der in den vorangegangenen Kapiteln beschriebenen Aufgaben frisch ans Werk machen will, nicht schon schwer genug wäre, stellt der optimistischste Junganwalt schnell fest: Das Leben besteht nicht nur aus freundlichen Gesprächen mit wohlgesonnenen und zahlungsfähigen Mandanten. Er muss sich auch mit listigen Kollegen (dankenswerterweise nur geistig) herumschlagen, Behörden Rede und Antwort stehen, sich gegenüber Rechtsschutzversicherungen behaupten und bei alledem nicht nur (und vorwiegend) die Interessen des Mandanten im Auge behalten, sondern auch die berufsrechtlichen Bindungen, denen wir Anwälte unterliegen. Zudem muss er stets darauf achten, wirtschaftlich zu arbeiten und für seine Tätigkeit auch angemessen und zeitnah bezahlt zu werden.

Dieses Spannungsfeld ist selbst für erfahrene Anwälte nicht immer einfach zu bewältigen und hinter vermeintlich harmlosen Auskünften verbergen sich Fallen, in die man besser nicht geraten sollte, denn allzu schnell erweisen sie sich als Bumerang.

Ein Beispiel
Ein Mandant, der sich durch Vergleich zur Zahlung eines fünfstelligen Betrages in monatlichen Raten verpflichtet hatte, stellte seine Ratenzahlungen plötzlich ein. Nach einiger Zeit erfuhr ich dann, dass er sich seit Monaten in Untersuchungshaft befand und deshalb auch auf meine E-Mails nicht mehr reagiert hatte. Als ich das dem Kollegen auf der Gegenseite mitteilte, fragte dieser beiläufig, ob ich denn nicht wisse, in welcher JVA sich der Mandant nun aufhalte. Dies habe ich ihm natürlich nicht verraten, denn es gibt keine berufsrechtliche Pflicht, dem Gegner die Arbeit zu erleichtern. Dem Mandanten hätte es auch nicht gefallen, wenn ich seine ladungsfähige Anschrift und seinen für eine etwaige Zwangsvollstreckung verwendbaren Aufenthaltsort mitgeteilt hätte. Merke: Der Regress lauert überall!

Als Anwalt sollten Sie also immer im Auge behalten, ob Sie dem Mandanten mit **2** einer Äußerung schaden können – bei Auskünften über Anschriftenänderungen ist das fast regelmäßig der Fall.

Oberste Prämisse des Anwalts sollte immer das **Interesse des Mandanten** sein, seine Tätigkeit immer von dem Ziel geprägt, das Beste für den Mandanten herauszuholen. Dass dies nicht immer einfach ist, wird das vorliegende Kapitel zeigen.

Selbstverständlich gilt das Vorstehende aber für alle Informationen, aus denen die Gegenseite einen Vorteil ziehen kann und die sie deshalb nichts angehen. Schnell drohen sonst nicht nur berufsrechtliche, sondern auch strafrechtliche Sanktionen. Auf den Straftatbestand des Parteiverrats sei bereits an dieser Stelle ausdrücklich hingewiesen.

II. Richtiger Umgang mit dem Gegner

3   Der richtige Umgang mit dem Gegner ist davon gezeichnet, dass der Anwalt **einseitiger Interessenvertreter** seines Mandanten ist und diesem keinen Schaden zufügen darf. Er hat allein dessen Interesse erfolgreich zu vertreten. Gegen ein freundliches Gespräch mit dem Gegner ist nichts einzuwenden, wenn es sich ergibt. Der Gegner von heute kann der Mandant von morgen sein. Aber es versteht sich von selbst, dass dem Gegner keine Informationen zu geben, die sich schädlich auf die eigene Sache auswirken könnten. **Auskünfte** über Vermögenssituationen, Anschriften oder jegliche Hinweise, die dem Gegner die eigene Arbeit erleichtern, sind also zu unterlassen – es sei denn, der eigene Mandant hat dies ausdrücklich erlaubt, um z.B. die Vergleichsbereitschaft des Gegners zu fördern. Ist der eigene Mandant z.B. ohne Vermögen und laufende Einkünfte, hat vielleicht sogar schon die eidesstattliche Versicherung abgegeben, kann dies die Klagewilligkeit des Gegners nicht unerheblich beeinflussen.

1. Interessenkollisionen

4   Der Anwalt sollte im eigenen Interesse vor jeder Mandatsannahme prüfen, ob eine Interessenkollision droht, weil z.B. der Gegner ebenfalls Mandant ist (oder war!) oder beraten werden soll. Das ist unzulässig.

Das **Verbot widerstreitender Interessen**, normiert in § 43a BRAO, ist unbedingt zu beachten, wenn der Anwalt nicht Gefahr laufen will, sich Regressansprüchen ausgesetzt zu fühlen, Vergütungsansprüche zu verlieren und ggf. auch strafrechtlich verfolgt zu werden. **Parteiverrat** ist gem. § 356 StGB im Mindestmaß mit einer Freiheitsstrafe von drei Monaten bedroht. Die Kommentierung dieser Vorschrift sei allen „Frischlingen", die meinen, das sei doch alles nicht so schlimm, wärmstens an Herz gelegt. Dort finden sich zahlreiche Entscheidungen über das

Schicksal von Kollegen, die ähnlich dachten und mit dem Verlust ihrer Zulassung für diesen Irrtum bezahlen mussten.

Interessenkollisionen drohen sehr häufig **im Verkehrsrecht**, etwa wenn nach einem Verkehrsunfall Fahrer und Beifahrer gemeinsam um die anwaltliche Vertretung ersuchen, weil sie durch das Unfallereignis Schäden an der Gesundheit davongetragen haben. Denn nicht selten sind die Interessen von Fahrer und Beifahrer nicht deckungsgleich. Trifft nämlich den Fahrer ein Mitverschulden am Unfall, stehen schnell Ansprüche des Beifahrers gegen den Fahrer im Raum – es verbietet sich dann also für den Anwalt, beide Seiten zu vertreten. Solche Konstellationen sind immer im Auge zu behalten. **5**

Ebenso verbietet es sich, den Geschäftsführer einer GmbH in einem Rechtsstreit gegen diese zu vertreten, wenn Sie als Anwalt die Interessen dieser **GmbH** selbst vertreten haben. Insbesondere bei einer langwierigen Zusammenarbeit kommt es häufig vor, dass zu dem verantwortlichen Geschäftsführer einer GmbH gute Kontakte bestehen und dieser sich im Falle eines Ausscheidens aus der GmbH dann ebenfalls von dem ihm bekannten Anwalt vertreten lassen möchte. Dagegen bestehen auch keine Bedenken, solange Interessen der GmbH nicht berührt sind. Das ist aber regelmäßig der Fall, wenn der Geschäftsführer Ansprüche aus dem Anstellungsverhältnis geltend machen möchte oder diese auch nur geprüft haben will. In diesem Fall müssen Sie das Mandat ablehnen. **6**

Das gilt natürlich auch für die Mandatsannahme **in Ehesachen**: Auch bei einer einverständlichen Scheidung dürfen Sie stets nur einen Ehepartner vertreten. Schon zu Beginn des ersten Gesprächs, wenn vielleicht sogar beide Eheleute vor Ihnen sitzen, sollte darauf hingewiesen werden, dass ein Anwalt nur die Interessen einer Partei vertreten darf – und auch nur diese beraten darf. Haben die Eheleute dann entschieden, wer von ihnen sich vertreten lassen will, steht es dem Mandanten selbstverständlich frei, die weitere Anwesenheit des nicht vertretenen Ehepartners bei der Beratung zu erlauben. Sie sollten dann aber darauf hinweisen, dass dies möglicherweise den Interessen des Mandanten zuwiderlaufen kann, etwa wenn über die Frage der Unterhaltspflichten und die Höhe etwaiger Zahlungen gesprochen wird. Selbstverständlich schadet es nicht, wenn der nicht vertretene Ehepartner sich für das Anwaltshonorar verbürgt oder gar – für den Mandanten – einen Vorschuss zahlt. Entscheidend ist, dass für die Ehepartner klar ist, dass der Anwalt nur die Interessen der von ihm vertretenen Partei im Auge hat. **7**

Eine besondere Problematik besteht bei einer **Mandatsübernahme im Rahmen einer Gemeinschaftspraxis**. Denn gerade in größeren Kanzleien weiß der Anwalt oft nicht, ob der Gegner des eigenen Mandanten nicht vielleicht vom Kollegen im **8**

Nachbarzimmer vertreten wird. Auf eine strenge Kollisionsprüfung vor Mandatsübernahme muss also ganz genau geachtet werden. In der Regel nimmt eine gute Anwaltssoftware dem Anwalt diese Arbeit aber weitestgehend ab.

9 Eine Interessenkollision kann sich auch daraus ergeben, dass der heutige Gegner einmal Mandant gewesen ist und der Anwalt aus dem **damaligen Mandat** noch Kenntnisse hat, die er zugunsten seines jetzigen Mandanten verwerten könnte. Schon die Kenntnis über die damalige Bankverbindung des Ex-Mandanten kann ausreichend sein, wenn eine mögliche Zwangsvollstreckung gegen den Gegner im Raume steht. Dann sollte der Anwalt das Mandat ablehnen, will er nicht Gefahr laufen, wegen Parteiverrat belangt zu werden.

10 Wird eine Interessenkollision ausgeschlossen, steht der Vertretung des Mandanten gegenüber dem Gegner nichts im Wege. Die erste Kontaktaufnahme mit der gegnerischen Partei hat sich sodann danach zu richten, ob diese selbst anwaltlich vertreten ist oder ohne Anwalt auftritt.

2. Der Gegner ist anwaltlich vertreten

11 Ist die gegnerische Partei anwaltlich vertreten, muss zwingend das **Umgehungsverbot** des § 12 BORA beachtet werden. Danach darf ein Anwalt nicht ohne Einwilligung des Rechtsanwalts der anderen Partei unmittelbar mit dieser Kontakt aufnehmen oder verhandeln. Eine Nichtbeachtung dieser standesrechtlichen Vorschrift kann, auf Veranlassung des gegnerischen Kollegen, eine Rüge der Kammer zur Folge haben. Darüber hinaus beweist sie schlechten Stil und unkollegiales Verhalten.

Achtung
Auch in dringenden Fällen sollte der Kontakt daher immer über den gegnerischen bevollmächtigten Kollegen erfolgen.

Ist nicht bekannt, ob der gegnerische Kollege die andere Partei allumfassend vertritt oder nur in einer bestimmten Angelegenheit, sollte gleichwohl im Zweifel immer auch der gegnerische Kollege angeschrieben werden.

Beispiel
Die Parteien streiten um die Beendigung eines Mietverhältnisses. Der von Ihnen vertretene Vermieter möchte nun darüber hinaus über die Nebenkosten abrechnen und beauftragt Sie, die Nebenkostenabrechnung zu erstellen und zu versenden. Die Nebenkostenabrechnung sollte selbstverständlich unmittelbar an die gegnerische Partei (Mieter) gehen, wenn der Kollege nicht vollumfäng-

lich mandatiert ist, sondern die Mieter nur in dem anhängigen Rechtsstreit vertritt. Vorsorglich ist ein entsprechendes Anschreiben aber auch an den gegnerischen Anwalt zu adressieren.

Nur bei „**Gefahr im Verzug**" (§ 12 Abs. 2 BORA) darf auf die Kontaktierung des   **12**
gegnerischen Bevollmächtigten verzichtet werden. Dieser Ausnahmetatbestand ist aber eng auszulegen. In Betracht kommt er bei einem drohenden Schadenseintritt am Wochenende, wenn der gegnerische Kollege selbst nicht mehr erreicht werden kann. Auch dann ist selbstverständlich dieser parallel durch ein entsprechendes Anschreiben oder eine Durchschrift zu informieren, damit nicht der Eindruck entsteht, hinter seinem Rücken mit der Gegenseite verhandeln oder diese zu einem Tun bewegen zu wollen.

Eine einfache Untätigkeit des gegnerischen Kollegen indes begründet noch keine Gefahr im Verzug. In diesem Falle sollte deshalb nicht die gegnerische Partei direkt angeschrieben werden, sondern der gegnerische Kollege unter Fristsetzung aufgefordert werden, zu erklären, ob er in der Angelegenheit die Gegenseite weiter vertritt.

Es gibt aber auch anwaltlich vertretene Gegner, die unter Umgehung ihres eigenen   **13**
Anwalts selbst Kontakt mit dem Bevollmächtigten der Gegenseite aufnehmen. Dies ist zwar nicht unzulässig, gleichwohl sollte der Rechtsanwalt entweder das Gespräch ablehnen oder umgehend den Kollegen auf der Gegenseite davon unterrichten. Andernfalls läuft er Gefahr, später dem Vorwurf ausgesetzt zu sein, den gegnerischen Kollegen entgegen § 12 BORA umgangen zu haben. Kein Anwalt sieht es nämlich gerne, wenn sein **Mandant auf eigene Faust** handelt, und die Kollegialität gebietet es, ihn darauf hinzuweisen.

Ist der gegnerische Kollege laut Angaben seines Mandanten aber gar nicht mehr bevollmächtigt, lassen Sie sich dies von der gegnerischen Partei am besten schriftlich bestätigen. Sie beugen damit etwaigem Ärger mit dem Kollegen vor.

3. Der Gegner ist nicht anwaltlich vertreten

Viele Streitigkeiten könnten schnell einvernehmlich beigelegt werden, wenn beide   **14**
Parteien anwaltlich vertreten wären. Oft jedoch will der Gegner die vermeintlich teuren Kosten für eine anwaltliche Beratung sparen, weil er denkt, ohnehin im Recht zu sein und alles besser zu wissen. Solche Gegner machen einem Anwalt das Leben nicht unbedingt leichter. Zwar kann es sich in einem gerichtlichen Verfahren als äußerst vorteilhaft auswirken, dass ein Gegner sich mit den Vorschriften

der Zivilprozessordnung nicht auskennt. Einer schnellen Erledigung des Rechtsstreits ist damit jedoch nicht immer gedient.

Tipp
Der freundliche Hinweis im anwaltlichen Schreiben an den nicht vertretenen Gegner, er möge sich doch rechtlichen Rat einholen, ist daher in der Regel sinnvoll und verstößt nicht gegen die Interessen des eigenen Mandanten. Denn oft kann damit ein teurer und langwieriger gerichtlicher Streit vermieden werden.

15 Insbesondere im Rahmen der **Zwangsvollstreckung** verzichten gegnerische Schuldner oft auf die Beauftragung eines für sie in der Zwangsvollstreckung tätigen Anwalts, um weitere Kosten einzusparen. Manche dieser Schuldner haben sich ein beträchtliches Wissen über die im zwangsläufigen Verfahren zu beachtenden Vorschriften angeeignet. Oft verfügen sie auch bereits aus vorangegangenen Zwangsvollstreckungsmaßnahmen über entsprechende Erfahrungen oder werden von karitativen Organisationen oder Schuldnerberatungsstellen unterstützt. Leider beherzigen viele dieser nicht anwaltlich vertretenen Schuldner den Grundsatz „nach mir die Sintflut" und reagieren erst, wenn der Gerichtsvollzieher vor der Tür steht und pfänden will. Erst dann zaubern manche Schuldner obskure Ratenzahlungsvorschläge aus dem Hut.

Ohne ausdrücklichen Auftrag ist der **Gerichtsvollzieher** zwar nicht dazu befugt, dem Schuldner Stundung zu gewähren oder die begehrte **Ratenzahlung** zu vereinbaren. Er wird dem Gläubiger aber einen Ratenzahlungsvorschlag mitteilen. Oft hat der Gläubiger dann wirtschaftlich gesehen nur die Wahl, den Ratenzahlungsvorschlag anzunehmen oder mit der Folge abzulehnen, dass der Schuldner sodann die eidesstattliche Versicherung abgibt, da er die geforderte und titulierte Summe nicht in einer Rate zahlen kann. In der Regel empfiehlt sich in diesem Fall ein Telefonat mit dem beauftragten Gerichtsvollzieher. Dieser kann sehr oft, wenn ihm der Schuldner bereits aus vorangegangenen Vollstreckungsmaßnahmen bekannt ist, eine verwertbare Einschätzung über die weiteren Chancen der Zwangsvollstreckung abgeben. Ist bei dem Schuldner „nichts zu holen", empfiehlt sich, die angebotene Ratenzahlung anzunehmen.

Gleichwohl sollte der Schuldner dann darauf hingewiesen werden, dass bei einer Nichtzahlung der vereinbarten Raten die Gesamtforderung umgehend fällig wird und die Zwangsvollstreckung, notfalls mit Abgabe der eidesstattlichen Versicherung, umgehend fortgesetzt wird. Ein Hinweis auf die mit der Abgabe der eidesstattlichen Versicherung verbundenen Folgen (SCHUFA-Eintrag etc.) kann dabei nicht schaden.

Eine **Ratenzahlungsvereinbarung** sollte selbstverständlich auch abseits etwaiger Zwangvollstreckungsmaßnahmen schriftlich und mit entsprechender Verfallsklausel getroffen werden. Wenn noch kein Gerichtsvollzieher beauftragt wurde, der ggf. Auskunft über die Vermögensverhältnisse des Schuldners geben kann, sollte dieser aufgefordert werden nachzuweisen, dass eine Ratenzahlungsvereinbarung zwingend erforderlich ist und er die angebotenen Raten auch bedienen kann. Kann der Schuldner nämlich nach seinen eigenen Angaben die titulierte Forderung in einer Rate und sofort begleichen, ist kein Grund ersichtlich, eine Ratenzahlungsvereinbarung zu treffen.

Sie sollten als Anwalt stets bedenken, dass eine Ratenzahlungsvereinbarung nur im Interesse des Mandanten getroffen werden sollte und nicht, um eine Gebühr nach Nr. 1003 VV RVG in Rechnung stellen zu können.

III. Der richtige Umgang mit den Kollegen

1. Grundsätzliches

Zu den berufsrechtlichen Regelungen, die auch für den frischgebackenen Junganwalt vom ersten Tag an gelten und die er sich daher schon vor der Aushändigung der Zulassungsurkunde zu Gemüte führen sollte, gehören die **BORA** (Berufsordnung, aktuell in der Fassung vom 1.11.2012)[1] und die **BRAO** (Bundesrechtsanwaltsordnung, aktuell in der Fassung vom 6.12.2011).[2]   **16**

Aus der BRAO ergeben sich die anwaltlichen Grundpflichten, die in § 43a BRAO normiert sind:
- das Verbot, Bindungen einzugehen, die die berufliche Unabhängigkeit des Anwalts gefährden,
- die Verschwiegenheitspflicht,
- das Sachlichkeitsgebot,
- das Verbot, widerstreitende Interessen zu vertreten,
- die Verpflichtung, mit anvertrauten Vermögenswerten sorgfältig umzugehen, und
- die Fortbildungspflicht.

Diese Berufsregeln gelten zwar für alle Anwälte. Ein älterer Kollege hat mir aber einmal gesagt: „Es gibt Kollegen – und es gibt Rechtsanwälte." Erstere zeichneten   **17**

---

1 *www.brak.de/w/files/02_fuer_anwaelte/berufsrecht/bora_stand_01.11.12.*
2 *bundesrecht.juris.de/brao/index.html.*

sich durch einen höflichen, die kollegialen Interessen wahrenden Umgang aus, während Letztere sich um Kollegialität nicht scherten und sich strikt an den Buchstaben des Gesetzes, also die Regeln der standesrechtlichen Vorschriften und der Berufsordnung halten und in anderen Anwälten nur Konkurrenten, aber keine Kollegen sähen. Insbesondere gegen das **Sachlichkeitsgebot** wird von diesen „Kollegen" aber leider allzu gerne verstoßen.

Um Eindruck beim eigenen Mandanten zu machen, lassen sich manche Anwälte immer wieder davon abbringen, sachlich zu argumentieren, und schreiben sich die Finger wund mit Nebensächlichkeiten und persönlichen Angriffen auf die Gegenpartei. Das hat nicht nur in einem anwaltlichen Schriftsatz nichts zu suchen, sondern verärgert in der Regel auch den mit der Klage befassten Richter. Richter mögen es nämlich überhaupt nicht, wenn ein Parteivertreter vom Hölzchen aufs Stöckchen kommt und dazu noch mit unsachlichen Behauptungen den eigenen Vortrag aufbläht, um vom Wesentlichen abzulenken. Denn je weniger ein Richter lesen muss, umso schneller ist er mit der Akte durch und kann sich anderen Dingen widmen – das klingt zwar simpel, ist aber nachvollziehbar und von praktischem Wert. Schon im eigenen Interesse des vertretenen Mandanten sollte sich ein Schriftsatz daher sachlich auf den notwendigen Tatsachenvortrag beschränken.

18   Zudem gilt: Wer erkennbar unsachlich argumentiert, will zumeist nur davon ablenken, dass er in der Sache selbst nichts zu sagen hat. Heiße Luft ist unnötig, wenn die Fakten allein schon überzeugen. Keinesfalls sollte sich der Anwalt dann auf das Niveau des gegnerischen Kollegen herablassen und seine eigene gute Kinderstube vergessen. Selbst wenn der eigene Mandant dies möchte, sollte man ihm klar machen, dass er gerade deswegen seinen Anwalt bezahlt, weil Emotionen die sachliche Urteilsfähigkeit beeinträchtigen. Die eigene Betroffenheit steht nämlich der gebotenen sachlichen Betrachtungsweise entgegen und verleitet dazu, Schlammschlachten zu führen.

Auch deshalb sollte man sich übrigens als Anwalt in eigenen Angelegenheiten nicht selbst vertreten. Nicht ohne Grund heißt es: „Der Anwalt, der sich selbst vertritt, hat einen Narren zum Mandanten – und einen Idioten zum Anwalt."

2. Kollegialität

19   Mittlerweile sind in Deutschland mehr als 159.000 Anwälte und Anwältinnen zugelassen. (Zum Vergleich: Im Jahr 2002 waren es noch 116.000 Berufsträger, in nur 10 Jahren hat sich diese Zahl also fast um 40 % erhöht.) Es ist unschwer auszumalen, dass die Kollegialität bei soviel **Konkurrenzkampf** schnell auf der Stre-

cke bleiben kann. Jeder muss sehen, wo er bleibt und dass er ein Stück vom Kuchen abbekommt. Gerade Einzelkämpfer, und das dürften die meisten Junganwälte wohl sein, geraten dabei schnell in Versuchung, die Grundzüge sachlicher Argumentation zu verlassen und sich selbst, dem Mandanten und natürlich auch der Gegenseite und dem Gericht beweisen zu wollen, dass sie kämpfen können. Dann wird schnell überhebliches, arrogantes und unsachliches Verhalten an den Tag gelegt. Das ist natürlich kein Zeichen von Stärke, sondern zeigt, wie sehr bei manchen Kollegen die Nerven blank liegen. Dabei sollten gerade Berufseinsteiger und Einzelanwälte ganz besonders auf Kollegialität bedacht sein. Denn letzten Endes können sie von **kollegialem Umgang** und von gegenseitigem **Respekt** geprägtem Umgang mit erfahreneren Kollegen nur lernen. Kollegialität darf kein Luxus sein. Sie sollte auch für Berufsanfänger selbstverständlich sein.

Selbstverständlich ist Kollegialität keine Einbahnstraße. Sie darf auch vom Gegenüber erwartet werden. Gerade ältere Kollegen zeigen leider häufig deutlich, was sie von dem jungen, unerfahrenen Newcomer halten. Beweisen Sie diesen, dass Sie Ihre Staatsexamina nicht ohne Grund bestanden haben. Jeder hat schließlich einmal klein angefangen! **20**

Tipp
Unkollegialen und unsachlichen Provokationen begegnet man am besten mit Gelassenheit. Zwar gilt auch im anwaltlichen Umgang der klassische Grundsatz „wie man in den Wald ruft, so schallt es heraus". Das bedeutet jedoch nicht, dass man sich unbedingt auf das Niveau des Kollegen herabgegeben sollte. Im Gegenteil: Auch als Junganwalt sollten Sie stets mit gutem Beispiel vorrangehen.

Letztlich trifft man die Kollegen nicht nur vor Gericht oder im Rahmen außergerichtlicher Auseinandersetzungen, sondern oft auch in gemeinsamen Arbeitskreisen, Fortbildungsveranstaltungen oder in der stetig wachsenden Gemeinde im Internet aktiver Rechtsanwälte. Die meisten Kollegen unterscheiden daher sehr gut zwischen dem Auftreten im Rahmen eines Mandats und dem quasi inoffiziellen Auftreten unter Kollegen. So ist es durchaus nicht unüblich, dass sich Kollegen vor Gericht im Interesse ihrer jeweiligen Mandanten rhetorisch bis aufs Schärfste, dabei stets sachlich bleibend, bekämpfen – und im Anschluss an die mündliche Verhandlung beim vertraulichen „Du" ein Bier miteinander trinken gehen. **21**

Wenn die Chemie zwischen den Kollegen stimmt, lassen sich so oft auch Fragen auf dem „kleinen Dienstweg" klären. Davon profitiert nicht zuletzt immer auch der eigene Mandant.

3. Grenzen der Kollegialität

22   Es versteht sich aber von selbst, dass die Kollegialität da ihre Grenzen findet, wo sie dem Interesse des Mandanten schaden kann. Sie sollten daher nicht großzügig darüber hinwegsehen, wenn ein Kollege im Zivilprozess zu Beginn der mündlichen Verhandlung einen verspäteten Schriftsatz überreicht. Im Interesse des Mandanten muss hier stets Verspätung gerügt werden, da Sie vor Gericht nur das Interesse des eigenen Mandanten zu vertreten haben. Ein Entgegenkommen zur falschen Zeit und am falschen Ort kann schnell Regressansprüche des Mandanten auslösen. Das weiß auch der Kollege auf der Gegenseite und wird Ihnen daher entschiedenes prozessuales Auftreten im Sinne des Mandanten nicht übelnehmen. Es ist ja nicht persönlich gemeint.

23   Erscheint der Kollege im Termin erst gar nicht, ohne sein Fehlen zu entschuldigen, sollte stets ein **Versäumnisurteil** beantragt werden. Auch wenn dies nach der alten Regelung des § 13 BORA unzulässig war, sieht die heutige Rechtslage anders aus: Das Bundesverfassungsgericht hat mit Beschl. v. 19.11.1999 diese Regelung für verfassungswidrig erklärt. Vor dem Beantragen eines Versäumnisurteils ist jedoch in der Regel abzuwarten, ob der gegnerische Kollege nicht vielleicht doch noch verspätet erscheint. Eine Wartezeit von 15 Minuten ist dabei üblich und vorher bekommen Sie vom Gericht auch nicht das beantragte Versäumnisurteil.

Oft hilft ein Versäumnisurteil dem Mandanten aber nur auf den ersten Blick weiter. Denn in der Regel wird, wenn das Versäumnisurteil lediglich darauf beruht, dass der Termin übersehen, falsch notiert wurde oder aus anderen Gründen nicht wahrgenommen werden konnte, Einspruch gegen das Versäumnisurteil eingelegt. In dem Fall hat der Obsiegende des Rechtsstreits zwar zunächst einen Titel in der Hand, aus dem er die Vollstreckung betreiben kann. Durch den Einspruch gegen das Versäumnisurteil verlängert sich das Verfahren jedoch. Es kann daher auch im Interesse des Mandanten sein, bei **Verspätungen des Kollegen** auf der Gegenseite zunächst zu versuchen, diesen telefonisch zu erreichen, um abzuklären, ob er bewusst nicht auftreten möchte oder ob lediglich mit einer Verspätung von wenigen Minuten zu rechnen ist.

Ein solcher Anruf verbietet sich natürlich auf jeden Fall, wenn für die Mandanten ein so genanntes zweites Versäumnisurteil beantragt werden könnte. Dann gilt es selbstverständlich im Interesse des Mandanten nach Ablauf der Wartezeit umgehend das Versäumnisurteil zu beantragen, um den Rechtsstreit abschließend obsiegend beenden zu können.

Der leider oft gehörten Auffassung, gegenüber Mitgliedern desselben örtlichen An- **24**
waltsvereins sei bei erster Säumnis großzügig „Gnade vor Recht" zu gewähren,
kann nicht beigepflichtet werden. Der Anwalt ist, und das kann nicht oft genug
betont werden, einseitiger Interessenvertreter des Mandanten. Allein dem Mandanten ist der Anwalt aus dem zugrunde liegenden Mandatsvertrag verpflichtet. Er hat
alles zu unterlassen, was diesem Schaden könnte, so dass kein Grund besteht, dem
gegnerischen Kollegen großzügig entgegenzukommen. Ein Versäumnisurteil kann
buchstäblich Gold wert sein, wenn die Zahlungsunfähigkeit des Gegners droht.

> *Tipp*
> Aus demselben Grund ist es natürlich **bei eigener Verspätung** unbedingt ange-
> zeigt, diese sofort dem Gericht, und falls möglich, auch dem Kollegen auf der
> Gegenseite telefonisch mitzuteilen. Im Zeitalter der Handy-Kommunikation
> sollte dies ein Leichtes sein. Die Durchwahl der Geschäftsstelle findet sich
> schließlich auf jedem Schreiben des Gerichts.

Stehen Sie mit dem Auto im Stau oder haben Sie – wie es dem Autor unlängst
passiert ist – gar eine Panne und können absehen, dass Sie es nicht mehr rechtzeitig zum Termin schaffen, ist zunächst ein Anruf auf der Geschäftsstelle des Gerichts geboten, damit der Richter informiert ist. **Bei unverschuldeter Verspätung**
darf nämlich kein Versäumnisurteil ergehen – es muss vertagt werden. Wenn Sie
den Richter vielleicht sogar selbst telefonisch erreichen, was nicht selten ist, sollte
er gebeten werden, den Kollegen von der Verspätung zu unterrichten.

4. Tägliches Miteinander

Im täglichen Miteinander hilft ein schneller Telefonanruf bei dem Kollegen auf der **25**
Gegenseite, offene Fragen und oft auch Missverständnisse zu klären. Natürlich
lässt sich nicht mit jedem Kollegen reden. Wenn die „Chemie" stimmt, kann jedoch so manche „Kuh" vom Eis geholt werden, ohne dass es eines langwierigen
und (für den Mandanten) teuren Rechtsstreits bedarf.

Finden Sie nach einer Besprechung einen **Rückrufwunsch eines Kollegen** vor,
sollten Sie damit nicht allzu lange warten. Das gebietet nicht nur die gute Kinderstube, sondern auch die schnell gemachte Erfahrung, dass Sie selbst bald den Kollegen vergeblich zu erreichen versuchen und dann auf dessen Rückruf warten werden. Auch wenn der Schreibtisch gerade voll ist und man für ein Telefonat
eigentlich gar keine Zeit hat, sollten Sie sich daher die fünf Minuten, die für einen
schnellen Rückruf oder die Annahme eines Telefonates von einem Kollegen benötigt werden, in der Regel immer nehmen.

26   Das Ergebnis des telefonisch Besprochenen ist anschließend in einem **Aktenvermerk** festzuhalten, sonst gerät es schnell in Vergessenheit.

Der eigene **Mandant ist stets zu informieren**, denn ein Mandant, der sich nicht informiert fühlt, ist schnell – und berechtigt – unzufrieden.

Telefonisch **besprochene Vergleichsvorschläge** sollten Sie sodann dem gegnerischen Kollegen auch noch **schriftlich** unterbreiten, damit dieser dem eigenen Mandanten etwas vorlegen kann. Die Erfahrung zeigt, dass man Vereinbarungen oder Vorschläge, die man „schwarz auf weiß" vorliegen hat, mit dem Mandanten besser besprechen kann als einen bloßen Telefonbericht. Zudem sichern Sie damit gegenüber der Gegenseite ab, wenn das zuvor telefonisch Besprochene noch einmal in Schriftform festgehalten wird.

5. Fluranwalt

27   In Ehesachen kommt es häufig vor, dass die Parteien im Scheidungsverfahren einen Vergleich über den Verzicht auf nachehelichen Unterhalt oder auf Durchführung des Versorgungsausgleichs schließen möchten – oder auch nur das Scheidungsurteil durch einen Rechtsmittelverzicht sofort in Rechtskraft erwachsen lassen möchten. Ist dann nur eine Partei anwaltlich vertreten, benötigt auch die nicht vertretene Partei zur Abgabe der notwendigen Erklärungen im Termin einen Anwalt. Bei größeren Gerichten ist es, wenn der Termin nicht zu einer ungewöhnlichen Zeit (etwa nachmittags) stattfindet, in der Regel kein Problem, einen Kollegen, der vor dem Sitzungssaal auf dem Flur auf seinen Termin wartet, anzusprechen und ihm das Auftreten **für die nicht vertretene Partei** anzutragen. Dieser sollte dann natürlich prüfen, ob er für die Abgabe der notwendigen Erklärungen zur Verfügung steht und sich ggf. durch einen Hinweis im Protokoll absichern: Der Verzicht auf die Durchführung des Versorgungsausgleichs wird nämlich in der Regel immer für eine Partei von Nachteil sein. Wenn der Fluranwalt gerade diese Partei vertreten soll, tut er gut daran, im Protokoll festhalten zu lassen, dass die Partei über die rechtlichen Folgen des Verzichts aufgeklärt wurde.

Es gibt keine feste Regel, ob und in welcher Höhe sich der Fluranwalt sein Auftreten vergüten lässt. Üblich sind Pauschalvergütungen zwischen 50 und 100 EUR.

Korrekterweise sollte sich der Fluranwalt im Anschluss an den Termin die Adressdaten seiner Partei notieren, denn zur Bezahlung bedarf es einer ordentlichen Rechnung. Keinesfalls sollte sich der Anwalt nach dem Termin in bar und ohne Rechnung bezahlen lassen, wie der Autor es einmal bei einem Amtsgericht in

Rheinland-Pfalz erlebt hat – angeregt vom Gericht. Die damit verbundene Steuerhinterziehung liegt auf der Hand.

Gelegentlich gibt es aber auch Kollegen, die pro bono auftreten und sich Ihre Leistung nicht vergüten lassen.

6. Mandatswechsel

Gelegentlich kommt ein neuer Mandant zu Ihnen, der mit seinem bisherigen Anwalt nicht zufrieden ist und Sie bittet, seine Vertretung zu übernehmen. Dann ist allerdings **vorsichtiges Vorgehen** angezeigt. Denn oft hängt die Unzufriedenheit des Mandanten nicht mit dem Unvermögen des Kollegen zusammen, sondern mit übertriebenen Vorstellungen des Mandanten. Wenn der Kollege ihn nicht zufriedenstellen konnte, stehen die Chancen nicht schlecht, dass Ihnen das auch nicht gelingt. Insbesondere wenn der Mandant nach eigenen Angaben schon mehrmals den Anwalt gewechselt hat, sollten Sie, wenn Sie ein solches Mandat überhaupt annehmen wollen, sehr vorsichtig sein und nicht ohne ausreichenden **Vorschuss** tätig werden. Denn wenn der Mandant erkennt, dass auch Sie – nachdem Sie sich eingearbeitet haben und ihm die für ihn ungünstige Rechtlage erläutert haben –, nicht zaubern können, laufen Sie Gefahr, sich in die Reihe der von ihm verschlissenen Anwälte einordnen zu dürfen und für Ihre Arbeit keinen Cent zu sehen.

28

Die Entscheidung, das Mandat anzunehmen, sollten Sie erst nach einer persönlichen Besprechung mit dem Mandanten treffen, in den Sie ihn nach den Gründen für den Mandatswechsel befragen sollten. Erweist sich der Mandant dann als notorischer Querulant, der mit Anwälten grundsätzlich nur auf Kriegsfuß steht, sollten Sie das Mandat ablehnen. Sie tun sich nämlich keinen Gefallen damit, ein Mandat anzunehmen, bei dem Ärger schon vorprogrammiert ist und Sie absehen können, nach Abschluss ihrem Geld hinterherlaufen zu müssen. Investieren Sie Ihre Zeit dann lieber in Mandate, die Sie und den Mandanten zufriedenstellen.

Soll der gewünschte Mandatswechsel aber aufgrund unangenehmer Erfahrungen mit dem Voranwalt nach etwaigen Fehlleistungen erfolgen und legt Ihnen der Neumandant plausibel dar, dass er aus berechtigten Gründen mit der Arbeit Ihres Vorgängers nicht zufrieden ist, sollten Sie für sich prüfen, ob Sie es besser machen können. Möchte der Mandant nämlich Ihrem Vorgänger das Mandat entziehen, weil dieser z.B. auf E-Mails grundsätzlich nicht binnen zwei Stunden reagiert und oft auch erst am nächsten Tag zurückruft, sollten Sie beachten, dass er die Anforderungen, die er an Ihre Vorgänger gestellt hat, nun an Sie stellt: Nur wenn Sie sicher sind, dass Sie dem **Anforderungsprofil** des Mandanten entsprechen, sollten Sie in Erwägung ziehen, das Mandat anzunehmen.

29 Dem Mandanten ist zudem schon im ersten Gespräch zu erläutern, dass der Mandatswechsel in der Regel mit **erhöhten Kosten** für ihn verbunden ist, da er nicht nur den Voranwalt für dessen Arbeit, mag er damit auch unzufrieden sein, bezahlen muss, sondern künftig auch noch Sie. Ist bereits ein gerichtliches Verfahren anhängig, in dem schon Ihr Vorgänger tätig geworden ist, ist der Mandant darauf hinzuweisen, dass zumindest die Verfahrensgebühr nun doppelt entsteht und diese doppelten Gebühren auch nicht von der möglicherweise vorhandenen Rechtsschutzversicherung übernommen werden.

Erklärt sich der wechselwillige Neumandant dann mit der Zahlung des Vorschusses einverstanden, bitten Sie ihn, mit der Anweisung der Vorschussrechnung das Mandat bei Ihrem Vorgänger zu kündigen. Wichtig ist, dass dies vom Mandanten selbst veranlasst wird, damit nicht der Eindruck des abgeworbenen Mandats entsteht.

30 **Nach der Mandatskündigung** müssen Sie Ihren Vorgänger gem. § 15 Abs. 1 BORA unverzüglich von der Mandatsübernahme in Kenntnis setzen. Sie sollten ihn auch kollegialiter um Übersendung seiner Handakte ersuchen. Soweit dem Anwalt kein Zurückbehaltungsrecht wegen offener Vergütungsansprüche an der Handakte zusteht, ist er zur Herausgabe der Akte verpflichtet – wohlgemerkt aber nur zur Herausgabe, nicht zur Übersendung. Grundsätzlich kann der Mandant also darauf verwiesen werden, sich die Unterlagen in den Kanzleiräumen des ehemaligen Anwalts selbst abzuholen. Die kollegiale Bitte, die Handakte doch direkt übersendet bekommen, ist daher durchaus sinnvoll.

Weigert sich der Kollege unter Hinweis auf § 15 Abs. 3 BRAO, die Handakte herauszugeben, und ist bereits ein Gerichtsverfahren anhängig, sollten Sie mit der Mitteilung der Bestellung bei Gericht umgehend **Akteneinsicht** beantragen. Ist das Gericht in der Nähe, sollten Sie die Zeit investieren, nach telefonischer Abstimmung persönlich vorbeizufahren, um auf der Geschäftsstelle Akteneinsicht zu nehmen und die vollständige Akte dort zu kopieren – oder für einen Tag mit in die Kanzlei zu nehmen. Denn möglicherweise drohen Fristabläufe. Eine Mandatsübernahme kann einen Grund für einen **Fristverlängerungsantrag** darstellen – dazu müssen Sie die laufenden Fristen aber erst einmal kennen. Es kann dazu auf jeden Tag ankommen, so dass Sie keine Zeit mit der postalischen Anforderung und Versendung der Akte verschwenden sollten, sofern dies wegen großer räumlicher Entfernung nicht anders machbar ist.

In besonders eiligen Fällen können Sie nach Absprache mit dem Mandanten ggf. einen Kollegen mit Kanzleisitz am Gerichtsort bitten, die Akte in Untervollmacht für Sie dort abzuholen und Ihnen eine gescannte Aktenkopie ggf. als PDF-Datei per E-Mail zuzusenden. Es versteht sich aber, dass der für den Kollegen damit verbundene Aufwand durch den Mandanten zu vergüten ist.

Zudem sollten Sie sich vom Mandanten alle ihm von Ihrem Vorgänger übersandten, die Angelegenheit betreffenden Schriftstücke übergeben lassen. Das betrifft auch Anschreiben des Kollegen an den Mandanten. Gegebenenfalls ergeben sich daraus weitere für die Bearbeitung der Angelegenheit nützliche Informationen.

Achtung 31
Liegt die Akte dann vor, sollten Sie sich bei Durchsicht der Unterlagen bewusst sein, dass Sie bei der Bearbeitung des Mandats ein **verschärftes Haftungsrisiko** trifft. Denn Sie müssen nun auch darauf achten, dass der vor Ihnen tätige Kollege keinen Fehler begangen hat. Ist das der Fall, müssen Sie Ihren Mandanten über das Bestehen eines Regressanspruches gegen Ihren Vorgänger und die Chancen einer ggf. gerichtlichen Geltendmachung informieren.

Die Übernahme eines bestehenden Mandats, in dem sich bereits mindestens ein Anwalt versucht hat, ist also durchaus mit Mehrarbeit verbunden. Im Rahmen außergerichtlicher Tätigkeit sollten Sie dies bei der Bemessung der **Geschäftsgebühr** auf jeden Fall berücksichtigen bzw. dies in Ihre Vergütungsvereinbarung einfließen lassen.

7. Kollegialer Umgang über die tägliche Praxis hinaus

Auch außerhalb des täglichen Umgangs in gerichtlichen und außergerichtlichen 32
Angelegenheiten miteinander ist es gerade für Berufseinsteiger hilfreich, den Kontakt zu erfahreneren Kollegen zu pflegen. Dazu gibt es – über den lokalen Anwaltsverein hinaus – gerade auch im Internet zahlreiche Gelegenheiten.

So hat etwa die Hamburger Rechtsanwaltskammer vor einigen Jahren eine (natürlich kostenlose) **Mailingliste**[3] ins Leben gerufen, an der mittlerweile bundesweit mehrere tausend Anwälte aller Fachrichtungen teilnehmen und sich täglich austauschen. Ist man sich einmal über die richtige Vorgehensweise im Unklaren, sucht einen Aufsatz oder eine Entscheidung, abgedruckt in einer gerade nicht zugänglichen Zeitschrift, benötigt eine Telefonnummer oder einen Rat betreffend eine

---

3 *www.anwalt-liste.de.*

Rechtsfrage, dann ist kollegiale Hilfe über die Anwalt-Liste schnell gefunden. Nicht selten kommt die gesuchte Entscheidung nach wenigen Minuten aus dem Faxgerät, wenn ein mitlesendes Listenmitglied damit aushelfen kann. Auch lässt sich aus vielen Beiträgen der dort schreibenden Kollegen für die tägliche Praxis Wertvolles entnehmen – und selbstverständlich verübelt es Ihnen niemand, wenn Sie als Berufsanfänger vermeintlich dumme Fragen stellen.

Daneben ist auch noch die über Yahoo Groups auffindbare JULI-Liste empfehlenswert, auf der allerdings ein weit geringeres Beitragsaufkommen herrscht. Dort findet der Berufsanfänger aber auch den Kontakt zu anderen Juristen – nicht nur Anwälte, sondern z.b. auch Richter und Versicherungsjuristen nehmen dort teil.

Neben den Mailinglisten – wobei auch noch die Liste des Forum Junge Anwaltschaft im DAV eine Erwähnung verdient – finden sich auch in der Social Network Plattform **XING**[4] zahlreiche **Diskussionsgruppen** für Anwälte und Juristen, an denen z.b. auch Richter an Oberlandesgerichten teilnehmen. Junganwälte finden auch dort wertvolle Hilfestellungen für ihre tägliche Arbeit.

Allen vorgenannten Angeboten gemein sind ein sehr kollegialer Umgangston und der Vorteil schneller Hilfe, wenn es einmal brennt.

8. Terminvertretungen

33   Die Mitgliedschaft in den genannten Mailinglisten und die Teilnahme an Diskussionsgruppen, wie bei XING, erweist sich auch immer wieder als wertvoll, wenn Sie einen Terminvertreter für einen Gerichtstermin suchen, den Sie, etwa aufgrund der örtlichen Entfernung, nicht selbst wahrnehmen können oder wollen. Auf eine Anfrage in der Anwalt-Liste melden sich in der Regel schnell mehrere Kollegen, die sich als Terminvertreter anbieten.

Wichtig ist, dass vor Vergabe der Terminvertretung die Essentialia geklärt sind: Wer ist Auftraggeber und welche Gebührenregelung wird vereinbart? Es empfehlen sich **schriftliche Vereinbarungen**, denn Unklarheiten können schnell zum Streit führen. So ist es leider keine Seltenheit, dass die Rechnung des Terminvertreters an den (zahlungsunfähigen) Mandanten weitergereicht wird und sich der den Auftrag vergebende Kollege nicht in der Haftung für die Kostennote sieht. Wer als Berufseinsteiger einmal die Erfahrung gemacht hat, dass er nach Wahrneh-

---

4 *www.xing.com.*

mung eines Termins für einen Kollegen seinem Geld hinterherlaufen musste, weiß die Klarheit einer vorherigen schriftlichen Vereinbarung zu schätzen.

9. Werbung

Die Werbung des Anwalts für seine Leistungen ist Kollegen oft ein Dorn im Auge. **34** So wird argwöhnisch darüber gewacht, dass sich die Werbung im Rahmen des durch **§ 43b BRAO** Erlaubten hält. Vermeintlich unzulässige Werbung wird oft anwaltlich abgemahnt und gerichtlich geklärt.

> *Beispiel*
> So hatten im Jahr 1997 vier Anwälte in Potsdam ein Schreiben an verschiedene in der Potsdamer Innenstadt ansässige Geschäftsinhaber versandt und zu einem kostenlosen Informationsgespräch in ein Hotel eingeladen. Die Anwälte einer weiteren Kanzlei aus Potsdam sahen darin einen Verstoß gegen § 43b BRAO und § 1 UWG und nahmen die Werbenden auf Unterlassung in Anspruch. Der BGH erlaubte in letzter Instanz die Einladung zu einem Informationsgespräch und stellte fest, dass diese nicht gegen § 43b BRAO verstößt.[5]

Erlaubt ist auch das Anbieten anwaltlicher Beratungsdienstleistungen auf einer Internetplattform wie *www.ebay.de*, sofern sich die Vergütung im Rahmen der Vorgaben des RVG hält.[6]

Nachdem der BGH mittlerweile entschieden hat, dass einem Anwalt, der einen Kollegen aufgrund eigener Sachkunde selbst abmahnt, kein Kostenerstattungsanspruch gegen diesen zusteht,[7] ist zwar die Gefahr einer teuren Abmahnung gesunken. Gleichwohl können Verstöße gegen § 43b BRAO zu einer Rüge durch die Kammer führen und sind also zu vermeiden.

Sie sollten immer bedenken, dass die beste Werbung ein **zufriedener Mandant** ist. Vertreten Sie die Interessen Ihres Mandanten erfolgreich, ist es nicht selten, dass auch der Gegner als zukünftiger Mandant gewonnen werden kann. Dies ist, mit den oben genannten Beschränkungen einer etwaigen Interessenkollision, selbstverständlich zulässig.

---

5 BGH v. 1.3.2001 – I ZR 300/98.
6 BVerfG v. 19.1.2008 – 1 BvR 1886/06.
7 BGH v. 6.5.2005 – I ZR 2/03.

10. Die Durchsetzung von Regressansprüchen gegen Kollegen

35 Eher früher als später werden Sie nach Übernahme eines Mandats, das zuvor von einem Kollegen betreut wurde, feststellen, dass dieser vielleicht nicht mit der notwendigen Sorgfalt ans Werk gegangen ist und dem Mandanten dadurch ein Schaden entstanden sein könnte. Oft sind auch die Mandanten selbst dieser Ansicht und bitten Sie, die Akte(n) im Hinblick auf etwaige Regressansprüche gegen den Kollegen zu prüfen.

Stellen Sie dann einen Fehler fest, sind Sie aus dem Mandatsvertrag heraus verpflichtet, Ihren Mandanten darüber und über die daraus resultierenden Rechtsfolgen zu informieren. Tun Sie das nicht, hat der Mandant nämlich, wenn sich der Fehler des Kollegen in einem Schaden realisiert und dieser nach Ablauf der Verjährungsfrist nicht mehr geltend gemacht werden kann, einen eigenständigen Regressanspruch gegen Sie.

Tritt der Mandant nach entsprechender Information mit dem Wunsch an Sie heran, seinen Anspruch gegen den Kollegen geltend zu machen, sollten Sie sich bewusst sein, dass nicht jeder Kollege dies sachlich wegsteckt. Gerade in kleineren Orten mit wenigen Anwälten, die sich meist auch noch persönlich kennen, kann dies schnell zu Spannungen unter Kollegen führen, derer Sie sich bewusst sein müssen.

Lehnen Sie das Mandat ab, weil Ihnen der betroffene Kollege bekannt ist oder Sie sich der **Haftungsproblematik** (noch) nicht gewachsen sehen, sollten Sie den Mandanten an einen neutralen Kollegen verweisen – dieser wird sich ggf. irgendwann bei Ihnen revanchieren – und der Mandant ist Ihnen dankbar.

Nehmen Sie das Anwaltshaftungsmandat gleichwohl an, ist kollegiale Rücksichtnahme fehl am Platz: Stehen die Chancen gut, den Anspruch gerichtlich durchzusetzen, sollten Sie dem Mandanten dazu raten und seine Interessen konsequent vertreten. In Zeiten gewachsenen Konkurrenzkampfes ist auch für das Sprichwort der Krähe, die der anderen kein Auge auskratzt, kein Raum mehr. Wer als Anwalt einen Fehler macht, haftet zumindest mit dem Selbstbehalt, den er bei seiner Berufshaftpflichtversicherung im Schadensfall zu leisten hat.

IV. Das richtige Verhalten bei Gericht

36 Das Amtsgericht am Kanzleiort wird in der Regel einen wesentlichen Ort Ihrer anwaltlichen Tätigkeit darstellen. Gerade an kleineren Gerichten werden Sie nach einigen Monaten bei vielen Richtern durch wiederholtes Auftreten bekannt sein. Es kann auch nicht schaden, sich zu Beginn der Anwaltskarriere dort persönlich vorzustellen. An größeren Gerichten, wo sich die Richter oft untereinander nicht kennen, ist das kaum praktikabel und sinnvoll – die Bekanntheit stellt sich im Laufe der Zeit von selbst ein.

Von Anfang an sollten Sie aber die unterschiedlichen Interessen von Richtern und Rechtsanwälten im Auge behalten: Während es dem Anwalt allein um die Vertretung der Interessen seines Mandanten gehen muss, ist dem Richter an der gerechten Anwendung des Rechts gelegen – aber möglichst ohne viel Aufwand. Das Gesetz hat dem Gericht dazu im Zivilrecht das Instrument der Güteverhandlung an die Hand gegeben und die Gerichte sind gehalten, schon vor streitiger Verhandlung auf die **gütliche Beilegung** des Rechtsstreits zu drängen. Das ist zweifelsohne im Interesse des Richters, denn ein durch Vergleich beendeter Rechtsstreit bedeutet, dass sich der Richter keine Gedanken mehr um die Rechtsauslegung oder eine etwaige Beweiswürdigung zu machen braucht: Der Rechtsstreit wird dadurch schnell erledigt und je mehr Fälle auf diese Art und Weise beendet werden, umso schneller verkleinert sich das Pensum des Richters, ohne dass er zeitintensiv ein Urteil schreiben und berufungssicher begründen muss. Je schneller er das ihm zugewiesene Pensum erledigt, umso mehr Zeit hat der Richter für andere Dinge.

Bei unklarer Beweislage und entsprechend hohem Prozessrisiko ist eine vergleichsweise Erledigung des Rechtsstreits in der Regel aber auch im Interesse des Mandanten, denn dadurch spart der Mandant nicht nur Gerichtskosten (muss aber natürlich eine Einigungsgebühr an seinen Anwalt zahlen), sondern bekommt durch den Vergleich möglicherweise mehr, als er vom Gericht im Rahmen eines Urteils zugesprochen bekommen hätte. **37**

Eine Grundregel, dass man sich auf einen vom Gericht vorgeschlagenen **Vergleich** einlassen sollte, gibt es naturgemäß nicht. Es kommt immer auch auf die Risikobereitschaft des Mandanten an. Ein guter Anwalt weist den Mandanten schon vor der Verhandlung darauf hin, dass ihn das Gericht wahrscheinlich zu einem Vergleich bewegen möchte. Es ist keine Seltenheit, dass ein Richter im Termin zur Güteverhandlung erklärt, dass eine Klage mit großer Wahrscheinlichkeit begründet ist, aber natürlich offen ist, wie das Berufungsgericht das sehen wird. Dann gibt es in der Regel keinen Grund, einem Vergleich zuzustimmen, denn es liegt auf der Hand, dass der Richter sich nur die lästige Arbeit vom Hals schaffen will.

Tipp
Scheuen Sie sich nicht, Ihrem Mandanten von der Annahme des Vergleichs abzuraten, wenn Sie sicher sind, dass das angedeutete Urteil auch einer Überprüfung durch die 2. Instanz standhalten wird.

Schließlich ist es nicht Ihre Aufgabe, dem Richter zu mehr Freizeit zu verhelfen, sondern die Interessen Ihres Mandanten durchzusetzen. Es schadet zwar nicht, sich den Richter zum Freund zu machen – das darf aber nur ein angenehmer Nebeneffekt bei der Interessenswahrnehmung sein.

1. Vorbereitende Schriftsätze

38   Richter haben ein ihnen zugeteiltes Pensum zu bearbeiten. Sie erledigen dies gerne möglichst schnell. Als Anwalt hilft man Ihnen dabei, indem man alle notwendigen Unterlagen und Informationen so zügig wie möglich beibringt. Das freut nicht nur den Richter, sondern hilft auch dem Mandanten. Denn der Richter kann bei seiner Entscheidungsfindung nur das berücksichtigen, was die Parteien vorgetragen haben.

Findet sich im Urteil der Hinweis, dass der eigene Mandant dem Vorbringen der Gegenseite „nicht ausreichend entgegengetreten ist", kann dies u.U. sogar einen Regressanspruch nach sich ziehen, wenn der Mandant nicht über die Notwendigkeit der **Beibringung von Unterlagen** informiert worden ist.

Und natürlich erleichtert man sich durch rechtzeitiges Beibringen aller Informationen auch als Anwalt die Arbeit, da man dann nicht mehr gezwungen ist, nach Rückfragen oder Hinweisen des Gerichts erneut zu recherchieren, Rücksprache mit dem Mandanten zu halten und die möglicherweise umfangreiche Akte noch einmal zu durchforsten.

> *Tipp*
> Schnelles, zügiges Beibringen aller notwendigen Informationen spart die Zeit aller Beteiligten. Das gilt nicht nur für die Vorlage von vollständigen Schriftstücken, die als Beweis vorgelegt werden, sondern z.B. auch für korrekt und vollständig ausgefüllte PKH-Anträge oder die Benennung von Zeugen mit ihren ladungsfähigen Anschriften.

Unklarheiten führen zu zeitraubenden Rückfragen. Das gilt natürlich auch für fehlerhafte oder missverständliche Verfügungen oder (Beweis-)Beschlüsse des Gerichts. Stellt sich nach der unbedingt gebotenen umgehenden Prüfung des gerichtlichen Schreibens heraus, dass dem Gericht ein Fehler unterlaufen ist oder ggf. eigener missverständlicher Vortrag vom Gericht falsch verstanden wurde, empfiehlt sich, dies sofort telefonisch mit dem Richter zu klären. Dieser kann dann umgehend das Notwendige veranlassen; in der Regel erwartet er dann dazu aber noch einen kurzen Schriftsatz für die Gerichtsakte – und zur Information der Gegenpartei.

Fristverlängerungsanträge sollten so schnell wie möglich gestellt werden. Der **39** Antrag sollte per Fax an das Gericht gesendet werden, ein dicker „EILT"-Vermerk kann geboten sein, wenn die Frist am gleichen oder dem Folgetag abläuft. Keinesfalls dürfen Sie davon ausgehen, dass das Gericht dem Antrag schon stattgeben wird – haben Sie bis zum Tage des Fristablaufs keine Nachricht erhalten, rufen Sie auf der Geschäftsstelle an und fragen dort nach. Können Sie absehen, dass Sie die Berufungsbegründungsfrist möglicherweise nur schwerlich einhalten können, weil Sie oder der Mandant Urlaub machen werden, empfiehlt es sich, schon bei Berufungseinlegung vorsorglich die einmonatige Verlängerung der Frist zur Berufungsbegründung zu beantragen, bevor das später in der Hektik des Tagesgeschäftes vielleicht übersehen und vergessen wird.

Auch Anträge auf Terminverlegungen sollten Sie stellen, sobald Sie wissen, dass Sie den Termin nicht wahrnehmen können. Der Antrag ist zu begründen. Häufigste Gründe, eine Neuterminierung zu beantragen, sind Terminkollisionen und Urlaub. Auch hier sollten Sie einen Anruf beim Richter nicht scheuen, wenn die Zeit drängt. Gibt der Richter dem Antrag trotz telefonischer Rücksprache nicht statt, müssen Sie umgehend einen Terminvertreter suchen. Dazu finden sich in der Regel auch kurzfristig Mitglieder der Anwalts-Liste (siehe Rn 33) bereit.

2. Verhalten im Termin

Während der mündlichen Verhandlung haben Sie weder den ZPO-Kommentar **40** noch ein Lehrbuch zur Hand. Sie sollten sich also mit den **prozessualen Vorschriften** schon vor dem ersten Auftreten bei Gericht vertraut gemacht haben und entsprechende Fachliteratur nicht nur griffbereit auf dem Schreibtisch stehen, sondern gewissenhaft durchgearbeitet haben, damit Sie im Termin nicht überrascht und überfordert sind. Manche Richter haben nämlich die Angewohnheit, Berufseinsteigern die Arbeit besonders schwer zu machen, indem sie sie überreden möchten, einen sachdienlichen Antrag nicht zu stellen. Beispielhaft sei auf den **Schriftsatznachlass** zu verweisen, den Sie grundsätzlich beantragen sollten, wenn der Kollege auf der Gegenseite einen auch noch so kurzen Schriftsatz im Termin überreicht. Beliebtes Argument der Gerichte ist der Hinweis, ein Schriftsatznachlass sei nicht nötig, da der neue Schriftsatz der Gegenseite doch keinen neuen Sachvortrag enthalte. Das kann aber in der zeitlich engen Situation der mündlichen Verhandlung zumeist gar nicht überprüft werden, denn dazu müssten schließlich auch die bisherigen Schriftsätze des Gegners herangezogen werden.

Schwartmann   635

> *Tipp*
> Sie sollten sich also nicht davon abbringen lassen, Schriftsatznachlass zu beantragen und diesen Antrag auch vom Gericht protokollieren zu lassen. Entspricht das Gericht dem Antrag nicht und stützt es seine Entscheidung dann (auch) auf den betreffenden Schriftsatz des Gegners, verletzt es den Grundsatz rechtlichen Gehörs und gibt Ihnen, bei ausreichender Streitwerthöhe, einen Berufungsgrund an die Hand.

An dieser Stelle ist der Hinweis wichtig, dass Schriftsatznachlass nicht für reine Rechtsausführungen notwendig ist – diese können Sie selbstverständlich noch bis zum Verkündungstermin vortragen.

41 Wer sich im Prozessrecht nicht auskennt, geht mit einem erheblichen Nachteil in die mündliche Verhandlung. Neben der intensiven Auseinandersetzung mit der Prozessordnung und der Vorbereitung auf die mündliche Verhandlung in Form von „Was-wäre-wenn"-Gedankenspielen, kann es durchaus hilfreich sein, schon eine halbe Stunde vor dem eigentlichen Termin im Gerichtssaal Platz zu nehmen und die vorangehenden Verhandlungen zu verfolgen. Sie lernen dabei nämlich möglicherweise das **Verhalten des Richters** etwas kennen und können daraus Ihre Schlüsse für die eigene Verhandlung ziehen.

Auch wenn der Begriff „Feindbeobachtung" etwas übertrieben klingt: Sie sollten immer im Auge behalten, dass der Richter ein anderes Ziel verfolgt als Sie: Er will seine Arbeit möglichst schnell erledigen und hat dabei nicht die Interessen Ihres Mandanten im Auge. Ihre Schwächen in der Handhabung des prozessualen Instrumentariums erleichtern dem Richter seine Arbeit – zum Nachteil Ihres Mandanten.

> *Tipp*
> Es empfiehlt sich daher für Zweifelsfragen einen Taschenkommentar mit sich zu führen, in dem Sie bei Bedarf schnell nachlesen können. Im Zeitalter der Tablet-PCs ist es mittlerweile auch möglich, auf Akte und Kommentierung elektronisch zuzugreifen. Das bietet sich natürlich insbesondere für sehr umfangreiche Werke an.

Nicht nur Junganwälte werden zu Beginn der mündlichen Verhandlung oft mit dem richterlichen Hinweis konfrontiert, sie hätten **nicht ausreichend substantiiert** vorgetragen. Sie wählen dann leider allzu oft die Flucht in die Säumnis, um dann im Rahmen des Einspruchs gegen das Versäumnisurteil das vermeintlich Versäumte nachzuholen. Das kann sich aber als der falsche Weg erweisen. Denn das Gericht hat Hinweise nach § 139 ZPO frühzeitig zu erteilen. Eine Verletzung dieser richterlichen Hinweispflicht darf nicht zu Lasten der Partei gehen und stellt einen

Berufungsgrund dar. In dem geschilderten Fall sollte also unbedingt ein Antrag auf Gewährung einer Frist zur Stellungnahme auf die richterlichen Hinweise gestellt und nicht, mit negativer Kostenfolge, vorschnell die Flinte ins Korn geworfen werden. Denn das kann durchaus einen Regressanspruch begründen.

3. Vergleichswesen und -unwesen

Richter sind, darauf wurde bereits hingewiesen, schon von Gesetzes wegen darauf **42** bedacht, einen Vergleichsschluss in einem möglichst frühen Verfahrensstadium zu forcieren. Sie malen den im Termin persönlich anwesenden Parteien daher oft und gerne aus, welche Folgen eine für sie nachteilige Entscheidung haben könnte, damit diese einem Vergleichsschluss möglichst eingeschüchtert zustimmen. In diesem Stadium hat sich so mancher Richter noch gar nicht näher mit der Akte beschäftigt und schlägt dann gerne vor, dass sich die Parteien „in der Mitte" treffen. Auch Anwälten kommt ein Vergleich oft sehr gelegen, wird dadurch doch noch die Einigungsgebühr nach Nr. 1003 VV RVG verdient und die Angelegenheit ohne weitere Anstrengungen abgeschlossen. Ein Vergleich sollte jedoch stets **nur nach ausführlicher Beratung mit dem Mandanten** abgeschlossen werden, in dem dieser über das Für und Wider belehrt wurde. Die letzte Entscheidung muss der Mandant treffen. Ist dieser im Termin anwesend, kann der Vergleich zur Beendigung des Rechtsstreits geschlossen werden, wenn der Mandant damit einverstanden ist.

Ist der Mandant jedoch nicht anwesend, darf ein Vergleich stets nur mit **Widerrufsvorbehalt** geschlossen werden. Denn ohne Widerrufsmöglichkeit beendet der Vergleich den Rechtsstreit, ohne dass der Mandant dazu noch mal gehört wird. Ist der Mandant mit dem geschlossenen Vergleich nicht einverstanden, muss aber damit leben, weil sein Anwalt ihn ohne Widerrufsvorbehalt abgeschlossen hat, ist er nicht nur – zu Recht – sehr unzufrieden mit seinem Anwalt. Hier lauert zudem eine weitere **Regressfalle**.

4. Befangenheitsanträge

Das bis hierhin Ausgeführte zum richtigen Verhalten bei Gericht hat bereits ge- **43** zeigt, dass der Junganwalt nie von dem Bestreben geleitet sein darf, sich bei Richtern beliebt zu machen. Auch wenn diese versuchen, „kurzen Prozess" zu machen, indem die Parteien zu einem schnellen Vergleich gedrängt werden oder gar dazu, ein nicht gerechtfertigtes Anerkenntnis abzugeben, so sollten Sie stets das Interesse Ihres Mandanten im Auge behalten und etwaige Ansinnen des Gerichts, die dem

Mandanten schaden und lediglich dem Richter die Arbeit erleichtern sollen, ablehnen.

> *Tipp*
> Sie stehen nicht vor Gericht, um dem Richter Freude zu machen, sondern um Ihrem Mandanten zu seinem Recht zu verhelfen. Nur so verschaffen Sie sich den gebotenen Respekt bei Gericht – und auch bei der Gegenseite.

Scheuen Sie notfalls auch nicht davor zurück, einen Befangenheitsantrag zu stellen, wenn sich der Richter voreingenommen oder gar im Wege vorweggenommener Beweiswürdigung zu Lasten Ihres Mandanten äußert. Wenn Sie nicht gleich mit dem schweren Geschütz des Befangenheitsantrages auffahren wollen, sollten Sie auf jeden Fall den Richter auffordern, das Geäußerte zu Protokoll zu nehmen. Dieser sollte spätestens dann wissen, dass er sich auf vermintem Gebiet befindet, und zur gebotenen Neutralität zurückkehren. Ist eine **Ablehnung wegen Befangenheit** unumgänglich, sollten Sie den Antrag nicht im Hauruck-Verfahren zusammenbasteln, sondern tunlichst die gängige Spezialliteratur aus der Gerichtsbibliothek zu Rate ziehen.

5. Richter in Strafsachen

44   „Wem soll ich denn glauben, wenn nicht dem Polizeibeamten? Etwa dem Angeklagten?" So hört man verschiedentlich Strafrichter sich äußern. Es verwundert daher nicht, dass man als Anwalt in Strafverfahren oft den Eindruck hat, gegen Staatsanwalt und Gericht kämpfen zu müssen. Wichtig sind hier insbesondere gute Kenntnisse im **Verfahrensrecht der StPO**, wobei hier das Beweisantragsrecht besonderer Erwähnung bedarf. Der Anwalt ist im Strafprozess besonders gefordert, die Interessen des Mandanten zu vertreten, und sollte keine Scheu haben, sich mit Gericht und Staatsanwalt durch Anwendung des strafprozessualen Instrumentariums anzulegen. Er muss darauf achten, dass der Mandant keine Aussage ohne seine Anwesenheit macht – schon bei der ersten Vernehmung des Mandanten als Beschuldigter ist seine Anwesenheit unbedingt geboten.

45   Wer bereit ist **Pflichtverteidigungen** zu übernehmen, sollte sich bei den Richtern seines Amtsgerichts persönlich vorstellen und sich in die Liste der Pflichtverteidiger eintragen lassen. Keinesfalls dürfen Sie sich aber von Pflichtverteidigungsmandaten abhängig machen. Das führt allzu leicht dazu, dass Sie die Interessen des Mandanten nicht mehr kompromisslos vertreten, aus Sorge, es sich mit dem Gericht zu verderben. Dies kann nicht nur Parteiverrat darstellen, sondern führt letztlich auch dazu, dass Sie „in der Szene" einen entsprechend schlechten Ruf bekommen – und sei es nur aufgrund mangelnder Erfolge. Ein schlechter Ruf ist indes das Schlimmste, was Ihnen als Dienstleister, der Sie als Anwalt nun einmal sind, widerfahren kann. Der Anwalt darf sich nie zum Verurteilungsgehilfen machen lassen. Die erfolgreiche, in der Sache harte und kompromisslose Verteidigung des Mandanten ist schließlich die Grundlage für eine wirtschaftlich erfolgreiche Existenz als Strafverteidiger. So ist ein Kollege zu einem Dauermandanten gekommen, nachdem er dessen Bruder in anderer Sache als Zeugen streng befragt hatte.

Sie sollten daher auch **Absprachen** mit Gericht und Staatsanwalt, sog. Deals, nur treffen, wenn Sie diese zuvor ausführlich mit dem Mandanten besprochen und abgestimmt haben. Zudem müssen Sie gegenüber den anderen beteiligten Prozessparteien dafür geradestehen können, dass sich der Mandant auch an die Absprache hält. Eine nicht eingehaltene Absprache fällt nämlich letztlich auf Sie zurück, was weiteren Absprachen in anderen Verfahren dann im Wege stehen wird.

6. Richter anderer Gerichtsbarkeiten

In anderen Gerichtsbarkeiten gelten die vorstehenden Ausführungen selbstverständlich sinngemäß. Sowohl im Arbeitsgerichtsprozess als auch in Verfahren vor dem Sozialgericht sollten Sie die prozessualen Besonderheiten natürlich abrufbereit kennen und zur Anwendung bringen können. So sind die Richter beim **Arbeitsgericht** im vom ArbGG vorgesehenen Gütetermin ganz besonders darauf bedacht, den Rechtsstreit einvernehmlich abzuschließen. In der Regel einigen sich die Parteien eines Kündigungsschutzverfahrens im Gütetermin vergleichsweise auf Zahlung einer Abfindung gegen ordentliche Beendigung des Arbeitsverhältnisses. Egal ob Sie Arbeitgeber oder Arbeitnehmer vertreten: Sie sollten mit Ihrem Mandanten vor dem Gütetermin sorgfältig die Vor- und Nachteile eines Vergleichs erörtern. **46**

Da in Verfahren vor dem **Sozialgericht** ein Rechtsstreit oft auf der Grundlage eingereichter Schriftsätze und vom Gericht eingeholter Sachverständigengutachten entschieden wird, sollten Sie gute Kenntnisse im Beweismittelrecht besitzen und die vom Gericht mit der Gutachtenerstellung üblicherweise betrauten Gutachter kennen.

Wie in allen Gerichtszweigen verfügt der Berufsanfänger zwar nicht über die Erfahrung der „alten Hasen", kann dies aber durch Fleiß und Strebsamkeit wettmachen. **47**

Zwar ist es immer hilfreich, wenn man die persönlichen Eigenarten des Richters kennt, der mit der Angelegenheit betraut ist. Wenn Sie aber als Junganwalt Mandate überörtlich annehmen, was in Zeiten des Internets ja keine Seltenheit ist, werden Sie den Richter, mit dem Sie es zu tun haben, im Zweifel nicht kennen können. Umso wichtiger ist es, dass Sie **sorgfältig und sauber vortragen** und das **prozessuale Handwerk** beherrschen. Denn der Richter kennt Sie im Zweifel ebenfalls nicht – und kann nur durch Ihre Arbeit von Ihren Fähigkeiten überzeugt werden.

V. Richtiger Umgang mit dem Staatsanwalt

48 Der Rechtsanwalt ist auch als Verteidiger nur den Interessen seines Mandanten verpflichtet. Der Staatsanwalt hingegen ist ein weisungsgebundener Staatsbeamter. Zur erfolgreichen Verteidigung des Mandanten ist der Anwalt auch im Strafverfahren zu allererst darauf angewiesen, sein prozessuales Handwerk zu beherrschen. Er sollte wissen, welche Möglichkeiten der Staatsanwaltschaft zur Verfügung stehen – was sie darf und was nicht.

Wichtig sind aber auch **gute Kontakte** zu den Strafverfolgungsbehörden. Wer den richtigen Ansprechpartner kennt, kann oft telefonisch viel erreichen.

1. Verhalten vor einer Anklageerhebung

49 Der eiserne Grundsatz bei der Vertretung strafrechtlicher Mandate lautet: Keine Einlassung ohne **vorherige Akteneinsicht**. Ein Chirurg operiert auch nicht einfach so drauf los, sondern wartet mindestens das Röntgenbild ab. Solange Sie nicht wissen, was genau Ihrem Mandanten vorgeworfen wird, worauf die Staatsanwaltschaft den Tatvorwurf stützt und welche Beweismittel ihr konkret vorliegen, dürfen Sie sich nicht zur Sache einlassen oder dem Mandanten dazu raten. So manch unbedachte Bemerkung gibt der Staatsanwaltschaft vielleicht schon Informationen an die Hand, die sie vorher nicht hatte.

Wer im Rahmen der Verfolgung der „Unfallflucht", § 142 StGB, sofort mitteilt, dass der Mandant zwar gefahren ist, den Unfall aber nicht bemerkt hat, nimmt der Staatsanwaltschaft schon die halbe Arbeit ab. Denn möglicherweise scheitert eine Verurteilung schon daran, dass die Fahrereigenschaft nicht bewiesen werden kann – was recht häufig vorkommt, wenn Zeugen den Fahrer nicht identifizieren können.

Zunächst sollten Sie also mit Ihrer Bestellung als Verteidiger immer sofort Akteneinsicht durch Übersendung der Ermittlungsakte(n) in Ihre Kanzleiräume beantragen. Der Aktenanforderung ist eine Originalvollmacht beizufügen – damit ersparen Sie sich unnötige Rückfragen. Es versteht sich von selbst, dass Sie die Akte(n) nach Fertigung einer Kopie umgehend an die Staatsanwaltschaft zurücksenden. Übrigens dürfen Sie als Verteidiger selbstverständlich eine Kopie der Akte(n) Ihrem Mandanten zugänglich machen – das ist sogar Ihre Pflicht, wenn Sie damit den Interessen Ihres Mandanten dienen.

Wenn Sie im Rahmen einer Erstvorführung vor dem Haftrichter auf einen Ihnen **50** bislang unbekannten Mandanten treffen, sollten Sie unbedingt das **Recht auf ungestörte Beratung** durchsetzen, bevor Sie diesem einen Rat geben. Wenn vorherige Akteneinsicht, etwa auf der Geschäftsstelle des Gerichts oder der Staatsanwaltschaft, nicht möglich war, ist jede Information, die Ihnen der Mandant selbst geben kann, Gold wert. Denn ohne vorherige Akteneinsicht steht jeder Rat auf wackeligen Füßen – über die jeweiligen Risiken müssen Sie Ihren Mandanten zuvor ausdrücklich informieren.

Bagatell- und Verkehrsdelikte bedürfen, solange die Staatsanwaltschaft die Er- **51** öffnung der Hauptverhandlung noch nicht beantragt hat, nicht unbedingt umfangreicher schriftsätzlicher Erörterungen, sondern lassen sich oft effizient durch ein Telefonat mit dem zuständigen Sachbearbeiter erledigen. Wie schon Richter sind auch Staatsanwälte über jeden Schriftsatz froh, den sie nicht lesen müssen. Durch ein Telefonat lässt sich daher oft schnell abklären, ob die Staatsanwaltschaft zu einer **Einstellung des Verfahrens,** ggf. mit Auflagen, bereit ist.

Selbstverständlich sollte der Mandant mit einer Einstellung einverstanden sein, so dass Sie das genaue Vorgehen mit dem Mandanten absprechen müssen, bevor Sie zum Telefonhörer greifen. Möglicherweise hat dieser selbst ein großes Interesse daran, dass das Verfahren ohne Hauptverhandlung abgeschlossen wird, wenn er etwa eine Öffentlichkeitswirkung befürchten muss, die unabhängig vom Ausgang des Verfahrens geschäftsschädigend wirken kann. Dann kann ein mit der Staatsanwaltschaft ausgehandelter Deal natürlich im Interesse des Mandanten sein.

Bei einem von Ihnen betriebenen Täter-Opfer-Ausgleich sollten Sie die Staatsanwaltschaft allerdings frühzeitig auch schriftsätzlich informieren, damit dies dort nachweislich dokumentiert ist und man Ihnen bzw. Ihrem Mandanten nicht vorwerfen kann, an der Staatsanwaltschaft vorbei zu agieren.

Wenn Sie den sachbearbeitenden Staatsanwalt kennen oder kennenlernen möchten, **52** kann auch ein **persönlicher Besuch bei der Staatsanwaltschaft** hilfreich sein – natürlich nach entsprechender telefonischer Voranmeldung, sonst stehen Sie ggf. vor verschlossener Tür. Gegen ein Gespräch über das Verfahren hat kein Staatsanwalt etwas einzuwenden, denn möglicherweise erfährt er dabei etwas, das ihm neu ist. Deshalb sollten Sie auch tunlichst darauf achten, welche Informationen Sie ihm zukommen lassen und sich nicht „verquatschen". Wenn Sie bei Ihrem Gesprächspartner einen guten und vertrauenserweckenden Eindruck hinterlassen, wird sich dies im Hause herumsprechen.

> *Tipp*
> Ein guter Ruf bei der Staatsanwaltschaft ist bei der Vertretung von Straftätern sehr nützlich, kommt es doch oft auf die kleinen Absprachen und Gefallen an, die man nur mit einem guten Draht zum Sachbearbeiter erwirken kann.

Ihre ganzen Bemühungen sollten natürlich von dem Ziel geprägt sein, das Beste für Ihren Mandanten herauszuholen. Entlastende Gesichtspunkte, die die Staatsanwaltschaft gem. § 160 Abs. 2 StPO zugunsten Ihres Mandanten berücksichtigen muss, sollten Sie daher auch **schriftsätzlich zur Akte** reichen, damit Ihre Bemühungen auch aktenkundig und nicht übersehen werden.

2.   Verhalten in der Hauptverhandlung

53   Sitzt Ihnen in der Hauptverhandlung auf Seiten der Staatsanwaltschaft ein Referendar gegenüber, kann es passieren, dass dieser nach der Beweisaufnahme zunächst mit seinem Ausbilder telefonieren muss, um dann anschließend Freispruch zu beantragen. Es ist aber auch keine Seltenheit, dass Staatsanwälte selbst diesen Antrag stellen, wenn die Verhandlung gezeigt hat, dass der Anklagevorwurf nicht aufrecht erhalten werden kann. Ein **gutes Verhandlungsklima** aufgrund einer bestimmten, aber sachlichen Verteidigung, ist daher hilfreich. Machen Sie sich den Staatsanwalt indes zum Feind, wird dieser es sich zweimal überlegen, ob er Ihnen den Gefallen tut, auf Freispruch zu plädieren.

Natürlich sollten Sie dennoch **mit der gebotenen Schärfe** Ihren Mandanten und etwaige Zeugen gegen übereifrige Staatsanwälte in Schutz nehmen, die sich im Ton vergreifen oder unzulässig auf Zeugen einwirken. Bei aller gebotenen Rücksichtnahme auf ein gutes Verhandlungsklima dürfen Sie nie vergessen, weshalb Sie überhaupt in der Hauptverhandlung sitzen. Fehler und Unrichtigkeiten der Staatsanwaltschaft sollten Sie daher in Ihrem Schlussplädoyer richtigstellen.

54   Es versteht sich von selbst, dass Sie sämtliche erhaltenen Honorarzahlungen ordnungsgemäß abrechnen müssen. Andernfalls laufen Sie Gefahr, in eigener Sache Kontakt mit der Staatsanwaltschaft aufnehmen zu müssen. Wer Schwarzgeld annimmt, macht sich nicht nur strafbar, sondern auch erpressbar.

Zudem sollten Sie sich im Rahmen einer Mandatsvereinbarung versichern lassen, dass die von Ihrem Mandanten zu entrichtenden **Gebühren** legal erworben oder erwirtschaftet wurden. Gerade bei der Vertretung strafrechtlicher Mandate gerät der Anwalt leicht selbst in den Verdacht der Teilnahme an Geldwäsche und muss sich selbst verteidigen. Ein im Strafrecht tätiger Anwalt sollte also immer auf die Ordnungsgemäßheit seiner Finanzen und die legale Herkunft seiner Honorare achten.

VI. Der Rechtsanwalt und das Finanzamt

Auch Rechtsanwälte sind leider nicht von der Pflicht befreit, Steuern zu zahlen. **55** Eine ordentliche Buchhaltung ist daher unerlässlich. Gerade als Berufsanfänger werden Sie vielleicht eher die Zeit aufbringen können, sich selbst mit den Grundzügen ordnungsgemäßer **Buchhaltung** vertraut zu machen, als das Geld für einen Steuerberater (siehe § 10 Buchführung und Steuern im Anwaltsbüro). Dazu gibt es natürlich umfangreiche weiterführende Literatur und auch die örtliche IHK bietet Seminare an, in denen Sie ordnungsgemäße Buchhaltung beigebracht bekommen. Die gängigen Kanzleisoftwareprogramme bieten Buchhaltungsmodule an, die Ihnen die Arbeit deutlich erleichtern.

1. Umsatzsteuerpflicht

Wenn Sie, wovon auszugehen ist, nicht von der Umsatzsteuerpflicht befreit sind, **56** sollten Sie bedenken, dass Sie von jeder eingehenden Honorarzahlung sehr schnell 19 % als Umsatzsteuer an das Finanzamt abführen müssen. Sie sollten sich stets bewusst sein, dass Ihnen dieses Geld nicht gehört – also sollten Sie es auch nicht ausgeben. Umsatzsteuervoranmeldungen sind pünktlich abzugeben, sonst schätzt das Finanzamt die Steuerlast – und das zumeist zu Ihren Ungunsten.

Belege über Einnahmen und Ausgaben sind aufzubewahren. Sie erleichtern nicht nur die Buchhaltung, sondern sind auch bei der Erstellung des Jahresabschlusses und der Einkommensteuererklärung unabdingbar.

2. Einkommensteuer

Den auf die **Steuererklärung** folgenden **Steuerbescheid** sollten Sie immer im **57** Auge behalten, sonst droht ein finanzielles Desaster. Denn an Ihrem finanziellen Erfolg will der Staat teilhaben und holt sich seinen Anteil früher oder später. Zwar kann es durchaus Sinn machen, eine Steuererklärung mittels Fristverlängerungsanträgen möglichst weit nach hinten zu schieben, wenn Sie zu wenig Rücklagen gebildet haben oder diese nach ein paar schlechten Monaten angegriffen oder vielleicht gar zur Gänze aufgezehrt wurden. Verhindern lässt sich die Steuererklärung aber nicht – und zudem müssen Sie dann auch mit einer rückwirkenden Festsetzung von Einkommensteuervorauszahlungen rechnen. Schnell kann es dann geschehen, dass Sie faktisch die Einkommensteuer für mehrere Jahre binnen weniger Monate zahlen müssen. Damit dies nicht zu Ihrem Ruin führt, sollten Sie immer über ausreichend **Rücklagen** verfügen. Als Anhaltspunkt sei eine Rücklage von 1/3 des Gewinns empfohlen, mit der Sie auf der sicheren Seite sein dürften.

Im Internet finden Sie zahlreiche Einkommensteuerrechner, die Ihnen recht genau ausrechnen, welche Steuer Sie von Ihrem Gewinn an den Staat abführen müssen.

Die Einkommensteuererklärung können Sie selbstverständlich selbst erstellen und einreichen. Gerade bei Berufsanfängern kann sich aber eine Beratung durch einen **Steuerberater** lohnen, der Ihnen Möglichkeiten aufzeigt, das zu versteuernde Einkommen zu mindern. Beispielhaft sei hier die Investitionsrücklage nach § 7g Abs. 3 Einkommenssteuergesetz (EStG) genannt, die man als Selbstständiger kennen sollte.

3. Vorauszahlungen

58 Üblicherweise setzt das Finanzamt auf der Basis des ersten Steuerbescheides Einkommensteuervorauszahlungen fest. Geschieht dies anfänglich nicht, sollten Sie entweder freiwillig angemessene und an Ihrem Gewinn orientierte Vorauszahlungen leisten oder **Rücklagen** z.B. auf einem Tagesgeldkonto anlegen, die Sie nicht anrühren.

Sie müssen immer auch saisonale Schwankungen berücksichtigen. Auf ein gutes Jahr kann ein schlechtes folgen. Wenn Sie in diesem schlechten Jahr eine hohe Steuernachzahlung zu leisten haben, weil Sie nicht ausreichend Vorauszahlungen geleistet haben, kann das, bei nicht ausreichenden Rücklagen, Ihre Zahlungsfähigkeit gefährden.

Darüber hinaus müssen Sie beachten, dass auch die Beitragszahlung an das Versorgungswerk an das zu versteuernde Einkommen gekoppelt ist und nicht nur eine hohe Steuernachzahlung drohen kann, sondern auch noch rückwirkend die Beiträge für die Altersversorgung angepasst werden können. Wer ohne dies zu beachten die eingehenden Zahlungen gleich wieder ausgibt und verlebt, wird spätestens nach dem ersten Steuerbescheid ernsthafte Probleme bekommen. Ist die Kanzlei erst einmal überschuldet, droht schnell der Entzug der Anwaltszulassung wegen Vermögensverfall. Soweit sollten Sie es nicht kommen lassen und Vorsorge treffen.

4. Verhandlungen mit dem Finanzamt

Können Sie dem Finanzamt plausibel darlegen, weshalb Sie die Steuerforderung **59** gerade nicht zahlen können und dass ein unvorhergesehener Liquiditätsengpass aufgetreten ist, besteht unter Umständen die Möglichkeit, eine Ratenzahlung mit dem Finanzamt zu vereinbaren. Verlassen sollten Sie sich darauf aber nicht, denn das Finanzamt ist ein äußerst zäher Verhandlungspartner und wird Sie in der Regel zunächst darauf verweisen, einen Kredit bei Ihrer Hausbank aufzunehmen. Spätestens wenn Ihnen dieser verwehrt wird und das Finanzamt nicht mit sich reden lässt, ist eine Beratung durch einen Steuerfachmann unerlässlich – wenn nicht gar bereits zu spät.

5. Außenprüfungen

Nach einigen Jahren wird sich das Finanzamt wahrscheinlich zu einer Außenprü- **60** fung bei Ihnen anmelden. Wer seine Unterlagen in Ordnung gehalten hat und eine ordentliche Buchführung vorweisen kann, wird nichts zu befürchten haben. Wer sich nicht sicher ist, sollte seine Belege vorbereiten und vorab auf Vollständigkeit prüfen (lassen).

Dass Sie den Prüfern gegenüber mit der gebotenen Höflichkeit auftreten, sollte keiner Erwähnung bedürfen. Bieten Sie ihnen ein ruhiges Zimmer zur Durchsicht der Belegordner und etwas zu Trinken an, beantworten Sie Fragen, soweit möglich, sofort und zeigen Sie den Prüfern, dass Sie nichts zu verbergen haben. Ihr Personal sollten Sie aber anweisen, dem Betriebsprüfer keine Auskünfte zu geben, sondern ausschließlich an Sie zu verweisen. Soweit Sie steuerlich beraten sind, sollte es selbstverständlich sein, dass Ihr Steuerberater mit in die Prüfung einbezogen wird, um mit dem Betriebprüfer auf Augenhöhe zu sprechen.

6. Das steuerrechtliche Mandat

Wer nicht steuerrechtlich versiert ist, sollte Mandate auf diesem Gebiet – auch von **61** Dauermandanten – ablehnen. Das Steuerrecht ist ein derart komplexes Rechtsgebiet, dass Sie sich **nur als Fachmann** an ein entsprechendes Mandat wagen sollten. Es ist niemandem damit geholfen, wenn Sie sich ohne Fachwissen in dieses für Sie fremde Rechtsgebiet stürzen und damit ggf. mehr Schaden anrichten als möglicherweise helfen. Verweisen Sie daher Mandaten, die mit einem entsprechenden Mandat an Sie herantreten, unbedingt an einen Fachmann. Er wird es Ihnen danken und als Mandant in anderen Angelegenheiten erhalten bleiben.

Schwartmann 645

Wenn Sie jedoch über ausreichende Erfahrungen im Steuerrecht verfügen, spricht nichts dagegen, den Mandanten gegenüber dem Finanzamt zu vertreten. Auch hier hilft es, den persönlichen oder telefonischen Kontakt mit dem zuständigen Sachbearbeiter zu suchen und durch Verhandlungsgeschick das Beste für den Mandanten herauszuholen. Das kann auch eine Stundung der Steuerschuld oder die Vereinbarung einer Ratenzahlung sein, durch die der Mandant ausreichend Liquidität erhält, um seine wirtschaftliche Existenz zu retten und damit auch als Steuerschuldner weiter zur Verfügung zu stehen.

In Ihrem eigenen Interesse sollten Sie solche Mandate natürlich nur gegen Zahlung eines angemessenen Vorschusses annehmen, sonst laufen Sie Gefahr, dass das Finanzamt zwar sein Geld bekommt, Sie aber „in die Röhre gucken", wenn der Mandant Insolvenz anmeldet oder die eidesstattliche Versicherung abgibt.

VII. Wissenswertes im Umgang mit Versicherungen

1. Rechtsschutzversicherungen

62 Nicht nur Junganwälte haben fast täglich Umgang mit Versicherungen. Da seien zunächst die zahlreichen Rechtsschutzversicherungen genannt. An dieser Stelle sei darauf hingewiesen, dass es sich bei der Einholung von **Deckungsanfragen** grundsätzlich um eine eigene Angelegenheit handelt, die auch separat abgerechnet werden darf. Viele Anwälte bieten dies jedoch als Gratisleistung im Rahmen des erteilten Mandats an. Denn letztlich beschleunigt die Einholung der Deckungszusage durch den Anwalt und die Erläuterung, warum es sich um einen Rechtsschutzfall handelt, auch die Bearbeitung durch die Versicherung – und den Ausgleich der Kostennote.

63 Seit 2009 gibt es die Möglichkeit, mit zahlreichen Rechtsschutzversicherern papierfrei über das Internetportal drebis (*www.drebis.de*) zu kommunizieren. Das spart Zeit und Kosten und die Zahl der teilnehmenden Versicherungen wächst ständig. Die führenden Anwaltssoftware-Lösungen haben eine Schnittstelle zu drebis mittlerweile implementiert, so dass nur selten Anlass bestehen dürfte, ausgedruckte Schreiben oder Faxe noch an eine Rechtsschutzversicherung zu senden.

Auch wenn die Kommunikation über drebis zu einer Beschleunigung der Bearbeitung bei der Rechtsschutzversicherung führen sollte, werden Sie gleichwohl schnell feststellen, dass es die Rechtsschutzversicherungen oft nicht so genau mit den von Ihnen gesetzten Zahlungsfristen nehmen. Ein Anruf bringt dann in der Regel die Auskunft, dass die Rechnung „soeben angewiesen wurde". Ein größeres

Ärgernis liegt darin, dass Rechtsschutzversicherungen sich oft anmaßen, den Ermessensspielraum des Anwalts bei der **Bemessung von Rahmengebühren** einzuengen. Ihnen ist daher mit Bestimmtheit entgegenzutreten und auf § 14 RVG zu verweisen, wonach „der Rechtsanwalt die Gebühr im Einzelfall unter Berücksichtigung aller Umstände, vor allem des Umfangs und der Schwierigkeit der anwaltlichen Tätigkeit, der Bedeutung der Angelegenheit sowie der Einkommens- und Vermögensverhältnisse des Auftraggebers, nach billigem Ermessen" bestimmt. Gerade auch für Berufsanfänger hält das RSV-Blog[8] Hilfestellungen bereit. Dort berichten Rechtsanwälte über ihre Erfahrungen mit Rechtsschutzversicherungen. Man lese – und staune!

Viele Rechtsschutzversicherungen bieten Anwälten besondere **Kooperationsverträge** an. Diese beinhalten, dass der Anwalt Mandate von der Versicherung vermittelt bekommt, und Letztere im Gegenzug geringere als die gesetzlich zulässigen Gebühren abrechnet, etwa pauschal nur eine 0,9-Geschäftsgebühr nach Nr. 2300 VV RVG. Zum einen werden solche Kooperationsabkommen aber in der Regel nur mit aus mehreren Anwälten bestehenden Kanzleien abgeschlossen. Zum anderen sollte man sich als Anwalt bewusst sein, dass man sich mit dem Abschluss einer solchen Vereinbarung die Möglichkeit abschneidet, aufwandsabhängig abzurechnen. Zudem macht man sich als Kooperationsanwalt schnell wirtschaftlich abhängig von den auf diese Weise vermittelten Mandaten. **64**

2. Berufshaftpflichtversicherung

Kein Anwalt ist gegen Fehler gefeit. Da ein solcher schnell die berufliche Existenz in Frage stellen kann, ist der Abschluss einer Berufshaftpflichtversicherung gesetzlich vorgeschrieben. Im Falle eines Falles ist die Versicherung über einen geltend gemachten Haftungsanspruch umgehend zu informieren. Ein vorschnelles Anerkenntnis des Anspruchs kann den Versicherungsschutz entfallen lassen. Selbst wenn Sie also einen Fehler gemacht haben, sollten Sie es tunlichst unterlassen, dem Mandanten zu versichern, dass Sie selbstverständlich für den Schaden aufkommen werden. Ihre Haftpflichtversicherung lässt Sie damit dann nämlich möglicherweise alleine im Regen stehen. **65**

---

8 *www.rsv-blog.de.*

3. Versicherungen auf der Gegenseite

66 Bei der Abwicklung von Verkehrsunfallschäden versuchen einige Versicherungen, die Abrechnung nach bestimmten pauschalen Grundsätzen vorzunehmen und bieten Anwälten dazu diverse Gebührenabkommen an. Das vereinfacht die Abrechnung und kann zu unkomplizierter Regulierung führen – allerdings verzichtet der Anwalt dabei in der Regel auf einen Teil seiner Gebühren. Genauere Informationen über diese Praxis finden Sie auf der Internetseite der Verkehrsanwälte im Deutschen Anwaltverein.[9]

VIII. Der Anwalt im Internet

67 Das Internet ist von zunehmender Bedeutung in der anwaltlichen Praxis. Von „neuen" Medien soll dabei nicht die Rede sein, denn WWW und E-Mails gibt es auch nicht erst seit wenigen Jahren, sondern begleiten uns nun bereits Jahrzehnte. Die Wahrnehmung des Anwalts wird also nicht nur von der persönlichen Begegnung, sondern auch von seinem Auftreten und Verhalten im Internet geprägt.

1. Die Homepage – mehr als eine Visitenkarte

68 Wer heutzutage einen Anwalt sucht, schaut nicht mehr in gedruckte Branchenverzeichnisse (z.B. Gelbe Seiten), sondern wird bei Google und Bing schneller und effektiver fündig. Die Internetsuche nach „Anwalt, Rechtsgebiet, Ort" wirft in Windeseile zahlreiche Kanzleien aus, die der Rechtsuchende dann mittels Aufruf der einzelnen Homepage genauer ins Auge fassen kann. Wer meint, auf eine solche Kanzleiseite im Internet verzichten zu können, nimmt wissentlich in Kauf, zukünftig nur noch von Empfehlungen leben zu können – denn **Neumandanten** werden ihn andernfalls kaum noch finden.

Wer selbst kein Geschick im Umgang mit HTML und Webdesign aufweist, sollte die Erstellung seiner Homepage besser in professionelle Hände legen. Nichts schreckt potentielle Mandanten nämlich mehr ab als stümperhaft gestaltete, unübersichtliche Internetpräsenzen, denen man ansieht, dass sie mit heißer Nadel selbst gestrickt sind. „Wenn der Anwalt sich schon mit seiner eigenen Visitenkarte im Web so wenig Mühe gegeben hat, wie wird er dann wohl mein Anliegen behandeln?" – das werden sich wohl nicht wenige Rechtsuchende fragen. Manchmal lassen sich mit **Webdesignern** auch Vereinbarungen mit dem Inhalt treffen, dass der

---

9 *verkehrsanwaelte.de/fuer_verkehrsanwaelte_arbeitshilfen.html.*

Designer die Kanzleiseite erstellt und dafür im Gegenzug anwaltlichen Rat erhält. Hier ist anwaltliche Kreativität gefragt.

Beim Erstellen der Kanzleihomepage ist natürlich nicht nur das richtige Erscheinungsbild gefragt. Auch auf den richtigen Inhalt kommt es an. Dass man als Anwalt die Vorgaben von § 5 TMG und die Pflichtangaben nach § 2 DL-InfoV beachtet, sollte daher keine Rede wert sein. Entscheidend für den Erfolg einer Webseite ist aber, wie sich die Kanzlei präsentiert. **Tätigkeitsschwerpunkte** gehören ebenso dazu wie eine vernünftige Anfahrtsskizze (Google Maps) und die schnelle Auffindbarkeit der **Kontaktmöglichkeiten**. Wer auf einer Anwaltshomepage lange danach suchen muss, wie und wann er den Anwalt denn nun erreichen kann, ist als potentieller Neumandant schnell verloren, denn der wechselt einfach auf eine andere Seite und kommt im Zweifel nie wieder. **69**

2. Fachbeiträge online – wer schreibt, der bleibt

Über die eigene Homepage kann sich der Anwalt aber nicht nur überregional Neumandanten präsentieren, sondern auch bestehenden Mandanten einen Service bieten. Wer regelmäßig aktuelle Inhalte aus den von ihm bearbeiteten Rechtsgebieten einstellt, wie z.B. Urteilsbesprechungen, kann auf diese Art und Weise sowohl potenziellen Neumandanten seine Kompetenz zeigen als auch seine Mandanten binden. Natürlich reicht es dafür nicht aus, alle Jubeljahre einmal ein zwei Jahre altes BGH-Urteil zu besprechen. Ein **regelmäßiges Update** ist erforderlich, will der Anwalt nicht den Eindruck erwecken, von gestern zu sein. Positiver Nebeneffekt beim Verfassen von Artikeln für die eigene Homepage: Man wird gezwungen, sich selbst ständig mit den neuesten Entwicklungen in den betreuten Rechtsgebieten zu befassen. **70**

Manche Anwälte veröffentlichen ihre aktuellen Inhalte in einem eigenen **Kanzleiblog**, das zweckmäßigerweise mit der Homepage verlinkt sein sollte oder gar ein Teil der Homepage ist. Ein Blog soll ja kein Selbstzweck sein, sondern auf den Anwalt und seine Kompetenz verweisen. Im besten Fall schaffen Sie mit Ihren „knowledge-nuggets" ein Problembewusstsein, ohne den Gang zum Anwalt zu ersetzen. Einer Zweitverwertung von **Artikeln in Rechtsportalen** wie *www.123recht.net* oder *www.anwalt.de* steht in der Regel auch nichts entgegen. Dies erhöht die Verbreitung von Beiträgen und damit auch die Auffindbarkeit des Anwalts in Suchmaschinen ungemein. Zudem richten sich solche Portale, anders als Fachzeitschriften, die nur von Kollegen bezogen werden, an ein Zielpublikum rechtsinteressierter Laien, also an potentielle Neumandanten. **71**

3. Soziale Netzwerke

72 Aufmerksam auf sich und auf seine Beiträge kann der Anwalt schließlich auch über die Präsenz in sozialen Netzwerken machen. Eine Facebook-Seite, ein Profil bei Xing, ein Twitter-Account und ein Eintrag in Google+ schaden nicht, sollten aber kein Selbstzweck sein. Kundenbindung und **Marketingeffekte** werden nur erreicht, wenn der Anwalt dort auch regelmäßig neue Inhalte veröffentlicht, die ihn als Fachmann und richtigen Ansprechpartner für seine Tätigkeitsgebiete ausweisen. Wer auf seiner Facebook-Kanzleiseite nur die neuesten Youtube-Videos von Künstlern veröffentlicht, die gerade durch Filesharing-Abmahnungen von sich reden machen, zeigt, dass er Sinn und Zweck einer gewerblichen Seite in sozialen Netzwerken nicht verstanden hat. Ein neuer Blogbeitrag zu einer aktuellen Entscheidung, die man bestenfalls sogar selbst erstritten hat, sollte dagegen immer auch einen Hinweis in den genannten Netzwerken wert sein. Tue Gutes und rede darüber – sonst erfährt es nämlich niemand. Diese Regel sollten Anwälte in sozialen Netzwerken unbedingt beachten. Aber Vorsicht: Wer zuviel veröffentlicht, muss sich schnell auch die Frage gefallen lassen, wann er denn überhaupt die Zeit findet, seine Akten zu bearbeiten. Übertreiben Sie es also nicht. Wie überall gilt es auch für den Anwalt im Internet das rechte Maß zu finden. Wem das gelingt, kann sich schnell einen Namen machen.

73 Schließlich sollten Sie genau überlegen, wie sie wie Sie bei Facebook oder anderen sozialen Netzen Ihre **Privatsphäre** gegenüber Ihren Mandanten schützen. Wer als Anwalt dort aktiv ist, sollte einen zweiten, privaten Account einrichten, da man vor seinen Mandanten (und interessierten Gegnern) nicht unbedingt offenbaren muss, mit wem man freundschaftlich verbunden ist und welche Hobbies und Meinungen man zu diesem und jenem hat. Der privaten Kontakt-/Freundschaftsanfrage eines zufriedenen Mandanten sollte man mit größter Zurückhaltung begegnen, weil es unangenehme Folgen haben könnte, wenn die Zufriedenheit nachlässt und Ihr (Ex-)Mandant virtuelle Pöbeleien lostritt.

IX. Abschließend: Die Rechtsanwaltskammer

1. Aufgaben der Kammer

74 Jeder Anwalt ist nicht etwa deshalb Mitglied seiner Rechtsanwaltskammer, weil er von dieser gelegentlich informative Zeitschriften o.Ä. bekommt, sondern weil er nach **§ 60 BRAO** dazu verpflichtet ist. Aus diesem Grund führt auch kein Weg an der jährlichen Zahlung des Kammerbeitrags vorbei – ein notwendiges Übel. Die

Kammer benötigt die Beiträge ihrer Mitglieder, um ihren gesetzlich zugewiesenen Aufgaben nachzukommen.

Ein Blick in § 73 Abs. 2 BRAO belehrt den neugierigen Junganwalt, dass der Kammervorstand insbesondere die Aufgaben hat,

- die Mitglieder in Fragen der Berufspflichten zu beraten und zu belehren;
- auf Antrag bei Streitigkeiten unter den Mitgliedern der Kammer zu vermitteln;
- auf Antrag bei Streitigkeiten zwischen Mitgliedern der Kammer und ihren Auftraggebern zu vermitteln;
- die Erfüllung der den Mitgliedern der Kammer obliegenden Pflichten zu überwachen und das Recht der Rüge zu handhaben;
- Rechtsanwälte für die Ernennung zu Mitgliedern des Anwaltsgerichts und des Anwaltsgerichtshofes vorzuschlagen;
- Vorschläge gemäß §§ 107 und 166 BRAO der Bundesrechtsanwaltskammer vorzulegen;
- der Versammlung der Kammer über die Verwaltung des Vermögens jährlich Rechnung zu legen;
- Gutachten zu erstatten, die eine Landesjustizverwaltung, ein Gericht oder eine Verwaltungsbehörde des Landes anfordert;
- bei der Ausbildung der Referendare mitzuwirken;
- die anwaltlichen Mitglieder der juristischen Prüfungsausschüsse vorzuschlagen.

In Anbetracht der nicht unbeträchtlichen Kammerbeiträge, die von Kammer zu Kammer variieren, sollten Sie sich nicht scheuen, die Leistungen der Kammer in Anspruch zu nehmen.

Tipp
Sind Sie sich unsicher, ob ein bestimmtes Verhalten standesrechtlich problematisch ist oder ob z.B. gar eine Interessenkollision vorliegt, nehmen Sie also ruhig den Telefonhörer zur Hand und halten mit der Kammer Rücksprache.

Berufsrechtliche Verfehlungen von Kollegen sollten Sie dort in der Regel aber erst zur Sprache bringen, wenn Sie dem Kollegen selbst Gelegenheit gegeben haben, dazu Stellung zu nehmen und die Angelegenheit „ins Reine" zu bringen. Dies mit dem Vermerk „vertraulich" zu tun, gebietet nicht nur die Kollegialität, sondern auch § 35 BerufsO.

2. Fortbildungsangebote

75   Jeder Anwalt ist gem. § 43a BRAO dazu verpflichtet, sich fortzubilden. Fachanwälte sind davon besonders betroffen, müssen Sie doch stets Nachweise über die Teilnahme an Fortbildungsveranstaltungen beibringen, um ihren Fachanwaltstitel nicht zu verlieren. Die Rechtsanwaltskammern sowie der örtliche Anwaltsverein bieten daher ständig Fortbildungsseminare zu günstigen Preisen an. Wer sich besonders fleißig fortbildet, kann damit inzwischen auch ganz offiziell werben: Die Bundesrechtsanwaltskammer verleiht mittlerweile das Fortbildungszertifikat „Qualität durch Fortbildung",[10] das Anwälte, die die Voraussetzung dafür erfüllen, dazu berechtigt, mit dem Zertifikat Werbung zu treiben – etwa auf ihrer Homepage oder dem Briefkopf.

3. Eigenes Engagement

76   Die Kammer lebt natürlich nicht nur von den Beiträgen ihrer Mitglieder, sondern auch von deren Engagement. Wer seit mindestens fünf Jahren als Anwalt tätig ist und das 35. Lebensjahr vollendet hat, ist nach § 65 BRAO berechtigt, sich in den Vorstand der Kammer wählen zu lassen und dort ehrenamtlich mitzuarbeiten.

---

10   Im Internet zu finden unter *www.brak.de/seiten/12.php.*

Die Autoren

Damit Sie wissen, wer hinter den einzelnen Kapiteln steht, stellen wir Ihnen die Autoren hier kurz vor. Die Autoren treten gerne mit den Lesern in Kontakt und sind gespannt auf Ihre Anregungen, Hinweise, Kritik und Lob.

Dieter Trimborn v. Landenberg ist Fachanwalt für Erbrecht und seit 1996 zugelassen. Er hat sich 1999 als Einzelanwalt in Cochem/Mosel selbstständig gemacht. Seit über zehn Jahren ist er ausschließlich im Bereich des Erbrechts und der Vermögensnachfolge tätig, inzwischen auch mit einer Zweigstelle im Rheinland. Neben seinem fachlichen Schwerpunkt interessieren ihn die Themen Bewerbung und Marketing, auch als Referent. *„Ein guter Anwalt ist auch ein Künstler: Er ist unabhängig und gestalterisch tätig, seine Werke wirken auf die Umwelt und sind Lob und Kritik ausgesetzt. Vor allem: Es wird nie langweilig – das liebe ich!"* In seiner kargen Freizeit liest er gerne, geht wandern und schätzt das Zusammensein mit Familie und Freunden bei gutem Essen und einem gepflegten Glas Wein.

ra.trimborn@t-online.de

Petra Geißinger praktiziert seit 1994 als Rechtsanwältin. In Erfurt hat Sie sich nicht nur in der eigenen Kanzlei engagiert, sondern auch im DAV und seinen Arbeitsgemeinschaften (u.a. Forum junge Anwaltschaft). Im Vorstand des örtlichen Anwaltsvereins, für den sie u.a. Fortbildungen für Rechtsanwälte und deren Mitarbeiter organisiert hat, war sie lange Zeit Vorsitzende. Sie ist Mitinitiatorin und Ehrenmitglied des dortigen Jugendrechtshauses e.V. Seit 2011 lebt sie in Oberbayern und ist fast ausschließlich im Arbeitsrecht tätig. Als Dozentin und Onlinetrainerin referiert sie u.a. bei Handwerkskammern, der DAA sowie diversen Anwaltskammern und ist bei der Ausbildung von Rechtsfachwirten engagiert. *„Eine erfolgreiche Kanzlei ist nicht nur der Einsatz mit Herz und Verstand für den Mandanten, sondern auch Teamarbeit zwischen motivierten und qualifizierten Angestellten und Anwälten."* In ihrer Freizeit widmet sie sich u.a. Qi Gong, Schwimmen und Radfahren.

geissinger@kanzlei-geissinger.de

Peter Heyers ist Rechtsanwalt, Fachanwalt für Urheber- und Medienrecht sowie IT-Recht und Lehrbeauftragter an der Universität Osnabrück. In der von ihm gegründeten Kanzlei HEYERS Rechtsanwälte mit derzeit fünf Rechtsanwälten berät er überwiegend innovative Unternehmen im Urheber-Medien-IT-Recht. Wichtig sind dabei nicht nur die rechtlichen Aspekte, sondern auch die marketing- und betriebswirtschaftlichen Fragen. Sein Credo: *„Ihr Recht ist unsere Aufgabe."* In seiner Freizeit treibt er Sport, fährt Oldtimer und ist nach Engagement im FORUM Junge Anwaltschaft seit 2004 Mitglied im Vorstand des Osnabrücker Anwaltsvereins.

heyers@urheber-medien-it-kanzlei.de

Dr. Jürgen Mertes

Dipl.-Betriebswirt (FH), Dipl.-Wirtschaftsjurist (FH), ist Steuerberater in Bonn. Nach einer Verwaltungsausbildung und dem Studium der Betriebswirtschaftslehre hat er mehrere Jahre für den Bereich „Private Client Services" bei der Arthur Andersen WPG in Düsseldorf gearbeitet. Im Jahr 2003 erfolgte die Gründung der gkm Mertes Steuerberatungsgesellschaft mbH mit Niederlassungen in Bonn, Düsseldorf und Velbert, in der er die Funktion des geschäftsführenden Gesellschafters wahrnimmt. Jürgen Mertes ist bereits seit vielen Jahren im Bereich der Publikation von Fachbüchern und Fachbeiträgen zu steuerspezifischen Fragestellungen (Schwerpunkte Bilanzierung, Kapitalvermögen sowie Erbschaft- und Schenkungsteuerrecht) aktiv. Darüber hinaus ist er als Dozent in der Steuerberaterfortbildung tätig.

j.mertes@gkm-group.de

Dr. Susanne Miecke hat für ihre Kanzleigründung eine sichere Beamtenstellung in der Verwaltung aufgegeben. Seit 1999 hat sie in Laatzen bei Hannover eine eigene Kanzlei. Sie ist Fachanwältin für Arbeits-, Familien- und Erbrecht und ist auch im Baurecht tätig. In ihrer Freizeit geht sie zum Tanzen. Sie liest auch gerne mal ein gutes Buch, soweit ihr ehrenamtliches Engagement die Zeit dazu lässt. 2007 hat sie promoviert. *„Erfolg ist kein Zufall, sondern das Ergebnis von planerischem Geschick und einem Sinn für die Markterfordernisse."*

rain.miecke@t-online.de

Ralph Namislo hat 1996 eine Sozietät in Bad Neuenahr-Ahrweiler gegründet. 1997 erfolgte der Zusammenschluss mit einer Koblenzer Kanzlei zu einer überörtlichen Sozietät. In 2009 erfolgte der Zusammenschluss mit einer weiteren Kanzlei in Mönchengladbach zur RheinlandKanzlei.de. Seit 2008 ist er Vorstandsmitglied der advounion, der größten deutschen Korrespondenzanwaltsgemeinschaft. Seine Schwerpunkte liegen im Arbeitsrecht, Versicherungsrecht und im Familienrecht sowie in der Beratung kleinerer und mittlerer Unternehmen. Seine knappe Freizeit gehört ganz der Familie. *„Ich bin Anwalt, weil es mir Spaß macht, das Leben meiner Mandanten mit zu gestalten. Wer den Mut hat, ausgetretene Pfade zu verlassen, und dazu bereit ist, für die eigene Existenz eine Karriere zu vernachlässigen, ist im Anwaltsberuf richtig aufgehoben."*

ralph@namislo.de

Norbert Schneider ist seit 1990 Rechtsanwalt in Neunkirchen-Seelscheid (LG-Bezirk Bonn). Seine Mandanten vertritt er vorwiegend in Miet- und Verkehrssachen sowie im Familienrecht. Die Freizeit gehört der Familie, den Hunden und dem Fußball, insbesondere dem TSV 1860 München. Für Kollegen publiziert er entsprechend der Familientradition „nebenbei" zu Themen des Prozessrechts sowie zu Streitwert- und Gebührenfragen. So ist er u.a. Herausgeber der Zeitschrift AnwaltsGebührenSpezial (AGS) beim Deutschen Anwaltverlag, des im selben Verlag bereits in der 7. Auflage erschienenen RVG-Kommentars, Herausgeber und Mitautor des Streitwertkommentars (Otto Schmidt Verlag) und ständiger Autor zahlreicher weiterer Werke, in denen er das Gebührenrecht beisteuert, sowie Mitarbeiter diverser Zeitschriften wie ZAP, MietRB, FamFR. *„Viele Anwälte bräuchten nicht so zu jammern, wenn sie mehr Interesse am Gebührenrecht hätten."*

norbert.schneider@anwaltkooperation.de

Andreas Schwartmann ist seit 2002 als Rechtsanwalt tätig und führt seit 2004 seine eigene Kanzlei in Köln-Longerich. Er publiziert regelmäßig Beiträge im Internet und hat in Fachzeitschriften wie dem ITRB, MietRB, ProzRB und FamRB veröffentlicht. In seiner zu knapp bemessenen Freizeit liest er gerne Krimis, hört gerne Musik und verbringt Zeit mit seiner Familie.

info@rechtsanwalt-schwartmann.de

Dirk Schwohnke ist nach mehrjähriger Tätigkeit als selbstständiger Rechtsanwalt seit 2009 Sozius einer alteingesessenen Schwerter Rechtsanwaltskanzlei mit Notariat. Seine Schwerpunkte liegen auf den Gebieten Verkehrsrecht, Vertragsrecht und Baurecht. Energien für den häufig stressigen Berufsalltag schöpft er auf ausgiebigen Mountainbike-Touren. Der Umgang mit Mandanten ist für ihn positiver Gewinn seiner Arbeit. *„Um erfolgreich als Anwalt zu praktizieren, bedarf es auch einer ausgeprägten Kommunikationsfähigkeit."*

d.schwohnke@kanzlei-schwerte.de

Sina Töpfer, Rechtsfachwirtin, Mediatorin und Coach, begleitet Kanzleien seit vielen Jahren in den Bereichen Organisation und Personal. Außerdem bildet sie die angehenden Rechtsfachwirte im Bereich Kanzleimanagement aus. Maßgeblich für ihre Arbeit ist es, nah an den Menschen zu bleiben, um ihre individuellen Ressourcen zu erfassen und sie darin zu fördern.

toepfer@toepfer-km.de

Stichwortverzeichnis

fette Zahlen = Paragrafen, magere Zahlen = Randnummern